高等医学院校系列教材

医用物理学

第 2 版

主 编 张延芳
副主编 傅洪波 陈英华 杨永霞
编 者（按姓氏笔画排序）
　　　　王　勇（广东医科大学）
　　　　付　利（佛山科学技术学院）
　　　　庄　晓（汕头大学医学院）
　　　　杨永霞（广东药科大学）
　　　　张秀梅（广州医科大学）
　　　　张延芳（广东医科大学）
　　　　陈英华（广东医科大学）
　　　　陈昭喜（广州中医药大学）
　　　　侯林涛（暨南大学）
　　　　傅洪波（广州医科大学）

科学出版社
北　京

内 容 简 介

医用物理学是高等医药学专业及其相近专业的重要基础课程.根据目前的教育现状,总结多年的教学改革经验,吸取国内外相关教材的优点编写本教材.本教材分生物力学基础,流体的运动,振动、波动和声,分子动理论,热力学基础,静电场,磁场,直流电,波动光学,几何光学,量子力学基础,激光及其医学应用,X射线及其医学应用和原子核物理学基础共14章,在不同的章节分别介绍生物力学、血液的流动、超声、生物电、心电图、生物磁、激光、X射线、显微镜、核磁共振基础知识或相关技术等.

本书适合高等医药院校及综合大学的临床医学、药学、检验、预防医学、护理、口腔、影像、皮肤、康复、麻醉、眼视光、法医、信息管理等本科专业的教学,也适用于医药院校其他专业、生命科学相关专业的师生和研究工作者作为参考书.考虑到医药类专业学生的物理、数学相对较薄弱的特点,本教材在第2版同时也配套出版了辅助教材《医用物理学学习指导》.

图书在版编目(CIP)数据

医用物理学 / 张延芳主编. —2 版. —北京:科学出版社,2016.1
ISBN 978-7-03-047257-1

Ⅰ.①医… Ⅱ.①张… Ⅲ.医学物理学-医学院校-教材 Ⅳ.①R312

中国版本图书馆 CIP 数据核字(2016)第 015337 号

责任编辑:胡治国 / 责任校对:何艳萍
责任印制:赵 博 / 封面设计:陈 敬

版权所有,违者必究。未经本社许可,数字图书馆不得使用

科学出版社出版
北京东黄城根北街 16 号
邮政编码:100717
http://www.sciencep.com
北京市密东印刷有限公司印刷
科学出版社发行 各地新华书店经销
*
2010 年 5 月第 一 版 开本:787×1092 1/16
2016 年 1 月第 二 版 印张:20 1/2
2025 年 1 月第二十一次印刷 字数:490 000
定价:65.00 元
(如有印装质量问题,我社负责调换)

前　言

本次修订在第1版的基础上对一些描述不严谨或不恰当之处作了修改,并增加了波动光学中的缺级现象、几何光学中有效放大率等.

医用物理学是高等医药院校本科学生必修的一门公共基础课程,参加本教材编写的人员都是长期工作在教学第一线的主讲教师,具有丰富的教学经验.

全书分生物力学基础,流体的运动,振动、波动和声,分子动理论,热力学基础,静电场,磁场,直流电,波动光学,几何光学,量子力学基础,激光及其医学应用,X射线及其医学应用和原子核物理学基础共14章.

本教材具有以下特点:第一,在编写上注意由浅入深、由易到难,循序渐进,便于学生理解.第二,在保持物理学知识的系统性、完整性和科学性的基础上,注重介绍物理学的原理和技术在医学中的应用.第三,在每章首页安排导读插图,引起读者的兴趣,结尾有小结帮助读者系统掌握每章的基本内容.阅读材料介绍物理的原理和技术在医学中的应用、进展和成果,强化物理与医学的密切结合程度.

物理学的内容广泛,而普通高校的医药类学生的医用物理学一般都安排在一个学期内完成,但是各个高校所学课程的难易程度、理论和实验的课时数都不完全一样,因此,选用合适的教材在有限的时间内完成教学内容是很重要的.

衷心感谢为本教材的编写付出辛勤劳动的工作人员:广东医科大学的张延芳老师(编写第3、9章)、陈英华老师(编写第4、12章)、王勇老师(编写第6章),广东药科大学的杨永霞老师(编写第7、11章),广州医科大学的傅洪波老师(编写第5、14章)、张秀梅老师(编写第13章),暨南大学的侯林涛老师(编写第10章),汕头大学医学院的庄晓老师(编写第2章),广州中医药大学的陈昭喜老师(编写第8章),佛山科学技术学院的付利老师(编写第1章).

由于编者水平有限,书中不妥之处在所难免,恳请同行、读者批评指正.

张延芳

2015年于广东医科大学

前　言

本次修订在第1版的基础上对一些描述不严谨或不恰当之处作了修改，并增加了波动光学中的缺级现象、几何光学中有效放大率等。

医用物理学是高等医药院校本科学生必修的一门公共基础课程，参加本教材编写的人员都是长期工作在教学第一线的主讲教师，具有丰富的教学经验.

全书分生物力学基础，流体的运动，振动、波动和声，分子动理论，热力学基础，静电场，磁场，直流电，波动光学，几何光学，量子力学基础，激光及其医学应用，X射线及其医学应用和原子核物理学基础共14章.

本教材具有以下特点：第一，在编写上注意由浅入深、由易到难，循序渐进，便于学生理解. 第二，在保持物理学知识的系统性、完整性和科学性的基础上，注重介绍物理学的原理和技术在医学中的应用. 第三，在每章首页安排导读插图，引起读者的兴趣，结尾有小结帮助读者系统掌握每章的基本内容.阅读材料介绍物理的原理和技术在医学中的应用、进展和成果，强化物理与医学的密切结合程度.

物理学的内容广泛，而普通高校的医药类学生的医用物理学一般都安排在一个学期内完成，但是各个高校所学课程的难易程度、理论和实验的课时数都不完全一样，因此，选用合适的教材在有限的时间内完成教学内容是很重要的.

衷心感谢为本教材的编写付出辛勤劳动的工作人员：广东医科大学的张延芳老师(编写第3、9章)、陈英华老师(编写第4、12章)、王勇老师(编写第6章)，广东药科大学的杨永霞老师(编写第7、11章)，广州医科大学的傅洪波老师(编写第5、14章)、张秀梅老师(编写第13章)，暨南大学的侯林涛老师(编写第10章)，汕头大学医学院的庄晓老师(编写第2章)，广州中医药大学的陈昭喜老师(编写第8章)，佛山科学技术学院的付利老师(编写第1章).

由于编者水平有限，书中不妥之处在所难免，恳请同行、读者批评指正.

张延芳

2015年于广东医科大学

目 录

绪论 ································· 1
第 1 章 生物力学基础 ················ 6
1.1 刚体的转动 ······················ 6
1.2 物体的弹性 ····················· 12
1.3 骨的力学特性 ··················· 19
第 2 章 流体的运动 ··················· 27
2.1 理想流体的定常流动 ············· 27
2.2 伯努利方程及其应用 ············· 29
2.3 黏性流体的流动 ················· 33
2.4 血液的流动 ····················· 39
第 3 章 振动、波动和声 ·············· 46
3.1 简谐振动 ······················· 46
3.2 简谐振动的合成 ················· 53
3.3 简谐波 ························· 57
3.4 波的干涉 ······················· 61
3.5 声波 ··························· 65
3.6 多普勒效应 ····················· 69
3.7 超声波 ························· 71
第 4 章 分子动理论 ·················· 79
4.1 物质的微观结构 ················· 79
4.2 理想气体分子动理论 ············· 80
4.3 气体分子速率和能量的统计
    分布 ··························· 86
4.4 气体内的输运过程 ··············· 89
4.5 液体的表面现象 ················· 91
第 5 章 热力学基础 ················· 101
5.1 热力学基本概念 ················ 101
5.2 热力学第一定律 ················ 102
5.3 热力学第一定律的应用 ·········· 104
5.4 循环过程 卡诺循环 ············ 109

5.5 热力学第二定律 ················ 112
5.6 人体的能量与代谢 ·············· 116
第 6 章 静电场 ····················· 125
6.1 电场 电场强度 ················ 125
6.2 静电场的高斯定理 ·············· 129
6.3 电势 ·························· 133
6.4 电偶极子 电偶层 ·············· 138
6.5 静电场中的电介质 ·············· 140
6.6 细胞膜电位 ···················· 144
6.7 心电图 ························ 146
第 7 章 磁场 ······················· 153
7.1 磁感应强度、磁通量 ············ 153
7.2 电流的磁场 ···················· 155
7.3 磁场对电流的作用 ·············· 160
7.4 磁介质、磁场的能量 ············ 167
7.5 生物磁场和磁场的生物效应
    ······························ 172
第 8 章 直流电 ····················· 179
8.1 电流密度 ······················ 179
8.2 电动势 ························ 184
8.3 电容器的充放电 ················ 188
8.4 电泳 ·························· 191
第 9 章 波动光学 ··················· 198
9.1 光的干涉 ······················ 199
9.2 光的衍射 ······················ 205
9.3 光的偏振 ······················ 211
第 10 章 几何光学 ·················· 223
10.1 球面折射 ····················· 224
10.2 薄透镜 ······················· 228
10.3 厚透镜 ······················· 231
10.4 眼的光学系统 ················· 234

10.5　放大镜、纤镜、显微镜····· 238
第11章　量子力学基础·············· 247
　11.1　热辐射 ······························ 248
　11.2　光的量子性 ······················ 251
　11.3　氢原子的玻尔理论············ 253
　11.4　实物粒子的波动性············ 255
　11.5　薛定谔方程 ······················ 258
　11.6　薛定谔方程的应用············ 260
　11.7　电子自旋 ·························· 265
第12章　激光及其医学应用······· 269
　12.1　激光基础 ·························· 269
　12.2　激光的生物效应················ 274
　12.3　激光的医学应用················ 276
第13章　X射线及其医学应用···· 281
　13.1　X射线的产生···················· 281
　13.2　X射线的基本性质············ 283
　13.3　X射线谱···························· 285
　13.4　X射线的衰减规律············ 287
　13.5　X射线在医学上的应用···· 291
第14章　原子核物理学基础······· 297
　14.1　原子核的组成和性质········ 297
　14.2　核衰变及其类型················ 300
　14.3　核衰变的规律···················· 303
　14.4　放射性核素的医学应用···· 306
　14.5　辐射剂量和防护················ 311
　14.6　磁共振成像简介················ 314
参考文献······································ 319
附录A　矢量及其运算··············· 320
附录B　常用物理常量··············· 322

绪　　论

物理学(physics)是研究自然规律的基本学科之一，它是一切科学技术的基础，对现代科学技术发展起着极其重要的作用. 学习物理学，掌握物理学的思想、基本知识、分析问题的思维方法、解决问题的实际能力，对于非物理专业的人员来说，是非常重要的. 对于医学相关专业的学生或工作人员来说，学习物理学，一方面可以获得医学专业所需的必要的物理学知识，另一方面可以提高科学素质，以适应 21 世纪高素质医科各专业人才的需要.

物理学的研究对象

自然界是由各种各样的物质构成的. 一切物质都在不断地运动着、变化着，绝对不动的物质是不存在的，"运动是绝对的，静止是相对的". 运动是物质存在的形式，是物质的固有属性，没有不运动的物质，也没有非物质的运动，物质和运动是不可分割的. 物质存在的基本形态有实物和场两种. 实物具有静止质量，看得见，摸得着，占有一定空间并具有不可入性，即一种实物所占据的空间，不能同时为其他实物所占据. 例如，花虫鸟兽、山河湖泊、宇宙星空、原子粒子等. 场是无静止质量的，看不见、摸不着，以连续形式弥漫于空间，具有可入性，即不同的场可以同时存在于同一空间，互不干扰，是实物之间进行相互作用的传递者，例如，电场、磁场和引力场. 电台可以发射电磁波信号，通过空间传送到千家万户的收音机、电视机和手机中. 实物和场都是客观存在的运动的物质，是不可分割的联系在一起的，例如，运动电荷的周围有电场和磁场，物体的周围存在引力场，电荷之间的电场力是通过电场相互作用的. 实物和场在一定的条件下会相互转化，如粒子的产生与湮灭. 电子与正电子一旦相遇将湮灭而转化为 γ 光子，即转化为电磁场；反之，若 γ 光子的能量足够大时，γ 光子也可以转化为正负电子对. 电子与正电子都是实物，而光子却是电磁场，即真空.

物质运动和变化的形式是多种多样的，如物体的位置和状态的变化，地球以及天体的运动，金属的生锈，生物体的生长、发育和死亡. 有些运动形态比较简单，有些运动形态则比较复杂，不同的运动形态，既有服从共同普遍规律的共性，也各有自身独特的规律. 对各种不同的物质运动形式和规律的研究，就形成了自然科学的各个学科.

物理学是研究物质运动普遍性质和基本规律的科学，具体来说，是研究物质的基本结构、基本运动形式、相互作用的一门自然科学. 它的研究对象小到微观粒子，大到宏观天体. 物理学所研究的规律具有极大的普遍性，例如，能量守恒和转换定律是物理学的基本定律之一，而其他一切变化和过程，不论它们是否具有化学的、生物的或其他的特殊性质，都遵从能量守恒和转换定律. 因此，可以认为，物理学中的定律和理论是除数学以外，一切自然科学的重要基础. 当然，物理学的基本方法和基本规律并不能概括所有高级的、复杂的运动形态的特征. 随着现代科学的发展和各学科之间的相互渗透，形成一系列边缘学科，和物理学相关的边缘学科有物理化学、生物物理学、医学物理学、影像物理学、核医学、细胞分子生物力学等. 由此可见物理学的重要性.

物理学与医学的关系

医学是一门以人体为研究对象的生物科学. 直到 20 世纪初期,医学基本上是一门形态科学,其研究方法主要是收集和整理材料,进行观察和归纳,属于一种定性分析. 而物理学则有严格的理论,有精密的实验方法和定量的测量技术. 随着物理学的概念、原理、方法和技术在基础医学研究、临床医学的诊断和治疗以及预防医学中的应用,大大地促进了医学在理论认识、诊断、治疗等方面的发展和提高. 目前医学已经发展到一个比较高的水平,医学发展经历了从宏观到微观,从定性到定量,从细胞水平到分子、量子水平,从手工的、机械的、接触型操作向自动化、智能化、非接触型操作发展.

物理学与医学这两门学科的不断发展、互相渗透、互相促进,形成了许多新的医学分支学科和边缘学科,如医学物理学、生物物理学、生物医学工程学、放射医学、超声医学、核医学、激光医学、电生理学、骨生物力学、心血管生物力学、细胞分子生物力学等. 这些学科分支的发展和完善,对于阐明生命现象的本质和对生物体(主要是人体)内在规律的探索,以及医学诊断治疗过程起到了重要作用.

下面从几个方面来简略介绍物理学与医学之间的关系:

1. 物理学在医学发展中起着重要的作用

物理学和医学关系密切,源远流长. 在英语中有许多有关物理学和医学及生理学的词汇都是同根词,如 physic(*n*. 医药,*vt*. 给⋯吃药)、physics(*n*. 物理学)、physique(*n*. 体格)、physician(*n*. 医生、内科医生)、physiology(*n*. 生理学)等. 由此可见物理学与医学的关系非常密切.

物理学在医疗实践和医学发展中一直起着非常重要的作用. 许多物理学上的新发现、新发明都直接推动了医学的发展,一些原本属于物理学的研究方法也被用于医学研究而取得了重大成果,甚至一些物理学家也直接对医学发展做出了重大贡献. 众所周知,显微镜的发明为细胞的发现提供了条件,使生物医学发展到细胞水平. 德国物理学家伦琴(Wilhelm Conrad Röntgen,荣获 1901 年第一届诺贝尔物理学奖)发现了 X 射线并拍摄了世界上第一张 X 射线照片——伦琴夫人手骨像,开创了医学影像诊断的先河. 物理学家托马斯·杨(Thomas Young)是光的波动说的奠基人之一,他本人就是一位医生. 物理学家乔治·冯·贝克西(Georg von Bekesy)则发现了内耳的电生理功能. 美国物理学家沃森(James D. Watson)和英国物理学家克里克(Francis Crick)深受物理学家薛定谔(Erwin Schrödinger)的《生命是什么——活细胞的物理观》以及物理学家维尔金斯(Maurice Hugh Frederick Wilkins)关于 DNA(脱氧核糖核酸)的 X 射线衍射报告的启发,在当时还没有足够实验证据的条件下,于 1953 年成功地建立了 DNA 分子双螺旋结构的模型. 1954 年,美籍俄裔物理学家伽莫夫(George Gamow)提出蛋白质遗传密码的设想. 随后不久,三位美国科学家霍利(Robert William Holley)、科勒拉(Har Gobind Khorana)和尼伦伯格(Marshall W. Nireberg)破译了双螺旋结构所载遗传密码. 这些关于 DNA 分子双螺旋结构及遗传密码的研究成果为分子生物学和分子医学的建立打下了基础,在遗传学发展史上起了划时代的作用,使生物学及医学的研究进入了一个分子水平的新时代,使人类对自身的认识有了新的突破和新的起点.

世界医学的最高奖项当属诺贝尔生理学或医学奖(以下简称诺贝尔医学奖). 自 1901

年开始颁发诺贝尔奖以来，诺贝尔医学奖项中大约有 1/5 是将物理学应用于医学而取得的重要成果. 获得诺贝尔奖的第一位临床医生丹麦的芬森(Niels R. Finsen)就是将物理学应用于医学而获奖的. 他因应用光学原理研制出分光滤光聚光器，用以治疗皮肤结核等皮肤病取得显著疗效，而荣获 1903 年度诺贝尔医学奖. 时隔 100 年，美国科学家劳特伯(Paul Lauterbur)和英国物理学家曼斯菲尔德(Peter Mansfield)因他们在 20 世纪 70 年代发明了核磁共振医学成像，而分享了 2003 年度的诺贝尔医学奖. 核磁共振医学成像的实现使得神经科学、生理学和医学影像学发生了巨大变革，是物理学对医学的重大贡献. 在这 100 多年的时间里，还有很多次诺贝尔医学奖是将物理学应用于医学取得重大成果而获得的. 如用改进的示波器发现单一神经纤维的高度机能分化(1944 年度奖)、X 射线诱发果蝇基因突变(1946 年度奖)、内耳电生理功能的发现和研究(1961 年度奖)、DNA 分子双螺旋结构模型的建立(1962 年度奖)、用核素标记技术研究胆固醇和脂肪的体内代谢机理和调节(1964 年度奖)、蛋白质遗传密码的设想与破译(1968 年度奖)、用电镜和离心技术研究细胞器形态和功能(1974 年度奖)、X 射线 CT(1979 年度奖)、创建测量细胞膜离子单通道电流的膜片嵌位方法(1991 年度奖). 上述事例从一个侧面有力地说明物理学在医学发展中起着重要的作用.

2. 物理学是学习医学和了解生命现象所不可缺少的基础

物理学是除数学之外的一切其他自然科学和工程技术的基础，对于医学来说，也不例外，例如，要了解人体骨骼、关节和细胞受力情况，必须学习弹性力学和流体力学的知识；要了解血液在心血管系统中运动的情况，必须知道流体运动的基本定律；要了解眼睛的作用，不仅必须掌握几何光学的原理和方法，而且还要学习波动光学；要了解声音的听觉过程以及超声在医学上的应用，必须知道声波的物理性质和传播规律；要了解人体生热和散热过程，必须学习热力学的基本定律；要了解人体的电磁现象(心电、脑电、肌电、眼电、心磁、脑磁、肺磁等)，必须具备有关的电磁学方面的知识等. 显然，生命过程每一步都会涉及物理学，要深刻理解生命现象的本质是离不开物理基础知识的.

3. 物理学为医学研究和临床诊断提供了许多新的检测手段

按照物理学的基本原理设计制造的各种医疗器械、光学仪器、电子仪器和各种综合性大型医用设备正在不断发展，不断更新，几乎所有的现代高新技术都被医学所吸收和利用，为医学诊断和科学研究，提供了强有力的工具. 例如，各种心电、脑电检测仪器、监护技术，各类超声诊断仪器、光学显微镜、电子显微镜、光导纤维内窥镜、激光全息照相、热像图、红外技术、遥测技术、X 射线透视和照相、医用电视系统、X 射线计算机断层成像(X-CT)、数字减影血管造影技术(DSA)、磁共振成像(MRI)、γ 照相机、单光子和正电子发射型断层成像(ECT)、放射免疫分析、生化自动检测仪、各种医用换能器等.

4. 物理学为临床治疗提供了新的方法

在物理治疗方面除了传统的光疗、热疗、电疗、声疗、X 放射治疗之外，还有很多新的物理治疗手段，例如，高频电刀、体外冲击波碎石技术(ESWL)、超声刀、血液透析技术、心脏起搏器、心脏除颤器、低温冷冻技术、医用激光器、X 光刀、γ 刀、医用加速器、钴 60 治疗机、各种生物医学材料等.

从以上介绍的情况可知，物理学的理论和方法是学习和研究各医学分支学科的基础，它为现代医学提供了准确可靠的检测手段和先进的治疗方法，大大地促进了医学的发展. 物理学在医学方面的应用越来越广泛和深入，两者的关系也越来越密切. 因此，学习医用物理学课程既是为医学专业后继课程打基础，也是将来从事现代化医疗卫生和医学科学研究工作的需要.

总之,现代医学实践、生物技术、生命科学的发展不仅需要物理学的最新成果的支持,而且还日益依赖于众多的物理工具技术和物理科学技术. 正是由于现代物理学的快速发展,带动了现代医学的发展,提高了临床诊断和治疗的技术水平,促进了人类的健康及社会的进步.

反之,当基础医学研究和临床诊断、治疗等出现新问题,无法用现有的技术和仪器解决问题时,就需要新的物理原理、技术和方法来满足新需要,迫使物理学工作者研制新仪器、提供新方法来满足医学领域的需求. 物理学和医学之间的这种互为因果关系使物理和医学一直保持着密切的关系,相互渗透、相互促进、相互推动. 如果没有 X 射线的发现,就不会有现在医院中普遍使用的 X 射线透视机和 X 射线电子计算机断层扫描;没有超声波的发现,就不会有现在医院中普遍使用的 B 超机. 医学与物理学的融合,不仅在生理学、影像诊断、核医学、放射治疗、加热治疗、放射防护领域,还深入到骨科、眼科、口腔、听觉、内分泌学等领域,可以说,物理学越来越快地向医学和生物学的各个方面渗透,物理学的一旦出现新进展,就会迅速在医学和生物学的发展中找到应用,并促进这些学科的发展,医学与物理学有着密切的联系.

怎样学好医用物理学

《医用物理学》是医学、药学、检验、预防等相关专业必修的基础课,学习《医用物理学》,可以提高医学、药学相关专业人员的科学素养,提高医学教育水平. 在学习《医用物理学》的过程中,既要学习物理学本身的基础知识,又要了解物理学的理论及技术在医学上的应用. 对于刚步入医药院校的大学生来说,要学好《医用物理学》,需要注意到以下几个方面.

1. 通过绪论课的学习,培养学习兴趣

绪论课是学习《医用物理学》的开始. 对于刚迈进高等医药院校的学生来说,"为什么要学习物理学,怎样学好物理学?"的问题并不十分清楚,在绪论课中就是要解决这些问题.

近百年来,物理学理论和技术对于医学发展有着巨大的推动作用,如 X 射线、激光、电子显微镜、核磁共振等技术为医学研究及临床应用提供了新的方法和手段,对现代生命科学的发展做出了突出的贡献. 可以说,没有物理学的支持就没有医学的今天,只有认识到物理学的重要性,才能有学习的兴趣,自觉地学好物理学.

2. 物理学的理论知识要联系医学应用的实例

医用物理学的学习要注重理论联系实际,在学习物理学基本原理的同时,一定要多联系具体与医学相结合的实例. 例如,在学习流体力学中的伯努利方程后,要理解人体内部血液流动的规律、血压的概念等;在学习表面张力之后,要理解呼吸过程中,肺泡内外的压强分布以及肺泡呼吸的原理;学习静电场时,要理解心电信号的形成过程,以及心电图的特征. 这些知识对于锻炼抽象思维和培养自学能力是必要的,也是认识和理解生命现象所必需的.

3. 要认真学习,灵活应用,不要死记硬背

物理学的公式、定理很多,对于某些基本的公式、定理,需要熟练记忆,这种记忆,也是在理解的基础上记忆，这是形成、改变学生整体知识、智能结构的重要组成部分. 而对于大量的复杂公式，并不一定要求死记硬背，在今后的学习和工作中需要时可通过查找有关参考资料获得. 比死记硬背更重要的是，通过学习掌握自己获取知识的能力和方法.

4. 及时复习整理，认真完成课后作业

及时对相似的概念、规律、公式进行归类、辨析、比较，了解确切内涵，防止其回忆时用一种知识代替另一种知识的现象. 课后作业是每章学习中要求重点掌握的内容，完成课后作业是巩固知识的重要环节，也是用以矫正学生不良学习方式的重要途径. 在完成老师布置的作业外，可根据自己的基础及知识的遗漏等情况，通过练习精心选择的题目，解决学习中的难点，以达到对所学知识的全面理解.

5. 认真实验，培养创新思维和动手能力

物理学是一门以实验为基础的学科，理论的正确与否需要实验去检验，实验也可以加深对理论的认识. 医学院校的物理实验是使学生学习实验误差理论的一些基本概念和处理方法，掌握最基本物理量的测量方法及基本物理实验方法，介绍物理学的测量仪器和测量手段在医学、药学临床及科研中的应用，尽可能多地接触现代化的仪器设备以及现代化的实验方法. 所以在物理实验课中，首先要端正对实验的认识，不是为了完成实验而实验，而是要变被动为主动，把一些模糊的理论内容，通过实验真正弄懂. 要注意理解实验原理，并注意培养实验设计方法、实验结果的分析能力和创新思维能力，从而提高实验素质.

总之，要学好医用物理学，就必须在学习中深刻体会到医用物理学在医学生今后工作中的重要意义，并且学会运用多种手段调动自己的学习兴趣和积极性，为后继课程打好基础，为今后的学习和工作做好铺垫，提高科学素养，成为 21 世纪高素质有作为的医药专业人才.

第 1 章 生物力学基础

图为人体标本图片. 图中人体标本是在室温状态下经过脱脂, 以丙酮替代组织中的脂肪成分而成. 用来表明生物力学主要的研究对象, 即人体的骨骼、软组织、血管和微血管、心、肺、肾和头颅的力学模型.

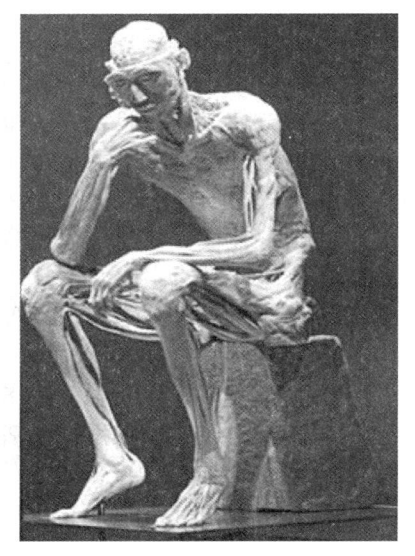

生物力学(biomechanics)是力学和生命科学的交叉科学, 它研究力作用的生物效应, 其研究领域包括人体运动学, 骨骼的力学性质, 各种软组织及血液等的流变性质, 血液在血管和微血管中的流动规律, 脉搏的传输规律, 心、肺、肾和头颅的力学模型等, 以及植物根茎中水分和养料的输送等方面. 由于研究的领域和范围不同, 现代生物力学又分为一般生物力学、人类工程生物力学、医学生物力学、运动生物力学、康复生物力学等学科. 生物力学对生命科学的发展, 对医学的基础研究和临床, 都有重要的科学价值和应用意义.

本章内容主要讨论在临床中应用生物力学所涉及的力学基础知识, 主要包括: 刚体的转动基础知识、弹性物体的基本知识等, 为进一步学习生物力学在医学中的应用打下基础.

1.1 刚体的转动

在研究物体的运动时, 把具有一定质量而几何形状和尺寸大小可以忽略不计的物体称为质点, 也就是说, 可将物体作为只有质量没有大小的点. 例如, 研究人造地球卫星的轨道时, 卫星的形状和大小对研究的问题无关紧要, 可将卫星看做一个质点. 然而, 当研究电动机转子的转动、天体的自旋、人体肢体的摆动、运动员在运动中身体的平衡等问题时, 物体的形状、大小往往起重要作用, 必须考虑它们的形状大小以及它们的变化. 为此, 提出 "刚体" 的理想模型, **在力的作用下, 物体的形状和大小都不变的物体称为刚体**(rigid body). 例如, 当研究人的肢体运动时, 肢体可简化为刚体.

刚体的实际运动可以分解为平动和转动, **平动**(translation)是指刚体上的任何一条直线在运动过程中都始终保持相同的方位, 如图 1-1(a)所示, 也就是说, 刚体在平动时, 其上的各点都具有相同的位移、速度和加速度. 所以, 刚体在平动时, 可以把它当成质点来处理. **转动**(rotation)是指刚体上的各点都绕同一条直线做圆周运动, 如图 1-1(b)所示, 这条直线称为**转动轴**(rotation axis). 转动轴固定不动的转动称为**定轴转动**(fixed-axis rotation).

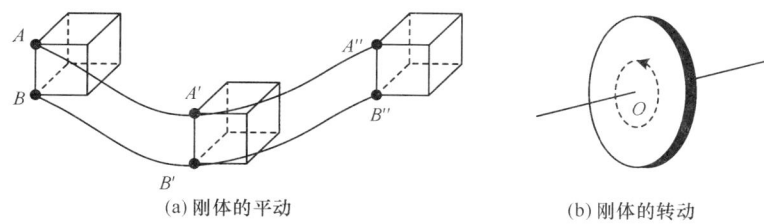

(a) 刚体的平动　　　　　　　　(b) 刚体的转动

图 1-1　刚体的平动和转动

在生物力学中，为了进行定量分析，通常将人体分成头，躯干，大腿、小腿、足，上臂，前臂，手等各个环节．人的各个环节可以运动，人体的姿势也可以改变，所以，严格地来讲，人体不是刚体．但由于人体的骨骼具有固定的形状，并借助肌肉的力量，将身体各部分维持一定的姿势，所以，在研究人体的平衡和运动时，通常都有条件地将人体作为刚体．人体的相关部分常绕各关节作转动，故在这里主要介绍刚体的转动，特别是定轴转动．

1.1.1　刚体定轴转动的描述

1. 角位移、角速度、角加速度

描述物体的平动时，一般采用线量，如位置、位移、速度、加速度等．当物体转动时，各质点的速度、加速度一般是不同的．但对于刚体来说，由于各质点的相对位置保持不变，在同一时间内转过的角度是一样的，所以描述物体的转动一般采用角量，如角位置、角位移、角速度、角加速度等．

当刚体绕某一固定转轴 AA' 转动时，如图 1-2 所示，在刚体中任选一点 P，过 P 作垂直于转动轴的平面，此平面称为 P 点的转动平面．转轴与转动平面交点为 O．选择 Ox 为参考方向，就可以用角量描述刚体的运动．

设 t 时刻 OP 连线与 Ox 夹角为 θ，即此时 P 点的角位置或角坐标为 θ．经过时间 Δt 后，到达 Q 点，此时它的角坐标为 $\theta+\Delta\theta$．很明显，Δt 时间内刚体转过的角度为 $\Delta\theta$，$\Delta\theta$ 称为这段时间内刚体的**角位移**（angular displacement），单位用弧度（rad）表示，弧度是一个没有量纲的纯数．对应于一个无限短时间 $\mathrm{d}t$ 内的角位移记为 $\mathrm{d}\theta$．角位移 $\mathrm{d}\theta$ 不但有大小，而且有方向，它是一个矢量，其方向由右手螺旋法则确定．方法是将右手大拇指与其余四只手指垂直，使四指按照转动的方向回转，此时大拇指的方向便是角位移 $\mathrm{d}\theta$ 的方向，即角位移的方向在转轴上，如图 1-3 所示．如果规定了转轴的正方向后，取向与转轴正方向一致的角位移为正值，反之，角位移便为负值．

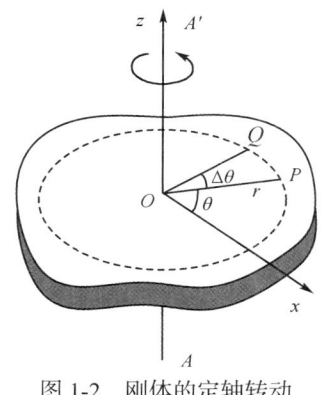

图 1-2　刚体的定轴转动

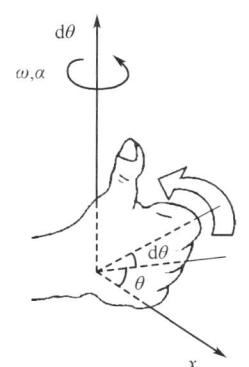

图 1-3　角位移矢量的方向

角速度(angular velocity)是描述刚体转动快慢的物理量,用ω表示. 比值$\Delta\theta/\Delta t$便是刚体在Δt时间内的平均角速度,当Δt趋于零时,$\Delta\theta/\Delta t$的极限值$\mathrm{d}\theta/\mathrm{d}t$称为刚体在$t$时刻的瞬时角速度

$$\omega=\lim_{\Delta t\to 0}\frac{\Delta\theta}{\Delta t}=\frac{\mathrm{d}\theta}{\mathrm{d}t} \tag{1-1}$$

角速度的单位为 rad·s^{-1}(弧度·秒$^{-1}$). 由于弧度没有量纲,故角速度的单位有时就用 s^{-1}(秒$^{-1}$)表示,有时也用 rad·min^{-1}或 r·min^{-1},即转数·分钟$^{-1}$表示. 角速度为矢量. 它的方向也是由右手螺旋法则确定. 如图 1-3 所示,即角速度的方向也在转轴上. 取向与转轴正方向一致的角速度为正值,反之,角速度便为负值.

如果角速度为常量,则为匀速转动;如果角速度不是常量,则为变速转动. 如果刚体在t时刻的角速度为ω,$t+\Delta t$时刻的角速度为$\omega+\Delta\omega$,则角速度增量$\Delta\omega$与时间间隔Δt的比值称为平均角加速度,用$\bar{\alpha}$表示,即$\bar{\alpha}=\Delta\omega/\Delta t$. 当$\Delta t$趋于零时,$\Delta\omega/\Delta t$的极限值$\mathrm{d}\omega/\mathrm{d}t$称为刚体在$t$时刻的瞬时角加速度(angular acceleration). 用α表示,即

$$\alpha=\lim_{\Delta t\to 0}\frac{\Delta\omega}{\Delta t}=\frac{\mathrm{d}\omega}{\mathrm{d}t}=\frac{\mathrm{d}^2\theta}{\mathrm{d}t^2} \tag{1-2}$$

角加速度是描写刚体转动角速度变化快慢的物理量,在国际单位制中,其单位为 rad·s^{-2}(弧度·秒$^{-2}$). 角加速度是矢量,其大小由式(1-2)决定,$\alpha>0$时,角加速度方向与转轴正方向相同,$\alpha<0$时,角加速度方向与转轴正方向相反.

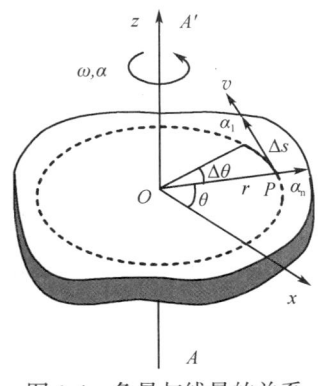

图 1-4 角量与线量的关系

2. 角量和线量的关系

角位移、角速度和角加速度是以角度为基础来衡量转动情况的物理量,统称为**角量**,而描述刚体内各质点做圆周运动的位移、速度和加速度等物理量,称为线位移、线速度和线加速度,则统称为**线量**. 设刚体作定轴转动,如图 1-4 所示,选取离转轴的距离为r的质点P,过P点作垂直于转轴的平面,与转轴相交于O点. 以O为中心的位置矢量r表示P点的位置,该质点在t时刻的线速度为v,线加速度为a;刚体转动的角速度为ω,角加速度为α.

刚体上质点运动走过的圆弧长度Δs与角位移$\Delta\theta$有如下关系:

$$\Delta s=r\Delta\theta \tag{1-3}$$

刚体上质点P的线速度v与刚体转动的角速度ω及P点的位置矢量r之间满足叉乘的关系,即

$$\boldsymbol{v}=\boldsymbol{\omega}\times\boldsymbol{r} \tag{1-4}$$

其大小为

$$v=r\omega \tag{1-5}$$

其方向按照右手螺旋法则确定,当四指从ω方向开始沿小于π的角度向r方向转动时,拇指所指的方向为角速度的方向. 关于矢量的运算法则详见"附录 A 矢量及其运算".

刚体上质点P的切向加速度为

$$a_\mathrm{t}=\frac{\mathrm{d}v}{\mathrm{d}t}=\frac{\mathrm{d}(r\omega)}{\mathrm{d}t}=r\frac{\mathrm{d}\omega}{\mathrm{d}t}=r\alpha \tag{1-6}$$

刚体上质点P的法向加速度为

$$a_n = \frac{v^2}{r} = r\omega^2 \tag{1-7}$$

刚体转动速度恒定的转动称为**匀速转动**，对于匀速转动，其角位移为

$$\theta = \theta_0 + \omega t \tag{1-8}$$

其中，θ_0 为初始角坐标.

刚体转动加速度恒定的转动称为**匀变速转动**，对于匀变速转动有

$$\omega = \omega_0 + \alpha t \tag{1-9}$$

$$\theta = \theta_0 + \omega t + \frac{1}{2}\alpha t^2 \tag{1-10}$$

其中，ω_0 为初始角速度.

研究刚体定轴转动时，要首先确定转轴的正方向，然后再确定转动角速度和角加速度的方向，角速度与转轴正方向一致时为正，相反时为负. 角速度增量 $\Delta\omega>0$ 时，角加速度为正，角加速度方向与转轴正方向一致；角速度增量 $\Delta\omega<0$ 时角加速度为负，角加速度方向与转轴正方向相反.

1.1.2 转动动能与转动惯量

1. 刚体定轴转动的动能

刚体转动时具有转动动能，一个刚体可以看成是由许多质点组成的，假设这些质点的质量分别为 Δm_1、Δm_2、$\cdots$、Δm_n，它们对应于转轴的距离分别为 r_1、r_2、$\cdots$、r_n. 设刚体以角速度 ω 绕定轴转动，则这些质点的动能的总和，就是这个刚体的转动动能. 因此，刚体的转动动能 E_k 为

$$\begin{aligned}E_k &= \frac{1}{2}\Delta m_1 v_1^2 + \frac{1}{2}\Delta m_2 v_2^2 + \cdots + \frac{1}{2}\Delta m_n v_n^2\\ &= \frac{1}{2}\Delta m_1 r_1^2 \omega^2 + \frac{1}{2}\Delta m_2 r_2^2 \omega^2 + \cdots + \frac{1}{2}\Delta m_n r_n^2 \omega^2\\ &= \frac{1}{2}(\Delta m_1 r_1^2 + \Delta m_2 r_2^2 + \cdots + \Delta m_n r_n^2)\omega^2\end{aligned}$$

或

$$E_k = \frac{1}{2}I\omega^2 \tag{1-11}$$

其中

$$I = \sum_{i=1}^{n} \Delta m_i r_i^2 \tag{1-12}$$

2. 转动惯量

与质点运动的动能公式 $E_k = \frac{1}{2}mv^2$ 相比较，式(1-11)中的角速度 ω 相当于质点运动的速度 v，而 I 则相当于质点运动中的质量 m，I 是一个衡量物体转动惯性的量. I 越大，物体获得一定的角速度所需的能量越多，把 I 称为刚体对定轴的**转动惯量**(rotational inertia). 转动惯量是刚体转动惯性的量度，转动惯量越大，刚体的转动惯性就越大.

一般物体的质量是连续分布的. 因此，转动惯量为

$$I = \int r^2 \mathrm{d}m = \int r^2 \rho \mathrm{d}V \tag{1-13}$$

式中，dV 表示 dm 的体积元，ρ 表示该处的密度，r 为此体积元与转轴之间的距离，在 SI 制中，转动惯量的单位为 kg·m^2.

由式(1-12)、式(1-13)可以看出，刚体的转动惯量决定于刚体各部分的质量对给定转轴的分布情况．即刚体的转动惯量与下列因素有关：①质量的大小；②质量的分布情况，即刚体的形状、大小和各部分的密度；③转轴的位置.

非连续刚体的转动惯量由求和法计算，连续刚体的转动惯量由积分法计算．若形状复杂，则需用实验测量.

人体转动惯量是人体惯性参数之一，而人体惯性参数是指人体整体和环节的质量、质心位置、转动惯量及转动半径等，它代表了一个种族的体态特征，被广泛地应用于体育、医学、康复以及航空航天、运输车辆等人机工程上．所以，人体转动惯量的研究一直受到科学工作者的重视．人体转动惯量可以使用非生命刚体转动惯量的定义和表达式进行描述，但是与非生命刚体又有不同，不能简单地用公式表明人体整体和各环节的转动惯量数值，它会受到许多因素的影响，例如，由于人体的运动造成人体或肢体的质量对转轴分布状态的改变；呼吸、血液循环导致体液的变化；密度不均匀等．目前，获取人体惯性参数的方法一般可分为尸体解剖法、活体测量法、数学模型法、物理模拟法等.

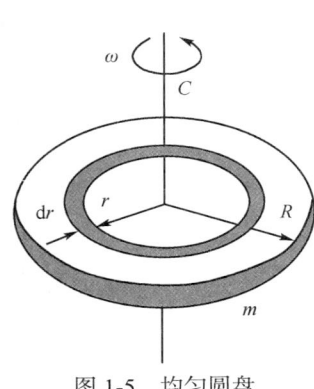

图 1-5　均匀圆盘

【例 1-1】　计算质量为 m，半径为 R 的均匀圆盘绕中心轴 C 的转动惯量.

【解】　均匀圆盘如图 1-5 所示，在离转轴 r 至 $r+$dr 处取一小环，面积为 d$s=2\pi r$dr，质量为 d$m=\sigma$ds，其中σ为圆盘的质量面密度，$\sigma = m/(\pi R^2)$．由转动惯量的定义

$$I = \int r^2 \mathrm{d}m = \int r^2 \cdot \sigma 2\pi r \mathrm{d}r = 2\pi\sigma \int_0^R r^3 \mathrm{d}r = 2\pi\sigma \frac{R^4}{4} = \frac{1}{2}mR^2$$

1.1.3　力矩刚体转动定律

1. 力矩

一个静止的刚体，在外力作用下是否会转动，不但与力的大小有关，而且与力的作用点及方向有关．在研究转动问题时需要引入力矩(moment of force)这一概念．力矩是改变转动物体的运动状态的物理量，力矩为矢量，在图 1-6 中，设外力 $\boldsymbol{F}$ 作用于刚体的 P 点，其矢径为 $\boldsymbol{r}$，定义力矩 $\boldsymbol{M}$ 为

$$\boldsymbol{M} = \boldsymbol{r} \times \boldsymbol{F} \tag{1-14}$$

其大小为

$$M = rF\sin\varphi = Fl \tag{1-15}$$

即力的大小与力臂(即力的作用线和转轴之间的垂直距离)的乘积，单位为 N·m．其方向由右手螺旋法则确定.

2. 转动定律

在图 1-7 中，刚体在力 $\boldsymbol{F}$ 的作用下绕垂直于纸面的 O 轴转动．当转动一小角 dθ 时，力所做的功等于力的作用点的位移 rdθ 乘以力在位移方向上分量 $F_1=F\cos\varphi$．即

$$\mathrm{d}W = F\cos\varphi \cdot r\mathrm{d}\theta = Fr\cos\varphi \mathrm{d}\theta = Fl\mathrm{d}\theta$$

式中，Fl 即力矩 M 的值，故可写成 $dW = Md\theta$，做功的结果将引起刚体动能的增加，则有

$$Md\theta = d(\frac{I\omega^2}{2})$$

若 I 在转动过程中不变，则有 $Md\theta = I\omega d\omega$，而 $\omega = d\theta/dt$，代入上式整理得

$$M = I\frac{d\omega}{dt} = I\alpha \quad (1\text{-}16)$$

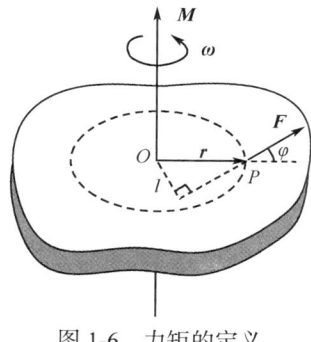

图 1-6 力矩的定义

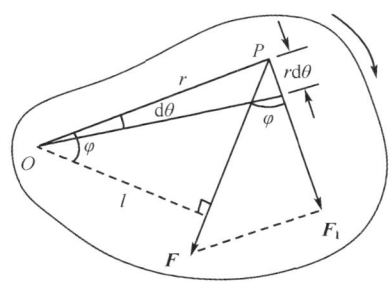

图 1-7 转动定律的推导

式 (1-16) 指出，**刚体的角加速度与作用的力矩成正比，与物体的转动惯量成反比**，这一定律称为**转动定律**，转动定律也可以写成矢量形式

$$\boldsymbol{M} = I\boldsymbol{\alpha} \quad (1\text{-}17)$$

刚体的转动定律相当于质点运动的牛顿第二定律，故也称为转动的牛顿第二定律.

1.1.4 角动量以及角动量守恒定律

刚体转动时，其内部任一质点都在做圆周运动，设某质点的质量为 m_i，到转轴的矢径为 $\boldsymbol{r}_i$，其线速度为 v_i，如图 1-8 所示，定义质点的动量 mv_i 与矢径 $\boldsymbol{r}_i$ 的乘积为该质点对圆心的**角动量**(angular momentum)，或动量矩，其大小为

$$L_i = m_i v_i r_i = m_i r_i^2 \omega \quad (1\text{-}18)$$

其单位为 $kg \cdot m^2 \cdot s^{-1}$，角动量是矢量，可以表示为矢径 $\boldsymbol{r}_i$ 与动量 mv_i 的矢积的形式

$$\boldsymbol{L}_i = \boldsymbol{r}_i \times m_i \boldsymbol{v}_i \quad (1\text{-}19)$$

其方向根据右手螺旋方向确定，与角速度的方向一致.

刚体的角动量为各质点角动量之和，其大小为

$$L = \sum_{i=1}^{n} L_i = \sum_{i=1}^{n} m_i r_i^2 \omega = \left(\sum_{i=1}^{n} m_i r_i^2\right)\omega = I\omega \quad (1\text{-}20)$$

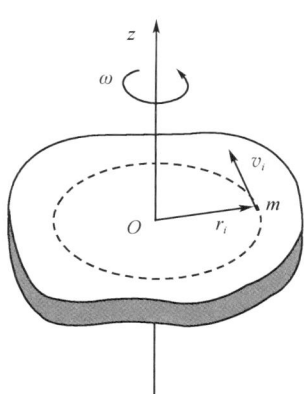

图 1-8 角动量的定义

上式表明，**刚体定轴转动的角动量等于其转动惯量与角速度的乘积**. 其矢量形式为

$$\boldsymbol{L} = I\boldsymbol{\omega} \quad (1\text{-}21)$$

如同牛顿第二定律 $\boldsymbol{F}=m\boldsymbol{a}$ 可以写成动量表示式 $\boldsymbol{F} = m\frac{d\boldsymbol{v}}{dt} = \frac{d(m\boldsymbol{v})}{dt} = \frac{d\boldsymbol{p}}{dt}$，转动定律 $\boldsymbol{M}=I\boldsymbol{\alpha}$ 也可以写成角动量式

$$\boldsymbol{M} = I\boldsymbol{\alpha} = I\frac{d\boldsymbol{\omega}}{dt} = \frac{d(I\boldsymbol{\omega})}{dt} = \frac{d\boldsymbol{L}}{dt} \quad (1\text{-}22)$$

上式表明，刚体对于某定轴所受的合外力矩等于刚体对于该轴的角动量随时间的变化率.

同样，与质点运动中的冲量相似，可以用**冲量矩**(moment of impulse)来表示力矩的时间累积效应. 冲量矩等于力矩和作用时间的乘积. 冲量矩也是矢量，其方向与力矩矢量方向一致. 由式(1-22)可知

$$M\mathrm{d}t = \mathrm{d}L \tag{1-23}$$

该式表示：转动刚体所受合外力矩的冲量矩等于在这段时间内它的角动量的增量，称为**角动量定理**(theorem of angular momentum).

由式(1-22)可以看出，当 $M=0$ 时，$\mathrm{d}(I\omega)=\mathrm{d}L=0$，则有

$$I\omega = 恒量 \tag{1-24}$$

式(1-24)表明，当刚体所受的合外力矩等于零时，其角动量保持不变，称为**角动量守恒定律**(law of conservation of angular momentum).

角动量是在18世纪在物理学中被定义和使用的，19世纪人们才把它看成是力学中最基本的概念之一，到20世纪，它成为和动量、能量同样重要的物理量. 因为角动量概念的提出与自然界中物体的转动有关，大到星系，小到电子、中微子都具有转动的特征. 角动量守恒定律在经典物理学、运动生物学、航空航天技术等领域中的应用已非常广泛. 角动量守恒是自然界最基本最普遍的规律之一.

人体的各个部分或整体都经常进行转动. 角动量定理和角动量守恒定律是分析人体转动的力学基础. 跳水运动员在角动量保持不变的条件下，转动惯量变小(即双臂收回团身)时，角速度必将增大，才可能在一定的时间内多翻圈数；芭蕾舞演员在旋转过程中突然把手臂收起来的时候，他的旋转速度就会加快.

1.2 物体的弹性

迄今为止，我们总把研究对象简化为"质点"或"刚体"这样的理想模型. 事实上，任何物体受力时，它的形状和大小都或多或少要发生改变，在许多问题中，这些改变不能不计. 研究物体在形状和大小发生改变时的力学问题，不仅在工程技术方面，而且在生物医学方面，都是十分重要的. 本节将介绍一些有关物体弹性的基本知识.

1.2.1 应变和应力

1. 应变

物体在外力作用下所发生的形状和大小的改变，称为**形变**(deformation). 在一定的形变限度内，去掉外力后物体能够完全恢复原状的，称为**弹性形变**(elastic deformation)，这种物体叫**弹性体**(elastic body). "弹性体"也是一种理想模型，不存在绝对的弹性体. 若外力超过某一限度后，去掉外力物体不再能恢复原状的，称为**塑(范)性形变**(plastic deformation). 较为常见的形变是长度、体积和形状三种改变. 为了表示各种形变的程度，引入应变(strain)这一概念，即物体受外力作用时，它的形状或体积大小的相对变化称为**应变**(strain).

1）线应变

图1-9表示直杆在竖直方向受力作用下发生拉伸或压缩形变. l_0 和 l 分别表示原长和形变后的长度，有 $\Delta l = l - l_0$，$\Delta l > 0$ 和 $\Delta l < 0$，分别称为杆的绝对伸长和绝对压缩. 它们还不能更好地反映形变程度. 我们用物体受到外力作用时，发生的绝对伸长（或压缩）与原长之比称为相对伸长（或压缩），又称为**线应变**（line strain），即

$$\varepsilon = \frac{l - l_0}{l_0} = \frac{\Delta l}{l_0} \tag{1-25}$$

式中，ε 为正或为负分别表示拉伸和压缩应变. 线应变能反映形变程度.

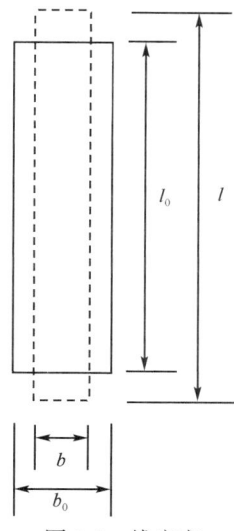

图1-9 线应变

直杆拉伸压缩时，还产生横向形变. 直杆沿轴向拉伸时，则横向收缩；直杆沿轴向压缩时，则横向膨胀. 设想直杆横截面是正方形，每边长为 b_0，横向形变后边长为 b，则横向相对形变或应变为

$$\varepsilon_1 = \frac{b - b_0}{b_0} = \frac{\Delta b}{b_0} \tag{1-26}$$

实验证明，对于大多数材料，ε_1 的绝对值比线应变 ε 的绝对值小 3~4 倍. 横向应变与纵向应变之比的绝对值称为泊松系数，现记作 μ

$$\mu = \frac{|\varepsilon_1|}{|\varepsilon|} \tag{1-27}$$

式中，μ 是描写物质弹性特征的物理量. 不可压缩材料 $\mu = 0.5$，其他材料 $\mu < 0.5$. 在生物力学中，人体四肢长骨密质骨的泊松系数约为 0.3，松质骨约为 0.2，颅骨为 0.19~0.2.

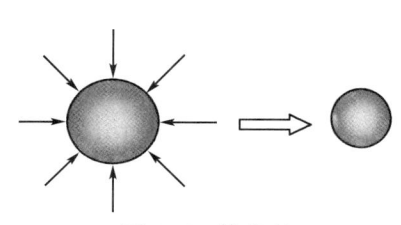

图1-10 体应变

2）体应变

如图1-10所示，如果物体受到压力时体积发生变化而形状不变，则体积的改变量 ΔV 与原体积 V_0 之比，称为**体应变**（volume strain），以符号 θ 表示，即

$$\theta = \frac{\Delta V}{V_0} \tag{1-28}$$

3）切应变

当物体受剪切力作用，使物体两个平行截面间发生相对平行移动时，产生只有形状变化没有体积变化的弹性形变，这种形变称为剪切形变. 所谓剪切力是指大小相等、方向相反而作用线平行的一对力（即力偶）. 如图1-11所示，长方形物体底面固定，其上下底面受到剪切力 F 作用，产生剪切（shear）. 虚线表示该物体在受力作用时产生的形变.

设两底面相对偏移位移为 Δx，垂直距离为 d，则剪切的程度以比值 $\Delta x / d$ 来衡量，即用平行截面间相对滑动位移与截面垂直距离之比描写剪切形变，称为

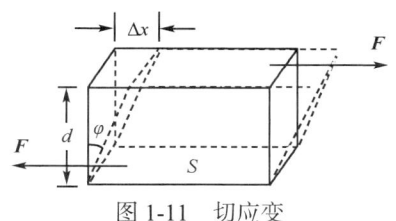

图1-11 切应变

切应变(shearing strain)，以 γ 表示，即

$$\gamma = \frac{\Delta x}{d} = \tan\varphi \tag{1-29}$$

若变形很小，则 $\tan\varphi \approx \varphi$，故切应变可表示为

$$\gamma = \varphi \tag{1-30}$$

以上三种应变都是无量纲的，没有单位．它们只是相对地表示形变的程度，而与原来的长度、体积或形状都没有关系．

4) 应变率

应变率是应变随时间的变化率，即单位时间内增加或减少的应变，它描述的是变形率．其单位为 s^{-1}．

2. 应力

物体由大量分子、原子组成．物体的弹性和分子或原子间的作用力有关．当物体受到外力作用而发生变形时，其内部各质点的相对位置要发生变化，不受外力时各质点的原有相互作用力也发生改变，这个因为外力作用而引起的质点之间内力的改变量，就是弹性体力学中所研究的内力，此力即为物体内任意相邻的宏观部分之间存在着相互作用且大小与外力相等的弹性力，此力使物体具有恢复原状的趋势．我们用分布在物体某截面上的弹性力(F)与截面积(S)的比值作为恢复趋势的定量表示，称为**应力**(stress)，即

$$应力 = \frac{F}{S} \tag{1-31}$$

其单位是 $N \cdot m^{-2}$，称为帕斯卡(Pascal，Pa)，也常用千帕(kPa)、兆帕(MPa)和吉帕(GPa)．

对应上面三种应变，有以下三种形式的应力．

1) 正应力

对于横截面线度远小于其长度的直杆，当杆上受到的一对平衡外力的作用线与杆的轴线相重合时，杆的主要变形是纵向伸长或缩短．在拉伸应变的情况下(图 1-12)，应用截面法假想地将杆截分为两部分，取左边部分为分离体，则杆上任意截面 m-m 上的内力(是横截面上分布内力系的合力，即弹性力)为 $F=P$(轴向拉力)．设杆的横截面的面积为 S，则

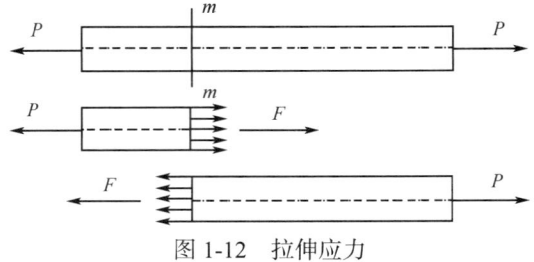

图 1-12 拉伸应力

$$\sigma = \frac{F}{S} \tag{1-32}$$

式中，σ 称为假想截面 S 上的**拉伸应力**(tensile stress)(张应力)．如果杆两端受到的不是拉力而是压力，它的长度缩短，拉伸应力为负值，亦称为**压应力**(compressive stress)．拉伸应力或压应力统称为正应力．

2) 体应力

当物体在外力作用下发生体积变化时，如果物体是各向同性的，则其内部在各个方向

的截面上都有同样大小的压应力,或者说具有同样的压强,称为**体应力**(volume stress). 因此体积变化的体应力可以用压强来表示. 即

$$p = \frac{F}{S} \tag{1-33}$$

3) 切应力

当发生切应变时(图 1-11),物体上下两个底面受到与底面平行但方向相反的外力的作用. 物体中的任一与底面平行的截面将把物体分成上下两部分,上部分对下部分有一与上底面的外力大小相等、方向相同的力的作用,而下部分对上部分则有一与此外力大小相等、方向相反的力的作用. 它们都是与截面平行的剪切力. 剪切力 F 与截面 S 之比,称为**剪(切)应力**(shearing stress). 剪(切)应力也称为**切应力**,以符号 τ 表示. 有

$$\tau = \frac{F}{S} \tag{1-34}$$

由剪切试验测得剪切强度极限 τ_b,取恰当的安全系数 n,得到许用切应力 $[\tau]$

$$[\tau] = \frac{\tau_b}{n} \tag{1-35}$$

此时剪切的强度条件为

$$\tau = \frac{F}{S} \leqslant [\tau] \tag{1-36}$$

在骨科临床上常见剪切骨折,特别是在四肢长骨骨折内固定时,固定件上预压钢板的螺钉受剪切,应对该螺钉进行强度校核.

应注意,应力是矢量,在一般情况下,它既不垂直于截面,也不与截面相切,而和截面成某一角度,并且截面上各点的应力也不一定相等,因此通常将应力分解,使物体同时受到切应力和正应力作用.

1.2.2 弹性模量

1. 弹性与塑性

物体发生形变而产生的应力与应变的关系反映了材料在受力状态下的性质. 因此常需要通过测定材料的应力与应变曲线来研究材料的性质. 不同材料的应力-应变曲线不同, 以工程材料为例,低碳钢的拉伸试验所表现的应力与应变之间的关系最具有典型意义,低碳钢的应力-应变曲线如图 1-13 所示,应力是拉伸应力,应变是拉伸应变.

1) 弹性阶段

在 Ob 阶段,材料的变形是弹性的,即材料受外力后的变形在卸去外力后完全消失,b 点称为**弹性极限**(elastic limit). 其中的 Oa 为直线,a 点是应力与应变成正比的最高限,a 点对应的应力称为材料的**正比极限**(proportional limit),**在正比极限内应力与应变成正比,这一规律称为胡克**(R. Hooke)**定律**,不同材料其比例系数也不

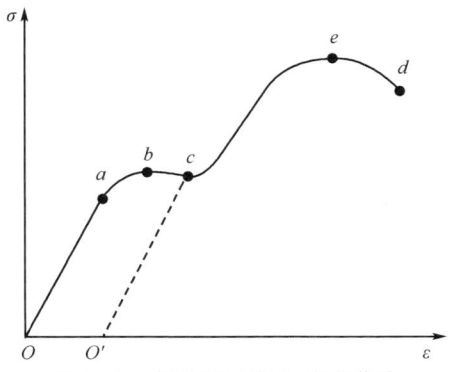

图 1-13 低碳钢的应力-应变曲线

同. 由 a 点到 b 点,随着应力的增大,应变也随着增加,这时应力与应变不再成正比,但是除

去外力后，材料可沿着原曲线返回，恢复原来的长度，形变消失.

2) 屈服阶段

当应力到达 b 点后，在 bc 阶段，应力不再增加，仅有微小波动，而应变急剧增长，材料从 b 到 c 点暂时失去了抵抗变形的能力，这时除去外力后，应变不会变为零，材料不会沿实线返回，而是沿虚线返回，存在剩余形变 OO'，即存在卸载后不能消失而残留下来的永久形变(塑性形变). bc 阶段称为屈服阶段，相应于屈服点 b 点的应力称为材料的**屈服极限**. 屈服极限是衡量材料强度的重要指标.

3) 强化阶段

从屈服终止点 c 点继续增大外力，应变也有较大的增加直到最高点 e 点，此时材料不发生断裂，这种现象称为材料的强化，ce 段称为强化阶段. e 点的应力称为**强度极限**，是材料能承受的最大应力，是衡量材料强度的另一重要指标.

4) 颈缩阶段

应力达到 e 点，材料的变形开始集中于某一小段范围，横截面面积出现局部迅速收缩，即"颈缩"现象. 直至 d 点材料被拉断，把 d 点称为**断裂点**(fracture point). 断裂点的应力称为被试材料的**抗张(拉)强度**(tensile strength)，在做压缩实验时，断裂点的应力称为**抗压强度**(compressive strength). 如果材料的断裂点 d 离弹性极限 b 点较远，即材料能产生较大的塑性形变，则说这种材料具有塑性(或展性)；如果断裂点 d 离弹性极限点 b 很近，则说这种材料具有脆性. 可以应用伸长率 δ 来衡量材料的塑性，

$$\delta = \frac{l - l_0}{l_0} \times 100\% \tag{1-37}$$

式中，l_0 为试件原长，l 为拉断后的长度. 当材料的 $\delta \geq 5\%$ 时，称其为**塑性材料**，如碳钢、各种铝合金等；$\delta < 5\%$ 为**脆性材料**，如铸铁、人骨等.

低碳钢压缩的应力-应变曲线与拉伸时的应力-应变曲线基本相同，区别是强度极限后应力增大，材料被压扁，而不是断裂.

脆性材料在拉伸时的应力-应变曲线一般不存在直线段，图 1-14 是铸铁的拉伸 σ-ε 曲线. 该曲线中绝大部分近似直线，使其符合胡克定律. 衡量脆性材料强度的唯一指标是材料的强度极限.

骨是典型的生物材料之一，按延伸率来分类，骨属于脆性材料. 图 1-15 是湿润而致密的成人肱骨、桡骨和腓骨的 σ-ε 曲线. 从图中可观察到曲线上有直线段或接近于直线的段，表明在单向受力的情况下，当应变小于 0.5% 时，应力与应变的关系符合胡克定律；当应变大于 0.5% 时直线逐渐变成曲线，表明增加应力所产生的应变比弹性体大得多；当应变等于 1.5% 左右时曲线突然停止，这相应于骨断裂.

生物材料一般都不服从胡克定律. 图 1-16 是主动脉弹性组织的应力-应变曲线，该曲线与橡胶(纯弹性体)的应力-应变曲线类似，曲线上没有直线部分，材料可以产生大的弹性变形，弹性极限十分接近断裂点，也就是说，该类组织能伸长到几乎接近断裂点，而不致造成塑性形变，只要它没有被拉断，在外

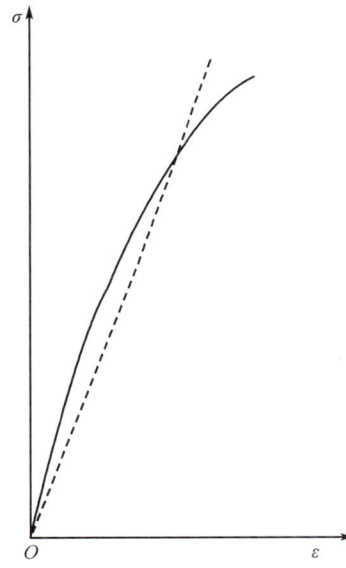

图 1-14 脆性材料的 σ-ε 曲线

力消失后都能恢复原状. 此类生物材料产生很大弹性变形的原因是材料由杂乱无章、彼此松散连接的分子构成, 在正常情况下, 这些分子盘绕起来, 受到拉力作用时, 这些分子不再盘绕, 从而极大地增加它的长度. 当拉力消除后, 分子又恢复到原来的结构状态, 即恢复到原状.

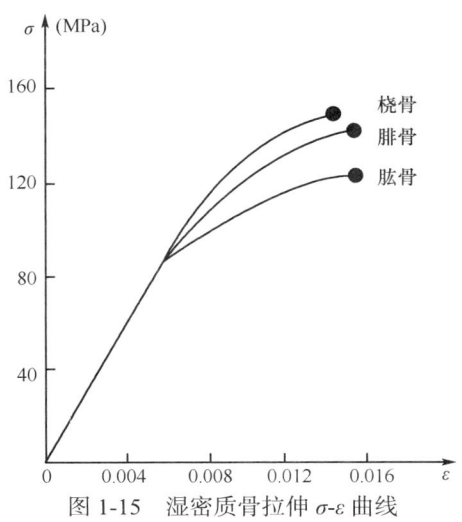

图 1-15 湿密质骨拉伸 σ-ε 曲线

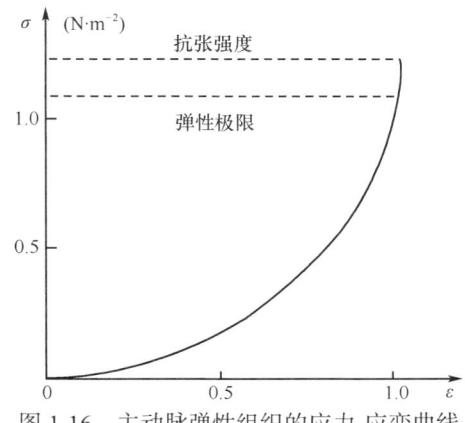

图 1-16 主动脉弹性组织的应力-应变曲线

2. 弹性模量

从应力-应变曲线上可以看出, **在正比极限范围之内, 应力与应变成正比, 这一规律称为胡克定律**. 对于不同的材料, 可以有不同的比例系数. 某一材料的应力和应变的比值, 称为该材料的**弹性模量**(modulus of elasticity). 弹性模量的单位为 $N \cdot m^{-2}$.

1) 杨氏模量

在长变的情况下, 在正比极限范围内, 拉伸应力与拉伸应变之比或压应力与压应变之比, 称为杨氏模量(Young modulus), 用符号 Y 表示. 杨氏模量是描写材料本身弹性的物理量, 由式(1-38)可知, 应力大而应变小, 则杨氏模量较大; 反之, 杨氏模量较小. 杨氏模量反映材料对于拉伸或压缩变形的抵抗能力. 对于一定的材料来说, 拉伸和压缩的杨氏模量不同, 但通常二者相差不多, 这时可认为两者相同. 表 1-1 列出了几种常见材料的杨氏模量.

$$Y = \frac{\sigma}{\varepsilon} = \frac{F/S}{\Delta l / l_0} = \frac{l_0 F}{S \Delta l} \tag{1-38}$$

人类骨骼坚硬, 骨的拉伸压缩形变不大时, 亦可用杨氏模量描述其弹性性质.

【**例 1-2**】 设某人的一条腿骨长为 0.5m, 横截面积平均为 6cm², 试求用此骨支持整个体重(约 65kg)时, 其长度缩短多少? 占原长的百分之几(骨的杨氏模量为 $0.9 \times 10^{10} N \cdot m^{-2}$)?

【**解**】 由 $Y = \dfrac{l_0 F}{S \Delta l}$, 得 $\Delta l = \dfrac{l_0 F}{SY} =$

$\dfrac{(0.5\text{m})(65\text{kg} \times 10\text{m} \cdot \text{s}^{-2})}{(6 \times 10^{-4}\text{m}^2)(0.9 \times 10^{10}\text{N} \cdot \text{m}^{-2})} = 6.0 \times 10^{-5}\text{m}$

表 1-1 常见材料的杨氏模量

物质	杨氏模量 $Y(10^9 N \cdot m^{-2})$
铝	70
骨(拉伸)	16
砖	20
熟铁	190
钢	200
木材	10
腱	0.02
橡胶	0.001
血管	0.002

注: 上表所列仅是每种材料的代表值, 对某一个特定的样本可能得出很不相同的数值

$$\frac{\Delta l}{l_0} = \frac{6.0 \times 10^{-5} \text{m}}{0.5 \text{m}} = 1.2 \times 10^{-4}$$

2) 体变模量

在体积形变的情况下，在一定的弹性范围内，压强 p 与体应变 θ 成正比. 压强与体应变的比值，称为**体变模量**(bulk modulus)，以符号 K 表示

$$K = \frac{-p}{\theta} = -\frac{p}{\frac{\Delta V}{V_0}} = -V_0 \frac{p}{\Delta V} \tag{1-39}$$

式中，负号表示体积缩小时压强是增加的. 体变模量的倒数，称为**压缩率**(compressibility)，记为 k

$$k = \frac{1}{K} = \frac{\Delta V}{pV_0} \tag{1-40}$$

物质的 k 值越大，越容易被压缩.

3) 切变模量

在剪切情况下，在一定的弹性范围内，切应力与切应变成正比. 切应力 τ 与切应变 γ 的比值称为**切变模量**(shear modulus)，以符号 G 表示

$$G = \frac{\tau}{\gamma} = \frac{F/S}{\varphi} = \frac{Fd}{S\Delta x} \tag{1-41}$$

大多数金属材料的切变模量约为其杨氏模量的 $1/2 \sim 1/3$. 切变模量也叫刚性模量.

1.2.3 弹性势能

在弹性限度内，物体由于在外力作用下发生了弹性形变，物体各部分之间存在着弹性力的相互作用而具有的势能称为**弹性势能**(elastic potential energy). 例如，被压缩的气体、拉长或压缩了的弹簧都具有弹性势能. 确定弹性势能的大小需选取零势能的状态，一般选取物体未发生任何形变，而处于自由状态的情况下其弹性势能为零. 弹力对物体做功等于弹性势能增量的负值，即弹力所做的功只与物体在起始状态和终了状态的弹性形变有关，而与形变过程无关.

现在以拉伸一长为 l_0、横截面积为 S 的均匀直棒产生形变时为例来推算一下弹性体的弹性势能公式. 设棒受拉力作用伸长到 l，如果不考虑其横截面积的改变，则由式(1-38)可知

$$Y = \frac{\sigma}{\varepsilon} = \frac{F/S}{(l-l_0)/l_0} = \frac{l_0 F}{S\Delta l}$$

所以 $F = YS(l-l_0)/l_0$，外力 F 将棒拉伸 dl 时所做的元功用 dA 表示，则 $dA = Fdl$，外力 F 将棒由 l_0 拉长到 l 时做的总功应为上式的积分

$$A = \int dA = \int Fdl = \int_{l_0}^{l} \frac{YS}{l_0}(l-l_0)dl$$

$$A = \frac{1}{2}\frac{YS}{l_0}(l-l_0)^2 = \frac{1}{2}\frac{YS}{l_0}\Delta l^2 \tag{1-42}$$

对于一定的材料来说，Y、l_0、S 均为常量，令

$$k = \frac{YS}{l_0} \tag{1-43}$$

k 称为弹性物体的力常数或劲度系数. 将 k 代入式(1-33), 得

$$A = \frac{1}{2}k\Delta l^2 \tag{1-44}$$

规定未变形时为势能零点, 则外力所做的功全部转变为棒的弹性势能, 用 E_p 表示弹性势能, 则有

$$E_p = \frac{1}{2}k\Delta l^2$$

或

$$E_p = \frac{1}{2}Y(\frac{\Delta l}{l_0})^2 Sl_0 \tag{1-45}$$

式中, $\Delta l / l_0$ 为应变, Sl_0 为棒未变形时的体积 V, 称单位体积内的弹性势能为**弹性势能密度**. 用 ω_p 表示, 即

$$\omega_p = \frac{1}{2}Y(\frac{\Delta l}{l_0})^2 = \frac{1}{2}Y\varepsilon^2 \tag{1-46}$$

同理, 可以求出在切变或体变情况下的弹性势能密度, 分别用 ω_G 和 ω_K 表示, 则可得

$$\omega_G = \frac{1}{2}G(\frac{\Delta x}{d})^2 = \frac{1}{2}G\varphi^2 \tag{1-47}$$

$$\omega_K = \frac{1}{2}K(\frac{\Delta V}{V_0})^2 = \frac{1}{2}K\theta^2 \tag{1-48}$$

即物体发生弹性形变时, 其弹性势能密度为弹性模量与应变平方的积的二分之一.

1.3 骨的力学特性

骨是有生命的器官, 能够再生和自我修复. 从力学角度看, 骨是人体受力的主要载体. 人体骨骼系统由 206 块骨组成, 按部位分类可分为颅骨、躯干骨和四肢骨; 按形状分类可以分为长骨(如胫骨、股骨)、短骨(如腕骨、跗骨)、扁骨(如颅骨中的枕骨、顶骨)、不规则骨(如椎骨). 这些形状不同的骨是经过长期自然演变的结果, 以尽可能少的材料承受尽可能大的外力, 并具有良好的功能适应性. 骨折是常见的临床疾病, 研究骨折经常使用强度与刚度的概念, 强度是指在载荷作用下抵抗破坏的能力, 这种破坏通常是指骨的断裂或产生了过大的塑性变形. 刚度表示在载荷作用下抵抗变形的能力, 骨的这两种最基本的物理性能取决于它的成分和结构.

1.3.1 骨的成分

骨的成分是有机质、无机盐和水. 在干骨中有机质占重量的 35%, 无机盐占 65%, 但在湿骨中, 有机质约占其重量的 22%, 无机盐占 46%, 水占 32%.

骨内的有机物包括胶原纤维、无定形基质及四种骨组织细胞. 四种骨组织细胞: 骨祖细胞、成骨细胞、骨细胞和破骨细胞. 这四种细胞在不同的生物力学环境中能相互转化, 互相配合而吸收旧骨质, 产生新骨质.

骨内无机盐的主要成分是羟基磷灰石. 羟基磷灰石$[Ca_{10}(PO_4)_6(OH)_2]$是很小的针状结晶体, 其长度约为 4nm, 沿着胶原纤维轴向排列. 骨是由胶原纤维和羟基磷灰石组成的复合材料, 羟基磷灰石非常坚硬, 它沿轴向的弹性模量为 165GPa, 与钢的弹性模量 200GPa 相近; 胶原纤维不严格服从胡克定律, 其纵向弹性模量为 1.24GPa, 因此, 骨的弹性模量

介于羟基磷灰石和胶原纤维之间. 骨的力学性质比两者都好,因为柔韧的胶原纤维可阻止硬材料的脆性断裂,而坚硬的羟基磷灰石又可阻止软材料的屈服. 同时,无机盐具有较大的抗压强度,而胶原则具有较大的抗张强度(表 1-2),两种成分结合成骨以后的强度和金属差不多. 这和钢筋混凝土的原理是一样的. 混凝土本身的抗张强度低,但抗压强度却很强. 在混凝土内埋入钢筋,就可以大大增强它的抗张强度了.

1.3.2 骨的材料力学性能

由于骨具有特殊的成分和结构,与其他工程材料相比具有其特点.

第一个特点:骨是一种有生命的材料,首先,骨的生长、发育、再造和吸收与其力学环境密切相关. 为了适应不断变化的力学环境,骨在不断地进行结构的优化和适应性改变. 例如,骨的空心结构使骨具有最大的强度、最省的材料、最轻的重量;应力对骨的改变、生长和吸收起着调节作用,每一块骨都对应一个最适宜的应力范围,应力过高和应力过低都会使骨逐渐萎缩. 其次,骨的状态也影响其力学性质,例如,新鲜骨和经过干燥、部分脱水后的干骨相比,拉伸、压缩强度、弹性模量等参数都不同. 干骨应变达到 0.4%一般就被破坏了,而新鲜骨的破坏应变可达 12%. 此外,骨的强度、弹性模量还与年龄、性别和病理等因素有关.

表 1-2 骨及其成分的杨氏模量和强度

		杨氏模量(10^{10}N·m^{-2})	强度(10^7N·m^{-2})
压缩	密质骨	1.02	12.7
	无机盐成分	0.64	4.4
	胶原蛋白成分	<0.001	0.01
拉伸	密质骨	2.24	9.8
	无机盐成分	1.66	0.5
	胶原蛋白成分	0.02	0.7

第二个特点:骨是由胶原纤维和羟基磷灰石组成的非均匀的、各向异性的复合材料,是典型的非线性弹性体. 在不同部位,即使在同一部位的不同方向,骨的力学性能都有很大的差别.

但是与其他生物材料相比,骨的力学性能更接近于工程材料,因此,工程学方法常可以应用于分析骨的力学性能. 目前,骨实验生物力学的测试技术主要有电测法和光测法. 电测法灵敏度和精确度高,可直接用于现场和模拟测量,但它不能得到应力分布的全貌;光测法是一种全场性测量法,可以了解到所测骨组织内应力(或位移)分布的全貌,获得图像信息. 在骨的力学分析中常应用有限元分析方法,可用于骨骼系统的应力分布分析,骨内外固定系统的力学研究,以及人工假肢的设计和优化.

骨是人体内最主要的承载组织,人体骨骼受力形式多种多样,骨所承受的外力来自于自身重力,即地球引力、肌群收缩力、肌张力、外力和各种运动产生的力等. 可将骨骼的受力分为拉伸、压缩、弯曲、剪切、扭转和复合载荷六种. 以下介绍这些基本受力方式.

1. 骨的拉伸与压缩

拉伸与压缩载荷是施加于骨表面大小相等、方向相反的载荷. 例如,人在做悬垂运动或者举重时,四肢长骨就是受到这种载荷的作用. 骨骼在拉伸载荷作用下可伸长并变细甚至发生骨断裂,骨断裂的机制主要是骨单位间结合线的分离和骨单位的脱离. 临床上拉伸所致骨折多见于骨松质. 然而, 骨骼最经常承受的载荷是压缩载荷, 压缩载荷所致的骨折常见于椎体, 同时压缩载荷也能够刺激骨的生长, 促进骨折愈合, 较大压缩载荷作用能够使骨缩短和变粗. 骨组织在压缩载荷作用下破坏的表现主要是骨单位的斜行劈裂.

骨的拉伸、压缩力学性质受到年龄、性别、取材、部位和方向、干骨、湿骨、加载速度等因素的影响.

2. 骨的剪切

在与骨骼横截面平行且大小相等、方向相反、相距很近的一对载荷的作用下, 骨会产生剪切形变, 在剪切面上产生切应力和切应变. 例如, 人体运动小腿制动时, 股骨髁在胫骨平台上的滑动产生切应力. 人的骨骼所能承受的剪切载荷比拉伸和压缩载荷低得多. 骨的剪切性质也同样受诸多因素影响, 例如, 湿骨的剪切强度大于干骨.

3. 骨的弯曲

在医学上, 弯曲是引起骨折的重要原因之一. 骨骼受到使其轴线发生弯曲的载荷作用时, 将发生弯曲效应. 骨骼弯曲实验的标准试样的横截面多为矩形, 类似于横梁, 因此, 现在以一横梁为例讨论弯曲应力问题. 如图 1-17 所示, 取一段横梁, 在其中部加一足够大的垂直外力 F, 横梁即可发生弯曲, 若把横梁分成若干层, 就可以找到一个中间层, 在中间层凸侧面的各层被拉伸, 越下层的拉伸应变越大, 拉伸应力也越大; 而中间层凹侧面的各层则被压缩, 越上层压应变越大, 压应力也越大. 各层的应变不同, 与之对应的应力也不同, 中间层的应力为零. 拉伸部分的最大拉伸应力在最下层, 而压缩部分的最大压应力

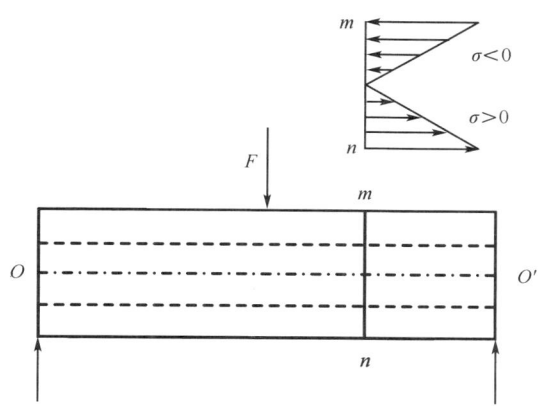

图 1-17 弯曲载荷应力示意图

在最上层. 当此最大拉伸应力超过抗张强度或此最大压应力超过抗压强度时, 即有可能出现断裂. 对成人骨骼, 破裂开始于拉伸侧, 这是因为成人骨骼的抗拉能力比抗压能力差, 而未成年人骨则首先自压缩侧破裂. 由于中间层附近各层的应变和应力都比较小, 它们对抗弯所起的作用不大, 因此, 在保证抗弯强度的情况下, 可以采用中空材料来代替实心材料以节省材料和减轻重量, 例如, 用空心管代替实心柱, 用工字梁代替方形梁. 许多生物的骨骼结构是管状的, 例如, 天鹅的翅骨内径与外径比为 0.9, 横截面积只是同样强度的实心骨骼的 38%. 人的股骨内外径之比为 0.5, 横截面积为同样抗弯强度实心骨的 78%.

4. 骨的扭转

载荷(扭矩 M)加于骨骼并使其沿轴线产生扭曲时即形成扭转变形, 例如, 当人体头部或躯体扭转时, 颈椎、腰椎等受到扭矩的作用. 现以圆杆为例, 如图 1-18 所示, 在圆杆两端加载力偶矩(注: 力偶指大小相等、方向相反, 但作用线不在同一直线上的一对力, 它

们对于任意点的力矩为常量,称为力偶矩),则在任意假想横截面 m-n 上分布的内力系构成力偶矩,称为扭矩,其大小等于 M. 任意两个横截面之间的相对角位移 φ 称为扭转角. 扭转载荷使横截面每一点均承受切应力作用,切应力的数值与该点到中心轴的距离成正比,越靠近中心轴的层,切应变越小,越外层的切应变越大,在中心轴上切应变为零,切应力亦为零. 从抗扭转性能来看,由于靠近中心轴的各层作用不大,因此在保证抗弯强度的情况下,常用空心管代替实心柱,既可以节省材料,又可以减轻重量.

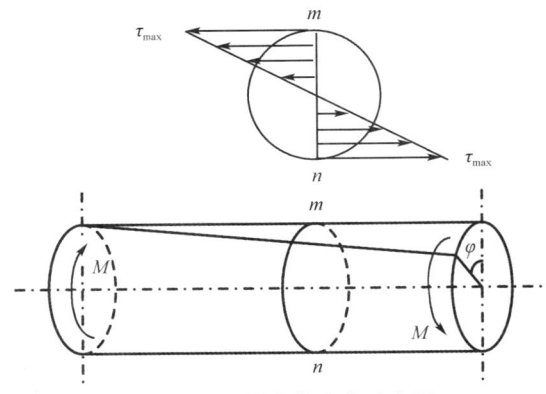

图 1-18 扭转载荷应力示意图

扭转的程度可用扭转角来说明. 理论和实验都表明,在一定的弹性范围内,圆杆或圆管的扭转角度是和所加的力矩成正比的. 扭转角度超过某一数值时,物体就会断裂. 表 1-3 列出了有关人体的四肢骨的断裂力矩和相应的扭转角度.

表 1-3 人骨的扭断力矩和扭断角

骨		扭断力矩(N·m)	扭断角(rad)
下肢	股骨	140	0.026
	胫骨	100	0.059
	腓骨	12	0.623
上肢	肱骨	60	0.103
	桡骨	20	0.269
	尺骨	20	0.265

实验表明骨的抗扭性能较差,过大的扭转载荷很容易造成扭转性骨折. 密质骨的抗压性能力最好,抗拉性能其次,抗剪切性能最差. 松质骨与密质骨相比,它的拉伸、压缩及剪切等强度均小得多.

实际上作用于人体骨骼上的载荷很少是一种,往往是上述两种或更多种载荷的复合作用. 骨折绝大部分是由复合载荷引起的.

5. 骨的疲劳损伤

骨是人体承担力学功能的器官,人体在运动过程中,骨骼会反复受力,当这种反复作用的力超过某一生理限度时会使骨组织受到损伤,这种循环载荷下造成骨的损伤称为疲劳损伤. 实验表明,疲劳可引起骨的强度、刚度、韧性等各个力学参数逐渐下降以至完全丧失. 疲劳寿命随载荷增加而减少,随温度升高而减小,随密度增加而增加. 骨疲劳损伤的实质是骨基质上产生比典型裂纹更小的裂纹,此种裂纹也可能出现在胶原和羟基磷灰石晶体水平,但骨能对基质损伤进行修复,即对损伤区的骨质吸收,然后替换新骨质,但是,自行修复的能力也是有一定限度的. 过度疲劳会导致永久性的骨损伤,持续而剧烈的活动会造成疲劳骨折. 大量的疲劳实验表明,骨疲劳损伤发展的过程同工程上的复合材料相同,即经历了分层、失黏、基体发生微裂纹、裂纹扩展、纤维破坏断裂、空洞形成和扩大、基体开裂等一系列的破坏过程.

6. 骨的抗冲击性能

在冲击载荷作用下,骨产生损伤的程度和损伤的形式一方面取决于冲击载荷的能量大小,另一方面取决于冲击载荷的作用时间. 冲击能量越大,冲击时间越短,造成骨的损伤越严重. 例如,当一颗高速飞行的子弹打入头颅,尽管子弹具有很大的动能,但在穿入头颅骨的过程中动能被大量吸收,时间也较长,其结果只将头颅骨打穿一个洞而不产生骨折;但是,用一钝器猛击头部会使颅骨破碎,这是因为在颅骨表面冲击时间很短,冲击能量来不及被吸收. 骨抗冲击能力的大小还与骨的结构有关,例如,头颅骨抗冲击能力要比长骨高 40%左右,其原因一方面在于颅骨为扁骨,内外表面是密质骨骨板,中间一层海绵骨,具有吸收冲击能的作用;另一方面颅骨呈薄壳状结构,具有良好的承受外部载荷的能力. 活体中的骨的抗冲击能力还与骨周围的肌肉、皮肤、内脏器官组织等的影响有关.

7. 骨的断裂韧性

断裂韧性(fracture toughness)是指某种材料阻止裂纹扩展的能力,用以描述材料抵抗脆性破坏的能力. 当骨因受到某种损伤或内在的孔洞、缺陷而存在裂纹时,就有必要考虑裂纹对骨强度以及骨的抗裂能力的影响.

总之,骨作为有生命的器官组织,其各种力学性能存在着生物个体差异,与性别、年龄、种族以及健康状况等因素有关.

小 结

本章内容主要介绍刚体定轴转动,描述刚体转动的角量、线量及两者的关系,以及转动动能、转动惯量、转动定律及角动量守恒定律等;并以骨的力学特性为例着重介绍物体弹性的基本概念,包括形变、应变、应力、弹性模量以及弹性势能等,介绍了生物力学的基础知识,为以后的学习打下基础.

阅读材料

生物力学与力学生物学

生物力学(biomechanics)是解释生命及其活动的力学,是力学与医学、生物学等学科相互结合、相互渗透、融合而形成的一门新兴交叉学科. 如果没有生物力学,生物学和医学领域中的一些现象就不可能解释,一些问题也难以解决. 当然,在共同解决同一生物学或医学问题过程中,生物力学的理论和技术要求也极大地促进了生物医学工程学其他分支的发展. 正是在这种没有边界的合作中,生物力学才逐渐完善并发展起来.

20 世纪 90 年代以来,生物力学研究深入到细胞水平,应力-生长关系以及细胞力学行为如黏附与运动等成了研究的焦点,逐渐形成了一个新兴的交叉学科"力学生物学". 力学生物学是研究力学环境对生物体健康、疾病或损伤的影响,研究生物体的力学信号感受和响应机制,阐明机体的力学过程与生物学过程,如生长、重建、适应性变化和修复等之间的相互关系,从而发展有疗效的或有诊断意义的新技术、新方法和新装置. 力学生物学不仅追求新现象、新规律的发现,更重视发明和创造.

人体细胞的尺度在十几至几十微米之间,而细胞膜的厚度仅有几纳米至几十纳米,因此,常规的宏观力学加载方法和实验技术无法直接使用.但对于细胞力学来讲,其研究的关键则是取决于细胞的加载和实验技术.所以寻找合适的细胞加载方法和细胞变形及相关的生物学测量手段将是细胞力学所面临的首要问题.不同的细胞在研究过程中所需要的应力形式不同,加载的方式也不同.对单细胞加载的典型方式是微管吸吮技术和探压技术,其中前者应用比较成熟.由于试验条件的限制,多数研究的是对细胞群体进行加载.在对多细胞进行力学加载的试验中,适宜产生剪切应力的加载方式是流变学加载,其中又以流动小室加载技术应用最广.适宜产生正应力的加载方式是基底应变加载技术.将这两种加载技术配合起来使用,可以模拟大多数人体细胞实际受力情况.

DNA 分子手术是指以机械方法和力学原理为基础,利用纳米操纵技术(如原子力显微镜技术),希望达到对单个 DNA 分子进行定位的切割、移动、折叠、修饰、缝合、导入等,能够实现自然或者常规分子生物学方法无法实现的操作.最近几年,利用原子力显微镜操纵纳米颗粒、纳米碳管的技术日渐成熟.但是,针对生物分子的纳米操纵,还存在诸多问题.生物分子与原子力显微镜针尖的相互作用就比较复杂,其精确度难控;加上缺乏对生物分子力学性质的研究基础,使得操控时力学量的控制与选择也比较困难.其中,DNA 分子在外力作用下如何相变、断裂以及折叠,既是一个纳米生物力学问题,又是 DNA 分子手术技术中的核心基础科学问题.

总之,现代科学一方面不断分化,产生新的学科;另一方面学科间不断交叉融合,碰撞出理性的火花.生物力学本质上是学科分化和交叉的产物.伴随着科学的发展,尤其是生命科学的突飞猛进和各领域的科学问题层层展开,生物力学将继续向纵深挺进和横向拓展.

思 考 题

1-1 决定刚体的转动惯量的因素有哪些?
1-2 花样滑冰运动员在运动中如何改变自身的旋转速度?
1-3 试应用角动量和转动惯量的概念来解释荡秋千的原理.
1-4 形变是怎样定义的?它有哪些形式?
1-5 杨氏模量的物理含义是什么?
1-6 动物骨骼有些是空心的,从力学角度分析它有什么意义?

习 题

1-1 当滑冰者转动的角速度原为 ω_0,转动惯量为 I_0,当他收拢双臂后,转动惯量减少 1/4,这时他转动的角速度为是多少? 他若不收拢双臂,而被另一滑冰者作用,角速度变为 $\omega=\sqrt{2}\omega_0$,则另一滑冰者对他施加力矩所做的功 W 是多少?

1-2 一个每分钟 78 转的电唱机转盘在电动机关掉后逐渐慢下来,并于 30s 内停止转动.求:(1)转盘的角加速度;(2)在这段时间内转过的转数.

1-3 如题 1-3 图所示,长为 l,质量为 m 的均质细长杆,求:(1)杆件对于过质心 C 且与杆的轴线相垂直的 z 轴的转动惯量;(2)杆件对于过杆端 A 且与 z 轴平行的 z_1 轴的转动惯量.

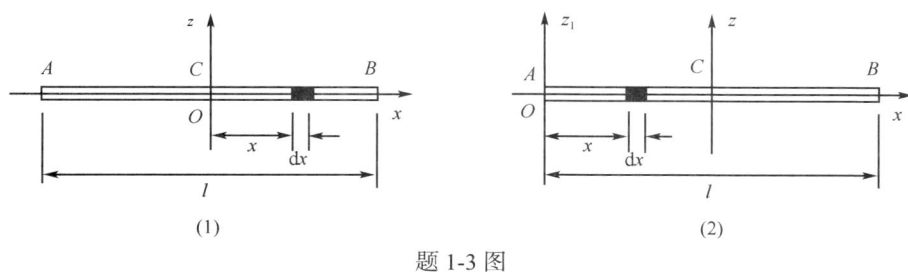

题 1-3 图

1-4 如题 1-4 图所示，求质量为 m，半径为 R 的均匀圆环的转动惯量. 轴与圆环平面垂直并通过圆心 O.

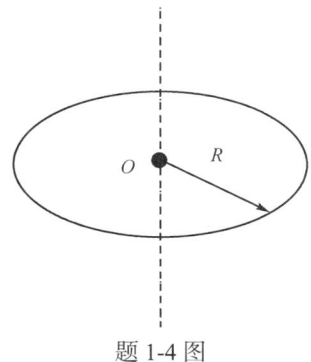

题 1-4 图

1-5 如题 1-5 图所示，一飞轮由一直径为 30cm，厚度为 2.0cm 的圆盘和两个直径为 10cm，长为 8.0cm 的共轴圆柱体组成，设飞轮的密度为 $7.8 \times 10^3 \text{kg} \cdot \text{m}^{-3}$，求飞轮对轴的转动惯量.

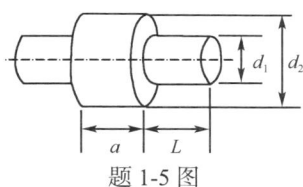

题 1-5 图

1-6 如题 1-6 图所示，水平刚性轻细杆上对称地串着两个质量均为 m 的小球. 现让细杆绕通过中心的竖直轴转动，当转速达到 ω_0 时两球开始向杆的两端滑动，此时便撤去外力任杆自行转动(不考虑转轴和空气的摩擦).

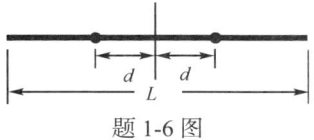

题 1-6 图

(1) 此后过程中球、杆系统( )守恒
  (A) 动能和动量 (B) 动能和角动量 (C) 只有动量 (D) 只有角动量
(2) 当两球都滑至杆端时系统的角速度为( )
  (A) ω_0 (B) $2\omega_0$ (C) $0.16\omega_0$ (D) $0.5\omega_0$

1-7 如果某人的一条腿骨长 0.6m，平均横截面积为 3cm^2. 站立时，两腿支持整个人体重为 800N，问此人每条腿骨要缩短多少?(骨的杨氏模量为 $10^{10} \text{N} \cdot \text{m}^{-2}$)

1-8 弹跳蛋白是一种存在于跳蚤的弹跳机构和昆虫的飞翔机构中的弹性蛋白，其杨氏模量接近于橡皮．今有一截面积为 $30cm^2$ 的弹跳蛋白，加 270N 的力后长度为原长的 1.5 倍，求其杨氏模量．

1-9 若使水的体积缩小 0.1%，需加多大的压强？此压强是大气压（$1.01\times10^5 N\cdot m^{-2}$）的多少倍（水的压缩率为 $50\times10^{-6} atm^{-1}$）？

1-10 在边长为 0.02m 的正方体的两个相对面上，各施加大小相等、方向相反的切向力 $9.8\times10^2 N$，施加力后两面的相对位移为 0.001m，求该物体的切变模量．

习 题 答 案

1-1 $W=\dfrac{1}{2}I_0\omega_0^2$

1-2 (1) $0.27 rad\cdot s^{-2}$； (2) 19.5 rev

1-3 (1) $\dfrac{1}{12}ml^2$； (2) $\dfrac{1}{3}ml^2$

1-4 mR^2

1-5 $0.136 kg\cdot m^2$

1-6 (1) (D)； (2) (C)

1-7 8×10^{-5} m

1-8 $1.8\times10^5 N\cdot m^{-2}$

1-9 $2\times10^6 N\cdot m^{-2}$；20 倍

1-10 $4.9\times10^7 N\cdot m^{-2}$

第 2 章 流体的运动

早在 1615 年,英国医生、著名生理学家威廉·哈维(William Harvey,1578~1657)就根据流体力学中的连续性原理,逻辑推断并证明了血液循环的存在. 到 20 世纪 60 年代,随着科学的快速发展,流体力学衍生出许多分支学科,生物流体力学就是其中之一,它主要研究人体血液循环系统和呼吸系统等流体动力学问题.

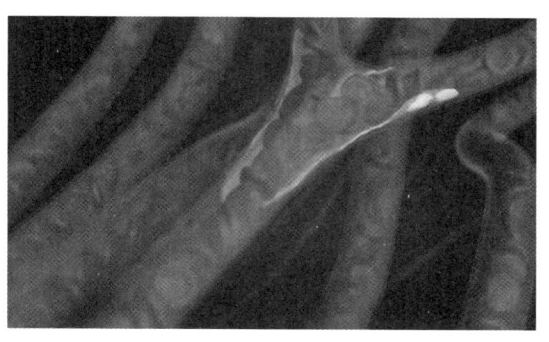

图为血液在血管中的流动图. 从图中可以看出,血液中悬浮有大量的有形成分(主要是红细胞),另外,血管有粗有细且有许多分支. 那么,当血液从较粗的动脉血管流到很细的毛细血管时,血流速度是否增大呢? 红细胞能否通过与自身圆盘直径接近甚至还要小的毛细血管呢?

常温下,自然界中的物质有固、液、气三种状态. 固体具有一定的形状和体积,液体和气体没有固定的形状并容易发生相对运动,后两者的基本特征是没有一定的形状并且具有**流动性**(fluidity),因此,液体和气体统称为**流体**(fluid). 研究流体的运动规律以及流体与其中的物体之间相互作用规律的科学称为**流体力学**(fluid mechanics). 流体力学又有流体静力学和流体动力学两个分支. 其中**流体静力学**(fluid statics)是研究静止流体的规律的科学;**流体动力学**(fluid dynamics)是研究运动流体的规律的科学,它是水力学、空气动力学、血流动力学以及血液流变学等学科的理论基础. 因此掌握流体的运动规律,对研究人体血液循环系统和呼吸过程等具有重要意义. 本章介绍流体动力学的相关知识,主要有理想流体和黏性流体的运动规律、循环系统中血液的流动等内容.

2.1 理想流体的定常流动

2.1.1 理想流体

实际流体的运动是十分复杂的,任何实际流体最主要的特征是它们的流动性. 除此之外,流体还具有**可压缩性**(compressibility)和**黏性**(viscosity). 其中,可压缩性是流体的体积随压强变化而变化的性质. 液体的可压缩性很小,世界上海洋最深处的马里亚纳海沟,最深点为 10 911m,该处的压强超过 1000 个大气压,其密度增加不到 5%. 气体具有可压缩性,但是其流动性很好,当气体在压强差很小的非密闭容器中流动时,气体的体积和密度变化都是很小的,因此,一般情况下,可以把**流体**看成是不可压缩的.

黏性是当流体各层之间有相对运动时,相邻两层之间存在内摩擦力的性质. 有些液体的黏性很大,如甘油、沥青等,然而很多液体的黏性很小,如水、酒精、血液等,气体的黏性则更小. 研究一些黏性较小的流体在小范围内流动时,黏性也可忽略不计. 总之,可压缩性和黏性都是影响流体运动的次要因素,流动性才是决定流体流动的主要因素.在很多场合下,为了讨论问题的方便,常常忽略了流体的次要性质,只考虑其主要性质.所谓**理想流体**(ideal fluid),就是绝对不可压缩、完全没有黏性的流体.

2.1.2 定常流动

一般实际流体运动时,流速是空间位置及时间的函数,即 $v=f(x,y,z,t)$,把流速随空间位置和时间的分布称为流体速度场.也就是说,在同一时刻,空间不同点的流速可能不同;在不同时刻,流体在空间某给定点的流速也可能不同.我们把任意时刻流体质点流经空间任一给定点的速度不随时间变化的流动称为**定常流动或者稳定流动**(steady flow).在流速较低时,液体的流动可近似看成定常流动.例如,沿着管道或渠道缓慢流动的水流,在较短时间内可以认为是定常流动;人体血液循环系统中的某些部位的血液流动、输液时吊瓶中药液的下降等也可近似看成是定常流动.

2.1.3 流线 流管

为了形象地描述流体的运动,在流体中作出一系列假想的曲线,使曲线上每一点的切线方向与流经该点的流体质点的速度方向相同,这种曲线称为**流线**(stream line),如图 2-1 所示.由于空间各点的流速只有一个,所以流线与流线不能相交,流线可以随时间而变,流线的疏密程度反映流速的大小,流线密集处流速相对较大,流线疏处流速相对较小.流体质点运动的轨迹称为迹线,对于非定常流动,流线与迹线一般不重合.

在定常流动中,空间各点的流速虽然不同,但它们都不随时间变化,因此流线是不随时间变化的,而且流线与迹线重合.在图 2-1 中,A、B 两点的流速不同,但对于定常流动,A、B 两点的流速都不随时间而变化.

由流线围成的管状区域,称为**流管**(tube of flow),如图 2-2 所示.因为两条流线永不相交,所以流管内的流体不能流出管外,管外的流体也不能流入管内.对于定常流动,由于流线的形状不随时间变化,因此流管的形状也不随时间而改变.流线和流管都是假想的数学模型,但是将整个流体分成很多流管后,只要弄清楚每一个流管中流体的流动规律,就可以了解整个流体的流动规律.

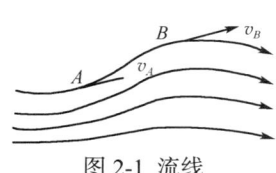

图 2-1 流线

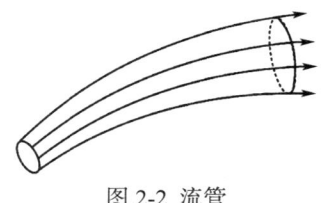

图 2-2 流管

2.1.4 连续性方程

在流体中任取一细流管,设流体作定常流动,并任意作两个与流管垂直的截面,截面积分别为 S_1 和 S_2(图 2-3),流体在 S_1 和 S_2 处的平均流速分别为 v_1 和 v_2,两处的密度分别为 ρ_1 和 ρ_2,在 Δt 时间内,流进 S_1 截面的流体质量必然等于流出 S_2 截面的质量,即 $S_1 v_1 \Delta t \rho_1 = S_2 v_2 \Delta t \rho_2$,由此得

$$S_1 v_1 \rho_1 = S_2 v_2 \rho_2 \tag{2-1}$$

式(2-1)称为可压缩流体作稳定流动的**连续性方程**(continuity equation).在单位时间内流过某一截面S的流体质量$Sv\rho$称为**质量流量**(mass flow rate),所以稳定流动的流体质量流量一定守恒,即$Sv\rho$=常量.

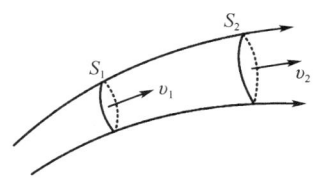

图2-3 连续性方程的推导

当流体为不可压缩的流体时,$\rho_1=\rho_2$,则
$$S_1v_1=S_2v_2 \tag{2-2}$$
因为S_1和S_2是在流管中任意取的两个截面,所以上式也可以写成
$$Sv=恒量 \tag{2-3}$$
式(2-2)或式(2-3)称为不可压缩的流体作稳定流动时的连续性方程,它表明不可压缩的流体作定常流动时,流体的平均流速与流管的截面积成反比,或者说,流管的任一截面积与该处的平均流速的乘积为一恒量,也就是说,同一流管中,流管截面积小处流速大,截面积大处流速小;如果流管各处粗细均匀,那么流速处处相等.

单位时间通过流管内某一横截面S的流体的体积Sv,称为该截面的**体积流量**(volume flow rate),简称为**流量**(flow rate),用Q表示,单位为$m^3 \cdot s^{-1}$.
$$Q=Sv=常量 \tag{2-4}$$
因此连续性方程也称为体积流量守恒定律.

将连续性方程应用到人体血液循环系统,根据主动脉、动脉、毛细血管和静脉等血管总截面积的变化,就可以了解不同血管中血流速度的变化情况,详见2.4节.

2.2 伯努利方程及其应用

2.2.1 伯努利方程

伯努利方程反映了理想流体作定常流动时,流体在流管内各处的压强、流速和高度之间的关系,是流体动力学的基本规律.

根据功能原理——合外力所做的功等于动能的增量与势能的增量之和,可以导出伯努利方程.如图2-4所示,在重力场中作定常流动的理想流体内任取一细流管,并在此流管中截取一段流体S_1S_2.S_1和S_2分别表示在细流管中所截的两个横截面的面积;流体流经截面S_1和S_2的流速的分别为v_1和v_2;相对同一个水平参考面,它们的高度分别为h_1和h_2;截面S_1和S_2处的压强的分别为p_1和p_2.经过很短的时间Δt,S_1与S_2之间的流体流到S_1'与S_2'之间,截面S_1和S_2分别推移了极短的距离$v_1\Delta t$和$v_2\Delta t$,两截面因位置的微小移动而引起的面积变化都可忽略不计.由于所取的流管很小以及时间极短,所以介于S_1S_1'段和S_2S_2'段的流体体积都很小,可以认为其中各点的压强、流速、高度都保持各自初始值不变.

首先,我们讨论合外力所做的功.由于理想流体没有黏性,故不存在内摩擦力,因此流体在流动过程中只有流体前后的压力做功,从而容易求得合外力做的功为
$$A = p_1S_1v_1\Delta t - p_2S_2v_2\Delta t$$
又因为理想流体是不可压缩的,由连续性方程可以得到S_1S_1'段液体的体积与S_2S_2'段液体的体积相等,用V表示,质

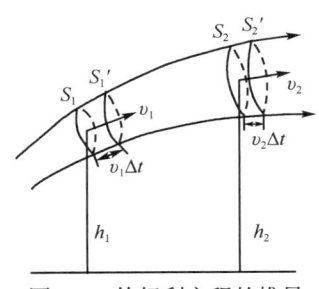

图2-4 伯努利方程的推导

量也相等，用 m 表示，即 $S_1v_1\Delta t=S_2v_2\Delta t=V$，$m_1=m_2=m$，合外力对这段流体做的功可化为

$$A = p_1S_1v_1\Delta t - p_2S_2v_2\Delta t = (p_1 - p_2)V \tag{2-5}$$

S_1S_2 段流体流到 $S_1'S_2'$ 位置时，液体的动能和重力势能均发生了变化. 机械能的变化量为

$$\Delta E = \left(\frac{1}{2}m_2v_2^2 + m_2gh_2\right) - \left(\frac{1}{2}m_1v_1^2 + m_1gh_1\right)$$

$$\Delta E = \left(\frac{1}{2}mv_2^2 + mgh_2\right) - \left(\frac{1}{2}mv_1^2 + mgh_1\right) \tag{2-6}$$

最后，由功能原理 $\Delta E=A$，联立式(2-5)和式(2-6)，移项整理得

$$p_1V + \frac{1}{2}mv_1^2 + mgh_1 = p_2V + \frac{1}{2}mv_2^2 + mgh_2$$

上式两边除以 V，于是有

$$p_1 + \frac{1}{2}\rho v_1^2 + \rho gh_1 = p_2 + \frac{1}{2}\rho v_2^2 + \rho gh_2 \tag{2-7}$$

对于任意选取的一段流体 S_1S_2 来说，上式也可以写成如下的形式

$$p + \frac{1}{2}\rho v^2 + \rho gh = 恒量 \tag{2-8}$$

式(2-7)或式(2-8)称为理想流体的**伯努利方程**(Bernoulli's equation)，其中 p，$\rho v^2/2$，ρgh 分别为单位体积流体的压强能，单位体积的动能，单位体积的势能. 伯努利方程说明了理想流体作定常流动时，同一流管不同截面处，单位体积流体的压强能、动能、势能之和为一常量.

如果理想流体沿水平流管作定常流动，即 $h_1=h_2$，那么伯努利方程可简化为

$$p_1 + \frac{1}{2}\rho v_1^2 = p_2 + \frac{1}{2}\rho v_2^2 \tag{2-9}$$

式(2-9)表明，理想流体在水平管中作定常流动时，流速大处，压强小；流速小处，压强大. 结合前面所讲的连续性方程和理想流体的伯努利方程，我们可以得到下面的结论：当理想流体沿水平管道流动时，流管截面积小的地方流速大、压强小；流管截面积大的地方流速小、压强大. 式(2-8)中的三项都具有压强的量纲，其中 $\rho v^2/2$ 项与流速有关，称为**动压强**(dynamic pressure)，简称动压，而 $(p+\rho gh)$ 项则称为**静压强**(static pressure)，简称静压. 因此，伯努利方程揭示了理想流体在重力场中流动时的能量守恒关系.

【例 2-1】 在水管中的某一点 A，水的流速为 $1\text{ m}\cdot\text{s}^{-1}$，压强为 $1.10\times 10^5\text{ Pa}$，设水管中的另一点 B 的高度比 A 点降低了 1 m，如果 A 处的直径是 B 处的 2 倍. 忽略水的黏性，求 B 点的压强.

【解】 已知 $v_A=1\text{m}\cdot\text{s}^{-1}$，$d_A=2d_B$，根据连续性方程 $S_Av_A=S_Bv_B$，得 B 点的流速

$$v_B = \frac{S_Av_A}{S_B} = \frac{d_A^2v_A}{d_B^2} = 4v_A = 4\text{m}\cdot\text{s}^{-1}$$

又根据伯努利方程

$$p_A + \frac{1}{2}\rho v_A^2 + \rho gh_A = p_B + \frac{1}{2}\rho v_B^2 + \rho gh_B$$

得第二点 B 的压强

$$p_B = p_A + \frac{1}{2}\rho\left(v_A^2 - v_B^2\right) + \rho g(h_A - h_B)$$
$$= 1.10 \times 10^5 + \frac{1}{2} \times 10^3 \times \left(1^2 - 4^2\right) + 10^3 \times 9.8 \times 1$$
$$= 1.123 \times 10^5 (\text{Pa})$$

伯努利方程在工程技术和医学上应用非常广泛，如喷雾器、水流抽气机、流量计、流速计(皮托管)、飞机机翼理论等.

2.2.2 伯努利方程的应用

1. 空吸作用

图 2-5 为空吸作用的原理图. 图中流管为一水平流管，1 处的截面积远大于 2 处的截面积. 根据前面所讲的结论，理想流体在水平管中作定常流动时，截面积越小处流速越大，压强越小. 当流体的流速很大时使截面积最小的 2 处压强最小，小到比外界的大气压还小时，2 处就可吸入外界液体或气体，这种现象称为**空吸作用**(suction). 喷雾器、水流抽气机和临床上用的雾化吸入器等就是利用空吸作用的原理而设计的，如图 2-6 所示. 在制药工程中常用水流抽气机来抽滤和减压蒸馏.

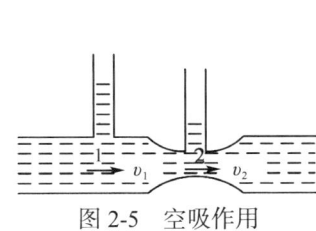

图 2-5 空吸作用

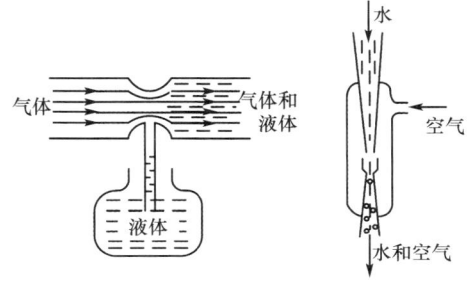

图 2-6 喷雾器和水流抽气机

2. 流量计

流量计也称为**文丘里流量计**(Venturi meter)，它是测量管道中流体流速或流量的装置. 测量液体流量时把流量计水平地连接到被测管路上，如图 2-7 所示，已知待测液体的密度为 ρ，1、2 两处的横截面积分别为 S_1、S_2，且 $S_1 > S_2$，1、2 两处的压强分别为 p_1 和 p_2. 因为流量计是水平放置的，所以根据水平管中的伯努利方程和连续性方程，

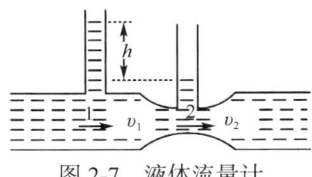

图 2-7 液体流量计

$$p_1 + \frac{1}{2}\rho v_1^2 = p_2 + \frac{1}{2}\rho v_2^2$$
$$S_1 v_1 = S_2 v_2$$

解得 1 处的流速

$$v_1 = S_2 \sqrt{\frac{2(p_1 - p_2)}{\rho(S_1^2 - S_2^2)}}$$

进而得到体积流量

$$Q = S_1 v_1 = S_1 S_2 \sqrt{\frac{2(p_1 - p_2)}{\rho(S_1^2 - S_2^2)}} \tag{2-10}$$

文丘里流量计另外连接两竖直管来测量压强差. 从图 2-7 可知，两竖直管中液柱的高度差为 h，从而容易知道 1、2 两处的压强差为 $p_1-p_2=\rho g h$，从而待测液体的流量可化为

$$Q = S_1 v_1 = S_1 S_2 \sqrt{\frac{2gh}{S_1^2 - S_2^2}} \tag{2-11}$$

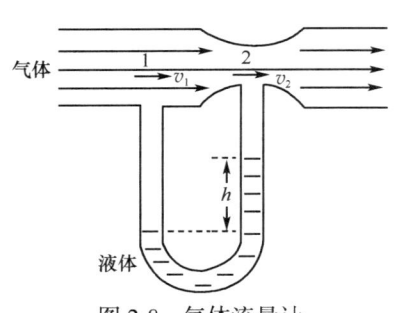

图 2-8　气体流量计

若测量气体的流量，那么设计一个 U 形管来计示压强差. 如图 2-8 所示，待测气体的密度为 ρ，U 形管中工作液体的密度为 ρ'，同理从 U 形管液柱的高度差可知 $p_1-p_2=\rho'gh$，代入式(2-10)得到待测气体的流量

$$Q = S_1 v_1 = S_1 S_2 \sqrt{\frac{2\rho'gh}{\rho(S_1^2 - S_2^2)}} \tag{2-12}$$

从式(2-11)和式(2-12)可知，若 1、2 两处的截面积 S_1、S_2、待测气体的密度为 ρ 和工作液体的密度为 ρ' 已知，那么只需要测出竖直管中液柱的高度差，就可以算出流速或流量.

3. 流速计

流速计也称为**皮托管**(Pitot tube)，它是用来测量液体或气体的流速的装置，其形式有多种多样，但是其基本原理相同，原理图如图 2-9 所示.

其中 L_1 是直管，管口 A 的截面与流体的流线平行，流体平行管口 A 流过，从而管口 A 处的流速不受影响，与待测流体的流速 v 相同，即 $v_A=v$；L_2 是直角弯管，管口 B 的截面与流体的流线垂直，并迎着流体的流动方向，因此在弯管处流动受阻，形成"滞止区"，即弯管拐弯处流体的流速 $v_B=0$.

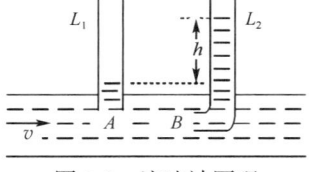

图 2-9　流速计原理

因为 A、B 两管口截面中心处于同一水平面，根据水平管的伯努利方程，得

$$p_A + \frac{1}{2}\rho v_A^2 = p_B \tag{2-13}$$

(1)测量液体流速：如图 2-10 所示，待测液体的密度为 ρ，只要测得两竖直管液面的高度差 h，就可以知道 A、B 两点的压强关系为

$$p_B - p_A = \rho g h \tag{2-14}$$

由式(2-13)和式(2-14)，就可以知道流体的流速

$$v_A = v = \sqrt{2gh} \tag{2-15}$$

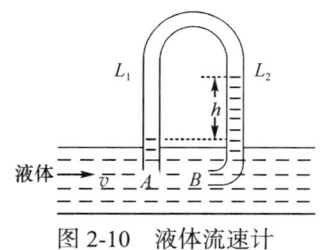

图 2-10　液体流速计

(2)测量气体流速：如图 2-11 所示，设工作液体的密度为 ρ'，待测气体的密度为 ρ，同理，由两竖直管液面的高度差 h 知

$$p_B - p_A = \rho' g h \tag{2-16}$$

由式(2-13)和式(2-16),得气体的流速

$$v = \sqrt{\frac{2\rho'gh}{\rho}} \qquad (2-17)$$

4. 体位对血压的影响

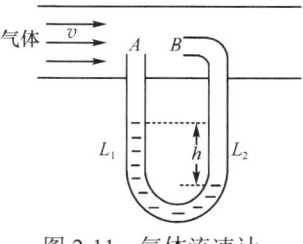

图 2-11 气体流速计

实验表明,体位的变化对血压的影响很大. 如图 2-12 所示,某人站立时,头部、心脏和脚部三处的动脉和静脉血压明显不同,如动脉血压数值分别为 6.80kPa、13.30kPa 和 24.40kPa,显然头部血压最低,脚部血压最高. 当他平躺时,头部、心脏和脚部三处的动脉血压分别为 12.67kPa、13.30kPa 和 12.67kPa,三者略有少许差别. 这种血压随着体位变化而变化的现象,可以用伯努利方程来解释. 由于血管中动压与静压相比较小,可以忽略不计,因此伯努利方程可简化成

$$p_1 + \rho g h_1 = p_2 + \rho g h_2$$

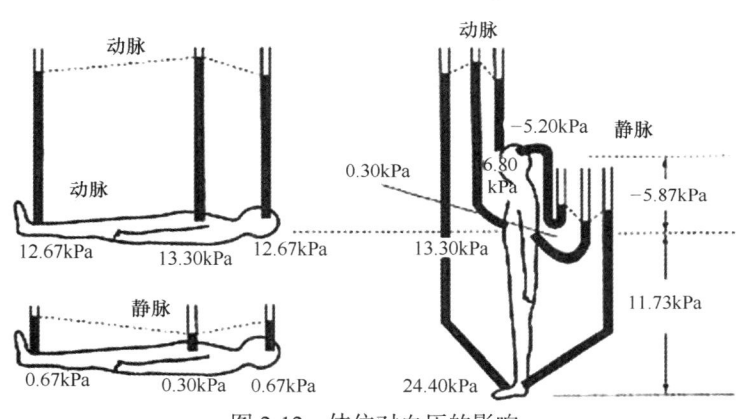

图 2-12 体位对血压的影响

从上面的方程不难看出,高处的压强小,而低处的压强大. 因此,在测量血压时,一定要注意体位和所测量的部位,医学上通常取心脏处作为测量动脉血压的标准位置. 另外,人蹲久了突然站立时,由于头部血压迅速降低,容易感觉到头晕;当人体加速上升或加速下降时,产生"超重"或"失重"现象,导致头部血压变化较大,人也会感觉到不舒服.

2.3 黏性流体的流动

前面介绍了理想流体的运动规律,然而实际流体都不同程度地具有黏性. 气体和一些黏性小的液体在小范围内流动时,黏性作为次要因素可忽略不计,然而黏性很大的流体,如甘油、沥青、重油和熔融的金属等,黏性对它们运动的影响却不能忽略不计. 因此,黏性流体的运动规律需要在理想流体运动规律的基础上进行修正.

2.3.1 牛顿黏滞定律

由于黏性的存在,在管道中流动的流体自然地出现了分层流动,在做相对运动的两层流体接触面的切向上,存在一对阻碍两流体层相对滑动的力,这种力称为**内摩擦力**(internal friction)或**黏性力**(viscous force),流体的这种性质称为黏性. 例如,甘油是典型的黏性流

体，若在一支下端用开关控制流体流速的封闭的竖直的圆管中，先注入无色甘油，再在上面加一段着色的甘油，然后打开一点下端的开关让甘油缓慢下流，可以看出着色甘油的下部界面形成舌形，如图 2-13 所示．

黏性流体各层流体的速率不同，距离固体表面越近的流体层速率越小，距离固体表面越远的流体层速率越大．当流体沿管道流动时，处于管轴的流体层速率最大，距离管壁越近的流体层速率越小，管壁处流速为零．我们把垂直于流速方向上、单位距离的两流层的速度变化量称为**速度梯度**（velocity gradient）．如图 2-14 所示，任意取一流层 x_1，对应的流速为 v_1，相邻的流层为 $x_1+\Delta x$，对应的流速为 $v_1+\Delta v$，沿流管中心轴的垂直距离变化一个小量 Δx，速度变化量为 Δv，则速度梯度的数学表达式为

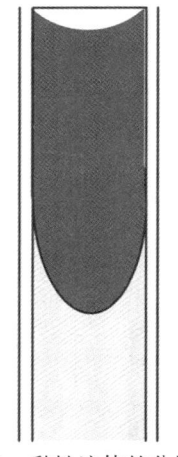

图 2-13 黏性流体的分层流动

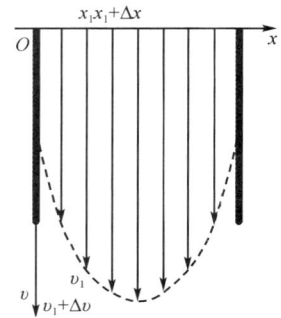

图 2-14 分层流动的速度梯度

$$\lim_{\Delta x \to 0} \frac{\Delta v}{\Delta x} = \frac{\mathrm{d}v}{\mathrm{d}x} \tag{2-18}$$

式（2-18）称为 x_1 处流层的速度梯度．其单位是秒$^{-1}$（s^{-1}）．

实验表明，流体内部相邻两流体层之间黏力 f 的大小正比于这两层之间的接触面积 S，正比于该处速度梯度的大小，即

$$f = \eta \frac{\mathrm{d}v}{\mathrm{d}x} S \tag{2-19}$$

式（2-19）称为牛顿黏滞定律，式中比例系数 η 称为流体的**黏滞系数**（coefficient of viscosity）或**黏度**（viscosity）．在国际单位制中，η 的单位为 Pa·s，在厘米·克·秒制中，黏度的单位是 dyn·s·cm^{-2}，符号是 P（泊），1P=0.1Pa·s；在血液流变学中，常使用毫帕斯卡·秒（mPa·s），1 mPa·s=10^{-3} Pa·s．黏度 η 是一个反映流体黏性的物理量，其大小取决于流体本身的性质，并和温度有关．液体的黏度随温度的升高而减小，气体的黏度随温度的升高而增大．表 2-1 列出了几种流体的黏度．

在血液流变学中，通常用切应力和切变率来表示牛顿黏滞定律．对于单位面积上的作用力，如果力的方向与面积相切，称为**剪应力**（shear stress），也称为**切应力**，用 τ 表示；在黏性流体中内摩擦力 F 与相邻流层的接触面积 S 的比就是剪应力 $\tau=F/S$，剪应力随时间的变化率称为**剪变率**（shear strain），或称为**切变率**，用 $\dot{\gamma}$ 表示，单位为 s^{-1}．理论上可以证明，在流体作层流时，任一处的切变率 $\dot{\gamma}$ 与该处的速度梯度 $\mathrm{d}v/\mathrm{d}x$ 相等．因此，牛顿黏滞定律的另一种形式为

表 2-1 几种流体的黏度

流体	温度(℃)	黏度(×10⁻³ Pa·s)	流体	温度(℃)	黏度(×10⁻³ Pa·s)
水	0	1.79	酒精	20	1.19
水	20	1.00	甘油	20	830
水	37	0.69	水银	20	1.55
空气	0	0.0171	血浆	37	1.0~1.4
空气	20	0.0181	血清	37	0.9~1.2
空气	100	0.0218	血液	37	2.0~4.0

$$\tau = \eta \dot{\gamma} \quad (2\text{-}20)$$

牛顿黏滞定律是血液流变学和生物材料力学的理论基础. 遵循牛顿黏滞定律的流体称为**牛顿流体**(Newtonian fluid),其黏度在一定温度下是常量,如水、酒精、血浆等. 不遵循牛顿黏滞定律的流体称为**非牛顿流体**,其黏度在一定温度下不是常量,而是随切变率而变化的量,如血液等.

血液是由血浆和悬浮在血浆中的血细胞组成的复杂混合液,其黏度为同温度下水的黏度的 3~5 倍. 分析血液的黏性,对于某些疾病的诊断具有重要意义. 很多疾病表现出血液黏度的升高,例如,临床上常见有高血压、脑血栓、脑出血、心绞痛、心肌梗死等心血管疾病;球形细胞增多症、真性红细胞增多症、白血病、多发性骨髓瘤等血液系统疾病;糖尿病、高脂蛋白血症、高纤维蛋白血症等代谢性疾病等. 也有少数疾病表现为血液黏度低于正常值,如尿毒症、肝硬化腹水、镰形细胞贫血症等. 由于许多疾病的发生与血液黏度有关,所以对血液黏度的调节具有临床治疗的意义. 常见的疗法有血液稀释疗法、血浆分离疗法、药物治疗等.

2.3.2 层流 湍流 雷诺数

黏性流体的流动形态有层流、湍流和介于二者之间的过渡流.

1. 层流

当黏性流体的流速较小时,流动分层流动,各流层的流体质点彼此不能有物质交换,只作相对滑动,这种流动称为**层流**(laminar flow). 作层流的流体,只有平行于管轴方向的速度,没有垂直于管轴方向的速度分量,管轴中的流速最大,离管轴越远的流层流速越小,管壁的流速为零. 例如,前面讨论的甘油的流动,如图 2-13 所示. 另外液体在毛细管中的流动等多为层流.

2. 湍流

当黏性流体的流速较大时,流体不再保持分层流动,各层之间相互混合,甚至会出现旋涡状态,这样的流动称为**湍流**(turbulent flow). 当湍流出现时,流体不仅有平行于管轴方向的速度分量,还可能会有任何其他方向的速度分量,管中截面上每一点的速度大小和方向都在不断变化. 流体作湍流时能量损耗大,伴随有声音.

3. 雷诺数

实验表明,黏性流体发生层流还是湍流,与流动速度 v、管子的半径 r、流体的密度 ρ 以及流体的黏度 η 有关. 雷诺提出一个无量纲的量 R_e,作为流体在管内是层流还是湍流的判据,其数学表达式为

$$R_e = \frac{\rho v r}{\eta} \tag{2-21}$$

R_e 称为**雷诺数**(Reynolds number). 当 $R_e<1000$ 时,流体做层流运动;当 $R_e>1500$ 时,流体做湍流运动;$1000<R_e<1500$ 时,流体的流动状态不稳定,可能层流,可能湍流,也可以由层流转变为湍流,或相反. 由式(2-21)可知,黏度越小、密度越大的流体,在半径越大的管道中流动越快,越容易发生湍流. 对于给定的管道和给定的流体,且温度保持不变,流体的流速越大,越容易发生湍流. 例如,当人剧烈运动时,因心脏射血量大大增加,血流加快,在主动脉中可出现湍流. 发高烧时,血液黏度减小,也可能产生湍流. 雷诺数 R_e 的临界值是针对长直圆管而言,就生物传输系统的管径、流速和管子的形状,R_e 的临界值会下降,例如,如果管子是弯曲的,则在较低的 R_e 下也可发生湍流,而且弯曲度越大 R_e 的值就越低. 用玻璃管来模拟血管,分别在 S 形、T 形和 Y 形管中观察流体的流动,发现比圆形直管的临界值低得多的情况下就产生了湍流,在传输系统中,凡是有急弯或分支的地方,很容易发生湍流,例如,在人体循环系统中,人的心脏、主动脉和支气管中的某些部位都是容易出现湍流的地方. 临床上,医生能够利用听诊器来辨别血流和呼吸情况是否正常,这对诊断疾病具有重要意义.

2.3.3 黏性流体的伯努利方程

当不可压缩的黏性流体作定常流动时,由于存在内摩擦力,内摩擦力做负功,因此流体在流动过程中存在能量损耗. 从理想流体的伯努利方程容易得到黏性流体的伯努利方程

$$p_1 + \frac{1}{2}\rho v_1^2 + \rho g h_1 = p_2 + \frac{1}{2}\rho v_2^2 + \rho g h_2 + w \tag{2-22}$$

式(2-22)称为黏性流体作定常流动时所遵从的运动规律. 其中 w 为单位体积流体从 1 处流到 2 处克服内摩擦力所做的功,或损失的能量.

如果黏性流体沿着粗细均匀的流管作定常流动,则流体在流管中的流速应处处相等,这时式(2-22)可简化为

$$p_1 + \rho g h_1 = p_2 + \rho g h_2 + w \tag{2-23}$$

式(2-23)表明,由于黏性力的存在,为了维持黏性流体在流管中作定常流动,要么保证流管两端的压强差,以外力对流体做功的方式来弥补由于黏性力所引起的能量损耗;要么保证管道两端的高度差,以降低流体重力势能的方式来弥补由于黏性力所引起的能量损耗;或者两者兼而有之.

对于水平放置的粗细均匀的流管,因 $h_1=h_2$,$v_1=v_2$,式(2-22)又可简化为

$$p_1 - p_2 = w \tag{2-24}$$

显然 $p_1>p_2$,因此,流体在粗细均匀的水平管中流动时,入口处的压强最大,各处的压强随流动方向逐渐变小,出口处的压强最小. 图 2-15 中三根竖立支管中液体上升的高度与流体出口处形成一条斜线,这表明如果要使黏性流体在水平管中作匀速流动,管的两端必须有一定的压强差(即外力),以克服流体流动时的内摩擦阻力.

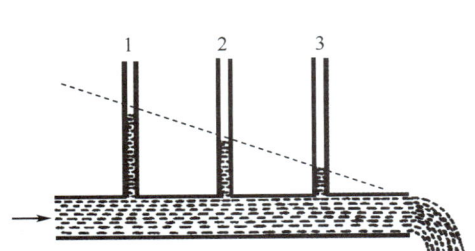

图 2-15 粗细均匀水平管中的压强分布

如果在非均匀管中,如管子弯曲、管截面或截面形状突变、或在阀门处,流体流经时

还有额外的能量损失，这种发生在局部流段的损失称为局部能量损失. 如果流体的流动状态变为湍流，则沿程的能量损失将急剧增加.

2.3.4 泊肃叶定律

由以上分析可见，确定黏性损耗 w 的大小是进行黏性流体远距离输送的关键问题之一. 如石油输油管、自来水管道和废水排放管道的设计，工厂流体产品的输送等，都必须根据 w 的数据来提供适当的压强差或高度差，以使出口处流体的压强或速率满足所需要求. 接下来介绍的泊肃叶定律是实现上面这些设计的理论基础，利用它可以求得黏性损耗 w. 另外，泊肃叶定律也是分析人体血液循环系统中的心输出量、平均动脉压和总外周阻力之间关系的理论基础.

不可压缩的黏性流体在水平细圆管中作定常流动时，流体的体积流量为

$$Q = \frac{\pi r^4 \Delta p}{8\eta L} \tag{2-25}$$

式(2-25)称为**泊肃叶定律**(Poiseuille's law)，式中 η 是流体的黏度，$\Delta p = p_1 - p_2$ 是管道两端的压强差，L 和 r 分别是管道的长度和半径.

由泊肃叶定律可知，在影响体积流量的各因素中，管子的半径对流量的影响最大. 在其他因素不变时，体积流量与管子半径的四次方成正比，例如，其他条件不变，管半径增大到原来的 2 倍，体积流量增大到原来的 16 倍. 血管是可以收缩和舒张的，其管径的变化对血液流量的影响是很显著的，因此，临床上常通过扩张血管的半径来提高血液灌注量和降低压强差.

另外，在管子几何形状及压强差一定时，流体的体积流量 Q 和流体的黏度 η 成反比，即流体的黏度越大，体积流量越小. 而当管子几何形状及黏度 η 一定时，流体的体积流量 Q 和管子两端的压强差 $\Delta p = p_1 - p_2$ 成正比. 令 $R = 8\eta L/\pi r^4$，则式(2-25)变为

$$Q = \frac{\Delta p}{R} \tag{2-26}$$

式(2-26)是泊肃叶定律的另一表述形式，式中 R 称为**流阻**(flow resistance)，在血液循环系统中称为**外周阻力**. 其单位是 $N \cdot s \cdot m^{-5}$，另外，临床上广泛使用的单位是厘米·克·秒制的达因·秒·厘米$^{-5}$ ($dyn \cdot s \cdot cm^{-5}$). 从流阻的定义式可知，其大小由流体的黏度、管子的长度和半径决定. 因此，在人体血液循环系统中，当血液灌注量一定时，降低血液的黏度可以减小流阻和压强差.

式(2-26)在形式上与电学中的欧姆定律类似. 如果流体连续流过几个"串联"的流管，则总流阻等于各流管流阻之和，即 $R = \sum R_i$，这与电学中电阻的串联情形一样；若几个流管"并联"，那么总流阻计算方法也与电学中电阻并联的情况相同，则 $1/R = \sum 1/R_i$.

生理学和心血管内科学常用泊肃叶定律来计算人体血液循环系统心输出量、平均动脉压和总外周阻力. 例如，重症心力衰竭和失血过多的患者，由于心输出量减少，动脉血压降低；某些疾病患者服用了某种药物后，动脉管径收缩，导致流阻增大，从而动脉血压升高. 另外，医学和药学上也常应用泊肃叶定律来测量液体的黏度.

从泊肃叶定律出发，容易得到管道中流体的平均流速

$$\bar{v} = \frac{Q}{\pi r^2} = \frac{r^2 \Delta p}{8\eta L} \tag{2-27}$$

从上式可得

$$\Delta p = \frac{8\eta L}{r^2}\bar{v} \qquad (2\text{-}28)$$

结合式(2-28)和式(2-24)可知，黏性流体在水平圆管中作层流时，由于黏性力造成的损耗 w 与平均流速成正比.

【例 2-2】 某成年人的主动脉半径为 1.3×10^{-2}m，血液黏度为 3.0×10^{-3}Pa·s，试求单位长度的流阻. 如遇大出血，血流量增大为 5.0×10^{-4} m^3·s^{-1}，求单位长度上的血压降.

【解】 依据流阻的定义，得单位长度上的流阻

$$R = \frac{8\eta L}{\pi r^4} = \frac{8\times 3.0\times 10^{-3}\times 1}{3.14\times(1.3\times 10^{-2})^4} = 2.68\times 10^3 (\text{N}\cdot\text{s}\cdot\text{m}^{-5})$$

根据泊肃叶定律，可知单位长度上的血压降

$$\Delta p = QR = 5.0\times 10^{-4}\times 2.68\times 10^3 = 1.34(\text{Pa})$$

2.3.5 斯托克斯定律

当固体物在黏性流体中做相对运动时，固体物将受到流体的阻力作用. 在相对运动速率不大时，阻力主要来自流体的黏力，并称为黏性阻力. 由于固体物的表面附着一层流体，这层流体随固体物一起运动，在固体物表面周围的流体中必然形成一定的速率梯度，从而在各流层之间产生黏力，阻碍固体物做相对运动.

半径为 r 的球形物体，在黏度为 η 的流体中运动时，若物体相对流体的运动速率 v 很小，理论上可以证明它所受黏性阻力 f 的大小由下式决定

$$f = 6\pi\eta rv \qquad (2\text{-}29)$$

式(2-29)称为**斯托克斯定律**(Stokes's law). 式中 η 是流体的黏度，r 是小球的半径，v 是小球相对流体的运动速率.

若半径为 r，密度为 ρ 的小球，在黏度为 η，密度为 ρ' 的液体中自由下落. 如图 2-16 所示，小球受到竖直向下的重力 $\boldsymbol{G}$，向上的浮力 $\boldsymbol{F}$ 和向上的黏性阻力 $\boldsymbol{f}$ 三个力的作用，三个力的大小分别为

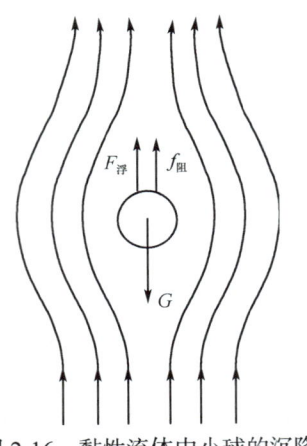

图 2-16 黏性流体中小球的沉降

$$G = \frac{4}{3}\pi r^3 \rho g, \quad F = \frac{4}{3}\pi r^3 \rho' g, \quad f = 6\pi\eta rv$$

因此，小球所受的合外力

$$F_{合} = \frac{4}{3}\pi r^3 \rho g - \frac{4}{3}\pi r^3 \rho' g - 6\pi\eta rv$$

开始时小球下落的速度较小，小球做加速运动，随着速率逐渐增大，黏性阻力越来越大，直至黏性阻力、浮力与重力达到平衡，合力为零，小球速率达到稳定. 此后将以 v_T 匀速下降. 此时有

$$\frac{4}{3}\pi r^3 g(\rho - \rho') = 6\pi\eta r v_T$$

从而得到小球下降的最终速度

$$v_T = \frac{2}{9\eta} r^2 (\rho - \rho') g \tag{2-30}$$

这个速度称为**收尾速度**(terminal velocity)或**沉降速度**. 式(2-30)表明，当小球在黏性液体中下落时，沉降速度与液体的黏度成反比，与小球半径的平方、密度差和重力加速度成正比. 若小球的半径很小或者小球的密度与液体的密度差很小，那么沉降很慢，这时可用高速离心机增加有效的重力加速度 g，从而加速小球沉降. 设在离心管中的小球以角速度 ω 绕轴旋转，它距轴的距离为 r'，则 $\omega^2 r'$ 就相当于式(2-30)中的重力加速度 g，当 $\omega^2 r'$ 比 g 大很多时，就大大增加了小球的沉降速度. 生物化学实验中，常用高速离心机将红细胞、蛋白质分子等从血液中分离出来.

球状物体在流体中的沉降速度应用非常广泛，如测定流体的黏度，测定小液滴的半径，测定电子的电量，以及测定阿伏伽德罗常量等，还可以利用斯托克斯定律求得固体小球在静止流体中下落的速率.

2.4 血液的流动

血液循环系统是由心脏和血管组成的闭合系统，其中心脏是推动血液流动的动力器官，血管是血液流动的管道. 血液在循环系统中的流动是比较复杂的，其原因是血液是含有多种成分的非牛顿流体，另外，心脏和血管均具有弹性，并受神经控制. 但是，前面讲述的流体运动的基本规律仍可以用来分析血液在循环系统中的流动.

2.4.1 心脏做功

血液循环靠心脏做功来维持，原因是血液具有黏性，在流动过程中要损失能量，正是由心脏做功来给予补偿才使血液循环能持续地进行. 心脏分为左心房、左心室、右心房和右心室等四个腔室，左右之间分隔开. 当左心室收缩时瓣膜打开，血液从左心室射入主动脉，当左心室舒张时瓣膜关闭，停止射血；当右心室收缩时瓣膜打开，血液从右心室射入肺动脉，当右心室舒张时瓣膜关闭，停止射血. 左心室供给体循环，右心室供血给肺循环，体循环和肺循环同时进行组成整个血液循环系统，如图 2-17 所示. 心脏所做的功等于血液流经心脏前后能量的变化.

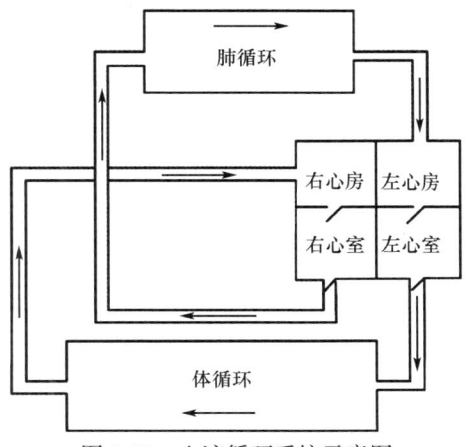

图 2-17 血液循环系统示意图

设单位体积的血液进入和离开左心室的能量分别为 E_{L1} 和 E_{L2}，利用黏性流体的伯努利方程(2-22)可知左心室对单位体积血液所做的功

$$w_L = E_{L2} - E_{L1} = (p_{L2} + \frac{1}{2}\rho v_{L2}^2 + \rho g h_{L2}) - (p_{L1} + \frac{1}{2}\rho v_{L1}^2 + \rho g h_{L1})$$

式中，p_{L1} 和 p_{L2} 分别表示进入和离开左心室的血压，v_{L1} 和 v_{L2} 分别表示血液进入和离开左心室的流速，h_{L1} 和 h_{L2} 分别表示血液进、出左心室的高度. 因为血液进入心脏时的血流速度和血压可以忽略不计，即 $v_{L1}=0$，$p_{L1}=0$；同时忽略血液进出心脏时的高度变化，即 $h_{L1}=h_{L2}$，所以，上式可简化为

$$w_L = p_{L2} + \frac{1}{2}\rho v_{L2}^2$$

同理，右心室对单位体积血液所做的功

$$w_R = p_{R2} + \frac{1}{2}\rho v_{R2}^2$$

式中，p_{R2} 表示血液离开右心室的血压，v_{R2} 表示血液离开右心室的流速.

因此，心脏对单位体积血液所做的总功

$$w = w_L + w_R = P_{L2} + \frac{1}{2}\rho v_{L2}^2 + P_{R2} + \frac{1}{2}\rho v_{R2}^2$$

因肺动脉的平均血压大约是主动脉平均血压的 1/6，且血液离开左右心室的流速相同，令 $v_{L1}=v_{R2}=v$，则上式化为

$$w_L = p_{L2} + \frac{1}{6}p_{L2} + \rho v^2 = \frac{7}{6}p_{L2} + \rho v^2$$

上式表明，只要测出主动脉的平均血压和流速，就可以估算出心脏所做的功，从而了解心脏功能.

2.4.2 血流速度的分布

从上面讲述的知道，心脏的射血是断续的，但由于血管具有弹性而使血液在血管中的流动是连续的，把血液在循环系统中的流动近似地看成不可压缩的流体在管中作定常流动. 由于从主动脉到毛细血管，血管的总截面积逐渐增大，而从毛细血管到腔静脉，血管的总截面积逐渐减小，根据连续性方程，容易知道，从主动脉到毛细血管，再到腔静脉，血流速度先减小后增大. 如图 2-18 所示. 毛细血管的总截面积最大，血流速度最小.

血液在血管中流动时，由于黏性的存在，管轴处的流速最大，管壁处流速为零，根据伯努利方程可知，流速大处压强小，流速小处压强大，因此靠近管轴处压强小，靠近管壁处压强大，这样导致血液中悬浮的血细胞发生旋转，血细胞在旋转的同时向管轴靠近，这种现象称为**血细胞的轴向集中**. 它使近轴区域的血细胞浓度增加，而在管壁附近主要是黏度较小的血浆. 血细胞的轴向集中还影响血液黏度的变化.

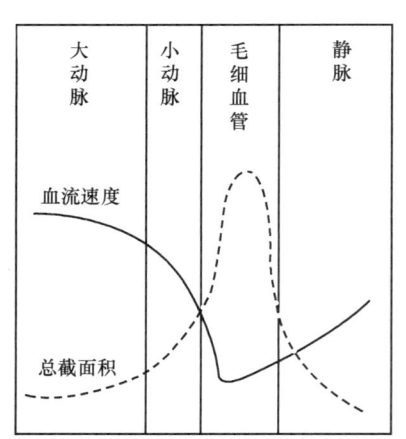

图 2-18 平均血流速度与血管总截面积的关系

2.4.3 循环系统中血压的变化及测量

血压(blood pressure)是血液在心血管系统中流动时作用于血管壁的压强. 临床上测量的血压值并不是实际的血压值,而是高于或低于当时当地大气压的值,通常把这个值称为计示压强. 凡是高于当时当地大气压的压强叫做正压,正压的计示压强为正值;凡是低于当时当地大气压的压强,叫做负压,负压的计示压强为负值. 例如,当人体的血液从心脏进入主动脉时,平均血压是+13.33kPa,表示主动脉中血液的压强比当时当地大气压强高出13.33kPa.胸膜腔的压强为–0.66~–1.33kPa,表示比当时当地大气压低0.66~1.33kPa.

平常所说的血压是指手臂处测得的动脉血压,它和主动脉血压值相差不大,一般用它代替主动脉的血压. 主动脉的血压随着心脏的收缩和舒张周期性地变化,当心脏收缩射血时,主动脉血压达最大值称为**收缩压**(systolic pressure),正常成人的收缩压一般是13.33~15.99kPa(相当于100~120mmHg);当心脏舒张时,主动脉回缩,将血液逐渐注入后续血管,血压随之下降,其最低值称为**舒张压**(diastolic pressure),正常成人的舒张压一般是7.99~10.66kPa(相当于60~80mmHg). 动脉中的血压即在两者之间周期性地变化. 收缩压与舒张压之差称为**脉压**(pulse pressure). 脉压沿主动脉、大动脉逐渐减小,到小动脉几乎消失,如图2-19所示.

为了说明整个心动周期内动脉血压的平均情况,引入平均动脉压的概念. 所谓**平均动脉压**(mean arterial pressure)是指一个心动周期中动脉血压的平均值,如图2-20所示. 其数学表达式为

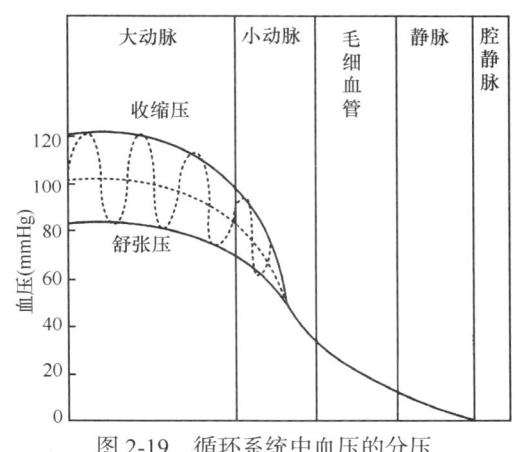

图2-19 循环系统中血压的分压

$$\overline{p} = \frac{1}{T}\int_0^T p(t)\mathrm{d}t$$

为了计算方便,常用1/3的收缩压加上2/3的舒张压来估算平均动脉压的大小.

另外,血液从心脏射出后,血压在循环过程中不断下降,例如,从主动脉到腔静脉的血压是依次递降的,正常人体主动脉平均血压约为13.3kPa,进入小动脉约为11.3kPa,到毛细血管约为4kPa,静脉已降至1.33kPa左右.

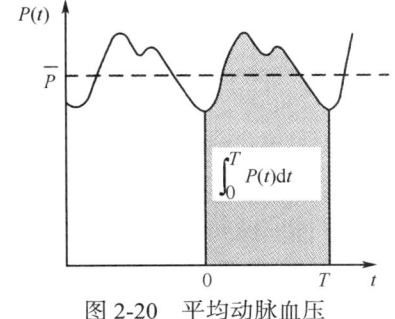

图2-20 平均动脉血压

血压的测量是临床常规体检项目之一. 水银血压计是测量血压的一种常用仪器,它是由一个气袋连接一个打气球和一个开管水银压强计构成的,如图2-21所示. 测量时,把气袋缠在上臂与心脏等高部位,听诊器放在肱动脉处,关上打气球阀门,用气球打气使气袋中的压强增大到足以使肱动脉血流中断,此时听诊器中听不到血液流动的声音,然后打开放气阀,慢慢放出袋中的空气,使压强下降,当压强降到与收缩压相等时,血流冲开压闭的血管而出现湍流并发出声音,听诊器中第一次听到声音时,测压计的

计示压强就是收缩压。继续放出袋内空气，气袋中的压强继续降低，但当气袋中压强仍高于舒张压时，血液断续地通过血管，听诊器中可以听到与脉搏次数相同的声音。再继续放气，当袋中的压强等于舒张压时，血管中的血流由断续流动变为连续流动，听诊器中声音逐渐平稳或消失，此时压强计的计示压强就是舒张压。成年人安静时收缩压一般为100~120mmHg，舒张压为60~80mmHg。临床上通常将收缩压和舒张压写成分数的形式，例如，100/70mmHg，表示收缩压为100mmHg，舒张压为70mmHg。

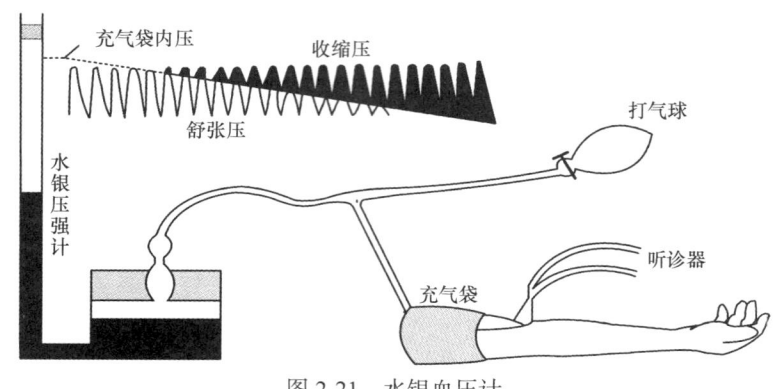

图 2-21 水银血压计

从物理学角度来看高血压形成的物理原理，根据流体力学的原理及压缩动力学原理，我们把心脏和血管及毛细血管比喻成密封的压力循环系统，就是说人体是一台机器，心脏和血管就是润滑系统。主要有三个方面的原因可能造成高血压。第一个因素是血管横截面变小，由于脂肪过多而对血管造成一定的挤压；或者由于血管堵塞；或者由于动脉粥样硬化导致动脉壁增厚和变得僵硬而失去正常的弹性，动脉横截面变小了，流阻增加，作为动力源的心脏需要加大动力才可能使原来的循环达到一定的流通量，动力源动力加大，管道压力也会随之加大，就形成了高压。第二个因素是血液的黏度升高，流阻增加。第三个因素是循环中血液容量增加，如常见的因肾脏疾病不能充分从体内排出钠盐和水分，体内血容量增加，导致血压增高。

小　结

应用连续性方程和伯努利方程解决流体流动的一些问题，对于研究人体血液循环和呼吸过程也起着十分重要的作用。

实际流体具有流动性、可压缩性和黏滞性。

1883年英国科学家雷诺提出用雷诺数判断实际流体作层流还是湍流。

自然界的流体分牛顿流体和非牛顿流体。泊肃叶定律表明在影响流量的众多因素中，流管半径对流量的影响最显著。高速离心机和超高速离心机使自然状态下难以快速分离的物质快速得到分离。

血液是一种含有多种成分的复杂的黏性流体，人体循环系统中心脏做功、血流速度的分布和血压的变化都与血液的流动规律有关。

阅读材料

血细胞流变学

　　血液是由血细胞(包括红细胞、白细胞和血小板)和血浆等成分组成的黏性流体.血细胞中红细胞的数量最多,约占血细胞部分的95%以上.红细胞的生理功能是血液生理功能最直接的体现.其功能是运输氧、二氧化碳、电解质、葡萄糖以及氨基酸这些人体新陈代谢所必需的物质.

　　流变性指物体在应力的作用下,可产生流动与变形的性质.研究血液有形成分(即血细胞)的流变性的科学,称为血细胞流变学,例如,红细胞的变形、聚集、表面电荷等.了解红细胞的流动性与形变规律,有利于疾病的诊断、治疗和预防.首先,红细胞具有变形性.红细胞在切应力的作用下发生形状改变的能力称为红细胞的变形性.它对血液的黏度有明显影响,变形能力减低时,血液黏度增高.红细胞的变形能力取决于红细胞内黏度(内黏度的大小与红细胞内的血红蛋白及其性状有密切关系)及红细胞内液的流动性;另外,还取决于红细胞形状.正常红细胞呈双凹圆盘形,有利于红细胞的变形,且具有较大的表面积,便于更多地携带氧和二氧化碳.如果红细胞膜表面积减少,其形状就趋向变成球形,使变形能力明显下降.因此,红细胞内黏度增加和球形变,都使红细胞变形能力减弱而血液黏度增加.其次,红细胞具有聚集性.切变率较小时,切应力较小,红细胞发生聚集;随着切变率增大,切应力也增大,又会使聚集的红细胞分开.一方面,红细胞的聚集依赖于血液中的蛋白分子的桥连作用,纤维蛋白原和球蛋白分子能吸附在红细胞的表面,使相邻的红细胞连接起来,形成缗钱状.另一方面,正常红细胞膜表面带有负电荷,它们之间相互排斥,使红细胞在血浆中处于悬浮状态而不发生聚集.红细胞的聚集,使血液黏度增加.总之,红细胞形状影响其力学特性,而其形状和力学特性都会影响它的流动性.红细胞的流动规律除了与自身的性质有关外,还与血管有关.红细胞与血管壁之间相互作用,因此它在不同类型的血管中流动时,流动状态不一样.人体内血液的流动大都属于层流,在血液流动很快或血管很粗的部位容易产生湍流.例如,在主动脉中,血流速度较大但变化很小,血液基本处于层流状态,但在许多情况下会转变成湍流,而通过毛细血管壁的物质交换则是一种渗流.红细胞在大血管中的流动,可近似看成均质流体的流动.但在毛细血管中流动时,由于毛细血管的直径通常与正常形状的红细胞圆盘直径接近甚至更小,因此这些红细胞必须通过变形"挤"过毛细血管,这时非牛顿特性显著,流动不能看成均质流体的流动.红细胞变形时,就会将红细胞内的蛋白质成分重新排列.当红细胞企图进入微小的毛细血管而受到挤压时,维持红细胞形状、固定蛋白质成分的细胞骨架就会折断,使得红细胞像液体一样具有流动性,还可以拉伸成子弹状.血细胞流变学只是血液流变学的一部分,血液流变学还包括研究全血在各切变率下的表观黏度的宏观流变学,另外,随着科学技术的不断进步,近年来,还发展到从分子水平研究血液成分的流变特性,称为分子血液流变学.目前,国内外对于血液流变性与疾病关系的研究越来越广泛而深入.

思　考　题

2-1　什么叫理想流体、流线、流管?

2-2　什么叫定常流动、流量?定常流动是否指任一流体质点在运动过程中流速永远不变?理想流体作定常流动时,流体速度与流管截面积有什么关系?

2-3　若两只船平行前进时靠得较近,为什么它们极易碰撞?

2-4　伯努利方程如何推导?适用的条件是什么?它表明哪些物理量之间的关系?

2-5 当水从水龙头缓慢流出而自由下落时，水流随位置的下降而变细. 从救火喷筒里向天空打出的水柱随高度的增加而变粗. 为什么？

2-6 实际流体具有哪些性质？实际流体的层流和湍流各有什么特点？怎样来判别流动是层流还是湍流？

2-7 牛顿黏性定律的内容以及适用的条件分别是什么？什么是牛顿流体和非牛顿流体？

2-8 黏性流体的伯努利方程与理想流体的伯努利方程的区别.

2-9 泊肃叶公式适用的条件是什么？流量与压强差、流阻之间的关系如何？流阻的大小与哪些因素有关？

2-10 斯托克斯定律的内容和适用的条件是什么？

2-11 在血液循环过程中，血流速度如何变化？为什么？

2-12 血液循环系统中血压是怎样变化的？

2-13 水银血压计由哪三部分组成？如何利用它来测量血压？

习 题

2-1 一水平圆管，粗处的直径为 8 cm，流速为 $1\,m\cdot s^{-1}$，粗处的直径为细处的 2 倍，求细处的流速和水在管中的体积流量.

2-2 将半径为 2 cm 的引水管连接到草坪的洒水器上，洒水器装一个有 20 个小孔的连蓬头，每个小孔直径为 0.5 cm. 如果水在引水管中的流速为 $1\,m\cdot s^{-1}$，试求由各小孔喷出的水流速度是多少？

2-3 一粗细不均匀的水平管，粗处的截面积为 30 cm^2，细处的截面积为 10 cm^2. 用此水平管排水，其流量为 $3\times 10^{-3}\,m^3\cdot s^{-1}$. 求：(1)粗细两处的流速；(2)粗细两处的压强差.

2-4 水在粗细不均匀的管中作定常流动，出口处的截面积为 10 cm^2，流速为 $2\,m\cdot s^{-1}$，另一细处的截面积为 2 cm^2，细处比出口处高 0.1 m. 设大气压强 $p_0\approx 10^5$ Pa，若不考虑水的黏性，(1)求细处的压强；(2)若在细处开一小孔，水会流出来吗？

2-5 一种测流速(或流量)的装置如题 2-5 图所示. 密度为 ρ 的理想液体在水平管中作定常流动，已知水平管中 A、B 两处的横截面积分别为 S_A 和 S_B，B 处与大气相通，压强为 p_0. 若 A 处用一竖直细管与注有密度为 $\rho'(\rho<\rho')$ 的液体的容器 C 相通，竖直管中液柱上升的高度为 h，求液体在 B 处的流速和液体在管中的体积流量.

2-6 用如题 2-6 图所示的装置采集气体. 设 U 形管中水柱的高度差为 3cm，水平管的横截面积 S 为 12cm^2，气体的密度为 $2\,kg\cdot m^{-3}$. 求 2min 采集的气体的体积.

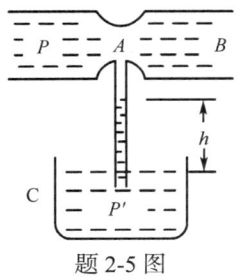

题 2-5 图

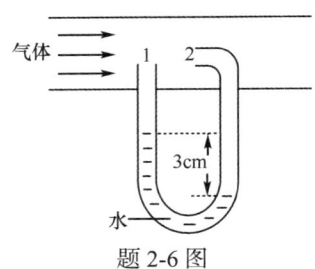

题 2-6 图

2-7 注射器活塞的面积为 S_1，出水孔的面积为 S_2，且 $S_1 \gg S_2$，如果注射器水平放置，作用于活塞的力为 F，活塞的速度不变，活塞移动的距离为 L，求水从注射器射出的速度与持续的时间。

2-8 设37℃时血液的黏度 $\eta=3.4\times10^{-3}$ Pa·s,密度 $\rho=1.05\times10^3$ kg·m^{-3},若血液以 72 cm·s^{-1}的平均流速通过主动脉产生了湍流,设此时的雷诺数为 1000,求该主动脉的横截面积.

2-9 体积为 20cm^3 的液体在均匀水平管内从压强为 1.2×10^5 Pa 的截面流到压强为 1.0×10^5Pa 的截面,求克服黏性力所做的功.

2-10 某段微血管的直径受神经控制而缩小了一半,如果其他条件不变,问通过它的血流量将变为原来的多少?

2-11 假设排尿时,尿从计示压强为 5.33×10^3 Pa 的膀胱经过尿道后由尿道口排出,已知尿道长 4cm,体积流量为 21 cm^3·s^{-1},尿的黏度为 6.9×10^{-4} Pa·s,求尿道的有效直径.

2-12 某条狗的一根大动脉,内直径为 8 mm,长度为 10 cm,流过这段血管的血流流量为 1cm^3·s^{-1},设血液的黏度为 2.0×10^{-3} Pa·s. 求:(1)血液的平均速度;(2)这段动脉管的流阻;(3)这段血管的血压降落.

2-13 设某人的心输出量为 8.2×10^{-5} m^3·s^{-1},体循环的总压强差为 1.2×10^4 Pa,试求此人体循环的总流阻(也称总外周阻力).

2-14 液体中有一空气泡,其直径为 1mm,密度为 1.29 kg·m^{-3},液体的密度为 0.9×10^3 kg·m^{-3},黏度为 0.15 Pa·s. 求该空气泡在液体中上升的收尾速度.

2-15 一个红细胞可近似看成一个直径为 5.0×10^{-6} m、密度为 1.09×10^3 kg·m^{-3} 的小球. 设血液的黏度为 1.2×10^{-3} Pa·s,密度为 1.03×10^3 kg·m^{-3}. 试计算该红细胞在 37℃的血液中沉淀 2cm 所需的时间. 如果用一台加速度为 10^6 g 的超速离心机,问沉淀同样距离所需时间又是多少?

习 题 答 案

2-1 4m·s^{-1}, 5.024×10^{-3} m^3·s^{-1}

2-2 3.2m·s^{-1}

2-3 (1)1m·s^{-1}, 3m·s^{-1}; (2)4×10^3 Pa

2-4 (1)5.102×10^4 Pa; (2)不会

2-5 $v_B=S_A\sqrt{\dfrac{2\rho'gh}{\rho(S_B^2-S_A^2)}}$; $Q=S_AS_B\sqrt{\dfrac{2\rho'gh}{\rho(S_B^2-S_A^2)}}$

2-6 2.5m^3

2-7 $\sqrt{\dfrac{2F}{\rho S_1}}$, $\dfrac{S_1L}{S_2}\sqrt{\dfrac{\rho S_1}{2F}}$

2-8 6.36×10^{-5} m^2

2-9 0.4J

2-10 通过它的血流量将变为原来的 1/16

2-11 1.45×10^{-3} m

2-12 (1)0.02m·s^{-1}; (2)2×10^6 N·s·m^{-5}; (3)2Pa

2-13 1.46×10^8 N·s·m^{-5}

2-14 3.26×10^{-3} m·s^{-1}

2-15 2.94×10^4 s; 2.94×10^{-2} s

第 3 章 振动、波动和声

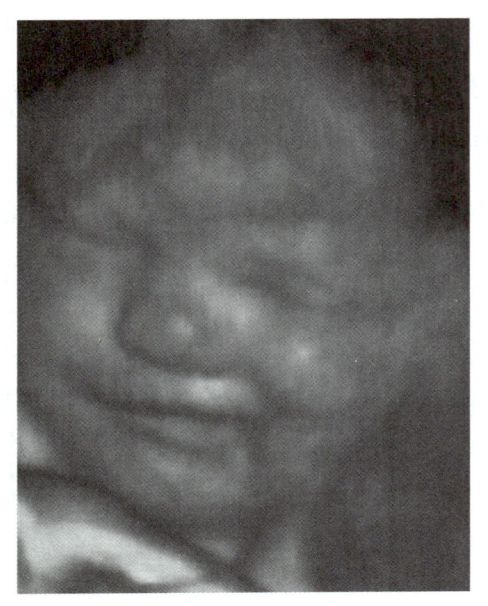

B 型超声检查(type-B ultrasonic)，俗称 B 超，是现代医学影像非侵入式技术，得到了广泛应用. 由于其强度低、频率高、对人体无损伤、无痛苦、显示方法多样而著称，尤其对人体软组织的探测和心血管脏器的血流动力学观察有其独到之处. 利用彩超技术可以看到胎儿在母亲腹中的各种表情——眨眼睛、揉眼睛、打哈欠、微笑、哭泣等. 右图是一幅四维彩超捕捉到的胎儿在母亲腹中的微笑.

振动(vibration)是物质世界广泛存在的运动形式，物体在某一位置附近来回做往复运动称为**机械振动**(mechanical vibration)，简称振动. 例如，心脏的跳动、电锯的振动、高楼的晃动、钟摆的摆动等. 描述物体运动状态的物理量，以某个数值为中心在其附近发生周期变化，称为广义的振动. 例如，我们日常使用的 50 Hz 交流电的电流和电压；某个化学反应的浓度或者温度在某一数值附近做周期性的变化；物体作机械振动的位移、速度和加速度等.

振动的传播过程称为**波动**(wave motion)，简称波. 机械振动在弹性介质中的传播称为机械波(mechanical wave)，如声波、超声波和水面波. 电磁场在空间的传播过程称为电磁波(electromagnetic wave)，例如，光波、X 射线、微波和无线电波. 波不仅能传播能量，还能产生反射、折射、干涉和衍射等现象. 振动和波动是学习声波和光波的重要基础知识.

3.1 简谐振动

3.1.1 简谐振动的振动方程

物体运动时，如果所受到的力和离开平衡位置的位移成正比，方向相反，这种运动称为**简谐振动**(simple harmonic vibration)，**或简谐运动**(simple harmonic motion). 简谐振动是最重要最基本最简单的运动，如弹簧的振动、单摆、复摆的微小摆动，在忽略空气阻力的情况下，都是简谐振动.

如图 3-1 所示，将弹簧放置在光滑的水平面上，忽略弹簧的质量，弹簧的左端固定，右端连接一质量为 m 的物

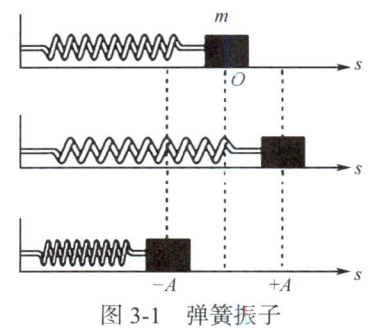

图 3-1 弹簧振子

体，物体与水平面间的阻力忽略不计．当弹簧自然伸长时，物体所在的位置 O 称为平衡位置，此时物体所受的合力为零．取平衡位置 O 为坐标原点，水平向右方向为物体的位移 s 轴的正方向，用外力将物体拉到平衡位置的右侧，外力撤去后，弹簧被拉长而使物体受到一个指向左方平衡位置的弹性力 F，物体在弹性力 F 的作用下向左运动，速度越来越大，到达平衡位置时，物体所受的弹性力 F 减小到零，速度达到最大，物体的惯性使其继续向左运动，导致弹簧被压缩，弹簧被压缩后产生的弹性力 F 改变方向，向右指向平衡位置，阻碍物体继续向左运动，使物体运动的速度越来越小，逐渐减小到零，此时物体所受的弹性力 F 最大，方向仍然指向右方，在弹性力 F 的作用下物体改变运动方向，向右运动，速度越来越大，到平衡位置速度达到最大，弹性力 F 减小到最小为零，在物体惯性的作用下物体继续向右运动，弹簧再次被拉长，越来越长，一直到最长，弹性力方向向左，其值越来越大直到最大，速度越来越小一直到零，这时物体完成一个周期的运动，回到最初开始的运动状态，这样物体将会在平衡位置附近一直重复做往返运动．弹簧和物体组成的振动系统称为**弹簧振子**(spring oscillator)．

由胡克定律可知，物体所受的弹性力 F 与物体的位移 s 关系为

$$F = -ks \tag{3-1}$$

式(3-1)中，比例常量 k 称为弹簧的**劲度系数**(coefficient of stiffness)，其大小由弹簧本身的性质决定，负号表示力与位移的方向相反．又由牛顿第二定律，得

$$F = ma = m\frac{d^2 s}{dt^2} \tag{3-2}$$

式(3-1)代入式(3-2)得

$$m\frac{d^2 s}{dt^2} = -ks$$

整理得

$$\frac{d^2 s}{dt^2} + \frac{k}{m}s = 0$$

令 $\frac{k}{m} = \omega^2$，得

$$\frac{d^2 s}{dt^2} + \omega^2 s = 0 \tag{3-3}$$

式(3-3)是位移的一元二次微分方程，解方程得

$$s = A\cos(\omega t + \varphi) \tag{3-4}$$

式(3-4)称为**简谐振动的振动方程**．如果物理量满足式(3-1)或式(3-3)或式(3-4)，称为简谐振动．式中 A 和 φ 是积分常量，A 称为**振幅**(amplitude)，是物体离开平衡位置的最大位移．$(\omega t+\varphi)$ 称为在时刻 t 物体振动的**相位**(phase)，其中 φ 称为**初相**(initial phase)，相位的单位是 rad(弧度)．ω 称为**固有角频率**(natural angular frequency)，简称角频率(angular frequency)或者圆频率，ω 只与振动系统有关，由系统的物体质量 m 和弹簧劲度系数 k 决定，与振幅和初相无关．振幅 A 和初相 φ 由系统的初始条件决定，即 $t=0$ 时的初位移 s_0 和初速度 v_0 的值决定．令式(3-4)中 $t=0$，有

$$s_0 = A\cos\varphi \tag{3-5}$$

式(3-4)的位移对时间求导得 $v = ds/dt = -\omega A\sin(\omega t + \varphi)$，令 $t=0$，有

$$v_0 = -\omega A\sin\varphi \tag{3-6}$$

由式(3-5)和式(3-6)得

$$A = \sqrt{s_0^2 + \frac{v_0^2}{\omega^2}} \tag{3-7}$$

$$\varphi = \arctan\left(-\frac{v_0}{s_0\omega}\right) \tag{3-8}$$

物体作一次振动所经历的时间称为简谐振动**周期**(period)，用 T 表示，单位是秒(s). 物体在任意时刻 t 的位移与时刻($t+T$)的位移相等，有

$$A\cos(\omega t + \varphi) = A\cos[\omega(t+T) + \varphi] = A\cos(\omega t + \varphi + \omega T)$$

余弦函数的最小正周期为 2π，则 $\omega T = 2\pi$，得

$$T = \frac{2\pi}{\omega} = 2\pi\sqrt{\frac{m}{k}} \tag{3-9}$$

单位时间内物体完成全振动的次数称为**频率**(frequency)，用 f 表示，单位是**赫兹**(Hz).

$$f = \frac{1}{T} = \frac{1}{2\pi}\sqrt{\frac{k}{m}} \tag{3-10}$$

周期和频率只和振动系统本身的物理性质有关，与外界条件无关，这种只由振动系统本身的固有属性决定的周期和频率，称为振动的**固有周期和固有频率**.

相位及相位差(phase difference)对于简谐振动的状态和比较两个同频率的振动非常重要，例如，已知两个同频率不同振幅的简谐振动 $s_1 = A_1\cos(\omega t + \varphi_1)$，$s_2 = A_2\cos(\omega t + \varphi_2)$，它们的相位差为 $\Delta\varphi = (\omega t + \varphi_2) - (\omega t + \varphi_1) = \varphi_2 - \varphi_1$，说明它们在任意时刻的相位差都等于两者的初相之差，与时间无关.

(1) 当 $\Delta\varphi > 0$ 时，s_2 的初相大于 s_1 的初相，称为 s_2 **超前** s_1，超前的相位是 $\Delta\varphi$；当 $\Delta\varphi < 0$ 时，s_2 的初相小于 s_1 的初相，称为 s_2 **滞后** s_1，滞后的相位是 $\Delta\varphi$. 例如，作简谐振动的质点的位移、速度和加速度的表达式为

$$s = A\cos(\omega t + \varphi)$$

$$v = -A\omega\sin(\omega t + \varphi) = A\omega\cos\left(\omega t + \varphi + \frac{\pi}{2}\right)$$

$$a = -A\omega^2\cos(\omega t + \varphi) = A\omega^2\cos(\omega t + \varphi + \pi)$$

即作简谐振动的质点的速度超前位移 $\pi/2$，滞后加速度 $\pi/2$.

(2) 当 $\Delta\varphi = \pm(2k+1)\pi$ ($k=0, 1, 2, \cdots$) 时，s_1 与 s_2 的相位差始终为 π 的奇数倍，两个分振动步调相反，称为**反相**(antiphase).

(3) 当 $\Delta\varphi = \pm 2k\pi$ ($k=0, 1, 2, \cdots$) 时，s_1 与 s_2 的相位差始终为 0 或者是 2π 的整数倍，两个分振动的步调完全相同，称为**同相**(in-phase).

3.1.2 简谐振动的旋转矢量法

如图 3-2 所示，在 s 轴上取一点 O 为坐标原点，自 O 点作矢量，大小等于振幅 A，末端为 M，称为**振幅矢量**(amplitude vector)，$t=0$ 时，由 s 轴正方向指向矢量 A 的夹角称为初相 φ，矢量 A 以角速度 ω 绕 O 点逆时针方向匀速旋转，末端 M 点的轨迹是一半径为 A 的圆，经过时间 t 秒后，s 轴正方向与矢量 A 的夹角变为 ($\omega t + \varphi$)，矢量 A 末端 M 点投影在 s 轴上的 N 点的位移

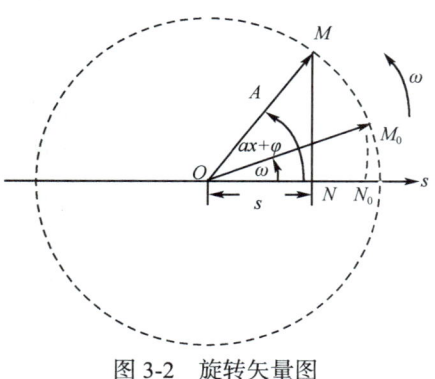

图 3-2 旋转矢量图

为 $s=A\cos(\omega t+\varphi)$，$N$ 点在 s 轴上的运动称为简谐振动. 旋转矢量末端投影在一条轴线上的运动表示简谐振动的方法称为**旋转矢量法**.

3.1.3 简谐振动的能量

以弹簧振子为例分析简谐振动的能量，弹簧在静止时能量为零，在外力的作用下弹簧被压缩或拉长使其具有势能，系统获得能量后去掉外力将开始振动，物体在任意位移 s 处时的动能 E_k 和势能 E_p 的大小分别为

$$E_k = \frac{1}{2}m[-A\omega\sin(\omega t+\varphi)]^2 = \frac{1}{2}m\omega^2 A^2 \sin^2(\omega t+\varphi)$$

$$E_p = \int_s^0 (-ks)ds = \frac{1}{2}ks^2 = \frac{1}{2}m\omega^2 A^2 \cos^2(\omega t+\varphi)$$

物体总能量 E

$$E = E_k + E_p = \frac{1}{2}m\omega^2 A^2 = \frac{1}{2}kA^2 \tag{3-11}$$

式(3-11)表明简谐振动的总机械能在振动过程中守恒，振动的能量和振幅的平方成正比，和振动过程无关，系统中的动能 E_k 和势能 E_p 在振动过程中相互转换. 如果忽略摩擦力的影响，系统获得能量开始振动，系统将保持此能量不变一直持续振动下去. 简谐振动能量 E 随时间 t 的变化曲线如图 3-3 所示，总能量曲线是一条平行于时间轴的水平线，动能、势能的频率是振动频率的两倍.

【**例 3-1**】质量为 0.1 kg 的物体沿 s 轴作简谐振动，振幅 A=0.10 m，周期 T=1.0 s，当 t=0 时物体的位移为 s_0=0.05 m，此刻物体向 s 轴负向运动. 求：(1)振动方程；(2)简谐振动的能量；(3)从物体开始运动到第二次通过平衡位置所用的时间.

【**解**】(1) 振动方程为 $s=A\cos(\omega t+\varphi)$，其中，$\omega=2\pi/T=2\pi$，$A$=0.10 m，在旋转矢量图 3-4 中，已知 t=0 时，s_0=0.05 m，可得

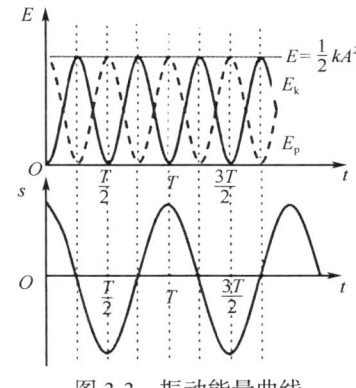

图 3-3 振动能量曲线

$$\cos\varphi = \frac{s_0}{A} = \frac{0.05}{0.10} = \frac{1}{2}$$

得

$$\varphi = \pm\frac{\pi}{3}$$

从图中可以看出 $\varphi=\pi/3$，$v_0<0$，质点向 s 轴负方向运动；$\varphi=-\pi/3$，$v_0>0$，质点向 s 轴正方向运动，根据题意舍弃，即 $\varphi=\pi/3$，振动方程为

$$s = 0.10\cos(2\pi t + \frac{\pi}{3}) \text{ (m)}$$

(2) 简谐振动的能量

$$E = \frac{1}{2}\omega^2 mA^2 = \frac{1}{2}\times(2\times3.14)^2\times0.1\times0.10^2 = 19.7\times10^{-3} \text{(J)}$$

(3) 由旋转矢量图 3-5 可知，质点从起始时刻到第二次通过平衡位置，振幅矢量转过的角度为

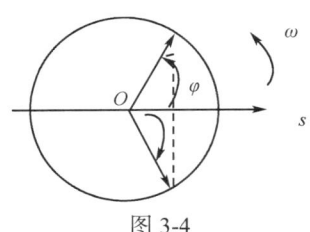
图 3-4

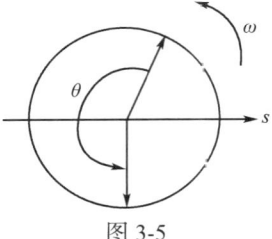
图 3-5

$$\theta = \pi - \frac{\pi}{3} + \frac{\pi}{2} = \frac{7}{6}\pi$$

由于 $\theta = \omega t$，$\omega = 2\pi$，所以得

$$t = \frac{\theta}{\omega} = \frac{\frac{7}{6}\pi}{2\pi} = \frac{7}{12} \approx 0.58 \text{ (s)}$$

【例 3-2】 劲度系数为 0.64 N·s^{-1} 的弹簧振子，连接一质量为 0.01 kg 的小球. 已知小球的初始条件 $s_0=0.05$ m，$v_0=0.4$ m·s^{-1}，此刻小球是沿着 s 轴正方向运动，求弹簧振子的振幅、初相位和振动方程.

【解】 角频率

$$\omega = \sqrt{\frac{k}{m}} = \sqrt{\frac{0.64}{0.01}} = 8(\text{rad} \cdot \text{s}^{-1})$$

由式(3-7)可求得振幅

$$A = \sqrt{s_0^2 + \frac{v_0^2}{\omega^2}} = \sqrt{0.05^2 + \frac{0.4^2}{8^2}} \approx 0.07(\text{m})$$

由式(3-8)可求得初相位

$$\tan\varphi = -\frac{v_0}{\omega s_0} = -\frac{0.4}{8 \times 0.05} = -1$$

得

$$\varphi = \frac{3\pi}{4} \text{ 或 } -\frac{\pi}{4}$$

用旋转矢量图可知 $\varphi=3\pi/4$ 时，小球只能沿 s 轴负方向运动，根据题意舍弃；$\varphi=-\pi/4$ 时，小球只能沿 s 轴正方向运动，由题意可知小球是沿着 s 轴正方向运动，所以初相为

$$\varphi = -\frac{\pi}{4}$$

则弹簧振子的振动方程为

$$s = 0.07\cos(8t - \frac{\pi}{4})(\text{m})$$

3.1.4 非简谐振动

1. 阻尼振动

简谐振动是一种理想的振动，忽略了空气阻力和摩擦阻力，振动物体只受弹性力的作用，振动能量守恒，振幅保持不变. 但是任何实际的振动系统总是要受到阻力的，克服阻力做功必然要损耗能量，消耗的能量越多，振幅衰减得越快，这种振动称为**阻尼振动**（damped vibration）或减幅振动.

物体所受的阻力与物体作振动的速度有关,在一般情况下,振动系统所受阻力主要来自周围介质,其大小和速度成正比,方向相反,即

$$f = -bv \tag{3-12}$$

式中,b 是常量,称为**阻力系数**(damping coefficient),它的大小由物体的形状、大小、表面状况以及介质的性质决定. 实际作振动的物体除了受到阻力外,同时还受到弹性力的作用,因此,由牛顿第二定律可知

$$ma = \sum F = -ks - bv \tag{3-13}$$

将式中的速度和加速度用位移表示,得阻尼振动的微分方程为

$$m\frac{d^2 s}{dt^2} + b\frac{ds}{dt} + ks = 0$$

方程两边同除 m,得

$$\frac{d^2 s}{dt^2} + \frac{b}{m}\frac{ds}{dt} + \frac{k}{m}s = 0$$

令 $\frac{b}{m} = 2\beta, \frac{k}{m} = \omega_0^2$,则有

$$\frac{d^2 s}{dt^2} + 2\beta\frac{ds}{dt} + \omega_0^2 s = 0 \tag{3-14}$$

式(3-14)称为阻尼振动的振动方程,其中 ω_0 是振动系统的固有频率,β 称为**阻尼系数**,表示阻尼作用的大小.

(1) 当阻尼作用比较小时,即 $\beta < \omega_0$,称为**欠阻尼**(underdamped). 这时方程的解为

$$s = A_0 e^{-\beta t}\cos(\omega t + \varphi_0) \tag{3-15}$$

其中

$$\omega = \sqrt{\omega_0^2 - \beta^2} \tag{3-16}$$

而 A_0 和 φ_0 是积分常量,式(3-15)是欠阻尼振动的位移表达式,这是一种周期性的振动,但是它的振幅 $A_0 e^{-\beta t}$ 随时间不断衰减,阻尼系数 β 越大,振幅衰减越快,欠阻尼振动位移与时间的关系曲线如图 3-6 所示.

通常把振动物体连续两次通过极大(或极小)位置所经历的时间,定义为阻尼振动的周期,即

$$T = \frac{2\pi}{\omega} = \frac{2\pi}{\sqrt{\omega_0^2 - \beta^2}} \tag{3-17}$$

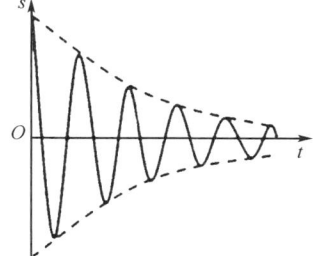

图 3-6 阻尼振动

显然,阻尼振动的周期比固有周期 $2\pi/\omega_0$ 要长,或者说阻尼使振动变慢,严格意义上来说,欠阻尼振动不是周期性运动,振动的振幅是随时间逐渐减小的,每个周期振幅都不会重复回到上一个周期的振幅,小于上一个周期的振幅.

(2) 当阻尼作用很大时,即 $\beta \geqslant \omega_0$,方程(3-14)的解就不再是式(3-15)的形式了,这时物体的运动不具有重复性和周期性,即物体不再做往复运动,要经过相当长的时间才能回到平衡位置,这种情况称为**过阻尼**(overdamped).

(3) 当阻尼作用比较适中时,阻尼系数 β 等于固有频率 ω_0,即 $\beta = \omega_0$,称为**临界阻尼**(critically damped),这时物体的运动同样也不具有周期性和重复性,物体能最快地回到平

衡位置.

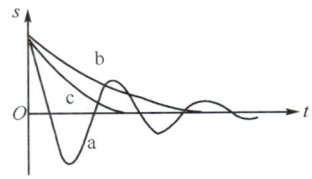

图 3-7 阻尼振动曲线

图 3-7 给出在三种阻尼情况下位移随时间的变化关系，从图中可以看出，对于欠阻尼（曲线 a），物体在一段时间内运动可以近似作简谐振动；而临界阻尼（曲线 c）和过阻尼（曲线 b），物体的运动已经不具有振动的特征，不会发生往复运动，一次性回到平衡位置停止运动，过阻尼回到平衡位置的时间较长，临界阻尼回到平衡位置所用时间最少. 在使用各类电磁仪表时，如果希望测试完指针能尽快地回到平衡位置，就应对系统施加临界阻尼.

2. 受迫振动

由于阻尼作用的存在，振动系统的能量必然会衰减，振幅减小，只要时间足够长，振动就会停止下来，所以要维持实际的振动一直持续下去，就必须给振动系统施加外力不断补充能量，物体在受到弹性力、阻尼力和周期性外力的共同作用下维持稳定的振动称为**受迫振动**（forced vibrations）. 施加的周期性性外力称为**驱动力**（driving force）. 如果驱动力以角频率 ω 随时间按余弦规律变化，即

$$F = F_m \cos\omega t$$

其中，F_m 称为驱动力的幅值，物体的运动方程为

$$ma = -ks - bv + F_m\cos\omega t$$

$$\frac{d^2 s}{dt^2} + \frac{b}{m}\frac{ds}{dt} + \frac{k}{m}s = \frac{F_m}{m}\cos\omega t$$

令 $\omega_0^2 = \frac{k}{m}$，$2\beta = \frac{b}{m}$，$h = \frac{F_m}{m}$，则

$$\frac{d^2 s}{dt^2} + 2\beta\frac{ds}{dt} + \omega_0^2 s = h\cos\omega t \tag{3-18}$$

式中，ω_0 是系统的固有角频率，β 是阻尼系数.

在欠阻尼（$\beta<\omega_0$）情况下的受迫振动方程（3-18）的解为

$$s = A_0 e^{-\beta t}\cos(\sqrt{\omega_0^2 - \beta^2}\,t + \varphi_0) + A\cos(\omega t + \varphi) \tag{3-19}$$

式（3-19）中，第一项代表欠阻尼振动，第二项代表一个等幅振动. 经过一段时间后，欠阻尼振动衰减到可以忽略不计，留下的就只有等幅振动，即

$$s = A\cos(\omega t + \varphi) \tag{3-20}$$

欠阻尼的受迫振动刚开始，外力作用大于阻尼，振动逐渐加强，当外力提供的能量能补偿消耗的能量时，振动就达到稳定状态作等幅振动，角频率等于驱动力频率 ω.

把式（3-20）代入方程（3-18），得受迫振动的振幅和初相位为

$$A = \frac{h}{\sqrt{(\omega_0^2 - \omega^2)^2 + 4\beta^2\omega^2}} \tag{3-21}$$

$$\varphi = \arctan\frac{2\beta\omega}{\omega^2 - \omega_0^2} \tag{3-22}$$

受迫振动的振幅在开始时随时间增大，但振动达到稳定状态后，振幅就不再增大.

3. 共振

由式（3-21）可知，受迫振动的振幅 A 主要由驱动力频率 ω 与系统固有频率 ω_0 之间的

关系而定.

振幅 A 要取最大值，须式(3-21)分母取最小值，令分母对 ω 的求导等于零，即

$$2(\omega_0^2 - \omega^2)(-2\omega) + 8\beta^2\omega = 0$$
$$-\omega(\omega_0^2 - \omega^2 - 2\beta^2) = 0$$

$\omega \neq 0$，得 $\omega^2 = \omega_0^2 - 2\beta^2$，即驱动力的角频率满足此式时，受迫振动振幅将有最大值，受迫振动振幅出现最大值的现象称为共振(resonance)，满足出现共振现象的驱动力的角频率称为**共振角频率**，用 ω_r 表示，即

$$\omega_r = \sqrt{\omega_0^2 - 2\beta^2} \tag{3-23}$$

将式(3-23)代入式(3-21)，得到最大的受迫振动的振幅，即**共振振幅** A_r 为

$$A_r = \frac{h}{2\beta\sqrt{\omega_0^2 - \beta^2}} \tag{3-24}$$

阻尼系数 β 越小，共振角频率 ω_r 与系统的固有频率 ω_0 越接近，共振振幅 A_r 越大，若阻尼系数趋于零，受迫振动就转变为简谐振动的共振，$\omega_r = \omega_0$，这时共振振幅 A_r 将趋于无限大.

图3-8共振曲线，表示在不同阻尼时驱动角频率 ω 变化时振幅 A 的变化. 共振现象在电、磁、光、声、原子内部及工程技术中经常遇到. 共振现象像一把双刃剑，对人类有有利的一面也有有害的一面. 许多仪器利用共振原理设计，收音机通过电磁共振进行选台，乐器采用共振提高音响效果，医疗诊断使用磁共振成像.

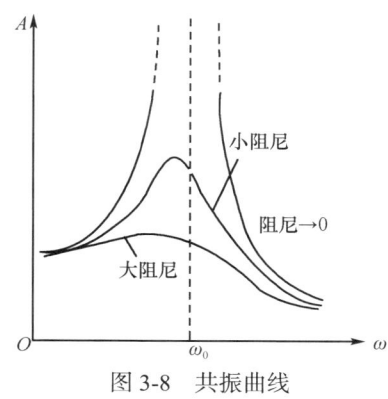

图3-8 共振曲线

1940年11月7日，刚刚建成通车四个月的美国塔科马海峡大桥在风中坍塌，主要原因是风引起桥的机械共振. 次声波是频率小于20 Hz的声波，这个频率人耳是听不到的，人体各部位器官的固有频率刚好落在次声波范围内，一般为2~16 Hz，内脏为4~6 Hz，头部为8~12 Hz等，大功率次声波作用于人体，会引起人体器官的强烈共振，造成严重的后果，轻则出现恶心，头晕，呕吐，头痛，视力模糊，神志不清，重则血管破裂，七窍流血，瞬间窒息死亡. 2008年5月12日中国汶川8.0级地震引发外省市区高层建筑居民的眩晕，人们误以为犯了高血压或颈椎病而眩晕，实际是高层建筑由于地震而产生的自振属于低频长波，最容易与地震波发生共振，当地震产生的次声波频率与人体固有频率一致时，产生共振使人们出现头晕目眩等反常感觉.

3.2 简谐振动的合成

在实际的振动问题中，质点或者物体的振动可能同时参与两种或者两种以上的振动，而且振动的方向可能一样，也有可能不一样，把几个单一方向上的简谐振动作用在同一个物体上，称为振动的合成，把一个复杂的周期性非简谐振动分解成若干个简谐振动，称为振动的分解，下面讨论几种特殊情况下简谐振动的合成.

3.2.1 简谐振动的合成

1. 同方向同频率的合成

若一质点同时参与两个同方向同频率的简谐振动,它们的角频率为是 ω,振幅分别为 A_1 和 A_2,初相分别为 φ_1 和 φ_2,则它们的振动方程分别为 $s_1 = A_1 \cos(\omega t + \varphi_1)$,$s_2 = A_2 \cos(\omega t + \varphi_2)$

因振动是同方向的,所以在任一时刻的合位移 s 仍在同一直线上,而且等于这两个分振动位移的代数和,即 $s = s_1 + s_2$,利用简谐振动的旋转矢量法求解,如图 3-9 所示. 开始时($t=0$),由平行四边法则可得合矢量 $\boldsymbol{A} = \boldsymbol{A_1} + \boldsymbol{A_2}$,$Os$ 轴与矢量 $\boldsymbol{A}$ 的夹角即为合振动的初相 φ,A_1、A_2 以相同的 ω 绕点 O 作逆时针旋转,它们的夹角 $\varphi_2 - \varphi_1$ 在旋转的过程中保持不变,所以 $\boldsymbol{A}$ 矢量也以相同的角速度 ω 绕点 O 作逆时针旋转,因此,只需画出初时刻合成的结果就可知任一时刻合矢量 $\boldsymbol{A}$ 在 Os 轴上的投影 $s = s_1 + s_2$,即为合振动所对应的振幅矢量,表达式为 $s = A\cos(\omega t + \varphi)$,说明合振动仍是简谐振动,它的角频率与分振动角频率相同,合振幅为

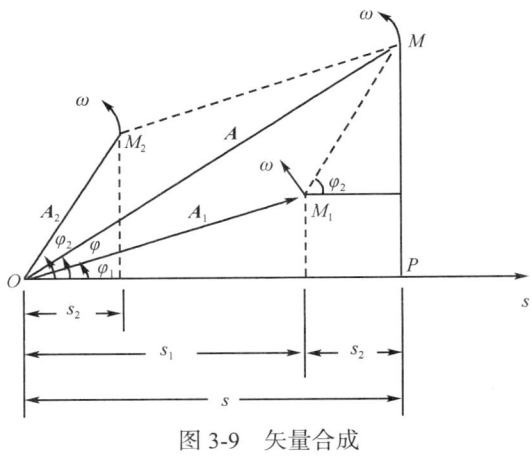

图 3-9 矢量合成

$$A = \sqrt{A_1^2 + A_2^2 + 2A_1 A_2 \cos(\varphi_2 - \varphi_1)} \tag{3-25}$$

合振动的初相为

$$\varphi = \arctan \frac{A_1 \sin\varphi_1 + A_2 \sin\varphi_2}{A_1 \cos\varphi_1 + A_2 \cos\varphi_2} \tag{3-26}$$

从式(3-25)可以看出,合振幅与两分振动的振幅以及它们的相位差($\varphi_2 - \varphi_1$)有关.

(1) 当相位差 $\varphi_2 - \varphi_1 = \pm 2k\pi, k = 0, 1, 2, \cdots$ 时,则 $A_{\max} = \sqrt{A_1^2 + A_2^2 + 2A_1 A_2} = A_1 + A_2$,当两分振动的相位相同或相位差为 2π 的整数倍时,合振动加强,称为**同相振动**,合振幅最大等于两分振幅的振幅之和.

(2) 当相位差 $\varphi_2 - \varphi_1 = \pm(2k+1)\pi, k = 0, 1, 2, \cdots$ 时,则 $A_{\min} = \sqrt{A_1^2 + A_2^2 - 2A_1 A_2} = |A_1 - A_2|$,当两分振动的相位差为 π 的奇数倍时,合振动减弱,称为**反相振动**,合振幅最小等于两分振动振幅之差的绝对值.

(3) 除以上两种情况外相位差($\varphi_2 - \varphi_1$)可取任意值,则合振幅介于 $A_1 + A_2$ 和 $|A_1 - A_2|$ 之间.

2. 同方向不同频率的合成

若一质点同时参与两个同方向不同频率的简谐振动,由于 A_1 和 A_2 的角速度不同,它们之间的夹角就要随时间改变,它们的合矢量也将随时间改变. 该合矢量在 s 轴上的投影

所表示的合振动将不是简谐振动. 为了使问题简单, 假设两个分振动的振幅相等为 A, 初相相等为 φ, 两个分振动的角频率分别为 ω_1 和 ω_2, 两个分振动的表达式分别为 $s_1=A_1\cos(\omega t+\varphi)$, $s_2=A_2\cos(\omega t+\varphi)$, 应用三角和差化积公式可得合振动的表达式为

$$s = s_1 + s_2 = A\cos(\omega_1 t+\varphi) + A\cos(\omega_2 t+\varphi) = 2A\cos\frac{\omega_2-\omega_1}{2}t\cos\left(\frac{\omega_2+\omega_1}{2}t+\varphi\right) \quad (3\text{-}27)$$

显然合振动不再是简谐振动, 在一般情形下, 也没有明显的周期性. 但当两个分振动的频率都较高而非常接近时, 就会出现明显的周期性. 式(3-27)中的 $\cos[(\omega_2-\omega_1)t/2]$ 及 $\cos[(\omega_2+\omega_1)t/2+\varphi]$ 表示两个周期性变化的量. 当频率较高时, $\omega_2-\omega_1 \ll \omega_2+\omega_1$, 所以, 第一个量的频率比第二个的小很多, 也就是第一个量的周期比第二个量周期大很多, 说明第一个量的变化比第二个量的变化慢得多, 即在较短的时间内第二个量反复变化多次时, 第一个量几乎没有变化. 因此, 合振动可近似地看成振幅为 $|\cos[(\omega_2-\omega_1)t/2]|$, 角频率为 $(\omega_2+\omega_1)/2$ 的简谐振动. 由于振幅的变化是余弦周期函数, 所以振幅会忽强忽弱地变化, 这种现象称为拍(beat), 如图 3-10 所示. 单位时间内振幅加强或减弱的次数称为**拍频**. 由于余弦函数的绝对值在一个周期内有两次最大值, 所以单位时间内最大振幅出现的次数应为振动 $|\cos[(\omega_2-\omega_1)t/2]|$ 的频率的两倍, 即

$$v = 2 \times \frac{1}{2\pi} \times \frac{|\omega_2-\omega_1|}{2} = \left|\frac{\omega_2-\omega_1}{2\pi}\right| = |v_2 - v_1| \quad (3\text{-}28)$$

式(3-28)可用于测定频率, 如果已知一个振动的高频率, 使它和另一个频率相近振幅相等的振动叠加, 测定合振动的拍频, 就可求出未知的频率. 校准乐器时, 如果乐器的频率和标准频率相差很小, 乐器发出的声音会出现由微弱变得响亮, 并不断交替转变的现象, 声音大小变化的频率就是拍频, 其大小等于乐器的频率和标准频率之差, 当把乐器的频率调到和标准频率一样时, 拍现象就会消失, 这就是利用拍校准乐器的原理. 这种方法也常用于其他领域.

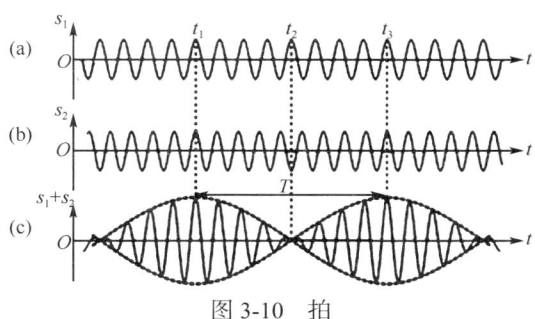

图 3-10　拍

3. 同频率振动方向相互垂直的合成

若一质点同时参与两个振动方向互相垂直的同频率的简谐振动, 两分振动分别在 x, y 轴上的简谐振动方程为 $x=A_1\cos(\omega t+\varphi_1)$, $y=A_2\cos(\omega t+\varphi_2)$, 将这两式中的 t 消去, 可得到合振动方程

$$\frac{x^2}{A_1^2} + \frac{y^2}{A_2^2} - \frac{2xy}{A_1 A_2}\cos(\varphi_2-\varphi_1) = \sin^2(\varphi_2-\varphi_1) \quad (3\text{-}29)$$

式(3-29)是一个椭圆方程, 它的形状由两分振动的振幅及相位差 $(\varphi_2-\varphi_1)$ 的值决定.

(1) 当 $\varphi_2-\varphi_1=0$, 即两振动同相时, 式(3-29)变为

$$\frac{x}{A_1} - \frac{y}{A_2} = 0$$

合振动是一条通过原点斜率为 A_2/A_1 的直线，如图 3-11 所示.

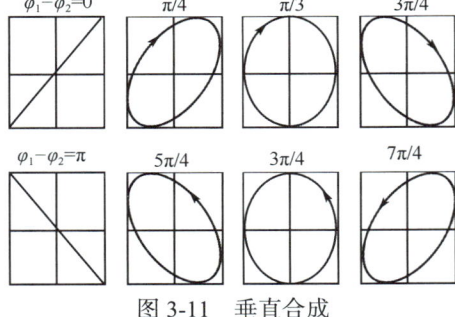

图 3-11　垂直合成

(2) 当 $\varphi_2-\varphi_1=\pi$，即两振动反相时，式(3-29)变为

$$\frac{x}{A_1} + \frac{y}{A_2} = 0$$

合振动是一条通过原点斜率为 $-A_2/A_1$ 的直线，如图 3-11 所示.

(3) 当 $\varphi_2-\varphi_1=\pi/2$，$3\pi/2$ 时，式(3-29)变为

$$\frac{x^2}{A_1^2} + \frac{y^2}{A_2^2} = 1$$

合振动是以坐标轴为主轴的椭圆. 当 $\varphi_2-\varphi_1=\pi/2$ 时，振动沿顺时针方向进行，如图 3-11 所示；当 $\varphi_2-\varphi_1=3\pi/2$ 时，振动沿着逆时针方向进行，如图 3-11 所示. 如果两个分振动的振幅相等，即 $A_2=A_1$，椭圆变为圆.

(4) 当 $\varphi_2-\varphi_1$ 等于其他值时，合振动的轨迹一般是椭圆，其形状和运动方向由分振动振幅的大小和相位差决定.

3.2.2　频谱分析

任何一个复杂的周期性振动都可以分解为若干个简谐振动，这种把一个复杂的周期性振动分解为若干个简谐振动的方法称为**频谱分析**(spectral analysis). 谐振分析在理论研究和实际应用都有十分重要的意义，在医学上心电图和脑电图采用谐振分析方法，可为诊断各种疾病提供依据. 例如，心脏跳动过程就可以用一个三维的周期性振动分解到不同方向上的若干个简谐振动表示，这样就可以得到心脏收缩过程的细节，现代的心电图机就是运用此类技术进行辅助诊断的.

按照傅里叶级数理论，一个复杂的不规则周期函数 $s(t)$ 可以展开为

$$s(t) = a_0 + a_1\cos\omega t + b_1\sin\omega t + a_2\cos2\omega t + b_2\sin2\omega t + \cdots + a_n\cos n\omega t + b_n\sin n\omega t$$

式中，a_0，a_1，a_2，$\cdots$，a_n，b_0，b_1，$b_2\cdots$，b_n 是常量，其中 a_0 是傅里叶函数 $s(t)$ 在一周内的平均值，大小可以为零，也可以不为零，其他常量代表分解后的简谐振动的振幅的大小，往往分解后的简谐振动的频率越大所对应的振幅越小，意味着在合振动中所占的相对成分也越小，对合振动起的作用也就越小. 这些分振动中频率最低的和原周期函数的频率一样，这个频率称为**基频**(base frequency). 其他分振动的频率都是基频的整数倍，依此分别称为二次、三次、四次、…**谐频**(harmonic frequency). 分解所得的谐振动数目越多，其合成情

况与实际情况就越接近. 把分解后的每个谐振动按照以频率为横坐标, 振幅为纵坐标绘出的图称为**频谱图**, 周期性振动的频谱图是分离的线状谱, 而非周期性振动可以分解为无限多的周期为无限长的周期性振动, 因此, 非周期性振动的频谱图是连续谱, 而不是分离的线状图. 在理论研究上有特别重要的意义.

3.3 简 谐 波

3.3.1 机械波

由弹性力联系着的微粒所形成的介质称为**弹性介质**(elastic medium)或弹性媒质, 在弹性介质中由于相邻的介质质点是由弹性力联系着, 所以当介质中某一介质质点在外力的作用下开始振动时, 该质点称为**波源**(wave source), 就会对相邻的介质质点产生弹性力, 使之离开平衡位置开始作振动, 以此类推, 振动就会由近及远传播出去. 机械振动在弹性介质中传播就形成了**机械波**, 所以, 产生机械波要具备两个条件, 第一是作机械振动的波源, 第二是能够传播机械振动的弹性介质. 机械波在传播的过程中, 传播的是振动的形式和能量, 介质中参与振动的各个质点只能在其平衡位置附近做往返运动, 并不会随波传播出去, 振动的频率与波源的频率相同.

根据波的传播方向与质点的振动方向的关系, 波分**横波**(transversal wave)和**纵波**(longitudinal wave)两种类型. 波传播的方向与质点的振动方向相互垂直的波, 称为横波, 如光波是电磁横波, 而波的传播方向与质点的振动方向一致的波, 称为**纵波**, 如声波是机械纵波.

沿波传播的方向上相位相同的两个相邻质点之间的距离称为**波长**(wave length), 用 λ 表示, 波长是一个完整波的长度, 也是质点振动一次波传播的距离, 波传播一个波长的距离所用的时间就是质点振动一次所用的时间, 称为波的**周期**, 用 T 表示, 周期的倒数就是**频率**, 即单位时间内传播的完整波的数目, 用 f 表示. 单位时间内振动所传播的距离, 称为**波速**(wave velocity), 用 u 表示, 波速与波长的关系为

$$u = \frac{\lambda}{T} = \lambda f \tag{3-30}$$

机械波的波速与所在介质的密度和弹性模量有关. 密度是介质质点惯性的反映, 弹性模量是介质弹性的反映, 介质的弹性大, 就表示介质间的联系紧密, 则波的传播速度也就大; 介质的密度大, 就表示介质的惯性大, 则波的传播速度就小.

波在不同介质中波速不同, 而周期(或频率)保持不变, 所以波长在不同介质中因波速不同而改变. 波动由波源出发, 在介质中向各个方向传播, 在某个时刻波动传到的各个质点所连成的面称为波振面或波面(wave surface), 在最前面的波面称为**波前**(wave front). 在同一波面上的各点的相位相同. 如果波面为平面称为**平面波**(plane wave), 如果波面为球面称为**球面波**(spherical wave). 表示波传播方向的线称为**波线**. 在各向同性介质中, 波线与波面相互垂直. 波在各向同性的均匀介质中传播, 沿各个方向的传播速度相同, 所以点波源的波面是一系列同心球面波, 如图 3-12 所示.

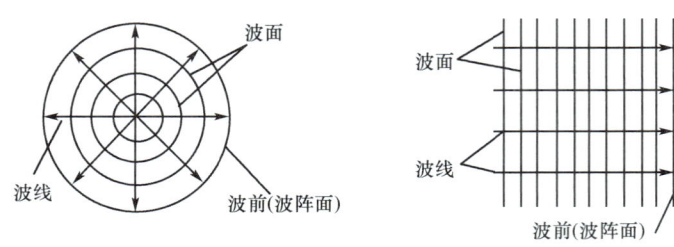

图 3-12 波面、波线

3.3.2 波动方程

机械波是机械振动在弹性介质内的传播,是弹性介质内大量质点参与的一种集体运动形式. 在无吸收、均匀的介质中,当波源作简谐振动时,在介质中各质点也将做同频率的简谐运动,由各质点振动所形成的波,称为**简谐波**(**simple harmonic wave**). 简谐波是一种最简单、最基本的波动形式. 一切复杂的振动都可以看成是由简谐振动组合而成,一切复杂的波也可以看成是由不同的简谐波组成.

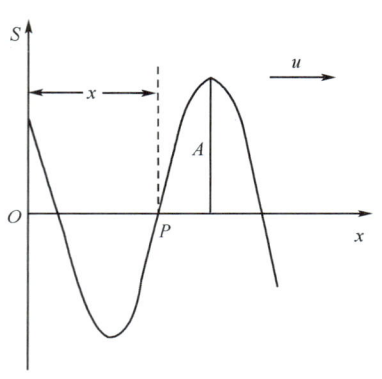

图 3-13 波动方程的推动

如图 3-13 所示,一平面简谐波在各向同性均匀介质中,以速度 u 沿 x 轴的正方向无衰减地传播. 在 x 轴上取一点 O 作为坐标原点,设在 t 时刻,O 点的振动表示为

$$s = A\cos(\omega t + \varphi)$$

在介质中任取一点 P,距离原点 O 为 x,O 点的振动传到 P 点时,P 点将会和 O 点一样作同振幅同频率的简谐振动,O 点的振动传到 P 点所需的时间为 x/u,所以 P 点比 O 点的振动滞后的相位为 $\omega t = \omega x/u$,则 P 点处质点的振动方程为

$$s = A\cos(\omega t + \varphi - \omega \frac{x}{u})$$

整理方程,得

$$s = A\cos[\omega(t - \frac{x}{u}) + \varphi] \tag{3-31}$$

式(3-31)称为波沿 x 轴正方向传播的平面简谐波的**波动方程**,也称为右行波.

波动方程中位移 s 是 t 和 x 的函数,时刻 t 一定时,位移 s 仅是 x 的函数,此时波动方程表示给定 t 时刻各个质点的位移分布,也就是表示时刻 t 的波形. 空间质点位置 x 一定时,位移 s 仅为时间 t 的函数,此时波动方程表示距离原点为 x 处的质点 P 在各时刻的位移,即 P 点的振动方程,该点处质点 P 滞后 O 点的相位是 $\omega t = (2\pi/T) \times (x/u) = 2\pi x/\lambda$. x 和 t 都变化表示沿波传播方向上各个不同质点在不同时刻的位移,即所有质点的位移随时间变化的整体情况.

如果简谐波沿 x 轴的负方向传播,此波称为左行波,图 3-13 中 P 处质点比 O 处质点超前振动,因此,波动方程为

$$s = A\cos[\omega(t + \frac{x}{u}) + \varphi] \tag{3-32}$$

由 $\omega = 2\pi/T$,$\lambda = uT$,式(3-31)可写成以下形式

$$s = A\cos[2\pi(\frac{t}{T}-\frac{x}{\lambda})+\varphi] \tag{3-33}$$

【例 3-3】 有一平面简谐波沿 x 轴负方向传播,已知振幅 $A=0.5$m,周期 $T=2.0$s,波长 $\lambda=4.0$m. 在 $t=0$ 时,坐标原点处的质点位于平衡位置沿 Os 轴的正方向运动. 求:(1)波动方程;(2) $x=8.0$m 处质点的振动规律及初相;(3)如果波沿 x 轴正方向传播,$x=8.0$m 处质点的振动规律及初相.

【解】 (1)波沿 x 轴负方向传播的波动方程为

$$s = A\cos[\omega(t+\frac{x}{u})+\varphi]$$

已知 $\omega=2\pi/T=\pi$,$u=\lambda/T=2$m·s^{-1},由旋转矢量法得 $\varphi=-\pi/2$,代入上式得波动方程

$$s = 0.5\cos[\pi(t+\frac{x}{2})-\frac{\pi}{2}] \text{ (m)}$$

(2)将 $x=8.0$m 代入波动方程得质点的振动规律

$$s = 0.5\cos[\pi(t+\frac{8}{2})-\frac{\pi}{2}] = 0.5\cos(\pi t+\frac{7\pi}{2}) \text{ (m)}$$

$x=8.0$m 处质点的初相为

$$\varphi = \frac{7\pi}{2}$$

(3)如果波沿 Ox 轴正方向传播,则波动方程为

$$s = 0.5\cos[\pi(t-\frac{x}{2})-\frac{\pi}{2}] \text{ (m)}$$

$x=8.0$m 处点的振动规律为

$$s = 0.5\cos[\pi(t-\frac{8}{2})-\frac{\pi}{2}] = 0.5\cos(\pi t-\frac{9\pi}{2}) \text{ (m)}$$

$x=8.0$m 处质点的初相为

$$\varphi = -\frac{9\pi}{2}$$

3.3.3 波的能量

波在介质中传播时,介质中各质点发生振动使波具有动能;同时介质中各质点相对平衡位置的位移不同,产生形变使波具有势能. 横波的质点振动方向与传播方向垂直,发生剪切形变;纵波的质点振动方向与波传播方向一致,发生拉伸或压缩形变,所以能量都会由近及远地传播,波的传播过程就是能量的传播过程. 若不考虑介质对能量的吸收,设一平面简谐波,以波速 u 在密度 ρ 的均匀介质中传播,在任意坐标 x 处取截面积为 Δs,长为 Δx,体积元为 $\Delta V=\Delta x \cdot \Delta s$,作为研究对象,可以证明,在时刻 t 的动能 E_k 和势能 E_p 为

$$\Delta E_k = \Delta E_p = \frac{1}{2}\rho\Delta V\omega^2 A^2\sin^2[\omega(t-\frac{x}{u})+\varphi] \tag{3-34}$$

可见,该体积元的动能和势能完全相同,都是时间的周期函数,并且大小相等,相位相同. 体积元 ΔV 总机械能量为

$$\Delta E = \Delta E_k + \Delta E_p = \rho\Delta V\omega^2 A^2\sin^2[\omega(t-\frac{x}{u})+\varphi] \tag{3-35}$$

从式(3-35)可得 $0\leq\Delta E\leq\rho\Delta V A^2\omega^2$,体积元的总机械能量在零和幅值 $\rho\Delta V A^2\omega^2$ 之间周期性变化. 在能量由零增大到最大的过程中,在 x 处的体积元从前面的质点获得能量从零开始增加,增加到最大 $\rho\Delta V A^2\omega^2$,该体积元在吸收能量;在能量由最大减小到零的过程中,

在 x 处的体积元把全部能量逐步传给后面的质点，体积元的能量由最大逐渐变为零，该体积元放出能量，能量释放完便又开始下一个周期，重复上述的变化过程，这就是波动传递能量的过程.

单位体积中波的能量，称为波的能量密度，即

$$w = \frac{E}{\Delta V} = \rho A^2 \omega^2 \sin^2\left[\omega\left(t - \frac{x}{u}\right) + \varphi\right]$$

能量密度在一个周期中的平均值，称为平均能量密度. 正弦函数的平方在一个周期内的平均值是 1/2，即

$$\frac{1}{T}\int_0^T \sin^2\left[\omega\left(t - \frac{x}{u}\right) + \varphi\right] dt = \frac{1}{2}$$

则平均能量密度为

$$\overline{w} = \frac{1}{2}\rho A^2 \omega^2 \tag{3-36}$$

3.3.4 波的强度

在单位时间内通过垂直于波传播方向的单位面积的平均能量，称为**波的强度**，用 I 表示. 取垂直于波传播方向的一个任意小面积元 ds，在 dt 时间内通过此面积波的平均总能量 $dE = \overline{w}u dt ds$，波的强度为

$$I = \frac{dE}{dt dS} = \overline{w}u = \frac{1}{2}\rho u A^2 \omega^2 \tag{3-37}$$

式(3-37)表明，波的强度与振幅的平方、频率的平方成正比.

3.3.5 波的衰减

机械波在介质中传播，波的强度和振幅随传播距离的增加而减小，这种现象称为**波的衰减**. 产生衰减的主要原因有：①介质中的内摩擦等原因，波的能量随传播距离的增加逐渐转化为其他形式的能量，称为介质对波的吸收；②波振面的增大导致单位截面积波的能量减少，称为扩散衰减；③散射使原方向传播的波的强度减弱，称为散射衰减.

平面简谐波在各向同性介质中沿 x 轴正方向传播，在坐标原点 $x=0$ 处，波的强度为 I_0，在 x 处波的强度为 I，通过厚度为 dx 的介质后，由于介质的吸收，波的强度减弱了 $-dI$. 实验结果表明，波的强度减弱量 $-dI$ 与入射波强度 I 和波通过的介质厚度 dx 正比，即

$$-dI = \mu I dx$$

式中，μ 称为介质的吸收系数，它与波的频率和介质的性质有关. 由上式可得

$$\frac{dI}{I} = -\mu dx$$

将两边同时积分，并将已知条件 $x=0$ 时 $I=I_0$ 代入得

$$I = I_0 e^{-\mu x} \tag{3-38}$$

式(3-38)称为比尔-朗伯定律.

根据波的强度与其振幅的平方成正比，若 x 轴上坐标为 x 处的质点的振幅为 A，坐标原点处质点的振幅为 A_0，则有

$$\left(\frac{A}{A_0}\right)^2 = \frac{I}{I_0} = e^{-\mu x}$$

即

$$A = A_0 e^{-\frac{1}{2}\mu x}$$

所以，实际上平面简谐波在介质中的波动方程为

$$s = A_0 e^{-\frac{1}{2}\mu \cdot x} \cos[\omega(t - \frac{x}{u}) + \varphi] \tag{3-39}$$

球面简谐波在各向同性介质中传播距离越远球面越大，波的强度越小，设球面波在半径为 r_1 和 r_2 处的强度分别为 I_1 和 I_2，其对应的振幅分别为 A_1 和 A_2，若不考虑介质的吸收，则单位时间通过两球面的能量必然相等，即

$$4\pi r_1^2 I_1 = 4\pi r_2^2 I_2$$

则

$$\frac{I_1}{I_2} = \frac{r_2^2}{r_1^2} \tag{3-40}$$

式(3-40)称为反平方定律. 因为波的强度与其振幅的平方成正比，所以得 $A_1/A_2 = r_2/r_1$，设离球心的距离为单位长度时波的振幅为 A_0，则球面波的波动方程为

$$s = \frac{A_0}{r} \cos[\omega(t - \frac{r}{u}) + \varphi] \tag{3-41}$$

式中，r 表示球面波的半径.

【例 3-4】 试求频率为 10MHz 的声波在空气中和钢板中各自传播的距离为多少时，波的强度才能变为原来的四分之一？已知声波在空气中的吸收系数为 $\mu_1 = 4000 \text{m}^{-1}$，在钢中的吸收系数为 $\mu_2 = 8 \text{m}^{-1}$.

【解】 由式(3-40) $\frac{I}{I_0} = e^{-\mu x}$，得

$$x = -\frac{1}{\mu} \ln \frac{I}{I_0}$$

则在空气和钢板中传播的距离分别为

$$x_1 = -\frac{1}{4000} \ln \frac{1}{4} \approx 0.000346 \text{(m)}$$

$$x_2 = -\frac{1}{8} \ln \frac{1}{4} \approx 0.173 \text{(m)}$$

$x_2 \geqslant x_1$，说明高频声波在空气中衰减很快，不易传播，但在钢板中不易衰减，很容易传播.

3.4 波的干涉

3.4.1 惠更斯原理——波的衍射

波在传播时能够绕过障碍物，继续传播的现象称为**波的衍射**(diffraction of wave)，波在不同界面传播时会发生反射、折射和衍射. 任何一个质点的振动都将直接引起邻近各质点的振动. 荷兰物理学家惠更斯(C. Huygens)在 1690 年提出：介质中波动传播到的各点都可以看成是发射子波的波源，而在其后的任意时刻，这些子波的包迹就是新的波前，此原理称为**惠更斯原理**(Huygens principle). 应用惠更斯原理只要已知某时刻的波前，就可求出下一时刻的波前和波的传播方向，从而解释机械波和电磁波的反射、折射和衍射现象.

在图 3-14(a)中,波动从波源 O 发出,以速度 u 向四周传播,t 时刻的波前是半径为 R_1 的球面 s_1,$t+\Delta t$ 时刻的波前是半径为 R_2 的球面 s_2,平面波如图 3-14(b)所示. 图 3-14(c)所示为平面波到达一宽度与波长相近的缝时发生的波的衍射,缝上各点看成是下一时刻子波的波源,这些子波的新波前与原来的波振面略有不同,靠近边缘处,波前弯曲,说明波能绕过障碍物继续传播,缝隙越窄波前弯曲越明显.

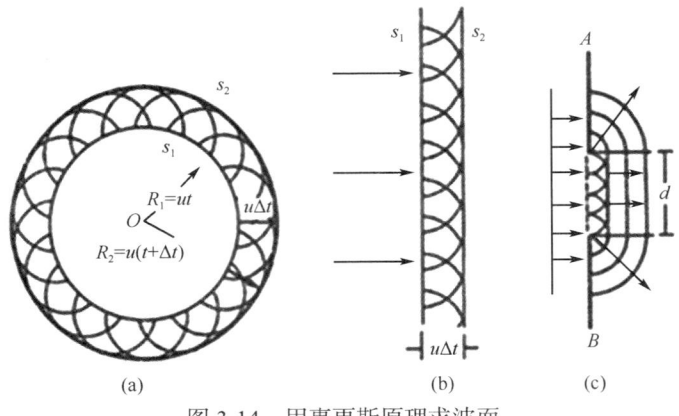

图 3-14 用惠更斯原理求波面

障碍物的线度与波长之比不同,衍射现象的显著程度就不同,障碍物的线度相对波长越小,衍射现象越显著,障碍物的线度相对波长越大,衍射现象越不显著,如无线电波的波长很长,衍射现象非常显著,很容易绕过高山而传播,声波的波长较长,能绕过墙壁传播,站在高墙两边很容易听到对方说话的声音,光波的波长较短,衍射现象不明显,用一个线度较小的物体就可以挡住光线. 不论是电磁波、机械波还是粒子波都会产生衍射现象,衍射现象是波动的特征之一. 惠更斯原理只是定性地说明衍射现象,其强度的分布由惠更斯-菲涅耳原理说明,这在后续课程波动光学中学习.

大量事实说明,几列波在同一种介质中传播,不论是否相遇,都保持它们各自原有的特性(如频率、波长、振幅、振动方向等),不受其他波的影响,继续沿原方向传播,在相遇处质点的振动为各列波到达该点所引起振动的合成,相遇后各波仍保持它们各自原有的特性不变,这一规律称为**波的叠加原理**(suoerposition principle of waves). 如乐队演奏,各种乐器都能保持自己原有的音色,人们很容易辨别出不同乐器的声音;几个人同时讲话,同样可以很容易分辨出不同人的声音,每个人的发音不会受他人的声音影响而改变.

3.4.2 波的干涉

一般来说,振幅、频率和相位都不同的几列波在某一点叠加时,引起的合振动是很复杂的. 频率、振动方向相同、相位差恒定的两列波相遇,在叠加区域的某些位置上,振动始终加强,而在另一些位置上振动始终减弱或完全抵消,这种现象称为**波的干涉**(interference of waves). 满足上述三个条件的波,称为**相干波**(coherent wave),其波源称为**相干波源**(coherent wave source).

两个相干波源 s_1 和 s_2 如图 3-15 所示,其振动方程表达式分别为 $s_1=A_1\cos(\omega t+\varphi_1)$,$s_2=A_2\cos(\omega t+\varphi_2)$,式中 ω 为两波源的角频率,A_1,A_2 分别为振幅,φ_1,φ_2 分别为波源的初相,若这两个波源发出的波在同一介质中传播,它们的波长均为 λ,忽略介质对波能量的

吸收，则两列波分别经过 r_1 和 r_2 的距离后在 P 点相遇，则它们在 P 点的振动方程分别为

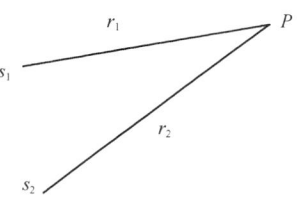

图 3-15　波的干涉

$$s_1 = A_1\cos(\omega t + \varphi_1 - \frac{2\pi r_1}{\lambda})$$

$$s_2 = A_2\cos(\omega t + \varphi_2 - \frac{2\pi r_2}{\lambda})$$

P 质点同时参与两个同方向同频率的简谐振动，其合振动还是简谐运动，合振动的方程为 $s=s_1+s_2=A\cos(\omega t+\varphi)$，其中 A 是合振动的振幅，大小为

$$A = \sqrt{A_1^2 + A_2^2 + 2A_1A_2\cos(\varphi_2 - \varphi_1 - 2\pi\frac{r_2-r_1}{\lambda})} \tag{3-42}$$

合振动的初相 φ 由下式决定

$$\tan\varphi = \frac{A_1\sin(\varphi_1 - \frac{2\pi r_1}{\lambda}) + A_2\sin(\varphi_2 - \frac{2\pi r_2}{\lambda})}{A_1\cos(\varphi_1 - \frac{2\pi r_1}{\lambda}) + A_2\cos(\varphi_2 - \frac{2\pi r_2}{\lambda})} \tag{3-43}$$

两列相干波在 P 点引起的两分振动的相位差 $\Delta\varphi=\varphi_2-\varphi_1-2\pi(r_2-r_1)/\lambda$ 是常量，与时间无关．由式(3-42)可知：当 $\Delta\varphi=\pm 2k\pi$，$k=0,1,2,\cdots$ 时，合振动的振幅最大为 $A_{\max}=A_1+A_2$，P 点振动加强，称为**干涉加强**；当 $\Delta\varphi=\pm(2k+1)\pi$，$k=0,1,2,\cdots$ 时，合振动的振幅最小为 $A_{\min}=|A_2-A_1|$，P 点振动减弱，称为**干涉减弱**．

假设相干波源的初相相等 $\varphi_1=\varphi_2$，则 $\Delta\varphi$ 只取决于两个波源到 P 点的几何路程差，几何路程的差称为**波程差**(wave path difference)，用 $\delta=r_2-r_1$ 表示，有

$$\delta = \pm 2k\frac{\lambda}{2}, \quad k=0,1,2,\cdots \tag{3-44}$$

$$\delta = \pm(2k+1)\frac{\lambda}{2}, \quad k=0,1,2,\cdots \tag{3-45}$$

式(3-44)成立，干涉加强，$A_{\max}=A_1+A_2$；式(3-45)成立，干涉减弱，$A_{\min}=|A_2-A_1|$．式(3-44)、式(3-45)表明，**当两列相干波的波程差为零或半波长的偶数倍时，合振幅最大为分振幅之和，干涉加强；当两列相干波的波程差为半波长的奇数倍时，合振幅最小为分振幅之差的绝对值，干涉减弱**．

3.4.3　驻波

在同一介质中两列频率、振动方向、振幅都相同的简谐波，在同一直线上沿相反方向传播叠加形成的波称为**驻波**(standing wave)．分别沿 x 轴正方向和负方向传播的两列简谐波，它们的表达式为

$$s_1 = A\cos 2\pi(\frac{t}{T} - \frac{x}{\lambda})$$

$$s_2 = A\cos 2\pi(\frac{t}{T} + \frac{x}{\lambda})$$

其合成波为

$$s = s_1 + s_2 = A\cos 2\pi(\frac{t}{T} - \frac{x}{\lambda}) + A\cos 2\pi(\frac{t}{T} + \frac{x}{\lambda}) = 2A\cos 2\pi\frac{x}{\lambda}\cos 2\pi\frac{t}{T}$$

$$s = 2A\cos 2\pi\frac{x}{\lambda}\cos\omega t \tag{3-46}$$

式(3-46)称为驻波的表达式. 式中 $\cos\omega t$ 表示简谐振动, 而 $|2A\cos(2\pi x/\lambda)|$ 就是简谐振动的振幅. 表示各点都在作同频率的简谐振动, 各点振动的频率就是原来波的频率. 但各点的振幅随位置的不同而不同. 振幅最大的各点称为**波腹**(antinode), 令 $|A\cos(2\pi x/\lambda)|=1$, 因此波腹的位置为

$$x=\pm k\frac{\lambda}{2}, \quad k=0,1,2,\cdots \tag{3-47}$$

振幅为零的各点称为**波节**(node), 令 $\left|A\cos\frac{2\pi x}{\lambda}\right|=0$, 因此波节的位置为

$$x=\pm(2k+1)\frac{\lambda}{4}, \quad k=0,1,2,\cdots \tag{3-48}$$

可见相邻的两个波节或波腹之间的距离都是 $\lambda/2$.

图 3-16 画出了驻波形成的物理过程, 其中点线表示向右传播的波, 虚线表示向左传播的波, 粗实线表示合成振动. 设 $t=0$ 时, 入射波与反射波波形刚好重合. 图中各行依次表示 $t=0$, $T/8$, $T/4$, $3T/8$, $T/2$ 各时刻各质点的分位移和合位移. 在图中可看出波腹(a)和波节(n)的位置. 波节两边各点的振动反相; 两波节间各点振动同相, 波形是驻定不移动的, 各点的位移只是随时间改变, 所以驻波无振动状态传播, 无所谓的传播方向, 因此才称为驻波, 驻波不是行波.

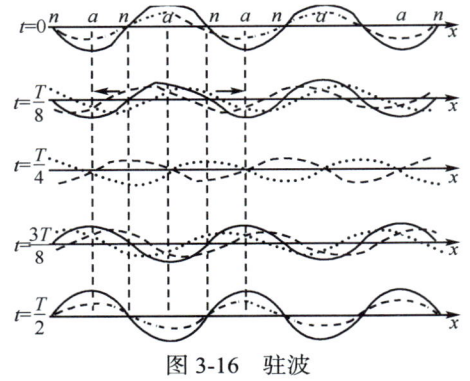

图 3-16 驻波

当各质点振动到各自的最大位移(波节)时, 形变最大, 势能最大; 但振动速度为零, 动能为零, 驻波能量为势能, 势能集中在波节. 当各质点同时振动回到平衡位置(波腹)时, 形变完全消失, 势能为零, 但此时各质点的振动速度最大, 动能最大, 驻波能量为动能, 动能集中在波腹. 当各质点振动离开平衡位置时, 有不同程度的形变, 越靠近波节处形变越大, 这时驻波的能量以势能形式集中于波节附近. 至于其他时刻, 则动能和势能同时存在. 可见, 驻波的动能和势能不断相互转换, 形成了能量交替地由波腹转向波节, 再由波节转到波腹的现象, 但不能传播能量.

自然界形成的驻波在反射处是波腹还是波节, 取决于介质的性质, 介质的密度 ρ 和波速 u 的乘积, ρu 较大的称为**波密介质**, 较小的称为**波疏介质**. 波从波疏介质垂直入射到波密介质, 反射处出现波节; 波从波密介质垂直入射到波疏介质, 反射处出现波腹. 在同一波形中, 入射波在反射处出现波节, 入射波和反射波在反射处的相位刚好相反, 相当于在反射处产生半个波长的波程差突变, 把这种现象称为**半波损失**(half wave loss).

3.5 声　　波

在弹性介质中传播的机械振动，频率在 20～20000Hz 能引起听觉，称为**声振动**，声振动的传播过程称为**声波**(sound wave). 频率低于 20Hz 的机械波称为**次声波**(infrasonic wave), 频率高于 20 000Hz 的机械波称为**超声波**(ultrasonic wave). 次声波和超声波都不能引起人的听觉.

如声源的振动是单一频率的简谐振动所发出的声音称为纯音(simple tone), 声源是由一个基频和多个谐频的简谐振动的合成所发出的声音称为乐音(musical tone), 如乐器发出的声音；声源是由杂乱无章的非周期性振动所发出的声音称为噪声(noise), 如敲锣声. 目前噪声已经成为影响人们生活和健康的一大公害.

3.5.1 声阻抗

声波的传播速度称为**声速**(sound velocity), 是单位时间内声波在介质中传播的距离, 其大小决定于介质的性质和温度, 而与声波的频率无关. 声波是机械纵波, 声波的传播速度与介质性质和温度有关. 例如, 在 1 个标准大气压下、0℃空气中的声速约为 331 m·s^{-1}, 15℃时为 340 m·s^{-1}, 温度每升高(或降低)1℃, 声速约增加(或减少)0.6 m·s^{-1}. 声波在液体中的速度要比在空气中大, 在固体中最大.

当声波在介质中传播时, 沿波传播方向上质点时而稀疏时而密集, 介质的密度作周期性变化, 导致各点处的压强也发生周期性变化, 压强在质点稀疏处减小, 密集处增大. 在某一时刻, 介质中某一点处的压强与无声波通过时的压强之差, 称为该点处的瞬时**声压**(sound pressure), 单位为 N·m^{-2}, 显然声压是空间和时间的函数, 且可负可正, 在质点稀疏处为负, 密集处为正.

设声波为平面简谐波, 在密度为 ρ 的均匀介质中以速度 u 无衰减地沿 x 轴正方向传播, 可以证明, 声压为

$$p = \rho u \omega A \cos[\omega(t - \frac{x}{u}) + \varphi] \tag{3-49}$$

式中, p 为 t 时刻距离声源 x 处的瞬时声压, 它的大小反映了声音的强弱, $\rho u \omega A$ 称为声压幅值, 用 p_m 表示, 因此上式可写成

$$p = p_m \cos[\omega(t - \frac{x}{u}) + \varphi] \tag{3-50}$$

式(3-51)称为**声压方程**.

简谐振动介质质点振动速度幅值为 $v_m = A\omega$, 将声压幅值 p_m 与介质质点振动的速度幅值 v_m 相比用 Z 表示, 得

$$Z = \frac{p_m}{v_m} = \frac{\rho u \omega A}{\omega A} = \rho u \tag{3-51}$$

Z 称为介质的**声阻抗**(acoustic impedance), 简称声阻, 等于介质的密度 ρ 与声速 u 的乘积, 单位为 kg·m^{-2}·s^{-1}, 显然, 声阻抗是由介质固有性质所决定的常量, 它是表征介质声学特性的一个重要物理量. 表 3-1 给出了常见介质的声阻抗.

从表 3-1 中可以看出, 人体组织的声速与水相近, 骨骼中的声速为软组织的 2～3 倍. 在医用超声测量中, 常把人体软组织中的声速 1540 m·s^{-1} 近似当做一个常量, 所以超声束

穿过组织的距离与时间成正比. 例如, 按 1540 m·s^{-1} 的速度计算, 超声束穿过 2 cm 的组织需要 13.0μs, 往返 2 cm 需要 26.0μs, 即 26.0μs 时间表示超声回波法测量中 2 cm 的距离. 在超声成像时, 探测深度一般不小于 15 cm, 这样要获取一条超声信息线所需的时间应不少于 194.7μs, 超声在人体中传播速度的恒定, 是医用超声诊断仪设计的重要依据.

单位时间内通过垂直于声波传播方向上单位面积的能量, 称为声波的强度, 简称**声强** (sound intensity), 可表示为

表 3-1 在不同介质中的声速, 介质的密谋, 声阻抗

介质	声速 (m s·$^{-1}$)	密度 (kg·m^{-1})	声阻抗 (kg·m^{-2}·s^{-1})
空气(0℃)	331	1.29	0.04×10^4
空气(20℃)	343	1.29	0.04×10^4
水(20℃)	1480	988.2	1.46×10^e
生理盐水(37℃)	1534	1002	1.54×10^e
石蜡油	1420	833	1.18×10^e
羊水	1474	1013	1.49×10^e
脂肪	1476	955	1.41×10^e
晶状体	1641	1136	1.86×10^e
人体软组织	1540	1016	1.56×10^e
血液	1570	1055	1.66×10^e
脑	1540	1020	1.57×10^e
肌肉	1568	1074	1.68×10^e
肝脏	1570	1050	1.65×10^e
密质骨	3360	1700	5.71×10^e
钢	5800	7800	45.2×10^e
铝	6400	2700	17.3×10^e

$$I = \frac{1}{2}\rho u \omega^2 A^2 = \frac{1}{2}Z v_m^2 = \frac{1}{2}\frac{p_m^2}{Z} \tag{3-52}$$

式(3-52)表明, 声强与声波的频率平方成正比、与声波的振幅平方成正比, 例如, 超声波的频率很高, 则声强很大, 爆炸声、雷声的声压幅值很高, 所以声强也大.

3.5.2 声强反射系数

声波在传播过程中, 当遇到两种声阻抗不同的介质界面时, 要发生反射和折射. 反射波的强度 I_r 与入射波的强度 I_i 之比, 叫做声强**反射系数** (reflection coefficient), 用 α 表示. 理论上可以证明, 垂直入射的条件下, 有

$$\alpha = \frac{I_r}{I_i} = \left(\frac{Z_2 - Z_1}{Z_2 + Z_1}\right)^2 \tag{3-53}$$

式中, Z_1 是第一种介质的声阻抗, Z_2 是第二种介质的声阻抗. 从式(3-53)可以看出, 当两种介质的声阻抗相差较大时, 反射波强, 透射波弱; 当两种介质的声阻抗相差较小时, 反射波弱, 透射波强. $\alpha=1$, 称为**全反射**; $\alpha=0$, 称为**全透射**. 当 $Z_1 \geqslant Z_2$ 或者 $Z_1 \leqslant Z_2$ 时, $\alpha \approx 1$, 接近全反射; 当 $Z_1 \approx Z_2$ 时, 接近全透射.

超声束进入人体内遇到不同声阻抗的组织界面会出现反射波,利用这种反射回波信号形成图像进行超声诊断. 人体作超声检查时, 通常在超声发射探头与皮肤之间涂上一层液状耦合剂介质, 使它的声阻抗与皮肤相近, 减少反射增强透射.

【例 3-5】 如果超声波经空气传入人体, 问进入人体的超声波强度是入射前强度的百分之几?如果经由蓖麻油($Z=1.36\times10^6 \text{kg}\cdot\text{m}^{-2}\cdot\text{s}^{-1}$)传入, 则进入超声波的强度又是多少?

【解】 (1) 由表 3-1 可知, 空气和脂肪的声阻抗分别为

$$Z_1 = 4\times10^2 \text{kg}\cdot\text{m}^{-2}\cdot\text{s}^{-1},$$
$$Z_2 = 1.41\times10^6 \text{kg}\cdot\text{m}^{-2}\cdot\text{s}^{-1},$$

代入式(3-53)得

$$\alpha_1 = \left(\frac{1.41\times10^6 - 4\times10^2}{1.41\times10^6 + 4\times10^2}\right)^2 = 0.999 = 99.9\%$$

(2) 蓖麻油的声阻抗($Z=1.36\times10^6 \text{kg}\cdot\text{m}^{-2}\cdot\text{s}^{-1}$)代替 Z_1 代入式(3-53)得

$$\alpha_2 = \left(\frac{1.41\times10^6 - 1.36\times10^6}{1.41\times10^6 + 1.36\times10^6}\right)^2 = 0.00033 = 0.033\%$$

计算结果表明, 超声波经空气照射人体, 绝大部分被皮肤反射回去, 只有 0.1% 进入体内; 但是经蓖麻油照射人体, 只有 0.033% 反射回去, 而 99.967% 可进入体内. 这就是为什么利用超声测量和治疗时要在超声探头与人体皮肤之间涂上一层耦合剂的道理了.

3.5.3 声强级

声波引起人的听觉不仅在频率上有限制, 在声强上也有限制, 刚能引起听觉的最小声强称为**闻阈或听阈**(threshold of hearing); 当声强超过某一值时会对人体造成暂时性或永久性的损伤, 能够引起听觉的最大声强称为**痛阈**(threshold of pain), 大于痛阈的声强只能引起痛觉, 不能引起听觉. 闻阈和痛阈都是频率的函数, 闻阈随频率的变化曲线称为**闻阈曲线**, 痛阈随频率的变化曲线称为**痛阈曲线**, 可见人的**听觉域**是由闻域曲线、痛域曲线、20 Hz 和 20 000 Hz 频率线所围成的区域, 如图 3-17 所示, 50 Hz 的闻阈约 10^{-7} W·m^{-2}, 痛阈约 4 W·m^{-2}; 200 Hz 的闻阈约 2×10^{-10} W·m^{-2}, 痛阈约 3 W·m^{-2}; 1000 Hz 的闻阈为 10^{-12} W·m^{-2}, 痛阈为 1 W·m^{-2}, 人耳对闻阈最敏感的频率区域是 1000~6000 Hz. 由于 1000 Hz 的纯音引起人听觉的闻阈与痛阈相差 10^{12} W·m^{-2}, 人的听觉完全不可能区分这么大的数量级间的细微差异, 所以, 采用对数形式标度声强称为**声强级**(sound intensity level), 用 L 表示, 通常把 1000 Hz 的闻阈作为测定声强级的参考标准, 用 I_0 表示, 声强为 I 的声强级定义为

$$L = \lg\frac{I}{I_0} \quad \text{(B)}$$

单位是贝尔(B), 贝尔单位过大, 通常用分贝(dB), 1B=10dB, 即

$$L = 10\lg\frac{I}{I_0} \quad \text{(dB)} \tag{3-54}$$

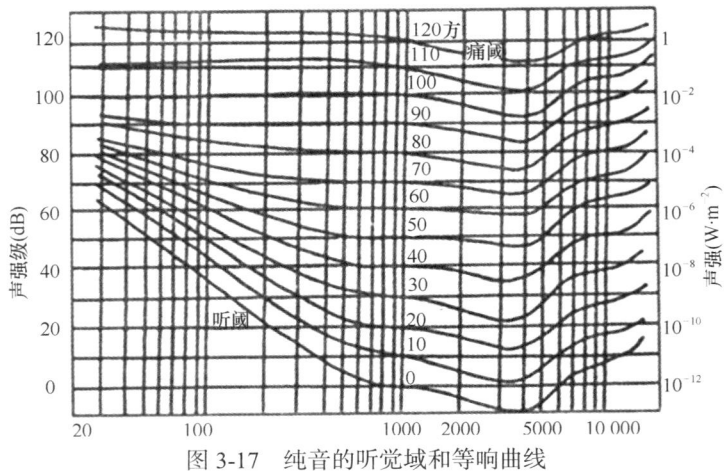

图 3-17 纯音的听觉域和等响曲线

1000 Hz 的闻阈为 10^{-12} W·m^{-2}，因此，对应的闻阈的声强级为 0 dB，痛阈的声强级为 120 dB. 按照式(3-54)可以计算出各类声音的声强级，例如，微风轻吹树叶约 14 dB，低语约 40 dB，收音机平均 70 dB，在房间中高声谈话的声音(相距 1m 处)为 68～74 dB；闹市约 90 dB，炮声、飞机马达约 120 dB. 人耳对声音强弱分辨的能力约为 0.5 dB. 声强级的计算决不能用代数直接加减，要用对数法则进行计算.

【例 3-6】 一个学生说话的声强级是 60 dB，两人学生同时讲话产生的声强级是多少？

【解】 $L = 10\lg\dfrac{I}{I_0} = 10\lg\dfrac{2I}{I_0} = 10\lg 2 + 10\lg\dfrac{I}{I_0} = 3 + 60 = 63(\text{dB})$

两人学生同时讲话产生的声强级是 63 dB，而不是 (60 dB + 60 dB =) 120 dB.

3.5.4 响度级

声强级是一个客观的物理量，同样不能完全反映人耳所感觉到的声音真实的强弱，通常把人耳对声音强弱的主观感觉称为响度(loudness)，它决定于声波的强度和频率. 大量事实表明，在听觉域，频率相同声强不同，响度不同；声强相同频率不同，响度也不同，即频率相同声强级不同，人耳对声音的响度感觉不同；声强级相同频率不同，人耳对声音的响度感觉也不同，也就是说，声强级大的声音不一定响度大，声强级小的声音不一定响度小，所以为了描述人耳对声音响度的感觉引入**响度级**(loudness level)，单位为方(phon)，同样用对声音较敏感的 1000 Hz 的声强级大小来定义响度级，1000 Hz 声音的响度级和它的声强级具有相等的大小，如图 3-17 中每一条曲线都表示人耳对频率不同而响度相同的声音的感觉，这些曲线称为**等响曲线**(loudness contours)，例如，1000 Hz 声音的声强级分别为 120 dB，110 dB，100 dB，…，0 dB，对应的响度级大小就是 120 方，110 方，100 方，…，0 方. 可见声强级相同频率不同，响度级不一定相同；反过来响度级一样，声强级和频率也不一定相同. 例如，声强级为 20 dB 的声音，210 Hz 的响度级是 0 方，350 Hz 和 16 000Hz 的响度级都是 10 方，700～1000 Hz、5800 Hz 的响度级是 20 方；响度级为 20 方的声音，1000 Hz 和 5900 Hz 的声强级是 20 dB，300 Hz 和 15000 Hz 的声强级是 30 dB，170 Hz 的声强级是 40 dB，100 Hz 的声强级是 50 dB，60 Hz 的声强级是 60 dB，37 Hz 的声强级是 70 dB.

工业生产、建筑施工、交通运输和社会生活中所产生的影响周围生活环境的声音称为环境噪声，环境噪声污染是指排放的环境噪声超过国家规定的环境噪声标准，妨碍人们工作、学习、生活和其他正常活动的现象．环境噪声会影响人的心理健康，环境噪声容易使人精神无法集中，产生烦恼的感觉，影响工作效率，妨碍休息和睡眠等．环境噪声还会影响人的生理健康，人在强烈的噪声环境下，会引起一定程度的听觉疲劳，听力变得迟钝，经过适当休息之后，听力会逐渐恢复．但是，如果长期在比较强烈的噪声下工作，听觉疲劳就不易恢复，并会造成内耳听觉器官发生病变，导致噪声性耳聋，这种情况通常称为职业性听力损失．如果人们突然暴露在高强度噪声（140～160dB）下，就会造成听觉器官急性外伤，引起鼓膜破裂流血，双耳完全失听，战场上的炮声和爆炸声就很容易产生耳聋．在强噪声的影响下，可能诱发一些疾病，已经发现，长期在强噪声下工作的工人，除了耳聋外，还常常伴有头晕、头痛、神经衰弱、消化不良等症状，从而引发高血压和心血管病．强的噪声使人头晕目眩、恶心、呕吐，还会引起眼球振动、视觉模糊以及呼吸、脉搏、血压等发生波动．因此，环境噪声是一种污染，既干扰了他人的正常生活、工作和学习，又会对人体健康产生危害，要引起每个公民和社会的高度注意．

3.6 多普勒效应

在1842年多普勒（Doppler）发现，当波源或观测者相对介质有运动时，会出现观测频率与波源频率不同的现象，称为**多普勒效应**（Doppler effect）或**多普勒频移**．例如，在铁路旁听到火车汽笛声时发现，火车迎面而来时的声调比静止时高，离去时音调比静止时低．

令 v_s、v_0 分别表示波源、观测者相对于介质的运动速度，以 u 表示声速，以 ν 和 λ 分别表示声波的频率和波长，分下面两种情况进行讨论．

3.6.1 波源和观察者在其连线上的运动

1. 波源静止观测者运动

在 $v_s=0$、$v_0 \neq 0$ 情况下，若观测者向着波源运动，相当于波以速率 $u+v_0$ 通过观测者，因此，单位时间内通过观测者的完整波长数，即频率为

$$\nu' = \frac{u+v_0}{\lambda} = \frac{u+v_0}{\dfrac{u}{\nu}} = \left(1+\frac{v_0}{u}\right)\nu \tag{3-55}$$

式（3-55）表明观测者实际观测到的频率 ν' 高于波源的频率 ν．反之，若观测者离开波源运动时，实际观测频率将低于波源的频率，即

$$\nu' = \left(1-\frac{v_0}{u}\right)\nu \tag{3-56}$$

2. 波源运动观测者静止

在 $v_s \neq 0$、$v_0=0$ 情况下，当波源静止时，波长 $\lambda=uT$；然而当波源以速度 v_s 向着观测者运动时，由于一个周期 T 内波源已逼近观测者 $v_s T$ 的距离，所以在观测者看来，波在一个周期内走过的距离

$$\lambda' = \lambda - v_s T = (u-v_s)T$$

又由于波在介质中传播速度不变，所以观测者实际测得的频率为

$$\nu' = \frac{u}{\lambda'} = \frac{u}{u-v_s}\frac{1}{T} = \frac{u}{u-v_s}\nu' \tag{3-57}$$

式(3-57)表明观测者实际测得的频率高于波源的频率. 同理, 可得出波源远离观测者时实际测得的频率低于波源的频率, 即

$$v' = \frac{u}{u+v_s}v \tag{3-58}$$

因此, 当列车向观测者开来时, 汽笛声不仅变大, 而且音调升高; 当列车驶离观测者时, 汽笛声不仅变小, 而且音调降低.

3. 波源与观测者同时运动

综合以上两种情况, 当观测者与波源同时相对运动时, 观测者实际观测的频率为

$$v' = \frac{u \pm v_0}{u \mp v_s}v \tag{3-59}$$

式中, 观测者向着波源运动时, v_0前取正号, 离开时取负号; 波源向着观测者运动时, v_s前取负号, 离开时取正号.

在固体中, 大量分子、原子在发出同一频率的光时, 由于所有分子、原子都在做速度不同的热运动, 因此产生多普勒效应, 使得观测到的光的频率具有不可忽视的频谱宽度, 从而使单色性变差.

工程技术中的多普勒雷达、多普勒定向仪, 医学中的多普勒血流成像、多普勒回声心动仪等都应用了多普勒频移效应的相关理论. 在通信工程中, 为实现对发射信号的可靠接收, 接收机中需进行多普勒频移校正, 以消除由于发射机和接收机之间的高速运动引起的接收频率的变化.

装在道路上方的电子眼监视器, 就是多普勒测速仪, 测速仪向行进中的车辆发射频率已知的超声波同时测量反射波的频率, 根据反射波的频率变化的多少就能知道车辆的速度是否超速, 在测速的同时把车辆牌号拍摄下来, 并把测得的速度自动打印在照片上.

3.6.2 波源和观测者不在其连线上的运动

当波源和观测者的运动都不在它们的连线上时, 显然要把它们的速度分别投影到连线方向上.

1. 波源静止观测者运动

在$v_s=0$、$v_0 \neq 0$情况下, 设观测者的速度v_0与波源和观测者的连线所成的夹角为α, 由式(3-55)、式(3-56)可知观测者接收到的频率为

$$v' = (1 + \frac{v_0 \cos\alpha}{u})v \tag{3-60}$$

$0<\alpha<\pi/2$, $\cos\alpha>0$, 观测者向着波源运动; $\pi/2<\alpha<\pi$, $\cos\alpha<0$, 观测者远离波源运动.

2. 波源运动观测者静止

在$v_s \neq 0$、$v_0=0$情况下, 设波源的速度v_s与波源和观测者的连线所成的夹角为β, 由式(3-57)、式(3-58)可知观测者接收到的频率为

$$v' = \frac{u}{u - v_s \cos\beta}v \tag{3-61}$$

$0<\beta<\pi/2$, $\cos\beta>0$, 波源向着观测者运动; $\pi/2<\beta<\pi$, $\cos\beta<0$, 波源远离观测者运动.

3. 波源与观测者同时运动

在观测者与波源同时运动的情况下, 设观测者的速度v_0与波源和观测者的连线所成的夹角为α, 波源的速度v_s与波源和观测者的连线所成的夹角为β, 由式(3-59)可知观测者

接收到的频率为

$$v' = \frac{u + v_0\cos\alpha}{u - v_s\cos\beta}v \tag{3-62}$$

3.6.3 多普勒效应的应用

多普勒效应在声学和光学都有实际的应用，例如，超声多普勒血流量计可以测量血管内血液流速、流量；激光多普勒血流量计用于测量组织毛细血管血流速度.

在超声波多普勒血流量计中，有一个很小的装置称为探头，发射作为波源的超声波，并使其进入血液，超声波在血液中产生反射波作为回波信号又被探头接收.

设超声波的频率为v，在血液中传播的波长为λ，在血液中的传播速度为u，血液流动速度为v，血液流动的方向与超声波入射方向的夹角为α，血液接收到的频率为v_1，则

$$v_1 = (1 + \frac{v\cos\alpha}{u})v \tag{3-63}$$

对回波信号而言，波源是血液，接收器是探头，反射波从血液以频率v_1发射出来，探头接收到的频率为v_2，由于血液在运动，而探头不动，由式(3-61)得频率v_2为

$$v_2 = \frac{u}{u - v\cos\alpha}v_1 = \frac{u + v\cos\alpha}{u - v\cos\alpha}v \tag{3-64}$$

$\Delta v = v_2 - v_1$称为频差或频移，式(3-63)代入式(3-64)，得

$$\Delta v = v_2 - v_1 = \frac{u + v\cos\alpha}{u - v\cos\alpha}v - v = \frac{2v\cos\alpha}{u - v\cos\alpha}v \tag{3-65}$$

若$u \geqslant v$，则$u - v\cos\alpha \approx u$，化简式(3-65)得

$$\Delta v = \frac{2v\cos\alpha}{u}v = \frac{2v\cos\alpha}{\lambda} \tag{3-66}$$

由式(3-66)变形得血流速度为

$$v = \frac{u\Delta v}{2v\cos\alpha} = \frac{\lambda\Delta v}{2\cos\alpha} \tag{3-67}$$

式(3-67)表明，只要测定频差Δv、超声的频率或者波长及夹角α，就可计算出血流速度v的大小.

【**例 3-7**】 利用多普勒效应来研究心脏的运动，设垂直于心壁的方向发射的超声波为 5 MHz，测量出接收和发射的超声波的频差为 500 Hz，已知超声波在组织中的传播速度为 1500 m·s^{-1}，求心脏壁此时的运动速度是多少？

【**解**】 已知v=5 MHz=5×10^6 Hz，Δv=500 Hz，u=1500 m·s^{-1}，α=0，代入式(3-67)得

$$v = \frac{u\Delta v}{2v\cos\alpha} = \frac{1500 \times 500}{2 \times 5 \times 10^6 \times 1} = 0.075 (\text{m·s}^{-1}) = 7.5 (\text{cm·s}^{-1})$$

心脏壁此时的运动速度是 7.5 cm·s^{-1}.

3.7 超 声 波

频率高于 20 000Hz 的声波称为超声波，超声波的传播速度与声波的速度相同，可以在固体、液体或气体中传播，超声波除具有声波的特性外还具有自己的特性.

3.7.1 超声波的特性和作用

1. 方向性好

由于超声波的波长较同样介质中的声波波长短得多,所以衍射现象不明显,可近似看成沿直线传播.

2. 能量大

声波的能量强度与频率平方成正比,当振幅相同时,频率越高能量越大.因此,超声波比普通声波具有大得多的能量,而且其方向性好,所以能量集中在一个很窄的声束范围,从而获得高能量的超声束,可高到人耳能忍受的声强($1W·m^{-2}$)的 10 万倍.在我国北方干燥的冬季,如果把超声波通入水罐中,剧烈的振动会使水破碎成许多小雾滴,再用小风扇把雾滴吹入室内,就可以增加室内空气湿度,这就是超声波加湿器的原理.咽喉炎,气管炎,药品很难流到病变的部位,可以利用加湿器的原理,将药液雾化,再让患者吸入提高治疗效果.还可利用超声波的巨大能量击碎人体内的脑血栓和胆结石等.体外超声碎石是20 世纪 80 年代独创的一种新疗法,它是利用液体中高压放电、压电效应、电磁效应等物理现象产生冲击波,从体外把体内的结石粉碎到可以自然排除的程度,由于是无创、非接触性治愈结石的新方法,具有安全、有效、人体组织创伤轻微等优点而得到广泛应用,现在已成为治疗结石的常规方法.

3. 穿透固体和液体能力强

在固体、液体和气体中声波的吸收系数最大的是气体,最小的是固体,所以超声束在液体和固体中的衰减要比在气体中小得多.例如,频率为 1MHz 的超声波离开波源后,在空气中只经过 0.5m 长的距离,其强度就减弱到一半,若使此超声波在液体中并使其强度同样减半,则它所通过的距离大约为 500m,所以在水中可以利用超声波通信,侦查鱼群、沉船和暗礁等的位置外,还能用于检测工件中的裂缝、沙眼.在人体中,水、脂肪和软组织的声波吸收系数较小,而气体、骨骼和肺组织的声波吸收系数较大,因而超声束容易穿透水、脂肪和软组织,不易穿过空气、骨骼和肺组织,利用超声波这一性质,可使其穿透对光不透明的物质,做成超声波显微镜,诊断人体内的病变组织,检查心脏活动,测量血管的血流量、速度,获取人体组织器官的精细结构的可见图像,分辨率、灵敏度极高,放大倍数几万倍,使疾病的诊断准确率大大提高.

4. 超声效应

声波在介质中传播时,由于与介质的相互作用,使介质发生物理的和化学的变化,从而产生一系列超声效应,包括 4 种效应:

(1)机械效应:超声波的机械作用可促成液体的乳化、凝胶的液化和固体的分散.当超声波流体介质中形成驻波时,悬浮在流体中的微小颗粒因受机械力的作用而凝聚在波节处,在空间形成周期性的堆积.超声波在压电材料和磁致伸缩材料中传播时,由于超声波的机械作用而引起感生电极化和感生磁化.

(2)空化作用:超声波在液体中传播时,像声波一样是一种疏密相间的振动波,液体时而拉伸时而压缩,当液体拉伸时,声压为负,在液体内部产生近于真空或含少量气体的细小的空穴,在随后声波压缩阶段,声压为正,使空穴受到迅速的冲击而闭合,瞬时的局部压强可达 $10^5 \sim 10^9 Pa$,同时局部温度猛烈上升,可以达到几千摄氏度高温,并产生放电和发光现象,这是超声波的一个非常重要的作用.空化作用引起的电离、发光、局部的高温和高压,是促进化学反应的极有利的因素.例如,碘化钾溶液经超声的空化作用处理几分钟后就出现自由碘,而合成氨用低压法也需在约 10^7 Pa 下进行,但在超声波作用下只要 $10^5 \sim 2 \times 10^9$ Pa 即可,许多氧化和加氢反应,在超声作用下都有良好的效果. 对于空化作用,目前了解得还很不够,需要作进一步的深入研究.

(3)热效应:由于超声波频率高,能量大,被介质吸收时能产生显著的热效应. 当超声波在生物体组织内传播时,人体各组织吸收声能的功能不同、产热率也不同,在整个组织中,超声波的产热率是不均匀的,骨组织和结缔组织升温显著,脂肪和血液升温最少,如在强度为 $5 \text{ W} \cdot \text{m}^{-2}$ 的超声波作用 1.5 min 后,肌肉温度上升为 1.1 ℃;骨质温度上升为 5.9 ℃. 超声波在两种不同组织交界面产热最多,特别是在骨膜上可产生局部高温,这对关节、韧带等运动创伤的治疗有很大作用,超声波的热效应是不均匀的加热. 超声波的热效应可使组织温度升高、血液循环加快、代谢旺盛、细胞吞噬作用增强,提高机体防御能力、促进炎症吸收,降低肌肉和结缔组织张力,有效解除肌肉痉挛,使肌肉放松,减轻肌肉和软组织疼痛,用超声波对关节炎、关节扭伤、腰肌痛等疾病进行消炎镇痛,疗效较好. 超声波产生的热有 79%~82%由血液循环带走,18%~21%由邻近组织的热传导散布,因此,当超声波作用于缺少血液循环的组织时,应特别小心避免温度过高导致对组织的损伤,如眼睛主要成分是液体,血液循环慢,容易因热积聚导致损伤;生殖器对超声波也较敏感,超声波的热作用也会引起生殖腺组织损伤.

(4)化学效应:超声波可使某些化学反应发生或加速,例如,纯的蒸馏水经超声处理后产生过氧化氢;溶有氮气的水经超声处理后产生亚硝酸;染料的水溶液经超声处理后会变色或退色,这些现象的发生总与空化作用相伴随. 超声波还可加速许多化学物质的水解、分解和聚合过程,对光化学和电化学过程也有明显影响,如各种氨基酸和其他有机物质的水溶液经超声处理后,特征吸收光谱带消失而呈均匀的一般吸收,这表明空化作用使分子结构发生了改变.

3.7.2 超声波在医学中的应用

超声在医学诊断、治疗有广泛的应用. 超声诊断仪通常有三种方法进行分类:①按图像信息的获取方法分为反射法超声诊断仪、多普勒法超声诊断仪和透射法超声诊断仪. 反射法和多普勒法超声诊断仪器技术比较成熟,已在医学科研和临床中得到普遍应用,反射法超声仪器是基于超声在通过不同的声阻抗组织界面时会发生较强反射的原理工作的. ②按超声波束的扫描方式分类,超声诊断仪又分为低速(手动)扫描、高速机械线性扫描、高速机械扇形扫描、高速电子线性扫描和高速电子扇形(相控阵)扫描等. ③按图像信息显示的成像方式分类,可将超声诊断仪分为 A 型(Amplitude mode)、B 型(Brightness mode)、M 型(Motion mode)、D 型(Doppler mode).

A 型采用幅度调制,以波的形式显示组织特征,根据回声波幅的高低、多少、形状及有无进行诊断,常用 A 型法测量界面距离、脏器径值以及鉴别病变的物理性质,结果比较准确,为最早兴起和使用的超声诊断法,由于是一维波形显示的局限性,目前已多被其他方法取代,仅用于眼科检查.

B 型采用辉度调制,是将回声信号以光点的形式显示成二维图像(2-dimentional ultrasonograph),目前广泛应用于临床的是实时显像(real-time imaging),检查时,首先将人体界面的反射信号转变为强弱不同的光点,这些光点可通过荧光屏显现出来,这种方法直观性好,重复性强,可供前后对比,所以广泛用于妇产科、泌尿、消化及心血管等系统疾病的诊断.

M型采用辉度调制,是B型超声的一种特殊显示方式,能够显示体内深层组织对体表的距离随时间变化的曲线、与A超相同,均反映一维空间结构,常用于观察活动界面,最适用于检查心脏的活动情况,其曲线的动态改变称为超声心动图,也可以用来观察心脏各层结构的位置、活动状态、结构的状况等,多用于辅助心脏及大血管疾病的诊断.

D型多普勒法超声仪器,则是基于超声传播的多普勒效应工作,有连续多普勒、脉冲多普勒和彩色多普勒.实时二维彩色多普勒血流显像仪,则是近年来在连续多普勒及脉冲多普勒技术上发展的一项超声诊断新技术,是彩色B型显像技术与超声多普勒探测技术相结合的产物,20世纪80年代中期应用于临床以来,至今已有了较快的发展.三维超声诊断法,显示出超声的立体图像,构成立体图像的方法有数种,目前应用的仪器多为在二维图像的基础上利用计算机进行三维重建,即用探头对脏器进行各种轴向的扫查,将二维图像加以存储然后由计算机合成立体图像,有静态显示和动态显示,专门用来检测血液流动和器官活动,可确定血管是否通畅、管腔有否狭窄、闭塞以及病变部位.新一代的D型超声波还能定量地测定管腔内血液的流量,近几年来科学家又发展了彩色编码多普勒系统,可在超声心动图解剖标志的指示下,不同方向的血流以不同的颜色表示,通常设定流向探头的血流为红色,背离探头的血流为蓝色,色泽的深浅代表血流的流速.

超声显微镜也称为扫描声波显微镜或超声波扫描显微镜或声扫描显微镜(scanning acoustic microscope),利用特高频超声,显示组织器官的细微结构,我国已应用的超声显微镜有100 MHz、450 MHz等,检测深度仅数毫米,可检测表浅组织结构细胞分子水平的动态变化,适用于眼球表层以及组织切片等.

超声组织定征诊断法是指利用超声对组织的特征进行确认的方法,主要是研究人体组织对超声的声速衰减、散射及非线性声学特性,提取其超声系数,在定量的基础上对组织特征进行判断,使超声诊断将更加客观和准确.

小　　结

振动是物质世界广泛存在的运动形式之一,从弹簧的运动导出简谐振动的振动方程,用旋转矢量图示法可求出初相的大小,简谐振动的固有频率和外界没有关系,完全是由系统自身因素决定.简谐振动的能量和振幅是守恒的,而阻尼振动的能量和振幅是衰减的.利用核磁共振技术不仅可确定分子结构、无损检测产品质量,还能够显示有形的实体病变,而且还能够对脑、心、肝等功能性反应进行精确的判定.波动不仅是振动方式的传播,而且还是能量的传播.两列相干波在空间相遇会发生干涉现象.声波是机械纵波,需要在弹性介质中传播.1842年奥地利数学家多普勒发现多普勒效应.超声诊断仪已成为当今无创伤定量诊断不可缺少的仪器之一,使准确诊断率大大提高.

阅读材料

一、塔科马海峡大桥塌落

1940年7月1日,造型优美的美国华盛顿州塔科马海峡大桥(Tacoma Narrows Bridge)建成通车,这座大桥被当时的媒体和桥梁行业美喻为"人类坚定不移的独创精神的结晶".11月7日凌晨7点,顺峡谷刮来的风带着人耳听不到的振荡,激起了大桥本身的谐振,在持续三小时的大波动中,整座大桥上下起伏达一米多.10点振动变得更加强烈,幅度之大令人难以置信,数千吨重的钢铁大桥像一条缎带一样以8.5米的振幅左右来回起伏飘荡,桥面振动形成了高达数米的长长波浪，在沉重的结构上缓慢爬行，从侧面看就像是一条正在发怒的巨蟒。11点10分，正在桥上观测的一位教授保证说："大桥绝对安全。"可话音刚落，大桥就开始断裂。瞬间，承受着大桥重量的钢索猝然而断，大桥的主体从天而降栽进了海峡，桥上的各种构件像巨人手中的玩具一样飞旋而去。

大桥由坚硬的碳钢和混凝土建成，原先的设计是在路基下使用格状桁架梁。这将是第一座以板状钢梁作为支撑的大桥。按照原先的设计，风只会直接通过桁架，但新的设计将风转移到了桥面上下两端。这里的共振和受迫共振不同，没有周期性扰动，当时风速稳定在每小时42英里(67km/h)，频率0.2 Hz，这样的风速本应对大桥构不成威胁。但是，这种振动由于空气的弹性介质颤振引起桥在力学上的扭转变形，并不断振动，颤振的出现使风对桥的影响越来越大，当振动达到一定程度时就会引起障碍物的共振，共振使振幅增大，最终使桥梁结构像麻花一样彻底扭曲了，风能战胜钢的扭曲变形，使钢梁发生断裂。拉起大桥的钢缆断裂后使桥面受到的支持力减小并加重了桥面的重量，随着越来越多的钢缆断裂，最终桥面承受不住重量而彻底倒塌。因此，此事件只能被理解为空气动力学和结构分析不严密所致，以后所有的桥梁，无论是整体还是局部，都必须通过严格的数学分析和风洞测试。

二、次声波

1968年4月的一天中午，法国马赛的郊外，老约翰带着儿孙们从田里劳动归来，一家老少20多口人，围坐在餐桌旁准备就餐，突然，酒杯从老约翰手中滑落，强壮如牛的老约翰只张了张嘴，眼睛向上一翻倒在了桌下，几乎是同时其他人也纷纷捂着胸口，抱着脑袋，倒下了，短短的十几秒钟，20个生命就这样无声地熄灭了。与此同时，农夫汉斯也正带着他一家10多口人在田间劳动，猛然，大家都被定住了，僵硬地立在那里，然后，又慢慢地倒下，静悄悄地再也不会呼吸了。是什么这样恐怖神秘瞬间夺取36人的生命，无一幸免呢？调查结果是一所秘密研究所误操作将次声波泄漏了。

医学研究证明，人体内的各个器官本身都有自己较低的固有频率，人躯体的固有频率为7~12 Hz，头部的固有频率为8~12 Hz，腹部内脏固有频率为4~6 Hz。这些人体的固有频率，正好落在次声波的频带范围之内，一旦大功率的次声波作用于人体，这些器官固有频率就会和外界次声波产生共振，从而使人感到头昏、烦燥、耳鸣、恶心、心悸、视物模糊、吞咽困难、胃痛、肝功能失调、四肢麻木、肌肉痉挛、呼吸困难、惊恐不安、神经错乱、失去知觉，甚至血管破裂，最后死亡。

次声波的频率低，传播过程中很少被吸收，传播距离很远，7000 Hz的声波用一张纸即可隔挡，而7Hz的次声波可以穿透十几米厚的钢筋混凝土，甚至连坦克、军舰、潜艇和飞机也无可奈何。1960年，南美洲的智利发生大地震，地震时产生的次声波传遍了全世界的每一个角落！1961年，苏联在北极圈内进行了一次核爆炸，产生的次声波竟绕地球转了35圈！ 1983年夏，位于印度尼西亚苏门答腊岛和爪哇岛之间的喀拉喀托火山爆发，产生的强次声波绕地球转了3圈，历时108小时后才慢慢消逝，全世界的微气压计都记录到了它的振动余波。1986年1月29日，美国航天飞机"挑战者"号升空爆炸，产生的次声波历时12小时53分钟。次声波来无影去无踪，瞬间便可结束人的生命，所以，如果将次声波大功率定向辐射出去，所到之处，所有生物都会荡然无存。次声波作为杀人武器，在目前仍然是不可抵御，无可防范的。但是，随着科学技术的不断发展，必将出现更先进的防护措施，充当这个静悄悄的"死神"的克星。

思 考 题

3-1 如何判断简谐振动？固有频率由什么决定？

3-2 两个同方向同频率的简谐振动相遇后各点要始终保持不振动，应具备什么条件？

3-3 旋转矢量法如何来计算振动方程的初相？

3-4 简谐振动的速度和加速度都有负号，是否意味着速度和加速度一定是负值，二者的方向相同吗？

3-5 振动的能量由什么决定？

3-6 什么是阻尼振动？阻尼振动与简谐振动什么不同？受迫振动和阻尼振动一样吗？

3-7 什么是共振？

3-8 产生机械波的条件是什么？波在不同介质中传播，波长、周期、波速有何特点？

3-9 波动方程和振动方程有什么区别？简谐振动和简谐波的能量有什么特点？

3-10 什么是波的干涉？两列波相遇后一定会发生干涉现象吗？

3-11 什么是驻波？驻波和简谐波有什么区别？

3-12 什么是闻阈和痛阈？人耳对声音的反应主要决定是什么？

3-13 听觉域的范围是什么？闻阈最敏感的频率是多少？

3-14 声强级大的响度级一定高吗？声强级相同的响度级也一定相同吗？

3-15 什么是多普勒效应？

3-16 超声波和次声波哪种波传得远？哪种波容易阻挡？

习 题

3-1 作简谐振动的质点分别在下列情况下，位移、速度和加速度的大小及其方向如何？初相是多少？

(1) 正的最大位移处；

(2) 负的最大位移处；

(3) 平衡位置，向负方向运动；

(4) 平衡位置，向正方向运动.

3-2 一简谐振动的振幅为 A，周期为 T，以下列各种情况为起始时刻，分别写出简谐振动的表达式：

(1) 物体过平衡位置向 s 轴负方向运动；

(2) 过 $A/2$ 处向 s 轴正方向运动.

3-3 一弹簧振子置于光滑的水平面上，其一端固定，另一端连接一质量为 0.2kg 的物体，设弹簧的劲度系数为 $1.8 \text{N} \cdot \text{m}^{-1}$，求在下列情况下的谐振动方程.

(1) 将物体从平衡位置向右移 0.05m 后释放.

(2) 将物体从平衡位置向右移 0.05m 后给予向左的速度 $0.15 \text{m} \cdot \text{s}^{-1}$.

3-4 质量为 m 的物体和一个轻弹簧组成弹簧振子，其固有周期为 T，当它作振幅为 A 的简谐振动时，其振动能量 E 是多少？

3-5 一物体同时参与同一直线上的两个简谐振动，$s_1=0.05\cos(4\pi t+2\pi/3)$，$s_2=0.03\cos(4\pi t-4\pi/3)$，求合振幅的大小是多少？

3-6 弹簧振子作简谐振动时，若其振动振幅和频率都分别为原来的三分之一，总能量是多少？若振幅增加到原来的两倍，而总能量保持不变，如何实现？

3-7 两个同频率同方向的简谐振动，其合振动的振幅为 20 cm，与第一个简谐振动的相位差为 $\varphi-\varphi_1=\pi/6$，若第一个简谐振动的振幅为 $10\sqrt{3}$ cm，则第二个简谐振动的振幅是多少？两个简谐振动的相位差 $\varphi_2-\varphi_1$ 是多少？

3-8 波源的振动方程为 $s=0.04\cos(\pi t/4+\pi/39)$ m，以 2.0 m·s^{-1} 无衰减地向 x 轴正方向传播，求：(1) 波动方程，(2) $x=8$m 处振动方程；(3) $x=8$m 处质点与波源的相位差。

3-9 如图所示一平面简谐波在 $t=0$ 的波形图，求：(1) 该波的波动表达式；(2) P 处质点的振动方程。

3-10 O_1，O_2 是两列相干波源，相距 2.5λ，O_1 超前 O_2 相位 3π，两列波的振幅都是 A，波长为 λ，两列波无衰减地传播，P、Q 分别在 O_1、O_2 的连线上，P 在 O_2 的外侧 1.5λ，Q 在 O_1 的外侧 2.0λ，求：(1) O_1，O_2 连线中点处质点的振幅；(2) P 点处质点的振幅；(3) Q 点处质点的振幅。

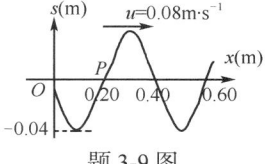

题 3-9 图

3-11 一波源以 $s=0.03\cos(\pi t/4-1.9\pi)$ m 的形式作简谐振动，并以 100 m·s^{-1} 的速度在某种介质中传播。求：(1) 波动方程；(2) 距波源 40m 处质点的振动方程；(3) 在波源起振后 1.0s，距波源 40m 处质点的位移、速度。

3-12 初相相同的两相干波源 A 和 B 相距 40m，频率为 50Hz，波速为 500 m·s^{-1}，求两相干波源的连线上产生相干加强和相干减弱的位置？

3-13 沿绳子传播的波动方程为 $s=0.05\cos(0.10\pi x-3\pi t+\pi/7)$ m，求波的振幅，频率，传播速度，波长，绳子上某点最大的横向振动速度。

3-14 弦线上驻波相邻波节的距离为 65cm，振动频率为 3.2×10^2Hz，求波长和波的传播速度。

3-15 在空气中某点声波的强度为 2.0×10^5 W·m^{-2}，振幅为 2mm，空气密度为 1.29 kg·m^{-3}，波速为 344 m·s^{-1}，求波长和平均能流密度。

3-16 某声音的声强级比声强为 10^{-6} W·m^{-2} 的声音的声强级大 20dB 时，问此声音的声强是多少？

3-17 频率为 5MHz 的超声波进入人体软组织，求：(1) 波长；(2) 在 20cm 处软组织中往返一次所需要的时间 (超声波在体内软组织的传播速度为 1540 m·s^{-1})。

3-18 已知空气、软组织、颅骨的密度分别为 0.0012 g·m^{-3}、1.016 g·m^{-3}、1.658 g·m^{-3}，对应在其中传播的声速分别为 344 m·s^{-1}、1500 m·s^{-1}、3360 m·s^{-1}，求超声波垂直入射时空气与软组织、软组织与颅骨交界面上的声强反射系数。

3-19 一列火车以 20 m·s^{-1} 的速度行驶，若机车汽笛的频率为 600 Hz，某人站在机车前和机车后所听到的声音频率分别是多少？（设空气中声速为 340 m·s^{-1}）

3-20 蝙蝠在洞中飞行，发出频率为 38000Hz 的超声，在一次朝着表面垂直的墙壁飞行时，飞行速度是空气中声速的 1/38，问蝙蝠自己听到从墙壁反射回来的超声频率是多少？

习 题 答 案

3-1 (1) $s=A, a=-A^2\omega, \varphi=0$；$v=0$；(2) $s=-A, a=A^2\omega, \varphi=\pi$；$v=0$
(3) $s=0$，$a=0$，$\varphi=\pi/2$；$v=-A\omega$；(4) $s=0$，$a=0$，$\varphi=-\pi/2$；$v=A\omega$

3-2 (1) $s=A\cos\left(\dfrac{2\pi}{T}t+\dfrac{\pi}{2}\right)$；(2) $s=A\cos\left(\dfrac{2\pi}{T}t-\dfrac{\pi}{3}\right)$

3-3　(1) $s=0.05\cos 3t$(m)；　(2) $s=0.05\sqrt{2}\cos(3t+\dfrac{\pi}{4})$(m)

3-4　$E=m\omega^2 A^2/2=2\pi^2 mA^2/T^2$

3-5　0.08m

3-6　总能量是原来的 1/81，频率必须是原来大小的一半.

3-7　$A_2=10$cm；　$\varphi_2-\varphi_1=\pm(2k+1)\dfrac{\pi}{2}, k=0,1,2,\cdots$

3-8　(1) $s=0.04\cos[\dfrac{\pi}{4}(t-\dfrac{x}{2})+\dfrac{\pi}{39}]$(m)；　(2) $s=0.04\cos(\dfrac{\pi}{4}t-\dfrac{38\pi}{39})$(m)；　(3) $\Delta\varphi=-\pi$

3-9　(1) $s=0.04\cos[0.4\pi(t-\dfrac{x}{0.08})-\dfrac{\pi}{2}]$(m)；　(2) $s=0.04\cos(0.4\pi t-\dfrac{3\pi}{2})$(m)

3-10　(1) 0；(2) $2A$；　(3) $2A$

3-11　(1) $s=0.03\cos[\dfrac{\pi}{4}(t-\dfrac{x}{100})-1.9\pi]$(m)；　(2) $s=0.03\cos(\dfrac{\pi}{4}t-2\pi)$(m)；　(3) $s=0.02$m，
　　　$v=-16.6$mm$\cdot$s^{-1}；　$\varphi=-2\pi$

3-12　相干加强 $x=20\pm 5k(k=0,1,2,3)$；　相干减弱 $x=20\pm 5(k+0.5)(k=0,1,2,3)$

3-13　$A=0.05$ m，$f=1.5$ Hz，$u=30$ m$\cdot$s^{-1}，$\lambda=20$ m；$v_{\max}=47.1$ cm$\cdot$s^{-1}

3-14　$\lambda=1.3$m；　$u=416$ m$\cdot$s^{-1}

3-15　$\lambda\approx 14.3$；　$\overline{w}\approx 581$ J$\cdot$m^{-3}

3-16　$I=10^{-4}$ W$\cdot$m^{-2}

3-17　(1) $\lambda=0.31$mm；　(2) $t\approx 260\mu$s

3-18　99.9%；57.0%

3-19　637.5 Hz；566.7 Hz

3-20　40054 Hz

第 4 章 分子动理论

人体的肺是进行气体交换的重要器官，它是一对海绵状的构造体，支气管进入肺后，分成无数个小支气管，小支气管再细分，其末端膨大成囊状气室. 每个气室又隔成许多我们称为肺泡的小气囊. 肺泡大概有几亿个，其大小是不相同的，大肺泡的半径为小肺泡半径的 3～4 倍，而且所有有功能的肺泡的导管是相通的. 那么肺泡是怎样维持其正常生理功能的呢？

人们通过研究发现，每个肺泡的内壁附着有一层特殊的肺液，这些肺液在与空气接触时有一个界面(若液体与固体相接触时也有一个界面). 因此，这些小肺泡在物理学上相当于一个个相互连通的微液泡. 处于界面上的液体分子，由于同时受到同种液体分子以及气体(或固体)分子的作用力，结果将会产生一系列的特殊现象，称为液体的表面现象，比如会产生表面张力、附加压强等. 图为人体的肺.

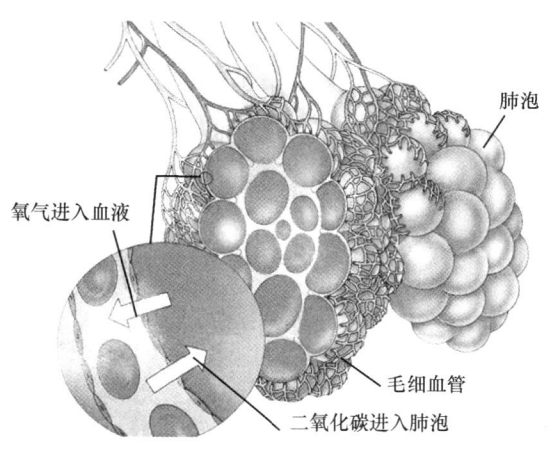

宏观物体一般由大量微观粒子如分子或原子所组成. 每个微观粒子都具有大小、速度、质量和能量等，这些表示单个微观粒子状态的物理量，称为微观量. 通常在实验室中测得的物理量，如气体的温度、压强和体积等，都是表示大量分子集体特性的物理量，称为宏观量. 由于单个粒子的运动情况具有很大的偶然性，所以难以测量，但对大量微观粒子的集体表现而言，其运动却遵从一定的统计规律. 分子动理论就是从物质的微观结构和分子运动的观点出发，运用力学规律和统计方法，给出了微观量统计平均值和宏观量之间的关系，从而揭示了气体的压强、温度和内能等宏观量的微观本质，使我们可以更加深入地了解与气体的热现象以及液体的表面现象有关的性质和规律，同时也说明统计理论在处理大量粒子系统的问题中具有非常重要的意义.

4.1 物质的微观结构

宏观物体的分子或原子都处在永不停息的无规则运动状态中，物体的温度越高，运动就越剧烈. 我们把这种大量分子的无规则运动称为**热运动**(thermal motion).

物质分子能够结合成凝聚态，如液态或固态，表明分子之间存在引力作用. 但引力并不能使分子无限地接近，因为固体或液体即使施加巨大的压力，其体积的改变也非常微小，这又表明分子间还存在很强的斥力. 物质分子之间的引力和斥力统称为**分子力**(molecular force).

根据近代理论和实验分析可知，物质分子之间的作用力 F 与分子中心之间的距离 r 的

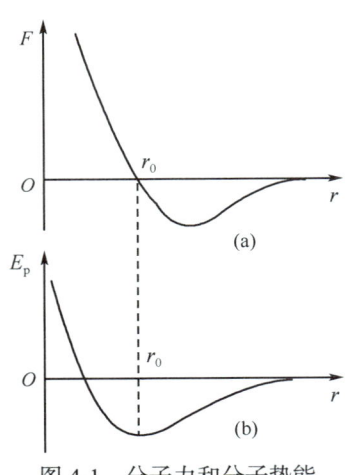

图 4-1 分子力和分子势能

关系如图 4-1(a)所示. 图中纵坐标正向表示斥力，负向表示引力，横坐标表示两分子中心的距离，当 $r=r_0$ 时，斥力与引力相等，此时合力 $F=0$，该位置称为平衡位置，其中 r_0 的数量级大约是 10^{-10}m. 当 $r<r_0$ 时，分子之间的斥力很大，F 曲线很陡，相当于分子紧挨在一起；当 $r>r_0$ 时，分子之间表现出一定的引力，该引力随着分子之间距离的增大而渐趋于零. 如果分子间距大于 10^{-9}m，分子力实际上可以忽略，一般而言，气体分子间的距离都很大，因此分子间的引力可以完全忽略. 由图可知分子力随分子之间距离的增加而急剧减小，故分子力是短程力. 另外，由图可见斥力的作用范围比引力的作用范围小.

我们也可用分子势能曲线来描述分子之间的相互作用. 图 4-1(b)表示分子的势能 E_p 与分子中心间距离 r 的关系，当 $r=r_0$ 时，分子势能最低，这时分子处于稳定状态. 该位置正好对应图 4-1(a)中 $F=0$ 的位置. 当分子位置偏离 r_0 时，其势能增加，这时分子处于不稳定状态，并且分子具有力图回到平衡位置的趋势.

4.2 理想气体分子动理论

4.2.1 理想气体物态方程

1. 平衡态与态参量

由大量分子组成的物体或物体系称为热力学系统，简称系统. 所有系统的宏观状态均可分为平衡态和非平衡态两类. 平衡态是一种既简单而又比较重要的宏观状态. 设一定质量的气体置于一密闭容器中，开始时容器内各部分气体的压强、密度等物理量的大小不相同，而且随时间不断变化，这样的状态我们称为非平衡态. 在没有外界影响的条件下，经过足够长的时间后，容器内的气体在整个空间会达到均匀分布，使得各处的压强、密度等数值均相同，且此后气体的一切宏观性质都不会再发生改变. 我们把在没有外界影响的条件下，系统的一切宏观性质都不随时间变化的状态称为**平衡态**(equilibrium state). 组成系统的气体分子在平衡态下仍会不停地运动，且运动是紊乱的. 分子按位置均匀分布，分子速度按方向也是均匀分布的. 每个分子的运动都遵守力学规律，与其他分子相碰撞是偶然的，这些微观运动的总效果随时间会不断变化，造成表示系统宏观性质的物理量也会发生或多或少的改变，这种变化称为涨落. 因此这里讨论的平衡是一种动态平衡，总是伴随着涨落现象. 不过大量分子运动总的平均效果是不随时间改变的，这也说明反映系统宏观性质的物理量，实际上是大量分子集体运动的某种统计平均值.

对于平衡态下一定质量的气体，通常可用体积 V、压强 p 和温度 T 来描述它的宏观状态. 这些描述平衡态下系统特性的物理量，称为状态参量或**态参量**(state parameter). 体积是指气体分子活动空间的范围，等于容器的容积与容器内分子本身总体积之差，单位为 m^3；对于理想气体，分子的体积可忽略不计，系统的体积即为容器的体积. 压强是气体作用在容器器壁单位面积上的垂直压力大小，是分子对器壁碰撞的宏观表现，单位为 Pa. 温度在微观上反映了系统中分子热运动的强弱程度，在宏观上则表示系统的冷热程度，对温度分度方法所作的规定称为**温标**(scale of thermometer). 常用的温标有两种，一种是摄氏温标，用 t 表示，单位是℃；另一种是热力学温标，用 T 表示，单位是 K，摄氏温标与热力学温标之间的数值关系为

$$t = T - 273.15 \tag{4-1}$$

2. 理想气体的物态方程

大量研究表明，平衡态下气体的三个态参量之间存在着一定的关系，其关系式称为气体的物态方程. 我们把在任何情况下都绝对遵守玻意耳定律、盖吕萨克定律和查理定律的气体称为**理想气体**(ideal gas). 这三个定律概括起来分别是：对一定量的气体，温度不变时，其压强和体积的乘积是个常量；气体体积不变时，其压强随温度作线性变化；而气体压强不变时，其体积随温度作线性变化.

根据上述定义，对于质量为 m，摩尔质量为 M 的理想气体，其三个态参量体积 V、压强 p、温度 T 之间满足以下关系

$$pV = \frac{m}{M}RT \tag{4-2}$$

式中，$R = 8.314 \text{J} \cdot \text{mol}^{-1} \cdot \text{K}^{-1}$ 称为摩尔气体常量，它与气体的性质无关；m/M 是气体的摩尔数. 上式称为**理想气体物态方程**(equation of state).

理想气体实际上是不存在的，它只是实际气体的近似，在压强与大气压比较不太大、温度与室温相比不太低的情况下，各种实际气体都能很好地遵守理想气体的物态方程，且压强越低，遵守的程度越好.

【**例 4-1**】 设某氧气瓶的容积为 45L，瓶内氧气的压强为 110atm，温度为 27℃，试求瓶中氧气的质量是多少.

【**解**】 已知
$$V = 45\text{L} = 4.5 \times 10^{-2} \text{m}^3, \quad M = 3.2 \times 10^{-2} \text{kg} \cdot \text{mol}^{-1}, \quad R = 8.314 \text{J} \cdot \text{mol}^{-1} \cdot \text{K}^{-1}$$
$$T = t + 273 = 27 + 273 = 300(\text{K}), \quad p = 110\text{atm} = 110 \times 1.013 \times 10^5 \text{Pa} \approx 1.1 \times 10^7 \text{N} \cdot \text{m}^{-2}$$

根据物态方程式(4-2)可得

$$m = \frac{MpV}{RT} = \frac{3.2 \times 10^{-2} \times 1.1 \times 10^7 \times 4.5 \times 10^{-2}}{8.314 \times 300} = 6.35(\text{kg})$$

4.2.2 理想气体微观模型

由于标准状态下气体分子自身大小比分子间的平均距离至少小 10 倍左右，故可把气体看成是分子间距很大的大量分子的集合. 由此人们提出了理想气体的微观模型：

(1)组成气体的分子都可近似看成是质点，并遵从牛顿力学定律.

(2)除了气体分子相互碰撞以及气体分子与容器壁碰撞的瞬间外，各气体分子之间和气体分子与容器壁之间的相互作用力可忽略不计.

(3)各气体分子之间的碰撞和气体分子与容器壁之间的碰撞都是完全弹性碰撞.

(4)容器内气体分子的动能，平均而言远大于它们在重力场中的势能，因此分子所受的重力可忽略不计.

(5)气体分子的运动是紊乱的，从统计学的意义来讲，对大量分子，容器内气体各部分的密度均相同，分子速度按方向的分布是均匀的.

以上假设都有一定的实验基础，由它们推出的结果在一定范围内可以解释真实气体的基本性质.

4.2.3 理想气体压强公式

容器内的理想气体分子做无规则热运动时，除相互间不断碰撞外，还会不断地碰撞容器壁. 对单个分子来说，它碰在器壁的什么位置，对器壁产生多大的冲量，都是随机的，碰撞也是不连续的. 但对整体而言，任何时刻都有大量分子碰撞器壁，在宏观上就表现出气体对器壁有一恒定和持续的压强. 可见，压强就是大量分子碰撞器壁产生的结果. 由于气体处于平衡态，器壁各处的压强相同，故只需计算气体施于某器壁或器壁某处的压强即可. 根据理想气体的微观模型，下面运用对大量分子的微观量求平均值的统计方法，在数值上建立压强与分子运动之间的联系.

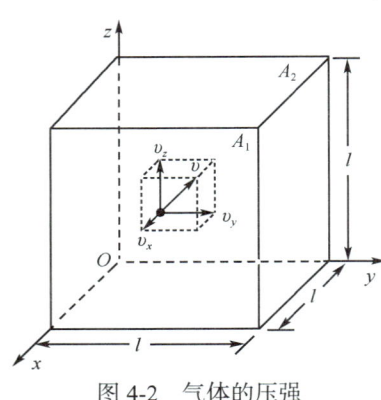

图 4-2 气体的压强

设某容器内有处于平衡态的 N 个质量为 m_0 的同种理想气体分子，分子数密度为 n（即单位体积内所含的分子数），如图 4-2 所示，该立方体容器边长为 l，容积为 $V=l^3$. 先考虑一个分子与器壁的碰撞情况，设与 Oyz 平面平行的前壁面和后壁面分别为 A_1、A_2，该分子在碰撞器壁之前的速度为 v，沿三个坐标轴的分量分别为 v_x、v_y、v_z. 由于分子与器壁是完全弹性碰撞，故该分子与 A_1 面碰撞时，它在 x 轴的速度分量由 v_x 变为 $-v_x$，若途中不与其他分子相碰，则与 A_2 面碰撞时再由 $-v_x$ 变为 v_x. 因此质量为 m_0 的分子，与 A_1 面每碰撞一次，动量的改变量为 $-2m_0v_x$. 根据动量定理和牛顿第三定律，分子作用于器壁的冲量就是 $2m_0v_x$. 该分子与 A_1 面连续两次碰撞之间在 x 方向经过的距离为 $2l$，所需时间为 $2l/v_x$，在单位时间内分子与 A_1 面的碰撞次数为 $v_x/2l$. 因此一个分子在单位时间内施于 A_1 面的冲量为

$$\frac{v_x}{2l} \times 2m_0 v_x = \frac{m_0 v_x^2}{l}$$

假定 N 个分子在 x 方向的速度分量分别为 v_{1x}、v_{2x}、…、v_{Nx}，则根据上式可得各分子在单位时间内施于 A_1 面的冲量分别为 $\frac{m_0 v_{1x}^2}{l}$，$\frac{m_0 v_{2x}^2}{l}$，…，$\frac{m_0 v_{Nx}^2}{l}$，所以在单位时间内 N 个分子施于 A_1 面的总冲量，亦即施于 A_1 面上的作用力 F 为

$$F = \frac{m_0 v_{1x}^2}{l} + \frac{m_0 v_{2x}^2}{l} + \cdots + \frac{m_0 v_{Nx}^2}{l} = \frac{m_0}{l}(v_{1x}^2 + v_{2x}^2 + \cdots + v_{Nx}^2)$$

由于 A_1 面的面积 $S=l^2$，故可得 A_1 面所受的压强 p 为

$$p = \frac{F}{S} = \frac{m_0}{l^3}(v_{1x}^2 + v_{2x}^2 + \cdots + v_{Nx}^2) = \frac{Nm_0}{l^3}\left(\frac{v_{1x}^2 + v_{2x}^2 + \cdots + v_{Nx}^2}{N}\right)$$

又因为立方体容积 $V=l^3$，容器内分子数密度 $n = \frac{N}{V} = \frac{N}{l^3}$，式中 $\frac{v_{1x}^2 + v_{2x}^2 + \cdots + v_{Nx}^2}{N}$ 为容器内 N 个分子沿 x 方向速度分量平方的平均值，用 $\overline{v_x^2}$ 表示，故上式可写成

$$p = nm_0 \overline{v_x^2}$$

对任一分子都有 $\overline{v^2} = \overline{v_x^2} + \overline{v_y^2} + \overline{v_z^2}$，而平衡状态下气体的性质与方向无关，因此分子速度在任一方向的分量的平均值相等，即 $\overline{v_x^2} = \overline{v_y^2} = \overline{v_z^2} = \frac{1}{3}\overline{v^2}$，代入上式得

$$p = \frac{1}{3}nm_0\overline{v^2} = \frac{2}{3}n(\frac{1}{2}m_0\overline{v^2}) \quad (4\text{-}3a)$$

式中，$\overline{v^2}$ 为分子平动速度平方的平均值，$\overline{\varepsilon_k} = \frac{1}{2}m_0\overline{v^2}$ 表示分子的平均平动动能. 则

$$p = \frac{2}{3}n\overline{\varepsilon_k} \quad (4\text{-}3b)$$

可见，气体的压强 p 与分子数密度 n 和分子的平均平动动能 $\overline{\varepsilon_k}$ 成正比，n 或 $\overline{\varepsilon_k}$ 越大，压强也越大. 式(4-3)称为理想气体的**压强公式**(formula of pressure)，它将宏观量的压强和微观量的分子平均平动动能联系起来. 表明宏观压强是大量分子在足够长时间内对足够大面积的器壁碰撞产生的平均效果，压强是一个统计平均值，其大小等于单位面积器壁在单位时间内获得的分子平均冲量，所以离开"大量分子"和"统计平均"来讨论压强就没有意义.

应该指出，式(4-3)在推导过程中，不仅应用了力学原理，而且应用了统计学的概念和方法，上式所表示的是 p、n 或 $\overline{\varepsilon_k}$ 三个统计平均值的相互关系的统计规律.

4.2.4 理想气体温度公式

由理想气体物态方程(4-2)和压强公式(4-3)，消去压强 p 可得

$$\frac{1}{2}m_0\overline{v^2} = \frac{3}{2} \cdot \frac{1}{n} \cdot \frac{m}{M} \cdot \frac{RT}{V}$$

由于 $n = \frac{N}{V}$，$N = \frac{m}{M}N_A$，N_A 为阿伏伽德罗常量，代入上式得分子的平均平动动能

$$\overline{\varepsilon_k} = \frac{1}{2}m_0\overline{v^2} = \frac{3}{2} \cdot \frac{R}{N_A} \cdot T = \frac{3}{2}kT \quad (4\text{-}4)$$

式中，$k = \frac{R}{N_A}$，称为玻尔兹曼常量，由于 $R=8.314\text{J}\cdot\text{mol}^{-1}\cdot\text{K}^{-1}$，$N_A=6.022\times10^{23}\text{mol}^{-1}$，故得 $k=1.38\times10^{-23}\text{J}\cdot\text{K}^{-1}$. 由式(4-4)可见，理想气体的分子平均平动动能只与热力学温度成正比，而与气体的性质无关，在相同温度下一切气体分子的平均平动动能都相同. 式(4-4)也称为理想气体的温度公式，它揭示了温度的微观本质，给出了理想气体的微观量分子平均平动动能与宏观量温度之间的关系. 温度是气体分子无规则热运动剧烈程度的量度，是大量分子热运动的统计平均结果，是分子平均平动动能的统计平均值. 和压强一样，离开了"大量分子"和"统计平均"来讨论温度就失去了意义. 因此，对个别分子来说它有多高温度是没有意义的.

4.2.5 理想气体能量公式

式(4-4)表示理想气体的平均平动动能 $\overline{\varepsilon_k} = 3kT/2$，其只与热力学温度成正比，而与气体的性质无关，但这是不是气体的全部能量呢？人们通过比热容实验发现，在相同温度和相同摩尔数下的单原子分子和多原子分子气体的能量是不同的. 为此我们引入自由度的概念，决定一个物体的空间位置所需要的独立坐标数目，称为该物体的**自由度**(degree of freedom). 显然单原子分子与多原子分子的自由度是不同的. 对于单原子分子，可将其看成是质点，用 3 个独立的坐标 x、y、z 可确定它在空间的位置，故有 3 个自由度. 因为

$\overline{v_x^2} = \overline{v_y^2} = \overline{v_z^2} = \frac{1}{3}\overline{v^2}$，将其代入式(4-4)可得每个自由度的平均平动能为

$$\frac{1}{2}m_0\overline{v_x^2} = \frac{1}{2}m_0\overline{v_y^2} = \frac{1}{2}m_0\overline{v_z^2} = \frac{1}{3}\cdot\frac{1}{2}m_0\overline{v^2} = \frac{1}{2}kT \tag{4-5}$$

可见，分子在每一个运动自由度上的平均平动能都是 $kT/2$. 虽然这一结论针对的是分子平动的情况，但在平衡态下，气体分子的无规则运动使分子任何一种运动的可能性都不会比另一种运动的可能性更占优势，即机会是完全均等的. 所以平均而言，气体分子不论何种运动，其相应于每一个可能自由度的平均能量都是相等的，这个结论称为**能量按自由度均分原理**，简称**能量均分原理**(principle of energy equipartition). 对于刚性双原子和刚性多原子分子气体，它们有更多的自由度. 例如，氮气和氧气，其分子可看成是成一直线的刚性双原子分子，其质心位置的描述需要 3 个独立坐标，即平动需要 3 个自由度，另外还需要 2 个坐标来确定直线的方位，即转动需要 2 个自由度，所以共有 5 个自由度，这时每个气体分子的平均平动动能和平均总动能分别为

$$\overline{\varepsilon_k} = \frac{3}{2}kT$$

$$\overline{\varepsilon} = \frac{5}{2}kT$$

如果气体分子有 i 个自由度，则每个分子的平均总动能为

$$\overline{\varepsilon} = \frac{i}{2}kT \tag{4-6}$$

则 1 mol 自由度为 i 的气体的理想气体，其总动能应为

$$U_0 = \frac{i}{2}kT \times N_A = \frac{i}{2}RT \tag{4-7}$$

分子除了无规则热运动动能外，分子间还存在相互作用势能，所有分子的动能和势能的总和称为系统的**内能**(internal energy). 由于理想气体分子间的相互作用可以忽略，故其内能只是所有分子动能的总和. 所以式(4-7)为 1mol 自由度为 i 的理想气体的内能. 对于质量为 m，摩尔质量为 M 的理想气体，其所包含的分子总数为 $N = \frac{m}{M}N_A$，设分子有 i 个自由度，则系统的内能为

$$U = \frac{m}{M}N_A \cdot \frac{i}{2}kT = \frac{m}{M}\cdot\frac{i}{2}RT \tag{4-8}$$

4.2.6 理想气体定律的推导

1. 阿伏伽德罗定律

联立理想气体温度公式(4-4)和压强公式(4-3)得

$$p = \frac{2}{3}n\cdot\frac{3}{2}kT = nkT \tag{4-9}$$

可见，在相同的温度和压强下，各种气体的分子数密度相同. 式(4-9)称为阿伏伽德罗定律.

2. 道尔顿分压定律

设有几种互不发生化学反应的气体混合储存在同一容器中，称为混合气体. 各种气体的分子数密度分别是 n_1、n_2、n_3、…，则总的分子数密度为 $n=n_1+n_2+n_3+\cdots$，由于温度相同，各种气体分子的平均平动能相等，由式(4-9)得

$$p=(n_1+n_2+n_3+\cdots)kT=n_1kT+n_2kT+n_3kT+\cdots$$

式中，$p_1=n_1kT$ 是指容器中只有第一种气体时的压强，称为第一种气体的分压强. 同理 $p_2=n_2kT$、$p_3=n_3kT$、$\cdots$ 分别是指第二种、第三种、$\cdots$ 气体的分压强，故上式可写成

$$p=p_1+p_2+\cdots \tag{4-10}$$

它说明混合气体的压强等于各种组成气体的分压强之和，这一结论称为**道尔顿分压定律**(Dalton's law of partial pressure). 而各组成气体的分压强是独立产生的，即分压强大小与其他气体的存在与否无关.

分压概念对理解混合气体中某组分气体的流动方向很重要. 对某组分气体而言，其流动方向只取决于该气体分压强的大小，即它总是由分压大的地方向分压小的地方扩散. 而总压强及其他气体的分压强只影响其扩散的速度，不改变该组分气体扩散的方向.

例如，人体的呼吸包括吸入 O_2 和呼出 CO_2 两个相反的过程，O_2 由肺泡进入血液，再进入各组织，而 CO_2 由各组织进入血液，再进入肺泡，它们都分别是从自己的高分压处向低分压处流动. O_2 的流动方向由它自己的分压决定，与 CO_2 的分压无关；而 CO_2 的流动方向也是由它自己的分压决定，与 O_2 的分压无关.

大气是由 N_2、O_2、H_2O 和 CO_2 等组成的一种混合气体，大气压强等于各组成气体的分压强之和，而各气体分压强与大气压强之比等于各气体容积与总容积之比(%)，在海平面高度的大气中 O_2、N_2 的容积百分比分别约为 20.7%、78%. 人体在高空中会出现呼吸困难四肢无力是由于氧分压降低而引起的乏氧症状. 海拔高度越高，大气压越低，其中的氧分压也越低. 因此人在高空中感到呼吸困难，关键是要提高氧分压，而不是总气压. 高压氧舱的设计就是这个原理，以此使患者做高压氧治疗达到缓解缺氧的目的.

【例 4-2】 在容积为 10L 的容器中装有质量为 16g 的氧气和 28g 的氮气，该混合气体处于平衡态时的温度为 27℃，试求混合气体的压强以及分子数密度的大小.

【解】 已知

$$V=10\text{L}=1.0\times10^{-2}\text{m}^3,\quad T=27+273=300(\text{K}),\quad m_{O_2}=16\text{g}=16\times10^{-3}\text{kg},$$

$$M_{O_2}=32\times10^{-3}\text{kg}\cdot\text{mol}^{-1},\quad m_{N_2}=28\text{g}=28\times10^{-3}\text{kg},\quad M_{N_2}=28\times10^{-3}\text{kg}\cdot\text{mol}^{-1}$$

根据物态方程(4-2)可分别算出氧气和氮气的分压为

$$p_{O_2}=\frac{m_{O_2}}{V\cdot M_{O_2}}\cdot RT=\frac{16\times10^{-3}\times8.314\times300}{1.0\times10^{-2}\times32\times10^{-3}}\text{Pa}\approx1.25\times10^5\text{Pa}$$

$$p_{N_2}=\frac{m_{N_2}}{V\cdot M_{N_2}}\cdot RT=\frac{28\times10^{-3}\times8.314\times300}{1.0\times10^{-2}\times32\times10^{-3}}\text{Pa}\approx2.49\times10^5\text{Pa}$$

由道尔顿分压定律可得混合气体的压强为

$$p=p_{O_2}+p_{N_2}=1.25\times10^5\text{Pa}+2.49\times10^5\text{Pa}\approx3.74\times10^5\text{Pa}$$

由阿伏伽德罗定律 $p=nkT$ 可得混合气体的分子数密度为

$$n=\frac{p}{kT}=\frac{3.74\times10^5}{1.38\times10^{-23}\times300}\text{m}^{-3}\approx9.0\times10^{25}\text{m}^{-3}$$

4.3 气体分子速率和能量的统计分布

热平衡态中的每个气体分子,其运动速度的大小和方向都是随机和偶然的.然而从宏观整体来看,大量分子组成的气体都具有一定的温度和压强,说明这些大量随机偶然事件存在一定的分布规律,称为统计规律性,在数学上专门研究统计规律性的学科称为概率论.一定条件下在一系列可能发生事件的集合中,发生某一事件的可能性或机会称为发生该事件的概率,而这些可能发生的事件称为偶然事件.出现某一偶然事件的概率相对于统计平均值来说会有涨落,然而随着偶然事件数目的增加,涨落会逐渐减少.

对理想气体分子运动状态进行分析时,由于气体分子的量很大,需以 10^{23} 数量级来计,它们之间互相碰撞,各个分子的速度大小和方向都是随机变化和不可预知的,这体现了气体分子运动状态的随机性和偶然性,但气体分子出现各种运动状态的概率有完全确定的分布规律.麦克斯韦(J. C. Maxwell)在1859年首先从理论上用统计方法解决了气体分子运动速率的分布问题,该理论不久后即为实验所证实.

4.3.1 速率分布函数

系统中分子的热运动可用统计学的方法进行处理.所谓速率的统计分布,是指在总数为 N 的气体分子中,速率处于 v 到 $v+dv$ 区间内的分子数 dN 有多少,或者每个分子的速率分布在该区间内的概率是多大,或者 dN 占总分子数 N 的百分比 dN/N 是多少,该百分比在各速率区间是不相同的,它是与速率 v 有关的函数,在速率区间足够小的条件下,该百分比还与区间的大小 dv 成正比,即有

$$\frac{dN}{N} = f(v)dv \tag{4-11}$$

式中,$f(v)$ 称为速率分布函数,它表示速率处于 v 附近的单位速率区间内的分子占总分子数的百分比,其数值越大,说明分子处于 v 附近单位速率区间内的概率就越大.将上式对所有速率区间积分,可得所有速率区间的分子数占总分子数的百分比,这显然应等于1,故有

$$\int_0^N \frac{dN}{N} = \int_0^\infty f(v)dv = 1 \tag{4-12}$$

上式称为速率分布函数的归一化条件.

4.3.2 麦克斯韦速率分布律

设气体分子的质量为 m_0,在平衡状态下,当分子之间的相互作用忽略不计时,麦克斯韦首先从理论上导出了速率分布函数的数学表达式为

$$f(v) = 4\pi \left(\frac{m_0}{2\pi kT}\right)^{\frac{3}{2}} \cdot e^{-\frac{m_0 v^2}{2kT}} \cdot v^2 \tag{4-13}$$

式中,k 为玻尔兹曼常量,T 为热力学温度.由上式确定的理想气体分子按速率分布的统计规律,称为麦克斯韦速率分布律.可见,对于给定的气体,速率分布函数只与温度有关.以 $f(v)$ 为纵坐标,速率 v 为横坐标,可绘出麦克斯韦速率分布曲线如图4-3所示,它形象地描述了气体分子按速率分布的情况:

曲线从坐标原点出发,随着速率增大开始上升,经过一个极大值后开始下降,并且渐

近于横坐标.这说明分子速率可取大于零的所有可能的有限值.

但在单位速率区间内,分子处在速率很小和速率很大的概率较小,处在中等速率的概率较大,而处在曲线极大值对应的速率 v_p 附近的概率最大,这个速率 v_p 称为**最概然速率**(most probable speed).

图 4-3 中的小窄条面积表示速率处于 v 到 $v+\mathrm{d}v$ 区间内的分子数占总分子数的百分比,或表示每个分子速率处在该速率区间内的概率大小. 曲线下的总面积等于曲线下所有窄条矩形面积的总和,可通过下式积分求出

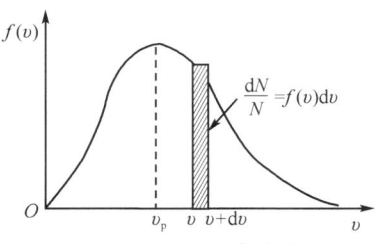

图 4-3 麦克斯韦速率分布曲线

$$\int_0^\infty f(v)\mathrm{d}v = 1$$

它表示处在所有速率区间内的分子数百分比的总和等于 1,即 $f(v)$ 满足归一化条件.

4.3.3 气体分子的三种统计速率

运用麦克斯韦速率分布函数,可以推导出反映分子运动状态的具有代表性的三种速率的统计平均值.

1. 最概然速率

在温度给定的平衡态下,在一定量的理想气体中,根据与 $f(v)$ 曲线极大值相对应的速率 v_p 即为最概然速率的定义,有 $\dfrac{\mathrm{d}f(v)}{\mathrm{d}v}=0$,将式(4-13)代入由此可推得

$$v_p = \sqrt{\frac{2kT}{m_0}} = \sqrt{\frac{2RT}{M}} \approx 1.41\sqrt{\frac{RT}{M}} \tag{4-14}$$

当温度升高时,v_p 随之增大,曲线变得较为平坦,并向速度大的区域扩展,如图 4-4 所示,系统中速率较小的气体分子数减少,速率较大的分子数增加,即温度越高,分子运动越剧烈.

2. 平均速率

在平衡态下,对所有 N 个气体分子的速率求算术平均值,称为**平均速率**(mean speed),用 $\bar{v}$ 表示. 由于分子速率可在 $0\sim\infty$ 取值,故 $\bar{v}$ 可由速率分布函数经积分运算求出

$$\bar{v} = \frac{\int_0^\infty v\mathrm{d}N}{N} = \frac{\int_0^\infty vNf(v)\mathrm{d}v}{N} = \int_0^\infty vf(v)\mathrm{d}v$$

将式(4-13)代入上式积分后可得

$$\bar{v} = \sqrt{\frac{8kT}{\pi m_0}} = \sqrt{\frac{8RT}{\pi M}} \approx 1.60\sqrt{\frac{RT}{M}} \tag{4-15}$$

3. 方均根速率

所有气体分子速率平方平均值的平方根,称为**方均根速率**(root-mean-squre speed),用 $\sqrt{\overline{v^2}}$ 表示. 首先求出分子速率平方的平均值为

$$\overline{v^2} = \frac{\int_0^\infty v^2 \mathrm{d}N}{N}$$

同理把式(4-13)代入上式积分后可得

$$\sqrt{\overline{v^2}} = \sqrt{\frac{3kT}{m_0}} = \sqrt{\frac{3RT}{M}} \approx 1.73\sqrt{\frac{RT}{M}} \tag{4-16}$$

气体分子的三种统计速率均反映了大量分子做热运动的统计规律，它们均与温度 $\sqrt{T}$ 成正比，与分子质量 $\sqrt{m_0}$ 成反比，其相对大小为 $\sqrt{\overline{v^2}} > \bar{v} > v_p$，如图 4-4 虚线所示. 三种统计速率分别应用于不同问题的研究中. 由于最概然速率是速率分布曲线中的极大值相对应的速率，因此常被用于讨论分子速率分布的情况；平均速率常用于讨论分子的碰撞，如计算分子运动的平均碰撞次数、平均距离等；方均根速率常用于计算分子的平均平动能以及用于讨论气体压强和温度的统计规律.

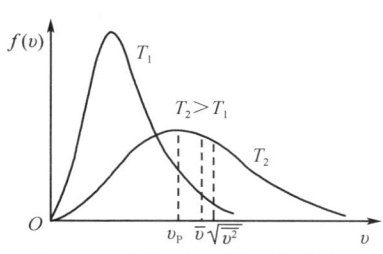

图 4-4 不同温度下的速率分布和麦克斯韦三种统计速率

4.3.4 玻尔兹曼能量分布律

在平衡态中，理想气体不受外力场作用下分子按速率分布的情况可用麦克斯韦速率分布律进行讨论. 这时尽管各个分子的速率不同，但分子在空间分布是均匀的，空间各处的分子数密度是一样的. 玻尔兹曼(L. Boltzmann)在此基础上，对气体处在保守力场如重力场中的分子在空间中的分布规律进行了研究. 在外力场中，气体分子同时受到两种互相对立的作用，无规则热运动要使分子均匀分布在它们能够到达的空间，而外力场则要使这些分子聚集到势能最低的地方. 当这两种相互作用达到平衡时，分子的空间分布不再是均匀的，此时的分子数密度与分子的势能有关.

如果以 n_0 表示势能 $E_p=0$ 位置的分子数密度，则在势能 E_p 位置的分子数密度 n 满足下式

$$n = n_0 e^{-\frac{E_p}{kT}} \tag{4-17}$$

式(4-17)称为分子按势能分布的玻尔兹曼分布定律，简称玻尔兹曼分布律.

对气体分子而言，玻尔兹曼分布律是成立的，不仅如此，它对所有的微观粒子，如固体、液体、气体的分子和原子，包括做热运动的任何微观粒子都是成立的，因此，玻尔兹曼分布律具有普遍意义，它的应用范围很广.

在重力场中，由式(4-17)可求出气体分子按高度分布的规律. 此时式(4-17)的势能 E_p 为重力势能，取坐标 z 轴竖直向上，并设地面位置 $z=0$ 处的势能为零，n_0 即为 $z=0$ 处的分子数密度. 又设重力场中大气分子的质量为 m_0，所处位置的海拔高度为 z，则它所具有的重力势能为 $E_p=m_0gz$，代入式(4-17)可得分布在高度 z 处单位体积中的分子数为

$$n = n_0 e^{-\frac{m_0 gz}{kT}} \tag{4-18}$$

可见，在重力场中，气体的分子数密度 n 随着高度 z 的增大按指数规律减小；分子的质量 m_0 越大，气体的温度 T 越低，n 减小得越快.

温度一定时，理想气体的压强 $p = nkT = n_0 kT e^{-\frac{m_0 gz}{kT}}$，由于分子的质量 $m_0 = \frac{M}{N_A}$，M 是气体摩尔质量，N_A 是阿伏伽德罗常量，所以可得

$$p = p_0 e^{-\frac{Mgz}{RT}} \tag{4-19}$$

式中，$p_0=n_0kT$ 为 $z=0$ 处的气体压强．上式称为等温气压公式，由该式知大气压强 p 随高度 z 的增加按指数规律减小．又因为大气温度是随高度而变化的，故只有在高度相差不大的情况下，式(4-19)的计算结果才会符合实际情形．

4.4 气体内的输运过程

前面两节讨论的都是气体在平衡态下的性质．然而在实际上，许多问题都牵涉到气体在非平衡态下的变化过程．例如，当气体内密度不均匀时发生的扩散现象；温度不均匀时发生的热传导现象；气体各层流速不同时产生的黏滞现象．气体通过这些过程由非平衡态趋向平衡态，以达到气体内部各部分的物理性质的一致与均匀．扩散过程伴随着质量的输运，热传导过程伴随着能量的输运，而黏滞现象则伴随着动量的输运．本节依次介绍热传导过程、扩散过程以及与生命过程紧密相关的透膜输运问题．

4.4.1 热传导过程

当气体内部各处温度不同时，热量会从温度较高处传递到温度较低处，这种现象称为**热传导**(heat transfer)．设温度沿 z 轴正方向逐渐升高，dT/dz 是温度沿 z 轴正方向的变化率，称为温度梯度．如果 S 为垂直于 z 轴的某一平面的面积，通过实验可以证明，在 dt 时间内从高温一侧通过面积 S 向低温一侧传递的热量为

$$dQ = -k\left(\frac{dT}{dz}\right)Sdt \tag{4-20}$$

式中，k 称为导热系数或热导率，它由气体的性质决定；$\dfrac{dT}{dz}$ 为面积 S 处的温度梯度；负号表示热量传递方向与温度梯度的方向相反，即热量总是沿温度降低的方向传递．

从分子动理论的观点来看，高温处的分子平均热运动动能较大，低温处的分子动能较小，由于热运动，高、低温之间的分子不断交换，使一部分热运动动能从高温处输运到低温处，从而形成宏观上的热量传递．因此，热传导过程是分子能量的输运过程，它是使物体的温度均匀化而趋于热平衡的过程．

4.4.2 扩散过程

当气体内部各部分的密度不均匀时，气体分子将从密度高的地方向密度低的地方移动，这种现象称为**扩散**(diffusion)．现在我们研究只有一种气体时的扩散情况．

设气体的密度 ρ 沿 z 轴正方向逐渐增加，$d\rho/dz$ 是密度沿 z 轴正方向的变化率，称为密度梯度．如果 S 为垂直于 z 轴的某一平面的面积，通过实验可以证明，在 dt 时间内从密度高一侧通过面积 S 向密度低一侧扩散的气体的质量 dm 与面积 S 处的密度梯度以及面积 S 成正比，即

$$dm = -D\left(\frac{d\rho}{dz}\right)Sdt \tag{4-21}$$

式中，D 称为气体的扩散系数；负号表示质量迁移方向与密度梯度的方向相反，即质量迁移总是沿密度降低的方向进行．

在浓度不均匀的溶液中，也存在着扩散现象．设 C 是溶液浓度；$\dfrac{dC}{dz}$ 是面积 S 处的浓

度梯度,这时上式可表示为

$$dN = -D\left(\frac{dC}{dz}\right)S\,dt \tag{4-22}$$

式中,dN 是在 dt 时间内通过面积 S 的分子数.

从分子动理论的观点来看,扩散现象也是分子热运动的结果. 由于气体的密度不均匀,当高密度处的分子向低密度处运动时,低密度处的分子同样有相反的运动,因两处分子密度不同,故由高密度处进入低密度处的分子数要多些;扩散现象的宏观效果就是密度逐渐趋于均匀一致的过程,因此扩散过程是质量的输运过程.

4.4.3 透膜输运

生物体内的分子或离子的输运过程,各细胞之间的分子交换主要是通过生物膜(如细胞膜、毛细血管壁)扩散进行,这种分子或离子透过生物膜的输运称为**透膜输运**. 生物体的细胞膜可以让一些分子通过,而另一些分子则不能通过,具有这种性质的膜称为半透膜,通常一切生物膜都是半透膜.

透膜输运是生物体最基本的生理过程. 例如,胃黏膜细胞分泌的盐酸透过细胞膜进入胃腔消化食物,而营养物质或药物透过肠黏膜被吸收,再经血液输运并透过毛细血管壁进入组织等,都是物质透过生物膜的输运过程.

气体的扩散也可通过生物膜进行. 在肺中,氧和二氧化碳的交换就是在肺泡和毛细血管之间进行的. 在肺泡的周围有许多毛细血管,肺泡膜和毛细血管壁的厚度小于 $1\mu m$,因此能让脂溶性的氧、二氧化碳和氮气等气体分子自由通过. 故肺泡和毛细血管之间的气体交换是以扩散的形式来完成的. 通过呼吸运动,可使肺泡中的氧的密度高于毛细血管中的氧密度. 所以,氧从肺泡经过肺泡膜和毛细血管壁进入血液中,然后与血红蛋白(Hb)结合,形成氧合血红蛋白(HbO_2)存于红细胞内,并随血液循环被送至全身. 氧和血红蛋白的结合和解离是可逆的. 氧合血红蛋白随血液流动到达氧分压较低的组织部位时,血液中的氧合血红蛋白迅速解离,释放出氧并透过毛细血管壁扩散到组织中去. 而组织吸收氧进行氧化后产生的二氧化碳,则会由组织扩散到血液中,其中一部分以 $KHCO_3$ 的形式存在于红细胞中,另一部分以 $NaHCO_3$ 的形式存在于血浆中,并随血液循环到达肺部. 由于肺泡中二氧化碳的密度低于静脉血管中二氧化碳的密度. 因此,血液中的 $KHCO_3$ 和 $NaHCO_3$ 迅速解离释放出二氧化碳,再透过肺泡膜扩散到肺泡中,经呼吸排出体外.

带电粒子如溶液中的各种离子,因浓度差在生物膜中扩散的结果是产生电场. 带电粒子在这个电场中会受到电场力,该电场力使带电粒子产生与扩散方向相反的迁移,最终达到平衡状态,这时在单位时间内因扩散通过膜的带电粒子数,与电场力作用下反向迁移的该种带电粒子数相同,因而膜两侧的浓度差不再变化. 通常溶液中有多种离子,各种离子都应当达到平衡状态.

在人体细胞中,细胞膜内的钾离子浓度比膜外高,钠离子浓度则比膜外低. 钾离子扩散的结果是细胞膜外侧带正电荷,膜内侧带负电荷,使膜两侧形成电势差;而由此产生的电场会阻止钾离子的继续扩散,平衡时,细胞膜内外的钾离子浓度差保持不变. 但这个电势差却使细胞膜外的钠离子向膜内迁移,在电场力作用下的钠离子的迁移方向,与钠离子因浓度差而扩散的迁移方向相同,使细胞内的钠离子浓度增大,从而不能使维持人体正常需要的细胞膜内外的钠离子浓度差保持不变. 所以机体必须有一种机构把钠离子从细胞内运送到细胞外去,正如水泵把水从低处逆着重力的方向运送到高处一样,这种机体把钠离子从细胞膜内运送到细胞膜外的机构称为钠泵.

4.5 液体的表面现象

4.5.1 表面张力

当物质从气态变为液态时,物质分子之间的距离大大缩短,分子间作用力明显增加,此时液体表现出分子具有内聚力与存在自由表面,这是气体分子所没有的.液体内部的分子运动是各向同性的,即各个方向的物理性质完全一样.但在液体的表面,各个方向的性质就不再相同了.下面先介绍液体与气体之间自由表面的情况.

在实际生活中,观察玻璃板上的小水银滴或荷叶上的小水珠等,就会发现液体的表面有收缩成表面积最小的倾向,即收缩成接近球形,因球面是包围给定体积的最小表面积.这种现象说明在液体的表面存在着一种收缩的张力,称为**表面张力**(surface tension).

表面张力是宏观力,但它的产生原因需要从分子力和液体的微观结构进行分析.由于物质分子之间存在引力和斥力,其中斥力的有效作用距离较小,引力的有效作用距离较大.设以液体某一分子的质心为球心,以分子引力有效作用距离 r 为半径作一球面(图 4-5),则凡是位于球面内的分子,对该分子都有引力作用,这个球面称为分子作用球,球的半径称为分子作用半径.一般液体分子间平均距离约为 10^{-10}m 数量级,如果两分子间的距离大于 10^{-9}m,那么引力会很快趋于零,因此以 10^{-9}m 为半径作一球面,则可以认为分子引力作用的范围就在此球面内.

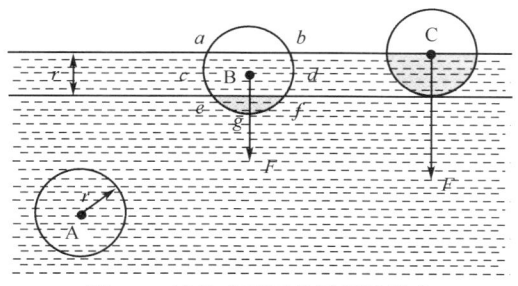

图 4-5 液体表面层分子所受的力

在液体表面取厚度等于分子作用半径 r 的一层液体,称为液体的表面层,如图 4-5 所示.则表面层以下的液体分子,如 A 分子,它会同时受到各个方向的分子引力的作用,这些力相互平衡,故合力为零.但在表面层的液体分子,如 B 和 C 分子,它们的引力作用范围有一部分在液面之外,而液面上方气体分子密度远小于液体分子密度,因此它们受到的分子引力的矢量和不为零.对分子 B 而言,虽然 *abcd* 里边的分子对它的引力被 *cdef* 部分的分子引力抵消掉,但阴影部分 *efg* 的分子对 B 的引力却没有被抵消,其合力 F 垂直于液面指向液体内部;越接近液面的分子,受到指向液体内的分子引力就越大,显然液面上的分子 C 受到的引力最大.由此可见,位于液体表面层的所有液体分子都受到一个指向液体内部的分子引力.在该力的作用下,这些分子都有不同程度的挤进液体内部的趋势,使液体表面层处在一种特殊的紧张状态中,在宏观上表面层就表现为像一个被拉紧的弹性膜而具有表面张力.

不同种类的液体,其表面张力的大小不相同.假设在某液面上画一长度为 L 的线段将其表面分成两部分,由于 L 两侧液面都有收缩趋势,则张力的作用使线段两边以大小相等方向相反的拉力 F 相互作用,这种拉力就是表面张力,力的方向与液面相切且与线段垂直,力的大小与线段的长度 L 成正比,即有

$$F = \alpha \cdot L \tag{4-23}$$

式中,比例系数 α 为该种液体的表面张力系数,单位是 $N \cdot m^{-1}$.

这里要特别说明的是,弹性膜的张力与液体表面的张力在本质上是不同的. 弹性膜张力随着膜面积的增大而增加,而液体表面张力却不受面积变化的影响,其原因是弹性膜分子间的距离随着膜面积的增大而增加,导致张力变大;而对液膜而言,虽然它的面积增大,但液面分子间的距离却因为其他液体分子的不断补充而维持不变,故液体表面张力不受影响.

表面张力系数 α 与液体的性质有关,对于不同的液体,其表面张力系数有很大的不同,通常容易蒸发、密度小的液体,其表面张力系数较小;而同一种液体的 α 值则随温度的升高而减小. 表 4-1 列出了一些液体的表面张力系数 α 的数值.

表 4-1 一些液体的表面张力系数(与空气接触)

液体	温度(℃)	$\alpha(N \cdot m^{-1})$	液体	温度(℃)	$\alpha(N \cdot m^{-1})$
水	0	0.0756	氯仿	20	0.0271
水	20	0.0728	苯	20	0.0288
水	100	0.0589	甘油	20	0.0634
乙醚	20	0.017	胆汁	20	0.048
肥皂液	20	0.025	血液	37	0.058
甲醇	20	0.0266	尿(正常人)	20	0.066
水银	20	0.436	尿(黄疸患者)	20	0.055

4.5.2 表面能

所有表面层的液体分子,都受到指向液体内部并且垂直于液面的分子引力的作用,这些分子引力会被一些靠得很近的分子的斥力所平衡,因而它们能够停留在液体表面层. 若要把液体内部的分子拉到表面层,就必须克服表面层下面分子对它的引力而做功,从而使被提升分子的势能增加. 这说明表面层的分子比液体内部分子具有更多的势能,我们把液体表面层分子比液体内部分子多出的势能总和,称为液体的**表面能**(surface energy). 如果液体的表面积增大,则液体内部的一些分子就要被拉到液体表面层,从而使液体表面层的能量增加. 而任何一个系统要处于稳定状态,就必须使其能量减少,所以表面层的分子只要有可能就要往液体内部移动,使液体表面积收缩到最小,这正是系统降低势能自动趋向稳定状态的宏观表现.

下面利用功能原理导出表面张力与液体表面能之间的关系. 图 4-6 所示为矩形金属框 $ABCD$,其中一边 BC 的长度为 L,可以自由滑动,金属框上面有一层液膜,由于表面张力的作用,液膜要收缩使 BC 向左移动. 为了使 BC 保持静止,就必须对它施加外力 F 拉着才能使之平衡.

假设在力 F 的作用下滑动边 BC 向右匀速移动一段距离 Δx,由于液膜有上下两个表面,因此作用于

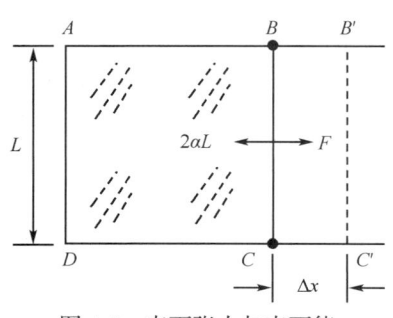

图 4-6 表面张力与表面能

BC 边使之平衡的外力为

$$F=2\alpha \cdot L$$

外力克服表面张力所做的功为

$$A=F\cdot \Delta x=2\alpha L\Delta x=\alpha \cdot \Delta S$$

式中，ΔS 为移动 BC 过程中增加的液膜表面积. 根据功能原理，在等温条件下，外力克服表面张力所做的功全部转化为液体表面能，所以表面能增量为

$$\Delta E=A=\alpha \cdot \Delta S$$

因此可得表面张力系数的另外一种定义式

$$\alpha = \frac{\Delta E}{\Delta S} \tag{4-24}$$

即表面张力系数 α 在数值上等于增加液体单位表面积时所获得的表面能增量.

4.5.3 表面活性物质

如果液体中掺入杂质，则液体的表面张力系数会发生改变. 例如，在水中加入少量肥皂液，会使表面张力系数大为减小. 有些溶质可使溶液的表面张力系数减小，有些则使其增大. 我们把能使液体表面张力系数减小的物质，称为该种液体的表面活性物质. 常见的水的表面活性物质包括肥皂、胆盐、蛋黄素、有机酸和酚醛等. 而能使液体的表面张力系数增大的物质，称为该种液体的表面非活性物质，食盐、糖类、淀粉等是水的表面非活性物质.

在溶剂中溶入表面活性物质后，表面活性物质容易聚集于液体的表面层. 这是因为溶质分子和溶剂分子之间的吸引力比溶剂分子之间的吸引力要小些，因此位于表面层中的溶剂分子受到指向液体内部的力比表面层中溶质分子对它的引力要大些，结果使更多的溶剂分子尽可能地挤进液体内部，使表面层中溶质分子的浓度增大，从而减少了液体的表面能，增加了系统的稳定性. 当然，由于扩散的影响，表面层中溶质分子浓度的增大有一定的限度. 由于表面活性物质尽可能集中在液体的表面层，因此会影响原来液体的表面性质，使其表面张力显著降低. 如果是把表面非活性物质加入溶剂中，情况则刚好相反，表面非活性物质会尽可能地离开表面层挤进液体内部，以减少表面能，结果使表面非活性物质在表面层的浓度小于液体内部.

由于表面活性物质总是自动聚集于液体表面层以减小溶液的表面势能，因此在特定条件下表面层可以完全由溶质组成，这种表面活性物质聚集在溶液的表面层并伸展成薄膜的现象，称为表面吸附. 例如，常见的水面上的油膜就是一种表面吸附现象. 固体和液体一样，表面能也有趋于最小的趋势. 由于固体的表面积是不能改变的，因此不能通过缩小固体的表面积来降低表面能，但是固体也可以像液体那样，在其表面吸附一层表面活性物质而达到降低表面能的目的，这种情况称为固体吸附. 许多物质的分子都能被固体表面吸附，而且固体表面对被吸附物质分子的引力非常大，例如，在玻璃表面上吸附的水蒸气分子，需在 400℃的真空中才能被完全除去. 对于单位体积的固体，其吸附能力与它的表面积成正比，而且吸附能力随着温度的升高而减小，对多孔状和粉状物质，由于其表面积大，因而吸附能力就比较强，如多孔活性炭和粉状白陶土都是非常好的吸附剂，在医学上常用于吸附胃肠道中的细菌、色素以及其他毒素等.

4.5.4 弯曲液面的附加压强

液体表面层就像一个拉紧的弹性膜,在小液滴、肥皂泡、水中的气泡、固体与液体接触的地方,液面都是弯曲的,常呈弯曲的球面. 有些液面为凹面,如水中的气泡、毛细管中的水面等;有些液面为凸面,如液滴表面、毛细管中的水银面等. 由于表面张力的存在,弯曲液面两侧的压强不相等,使液面内外存在压强差,该压强差 $p_S=p_内-p_外$ 称为**附加压强** (additional pressure).

在液体表面上取一小面积元 ds,如图 4-7 所示,则沿 ds 周围以外的液对 ds 的表面张力的方向与 ds 周界垂直,并沿 ds 周界与液面相切. 若是水平的液面,如图 4-7(a)所示,则表面张力 F 也是沿水平方向,沿 ds 周界作用于 ds 的表面张力刚好相互抵消,此时液面内外的压强相同,都等于液面上的外加压强 p_0. 若是弯曲的液面,如图 4-7(b)和(c)所示,则沿 ds 周界均匀作用的表面张力不再是沿水平方向. 对于图 4-7(b)凸液面的情况,表面张力的合力指向液体内部,ds 面积元紧压液体,使液体受到一个附加压强 p_S,这时液面内的压强大于液面外的压强,附加压强为正. 对于图 4-7(c)凹液面的情况,表面张力的合力指向液体外部,好像要把 ds 面积元拉出液面,这时液面内的压强小于液面外的压强,附加压强为负.

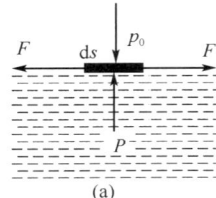 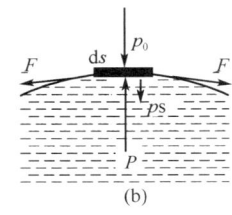 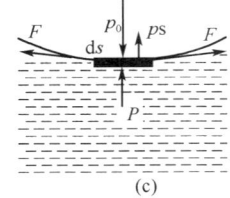

(a)　　　　　　　(b)　　　　　　　(c)

图 4-7　弯曲液面的附加压强

下面求解附加压强 p_S 的大小. 设液面为球形液面,如图 4-8 所示,取一小部分球面,其曲率半径为 R,球心为 O,ϕ 为球面所张的圆锥角,该球面的投影周界为一个圆,圆心为 O',半径为 r,投影面积为 $\Delta S=\pi r^2$. 取图中一小段周界弧 dl,则其所受的表面张力为 $dF=\alpha dl$.

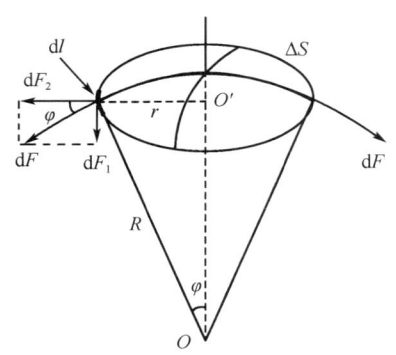

图 4-8　球形液面的附加压强

dF 可分解成平行于和垂直于轴线 OO' 的两个分量 dF_1 和 dF_2,它们的大小分别为

$$dF_1=dF\cdot\sin\phi=\alpha dl\cdot\sin\phi$$
$$dF_2=dF\cdot\cos\phi=\alpha dl\cdot\cos\phi$$

由于 dF_2 具有轴对称性,所以垂直于轴线 OO' 方向各个分力 dF_2 的合力为零. 而平行于轴线 OO' 方向的各分力 dF_1 方向相同,其合力大小为

$$F_1=\oint dF_1=\oint \alpha\sin\phi\cdot dl=\alpha\sin\varphi\oint dl=2\pi r\alpha\sin\phi$$

由图 4-8 可知 $r=R\sin\phi$,联立上式可得

$$F_1=\frac{2\pi\alpha r^2}{R}$$

上式除以投影面积 $\Delta S=\pi r^2$,可得球形液面下的附加压强 p_S 大小为

$$p_S=\frac{2\alpha}{R} \tag{4-25}$$

可见,球形液面下的附加压强与液体表面张力系数成正比,与液面曲率半径成反比.

对于一个球形液膜，如肥皂泡，如图 4-9 所示，由于内外有两个表面，因此图中 C 点压强 p_C 比 B 点压强 p_B 高 $2\alpha/R_1$，而 B 点压强又比 A 点压强 p_A 高 $2\alpha/R_2$，其中 R_1、R_2 分别为液膜内外表面的半径。因液膜很薄，所以内外表面的半径近似相等，即有 $R_1=R_2=R$，这时液膜内外的压强差为

$$p_S = \frac{4\alpha}{R} \tag{4-26}$$

p_S 即为球膜内的附加压强。可见，球形液膜的曲率半径越小，产生附加压强就越大，因而其内部的压强也越大，图 4-10 所示的实验非常直观地验证了这个结论。首先在连通器的两端分别吹出两个大小不同的肥皂泡，然后使两个泡连通，此时可看到大泡在逐渐增大，而小泡则越来越小。这说明小泡内的压强大于大泡内的压强，因此连通两泡后，在两边压强差的作用下，小泡内的气体就会不断地流向大泡。

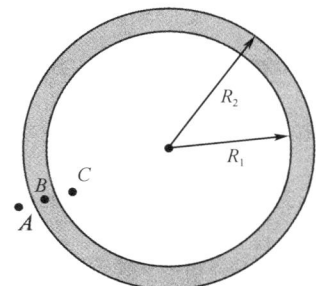

图 4-9 球形液膜的附加压强

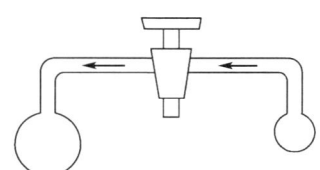

图 4-10 球膜内附加压强的验证

【例 4-3】 设水在沸腾时，有一直径为 0.02mm 的蒸气泡刚好在水面下，试求该气泡内的压强大小。

【解】 已知蒸气泡 $R=D/2=0.02\text{mm}/2=1\times10^{-5}\text{m}$，从表 4-1 可知，在 100℃时水的表面张力系数 $\alpha=0.0589\text{N}\cdot\text{m}^{-1}$，由式（4-25），可得泡内的附加压强为

$$p_S = \frac{2\alpha}{R} = \frac{2\times 0.0589}{1\times 10^{-5}}\text{Pa} = 1.2\times 10^4 \text{Pa}$$

汽泡内的压强 p 等于汽泡外的大气压强 $p_0=10^5\text{Pa}$ 与附加压强 p_S 之和，即

$$p=p_0+p_S=1.0\times 10^5\text{Pa}+1.2\times 10^4\text{Pa}=1.12\times 10^5\text{Pa}$$

4.5.5 润湿和不润湿

当液体和固体接触时，如水对清洁的玻璃，这时液体能够润湿固体；但如果水银对玻璃、水对石蜡等，则液体不能润湿固体。产生这种现象的原因是什么呢？这与液体分子之间相互吸引的内聚力小于或大于液体与固体分子之间相互吸引的附着力有关。

除液滴或气泡外，液面弯曲的常见原因是液面与固体接触所引起。在液固接触处考虑一厚度等于分子引力有效作用距离的液体薄层（取固液分子间和液液分子间有效作用距离较大者为准），则该液体薄层称为附着层。附着层内液体分子同时受固体分子和液体分子的作用，液、固分子间的相互吸引力称为附着力，液体分子间的相互吸引力称为内聚力。当附着力大于内聚力时，如图 4-11(a) 所示，附着层内的液体分子受到的合力 F 指向固体，故液体分子在附着层内的势能比内部分子的势能低，使液体内部的分子要尽量挤入附着层，附着层有扩展的趋势，与固体接触处的液面沿着固体表面向上延伸，形成弯曲液面，

这种现象称为液体润湿固体. 在接触界面处, 分别作液体表面的切线和固体表面的切线, 则这两切线通过液体内部所夹的角度 θ 称为**接触角**(contact angle). 液体润湿固体时, 接触角 θ 为锐角, 附着力越大, θ 角越小, 当 θ=0° 时, 液体完全润湿固体. 图 4-11(b) 是内聚力大于附着力的情况, 与固体接触处的液体分子受到一个指向液体的合力, 使接触界面有尽量缩小的趋势, 这时液体不润湿固体, 接触角 θ 为钝角, 在 θ=180° 时, 液体完全不润湿固体. 通常接触角 θ 只与液体和固体本身的性质以及固体表面的光洁度有关, 而与容器大小或管子半径无关. 例如, 水或酒精与清洁玻璃的接触角均为 θ=0°; 水银与玻璃的接触角为 θ=138°, 可见水银不润湿玻璃, 但水银能润湿干净的铜、铁等金属.

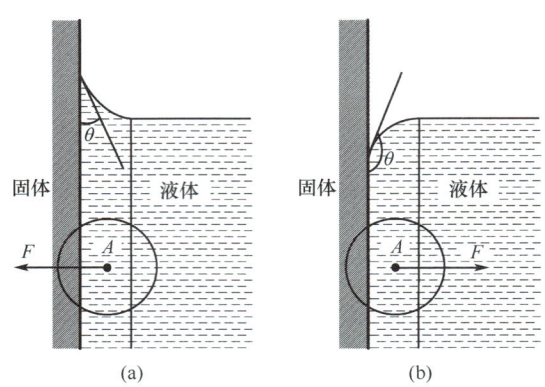

图 4-11 附着层中分子所受的力和接触角

4.5.6 毛细现象 气体栓塞

1. 毛细现象

内径很小的管子称为毛细管. 将两端开口的毛细管插入液体中, 如果液体润湿管壁, 则管内液面会上升, 若液体不润湿管壁, 则管内液面会下降, 这种现象称为**毛细现象**(capillarity).

毛细现象取决于液体表面张力和接触角. 根据弯曲液面附加压强和接触角大小, 可算出液体在毛细管内上升或下降的高度. 如图 4-12 所示, 设毛细管管径很小, 插入液体中时, 管内液面可看成球面一部分, 且液面呈凹形, 则液面内的附加压强为负. 假定接触角为 θ, 管内半径为 r, 液面曲率半径为 R, 由图 4-12 可知 r=Rcosθ, 由式(4-25)得附加压强为

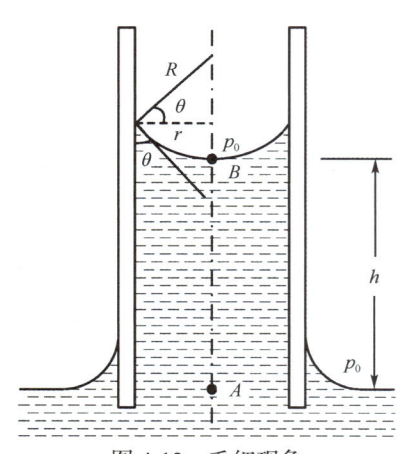

图 4-12 毛细现象

$$p_S = \frac{2\alpha}{R} = \frac{2\alpha \cdot \cos\theta}{r}$$

该压强差使管内液面上升, 当管内液柱的静压强 ρgh 等于附加压强 p_S 时, 管内液体达到稳定, 这时有

$$\rho g h = \frac{2\alpha \cos\theta}{r}$$

式中, ρ 为液体密度, g 为重力加速度, h 为稳定时管内外液面的高度差, 故可得

$$h = \frac{2\alpha}{\rho g r}\cos\theta \tag{4-27}$$

由式(4-27)可见,接触角决定了毛细管中的液面是上升还是下降,当θ为锐角时,液面上升;当θ为钝角时,液面下降. 液面上升或下降的高度与液体表面张力系数成正比,与毛细管内半径成反比. 故应用此式可测定液体的表面张力系数.

在日常生活中会经常遇到毛细现象,如棉花或棉布吸水,土壤提取地下的水分,植物吸收和运输水分,血液在毛细血管中的流动,吸管采血等,这些都与毛细现象密切相关.

【例 4-4】 设两根玻璃管竖直插入水中,两管中的水面高度差为 2.0cm,若一管的直径为 1.0mm,另一管的直径为 3.0mm,而且水与玻璃的接触角为零,试求水的表面张力系数.

【解】 设水的密度为ρ,表面张力系数为α,一管的半径为r_1,另一管的半径为r_2,由式(4-27)可得两管液面的高度分别为

$$h_1 = \frac{2\alpha}{\rho g r_1}\cos\theta, \quad h_2 = \frac{2\alpha}{\rho g r_2}\cos\theta$$

所以可得

$$\Delta h = h_1 - h_2 = \frac{2\alpha\cos\theta}{\rho g}\left(\frac{1}{r_1} - \frac{1}{r_2}\right), \quad \alpha = \frac{\Delta h \rho g}{2\cos\theta\left(\frac{1}{r_1} - \frac{1}{r_2}\right)}$$

由于$\theta=0°$,即$\cos\theta=1$;$\Delta h=2.0\times10^{-2}$m,$r_1=1\text{mm}/2=0.5\times10^{-3}$m,$r_2=3\text{mm}/2=1.5\times10^{-3}$m,$\rho=1.0\times10^3$kg·m^{-3},代入上式可得

$$\alpha = \frac{2\times10^{-2}\times10^3\times9.8}{2\times\left(\frac{1}{0.5\times10^{-3}} - \frac{1}{1.5\times10^{-3}}\right)}\text{N·m}^{-1} = 7.35\times10^{-2}\text{N·m}^{-1}$$

2. 气体栓塞

当润湿固体的液体在细管中流动时,如果管内出现气泡,那么液体的流动将受到阻碍,气泡多时会造成堵塞,这种现象称为**气体栓塞**(air embolism). 气体栓塞可用液体中弯曲液面产生的附加压强来解释. 如图 4-13(a)所示,设细管中有一气泡,若左右两侧压强相同,则气泡两侧的曲率半径也相同,产生的附加压强大小相等方向相反,此时液体不流动. 若在气泡左侧增加压强Δp,如图 4-13(b)所示,这时气泡左端的曲率半径变大,右端的曲率半径变小,因而左侧弯曲液面的附加压强$p_{左}$小于右边的附加压强$p_{右}$,亦即$p_{左}<p_{右}$,若气泡左侧的Δp 小于或等于$p_{左}$与$p_{右}$的差值,则气泡仍处于平衡状态,管中液体不会向右移动. 只有当气泡两端的压强差Δp 超过某一临界值时,气泡才会移动,该临界值用δ表示. 若管中有多个气泡,则只有当$\Delta p \geq n\delta$时,液体才带着气泡移动,如图 4-13(c)所示.

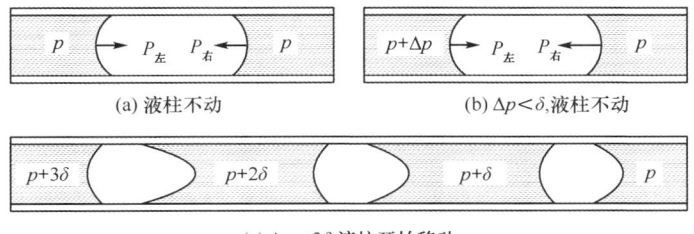

图 4-13 气体栓塞

在临床上，输液时要经常注意防止输液管路中出现气泡，一旦出现就要及时排除. 例如，在静脉注射时，应特别注意注射器中不能留有气泡，以避免在微血管中发生气体栓塞. 此外，人体的血液中会溶有一定量的气体，其溶解量与压强成正比. 如果人体从高压环境改变到低压环境，例如，潜水员从深海处上升到海面上时，患者和医务人员从高压氧舱中出来时，都应该有适当的缓冲时间，不然在高压时溶于血液中的过量气体，会因为压强的突然降低而迅速释放出来，形成气泡. 如果微血管内血液中析出的气泡过多，就容易造成气体栓塞而造成生命危险.

小　　结

本章从分子动理论的基本概念出发，提出了理想气体的宏观描述和微观模型，运用统计平均的分析方法给出了压强、温度等宏观量与分子运动的微观量之间的关系，从而揭示了气体的压强、温度和内能等宏观量的微观本质，气体分子能量按自由度均分原理，揭示了气体的内能与温度和自由度之间的关系. 麦克斯韦速率分布律揭示了理想气体分子按速率分布的统计规律，并推导出分子的三种统计速率，即最概然速率、平均速率和方均根速率. 玻尔兹曼能量分布律则导出了气体分子在重力场中按高度的分布规律. 从分子动理论的观点分析了气体内输运过程的宏观规律和微观解释. 从液体表面张力、表面能的概念出发阐述了液体的表面现象，包括润湿、不润湿和毛细现象，推导出弯曲液面的附加压强以及毛细管中液面上升的高度计算式，分析了气体栓塞的成因及后果.

阅读材料

肺泡的物理性质

肺泡是呼吸时氧气和二氧化碳交换的场所，人体的肺由大小不同的肺泡组成，总数有3亿～4亿个，半径约为 0.5×10^{-4}m. 肺泡模型图如本章首页所示，泡内壁覆盖着一层黏性液体，肺泡物理性质与小液泡类似，其组织的表面张力系数约为 $0.05\text{N}\cdot\text{m}^{-1}$. 如果忽略肺泡壁组织的张力，则肺泡的附加压强约为

$$p_s = \frac{2\alpha}{R} = \frac{2\times0.05}{0.5\times10^{-4}} = 2000(\text{Pa})$$

由此可见，肺泡内的压强比肺泡外的胸腔内压大约高2000Pa. 另外，实验证明人体在吸气时，肺泡内压必须比大气压低400Pa，也就是说肺泡要能正常吸气，其胸腔内压应比大气压低 2000+400=2400(Pa). 然而实际上胸腔内压通常仅比大气压低 670Pa 左右. 所以按上述计算结果，肺泡内的压强比大气压高，无法进行正常的吸气.

但是，上述情况是不会发生的，肺泡通过降低其内壁液层的表面张力系数，从而使呼吸能够正常进行. 因肺泡内壁能分泌出一种磷脂类的表面活性物质，使肺泡内液的表面张力系数降低，这样肺泡内的附加压强实际上不到上述计算值的七分之一. 该表面活性物质还有另外一个重要作用，就是维持大小不同的肺泡容量的稳定性，使肺泡回缩的趋势不会由于肺泡的大小不同而有显著性差异. 吸气时，肺泡扩张，由于肺泡壁表面活性物质的量是不变的，故此时泡内单位面积的表面活性物质相对减小，泡内液体表面张力系数与附加压强相对增大，便于吸气终止时进行排气. 呼气时，肺泡缩小，此时泡内单位面积的表面活性物质相对增大，泡内液体表面张力系数与附加压强相对减小，使呼气终止时便于顺利地吸气. 所以，大小肺泡内的气压基本维持相对稳定，大小肺泡的容量也基本维持相对稳定，大肺泡不会膨胀，而小肺泡也不会萎缩掉.

母亲怀孕时体内胎儿的肺泡是萎缩的,且为黏液所覆盖.临产时,肺泡壁虽然能分泌表面活性物质,使黏液的表面张力系数降低,但新生儿仍然需要大声的啼哭以增大胸腔内的负压,从而克服肺泡的表面张力,撑开为数众多萎缩的肺泡,进行第一次呼吸而获得新生.

思 考 题

4-1 气体的热平衡状态时有什么特征?平衡态时可用哪些态参量描述气体的宏观状态?

4-2 理想气体压强公式推导过程中,哪些地方用到了理想气体的微观模型?哪些地方用到了统计假设?压强的微观本质是什么?

4-3 气体分子的三种统计速率与气体分子本身的性质和气体的温度有什么关系?

4-4 单、双、多原子分子气体的内能有什么不同?

4-5 什么是道尔顿分压定律?

4-6 能量按自由度均分原理中的能量,指的是动能、势能还是机械能?

4-7 设盛有某种理想气体的容器漏气,结果使气体的压强、分子数密度均减为原来的一半,那么气体的内能及气体分子的平均动能是否改变?为什么?

4-8 液体的表面张力是怎样产生的?

4-9 假设让肥皂泡内的气体与大气相通,会发生什么现象?解释其原因.

4-10 要使竖直插入液体中的毛细管内的液面高度上升,可采用哪几种措施?

4-11 如何避免在人体血液循环系统中发生气体栓塞现象?

习 题

4-1 设贮气筒容积为 20L,内有 128g 氧气,如果贮气筒的温度为 27℃,则筒内氧气的压强为多少个大气压?分子数密度又是多少?

4-2 设某一氧气瓶的容积为 35L,瓶内氧气压强为 $1.5×10^7$Pa,在给患者输氧气一段时间以后,瓶内氧气压强降为 $1.2×10^7$Pa,假定温度为 20℃,试求这段时间内用掉的氧气质量是多少?

4-3 设湖面下 50m 深处有一体积为 $10cm^3$ 的气泡,其温度为 4℃,如果湖面的温度为 17℃,试求此气泡上升到湖面时的体积大小.

4-4 设某容器内贮有的气体压强为 1.33Pa,温度为 27℃,试问容器内单位体积气体的分子数有多少?所有这些分子的总平均平动能是多少?

4-5 设 2g 氢气装在 20L 的容器内,若容器内氢气的压强为 $3.996×10^3$Pa,问氢气分子的平均平动能是多少?

4-6 假设在 0℃和压强为 $1.114×10^4$Pa 时,某一气体的密度为 $1.0×10^{-5}$g·cm^{-3},求此种气体的分子量,并判断它是什么气体.

4-7 试求氧气在 17℃时的最概然速率、平均速率和方均根速率.

4-8 在温度为 27℃时,试求 1g 氢气、氮气的内能各为多少?

4-9 设某气体的温度为 27℃,压强为 1.5atm,试求 2L 该气体中有多少个分子?

4-10 试求在什么高度上的大气压强是地面的 75%?(设空气的温度 $t=0$℃,$M=28.9$kg·mol^{-1}).

4-11 设在某一高海拔处的温度为 $t=-10$℃,氧分压为 $5.3×10^3$Pa,试求该处的海拔高度是多少?(提示:先求标准状态下的氧分压)

4-12 若从内径为 1.35mm 的滴管中滴下 100 滴的液体，其质量为 3.14g，试求该液体的表面张力系数（假定液滴断开处的直径等于管的内径）.

4-13 假定形成一个半径为 5cm 的球形肥皂泡膜，需要的压强是 $32×10^{-3}$Pa，试求该皂液的表面张力系数.

4-14 假定液体内部 A 处的压强 $p=1.1×10^5$N·m^{-2}，该液体的表面张力系数为 $6×10^{-2}$N·m^{-1}，若在 A 处产生直径为 $1.0×10^{-2}$mm 的气泡，试问气泡中的压强为多少 mmHg？

4-15 设肺部胸腔负压为 5.3mmHg，某一肺泡充气时的半径为 0.08mm，要使此肺泡内压低于大气压 3mmHg，问肺泡黏液层的表面张力系数应小于多少？

4-16 假定用一半径为 0.2mm 的毛细管采血时，若接触角为零，试求血液在该毛细管中上升的高度是多少？（血液的密度=1.05g·cm^{-3}）

4-17 设两个内径不同的毛细管插入水中时，两管中的液面高度差为 2.6cm，若两管插入酒精中时，则液面高度差只有 1cm，如果已知水的表面张力系数为 0.073N·m^{-1}，酒精的密度为 0.79g·cm^{-3}，试求酒精的表面张力系数.

习 题 答 案

4-1　4.94atm；$1.2×10^{24}$m^{-3}

4-2　1.38kg

4-3　61.8cm^3

4-4　$3.21×10^{20}$m^{-3}；1.99J

4-5　$1.99×10^{-22}$J

4-6　分子量为 2；是氢气

4-7　387m·s^{-1}；439m·s^{-1}；475m·s^{-1}

4-8　1870J；133.5J

4-9　$7.34×10^{22}$ 个

4-10　$h≈2300μ$

4-11　$h≈9640μ$

4-12　0.0726N·m^{-1}

4-13　$4×10^{-4}$N·m^{-1}

4-14　$1.34×10^5$Pa=1008mmHg

4-15　0.0122N·m^{-1}

4-16　5.64cm

4-17　0.022N·m^{-1}

第 5 章 热力学基础

熵是热力学的基本概念，熵的概念与理论可在外引入信息论中，用来量度系统存在的不确定性，近年来，熵的概念与理论也可用在外科手术麻醉深度监测中.

临床手术的术前全麻过程中，麻醉药是通过大脑神经系统发挥作用. 然而过去只能凭借心血管和呼吸系统参数进行麻醉深度评估，近年来脑电图在监测麻醉过程中药效和镇静深度中的作用引起人们的广泛关注. 脑神经系统及其对应的脑电系统的不确定性可用熵来量度. 因此，熵可以用来分析大脑皮质电活动并称为脑电动力熵.

在临床外科手术麻醉深度监测中，可将患者的脑电信号浓缩为一个简单的参数，以便进行直观的分析. 通过脑电动力熵中的近似熵、频谱熵等参数，能完整反映麻醉诱导、维持以及苏醒的过程，防止因麻醉过浅导致患者术中知晓或麻醉过深造成苏醒延迟. 熵是一个新兴的麻醉深度监测方法，具有广阔的发展前途.

如图所示的影像资料为熵的概念与理论应用在临床麻醉深度监测中. 而熵是热力学中的一个状态函数，要对其了解，就要学习热力学. **热力学**(thermodynamics)研究热运动的规律及热运动对物质宏观性质的影响，经典热力学的研究方法基于主要由热力学第一定律和热力学第二定律构成的实验规律，再加上用数学方法实现的逻辑推理. 热力学第一定律是能量守恒与转换定律在热力学领域的特有形式，热力学第二定律则说明能量守恒过程进行的方向性和条件. 经典热力学宏观研究方法的可靠性与普遍性，使其特别适用于对复杂生命系统的分析，医学与生命科学中对人体能量交换的研究，就是它的典型应用之一.

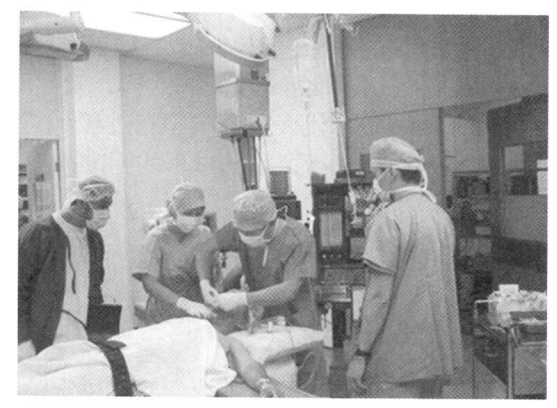

5.1 热力学基本概念

5.1.1 热力学系统

热力学中的被研究对象为**热力学系统**(thermodynamic system)，简称系统.系统外能够影响该系统的物体集合称为系统的外界或环境(surroundings). 从系统与其所在的环境之间进行能量交换和物质交换的态势来看，既无能量交换亦无物资交换的系统被称为**孤立系统**(isolated system)；仅有能量交换并无物资交换的系统被称为**封闭系统**(closed system)；既有能量交换又有物资交换的系统则被称为**开放系统**(open system). 显然，孤立系统只是一种理想模型，系统完全不受外界影响是不可能的. 医学与生命科学中研究的生物体系统显然为开放系统，它需要不断地与其所在的环境交换物质和能量.

5.1.2 准静态过程

当系统由一个状态转变到另一个状态，它就经历了一个**过程**(thermodynamic process). 如果过程进行得非常缓慢，使得系统在过程中所经历的每一个状态都可以被看成是平衡状态，这就是一个**准静态过程**(quasi-static process). 何为平衡状态？一个处于平衡状态的热力学系统可用一组状态参量加以描述，而任何完全能由状态参量所确定的函数则为系统的状态函数，它在经历一个过程时，其值的变化仅取决于该过程的起始状态和终了状态，而与该过程所经路径无关. 以理想气体为例，其状态参量 p、V、T 所确定的方程 $pV=MRT/\mu$ 就是一个状态函数. 对一定量处于平衡状态的理想气体，当给定其状态参量 p、V、T 中两个的值，可确定第三个的值时，就对应一个平衡态. 分别以 p、V 为纵坐标和横坐标构成的 p-V 图，就是理想气体状态图，图中任何一点表示系统的一个平衡态，状态图中一条曲线表示系统经历的一个准静态过程，如图 5-1 所示. 非平衡状态无均匀确定的参量而不能用图形表示.

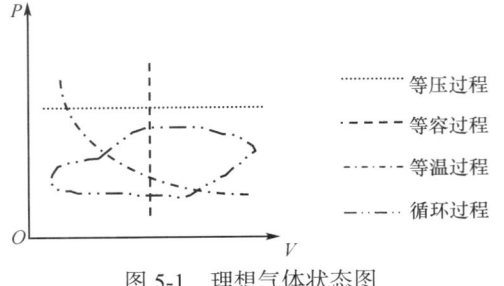

图 5-1 理想气体状态图

（等压过程、等容过程、等温过程、循环过程）

无论一个孤立系统的初态如何，经过一段时间后，都会由于系统的温度、压强等参量实现均匀一致而达到热力学平衡状态. 由于实现平衡需要时间，准静态过程在实际中是一种不可能做到的理想过程. 但是，如果过程进行得非常缓慢，乃至于其状态变化速率趋于零，则该过程趋于准静态过程. 这样，就可用理想的准静态过程近似代表实际过程. 图 5-2 中的四条曲线各自代表一个准静态过程. 在本书讨论的范围内，若无特别说明，所讨论的状态均指平衡态，所讨论的过程均指准静态过程.

5.2 热力学第一定律

5.2.1 内能、功、热量

热力学系统具有的由其热学状态决定的能量，称为系统的**内能**(internal energy). 实验表明，对于任一给定系统，当其由图 5-2 所示的状态 B 转变为状态 C 的过程中，无论沿着过程 1、过程 2、过程 3 等三个过程中的哪个过程，系统内能的变化都是相等的. 具有类似力学中重力做功与路径无关的特性，它的改变只决定于初、末两个状态，而与所经历的中间过程无关. 可以通过对系统做功或传递热量(heat)改变系统所处的状态，从而也就改变了系统的内能.

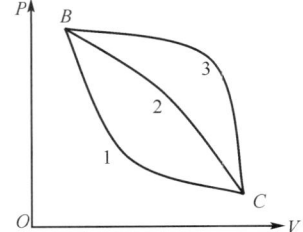

图 5-2 系统内能的改变只决定于初、末两个状态，而与所经历的中间过程无关

当系统和外界通过做功的方式传递能量时，做功是改变系统内能的一个途径，我们可以把除了热的形式以外的各种传递能量的形式都归结为做功. 外力对系统做功，可使系统的内能增加，系统对外界做功，可使系统的内能降低. 做功是通过广义力(机械力、电力、磁力等)作用于系统而产生广义位移来实现的，其作用之一是将施力物体的有规则运动转

化为系统内部的无规则运动. 实验表明, 功不仅与初、末状态有关, 而且与过程有关.

系统还可以通过传递热量的方式与外界交换能量, 传热也是改变系统内能的一个途径. 当把热量传递给系统, 系统的内能将增大; 当系统释放出热量, 系统的内能将减小. 传热是通过分子之间的相互作用, 来完成系统外物体中的分子无规则运动与系统内分子无规则运动之间的转换. 实验表明, 系统从一个状态变化到另一个状态所获得的或释放的热量不仅决定于初、末状态, 而且与经历的过程有关.

一个系统可以通过做功来改变其内能, 也可以通过传递热量来改变其内能, 一般情况下是通过既做功又传递热量来改变其内能的.

传热和做功都是改变系统内能的途径, 也都是系统内能变化的量度, 二者通过热功当量的 1 热化学卡等于 4.1840 焦耳可实现"等量", 却因改变系统内能途径的本质不同而不能"齐观". 传热和做功不仅取决于初、末状态, 而且与经历的过程有关, 即反映了过程的特征, 功和热量均非状态函数. 内能的改变则仅决定于初、末两个状态, 而与所经历的中间过程无关. 因此, 内能、功、热量三个物理量之间既有密切联系, 又有严格区别.

5.2.2 热力学第一定律

假设给定的系统在某一过程中从外界吸热 Q, 对外界做功 A, 系统内能从初态 U_1 变为末态 U_2, 则根据能量守恒定律, 下面的关系必定成立:

$$Q = U_2 - U_1 + A \tag{5-1}$$

式 (5-1) 表明, 在任何过程中, 系统对外界吸取的热量 Q, 部分用于实现系统内能的改变 ΔU (U_2 与 U_1 之差), 部分用于实现系统对外做功 A, 这个关系称为热力学第一定律 (first law of thermodynamics), 式中各个物理量的单位均用焦耳. 我们约定: 系统从外界获得热量, Q 为正值, 若向外界释放热量, Q 为负值; 系统内能增大, ΔU 为正值, 反之 ΔU 为负值; 外界对系统做功, A 为正值, 系统对外界做功, A 为负值. 对于孤立的热力学系统, 式 (5-1) 中的 ΔU 为零, 这意味着各物体之间的能量传递和各种形式之间的能量转化仅能在系统内部进行, 且能量总和不变.

若系统状态发生微小变化, 伴随着系统内能改变量为 dU, 系统从外界吸收微量热量 dQ, 并且外界对系统做元功 dA, 这时热力学第一定律可用下面的形式表示:

$$dQ = dU + dA \tag{5-2}$$

热力学第一定律是能量守恒定律在研究热现象宏观过程领域的表现形式, 是在长期生产实践和大量科学实验的基础上总结出来的, 适用于自然界中在平衡态之间进行的一切过程. 历史上曾有不少人幻想制造一种不需要消耗任何形式的能量而可以持续对外界做功的机械, 被称为第一类永动机. 显然, 第一类永动机是违背热力学第一定律而不可能实现的. 因此, 热力学第一定律也可以表述为, 第一类永动机不可能实现.

下面我们分析一个气体系统做功的情形. 设有一个盛有一定量气体的柱状容器, 容器内装有一个可以自由移动的活塞, 其截面积为 S, 如图 5-3 所示. 最初系统处于平衡状态 $B(p_1, V_1)$, 活塞在虚线位置, 由于气体膨胀, 状态发生变化, 活塞在 F 作用下移到实线位置, 系统达到了一个新的平衡态 $C(p_2, V_2)$. 活塞移动一微小距离 dl 时, 外界对系统做的元功为

$$dA = \boldsymbol{F} \cdot d\boldsymbol{l} = p \cdot S \cdot d\boldsymbol{l} = p \cdot dV \tag{5-3}$$

系统从状态 B 变化到状态 C, 气体膨胀使得 $dV>0$, $dA>0$, 系统对外做功 (气体被压缩时, $dV<0$, $dA<0$, 外界对系统做功) 总量为

$$A = \int dA = \int_{V_1}^{V_2} p dV \tag{5-4}$$

由图 5-4 可以看出，系统由状态 B 到达状态 C，若经历实线所示的过程，所做的功为 V_1 与 V_2 之间实线下所围面积；若经历虚线所示的过程，所做的功为 V_1 与 V_2 之间虚线下所围面积.显然在这两个过程中系统所做的功是不同的.这说明功不仅与初、末状态有关，而且与过程有关.

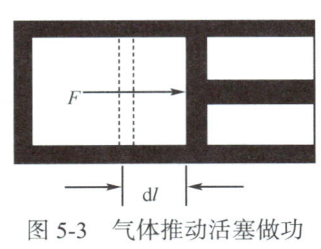

图 5-3 气体推动活塞做功

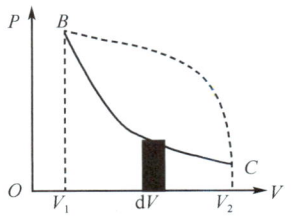

图 5-4 系统准静态过程做功

5.3 热力学第一定律的应用

5.3.1 等容过程

等容过程(isochoric process)中系统的体积始终保持不变.对给定气缸中气体加热的同时，通过固定活塞位置迫使气体升温增压，就形成等容过程.

显然，等容过程中 dV 为零，气体对外做功 A 亦为零，系统从外界吸收的热量全部用来增加自身内能；若系统在等容过程中降温放热，其所放出的热量等于系统内能的减少.因此，在等容过程下，描述热力学第一定律的式(5-1)变为

$$Q = \Delta U \tag{5-5}$$

物体在某一过程中温度升高 1K 所吸收的热量叫做物体在该过程中的热容量，记作

$$C = \frac{dQ}{dT} \tag{5-6}$$

单位：$J \cdot K^{-1}$.设容器中气体质量为 M，摩尔质量为 μ，摩尔数 $n=M/\mu$，则 1mol 气体的等容摩尔热容为 $C_V=(dQ/dT)_V$，单位：$J \cdot mol^{-1} \cdot K^{-1}$.在理想气体准静态等容过程中，由式(5-2) $dQ=dU+dA=dU$，因此 $C_V=dQ/dT=dU/dT$，温度升高 dT 气体吸收的热量为

$$dQ = dU = \frac{M}{\mu} C_V dT = nC_V dT \tag{5-7}$$

对于 1mol 理想气体，由式(5-7)可得 $C_V=iR/2$，其中的 i 为气体分子自由度.理想气体的等容过程在 p-V 图上表示为与 V 轴垂直的直线段，如图 5-1 所示.应该注意的是，C_V 是与温度有关的量，式(5-7)只在一定的温度范围内成立.

5.3.2 等压过程

等压过程(isobaric process)中系统的压强始终保持不变.对给定气缸中的活塞施加一定的压力，通过活塞的移动迫使气体缓慢升温，气体受热后压强增加，又推动活塞外移而使气体体积膨胀而压强下降，从而使气体压强与外界所加压强基本平衡且保持不变，在此条件下的气体吸热膨胀及受压放热的过程，就形成等压过程，这时的系统对外做功是

$$A = \int_{V_1}^{V_2} p\mathrm{d}V = p(V_2 - V_1) = pV_2 - pV_1$$

式(5-1)的热力学第一定律则可写为

$$\begin{aligned} Q &= U_2 - U_1 + pV_2 - pV_1 \\ &= (U_2 + pV_2) - (U_1 + pV_1) \\ &= H_2 - H_1 \end{aligned} \tag{5-8}$$

也可表示为

$$Q = H_2 - H_1 = \Delta H \tag{5-9}$$

其中，$H = U + pV$ 是一个称为焓(enthalpy)的状态函数. 由式(5-8)和式(5-9)可见，系统在等压过程中吸收的热量，一部分用来增加自身内能，其余部分用于对外做功. 也可以说，系统在等压过程中吸收的热量全部转换为焓的增量，因此气体的焓总是大于它的内能.

设容器中气体质量为 M，摩尔质量为 μ，在理想气体准静态等压过程中，1mol气体的等压摩尔热容记为 C_p，则温度升高 $\mathrm{d}T$ 气体吸收的热量为

$$\mathrm{d}Q = \frac{M}{\mu} C_p \mathrm{d}T = nC_p \mathrm{d}T \tag{5-10}$$

由式(5-9)中状态函数焓的含义，还可有

$$\mathrm{d}Q = \mathrm{d}H = nC_p \mathrm{d}T \tag{5-11}$$

对于理想气体，由于 $pV = \frac{M}{\mu} RT = nRT$，则有

$$H = U + pV = nC_V + nRT = n(C_V + R)T \tag{5-12}$$

显然

$$\Delta H = n(C_V + R)\Delta T$$

由式(5-9)也有

$$\Delta H = nC_p \Delta T$$

所以有

$$C_p = C_V + R \tag{5-13}$$

被称为迈耶公式(Mayer equation)的式(5-13)表明，理想气体的等压摩尔热熔 C_p 是等容摩尔热熔 C_V 与普适气体常量 R 之和. 原因是，等压条件下温度升高 1K 时，1mol气体除增加内能外，还要多消耗约 8.31J 的热量用以转变为因体积膨胀对外所做的功. 理想气体的等压过程在 p-V 图上表示为与 p 轴垂直的直线段，如图 5-1 所示. C_V 与 C_p 还与气体分子的自由度 i 有关. 表 5-1 是几种气体的 i、C_V、C_p 及 γ 值. 令 $\gamma = C_p/C_V$，就是称为热熔比的热力学中的常用量.

表 5-1 几种气体的自由度、热容量及 γ 值

气体	自由度	$C_V(\mathrm{J \cdot mol^{-1} \cdot K^{-1}})$	$C_V(\mathrm{J \cdot mol^{-1} \cdot K^{-1}})$	$\gamma = C_p/C_V$
单原子分子	3	$\frac{3}{2}R \approx 12.5$	$\frac{5}{2}R \approx 20.8$	$\frac{5}{3} = 1.67$
刚性双原子分子	5	$\frac{5}{2}R \approx 20.8$	$\frac{7}{2}R \approx 29.1$	$\frac{7}{5} = 1.4$
刚性多原子分子	8	$3R \approx 24.9$	$4R \approx 33.3$	$\frac{4}{3} = 1.33$

【例 5-1】 1mol 单原子理想气体，从 300K 加热到 350K. 试求在等容过程和等压过程中各吸收多少热量？内能各增加多少？对外做了多少功？

【解】 在等容过程中：对外做功 $A=0$，吸收的热量即内能增量，根据式(5-7)，吸收的热量为

$$Q = \frac{M}{\mu} C_V \Delta T = 1 \times \frac{3}{2} R \times 50 \approx 625 \text{ (J)}$$

在等压过程中：根据式(5-10)，吸收的热量为

$$Q = \frac{M}{\mu} C_p \Delta T = 1 \times \frac{5}{2} R \times 50 \approx 1040 \text{ (J)}$$

根据式(5-12)，内能增量为

$$\Delta U = \frac{M}{\mu} C_V \Delta T = 1 \times \frac{3}{2} R \times 50 \approx 625 \text{ (J)}$$

根据式(5-1)，对外做功为

$$A = Q - \Delta U = 1040 - 625 = 415 \text{ (J)}$$

5.3.3 等温过程

等温过程(isothermal process)中系统的温度始终保持不变. 使给定气缸与恒温热源发生良好热接触，或将其置于恒温设施中，保持气缸系统的温度不变而其他状态参量可以变化，在此条件下就可实现等温过程. 由于理想气体的内能只决定于温度，所以其内能在等温过程中也保持不变，所吸收的热量全部用于对外界做功，此时的热力学第一定律可表示为

$$Q = A \tag{5-14}$$

对于理想气体来说，等温膨胀时从外界吸收的热量全转换为对外做功；等温压缩时外界对系统做的功全转换为对外传热. 理想气体物态方程变为

$$pV = \frac{M}{\mu} RT = 常数$$

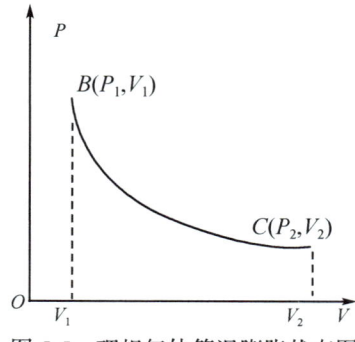

图 5-5 理想气体等温膨胀状态图

其相应的 p-V 图由图 5-3 重画为图 5-5. 理想气体由图中状态 B 转变到状态 C 的过程中系统对外做功

$$A = \int_{V_1}^{V_2} p dV = \frac{M}{\mu} RT \int_{V_1}^{V_2} \frac{dV}{V} = \frac{M}{\mu} RT \ln \frac{V_2}{V_1} \tag{5-15}$$

其中，T 是系统温度. 显然，$V_2 > V_1$ 时为等温膨胀，$A > 0$，系统对外做正功；$V_2 < V_1$ 时为等温压缩，$A < 0$，系统对外做负功，也就是外界对系统做功. 功的值为图 5-5 中曲线下面积. 由于在等温状态下 $p_1 V_1 = p_2 V_2$，式(5-15)也可表示为

$$A = \frac{M}{\mu} RT \ln \frac{p_1}{p_2} \tag{5-16}$$

5.3.4 绝热过程

绝热过程(adiabatic process)中系统与外界始终没有热量交换. 对给定盛有理想气体的汽缸，使其周壁以良好的绝热材料与外界隔绝，汽缸内发生的过程则可视为绝热过程. 这时

的 $Q=0$，若系统对外界做功，必然以降低自身的内能为代价；若外界对系统做功，必然使系统的内能增加，式(5-1)变为

$$\Delta U = -A \tag{5-17}$$

气体内能的改变仅与温度变化有关而与过程无关，由式(5-7)与(5-17)比较，有

$$\Delta U = \frac{M}{\mu} C_V \Delta T = nC_V \Delta T$$

$$-A = nC_V \Delta T$$

亦可为

$$-p\mathrm{d}V = nC_V \mathrm{d}T \tag{5-18}$$

在图 5-6 中气体由状态 B 绝热地转变为状态 C，将式(5-18)应用于此过程，得到气体对外做功为

$$A = -nC_V(T_2 - T_1) = nC_V T_1\left(1 - \frac{T_2}{T_1}\right) \tag{5-19}$$

绝热过程中压强与体积之间有何关系？对理想气体状态方程 $pV=nRT$ 等式两边取微分

$$p\mathrm{d}V + V\mathrm{d}p = nR\mathrm{d}T \tag{5-20}$$

联立式(5-18)与式(5-20)以消去 $\mathrm{d}T$ 后，有

$$(C_V + R)p\mathrm{d}V = -C_V V\mathrm{d}p$$

根据式(5-13)并考虑到 $\gamma = C_p/C_V$，可将上式改写为

$$\frac{\mathrm{d}p}{p} = -\gamma \frac{\mathrm{d}V}{V}$$

对其积分得

$$\ln p + \gamma \ln V = 常量$$

亦即

$$pV^\gamma = 常量 \tag{5-21}$$

式(5-21)就是理想气体在绝热过程中压强与体积的关系，亦称为泊松公式(Poisson equation)．在 p-V 图上根据泊松公式描绘出绝热过程的对应曲线，称为绝热线，如图 5-6 所示，泊松公式就是绝热线方程．

根据泊松公式和理想气体状态方程，可以分别得到绝热过程中体积 V 与温度 T、压强 p 与温度 T 的关系如下

$$TV^{\gamma-1} = 常量 \tag{5-22}$$

$$p^{\gamma-1}T^{-\gamma} = 常量 \tag{5-23}$$

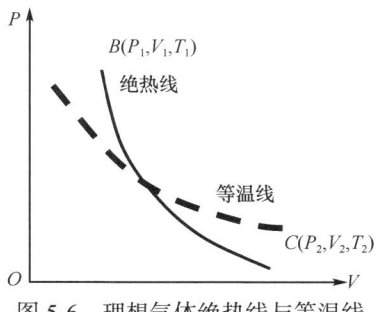

图 5-6 理想气体绝热线与等温线

应该注意的是，虽然式(5-21)~式(5-23)均为绝热过程中各状态参量之间的基本关系，三个方程中的常量却是不相同的．

对图 5-6 中绝热线(pV^γ=常量)和等温线(pV=常量)的交点求斜率 $\mathrm{d}p/\mathrm{d}V$，分别得到绝热线和等温线的斜率 $\mathrm{d}p/\mathrm{d}V = -\gamma p/V$ 和 $\mathrm{d}p/\mathrm{d}V = -p/V$．由于 $\gamma > 1$，两条曲线交点处的绝热线要比等温线陡，也就是绝热膨胀时压强减小的速率较之等温膨胀时快．此现象的原因是，伴随等温膨胀的压强减小与体积增大，其气体内能不变；伴随绝热膨胀的压强减小不仅是缘于体积增大，也由于其气体内能下降而导致温度降低所形成．

5.3.5 多方过程

理想气体的热力学过程也常用下面的公式来表示

$$pV^m = 常量 \tag{5-24}$$

式中，m 为常量。满足式(5-24)的过程称为多方过程。显然，当 $m=1$ 时，式(5-24)表示等温过程；当 $m=\gamma$ 时，式(5-24)表示绝热过程；$m=0$ 的等压过程和 $m=\infty$ 的等体过程也可视为多方过程的特例。

【例 5-2】 将 400J 的热量传给标准状态下 2mol 的氢。求

(1) 若温度不变，氢的压强、体积各变为多少？
(2) 若压强不变，氢的温度、体积各变为多少？
(3) 若体积不变，氢的温度、压强各变为多少？
(4) 哪一个过程做功最多？哪一个过程内能增加最多？为什么？

【解】 已知氢的初态为标准状态：$V_0 = 22.4 \times 2 \, L = 4.48 \times 10^{-2} \, m^3$，$p_0 = 1.013 \times 10^5 \, Pa$，$T = 273 \, K$。

(1) 等温过程中，内能保持不变，$\Delta U = 0$，根据式(5-15)，有

$$Q = A = \frac{M}{\mu} RT \ln \frac{V}{V_0} = 2 \times 8.31 \times 273 \ln \frac{V}{V_0} = 400 \, (J)$$

由上式求得 $V = 4.89 \times 10^{-2} \, (m^3)$，再由等温过程方程 $pV = p_0 V_0$ 求得

$$p = \frac{V_0 p_0}{V} = \frac{4.48 \times 10^{-2}}{4.89 \times 10^{-2}} \times 1.013 \times 10^5 = 9.28 \times 10^4 \, (Pa)$$

(2) 等压过程中，根据式(5-10)，可写出

$$Q = \frac{M}{\mu} C_{pH_2} (T - T_0)$$

根据式(5-13)及表 5-1，应有

$$C_{pH_2} = C_{VH_2} + R = \frac{7}{2} R$$

由以上两式求得

$$T = \frac{Q}{\frac{M}{\mu} C_{pH_2}} + T_0 = \frac{400}{7 \times 8.31} + 273 = 279.9 \, (K)$$

再由等压过程方程 $V/T = V_0/T_0$，得

$$V = \frac{T}{T_0} V_0 = \frac{279.9}{273} \times 4.48 \times 10^{-2} = 4.59 \times 10^{-2} \, (m^3)$$

根据式(5-12)及表 5-1，应有

$$\Delta U = \frac{M}{\mu} C_{VH_2} \Delta T = \frac{M}{\mu} \times \frac{5}{2} R \Delta T = 2 \times \frac{5}{2} \times 8.31 \times (279.9 - 273) = 287 \, (J)$$

根据式(5-1)，对外做功为

$$A = Q - \Delta U = 400 - 287 = 113 \, (J)$$

(3) 等容过程中，对外做功 $A=0$，吸收的热量即内能增量，根据式(5-1)，有 $Q = \Delta U = 400 \, (J)$，将式(5-7)改写为

$$Q = \frac{M}{\mu} C_{V\mathrm{H}_2}(T - T_0)$$

可以得到

$$T = \frac{Q}{\frac{M}{\mu} C_{V\mathrm{H}_2}} + T_0 = \frac{Q}{\frac{M}{\mu} \times \frac{5}{2} R} + T_0 = \frac{400}{5 \times 8.31} + 273 = 282.6 \text{ (K)}$$

再由等容过程方程 $p/T = p_0/T_0$,得

$$p = \frac{T}{T_0} p_0 = \frac{282.6}{273} \times 1.013 \times 10^5 = 1.048 \times 10^5 \text{ (Pa)}$$

(4) 若温度不变,氢的压强变为 9.28×10^4Pa、体积变为 4.89×10^{-2}m³;若压强不变,氢的温度变为 279.9K、体积变为 4.59×10^{-2}m³;若体积不变,氢的温度变为 282.6K、压强变为 1.048×10^5Pa.

由以上计算结果可知,在等温过程中系统对外做功最多.在等容过程中系统内能增加最多.这是因为等温过程中的系统内能不变,吸收的热量全部用来对外做功;而在等容过程中系统不对外做功,吸收的热量全部用来增加自身内能.

5.4 循环过程 卡诺循环

5.4.1 循环过程和热机效率

系统若从某一起始状态出发,经一系列任意过程后又回到原来的起始状态,这一系列过程就形成了一个**循环过程**(cycle process).显然,在经历一个循环后系统的内能没有变化,这是循环的重要特征.由于热力学的起步研究基于**热机**(heat engine)工作过程,通常称热机中用以吸收热量并对外做功的物质为工作物质.循环过程也可视为系统工作物质在经历一系列变化后又回到初始状态的整个过程,热电厂中水的循环和冰箱中氨的循环都是此类实例,如图 5-7 所示.

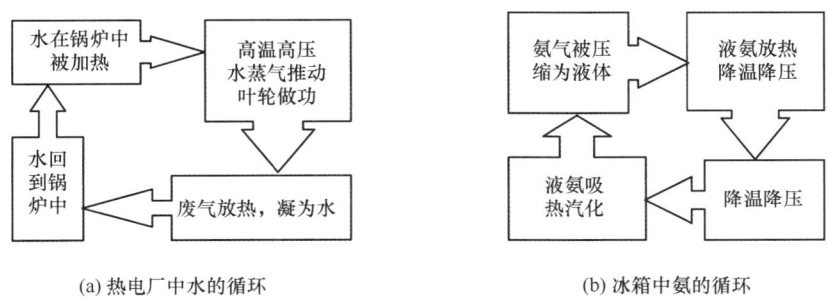

(a) 热电厂中水的循环   (b) 冰箱中氨的循环

图 5-7 热电厂中水的循环和冰箱中氨的循环

对大量类似图 5-7 中所示的循环过程,可将它们抽象为图 5-8 中的封闭曲线,沿曲线依顺时针方向进行的是**正循环**(positive cycle),图 5-7(a)热机中的过程就是这样的正循环.

热机从 B 到 C 的正循环是吸热过程,此时图 5-8 中 V_1 到 V_2 间曲线下的面积为工作物质在膨胀过程中对外界所做的正功;热机从 C 到 B 的正循环是放热过程,此时图 5-8 中 V_1 到 V_2 间曲线下的面积为工作物质在压缩过程中对外界所做的负功.闭合曲线所围面积为热机的工作物质在一次循环中做的净功.

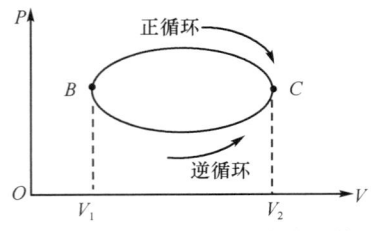

图 5-8 热机的循环和制冷机的循环

所有热机的共有特点都是在持续进行的循环过程中不断地对外做功,如图 5-9(a) 所示. 工作物质从中吸收热量的物体为高温热源,工作物质对之释放热量的物体为低温热源,热机在每一次循环中都要从高温热源吸取热量 Q_1 后,对外做净功 A,再向低温热源释放热量 Q_2,然后回到原来的状态.由于在此循环过程中,工作物质的内能并无改变,根据热力学第一定律,应有

$$A = Q_1 - Q_2 \tag{5-25}$$

显然,热机中每次循环中从高温热源吸取的热量 Q_1,其中仅有部分用于做功 A,还有部分转变成为释放给低温热源的热量 Q_2. 通常将热机对外做的净功 A 与它所吸收热量 Q_1 的比值称为热机的效率(efficiency),用 η 表示

$$\eta = \frac{A}{Q_1} = \frac{Q_1 - Q_2}{Q_1} = 1 - \frac{Q_2}{Q_1} \tag{5-26}$$

由于受到技术水平等条件的限制,实际中热机的 Q_2 并不为零,使得热机的效率总是小于 1. 沿着图 5-9 中封闭曲线反时针方向进行的是逆循环(inverse cycle),图 5-10(b) 中冰箱之类制冷机的循环过程就是这样的逆循环,它们的共同特点如图 5-9(b) 所示.在每次逆循环中,外界对制冷机中的工作物质做净功 A,制冷机同时从低温热源吸收热量 Q_2,再向高温热源释放热量 Q_1,然后回到原来的状态.在此循环过程中,工作物质的内能同样并无改变,根据热力学第一定律,应有

$$Q_2 + A = Q_1 \tag{5-27}$$

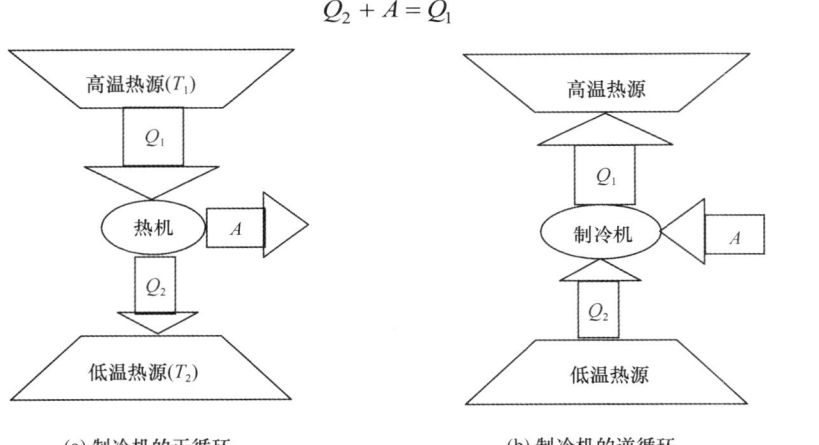

(a) 制冷机的正循环　　(b) 制冷机的逆循环

图 5-9 热机的循环和制冷机的循环

在制冷机持续进行的循环过程中,低温热源的温度越来越低,达到了制冷目的.制冷机的效能以制冷系数(coefficient of performance)表示,定义为

$$\varepsilon = \frac{Q_2}{A} = \frac{Q_2}{Q_1 - Q_2} \tag{5-28}$$

【例 5-3】 图 5-10 为某理想气体循环过程的 T-V 图,曲线 CA 段是绝热过程,A 点状态参量 (T, V_1) 和 B 点状态参量 (T, V_2) 均为已知. 求 C 点的温度和图示循环的效率.

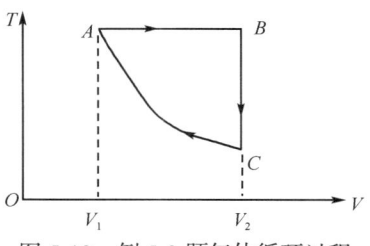

图 5-10 例 5-3 题气体循环过程

【解】 由于 C 点既在等容线上又在绝热线上，因而有
$$TV_1^{\gamma-1} = T_C V_C^{\gamma-1} = T_C V_2^{\gamma-1}$$
可得
$$T_C = \left(\frac{V_1}{V_2}\right)^{\gamma-1} T$$
在图示一个循环中吸收的热量为
$$Q_1 = Q_{AB} = \frac{M}{\mu} RT \ln \frac{V_2}{V_1}$$
气体释放给外界的热量为
$$Q_2 = -Q_{BC} = \frac{M}{\mu} C_V (T - T_C) = \frac{M}{\mu} C_V \left[T - \left(\frac{V_1}{V_2}\right)^{\gamma-1} T\right]$$
$$= \frac{M}{\mu} C_V T \left[1 - \left(\frac{V_1}{V_2}\right)^{\gamma-1}\right]$$
图示循环的效率为
$$\eta = 1 - \frac{Q_2}{Q_1} = 1 - \frac{\dfrac{M}{\mu} C_V T \left[1 - \left(\dfrac{V_1}{V_2}\right)^{\gamma-1}\right]}{\dfrac{M}{\mu} RT \ln \dfrac{V_2}{V_1}}$$
$$= 1 - \frac{C_V \left[1 - \left(\dfrac{V_2}{V_1}\right)^{\gamma-1}\right]}{(C_p - C_V) \ln \dfrac{V_2}{V_1}} = 1 - \frac{1 - \left(\dfrac{V_1}{V_2}\right)^{\gamma-1}}{(\gamma - 1) \ln \dfrac{V_2}{V_1}}$$

5.4.2 卡诺循环及其效率

卡诺循环源于卡诺热机(图 5-9(a))，后者是在 1824 年由法国工程师卡诺为研究热机效率而提出的一种理想热机：其工作物质为理想气体，且仅与一个高温热源和一个低温热源进行热量交换，假设在热机工作过程中热源与冷源的温度不变，热机经历准静态循环过程(图 5-9(a))并称为卡诺循环(Carnot cycle)，卡诺循环过程如图 5-11 所示。在图 5-11 中，由于卡诺循环的准静态特性，循环中工作物质与热源 T_1 的接触中基本无温差，使其正循环中的 1-2 部分是一个温度为 T_1 的等温膨胀过

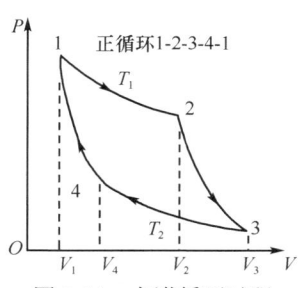

图 5-11 卡诺循环过程

程；同理，循环中工作物质与冷源 T_2 的接触中亦基本无温差，使其正循环中的 3-4 部分是一个温度为 T_2 的等温压缩过程；由于卡诺循环中工作物质仅与热源 T_1 和冷源 T_2 进行能量交换，当工作物质在脱离热源和冷源的情况下，所形成的正循环中 2-3 部分和 4-1 部分，就必定为准静态的绝热过程。所以，图 5-11 中的卡诺循环是由两个等温过程和两个绝热过程组成的。

接下来我们讨论卡诺循环的效率.卡诺热机在图 5-9(a)所示的每一循环过程中仅分别

向热源吸热一次和向冷源放热一次,而维持气体的内能不变,但气体通过传热对外界做功.在图 5-11 所示的整个循环中,设工作物质为 n mol,系统的理想气体最初处于状态 $1(V_1, p_1, T_1)$,经等温膨胀过程缓慢地到达状态 $2(V_2, p_2, T_1)$.在此过程中,系统与高温热源作热接触,从中吸收热量 Q_1.根据描述等温过程特征的式(5-15),Q_1 的数值可以表示为

$$Q_1 = nRT_1 \ln \frac{V_2}{V_1}$$

系统由状态 $3(V_3, p_3, T_2)$ 经等温压缩过程到达状态 $4(V_4, p_4, T_2)$.在此过程中,系统与低温热源作热接触并向外界释放热量 Q_2,其数值可表示为

$$Q_2 = nRT_2 \ln \frac{V_3}{V_4}$$

根据热机效率的定义,卡诺循环的效率可表示为

$$\eta = \frac{Q_1 - Q_2}{Q_1} = \frac{T_1 \ln \frac{V_2}{V_q} - T_2 \ln \frac{V_3}{V_4}}{T_1 \ln \frac{V_2}{V_1}} \tag{5-29}$$

根据绝热方程(5-22),应有 $T_1 V_2^{\gamma-1} = T_2 V_3^{\gamma-1}$,$T_1 V_1^{\gamma-1} = T_2 V_4^{\gamma-1}$,改写为

$$(\frac{V_3}{V_2})^{\gamma-1} = \frac{T_1}{T_2}, \quad (\frac{V_4}{V_1})^{\gamma-1} = \frac{T_1}{T_2}$$

由上式显然可得

$$\frac{V_2}{V_1} = \frac{V_3}{V_4} \tag{5-30}$$

将式(5-30)代入式(5-29),得到卡诺循环效率的表示式

$$\eta = \frac{T_1 - T_2}{T_1} = 1 - \frac{T_2}{T_1} \tag{5-31}$$

由式(5-31)可见,以理想气体为工作物质的卡诺循环的效率,仅取决于高温热源的温度 T_1 和低温热源的温度 T_2.当热源的温度 T_1 越高、冷源的温度 T_2 越低时,卡诺循环的效率越高.

5.5 热力学第二定律

5.5.1 可逆过程和不可逆过程

若系统由状态 1 出发经过某一过程到达状态 2 作为原过程,当系统再由状态 2 返回状态 1 时,原过程对外界产生的一切影响也同时消除,则由状态 1 到状态 2 的过程,就称为可逆过程(reversible process),否则就是不可逆过程(irreversible process).例如,在图 5-5 所示的理想气体等温膨胀状态图中,一个理想气体系统由状态 $B(p_1, V_1, T)$ 出发,按准静态等温膨胀过程到达状态 $C(p_2, V_2, T)$.假如在此过程中,不存在诸如摩擦力、黏性力等引起耗散效应的因素,那么过程 $B \to C$ 就是可逆过程.在此过程中,系统从外界吸收的热量 Q_T 全部用于对外界做功 A,两者数值相等,由式(5-15)应为

$$Q_T = A = \frac{M}{\mu} RT \ln \frac{V_2}{V_1}$$

若系统由状态 C 返回状态 B,经历了与过程 $B \to C$ 相同的中间状态,即过程 $C \to B$,那

么过程 $C \to B$ 一定是准静态等温压缩过程. 在过程 $C \to B$ 中, 外界对系统做功 A', 全部转变为系统向外界释放的热量 Q_T', 数值为

$$Q_T' = A' = \frac{M}{\mu} RT \ln \frac{V_2}{V_1}$$

则应有

$$Q_T' = Q_T, \qquad A' = A$$

也就是说, 当系统由状态 C 返回状态 B 时, 在原过程 $B \to C$ 中系统从外界吸收的热量, 又释放给了外界; 系统对外界所做的功, 外界又以等量的功归还给了系统, 系统和外界都恢复了原状. 因此, 过程 $B \to C$ 是可逆过程.

应该指出, 可逆过程只要求在系统又回到初态时, 原过程对外界产生的一切影响也同时消除, 但并不要求必须沿原过程的相同路径反向返回.

由上面的讨论可见, 可逆过程必须是准静态过程, 而且还必须是无耗散效应的过程.

现实世界中的一切自发过程都是不可逆过程. 诸如, 通过摩擦将功转换成的热量不能再通过循环过程全部转回为功; 各部分浓度不同的溶液经过自动扩散而达到均匀后, 也不能再通过循环过程转回到原先的不均匀状态等. 这些自然界的不可逆过程若想反向进行而回到原来的状态, 必定要经由会引起外界变化的外来因素的协助.

当然, 对于无摩擦或其他耗散效应且其中每一步均达到了平衡的准静态过程, 如果我们严格控制条件, 使这样的过程按照与原来相反的顺序进行, 在经过原来全部中间状态时消除所有的外来影响, 则可使这种准静态过程成为可逆过程. 但在实际操作中, 这样严格控制的条件很难实现. 因此, 可逆过程只是一种理想过程, 它的现实意义在于可用来模拟和可逆过程非常接近的实际过程, 再修正通过可逆过程的模拟分析所得到的极限结论, 使其接近实用过程. 所以, 虽然准静态过程和可逆过程以及其他理想模型在客观实际中并不存在, 但是通过对借助于这些理想模型得到的分析结果加以修正, 却是物理学和其他相关学科中普遍采用的重要基础方法.

5.5.2 热力学第二定律

热力学第一定律指出, 各种形式的能量在相互转化的过程中必须满足能量守恒关系, 对于过程进行的方向却没有给出任何限制. 于是, 第一类永动机被热力学第一定律否定后, 不少人试图在不违背热力学第一定律的前提下制造另一种效率为100%的热机, 它不但可将每一个循环吸入的热量全部用来做功, 还能将这样的循环持续进行下去, 被称为第二类永动机. 虽然第二类永动机与热力学第一定律并不冲突, 但研制这种热机的所有努力均以失败告终. 事实上, 所有与热现象有关的实际过程都具有方向性, 热力学第一定律对过程的进行方向并无限制的局限性, 使得顺从该定律的第二类永动机不可能实现. 人们由此总结出第二类永动机不可能制成的自然规律, 并称其为热力学第二定律 (second law of thermodynamics). 热力学第二定律是独立于热力学第一定律的另一个基本规律, 要解决的就是与热现象有关的过程进行方向问题. 在历史上, 开尔文 (Kelvin) 和克劳修斯 (Clausius) 分别率先提出热力学第二定律的表述. 开尔文的叙述为: 自然界不存在这类的循环过程, 它能从单一热源吸热后, 使之完全变成有用的功而不引起其他变化. 这一叙述通常被称为热力学第二定律的开氏说法. 所谓第二类永动机是能够从单一热源吸热, 使之完全变成有用的功而不产生其他影响的机器. 这种机器可以利用大气或海洋, 作为可供其不断吸取热量而做功的单一热源, 且不引起外界任何变化, 而这种热量实际上是用之不尽的. 热力学

第二定律指出,企图通过这种方式来利用自然界的内能是不可能的.热力学第二定律的开氏说法也可表述为:第二类永动机是不可能造成的.克劳修斯(Clausius)将热力学第二定律叙述为:不可能把热量从低温物体传到高温物体而不引起其他变化.这一叙述通常被称为热力学第二定律的克氏说法.从表面上看,热力学第二定律的开氏说法与克氏说法并无关系,前者关注热量转变为功的问题;后者说的是热量传递问题.但从实质上,两种说法是等效的,下面分别从每种说法的角度,用反证法证明二者的等效性.

证明一:如果克氏说法不成立,则开氏说法也不成立.在图 5-12(a)中,考虑一个卡诺循环:工作物质从高温热源吸热 Q_1,向低温热源放热 Q_2 并对外做功 $A=Q_1-Q_2$.如果克氏说法不成立,可以将热量 Q_2 从低温热源送到高温热源而不产生其他变化,则全部过程的最终效果是从高温热源吸取 Q_1-Q_2 的热量,将之全部变成有用的功.因此开氏说法也就不成立.证明二:如果开氏说法不成立,则克氏说法也不成立.在图 5-12(b)中,如果开氏说法不成立,一个热机能够从单一热源吸热 Q_1 使之全部转化为有用的功 A,就可以利用此功推动一个制冷机,则整个过程的最终效果是将热量 Q_2 从低温热源传到高温热源而未引起其他变化.因此克氏说法也就不成立.

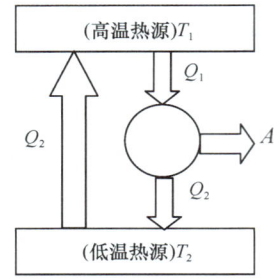
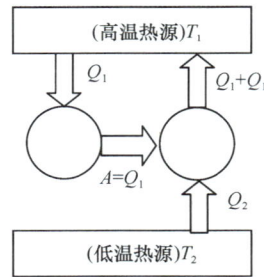

(a) 热力学第二定律两种说法等效性的证明一   (b) 热力学第二定律两种说法等效性的证明二

图 5-12　热力学第二定律两种说法等效性的证明

热力学第一定律指明了能量守恒与转换的数量关系,热力学第二定律则从与热现象有关的过程进行方向的角度,说明并非所有能量守恒的过程都能进行.热力学第二定律是独立于热力学第一定律的另一个基本规律,它要解决的就是与热现象有关的自然过程都有方向性的问题.

5.5.3　热力学第二定律的统计意义

宏观热现象的背后是大量分子无规则的微观热运动,在认识了热力学第二定律的宏观实质后,再从宏观热现象与微观热运动相联系的角度进一步认识热力学第二定律的微观本质.在图 5-13 中,通过隔板将容器分为容积相等的 A、B 两室,令 A 室充满气体而 B 室保持真空.为讨论方便起见,仅考虑图中四个气体分子在抽去隔板后于整个容器内的自由运动情况的概率分布,它们共有 16 种微观态,且每种微观态出现的概率相同.从分子浓度分布的宏观表现来看,16 种微观态又可分为 5 种宏观态表现.如图 5-14 所示,从四个气体分子在 A、B 两室分布的宏观状态

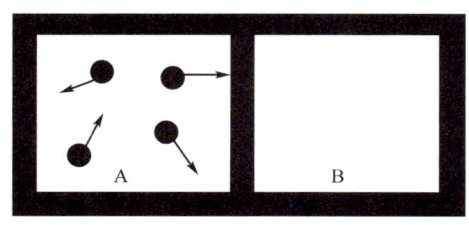

图 5-13　气体宏观自由膨胀不可逆性分析的示意图

概率来看，全退回 A 室或全到达 B 室的宏观状态概率最小为 1/16；在 A、B 两室均匀分布的宏观状态概率最大为 6/16；以 A 室分布 3 个、B 室分布 1 个或 A 室分布 2 个、B 室分布 3 个的宏观状态概率居中为 4/16. 将图 5-13、图 5-14 的讨论推广到一般情况，可以证明：如果容器中共有 N 个气体分子，以这些分子在抽取隔板后将自由运动到 A 室或 B 室的可能性来分类，则共有 2^N 种可能的分布，其中全部 N 个分子全退回到 A 室的概率仅为 $1/2^N$. 以图 5-13、图 5-14 的容器中充有 1mol 气体计算，$N=6.02\times 10^{23}$，抽取隔板后这些分子全退回 A 室的概率仅有 1/2 6.02×10^{23}，这几乎是一个不可能事件，在客观实际中是不会出现的.

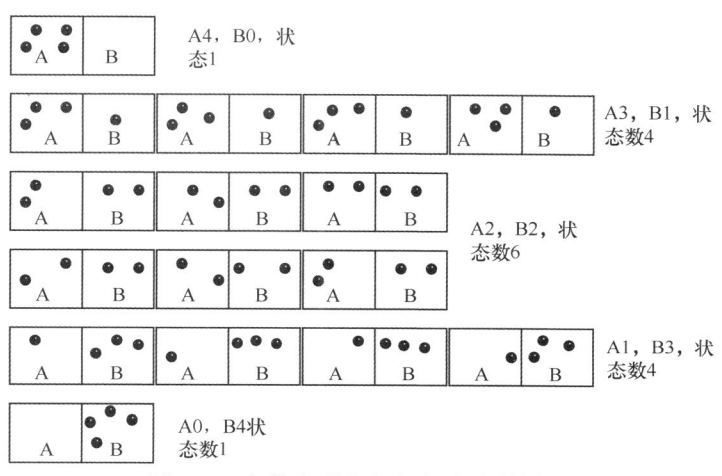

图 5-14　气体宏观自由膨胀不可逆性的微观状态分布

通过图 5-13、图 5-14 中讨论的气体自由膨胀的不可逆性表明，系统内部发生的过程总是由热力学概率(thermodynamic probability)小的宏观状态向热力学概率大的宏观状态进行，要想在外界不施加任何影响的前提下实现相反的过程，显然是不可能的. 因此，对于孤立的热力学系统来说，热力学概率大的宏观状态是平衡态，其他状态都是非平衡态，系统内部发生的过程总是从非平衡态向平衡态过渡，在就是热力学第二定律的统计意义.

5.5.4　卡诺定理

我们在 5.4.2 节中讨论的卡诺循环及其效率具有更加普遍的意义，这就是由卡诺定理(Carnot theorem)来表述的内容：

(1) 在相同的高温热源 T_1 和相同的低温热源 T_2 之间工作的一切可逆热机，无论使用什么工作物质，其效率都相等，并可表示为式(5-31)，即 $\eta=(T_1-T_2)/T_1=1-T_2/T_1$.

(2) 在相同的高温热源 T_1 和相同的低温热源 T_2 之间工作的一切不可逆热机，其效率都不可能超过可逆热机的效率，即

$$\eta' \leq 1-\frac{T_2}{T_1} \tag{5-32}$$

我们可以利用热力学第二定律证明卡诺定理. 在图 5-15(a) 中，有 B、C 两部工作物质不同的可逆热机，它们同时工作于高温热源 T_1 和相同的低温热源 T_2 之间，现调节这两热机使它们做相等的功，并将它们结合起来.

图 5-15(a) 中的 B 机作正循环，从高温热源 T_1 吸取热量 Q_1'，向低温热源 T_2 释放热量

Q_2'，对外做功 A'，则 $Q_2'=Q_1'-A'$，其效率为 $\eta'=A'/Q_1'$，B 机对外做的功 A' 恰好供给 C 机并使其逆向运行，C 机从低温热源 T_2 吸取热量 Q_2 而向高温热源 T_1 释放热量 Q_1，由图 5-15(a) 中所示有 $Q_2=Q_1-A$，其效率为 $\eta=A/Q_1$. 如果 $\eta'>\eta$，则有 $A'/Q_1'>A/Q_1$，就会导致 $Q_1'<Q_1$，但是 B、C 两机所做的功 A 相等，应有 $Q_1-Q_2=Q_1'-Q_2'$，也就是 $Q_1-Q_1'=Q_2-Q_2'$，这又导致 $Q_2'<Q_2$. 在图 5-15(b) 中 B、C 两机结合使用时，低温热源 T_2 向高温热源 T_1 释放热量 $Q_1-Q_1'=Q_2-Q_2'$，而不引起任何其他变化，这就违背了热力学第二定律，因而得出结论 $\eta'>\eta$ 是不可能的.

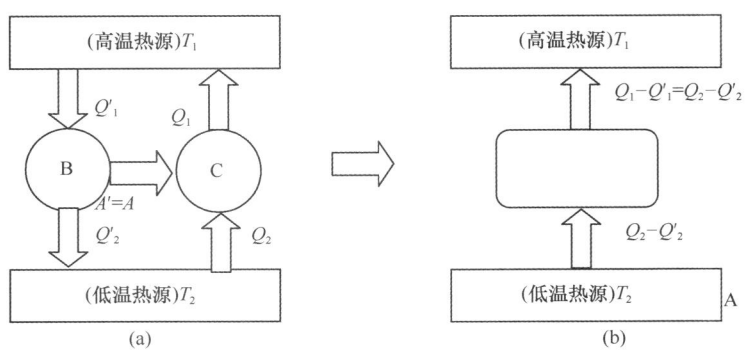

图 5-15 卡诺定理的证明

如果反过来令 C 机作正循环而 B 机作逆循环，同样可以证明 $\eta>\eta'$ 也是不可能的. 因此只能是 $\eta=\eta'$. 这就证明了工作于相同的高温热源 T_1 和相同的低温热源 T_2 之间的所有可逆机，无论热机是何工作物质，它们的效率都相等且等于卡诺热机的效率.

如果设 C 机为卡诺机，B 机为非卡诺机是不能作逆循环的一般热机，则只能用上面的方法证明 $\eta'>\eta$ 是不可能的，而无法证明 $\eta<\eta'$，所以只有 $\eta'\leq\eta$.

5.6 人体的能量与代谢

5.6.1 克劳修斯等式

根据卡诺定理，一切可逆热机的效率都可表示为 $\eta=1-Q_2/Q_1=1-T_2/T_1$，两边乘以 Q_1/T_2 得

$$\frac{Q_1}{T_1}=\frac{Q_2}{T_2} \tag{5-33}$$

或者写为

$$\frac{Q_1}{T_1}-\frac{Q_2}{T_2}=0 \tag{5-34}$$

式中，Q_1 和 Q_2 分别是工作物质从温度为 T_1 的高温热源吸收的热量和温度为 T_2 的低温热源释放的热量. 根据热力学第一定律对热量符号的规定，对系统而言的放热热量应以负值表示，所以 Q_2 应以 $-Q_2$ 代替，于是式(5-34)变为

$$\frac{Q_1}{T_1}+\frac{Q_2}{T_2}=0 \tag{5-35}$$

通常称式中的 Q/T 为热温比，表示卡诺循环的两个等温过程中系统吸收或释放的热量

与温度之比. 由于卡诺循环中的两个绝热过程 $Q=0$，从而应有 $Q/T=0$，因此可将式(5-35)理解为：卡诺热机中的工作物质从某个初态出发，经历了一个循环又回到该初态后，热温比 Q/T 在整个卡诺循环四个过程中的和为零.这是在一次可逆卡诺循环中必须遵从的规律.

将上述结论推广到如图 5-16 所示的一个任意可逆大循环过程 abcda，将该循环视为由许多正的、可逆的小卡诺循环所组成. 由图中可见，任意两个相邻的小卡诺循环的绝热线大部分都是相同的，但彼此进行的方向恰好相反，两者的效果相互抵消，使得

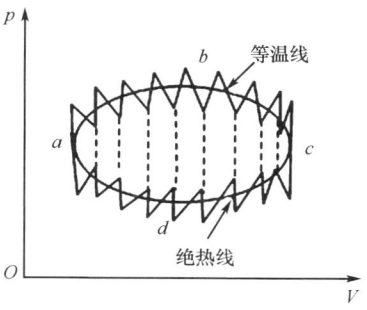

图 5-16 克劳修斯等式的证明

$$\frac{Q_{i1}}{T_{i1}} + \frac{Q_{i2}}{T_{i2}} = 0$$

因此，所有小卡诺循环的总效果，就相当于沿着图中锯齿形路线的循环过程求和，得到

$$\sum_{i=1}^{n}\left(\frac{\Delta Q_{i1}}{T_{i1}} + \frac{\Delta Q_{i2}}{T_{i2}}\right) = 0 \tag{5-36}$$

当小卡诺循环趋于无穷小而循环的数目趋于无穷大时，锯齿形路线就无限趋近于原来的卡诺循环过程，式(5-36)中的ΔQ 可用 $\mathrm{d}Q$ 代替，求和号可用沿环路 abcda 的积分代替，于是式(5-36)可以写为

$$\oint \frac{\mathrm{d}Q}{T} = 0 \tag{5-37}$$

式(5-37)称为**克劳修斯等式**(Clausius equation)，它指出，任一可逆循环过程中的热温比总和都为零.

5.6.2 熵的概念

在图 5-16 中，我们可以将点 a 作为初状态，将点 c 作为末状态，从初态 a 到达末态 c 可以沿过程 abc 进行，也可以沿过程 adc 进行. 根据式(5-37)，应有

$$\int_{abc}\frac{\mathrm{d}Q}{T} - \int_{adc}\frac{\mathrm{d}Q}{T} = 0$$

可将上式改写为

$$\int_{abc}\frac{\mathrm{d}Q}{T} - \int_{adc}\frac{\mathrm{d}Q}{T} = 0$$

也就是

$$\int_{abc}\frac{\mathrm{d}Q}{T} = \int_{adc}\frac{\mathrm{d}Q}{T} \tag{5-38}$$

式(5-38)表示，沿不同路径从初态 a 到末态 c，$\mathrm{d}Q/T$ 的积分值都相等且仅决定于初、末状态而与过程无关.可见，$\mathrm{d}Q/T$ 的积分值必定是一个状态函数，这个状态函数就称为熵(entropy)，常用 S 表示. 从初态 a 到末态 c，熵的变化可以表示为

$$\Delta S = S_c - S_a = \int_a^c \frac{\mathrm{d}Q}{T} \tag{5-39}$$

对于无限小的可逆过程则可以写为

$$dS = \frac{dQ}{T} \tag{5-40}$$

上式表明系统的熵变 dS 与其温度 T 和系统在该过程中吸收的热量 dQ 的关系. 应用式(5-39)求系统的熵变时, 计算对象必须为可逆过程. 如果在实际中系统是从初态经由一个不可逆过程到达终态, 可以设计一个连接相同初态与终态的卡诺过程并对其应用式(5-39), 就可以计算系统的熵变. 对于可由若干分系统组成的总系统, 其总熵变等于各分系统熵变之和.

【例 5-4】 把 1kg 温度为 0℃ 的冰块加热到全部融化为止(冰的溶解热为 $3.34 \times 10^5 \mathrm{J \cdot kg^{-1}}$).

(1) 求冰块的熵变;
(2) 若热源是温度为 20℃ 的庞大物体, 求热源的熵变;
(3) 冰块和热源的总熵变有多大? 增加还是减少?

【解】 (1) 0℃ 的冰融化为 0℃ 的水时, 温度保持不变, 即 $T=273\mathrm{K}$, 吸收热量为 ΔQ, 冰块的熵变为

$$\Delta S_1 = \frac{\Delta Q}{T} = \frac{3.34 \times 10^5 \times 1}{273} = 1223 \ (\mathrm{J \cdot K^{-1}})$$

(2) 此热源可看成是恒温热源, 放出热量为 ΔQ, 热源的熵变为

$$\Delta S_2 = \frac{-\Delta Q}{T} = \frac{-3.34 \times 10^5 \times 1}{293} = -1140 \ (\mathrm{J \cdot K^{-1}})$$

(3) 冰块和热源的总熵变

$$\Delta S = \Delta S_1 + \Delta S_2 = 1223 - 1440 = 83 \ (\mathrm{J \cdot K^{-1}})$$

熵增加.

由例 5-4 可知, 冰融化为水的过程和水的温度上升的过程均为熵增加过程. 由于水为结晶体, 其分子排列较为有序, 冰融化为水后的分子运动则变为无序, 且无序程度随温度的升高而增加. 统计物理学告诉我们, 状态的无序可以用其宏观状态的热力学概率 P 加以衡量, 且有

$$S = -k \ln P \tag{5-41}$$

式中, k 为玻尔兹曼常量. 式(5-41)用来定义玻尔兹曼熵, P 越小, 系统的无序程度越高. 系统的平衡态对应热力学概率为极大值的状态, 也就是系统的无序程度极高的状态, 由式(5-41)可知, 相应的熵亦取极大值. 因此, 熵也是系统中微观粒子热运动所引起的无序程度的量度.

5.6.3 熵增加原理和热力学基本关系式

对于不可逆热机, 根据卡诺定理, 其效率都不会超过可逆热机, 即 $\eta'=1-Q_2/Q_1 \leqslant 1-T_2/T_1$, 两边乘以 Q_1/T_2, 得 $Q_1/T_1 \leqslant Q_2/T_2$, 或者写为 $Q_1/T_1-Q_2/T_2 \leqslant 0$, 等号只对可逆循环成立. 根据热力学第一定律对热量符号的规定, 对系统而言的放热热量应以负值表示, 所以 Q_2 应以 $-Q_2$ 代替, 于是上式变为

$$\frac{Q_1}{T_1} + \frac{Q_2}{T_2} \leqslant 0 \tag{5-42}$$

式(5-42)指出, 对于不可逆循环, 其热温比之和不大于零.

于是, 对于不可逆过程, 克劳修斯等式(5-37)应由克劳修斯不等式

$$\oint \frac{\mathrm{d}Q}{T} \leqslant 0 \tag{5-43}$$

代替，式中 $\mathrm{d}Q$ 表示工作物质从温度为 T 的热源吸收的热量，式中的等号和不等号分别对应于可逆循环和不可逆循环. 熵的变化则由式(5-39)转变而来，表示为

$$\Delta S = S_c - S_a \geqslant \int_a^c \frac{\mathrm{d}Q}{T} \tag{5-44}$$

对于微过程，熵变则由式(5-40)转变而来，表示为

$$\mathrm{d}S \geqslant \frac{\mathrm{d}Q}{T} \tag{5-45}$$

以上两式表明，热力学系统的熵变在可逆过程中等于系统所吸收的热量与热源温度的比值；在不可逆过程中则大于该比值.

式(5-44)或式(5-45)可以作为热力学第二定律的普遍表达式，它们反映了热力学第二定律对过程的限制，违背此不等式的过程是不可能实现的. 因此我们可以根据此表达式研究在各种约束条件下系统的可能变化.

如果将热力学第一定律和热力学第二定律结合起来，也就是将式(5-2)和式(5-45)结合起来，则有

$$T\mathrm{d}S \geqslant \mathrm{d}U + \mathrm{d}A \tag{5-46}$$

这就是热力学的基本关系式. 式中不等号与不可逆过程相对应，此时 T 表示热源的温度；等号与可逆过程相对应，此时 T 既是热源的温度，也是系统的温度.

对于一个孤立系统，由于它并不与外界进行热量交换，因此无论发生什么过程，总有 $\mathrm{d}Q = 0$，根据式(5-44)和式(5-45)，必定有

$$\Delta S \geqslant 0 \tag{5-47}$$

$$\mathrm{d}S \geqslant 0 \tag{5-48}$$

这表明孤立系统的熵或绝热过程中的熵永远不会减小：对于可逆过程，熵保持不变；对于不可逆过程，熵总是增加的. 这个结论被称为熵增加原理(principle of entropy increase). 热力学第二定律指出了一切与热现象有关的宏观过程的不可逆性，假如发生这种过程的系统是孤立系统，在其中进行的任何过程都是绝热过程，那么根据熵增加原理，这个系统的熵必定是增加的，可逆绝热过程必定是沿着等熵路径进行. 所以热力学第二定律有时也称为熵增加原理.

熵增加原理可以指导我们判明一个孤立系统发生某过程的可能性. 通过计算系统的熵的变化，如果熵增加，说明该过程能够进行；如果熵减小，说明该过程不能发生. 假如系统不是孤立的，在某过程中与外界发生热量交换，这时我们可以将系统和与之发生热交换的外界一起作为孤立系统，从而应用熵增加原理.

5.6.4 人体的能量与代谢

人体是一个开放系统，它不但通过释放热量、对外做功等形式与外界进行能量交换，还通过摄取食物与氧、排出废料等方式与外界进行物质交换. 对人体而言，为了保证各部分组织和器官的正常运作、维持恒定的体温、有足够的智力与体力开展工作，就必须通过进食获得能量. 人体的能量转换与守恒同样服从热力学第一定律. 对于微小的变化，将式(5-1)所示的热力学第一定律 $Q = U_2 - U_1 + A$ 改写为

$$\Delta U = \Delta Q - \Delta A \tag{5-49}$$

式(5-49)中的 ΔU 既包含人体通过进食摄取能量后导致的体内能量变化，也包含人体在各

种活动中体内脂肪等组织所储存能量的变化.如果假定在所考虑到时间内人体没有进食和排泄,我们就可以利用上式中每个量度的变化,对整个人体的总能量平衡进行描述.人体无论处于工作状态或休息状态,总是不停地将所摄入食物中的化学能和各部分组织结构中储存的能量转换为其他各种必需的能量形式,以维持身体运作过程中各个器官、组织或细胞的功能.这是一个分解代谢过程,此过程中的人体内能不断减少,ΔU 为负.就分解代谢过程而言,其中的部分活动用于人体对外做功;部分活动成为释放到体外的热量 ΔQ,因此 ΔQ 亦为负.

在对人体的定量描述中,常用到 ΔU、ΔQ 和 ΔA 对时间 t 的变化率,即将式(5-49)写为变化率形式

$$\frac{\Delta Q}{\Delta t} = \frac{\Delta Q}{\Delta t} - \frac{\Delta A}{\Delta t} \tag{5-50}$$

式中,$\Delta U/\Delta t$、$\Delta Q/\Delta t$、$\Delta A/\Delta t$ 分别为分解代谢率、散热率和人体输出给外界的机械功率.其中的散热率 $\Delta Q/\Delta t$ 和机械功率 $\Delta A/\Delta t$ 基本上都可以测出来,而分解代谢率 $\Delta U/\Delta t$ 只能通过人体氧的消耗率来间接测定.

由于人体摄入的食物在分解代谢过程中需要氧,氧的消耗率决定了分解代谢率.以葡萄糖为例:$C_6H_{12}O_6 + 6O_2 \rightarrow 6CO_2 + 6H_2O + 2.87 \times 10^6 J$,$C_6H_{12}O_6$ 为 180g 的 1mol 葡萄糖,对此葡萄糖要完全氧化需要 134.4L 的 O_2,产生 134.4L 的 CO_2、108mL 的 H_2O 和 $2.87 \times 10^6 J$ 热量.表 5-2 是人体经常摄入的一些食物的典型能量数据.根据式(5-50)所示的热力学第一定律,人体的分解代谢率 $\Delta U/\Delta t$ 要受输出功率 $\Delta A/\Delta t$ 的影响.人体在从事各种不同活动时的代谢率及耗氧率见表 5-3. 表 5-3 的数据说明,人体即便处于不做任何体力劳动或脑力劳动的睡眠状态,代谢率仍能达到 $2.93 \times 10^5 J \cdot h^{-1}$,这就是所谓基础代谢率(basal metabolic rate, BMR).临床检测患者的基础代谢率对某些疾患的诊断具有重要意义.例如,当人体的甲状腺异常时,其基础代谢率会发生 20%~30% 的明显变化.

表 5-2　一些人体经常摄入食物的典型能量数据

食物	平均能量($J \cdot g^{-1}$)	每消耗 $1LO_2$ 释放的能量($J \cdot L^{-1}$)
糖	1.72×10^4	3.11×10^4
蛋白质	1.72×10^4	1.87×10^4
乙醇	2.97×10^4	2.03×10^4
脂肪	3.89×10^4	1.98×10^4
平均		2.00×10^4

表 5-3　人体在从事各种不同活动时的代谢率及耗氧率

活动水平	代谢率($J \cdot h^{-1}$)	耗氧率($L \cdot min^{-1}$)
睡眠	$\sim 2.93 \times 10^5$	0.23
轻微活动(听讲、漫步)	$\sim 8.37 \times 10^5$	0.65
中等活动(骑自行车 $16km \cdot h^{-1}$)	$\sim 1.67 \times 10^6$	1.30
重活动(踢足球)	$\sim 2.09 \times 10^6$	1.63
打篮球	$\sim 2.51 \times 10^6$	1.95
自行车赛($43km \cdot h^{-1}$)	$\sim 5.86 \times 10^6$	4.55

热力学第二定律或熵增加原理也与生物和生命领域的许多现象密切相关.生物和生命都是由细胞按照精确规律组成的高度有序结构.在生物和生命的生长过程中,不断地有细

胞死亡的同时，也不断地有原子和分子从相对混乱无序的状态被组成新的有序的蛋白质和细胞. 在生物和生命的进化过程中，它们都是在漫长的年代里，按照从低级到高级、从简单到复杂、从较为有序到更加有序的基本规律发展. 生命过程中从无序到有序的现象，被称为自组织现象(self-organization phenomenon). 生命体的生生不息过程实际上就是生物体持续进行自组织的过程. 这个过程是否与热力学第二定律相悖？

热力学系统从有序向无序的转化是针对孤立系统而言，生命体则是既与外界有能量交换又与外界有物质交换的开放系统，并且远离平衡状态，人体就是其典型代表. 自组织过程是生命系统内不平衡的表现，而且在生命体正常维持期间不会达到平衡，因为生命体一旦达到无序平衡状态，就意味着生命体内有序状态的消失，生命也就终止了. 这种在远离无序平衡情况下，系统出现的稳定有序的结构称为耗散结构(dissipative structure).

从熵增加原理的角度来看，对于生命系统，如果要保持生命过程的正常运行，也就是要使系统向更加有序的方向发展，则系统必须处于开放状态，才能使系统的熵保持不变或减少，因为生命系统是非孤立系统. 非孤立系统的熵变可从形态上分为两部分：一部分是由于系统内部的不可逆过程引起的，称为熵产生(entropy production)；另一部分则是由于系统和外界交换物质与能量引起的，称为熵流(entropy flow). 对于任意一个系统，其熵变的熵产生部分永远不可能为负. 如果是一个孤立系统，它当然不会与外界交换物质和能量，它的熵变也就只有永远不可能为负的熵产生部分，而没有熵流部分，所以它的总熵变是增加的. 对比来看，作为开放系统的人体，它必须要与外界交换物质和能量，它的熵变组成也就既有永远不可能为负的熵产生部分，也有可能为负的熵流部分，在外界的不同作用下，它的总熵变是有可能减少的，也就使得人体系统存在由无序转为有序的可能.

这样说来，人体系统不就违背了熵增加原理或热力学第二定律了吗？答案当然是否定的. 道理很简单：维持人体有序结构所需的能量来自从外界摄取的食物，食物在人体内被消化后变为简单的排泄物，此过程当然给人体系统带来负熵，以使生命系统的总熵保持不变或减少，才能维持生命体的有序结构. 但是，如果将生命体和它所处的环境放在一起作为一个总系统，它的总熵仍是增加的，因此，生命过程同样是服从热力学第二定律或熵增加原理的.

小　结

热力学系统分为孤立系统、封闭系统和开放系统.

内能是状态函数，要改变系统的内能，可以通过对系统做功、传热或者既做功也传热的途径实现. 功不是状态函数，外界对系统做功使系统内能增大；系统对外界做功使系统内能减小. 热量是过程量，把热量传递给系统使其内能增大；系统释放热量使其内能减小.

在任何过程中，系统对外界吸取的热量，部分用于实现系统内能的改变，部分用于实现系统对外做功，这就是热力学第一定律.

一切实际热机的效率不可能超过卡诺热机的效率；任何热机的效率都不可能达到100%.

1950年德国物理学家克劳修斯给出了热力学第二表述.

卡诺定理可简述为：所有工作于两个一定温度之间的热机，以可逆机的效率为最高.

熵与内能、焓一样都是状态函数，计算熵变的过程必须是可逆过程，而计算内能和焓的改变量的过程却没有这样的限制. 利用局域平衡假设可以把熵的概念推广到非平衡态.

热力学系统经绝热过程，从一个平衡态到达另一个平衡态，熵永远不会减小；如果过程是可逆的，熵保持不变；如果过程是不可逆的，熵总是增加的.

熵是热力学的基本概念，1854 年克劳修斯提出熵的概念.此后，这一概念广泛发展并应用于信息论、系统科学、模糊理论、混沌现象、宇宙黑洞和生命科学等领域.熵为现代医学研究提供了一种新思路、新方法.

阅读材料

熵与生命科学

1. 熵与生命

从宏观来看，生命过程是一个熵增的过程，始态是生命的产生，终态是生命的结束，这是一个自发的、单向的不可逆过程.衰老是生命系统的熵的一种长期的缓慢的增加，也就是说，随着生命的衰老，生命系统的混乱度增大，当熵值达极大值时即死亡，这是一个不可抗拒的自然规律.但是，一个无序的世界是不可能产生生命的，有生命的世界必然是有序的.生物进化是由单细胞向多细胞、从简单到复杂、从低级向高级进化，也就是说向着更为有序、更为精确的方向进化，这是一个熵减的方向，与孤立系统向熵增大的方向恰好相反.但是生命体是"耗散结构"，耗散结构认为一个远离平衡态的开放体系，通过与外界交换物质和能量，在一定条件下，可能从原来的无序状态转变为一种在时间、空间或功能上有序的状态，这个新的有序结构是靠不断耗散物质和能量来维持的.生命体通过不断与外界交换物质、能量、信息和负熵，可使生命系统的总熵值减小，从而有序度不断提高，生命体系才得以动态地发展.

2. 熵与肿瘤

熵增加原理也可以解释肿瘤在人体内的发生、扩散.细胞基因癌变，造成人体正常基因组的异常活化，细胞无节制地扩增，使有序向无序转化，加速生命的耗散，导致熵值异常增大并在短期内达到极大值，人的生命便终止了.现代医学研究表明，癌基因以原癌基因的形式存在于正常生物基因组内，没被激活时，不会形成肿瘤.原癌基因是一个活化能位点，在外界环境的诱导下，细胞可能发生癌变，即肿瘤的形成是非自发的.非自发的过程是一个熵减小的过程，也就是说肿瘤细胞的熵小于正常细胞的熵.然而肿瘤细胞是在体内发生物质、能量交换的，人体这个体系就相当于肿瘤细胞的外部环境，正是由于肿瘤细胞的熵减小，导致了人体这个总体系熵增大.越恶性的肿瘤，熵值越小，与体系分化越明显，使人体的熵增加也相对越大，对生命的威胁越大.

3. 熵与抗癌药物的研究

熵增加原理对人们研究抗癌药物也有启发.例如，利用体细胞杂交法可获得分泌抗体的杂交细胞系，当导入的抗体素抑制癌细胞的恶变、削弱它的增殖时，细胞本身的混乱程度将会减小，趋向于稳定的低熵状态，这就相当于给体系内部输送了负熵，使体系趋于有序状态.又如 DNA 是许多抗肿瘤药物的靶分子，这些药物通过嵌入、沟槽等方式与癌细胞的 DNA 结合，抑制肿瘤细胞的分裂增生，最终使肿瘤细胞增生停滞，或使其向正常细胞分化，或诱导肿瘤细胞发生程序性死亡，从而产生抗癌作用. 阿霉素(ADM)这个抗肿瘤抗生素就是以典型的嵌入方式与 DNA 相互结合，破坏 DNA 的模块功能，阻止转录过程，在抑制 DNA、RNA 蛋白质合成的同时，也改变癌基因的结构或影响癌基因的表达.由于 ADMDNA 复合物比独立的 DNA 和 ADM 分子更有序，因此导致一定程度的熵减小，系统有序度增加.

思 考 题

5-1　热力学系统是指

　　(A)由理想气体所组成的物质系统　　　　(B)由实际气体所组成的物质系统

(C) 一定是由液体所组成的物质系统 (D) 由部分物体所组成的物质系统
(E) 包括一切在内的物质系统

5-2 热力学系统的内能是指
(A) 系统内物体分子运动的动能 (B) 系统内物体分子运动的动能与势能的总和
(C) 系统内物体所含热量的总和 (D) 外界对系统所做的功与传递热量的总和
(E) 都不对

5-3 热力学系统的内能是
(A) 温度的单值函数 (B) 状态的单值函数
(C) 随温度的升高一定增加 (D) 随体积的增加一定增加
(E) 永远不会改变

5-4 热力学系统由一种状态转变为另一种状态，并使内能发生变化，可采用的方法是
(A) 给系统加热 (B) 对系统做功
(C) 对系统既加热又做功 (D) 对系统加热做功都不行

5-5 对一定量的理想气体加热但维持其温度不变
(A) 这明显是不可能的 (B) 气体内能是不变的
(C) 对气体没有做机械功 (D) 内能改变等于传入的热量

5-6 对同一物体而言，下列哪种说法正确？
(A) 温度越高，则热量越多 (B) 温度越高，则热容量越大
(C) 温度越高，则内能越大 (D) 温度越高，则所含功越多

5-7 自然界的一切过程
(A) 都是可逆过程 (B) 都是不可逆过程
(C) 既有可逆过程也有不可逆过程 (D) 可逆过程少于不可逆过程

5-8 简要说明系统、环境、参量、过程、外界、准静态等术语的含义.

5-9 简要说明为什么做功和传递热量是等效的，二者却又有本质的不同.

5-10 简要说明为什么内能和熵都是状态函数，而功和热量不是状态函数.

5-11 判断下列说法是否正确并简要说明原因.
(1) 功可以完全变成热，但热不能完全变成功；
(2) 热量只能从高温物体传到低温物体，不能从低温物体传到高温物体；
(3) 可逆过程就是能沿反方向进行的过程，不可逆过程就是不能沿反方向进行的过程.

习 题

5-1 摩尔数相同的三种气体 He、N_2、CO_2 都可视为理想气体，它们从相同的初态出发，都经过等容吸热过程.如果吸收的热量相同，试求：
(1) 温度升高是否相同？
(2) 压强的增加是否相同？

5-2 定容气体温度计的测温水泡放入水的三相点管的槽内时，气体的压强为 $6.65×10^3$ Pa，试求：
(1) 用此温度计测量 373.15K 的温度时，气体的压强是多大？
(2) 当气体压强为 $2.20×10^3$ Pa 时，待测温度多大？

5-3 一个体积为 V_0 的绝热密封容器，中间用隔板分成 A、B 两部分，如图 5-13 所示.设容器的 A 部分盛有一定量的氧气，压强为 P_0，容器的 B 部分为真空.若将容器中间的隔板抽去，试求达到新的平衡后的气体压强.

5-4 试求理想气体在自由膨胀中的熵变.

5-5 一个理想气体系统由状态 $1(T_1)$ 经绝热过程到达状态 $2(T_2)$，由状态 2 经等容过程到达状

态 $3(T_3)$，又由状态 3 经绝热过程到达状态 $4(T_4)$，最后由等容过程回到状态 1，如题 5-5 图所示。求系统在整个过程中吸收和放出的热量，系统对外界做的净功以及内能的变化。

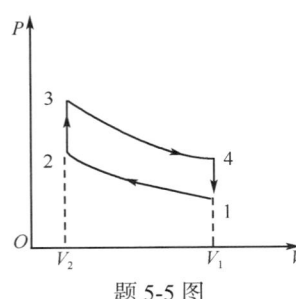

题 5-5 图

5-6 求理想气体在多方过程中的摩尔热容 C_m。

5-7 某种理想气体按 pV^2=常量的规律膨胀，试问此理想气体的温度是升高了，还是降低了？

5-8 有 500 卡(1 卡=4.1868 焦耳)热量传递给一定量的双原子气体，使之作等压膨胀。试求气体气体膨胀所做的功。

5-9 一卡诺机在 1000K 和 300K 的两热源之间工作，试计算：
(1)热机效率；
(2)若低温热源不变，要使热机效率提高到 80%，则高温热源需要提高多少？
(3)若高温热源不变，要使热机效率提高到 80%，则低温热源需要降低多少？

5-10 一卡诺热机，低温热源的温度是 280K，效率为 40%，现将该机的效率提高到 50%。试求：
(1)若低温热源的温度不变，则高温热源的温度需要提高多少？
(2)若高温热源的温度不变，则低温热源的温度需要降低多少？

5-11 25Ω 的电阻器上通 10A 的电流，通电时间 1s，电阻器的温度保持为 300K，试求：
(1)该电阻器的熵值变化如何？
(2)电阻器与周围大气总熵变如何？

5-12 一实际制冷机工作于两恒温热源之间，热源温度分别为 T_1=400K，T_2=200K。设工作物质在每一循环中，从低温热源吸收热量为 200 卡，向高温热源放热 400 卡。试求：
(1)在工作物质进行的每一循环中，外界对制冷机做了多少功？
(2)制冷机经过一循环后，热源和工作物质熵的总变化 ΔS_b 是多少？
(3)若上述制冷机为可逆机，则经过一循环后，热源和工作物质熵的总变化应是多少？
(4)若(3)中的可逆制冷机在一循环中从低温热源吸收热量仍为 200 卡，试用(3)中的结果求该可逆制冷机工作物质向高温热源放出的热量以及外界对它所做的功。

习 题 答 案

5-1 (1)升温大小依次是 $\Delta T_{He} > \Delta T_{N_2} > \Delta T_{CO_2}$；
(2)压强大小依次为 $\Delta P_{He} > \Delta P_{N_2} > \Delta P_{CO_2}$

5-2 (1) P=9.08×10³Pa；(2) T_2 = 90.4K

5-3 $0.5P_0$

5-4 $\Delta S = \ln(V_2/V_1) > 0$

5-5 $Q_2 = U_1 - U_4 = C_V(T_1 - T_4)$；$-A = -(A_1 + A_2) = C_V[(T_3 - T_2) - (T_4 - T_1)]$；
$\Delta U = Q_1 + Q_2 - A$

5-6 $C_m = C_{m,V} - R/(m-1)$

5-7 温度降低

5-8 −600J

5-9 (1) 70%；(2)提高 500K；(3)降低 100K

5-10 (1)提高 93K；(2)降低 46K

5-11 (1) 0；(2) 8.33J·K

5-12 (1) 400 卡；(2) 0.5 卡·K⁻¹；(3) 0；(4)200 卡

第 6 章 静 电 场

心脏在每次收缩之前，都会伴随着电学活动出现。把这种电学活动用机器连续描记下来所形成的曲线图就称为心电图(electrocardiogram, ECG)，用来描记心电图的机器就称为心电图机。心电图和心电图机是医学发展史上具有里程碑意义的重要发明，是电场理论在医学和生物学上应用的典型实例。通过心电图和心电图机，可以很方便地对心脏的活动进行监测、记录和分析，为心脏疾病的研究和治疗提供依据。癫痫的诊断主要靠临床表现，典型的发作对确定诊断有决定性意义，所以详细、完整、准确、清晰的病史、体格检查及神经系统检查是诊断所必需的. 脑电图检查及有关实验室检查便是最重要的诊断依据。正常脑电图波形与癫痫时的波形明显不一样。

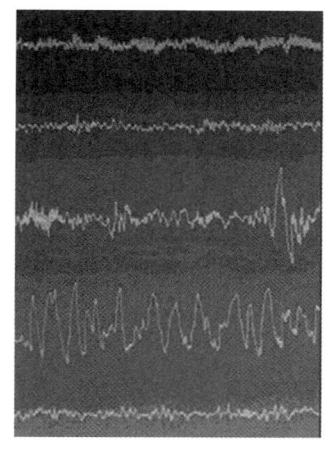

  正常睡眠时的脑电图波形   癫痫的脑电图波形显著紊乱

电现象在自然界及人类生活中普遍存在，人体的许多功能都和电有关，人体产生的电波可用于控制和驱动神经、肌肉和器官，如脑信号基本是电的信号. 要深入了解生命现象和有效地使用现代的医学仪器，掌握一定的电学知识是十分必要的.

电场(electric field)是由带电体在其周围空间激发的特殊物质形式，任何电荷都在它周围空间产生电场，电荷之间的相互作用力，即电场力是通过电场来实现的，与观察者相对静止的电荷产生的电场被称为静电场(electrostatic field)，静电场不随时间变化.

本章内容主要包括真空中静电场的特性和规律、静电场与导体和电介质的相互作用、静电场在医学上的应用、心电图和电子示波器. 静电学理论在现代物理学中占有重要地位，它所说明的物理概念，如场强和电势等，以及它所确立的定律，如库仑定律、场强叠加原理、高斯定理和场强环流定理等，都是学习电磁学其他部分的基础.

6.1 电场 电场强度

6.1.1 电荷库仑定律

两种不同性质的物体互相摩擦可以使物体带电，处于带电状态的物体称为带电体，并常以**电荷**(electric charge)一词代表带电体及其所带电量.大量实验表明,自然界中只存在两种电荷,即正电荷和负电荷.同种电荷间有斥力,异种电荷间有引力.

物体带电的本质是带电粒子的得失.例如,如果一物体从另一物体取得了一些额外的电子,该物体就带负电,而失去电子的物体就带等量的正电.大量实验表明,如把参与相互作用的几个物体叫做一个系统,而整个系统与外界没有电荷交换,那么不管在系统中发生什么物理过程,系统的电量的代数和始终保持不变,这个原理称为**电荷守恒定律**(low of conservation of charge).

物体带电的多少用电量来描述,单位为库仑,用符号 C 表示.质子和电子所带的电量分别为 $+1.6\times10^{-19}$C 和 -1.6×10^{-19}C,通常用 $+e$ 和 $-e$ 表示.通常认为这是实验能够测量出来的最小电量,任何带电体所带电量只能是 e 的整倍数,电荷只能取分立的和不连续的量值,这种性质叫做电荷的量子性.由于常见的宏观物体所带电量远大于 e,电荷的量子性不易观察到,所以经典电磁理论中通常认为电荷是连续分布在宏观带电体上,从而忽略电荷的量子性所带来的微观起伏.在经典电磁理论中常引入电荷体密度、电荷面密度和电荷线密度等概念来表示宏观物体的电荷分布情况.

宏观理论中也使用点电荷的概念,它是带电体理想化的抽象模型.当带电体的几何线度远小于带电体间的距离时,其本身的形状和电荷分布对带电体间的相互作用几乎无影响,此时就可以把它看做点电荷.理论上,任何带电体都可看做是点电荷的集合体.

1785 年,法国科学家库仑首先通过实验总结出了真空中两个点电荷间的相互作用规律,称为**库仑定律**(Coulomb's law).其内容可以表述为:真空中两个点电荷间的相互作用力的大小与两个点电荷的电量 q_1、q_2 的乘积成正比,与它们之间的距离 r 的平方成反比,作用力的方向沿着它们的连线,同号电荷相斥,异号电荷相吸,即 q_1 对 q_2 的作用力 $\boldsymbol{F}$ 为

$$\boldsymbol{F} = k\frac{q_1q_2}{r^2}\boldsymbol{r}_0 \tag{6-1}$$

其中,$\boldsymbol{r}_0$ 是从 q_1 指向 q_2 的单位矢量.在国际单位制中,电量的单位取 C,距离的单位取 m,力的单位取 N,则比例系数 $k=9.0\times10^9$ N·m²·C⁻².为了简化电磁学中一些常用公式的表达式,常把 k 写成

$$k = \frac{1}{4\pi\varepsilon_0}$$

的形式,其中 $\varepsilon_0=8.85\times10^{-12}$·N⁻¹·m⁻²·C²,称为**真空介电常数**(dielectric constant of free space).所以,在国际单位制中,库仑定律也可以写作

$$\boldsymbol{F} = \frac{1}{4\pi\varepsilon_0}\frac{q_1q_2}{r^2}\boldsymbol{r}_0 \tag{6-2}$$

的形式.根据力的叠加性,由库仑定律可以很容易求出点电荷系或连续分布电荷对另一点电荷的作用力.

6.1.2 电场强度

库仑定律反映了两个点电荷间相互作用力的性质,但它没有从本质上说明力是怎样传递的.对此问题,近代物理学家认为,在电荷周围的空间存在着特殊形态的物质,称为**电场**(electric field),电荷间的相互作用是通过电场传递的.场也具有能量、质量和动量等物质属性,因此场也是物质的一种形态.相对于观察者静止的电荷周围存在的电场是不随时间变化的,称为**静电场**(electrostatic field).

电场有两个重要的特性：一是位于电场中的任何电荷都要受到力的作用，这种力叫做电场力；二是电荷在电场中运动时，电场力要做功，表明电场具有能量．这就给我们提供了两种描述电场性质的方法：一是从电场对电荷有作用力的角度来描述电场，这将引入电场强度的概念；二是从能量的角度来描述电场，将引入电势的概念．本节和 6.2 节将介绍有关电场强度的基本内容，有关电势的基本内容及其与电场强度之间的联系将在 6.3 节介绍．

为引入电场强度的概念，我们设想在电场中放入一个试探电荷．所谓试探电荷是指满足如下两个条件的电荷：首先它的线度必须小到可以看成点电荷；其次它所带的电量要足够小，以免由于它的引入而改变原来电场的分布．按照库仑定律，在电场中同一点，试探电荷所受电场力 F 的大小与其所带的电量 q_0 的比值是一个大小和方向都与试探电荷本身无关的矢量，它反映了电场给定点的客观性质．我们就把这一比值定义为该点的**电场强度矢量**(electric field intensity)，简称**场强**，用符号 E 表示，即

$$E = \frac{F}{q_0} \tag{6-3}$$

式中，如果 $q_0=+1\text{C}$，则 $E=F$，因此也可以说，电场中某点的场强等于单位正电荷在该点所受的电场力．在国际单位制中，场强单位是 $\text{N}\cdot\text{C}^{-1}$．

6.1.3 场强的计算

1. 点电荷电场的场强

设想在距点电荷 q 为 r 处的 P 点放入一个试探电荷 q_0，根据式(6-2)和式(6-3)很容易计算出点电荷 q 所产生的电场中 P 点处的场强 E 为

$$E = \frac{F}{q_0} = k\frac{q}{r^2}\boldsymbol{r}_0 \tag{6-4}$$

其中，$\boldsymbol{r}_0$ 为从场源电荷 q 指向 P 点的单位矢量．

2. 分立点电荷系电场的场强

如果场源是由点电荷 q_1、q_2、…、q_n 所组成的点电荷系，由于电场力服从矢量叠加原理，则试探电荷 q_0 在 P 点所受的电场力 F 为各个场源电荷 q_i 对试探电荷的作用力 F_i 的矢量和，即

$$E = \frac{F}{q_0} = \frac{\sum_{i=1}^{n}F_i}{q_0} = \sum_{i=1}^{n}\frac{F_i}{q_0} = \sum_{i=1}^{n}E_i = \sum_{i=1}^{n}k\frac{q_i}{r_i^2}\boldsymbol{r}_{0i} \tag{6-5}$$

即分立点电荷系在空间某点处所产生的场强等于每一个场源电荷单独存在时在该点处产生的场强的矢量和，这就是场强叠加原理．这样，根据场强叠加原理，要计算分立点电荷系所产生的场强，只需要将每一个场源电荷产生的场强 E_i 都求出来，然后再求矢量和即可．

3. 连续分布电荷电场的场强

对于电荷连续分布的带电体，可以先将带电体划分成许多个电荷元 $\text{d}q$，其中每个 $\text{d}q$ 都可看成点电荷，所产生的场强为

$$\text{d}E = \frac{\text{d}F}{q_0} = k\frac{\text{d}q}{r^2}\boldsymbol{r}_0 \tag{6-6}$$

此时场强叠加原理同样适用，只是需要将式(6-5)中的矢量求和运算换成矢量积分运算即可．即电荷连续的带电体的合场强 E 为

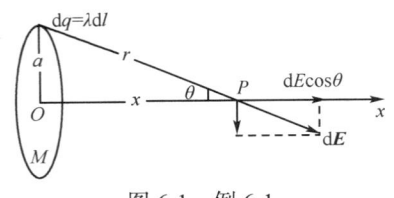

图 6-1 例 6-1

$$E = \int dE = \int k\frac{dq}{r^2}r_0 \tag{6-7}$$

【例 6-1】 图 6-1 为电量 Q 均匀分布在一半径为 a 的圆环 M 上. 计算在环的轴线上任一给定点 P 的场强.

【解】 设 P 点到圆环中心 O 的距离为 x. 将圆环分成许多足够小的线元 dl, 使每一个线元 dl 都可以近似看成点电荷, 它所带的电量为

$$dq = \lambda dl = \frac{Q}{2\pi a}dl$$

其中, λ 为圆环上电荷分布的线密度. 电荷元 dq 在 P 点的场强 dE 大小为

$$dE = k\frac{dq}{r^2} = k\frac{Q}{2\pi a r^2}dl$$

式中, r 为 dq 到 P 点的距离. dE 的方向如图 6-1 所示. 由于对称性, 各电荷元的场强在垂直于 x 轴的方向上的分量互相抵消, 因而 P 点的合场强就只有沿 x 轴的分量, 其大小为

$$E = \int dE\cos\theta = \int_0^{2\pi a} k\frac{Q}{2\pi a r^2}\cdot\frac{x}{r}dl = k\frac{Qx}{2\pi a r^3}\int_0^{2\pi a} dl = k\frac{Qx}{r^3} = k\frac{Qx}{(x^2+a^2)^{3/2}}$$

方向沿 x 轴正向.

由例 6-1 的结论可以看出, ①当 $x = 0$ 时, 即圆环的中心 O 点处的场强为零; ②当 $x \gg a$ 时, $(x^2+a^2)^{3/2} \approx x^3$, $E \approx k\frac{Q}{x^2}$, 说明在离圆环足够远的地方, 可以把带电圆环近似看成点电荷.

【例 6-2】 图 6-2 为一根电荷线密度为 ρ 的无限长均匀带电直线, 试计算其周围空间中任一点 P 处的场强.

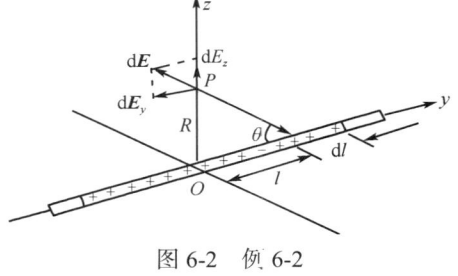

图 6-2 例 6-2

【解】 设 P 点到带电直线的距离为 R, 建立图示坐标系. 将直线分成许多足够小的线元 dl, 使每一个线元 dl 都可以近似看成点电荷, 它所带的电量为

$$dq = \rho dl$$

显然它在 P 点处产生的电场的场强 dE 沿 x 轴的分量为零, 沿 y 轴和 z 轴的分量分别为

$$dE_y = -dE\cos\theta = -k\frac{\rho dl}{r^2}\cos\theta, \quad dE_z = dE\sin\theta = k\frac{\rho dl}{r^2}\sin\theta$$

考虑到 $r = R\csc\theta$ 和 $l = R\cot\theta$, 所以有

$$dE_y = k\frac{\rho}{R}\cos\theta\, d\theta, \quad dE_z = -k\frac{\rho}{R}\sin\theta\, d\theta$$

将以上两式关于整个带电直线积分可得

$$E_y = \int_\pi^0 dE_y = \int_\pi^0 k\frac{\rho}{R}\cos\theta\, d\theta = 0$$

$$E_z = \int_\pi^0 dE_z = \int_\pi^0 -k\frac{\rho}{R}\sin\theta\, d\theta = k\frac{2\rho}{R}$$

即 P 点处场强的大小为 $k\dfrac{2\rho}{R}$，场强的方向与带电直线垂直.

6.2 静电场的高斯定理

6.2.1 电场线和电通量

1. 电场线

为了形象地描述场强的空间分布，我们在电场中作一系列曲线，使这些曲线上每一点的切线方向和该点场强的方向一致，且规定通过垂直于该点场强方向的单位面积的电场线数目等于该点场强的大小，即 $\Delta\Phi_E/\Delta S_\perp = E$，这些曲线称为**电场线**(electric field line).

显然，电场中每一点处电场线的切线方向表示了场强的方向，电场线的密度表示了场强的大小，采用电场线就可以形象、全面地描绘出场强的分布情况.如果电场中各点场强大小相等，方向相同，这样的电场称为匀强电场，其电场线是一束密度均匀的平行直线.在一般情况下，电场中各点场强的大小和方向不同，所以电场线一般为密度非均匀的一系列曲线.

静电场的电场线具有两个特点：一是起于正电荷而止于负电荷，或者一端向无穷远处延伸，不形成闭合曲线，在到达负电荷之前，电场线不中断. 二是任何两条电场线互不相交.这是因为每点的场强只有一个确定的方向.

2. 电通量

通过电场中某一面积的电场线总数，称为通过该面积的**电通量**(electric flux)，用 Φ_E 表示. 根据上面对电场线画法的规定，可以计算通过任意面积的电通量.

在匀强电场中，通过和场强 E 正交的平面 S(图 6-3(a))的电通量，根据电通量的定义直接可得

$$\Phi_E = E \cdot S \tag{6-8}$$

如果平面 S 和场强 E 不正交，设平面 S 的法线 n 与场强 E 成 θ 角(图 6-3(b))，则通过该平面的电通量是

$$\Phi_E = E \cdot S \cdot \cos\theta = \boldsymbol{E} \cdot \boldsymbol{S} \tag{6-9}$$

对于非匀强电场，或者面 S 为曲面时(图 6-3(c))，可将曲面 S 分为许多足够小的面元 dS，使每个面元 dS 都可近似看成平面，且在其上各点的场强 E 可近似看成匀强电场，则根据式(6-9)，通过面元 dS 的电通量 $d\Phi_E$ 是

$$d\Phi_E = E\cos\theta\, dS = \boldsymbol{E} \cdot d\boldsymbol{S} \tag{6-10}$$

式中，θ 为面元 dS 的法线 n 与场强 E 之间的夹角.通过整个曲面 S 的电通量可由积分求得：

$$\Phi_E = \iint_S d\Phi_E = \iint_S E\cos\theta\, dS = \iint_S \boldsymbol{E} \cdot d\boldsymbol{S} \tag{6-11}$$

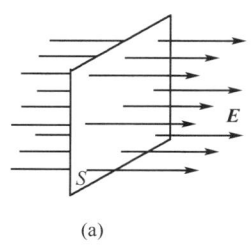
(a)
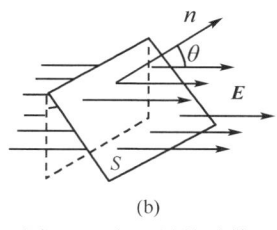
(b)
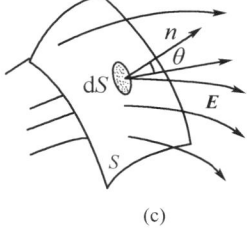
(c)

图 6-3 电通量的计算

特殊地，当曲面 S 为闭合曲面时，式(6-11)的积分范围就为整个闭合曲面，即

$$\Phi_E = \oiint_S \mathrm{d}\Phi_E = \oiint_S E\cos\theta \,\mathrm{d}S = \oiint_S \boldsymbol{E} \cdot \mathrm{d}\boldsymbol{S} \qquad (6\text{-}12)$$

对闭合曲面，数学上规定垂直于面元 $\mathrm{d}S$、由内向外的方向为法线 $\boldsymbol{n}$ 的正方向. 此时，通过面元 $\mathrm{d}S$ 的电通量 $\mathrm{d}\Phi_E$ 就可能有正有负. 由式(6-10)可知，当电场线由内向外穿出面元 $\mathrm{d}S$ 时，θ 为锐角，$\mathrm{d}\Phi_E>0$，电场线的数目为正；当电场线由外向内穿入面元 $\mathrm{d}S$ 时，θ 为钝角，$\mathrm{d}\Phi_E<0$，电场线的数目为负. 显然，通过整个闭合曲面 S 的电通量等于所有穿出和穿入闭合曲面 S 电场线的代数和.

6.2.2 高斯定理

高斯定理(Gauss's theorem)是静电场的基本规律之一. 下面我们就从讨论闭合曲面的电通量出发，推导出真空中的高斯定理.

先讨论单个点电荷的情形. 设正的点电荷 q 在真空中产生电场，以 q 为中心，以任意半径 r 作一闭合球面 S，如图 6-4(a)所示. 球面上任一点处的场强大小均为

$$E = k\frac{q}{r^2} = \frac{1}{4\pi\varepsilon_0}\frac{q}{r^2}$$

且方向均为沿半径方向向外，即与该点面元 $\mathrm{d}S$ 法线 $\boldsymbol{n}$ 的夹角 θ 为零，则由式(6-12)可计算出通过整个球面 S 的电通量为

$$\Phi_E = \oiint_S E\cos\theta \,\mathrm{d}S = E\oiint_S \mathrm{d}S = E \cdot 4\pi r^2 = \frac{q}{\varepsilon_0} \qquad (6\text{-}13)$$

上式说明：①当点电荷 q 为正电荷时，球面 S 的电通量为正，穿过球面 S 的电场线数目为正；②球面 S 的电通量(或通过球面 S 的电场线的数目)只与球内点电荷的电量 q 和真空的介电常数 ε_0 有关，而与球面的大小无关. 这一点也可以理解为，若以正电荷 q 为球心作一系列半径不同的同心球面，则正电荷 q 所发出的全部电场线一定会穿过所有球面，因此每一个球面上穿过的电场线数目都相同.

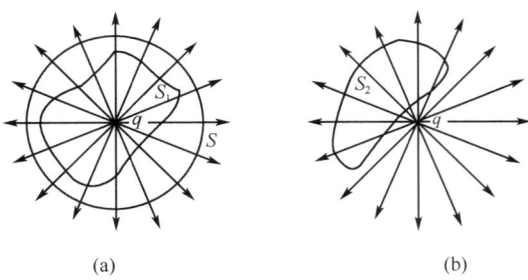

(a)　　　　　　(b)
图 6-4　真空中高斯定理的证明

同理，若存在一个包围点电荷 q 的任意形状的闭合曲面 S_1，(如图 6-4)(a)所示，则正电荷 q 所发出的全部电场线也都会穿过闭合曲面 S_1，因此闭合曲面 S_1 的电通量同样等于球面 S 的电通量 q/ε_0.

显然，上述讨论同样适用于点电荷 q 为负电荷的情形. 只不过此时因为 $q<0$，所以 $\Phi_E<0$，对应着电场线由外向内穿过闭合曲面的情形，穿过闭合曲面电场线的数目为负.

如果点电荷 q 不在闭合曲面内，则由图 6-4(b)可以看出，此时穿出和穿入闭合曲面 S_2 的电场线数目相同，代数和为零，亦即此时闭合曲面 S_2 的电通量为零. 由此可见，虽然位于闭合曲面外的场源电荷对闭合曲面上各点的场强都有影响，但对整个闭合曲面电通量的贡献却为零.

现在，我们再考虑场源电荷是多个点电荷的情形，设其中第 1 至第 n 个点电荷在闭合曲面内，第 $n+1$ 至第 N 个点电荷在闭合曲面外，根据场强叠加原理，通过该闭合曲面的总电通量为

$$\Phi_E = \sum_{i=1}^{N} \Phi_{Ei} = \sum_{i=1}^{n} \Phi_{Ei} + \sum_{i=n+1}^{N} \Phi_{Ei} = \sum_{i=1}^{n} \frac{q_i}{\varepsilon_0} + 0 \quad (6\text{-}14)$$

综合上式和式(6-12)可得

$$\Phi_E = \oiint_S \boldsymbol{E} \cdot \mathrm{d}\boldsymbol{S} = \oiint_S E\cos\theta \,\mathrm{d}S = \frac{\sum_{i=1}^{n} q_i}{\varepsilon_0} \quad (6\text{-}15)$$

这就是真空中高斯定理的数学表达式. 它表示，通过任意闭合曲面的电通量等于该闭合曲面所包围的电荷电量的代数和除以 ε_0，与闭合曲面外的电荷无关. 显然这一结论对电荷连续分布的带电体同样适用，只不过此时式(6-15)中对点电荷电量的求和运算要过渡为对带电体的积分运算.

高斯定理以积分形式给出了静电场中场强的分布规律，深刻揭示出电场和场源电荷的相互关系. 关于高斯定理，下面再作几点说明：

(1) 高斯定理中的闭合曲面简称为高斯面. 显然高斯定理与高斯面的形状和大小无关，因此在解决问题时可以根据问题的需要任意选取高斯面.

(2) 高斯定理揭示出静电场是有源场. 若高斯面内是正电荷，则 $\Phi_E>0$，表明电场线由高斯面内向外发出；若高斯面内是负电荷，则 $\Phi_E<0$，表明电场线进入高斯面并终止于高斯面内；若高斯面内没有电荷，则 $\Phi_E=0$，表明电场线从高斯面一端进入并从另一端穿出。

(3) 式(6-15)中 E 为高斯面上各点的电场强度，它是高斯面内外所有场源电荷所产生的合场强，与所有场源电荷有关. 而 Φ_E 为整个高斯面的电通量，它仅与高斯面内电荷 q_i 的代数和有关，而与高斯面外的电荷无关，与高斯面内电荷的位置无关. 高斯面外电荷的变化以及高斯面内电荷位置的变化虽然不能改变高斯面的电通量，但却可以改变高斯面上各点场强的分布情况.

6.2.3 高斯定理的应用举例

直接用高斯定理计算场强，在一般情况下是很困难的. 但是，当场源电荷分布具有某种对称性时，用高斯定理可能可以比较方便地求场强，这是高斯定理的一个重要应用. 在用高斯定理计算场强时，首先要作对称性分析. 根据对称性选取适当的高斯面，是解决此类问题的关键.

1. 均匀带电球壳的场强

如图 6-5 所示，有一个均匀带电球壳，半径为 R，总电量为 Q，求距离球心 O 为 r 处的一点 P 的场强.

对称性分析：由于电荷均匀分布在球壳上，场源电荷分布具有球对称性，因此其场强分布也同样具有球对称性，即如果以 O 为球心作一个过 P 点的同心球面 S，如图 6-5 所示，则球面 S 上各点场强的大小相等，方向都沿半径方向.

根据对称性，选取同心球面 S 为高斯面，则根据高斯定理，球面 S 的电通量为

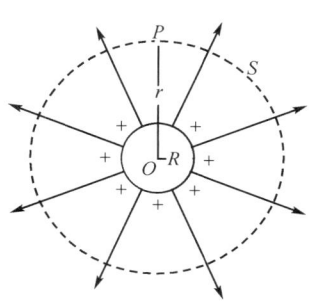

图 6-5 均匀带电球壳的场强

$$\Phi_E = \oiint_S E\cos\theta \,\mathrm{d}S = E\oiint_S \mathrm{d}S = E \cdot 4\pi r^2 = \frac{\sum_{i=1}^{n} q_i}{\varepsilon_0}$$

所以球面 S 上各点的电场强度大小为

$$E = \frac{1}{4\pi\varepsilon_0} \frac{\sum_{i=1}^{n} q_i}{r^2}$$

其中，$\sum_{i=1}^{n} q_i$ 为球面 S 内所有电荷的代数和.

若 P 点为球壳外一点，即 $r > R$，则球壳上所有电荷都在高斯面内，$\sum_{i=1}^{n} q_i = Q$；若 P 点为球壳内一点，即 $r < R$，则高斯面内没有电荷，$\sum_{i=1}^{n} q_i = Q$. 因此有

$$E = \frac{1}{4\pi\varepsilon_0} \frac{Q}{r^2}, \quad r > R$$
$$E = 0, \quad r < R$$

上式表明，在均匀带电球壳外部，可以将其视为一个电荷集中在球心的点电荷，而在其内部，场强则处处为零.

2. 无限大均匀带电平面的场强

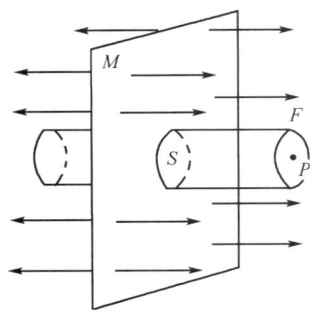

图 6-6 无限大均匀带电平面的场强

如图 6-6 所示，一无限大均匀带电平面 M 上的电荷面密度为 σ，求其周围一点 P 的场强.

对称性分析：由于场源电荷在无限大平面上均匀分布，故电场线由平面向两侧发出，且方向与平面垂直，电场关于无限大带电平面对称分布.

过 P 点作一个穿过带电平面的、轴线与带电平面垂直、两底面与带电平面等距的圆柱面，选取该圆柱面为高斯面，设该柱面的底面积为 S.

考虑到圆柱面侧面的法线方向与场强方向垂直，因此通过侧面的电通量为零；考虑到两底面与带电平面等距，所以两底面上各点场强的大小相等，设为 E，其方向与两底面的法线方向平行，因此通过两底面的电通量均为 $E \cdot S$；则根据高斯定理和上述分析，整个高斯面的电通量为

$$\Phi_E = \iint_S E\cos\theta \, dS = \frac{\sum_{i=1}^{n} q_i}{\varepsilon_0} = 2E \cdot S$$

其中，$\sum_{i=1}^{n} q_i$ 为圆柱面内所有电荷的代数和，所以两底面上各点的电场强度

$$E = \frac{\sum_{i=1}^{n} q_i}{2\varepsilon_0 S} = \frac{\sigma S}{2\varepsilon_0 S} = \frac{\sigma}{2\varepsilon_0}$$

3. 无限长均匀带电直线的场强

如图 6-7 所示，一无限长均匀带电直线上的电荷面密度为 ρ，求其周围一点 P 的场强.

对称性分析：由于场源电荷在无限长直线上均匀分布，故电场线由带电直线向周围发出，且方向与带电直线垂直，电场满足以带电直线为轴的柱对称性.

如图 6-7 所示,过 P 点作一个以带电直线为轴、长度为 L、两底面与带电直线垂直的圆柱面,选取该圆柱面为高斯面.

考虑到圆柱面底面的法线方向与场强方向垂直,因此通过底面的电通量为零;考虑到电场的柱对称性,圆柱面侧面上各点场强的大小相等,设为 E,其方向与侧面的法线方向平行,且圆柱面侧面的面积为 $2\pi RL$,因此通过侧面的电通量为 $E \cdot 2\pi RL$;根据高斯定理,整个高斯面的电通量满足

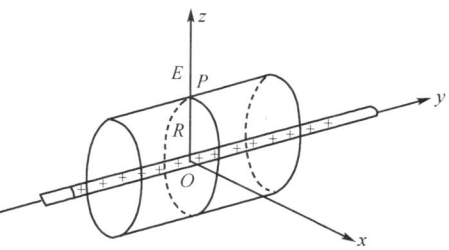

图 6-7 无限大均匀带电直线的场强

$$\Phi_E = E \cdot 2\pi RL = \frac{\rho \cdot L}{\varepsilon_0}$$

其中,$\rho \cdot L$ 为圆柱面内所有电荷的代数和.所以圆柱面侧面上各点的电场强度为

$$E = \frac{\rho}{2\pi\varepsilon_0 R}$$

和例 6-2 对比可以看出,当场源电荷分布具有良好的对称性时,用高斯定理可以很方便地求出场强,这是高斯定理的一个重要应用.

6.3 电　　势

6.3.1 静电场力做功

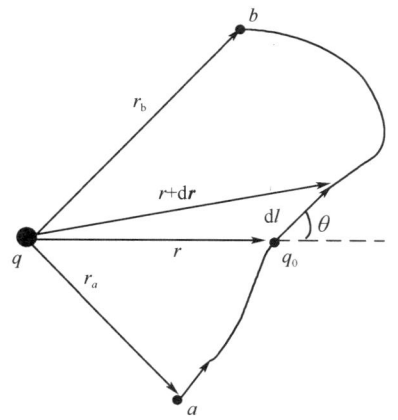

图 6-8 点电荷的静电场力对试探电荷做功

电荷在电场中移动时,作用于电荷上的电场力要做功. 现在从电场力做功方面来定量描述电场的性质,从而引入电势的概念.

下面,我们首先分析点电荷产生的静电场对在其中移动的电荷所做的功.

设静电场由点电荷 q 所产生,电荷 q_0 在电场中从 a 点沿任意路径到达 b 点,如图 6-8 所示. 求此过程中静电场力对电荷 q_0 所做的功.

由于此过程中电荷 q_0 所受静电场力是不断变化的,是变力做功问题,因此要把路径划分成许多足够小的位移元 $\mathrm{d}\boldsymbol{l}$,使每一个位移元 $\mathrm{d}\boldsymbol{l}$ 都可近似看成直线,且在每一个位移元 $\mathrm{d}\boldsymbol{l}$ 上电荷 q_0 所受静电场力都可以认为近似不变,这样,在位移元 $\mathrm{d}\boldsymbol{l}$ 上静电场力所做的元功 $\mathrm{d}A$ 为

$$\mathrm{d}A = \boldsymbol{F} \cdot \mathrm{d}\boldsymbol{l} = q_0 \boldsymbol{E} \cdot \mathrm{d}\boldsymbol{l} = q_0 E \cos\theta \mathrm{d}l$$

将上式从 a 点积分到 b 点即得此过程中静电场力对电荷 q_0 所做的功为

$$A_{ab} = \int_a^b \mathrm{d}A = \int_a^b q_0 \boldsymbol{E} \cdot \mathrm{d}\boldsymbol{l} = \int_a^b q_0 E \cos\theta \mathrm{d}l$$

其中,由图 6-8 可知,$\cos\theta \mathrm{d}l = \mathrm{d}r$,且 $E = \frac{1}{4\pi\varepsilon_0} \frac{q}{r^2}$,代入上式后可得

$$A_{ab} = \frac{qq_0}{4\pi\varepsilon_0} \int_{r_a}^{r_b} \frac{1}{r^2} dr = \frac{qq_0}{4\pi\varepsilon_0} \left(\frac{1}{r_a} - \frac{1}{r_b} \right) \tag{6-16}$$

其中，r_a 和 r_b 分别为路径始末点到场源电荷 q 的距离. 显然，上式中 A_{ab} 只与电荷 q_0 的始末位置有关，而与运动的路径无关.

考虑到场强的叠加原理，显然，上述结论对任意静电场都成立. 由于任意静电场 $\boldsymbol{E}$ 都可看成若干个点电荷电场 $\boldsymbol{E}_i$ 的叠加，合电场 $\boldsymbol{E}$ 对电荷 q_0 所做的总功也就是各点电荷单独产生的电场对 q_0 所做功的和，即

$$A_{ab} = \int_a^b dA = \int_a^b q_0 \boldsymbol{E} \cdot d\boldsymbol{l} = \int_a^b q_0 \sum_i \boldsymbol{E}_i \cdot d\boldsymbol{l} = \sum_i \int_a^b q_0 \boldsymbol{E}_i \cdot d\boldsymbol{l}$$

由于上式右方的每一项都与路径无关，并且都与 q_0 成正比，故各项之和（即合电场力的功）也与路径无关，并和 q_0 成正比. 因此可以得出结论：电荷 q_0 在任何静电场中移动时，电场力所做的功都仅与电荷 q_0 的大小及路径的始末位置有关，而与电荷移动的路径无关. 这是静电场的一个非常重要的特性，它说明静电场力、静电场和重力、重力场类似，静电场力是保守力，静电场是保守场或有势场.

由于静电场力做功与路径无关，因此单位正电荷从电场中某点出发，经过任意闭合曲线 L 又回到起始位置时，电场力所做的功显然为零. 即有

$$\oint_L \boldsymbol{E} \cdot d\boldsymbol{l} = 0 \tag{6-17}$$

上式表明，在静电场中场强 $\boldsymbol{E}$ 沿任意闭合路径的线积分恒等于零，这一结论称为**静电场的环路定理**（circuital theorem of electrostatic field）. 显然静电场的环路定理和"静电场力做功与路径无关"是等价的.

静电场的环路定理是静电场中与高斯定理并列的又一个重要定理.

6.3.2 电势能和电势

1. 电势能

静电场力做功与路径无关，说明静电场和重力场一样是保守场. 如同物体在重力场中具有重力势能一样，电荷在静电场中也具有**电势能**（electric potential energy），用 W 来表示. 和重力势能类似，电荷在静电场中的电势能只与电荷的电量以及电荷的位置有关. 当电荷 q_0 在静电场中移动时，若电场力对电荷 q_0 做负功（即外力克服电场力做功），电荷 q_0 的电势能就增加；若电场力对电荷 q_0 做正功，电荷的电势能就减少. 电势能的改变是通过电场力对电荷 q_0 所做的功来量度的，因此有

$$W_a - W_b = A_{ab} = \int_a^b q_0 \boldsymbol{E} \cdot d\boldsymbol{l} = q_0 \int_a^b \boldsymbol{E} \cdot d\boldsymbol{l} \tag{6-18}$$

电势能和重力势能一样是一个相对量. 为说明电荷在电场中某点的电势能大小，必须先设定一个电势能为零的参考点，在物理中通常取无限远处的电势能为零，即 $W_\infty = 0$. 于是，电荷 q_0 在电场中任意点 a 处的电势能为

$$W_a = W_a - W_\infty = q_0 \int_a^\infty \boldsymbol{E} \cdot d\boldsymbol{l} \tag{6-19}$$

上式表明，电荷 q_0 在电场中 a 点处的电势能，在数值上等于把电荷 q_0 从 a 点移到无限远处电场力所做的功.

2. 电势

从式（6-19）可见，电荷 q_0 的电势能 W_a 与 q_0 的比值只与静电场本身的性质有关，而与

电荷 q_0 无关,因此这一比值可用来表示静电场中 a 点的性质,我们就把该比值称为 a 点的**电势**(electric potential),用 U_a 表示:

$$U_a = \frac{W_a}{q_0} = \int_a^\infty \boldsymbol{E} \cdot \mathrm{d}\boldsymbol{l} = \int_a^\infty E\cos\theta\,\mathrm{d}l \tag{6-20}$$

由上述定义可知,静电场中某点的电势在数值上等于单位正电荷在该点所具有的电势能,也等于把单位正电荷从该点移到无限远时电场力所做的功. 电势是一个标量,在国际单位制中,电势的单位为 V,$1\mathrm{V}=1\mathrm{J}\cdot\mathrm{C}^{-1}$.

3. 电势差

静电场中任意两点电势的差值称为**电势差**(electric potential difference).

$$U_{ab} = U_a - U_b = \int_a^\infty \boldsymbol{E} \cdot \mathrm{d}\boldsymbol{l} - \int_b^\infty \boldsymbol{E} \cdot \mathrm{d}\boldsymbol{l} = \int_a^b \boldsymbol{E} \cdot \mathrm{d}\boldsymbol{l} = \int_a^b E\cos\theta\,\mathrm{d}l \tag{6-21}$$

显然,与电势不同,两点间的电势差是一个与势能零点无关的绝对量. 上式表明静电场中 a、b 两点的电势差等于把单位正电荷从 a 点移到 b 点时静电场力所做的功.

由于静电场力做功与路径无关,因此式(6-21)中的积分路径可以选择任意一条从 a 点到 b 点的曲线. 如果 a 点和 b 点恰好为一条电场线上的两点,如图 6-9 所示,且我们选择电场线作为积分路径,则 $\cos\theta=1$,此时有 $U_{ab}=U_a-U_b=\int_a^b E\,\mathrm{d}l>0$,说明电势沿着电场线逐渐降低.

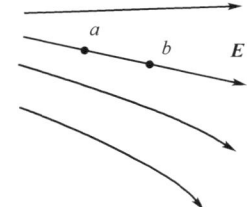

图 6-9 电势沿着电场线逐渐降低

当任一电荷 q_0 在静电场中从 a 点移到 b 点时,电场力所做的功也可用电势差表示为

$$A_{ab} = q_0 U_{ab} = q_0(U_a - U_b) \tag{6-22}$$

由此可知,在只受静电场力作用的情况下,正电荷将从电势高处向电势低处运动,负电荷将从电势低处向电势高处运动.

电势差的单位与电势的单位相同.

6.3.3 电势的计算

根据场强叠加原理,若静电场的电场强度 $\boldsymbol{E}=\sum_i \boldsymbol{E}_i$,则该静电场中某点 a 处的电势为

$$U_a = \int_a^\infty \boldsymbol{E} \cdot \mathrm{d}\boldsymbol{l} = \int_a^\infty \sum_i \boldsymbol{E}_i \cdot \mathrm{d}\boldsymbol{l} = \sum_i \int_a^\infty \boldsymbol{E}_i \cdot \mathrm{d}\boldsymbol{l} = \sum_i U_{ai} \tag{6-23}$$

即任意带电体的静电场中某点的电势等于各个电荷元单独存在时的电场在该点电势的代数和. 这就是**电势叠加原理**(superposition principle of electric potential). 根据这一原理,如果知道单个点电荷电场电势的计算方法,就可以根据式(6-23)计算出任意带电体电场的电势.

1. 点电荷电场中的电势

真空中一个点电荷 q 的电场中距其为 r_a 的一点 a 处的电势,可以根据电势的定义式(6-20)来计算. 由于式(6-20)中积分路径可以任意选择,为计算方便,我们选择沿点电荷 q 的电场线方向积分,即 $\mathrm{d}\boldsymbol{l}=\mathrm{d}r$,将点电荷 q 的场强代入式(6-20)中即得

$$U_a = \int_a^\infty \boldsymbol{E} \cdot \mathrm{d}\boldsymbol{l} = \int_{r_a}^\infty \frac{q}{4\pi\varepsilon_0 r^2}\mathrm{d}r = \frac{q}{4\pi\varepsilon_0}\int_{r_a}^\infty \frac{\mathrm{d}r}{r^2} = \frac{q}{4\pi\varepsilon_0 r_a} \tag{6-24}$$

显然,当场源电荷 q 为正时,其周围电场的电势为正;当场源电荷 q 为负时,其周围电场

的电势为负.点电荷电场中的电势是以点电荷为中心呈球对称分布.

2. 点电荷系电场中的电势

对于一个点电荷系电场中某点 a 处的电势，根据式(6-23)和式(6-24)，显然有

$$U_a = \sum_i U_{ai} = \sum_i \frac{q}{4\pi\varepsilon_0 r_{ai}} \tag{6-25}$$

式中，r_{ai} 是点电荷系中第 i 个电荷 q_i 到 a 点的距离.

3. 连续分布电荷电场中的电势

对于连续分布电荷电场中某点 a 处的电势，电势叠加原理同样适用，只是此时需将式(6-23)中的求和运算替换为积分运算. 考虑式(6-24)，则有

$$U = \int dU = \int \frac{dq}{4\pi\varepsilon_0 r} \tag{6-26}$$

其中，dq 为电荷连续分布带电体中足够小的电荷元，r 为电荷元 dq 到 a 点的距离.

【**例 6-3**】 图 6-1 为电量 Q 均匀分布在一半径为 a 的圆环 M 上. 计算在环的轴线上任一给定点 P 处的电势.

【**解**】 可以有两种方法求解. 第一种是用类似于例 6-1 的方法，利用式(6-26)求解. 设想将圆环分成许多足够小的线元 dl，带电量为

$$dq = \lambda dl = \frac{Q}{2\pi a} dl$$

将其代入式(6-26)后即得 P 点处的电势为

$$U_P = \int_0^{2\pi a} \frac{1}{4\pi\varepsilon_0 r} \cdot \frac{Q}{2\pi a} dl = \frac{1}{4\pi\varepsilon_0 r} \cdot \frac{Q}{2\pi a} \int_0^{2\pi a} dl = \frac{Q}{4\pi\varepsilon_0 r} = \frac{Q}{4\pi\varepsilon_0 \left(x^2 + a^2\right)^{1/2}}$$

第二种方法可以从电势的定义式(6-20)出发，利用例 6-1 中计算出的圆环轴线上的场强分布公式直接积分求出 P 点的电势. 为计算方便，选择轴线 Ox 为积分路径，$dl = dx$，即

$$U_P = \int_P^\infty \boldsymbol{E} \cdot d\boldsymbol{l} = \int_P^\infty \frac{Qx}{4\pi\varepsilon_0 \left(x^2 + a^2\right)^{3/2}} dx = \frac{Q}{4\pi\varepsilon_0 \left(x^2 + a^2\right)^{1/2}}$$

显然，上述两种方法计算出的结果相同.

由例 6-3 的结论可以看出：①当 $x = 0$ 时，即圆环的中心 O 点处的电势 $U_O = \dfrac{Q}{4\pi\varepsilon_0 a}$；②当 $x \gg a$ 时，$\left(x^2 + a^2\right)^{1/2} \approx x$，$U \approx \dfrac{Q}{4\pi\varepsilon_0 x}$，该结果同样说明在离圆环足够远的地方，可以把带电圆环近似看成点电荷.

6.3.4 电场强度与电势的关系

1. 等势面

为了形象地描述静电场中各点电势的分布，我们把静电场中电势相同的点连成一系列曲面，并且规定相邻曲面间的电势差相等，这样的曲面就称为**等势面**(equipotential surface). 例如，点电荷电场的等势面就为一系列以点电荷为中心的、内密外疏的同心球面，如图 6-10 中虚线所示.

静电场的等势面具有如下两个特点：

(1)当电荷沿等势面运动时，静电场力所做的功为零.这一点根据式(6-22)和等势面的定义即可直接得到.

(2)等势面与电场线处处垂直. 这一点可以作如下证明：在等势面上任取两个相距很近的点 a 和 b，它们之间沿等势面的连线为 dl，从式(6-18)可知，当电荷 q_0 从 a 点移至 b 点时，电场力所做的功为 d$A=q_0 \boldsymbol{E} \cdot d\boldsymbol{l}$. 而根据等势面的第一个特点，显然 d$A$=0，由于一般情况下 q_0、$\boldsymbol{E}$、d$\boldsymbol{l}$ 都不为零，因此上式成立的条件只能是 $\boldsymbol{E}$ 和 d$\boldsymbol{l}$ 相互垂直.

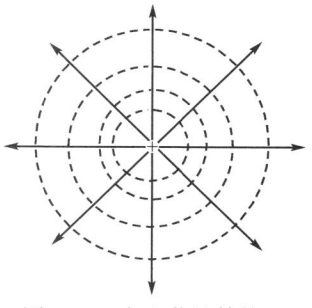

图 6-10 点电荷的等势面

特殊地，在匀强电场中，由于场强处处相等，电场线是一束密度均匀的平行直线，由上述等势面的两个特点和式(6-21)容易推知，匀强电场的等势面为一系列等间距的、与电场线垂直的平面，两等势面间的电势差为

$$U = \int \boldsymbol{E} \cdot \mathrm{d}\boldsymbol{l} = E \cdot d \tag{6-27}$$

其中，d 为两等势面间的距离.

2. 电势梯度

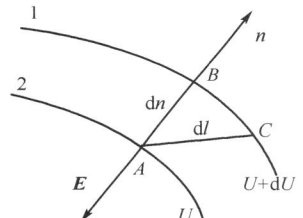

图 6-11 电势梯度场强与电势的关系

如图 6-11 所示，在电场中取两个靠得很近的等势面 1 和 2，它们的电势分别为 U 和 $U+$dU，A 为等势面 1 上的一点，过 A 点作等势面 1 的法线 $\boldsymbol{n}$，且规定其指向电势升高的方向. 由于不同的等势面不相交，当两个等势面靠得很近时，在局部就可以近似看成是平行，因此 $\boldsymbol{n}$ 也是等势面 2 的法线，设其与等势面 2 相交于 B 点，以 dn 表示 A、B 之间的距离，显然 dn 要比 A 点到等势面 2 上其他任意点(如 C 点)的距离 dl 都要小，所以 A 点处的电势沿着法线 $\boldsymbol{n}$ 的方向变化最快，变化率 dU/dn 最大，我们就把这个变化率称为电势梯度.电势梯度为矢量，用 grad$U$ 表示，其方向为法线 $\boldsymbol{n}$ 的方向，即

$$\mathrm{grad}\, U = \frac{\mathrm{d}U}{\mathrm{d}n}\boldsymbol{n}_0 \tag{6-28}$$

其中，$\boldsymbol{n}_0$ 为沿着法线 $\boldsymbol{n}$ 方向的单位矢量. 在国际单位制中，电势梯度的单位是 $\mathrm{V} \cdot \mathrm{m}^{-1}$.

更进一步，如果考虑到电场线与等势面处处垂直，且电势沿着电场线逐渐降低，显然 A 点处场强 $\boldsymbol{E}$ 的方向与法线 $\boldsymbol{n}$ 的方向刚好相反，因此我们说，在电场中任意点处，电势都是沿着场强的方向降低得最快.

3. 场强与电势的关系

若在图 6-11 中，将电荷 q_0 沿着法线 $\boldsymbol{n}$ 方向从 A 点移到 B 点，考虑到 A 点和 B 点靠得很近，场强可以近似认为保持不变，根据式(6-18)和式(6-22)分别计算出电场力所做的功为

$$\mathrm{d}A = q_0 \boldsymbol{E} \cdot \mathrm{d}\boldsymbol{n} = -q_0 E \cdot \mathrm{d}n$$
$$\mathrm{d}A = q_0 (U_A - U_B) = -q_0 \mathrm{d}U$$

比较两式后可得

$$E = \frac{\mathrm{d}U}{\mathrm{d}n}$$

其中，E 为场强的大小. 由于场强 E 的方向与法线 n 的方向刚好相反，因此有

$$E = -\frac{dU}{dn}\boldsymbol{n}_0 = -\text{grad}\, U \tag{6-29}$$

即电场中任意点处场强的大小等于该点电势的梯度，方向和电势梯度的方向相反.

场强和电势是从不同角度描述电场性质的两个重要物理量，场强从电场对电荷有作用力的角度来描述电场，而电势则从能量的角度来描述电场，它们之间必然有着内在的联系. 电势的定义式(6-20)表达了它们之间的积分关系，而式(6-29)则给出了它们之间的微分关系.

6.4　电偶极子　电偶层

6.4.1　电偶极子

1. 电偶极子及其电偶极矩

两个相距很近的等量异号点电荷 $+q$ 与 $-q$ 所组成的点电荷系称为**电偶极子**(electric dipole)，简称**电偶**. 原子和分子的电性质及心肌细胞的电性质等，都可用电偶极子的电特性来描述. 所谓"相距很近"是指这两个点电荷之间的距离和它们到要研究的场点之间的距离相比是足够小的. 从负电荷引向正电荷的矢量 $\boldsymbol{l}$ 称为电偶极子的**轴线**(axis). 乘积 $q \cdot \boldsymbol{l}$ 称为**电偶极矩** $\boldsymbol{p}$ (electric dipole moment)，简称**电矩**，即

$$\boldsymbol{p} = q \cdot \boldsymbol{l} \tag{6-30}$$

电偶极矩是一个矢量，是表征电偶极子整体电性质的重要物理量，在国际单位制中，电偶极矩的单位是 $C \cdot m$.

通常我们把两电荷连线的中点 O 称为电偶极子的中心.

2. 电偶极子电场中的电势

在电偶极子产生的电场中，设任意一点 a 与 $+q$ 和 $-q$ 的距离分别为 r_+ 和 r_-，a 与电偶极子中心 O 的距离为 r，且 r_+、r_- 和 r 均比两电荷间的距离 l 大得多，如图 6-12 所示.

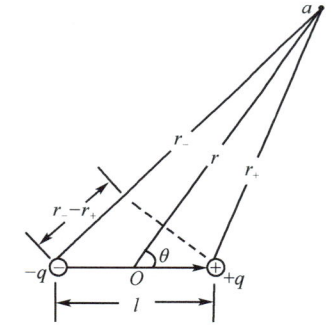

图 6-12　电偶极子电场中的电势

根据电势叠加原理，a 点的电势为 $+q$ 和 $-q$ 分别在 a 点产生电势的代数和，即

$$U = k\frac{q}{r_+} + k\frac{-q}{r_-} = kq\frac{r_- - r_+}{r_- r_+} \tag{6-31}$$

由于 r_+、r_- 和 r 均比 l 大得多，故近似地有 $r_- - r_+ \approx l\cos\theta$，$r_- r_+ \approx r^2$，代入上式后可得

$$U = kq\frac{l\cos\theta}{r^2} = k\frac{p\cos\theta}{r^2} = k\frac{\boldsymbol{p} \cdot \boldsymbol{r}}{r^3} \tag{6-32}$$

其中，r 为 a 点相对于电偶极子中心 O 的位置矢量.

上式表明：①电偶极子电场中的电势与电偶极矩成正比. ②电偶极子电场中电势的分布与方位有关. 电偶极子轴线的中垂面上所有点的势能都为零，以中垂面为界，将整个电场分成了电势分别为正和负的两个对称的区域.

3. 电偶极子电场中的场强

电偶极子电场中场强的一般分布是非常复杂的，现只介绍电偶极子轴线延长线上的场

强.根据点电荷场强的公式可以判断出电偶极子轴线延长线上各点场强的方向是沿着 r 方向的，由式(6-32)可知电偶极子轴线延长线上的电势为 $U = k\dfrac{p}{r^2}$，考虑到场强的大小是电势梯度大小的负值，则有

$$E = -\frac{dU}{dr} = -\frac{d}{dr}\left(k\frac{p}{r^2}\right) = k\frac{2p}{r^3} \tag{6-33}$$

根据点电荷场强的公式可以判断出电偶极子轴线延长线上各点场强的方向与电偶极矩 $\boldsymbol{p}$ 的方向相同.

从上面的讨论可以看出，无论是从电势还是从场强的分布来看，电偶极子的电场都要比点电荷的电场衰减得快.电偶极子的电场和点电荷的电场是完全不同的.

6.4.2 电偶层

在生物体中，**电偶层**(electric double layer)是经常遇到的一种电荷分布.所谓电偶层是指相距很近、互相平行且具有等值异号面电荷密度的两个带电表面.计算电偶层电场中各点的电势时,可将电偶层看成由许多平行排列的电偶极子所组成.这是生物体中常见的一种电荷分布情况.

图 6-13 是电偶层的示意图.两层间的距离为 δ，两带电面的电荷面密度分别为 $+\sigma$ 和 $-\sigma$.在电偶层上取面积元 dS,该面元上所带电量为 σdS.由于 dS 很小，该电偶层可以近似看成电偶极子，其电偶极矩大小为 $\sigma dS \cdot \delta$，电偶极矩方向与面元法线 ON 的方向一致. 根据式(6-32)，这一电偶极子产生的电场在 P 点的电势为

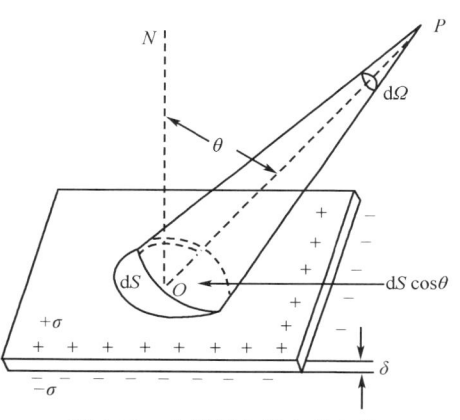

图 6-13　电偶层电场中的电势

$$dU = k\frac{\sigma \cdot \delta \cdot dS\cos\theta}{r^2}$$

式中, r 为面元到 P 点的距离，即 $r = OP$；θ 为面元法线 ON 与直线 OP 之间的夹角；$\sigma \cdot \delta$ 为单位面积电偶层对应的电偶极矩，称为层矩，用 p_S 表示，这是一个表征电偶层特性的物理量；$dS\cos\theta / r^2$ 为面元 dS 对 P 点所张立体角 $d\Omega$，规定如果 P 点所对电偶层的表面带正电荷，则 $d\Omega$ 取正，反之 $d\Omega$ 取负.这样，整个电偶层在 P 点的电势为

$$U_P = \int_S dU = k\int_S p_S d\Omega \tag{6-34}$$

如果整个电偶层上的层矩 p_S 都相等，则上式可写成

$$U_P = k \cdot p_S \int_S d\Omega = k \cdot p_S \cdot \Omega \tag{6-35}$$

其中，Ω 是电偶层整个表面积 S 对 P 点所张立体角.式(6-35)表明，均匀电偶层在某点产生的电势只取决于电偶层层矩和电偶层对该点所张立体角，而与电偶层的形状无关.

如果电偶层构成一个闭合曲面，且层矩均匀分布，如图 6-14 所示，则对闭合曲面外任一点(如 P 点)，闭合曲面上半部 AmB 和下半部 AnB 所张立体角大小相等，符号相反，整个闭合曲面所张立体角 $\Omega = 0$，由式(6-35)可知 $U_P = 0$；而对闭合曲面内任一点(如 O 点)，

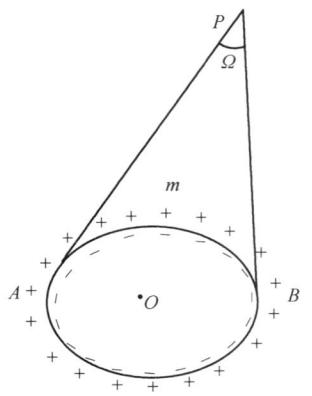

图 6-14 闭合曲面电偶层电场中的电势

闭合曲面上半部 AmB 和下半部 AnB 所张立体角符号相同,整个闭合曲面所张立体角 $\Omega = -4\pi$,由式(6-35)可知 $U_O = -p_S/\varepsilon_0$.

人体中就存在着这样的闭合曲面电偶层.例如,当心肌细胞不受刺激时,细胞膜内均匀带负电,细胞膜外均匀带正电,就属于这种情况.此时,就整个细胞而言,对外不显电性,就像一个电中性的体系.而当心肌细胞受到刺激时,细胞膜内、外电荷的分布就不再均匀,此时整个细胞就开始对外显电性了.这是测量心电图的理论基础.

6.5 静电场中的电介质

前几节,我们讨论的都是真空中的静电场.然而,实际问题中,静电场中一般都有电介质存在,本节就讨论静电场与电介质的相互作用.

6.5.1 电介质在电场中的极化

1. 电介质

电介质(dielectric)在通常条件下是绝缘体.与导体不同,在组成电介质的分子中,原子核和电子间的引力相当大,彼此结合得非常紧密,电子处于被束缚的状态,介质中几乎没有能够自由移动的电子或正离子.一般情况下,将电介质放在外电场中时,其中的正、负电荷只能在电场力的作用下出现微观的相对位移,没有宏观的定向移动.这是电介质和导体在电学性能上最主要的差别.当外电场非常大时,电介质有可能被击穿,只有在这种特殊情况下,电介质中的一部分电子才被解除束缚而出现宏观上的定向移动,电介质就失去了绝缘性.

各向同性的电介质可以分成两类:有些材料,如 He、H_2、N_2、CH_4、CO_2 等,它们分子的正、负电荷中心在无外电场时是重合的,这种分子称为**无极分子**(nonpolar molecule);有些材料,如 HCl、H_2O、CO、SO_2、H_2S、NH_3、CH_3OH 等,即使在外电场不存在时,它们分子的正、负电荷中心也是不重合的,这种分子相当于一个有着固有电偶极矩的电偶极子,所以这种分子称为**有极分子**(polar molecule).

2. 电介质的极化

下面,我们分无极分子和有极分子分别介绍静电场对电介质的作用.

无极分子在无外电场时,正、负电荷的中心相互重合,因此由无极分子构成的电介质整体上对外不显电性(图 6-15(a)).当电介质处在外电场 E_0 中时,在电场力的作用下,无极分子中的正、负电荷将偏离原来的位置,正、负电荷的中心将会产生相对位移,这时每一个分子都可以看成是一个电偶极子(图 6-15(b)).电偶极子的电偶极矩 p 的方向和外电场 E_0 的方向一致,因此这种电偶极矩就称为诱导电偶极矩.这样,如果电介质的密度是均匀的,在电介质内部任一小体积内所包含的正、负电荷的数量仍然相等,即电荷体密度仍然为零,但在电介质与外电场垂直的两个表面上却分别出现了正电荷和负电荷(图 6-15(c)).必须注意的是,这种电荷仍然不能在电介质中自由移动,不能通过诸如接地之类的方法使它们脱离电介质中原子核的束缚而单独存在,因此这种电荷被称为**束缚电荷**(bound charge)或极化电荷.这种在外电场作用下电介质表面产生极化电荷的现象称为**电介质的极化**(dielectric polarization).在外电场的作用下,由于无极分子正、负电荷中心发生相对位移所产生的极化现象称为**位移极化**(displacement polarization).

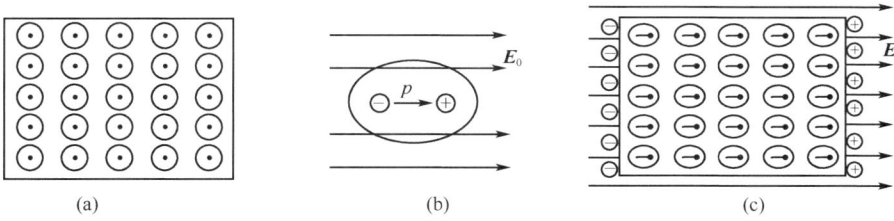

图 6-15　无极分子位移极化示意图

对于由无极分子构成的电介质,外电场越强,分子产生的诱导电偶极矩就越大,表面极化电荷就越多,电介质的极化也越强.当撤除外电场后,无极分子的正、负电荷中心又将重合,极化现象随之消失.

对由有极分子构成的电介质,产生极化的过程则有所不同.有极分子在无电场时已经具有电偶极矩,但由于分子的热运动,电介质中各有极分子电偶极矩的空间排列是杂乱无章的,所以整体上电介质仍然对外不显电性[图 6-16(a)].在有外电场时,电偶极子中的正电荷受到沿着场强方向的电场力作用,负电荷受到逆着场强方向的电场力作用[图 6-16(b)],整个有极分子将发生转动,使其电偶极矩转向外电场的方向.对于密度均匀的电介质,尽管由于分子热运动,有极分子的电偶极矩并不能严格按照外电场方向排列,但整体来看所有有极分子的排列还是沿着场强的方向表现出了一定的方向性,结果在电介质与外电场垂直的两个表面上同样出现了正、负电荷[图 6-16(c)].这种在外电场作用下,由于有极分子重新取向所产生的极化现象称为**取向极化**(orientation polarization).当撤除外电场后,一般情况下,由于分子的热运动,有极分子电偶极矩的排列又将变成无序状态,极化现象消失.

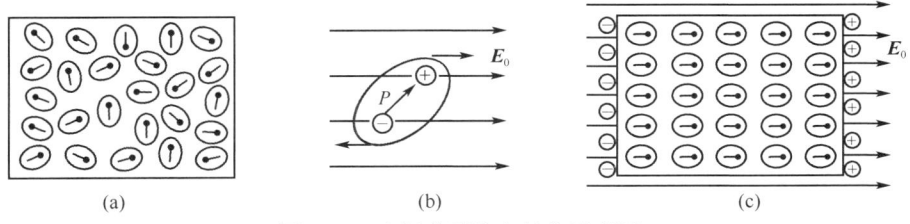

图 6-16　有极分子取向极化示意图

综上所述,在静电场中,虽然不同电介质极化的微观机理不尽相同,但在宏观上的表现却是相同的.所以在对电介质的极化现象作宏观描述时,就无需区分这两类极化了.为了定量反映电介质的极化程度,我们取单位体积内分子电偶极矩的矢量和

$$\boldsymbol{P} = \frac{\sum_i \boldsymbol{P}_i}{\Delta V} \tag{6-36}$$

作为量度电介质极化程度的物理量,称为**电极化强度**(electric polarization)矢量.P 越大,电介质极化程度越高,反之,极化程度越低.在国际单位制中,极化强度矢量的单位是 $C \cdot m^{-2}$.

若电介质中极化强度矢量处处相等,则称为均匀极化.电介质中任一点的极化程度由该点的总场强和介质性质决定.实验表明,对于各向同性均匀介质,有

$$\boldsymbol{P} = \chi_e \varepsilon_0 \boldsymbol{E} \tag{6-37}$$

式中,χ_e 称为电介质的**极化率**或**电极化率**(electric susceptibility),它是一个只与各点电介质的性质有关的物理量.

6.5.2 电介质中的静电场

如前所述,当均匀电介质在外电场 $\boldsymbol{E}_0$ 作用下极化时,在垂直于 $\boldsymbol{E}_0$ 方向的表面将出现均匀分布的正、负束缚电荷层.这些束缚电荷也会产生一个电场,称为**极化电场**(polarization electric field),记作 $\boldsymbol{E}_p$.于是电介质内部极化后的总场强应该是这两者的矢量和,即

$$\boldsymbol{E} = \boldsymbol{E}_0 + \boldsymbol{E}_p \tag{6-38}$$

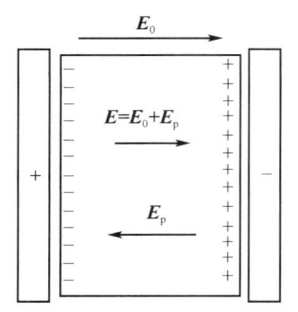

图 6-17 平行板电容器中均匀电介质的极化

图 6-17 为一个平行板电容器中均匀电介质极化的示意图. 图中 $\boldsymbol{E}_0$ 为电容器上电荷所产生的场强,其中的均匀电介质在 $\boldsymbol{E}_0$ 的作用下发生极化,若将平行板的面积记作 S,两板的间距记作 d,电介质表面极化电荷面密度记作 σ,则图中两层束缚电荷可看成是一系列均匀排列、正负电荷间距为 d 的电偶极子,容易计算出其电偶极矩的总和为 $\sigma S d$. 由电极化强度矢量的定义式(6-36)可得电介质中电极化强度的大小为

$$P = \frac{\sum_i p_i}{\Delta V} = \frac{\sigma S d}{S d} = \sigma \tag{6-39}$$

考虑到 $\boldsymbol{E}_0$ 和 $\boldsymbol{E}_p$ 的方向刚好相反,则由式(6-37)和式(6-38)可得

$$E = E_0 - E_p = E_0 - \frac{\chi_e \varepsilon_0 E}{\varepsilon_0} = E_0 - \chi_e E$$

令 $\varepsilon_r = 1 + \chi_e$,并注意到 $\boldsymbol{E}_0$ 和 $\boldsymbol{E}$ 的方向相同,则由上式可得

$$\boldsymbol{E} = \frac{1}{1 + \chi_e} \boldsymbol{E}_0 = \frac{\boldsymbol{E}_0}{\varepsilon_r} \tag{6-40}$$

其中,ε_r 称为**相对电容率**(relative permittivity)或相对介电常数.和极化率 χ_e 一样,ε_r 也是一个只与各点电介质的性质有关的物理量,它反映了电介质极化后对原电场影响的程度.表 6-1 给出了一些电介质的相对介电常数的值.

表 6-1 一些电介质的相对介电常数的值

电介质	温度(℃)	ε_r	电介质	温度(℃)	ε_r
真空		1	脂肪		5~6
空气	20	1.0059	骨骼		6~10
纯水	25	78	皮肤		40~50
纯水	80	61	血液		50~60
二氧化钛	20	100	肌肉		80~85

由电介质极化的原理可知,对于有极分子构成的电介质,其取向极化的程度与分子的热运动有关,所以这一类电介质的相对介电常数 ε_r 随温度的升高而减少.而由无极分子构成的电介质的 ε_r 则几乎与温度无关.

与 ε_r 对应,我们将 $\varepsilon=\varepsilon_r \cdot \varepsilon_0$ 称为电介质的电容率或介电常数.显然,ε_r 反映了电介质的介电常数 ε 相对于真空介电常数 ε_0 的比值.

6.5.3 电容器及其电容

在实际问题中,孤立的导体是不存在的,任何导体周围总有其他导体的存在.我们就把能存储等量异号电荷、彼此绝缘而又相互靠近的导体系统称为**电容器**(condenser).电容器经过充电后使两极板分别带等量异号电荷 $+Q$ 和 $-Q$,并形成电势差 U_{AB}. 我们就把电容器两极板间电势差 U_{AB} 与电量 Q 的比值称为电容器的**电容**(capacitance),用字母 C 表示,即

$$C = \frac{Q}{U_{AB}} \tag{6-41}$$

在国际单位制中,电容的单位是法拉(F).

电容器是存储电量的装置,电容表征了电容器存储电量能力的大小.如果平行板电容器两极板的线度相对它们的间距足够大,则可以将两极板近似看成是两个无限大带电平面,两极板间的电场可以近似看成是匀强电场,此时容易计算出平行板间无介质的平行板电容器的电容为

$$C = \frac{\varepsilon_0 S}{d} \tag{6-42}$$

其中,S 为平行板的面积,d 为两极板的间距.

若给平行板电容器中充入相对介电常数为 ε_r 的均匀电介质,则电容器的电容变为

$$C = \frac{\varepsilon_r \varepsilon_0 S}{d} = \frac{\varepsilon S}{d} \tag{6-43}$$

上式表明,在充入均匀电介质前后,电容器的电容将增大 ε_r 倍,即在两极板间电势差相同的情况下,电容器可以存储的电荷量增大了 ε_r 倍.

上述过程也给出了一个测量均匀电介质相对介电常数 ε_r 的常用方法,即分别测量充入均匀电介质前后电容器的电容,两个电容的比值就是该电介质的相对介电常数 ε_r.

6.5.4 静电场的能量

由于电荷具有同性相斥、异性相吸的特性,因此在任何将正、负电荷相分离从而形成带电体系的过程中,外力都必须克服电荷之间的相互作用力做功,把其他形式的能量转变为电能贮藏在电场中,从而成为带电体系的能量. 特别地,由于静电场力做功与路径无关,所以静电场能具有势能的性质.下面以电容器为例来讨论静电场的能量.

1. 带电电容器的能量

电容器的充电过程本质上是将电荷从一个极板转移到另一个极板,从而使正、负电荷相分离的过程.设电容器的电容为 C,在充电过程中的任一时刻,两极板带的电量为 q,两极板间的电势差为 $u_{AB}=q/C$. 显然在充电过程中,q 和 u_{AB} 都是变量,它们的大小将随时间逐渐增加,设想此时再将电荷 $\mathrm{d}q$ 从负极板移到正极板,则外力克服电场力所做的功 $\mathrm{d}A$ 在数值上就等于电容器能量的增量 $\mathrm{d}W$,其大小为

$$dW = dA = u_{AB}dq = \frac{q}{C}dq$$

设充电前电容器两极板带的电量为 0，充电后带的电量为 Q，则在整个充电过程中，电容器的能量将由零增加至

$$W = \int dW = \int_0^Q \frac{q}{C}dq = \frac{1}{2}\frac{Q^2}{C} \tag{6-44}$$

此即充电结束时带电电容器所具有的能量.

若将充电结束时电容器两个极板间的电势差记作 U_{AB}，则有

$$W = \frac{1}{2}CU_{AB}^2 = \frac{1}{2}QU_{AB} \tag{6-45}$$

2. 静电场的能量和能量密度

电容器不带电时极板间没有电场，电能为零，电容器带电后极板间建立了电场，同时也具有了电能.可以看出，带电电容器的电能就是极板间电场的能量，电场是电能的载体.

我们就把单位体积内电场所具有的能量称为电场的**能量密度**(energy density). 以平行板电容器为例，对于极板面积为 S、极板间距为 d 的平行板电容器，若不考虑边缘效应，则电场占有的空间体积为 $S \cdot d$. 此电容器中的电场能量为

$$W = \frac{1}{2}CU^2 = \frac{1}{2}\frac{\varepsilon S}{d}(Ed)^2 = \frac{1}{2}\varepsilon E^2 Sd = \frac{1}{2}\varepsilon E^2 V$$

其中，$V = Sd$ 为平行板电容器的体积，所以平行板电容器内电场的能量密度为

$$\omega = \frac{W}{V} = \frac{1}{2}\varepsilon E^2 \tag{6-46}$$

上式表明，电场的能量密度与场强的平方成正比.这一结果虽是从平行板电容器这个特例中得出，但可以证明，对任意电场也同样适用. 式(6-46)同时也说明，电场是电能的载体，只要空间某点处场强不为零，在该点附近就有电能分布，而与空间中是否同时存在带电体无关.由于静电场总是和场源带电体同时存在，因此这一点在静电场中表现得似乎不明显，但在变化的电磁场中，电磁波可以脱离场源带电体而单独存在，即当场源带电体不存在时，它之前发出的电磁波仍然存在，电磁波所到之处空间各点仍然具有电能.由于具有能量是物质的一个重要属性，因此电场能量的存在说明电场也具有物质性，是一种特殊的物质存在方式.

6.6 细胞膜电位

实验证实，由于细胞膜内外离子浓度有差异，因此在细胞膜内外存在一定的电势差.我们把这种电势差就称为细胞跨膜电位差，简称细胞膜电位. 细胞膜电位的存在是解释各种生物电磁现象的基础，其大小与机体组织结构的不对称性、通透性、离子浓度等因素有关.

6.6.1 能斯特方程

如图 6-18 所示，在一个容器内有两种不同浓度的 KCl 溶液，左侧的浓度 C_1 大于右侧的浓度 C_2，中间用一个只能通过 K^+、不能通过 Cl^- 的半透膜隔开(图 6-18(a)). 显然刚开始时膜两侧的电势差为零，但由于膜两侧离子浓度的差别，左侧溶液中的 K^+ 将向右侧溶液扩散，使膜右侧的正离子逐渐增加，同时膜右侧出现过剩的负电荷(图 6-18(b))，这些

电荷在膜两侧逐渐聚集起来就形成了一个阻碍 K^+ 扩散的场强,当该场强增大到足以使 K^+ 的扩散达到动态平衡时,膜的两侧就具有了一定的电势差,这个电势差就称为平衡电位.

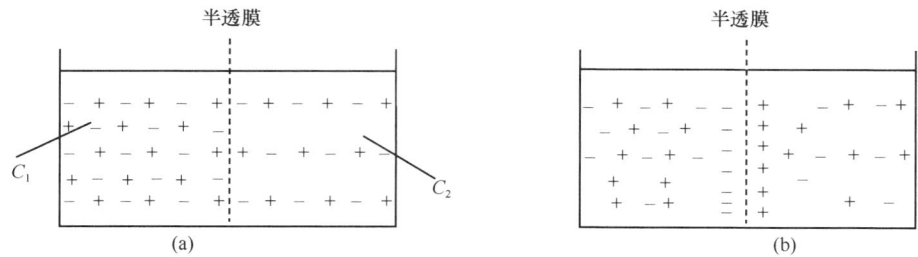

图 6-18 平衡电位产生示意图

在稀薄电解质溶液中,可以近似把离子作为理想气体分子模型处理,平衡电位可以用统计的方法来计算.根据玻尔兹曼能量分布定理可知,在温度相同的条件下,粒子的数密度(单位体积中粒子的数目)n 与粒子的势能 E_P 有如下关系:

$$n = n_0 e^{-\frac{E_P}{kT}} \tag{6-47}$$

其中,n_0 为零势能处粒子的数密度,k 为玻尔兹曼常量,T 为热力学温度.设在平衡状态下,半透膜两侧离子数密度分别为 n_1 和 n_2,电势为 U_1 和 U_2,离子的价数为 Z,电子的电量为 e,则两侧离子的电势分别为 ZeU_1 和 ZeU_2,根据式(6-47)可分别计算出

$$n_1 = n_0 e^{-\frac{ZeU_1}{kT}}, \quad n_2 = n_0 e^{-\frac{ZeU_2}{kT}}$$

考虑到离子的数密度与其浓度成正比,即 $n_1/n_2 = C_1/C_2$,因此有

$$\ln \frac{C_1}{C_2} = \ln \frac{n_1}{n_2} = \frac{Ze}{kT}(U_2 - U_1)$$

整理后可得

$$U_2 - U_1 = \frac{kT}{Ze} \ln \frac{C_1}{C_2} \tag{6-48}$$

式(6-48)就称为能斯特方程,它给出了平衡电位与半透膜两侧离子浓度的关系.

6.6.2 细胞静息电位

无外界刺激时,大多数细胞的膜电位在相当长时间内将保持不变,在这种安静状态下细胞的膜电位称为静息电位.利用能斯特方程就能够根据细胞膜内外离子分布的情况算出细胞的静息电位. 细胞膜内外离子分布的一般特点是:膜内 K^+ 浓度较大,膜外 Na^+ 浓度较大.表 6-2 给出了轴突内外主要离子的浓度,以此为例,我们利用能斯特方程计算细胞静息电位.

表 6-2 轴突内外主要离子的浓度

离子	细胞外浓度 C_0(mmol·L^{-1})	细胞内浓度 C_i(mmol·L^{-1})	C_0/C_i
Na^+	145	12	12:1
K^+	4	155	0.026:1
Cl^-	120	4	30:1
其他负离子	29	163	0.18:1

考虑到细胞在静息状态下细胞膜对 K^+ 有很好的通透性，而对 Na^+ 的通透性较差，因此细胞静息电位近似等于细胞膜对 K^+ 的平衡电位．在生理学中通常将细胞膜外的电位规定为零，这样由能斯特方程可以计算出细胞的静息电位为

$$U_i = \frac{kT}{Ze} \ln \frac{C_0}{C_i} \tag{6-49}$$

将人体体温近似取为 300K，代入上式后即得 $U_i \approx -94\mathrm{mV}$，说明由于 K^+ 的扩散，细胞膜内电势较细胞膜外要低一些．

6.7 心 电 图

6.7.1 心电场与心电图

心脏的跳动是由心壁肌肉有规律的收缩产生的，这种有规律的收缩是电信号在心肌纤维传播的结果．组成心肌纤维的心肌细胞长约 100μm，宽约 15μm，细胞膜内外都是可以导电的电解质．由于细胞膜电位的存在，心肌细胞处于静息时的状态可视为膜内为负、膜外为正，且电荷沿细胞膜均匀分布的闭合曲面电偶层．利用 6.4 节电偶极子和电偶层的知识可知，此时细胞膜外空间各点 的电势为零，整个细胞对外不显电性，此时细胞所处的状态称为**极化**（polarization），如图 6-19(a)所示．当心肌细胞受到刺激开始兴奋时，其细胞膜对离子的通透性将发生改变，从而使细胞膜局部两侧电荷的电性发生改变，膜外带负电，膜内带正电，整个细胞膜上电荷的分布不再均匀，对外开始显电性．此时，心肌细胞可等效于一个电偶极子，形成电偶极矩．当刺激在细胞中传播时，这个电偶极矩的方向指向传播方向，且大小是不断变化的，这个过程称为**除极**（depolarization），如图 6-19(b)所示．当除极结束时，电荷在细胞膜上的分布又变得均匀，电偶极矩变为零，如图 6-19(c)所示．除极是一个非常短暂的过程，除极后，细胞膜的通透性立即恢复原状，将出现一个使细胞恢复到极化状态的过程，这一过程称为**复极**（repolarization）．复极与除极的顺序相同，即先除极的地方先复极．与除极过程类似，细胞膜局部两侧电荷的电性将发生改变，整个细胞膜上电荷的分布不再均匀，心肌细胞等效于一个电偶极子，只不过此时电偶极矩的方向与除极时电偶极矩的方向刚好相反，如图 6-19(d)所示．当复极结束时，心肌细胞恢复到极化状态，又可接受下一个刺激，如图 6-19(e)所示．可见，在心肌细胞受到刺激并发生变化的过程中，细胞相当于一个电偶极矩不断变化的电偶极子，将在周围空间产生一个变化的电场，引起空间各点电势不断变化．这是心电产生的理论基础．

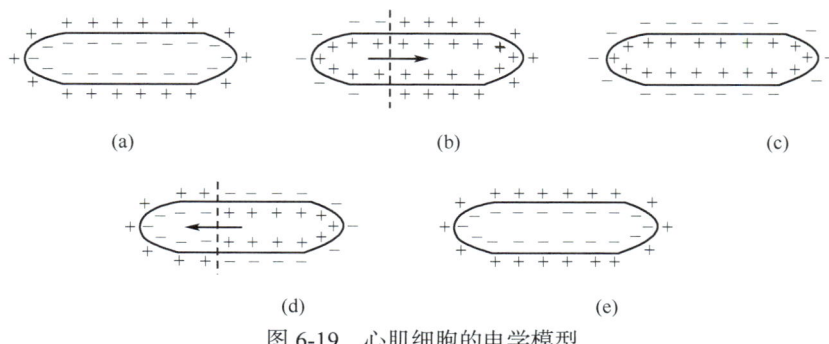

图 6-19 心肌细胞的电学模型

心脏由大量心肌细胞组成，当心肌细胞除极和复极时，整个心脏也将出现除极和复极过程，因此在研究心脏的电性质时，同样可将其等效为一个电偶极矩不断变化的电偶极子，称为**心点偶**(cardio-electric dipole)．它在某时刻的电偶极矩就是所有心肌细胞在该时刻电偶极矩的矢量和，称为**瞬时心电向量**(twinkling electrocardiovector)．心点偶在空间产生的电场称为**心电场**(cardio-electric field)．

瞬时心电向量是一个方向和大小都随时间周期变化的矢量．将其箭头的坐标按时间、空间的顺序加以描述后所得到的轨迹称为**空间心电向量环**(spatial electrocardiovctor loop)．这是一个随时间和空间位置变化的三维空间曲线，描述了瞬时心电向量随时间和空间位置变化的规律，如图 6-20 所示．为方便描记，通常将空间心电向量环在三个相互垂直的平面上作投影，投影所得的三个平面曲线称为平面心电向量环，也就是临床常规记录的平面心电向量图．

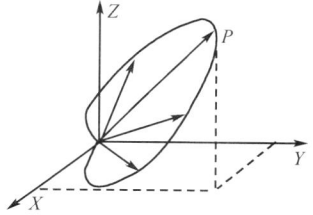

图 6-20　空间心电向量环

心脏在其周围所建立起来的心电场使空间各点都具有电势，两点间具有电势差，如图 6-21 所示．由空间心电向量环可以看出，心电场是随时间周期变化的，因此任一时刻空间两点间的电势差也随时间作周期变化．如果我们将人体表面两点间(例如，人的左臂和右臂之间)的电势差测量出来并描绘成一条随时间变化的曲线，这种曲线就称为**心电图**(electrocardiogram)．图 6-22 所示为一个早搏患者的心电图．

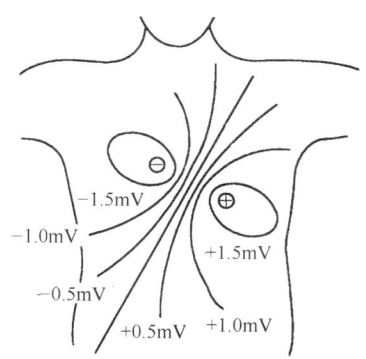

图 6-21　人体表面的瞬时电位分布

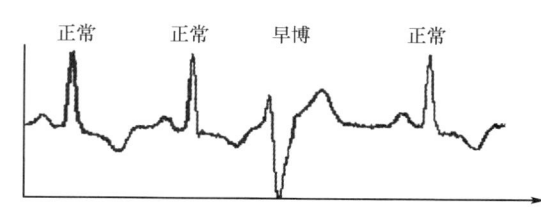

图 6-22　早搏患者的心电图

6.7.2　心电图机与心电图导联

心电图机是用来描记心电图的装置，是临床诊断心脏疾病的重要工具之一，其基本组成如图 6-23 所示．它本质上是一个由导联选择器、放大器、描记器和稳压电源组成的，用于记录电势差变化的仪器．和普通的电压表一样，心电图机也有正极端和负极端之分，通过在人体表面安放电极来测量电极之间的电势差．电极在体表放置的方法以及电极与心电图机正、负极端连接的方式称为心电导联．常用的心电导联有标准导联、加压肢体导联、胸前导联等．有关心电导联的内容可参考心电图相关专业教材．

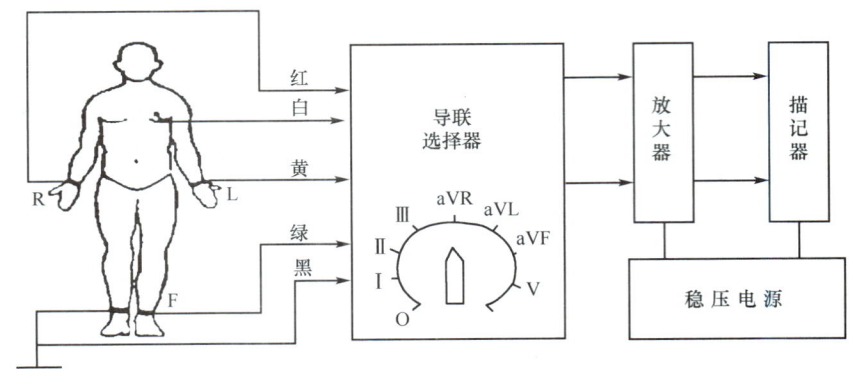

图 6-23 心电图的描记

小 结

　　电场是一种特殊的物质形式，静止场源电荷周围存在的电场就称为**静电场**。可以从电场力和电场力做功两个不同的角度描述和研究静电场，前者引入了电场强度的概念，后者则引入了电势的概念。

　　根据场强叠加原理和点电荷的场强公式，原则上可以求出任意带电体系周围静电场的场强。高斯定理揭示出静电场是一个有源场。利用高斯定理可以比较容易地求出电荷分布具有对称性的带电体系周围静电场的场强，这是高斯定理的一个重要应用。

　　静电场的环路定理揭示出静电场是一个保守场，因此在其中就可以定义电势的概念。根据电势叠加原理和点电荷的电势公式，原则上可以求出任意带电体系周围静电场的电势。

　　电场强度和电势是从不同角度描述静电场性质的两个重要物理量。它们之间的关系是：两点间的电势差等于电场强度在这两点间沿任意路径的线积分，而空间某点处电场强度的大小就是静电场在该点电势的梯度。

　　两个相距很近的等量异号点电荷所组成的点电荷系称为电偶极子。电偶极子以及在此基础上构造的闭合曲面电偶层模型及其理论是心电图的理论基础。由于存在细胞膜电位，所有处于静息状态的细胞（包括心肌细胞）可视为膜内为负、膜外为正，且电荷沿细胞膜均匀分布的闭合曲面电偶层。

　　一般地，静电场中总是存在着电介质。一方面，外电场使电介质发生极化，产生极化电荷；另一方面，极化电荷又会产生极化场强，使外电场受到"削弱"。静电场的能量与电介质的性质和场强的大小有关。电场具有能量，这是电场物质性的一个重要表现。

阅读材料

Einthoven 和他发明的弦线电流计心电图机

　　1791 年，意大利解剖学家和医学家 Galvani 偶然地发现青蛙的肌肉在受到电刺激时能够收缩，这是人们第一次观察到"生物电"的现象。到 1842 年，Matteucci C 和 Reymond ED 等证实了蛙心脏在每次收缩时都伴随有电流。1856 年 Koelliker RV 和 Muller H 首次在患者身上观察到心脏的电活动，在此后几十年中，这方面的研究就逐渐扩展成为了心脏电生理学。

　　一些精巧仪器的发明推动了这方面的研究，使得心脏的电活动易于被观测且能够被记录下来。1870 年法国物理学家 Lippmann G 发明的毛细管静电计（capillary galvanoscope，

图6-24)被英国生理学家Samderson JB和Page F用来测量心电流,并在1878年发表文章指出,每次心脏收缩都伴随有电的变化,其特征存在两相,其中相对较短的第一相中心电呈正性,相对较长的第二相中心电呈负性,这是人们对心脏除极和复极现象的首次描述.与此同时,英国的Waller D利用毛细管静电计首次实现了在体表无创伤地测量、记录人的心电活动,这是人体心电研究过程中的一次重大突破.因为在此前的研究中,为观察"生物电",必须将两个电极插入到生物体的组织中,这就极大地限制了对人体心电的观测.在此后的研究中,Waller D还进一步指出如果将两手或一手一脚放入盛有盐水的盘中同样可以观测和记录到心电的活动.虽然Waller D记录下来的波形失真得非常厉害,无法应用于医学临床研究中,但这些工作都为Einthoven日后的工作打下了基础.

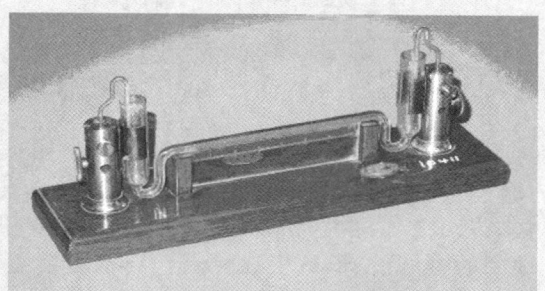

图6-24 毛细管静电计

1889年,在Basel举行的第一届国际电生理会议上,已经是荷兰莱顿大学医学和生理学教授的Einthoven见到了Waller.了解到Waller的工作后,Einthoven表现出了极大的兴趣,在随后的研究中,Einthoven通过复杂的数学物理方法,终于意识到Waller记录下来的波形失真的原因是毛细管静电计的频响有限,为此,他重新设计了一个测量仪器,从而取得了他的第一个重大发明——弦线电流计(string galvanometer,图6-25).

图6-25 弦线电流计

在弦线电流计中,有一根悬在磁场两极间的、很细的镀银石英丝(弦线),当有电流通过时,弦线发生摆动,摆动的幅度与电流的大小有关,这种精巧的装置特别适合于测量极其微弱的电流.为了将测量结果记录下来,他还想出了一种巧妙的方法:用一束光照射到弦线电流计的弦线上,并在弦线的后面放一条长长的、不断移动着的感光纸带,这样感光纸带上所记录下来的弦线的阴影就反映出了电流随时间的变化情况.

利用弦线电流计可以测出放置于人体表面不同位置处(如两个手或一手一脚)的两个电极间流过的微弱电流,这个电流随时间的变化就反映出了两个电极之间电势差随时间的变化情况. 利用这一方法, Einthoven 发明了第一台采用弦线电流计和光学记录方法的心电图机(图 6-26, 为保证电极和体表有良好接触, 电极是用一个盛满盐溶液的罐子做成, 图中患者的两手和左脚就浸泡在罐子中的盐溶液里).

图 6-26 用弦线电流计制成的心电图机

1895 年 Einthoven 首次测出了非常接近现代的、包含 P-QRS-T 波的心电波形, 这是人类历史上第一张真正意义上的心电图. 此后, Einthoven 在 1902 年发表了第一批用弦线电流计记录的心电图, 1903 年分别在德国和美国介绍了弦线电流计并包含了 5 个病例的记录. 1905～1906 年期间首创三个标准导联心电图, 并于 1912 年提出了 Einthoven 三角理论, 为测定和描述心电活动提供了理论依据. 由于在心电图技术上的一系列杰出贡献, 1924 年 Einthoven 被授予诺贝尔生理学及医学奖.

思 考 题

6-1 什么是电荷的量子化?为什么通常情况下我们感觉不到电荷的量子化?

6-2 根据场强的定义式(6-3), 能否说空间某点处的场强与放在该点处试探电荷的电量成反比?

6-3 有人说电场线就是电荷在电场中的运动轨迹, 这种说法正确吗?

6-4 根据点电荷的场强式(6-4), 能否说当 r 趋于零时场强趋于无穷大?为什么?

6-5 将一个电荷放在匀强电场中由静止释放, 它能沿着电场线方向运动吗?如果放在点电荷的电场中呢?如果放在一个其他电场中呢?

6-6 如果一个曲面上各点处的场强均为零, 该曲面的电通量是否为零?如果一个曲面的电通量为零, 能否说该曲面上各点的场强一定为零?

6-7 如果一个曲面的电通量不为零, 该曲面上是否可能存在场强为零的点?试举例说明.

6-8 当电荷在高斯面内运动时, 高斯面上各点的电场强度是否发生变化?高斯面的电通量是否发生变化?

6-9 一个空心球面上均匀分布着电荷, 若把一个点电荷放在球内, 点电荷的受力是否一定为零?为什么?

6-10 一个正电荷(或负电荷)沿着电场线运动时, 其电势能如何变化?

6-11 静电场中电势为零的点场强是否一定为零?场强为零的点电势是否一定为零?试举例说明.

6-12 试根据场强与电势的关系说明, 若空间中各点电势处处相等, 则所有点处的场强均为零.

6-13 有人说电容器的电容与它所带的电荷成正比，与它两极板间的电压成反比，这种说法正确吗？

6-14 一平行板电容器在充电后将电源断开，然后在两极板间充入电介质，则其电容、两极板间电势差、两极板上所带电荷如何发生变化？如果在充入电介质时不把电源断开，又将如何变化？

6-15 有极分子和无极分子在静电场中极化的微观机理有什么区别？

6-16 电介质表面的极化电荷和导体中的自由电荷有什么区别？

6-17 如果将放在静电场中均匀电介质的表面用一根导线接地，其表面的极化电荷是否会消失？为什么？

习　　题

6-1 两个电量分别为 q_1 和 q_2 的正电荷相距为 l，且 $q_1 \neq q_2$，它们产生的电场中场强为零的点在何处？

6-2 两个正点电荷的电量之和为 Q，试求它们各带多少电量时相互间的作用力最大？

6-3 在一个边长为 a 的正三角形的三个顶点处各放一个电荷 q，试求三角形重心处的场强和电势。

6-4 点电荷 Q_1 和 Q_2 相距 $2d$，且 $Q_1=Q_2=+Q$，求：(1)它们连线的中垂线上各点的场强和电势；(2)电量为 q_0 的试探电荷在连线中点处的电势能。

6-5 电荷 $+Q$ 均匀分布在长为 l 的细杆上，求：(1)在杆的延长线上、距杆中点为 r 的一点处的场强和电势。(2)若一个电量为 q_0 的试探电荷从该点移至无穷远，电场力对其所做的功是多少？

6-6 一个半径为 R 的半球壳上均匀分布着电荷，电荷面密度为 σ，求球心处场强的大小。

6-7 一个半径为 R 的圆盘上均匀分布着电荷，电荷面密度为 σ，求轴线上各点的场强和电势。

6-8 在匀强电场 E 中作一个半径为 R 的半球面，且使半球面的轴线与匀强电场的电场线平行，求半球面的电通量。

6-9 两个表面均匀带电的同心球壳，半径分别为 R_1 和 R_2 $(R_1 > R_2)$，大球带电量为 $-Q$，小球带电量为 $+Q$，求：(1)空间各点的场强和电势。(2)两球间的电势差。(3)若将一个电荷 q 从小球壳内移至大球壳外，电场力对其所做的功。

6-10 两个带有等量异号电荷的无限长同轴圆柱面，半径分别为 R_1 和 R_2 $(R_1 > R_2)$，单位长度上的电荷量为 λ，求距离轴线为 r 处的场强。

6-11 在自然界一次普通的闪电过程中，两个放电点之间的电势差约为 10^9 V，瞬间发生迁移的电荷约为 30 C，求：(1)若放电释放的能量全部用来使 0℃ 的冰化作 0℃ 的水，则可以融化多少冰？冰的融化热 $L=3.34\times 10^5$ J·Kg；(2)如果按一个家庭一年消耗 3000 度电来计算，一次闪电的能量可以供一个家庭用多少年？

6-12 一平板电容器的电容为 0.50μF，两极板间距为 0.01mm，充满电介质聚四氟乙烯。已知聚四氟乙烯正常状态下所能承受的最大场强(此即击穿场强) $E_b=1.9\times 10^7$ V·m^{-1}，求：(1)该电容器正常工作时两极板间的最大电压；(2)该电容器所能存储的最大能量。

6-13 若将 6-9 题中的带电同心球壳看成一个电容器，求：(1)该电容器的电容；(2)若在两个球壳间充入相对电容率为 ε_r 的电介质，电容器的电容将如何变化？

6-14 神经细胞在静息状态下膜内外两侧各分布着一层负、正离子，若将细胞膜看成是厚度为 6nm、相对电容率为 7 的电介质，测得膜内外两侧电势差为 −70mV，求：(1) 细胞膜内的场强；(2) 膜两侧的电荷密度．

习 题 答 案

6-1 在两电荷之间的连线上，且距离 q_1 的位置为 $\dfrac{q_1 - \sqrt{q_1 q_2}}{q_1 - q_2} l$

6-2 电量都为 $Q/2$ 时，两电荷间的作用力最大

6-3 $E = 0$，$U = k\dfrac{3\sqrt{3}Q}{a}$

6-4 (1) $E = k\dfrac{2Qy}{\left(d^2 + y^2\right)^{\frac{3}{2}}}$，方向沿着中垂线向外；$U = k\dfrac{2Q}{\left(d^2 + y^2\right)^{\frac{1}{2}}}$；(2) $W = k\dfrac{2Qq_0}{d}$

6-5 (1) $E = k\dfrac{4Q}{4r^2 - l^2}$，方向沿延长线向外；$U = \dfrac{kQ}{l}\ln\left(\dfrac{r + \dfrac{l}{2}}{r - \dfrac{l}{2}}\right)$；(2) $A = \dfrac{kQq_0}{l}\ln\left(\dfrac{r + \dfrac{l}{2}}{r - \dfrac{l}{2}}\right)$

6-6 $E = k\pi\sigma$

6-7 $E = \dfrac{\sigma}{2\varepsilon_0}\left(1 - \dfrac{x}{\sqrt{R^2 + x^2}}\right)$，方向沿轴线方向向外；$U = \dfrac{\sigma}{2\varepsilon_0}\left(\sqrt{R^2 + x^2} - x\right)$

6-8 $\Phi = \pi R^2 E$

6-9 (1) $E = \begin{cases} 0, & r > R_1 \\ k\dfrac{Q}{r^2}, & R_1 > r > R_2 \\ 0, & R_2 > r \geq 0 \end{cases}$，方向沿半径方向向外

$U = \begin{cases} 0, & r > R_1 \\ kQ\left(\dfrac{1}{r} - \dfrac{1}{R_1}\right), & R_1 > r > R_2 \\ kQ\left(\dfrac{1}{R_2} - \dfrac{1}{R_1}\right), & R_2 > r \geq 0 \end{cases}$

(2) $\Delta U = kQ\left(\dfrac{1}{R_2} - \dfrac{1}{R_1}\right)$

(3) $A = kQq\left(\dfrac{1}{R_2} - \dfrac{1}{R_1}\right)$

6-10 $E = \begin{cases} 0, & r > R_1 \\ k\dfrac{2\lambda}{r}, & R_1 > r > R_2 \\ 0, & R_2 > r \geq 0 \end{cases}$，方向沿半径方向向外

6-11 (1) 8.98×10^4 kg；(2) 2.8 年

6-12 (1) $U_{\max} = 190$ V；(2) $W_{\max} = 9.03 \times 10^{-3}$ J

6-13 (1) $C = \dfrac{R_1 R_2}{k(R_1 - R_2)}$；(2) 增大 ε_r 倍

6-14 (1) 1.17×10^7 V·m^{-1}；(2) 7.23×10^{-4} C·m^{-2}

第 7 章　磁　　场

电和磁像一对连体的孪生姐妹不可分割.1791 年意大利科学家 L.Galvani 首先提出了生物电的概念，并于 1887 年检测出心电，进而证明一切生命的存在及其活动都有电的参与或伴有电荷的产生、转运、传递聚集和疏散.伴随着生物电信号变化的同时必然有生物磁场的出现.生物磁的发现与生物电的发现仅相差数年，而真正对人体磁场进行测定却是在 1963 年，生物磁信号的研究缓慢，主要原因在于与相对巨大的无处不在的地球磁场相比，生物磁信号非常微弱，给测量带来难以逾越的困难。

自从 1911 年，荷兰物理学家昂内斯（Ones）首次发现超导现象后，随着科学技术的进步，特别是 20 世纪 80 年代以来，超导材料的研究取得了巨大突破，超导技术走向广泛的应用.超导量子干涉仪是应用超导技术研制成的超高灵敏度磁传感器，可检测人体器官微弱的磁场信息.而且生物磁的研究与生物电的研究相比还具有一些独特的优点，如测量无需与生物体接触，避免用电极测量生物电时所引起的电极干扰.

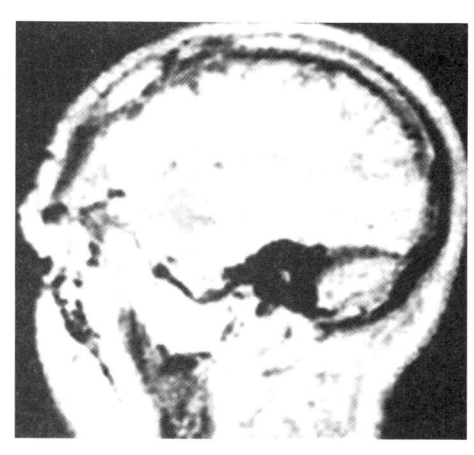

脑磁图（MEG）在临床上应用最多的是研究大脑神经异常活动的癫痫，图中显示出一位癫痫患者头部由脑磁场测量确定的脑神经缺损区病灶.

磁铁和电流周围存在着磁场,磁场是一种特殊形式的物质.磁场的物质性表现在对磁场中的磁铁和载流导体（包括运动电荷）有力的作用，同时当它们在磁场中运动时，磁力要做功，即磁场具有能量.磁现象的本质就是电荷的运动.人体内也存在电磁场，可为医学疾病的诊断提供重要的检测依据.

本章着重讨论稳恒电流所激发的磁场的规律和性质.从磁场对位于其中的运动电荷有力的作用的基本特性出发,引入磁感应强度的概念；介绍毕奥-萨伐尔定律和安培环路定理，以及应用它们计算几种载流导线产生的磁场的磁感应强度；讨论磁场对运动电荷、载流导线和载流线圈的作用，以及磁场和磁介质之间的相互作用、磁场的能量；最后简单介绍生物磁学在医学上的应用.

7.1　磁感应强度、磁通量

磁铁能够吸引铁、钴、镍等物质，这种性质称为**磁性**（magnetism）.条形磁铁或磁针两端的磁性最强，称为**磁极**（magnetic pole）.任何磁铁都有两极.地球上，一个可绕竖直轴自由转动的磁针，处于平衡状态时，指向地球北极方向的磁极称为北极（N 极），指向地球南极方向的磁极称为南极（S 极）.两块磁铁或磁针间，同性磁极相斥，异性磁极相吸，这种相互作用力称为**磁力**（magnetic force）.

7.1.1 磁场

人类对这些磁现象的发现早于电现象，在战国时期，我国就发明了指南针. 但在过去很长时间里，人们对磁现象和电现象是分开独立研究的，直到 1820 年奥斯特(Oersted)发现了电流的磁效应后，人们才认识到磁现象和电荷的运动是密切联系的. 1822 年安培提出了关于物质磁性本质的"分子电流假说"，安培认为磁性物质的分子中存在着分子电流，这是一切磁现象的来源. 现在已经知道，无论是永久磁铁的磁性，还是电流的磁性，都来源于电荷的运动.

通过静电场的研究知道，静止电荷之间的相互作用是通过电场传递的. 同样的，大量实验表明，磁铁与电流(或运动电荷)之间、电流(或运动电荷)与电流(或运动电荷)之间、磁铁与磁铁之间的相互作用，也是通过一种特殊形式的物质——**磁场**(magnetic field)来传递的. 磁铁周围存在着磁场，运动电荷和载流导线的周围也存在着磁场.

7.1.2 磁感应强度

为了定量地描述磁场，引入**磁感应强度**(magnetic induction)B 表示磁场中各点的强弱和方向，它是一个矢量点函数. 磁场中某点的磁感应强度的确定，可以借助于运动电荷在磁场中所受的磁力来定义.

在磁场中放入一个以速度 v 运动的正试探电荷 q_0，其电量足够小以致产生的磁场足够弱，不影响所研究的磁场分布. 对于磁场中某定点 P，实验发现：

(1) 当电荷 q_0 沿某一特定方向(小磁针置于该点处时 N 极的指向)或其相反的方向运动时，所受磁力为零. 这个特定方向就是 P 点的磁感应强度方向.

(2) 当电荷 q_0 沿不同方向运动时，电荷 q_0 所受的磁力大小不等，与它的速度方向和磁感应强度方向之间的夹角有关，当这两个方向互相垂直时，运动电荷所受磁力最大.

(3) 电荷 q_0 所受的磁力方向，总是既与本身运动速度方向垂直，又与磁感应强度方向垂直.

(4) 电荷 q_0 所受的最大磁力 f_m 与电量 q_0 和速度 v 成正比，但比值 $f_m/q_0 v$ 与电荷性质无关，仅与 P 点的位置有关.

以上实验结果表明，对磁场中某一点来说，比值 $f_m/q_0 v$ 如实地反映了磁场的空间分布. 因此，定义磁场中某点的磁感应强度大小和方向为：

1. 磁场中某点磁感应强度 B 的大小

$$B = \frac{f_m}{q_0 v} \tag{7-1}$$

2. 磁场中某点磁感应强度 B 的方向

正电荷所受磁力为零时的速度方向，即小磁针置于此处时的 N 极指向. 也可以用右手螺旋法则确定 B 的方向. 如图 7-1 所示，右手拇指伸直，四指由 f_m 的方向沿小于 π 的角度弯向速度 v 的方向，则拇指的指向即为磁感应强度 B 的方向.

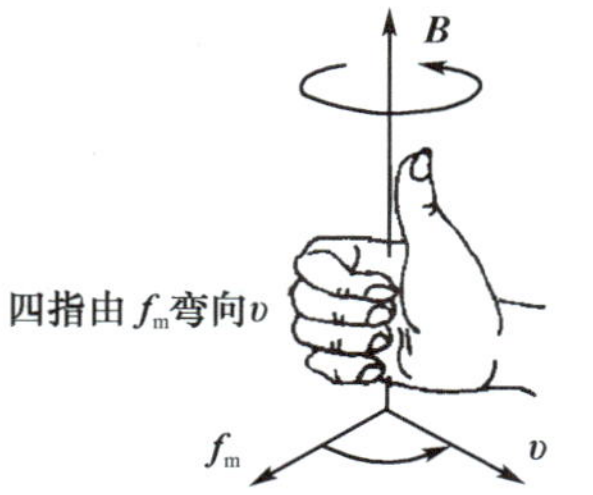

在国际单位制中，磁感应强度的单位是特斯拉(Tesla)，用 T 表示.

$$1\text{T} = 1\text{N} \cdot \text{s} \cdot \text{C}^{-1} \cdot \text{m}^{-1} = 1\text{N} \cdot \text{A}^{-1} \cdot \text{m}^{-1}$$

图 7-1 确定磁感应强度的方向

一般永久磁铁两极附近的 B 值为 0.4~0.7T；变压器铁芯中 B 值为 0.8~1.4T；医学核磁共振成像设备的 B 值为 0.2~2.0T；磁疗用的磁片 B 值为 0.15~0.18T.

在实际应用中常使用较小的单位高斯（G），$1G=10^{-4}T$. 如地磁场约为 0.5G；人体的生物磁场为 10^{-8}~10^{-6}G，可见人体的生物磁场与地磁场相比非常微弱.

7.1.3 磁通量

为了形象地反映磁场的空间分布情况，与在静电场中用电场线来表示静电场的分布类似，在磁场中用磁感应线来形象地描述磁场在空间的分布情况.

1. 磁感应线

在磁场中画一系列有方向的曲线，规定曲线上每一点的切线方向就是该点的磁感应强度方向，这样的曲线称为**磁感应线**（magnetic induction line）. 由于磁场中每一点的磁场方向都是确定的，所以磁感应线不会相交. 而且在任何磁场中，每一条磁感应线都是闭合曲线，好像涡旋一样.

为了使磁感应线也能表示磁场的强弱，规定在磁场中某点垂直于磁感应强度 $\boldsymbol{B}$ 的单位面积上的磁感应线的数目（磁感应密度）等于该点 $\boldsymbol{B}$ 的大小，即

$$B = \frac{d\Phi}{dS_\perp} \tag{7-2}$$

式中，$d\Phi$ 表示垂直于 $\boldsymbol{B}$ 的面积 $dS_\perp$ 上的磁感应线数目. 由此可知，磁感应线密集处，磁场较强；磁感应线稀疏处，磁场较弱.

2. 磁通量

磁感应线的疏密可直观地反映各处磁场的强弱. 我们把通过磁场中某一曲面的磁感应线的总数称为通过此曲面的**磁通量**（magnetic flux）. 用 Φ 表示. 在国际单位制中，磁通量的单位为韦伯（Wb），$1Wb = 1T \cdot m^2$.

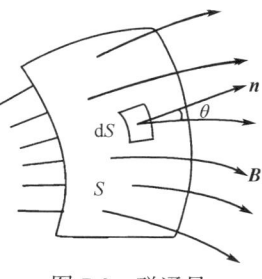

图 7-2 磁通量

计算通过磁场中任一曲面 S 的磁通量，可在曲面上取面积元 $d\boldsymbol{S}$，规定面积元矢量 $d\boldsymbol{S}$ 的方向为该面积元的法线方向 $\boldsymbol{n}$，$\boldsymbol{n}$ 与该处 $\boldsymbol{B}$ 的夹角为 θ，如图 7-2 所示，则通过 $d\boldsymbol{S}$ 的磁通量为

$$d\Phi = \boldsymbol{B} \cdot d\boldsymbol{S} = B\cos\theta dS$$

通过曲面 S 的磁通量可由积分求得

$$\Phi = \int_S B\cos\theta dS \text{ 或 } \Phi = \int_S \boldsymbol{B} \cdot d\boldsymbol{S} \tag{7-3}$$

在计算通过闭合曲面的磁通量时，通常取垂直于曲面指向面外的方向为该处曲面的法线方向. 因此，穿入曲面的磁通量为负，穿出曲面的磁通量为正. 由于磁场中的每一条磁感应线都是闭合的，有几条磁感应线穿入闭合曲面，必然有相同数量的磁感应线穿出，所以，通过任何闭合曲面的磁通量必为零，即

$$\oint \boldsymbol{B} \cdot d\boldsymbol{S} = 0 \tag{7-4}$$

式（7-4）称为**磁场的高斯定理**，它反映了磁场是涡旋场的这一重要特性.

7.2 电流的磁场

奥斯特发现了电流的磁效应后，只作了定性的陈述和解释，并没有作进一步的定量研

究. 为了得到任意形状的电流所产生的磁场的分布规律，法国科学家毕奥(Biot)和萨伐尔(Savart)由实验总结出电流元在周围空间产生的磁感应强度的定量规律，即**毕奥-萨伐尔定律**(Biot-Savart law).

7.2.1 毕奥-萨伐尔定律

电流在其周围空间激发磁场，求任意形状的电流所产生的磁场的磁感应强度，可以把通有稳恒电流的导线分割成许多个微分线元 dl，把该处电流 I 的方向作为线元矢量 dl 的方向，电流与线元矢量的乘积 Idl 称为<u>电流元</u>.那么，电流在空间激发的磁场的磁感应强度 B 可看成是组成电流的各电流元所激发的磁感应强度 dB 的叠加.

毕奥-萨伐尔定律指出：电流元 Idl 在真空中某点 P 处的磁感应强度 dB 的大小与电流元的大小 Idl 成正比，与电流元到 P 点的距离 r 的平方成反比，与 Idl 和径矢 r 的夹角 θ（小于π）的正弦成正比，即

$$dB = k \frac{Idl \sin\theta}{r^2}$$

式中，k 为比例系数，它的值与单位制和磁介质有关. 在国际单位制中，对于真空中的磁场，$k=\mu_0/4\pi$，μ_0 称为**真空中磁导率**(permeability of vacuum). $\mu_0 = 4\pi \times 10^{-7} \mathrm{H\cdot m^{-1}}$（亨利·米$^{-1}$）. 因此，上式可改写为

$$dB = \frac{\mu_0}{4\pi} \cdot \frac{Idl \sin\theta}{r^2} \tag{7-5}$$

dB 的方向垂直于 Idl 和 r 所组成的平面，如图 7-3 所示，且 Idl、r 和 dB 三者满足右手螺旋法则：右手四指弯曲的方向由 dl 沿小于π的角度转向径矢 r，则拇指的指向即为 dB 的方向. 因此，可将式 (7-5) 写为矢量式，即

$$dB = \frac{\mu_0}{4\pi} \cdot \frac{Idl \times r_0}{r^2} \tag{7-6}$$

式中，r_0 表示从电流元 Idl 指向 P 点的单位径矢. 式(7-6)为毕奥-萨伐尔定律的数学表达式. 于是，任意电流在 P 点产生的磁感应强度为

$$B = \int dB = \int \frac{\mu_0}{4\pi} \cdot \frac{Idl \times r_0}{r^2}$$

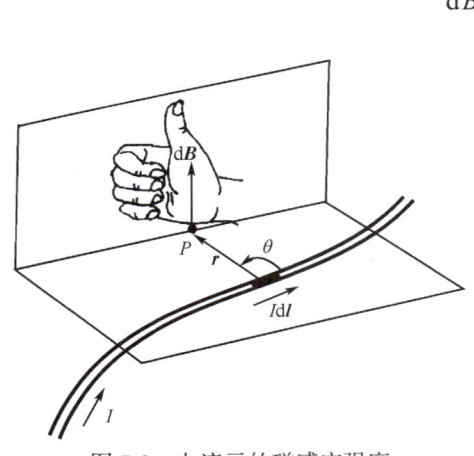

图 7-3 电流元的磁感应强度

若空间同时存在几条载流导线，或一条载流导线可划分成几段特殊形状的导线段，则磁场中任一点 P 的磁感应强度 B 就等于各条导线（或导线段）在 P 点的磁感应强度的叠加，即

$$B = \sum B_i$$

毕奥-萨伐尔定律不可能直接用实验验证，因为实际上无法得到上述<u>电流元</u>.但是应用它和场的叠加原理计算载流导体所产生的磁场却是与实验相符合的. 毕奥-萨伐尔定律是计算电流的磁场的基本定律，虽然它只适用于稳恒电流，但为我们提供了一种根据电流分布求解磁场分布的基本方法.

【**例 7-1**】 计算直线电流激发的磁场的磁感应强度. 设真空中有一长直导线 AB，通有电流 I，从 A 流向 B，如图 7-4 所示. 求到长直导线的垂直距离为 a 的 P 点处的磁感应强度.

【解】 在导线上取电流元 Idl，它到 P 点的径矢为 r，根据毕奥-萨伐尔定律，它在 P 点激发的磁感应强度 dB 的大小为

$$dB = \frac{\mu_0}{4\pi} \cdot \frac{Idl\sin\theta}{r^2}$$

dB 的方向垂直图面向里.

显然，该长直导线上各电流元在 P 点产生的磁感应强度方向都相同，所以，载流直导线在 P 点产生的磁感应强度 B 的方向垂直图面向里.

载流直导线在 P 点产生的磁感应强度大小由积分得

$$B = \int dB = \int \frac{\mu_0}{4\pi} \cdot \frac{I\sin\theta}{r^2} dl$$

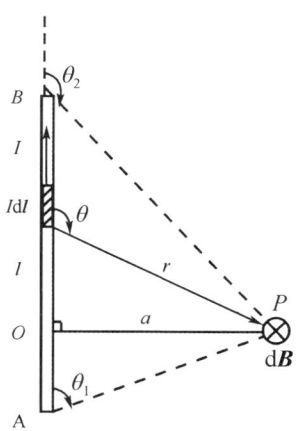

图 7-4 直线电流的磁场

为计算该积分，先将积分变量变换为 θ. 从图 7-4 中几何关系可得出

$$l = a \cdot \cot(\pi - \theta) = -a\cot\theta$$

$$dl = -a\, d(\cot\theta) = \frac{a}{\sin^2\theta} d\theta$$

$$r = a \cdot \frac{1}{\sin(\pi - \theta)} = \frac{a}{\sin\theta}$$

将上列各式代入积分式，并取积分下限和上限为 θ_1、θ_2，得

$$B = \frac{\mu_0 I}{4\pi a} \int_{\theta_1}^{\theta_2} \sin\theta\, d\theta = \frac{\mu_0 I}{4\pi a}(\cos\theta_1 - \cos\theta_2) \tag{7-7}$$

讨论：

(1) 若导线 AB 为无限长，则 $\theta_1 = 0$、$\theta_2 = \pi$，由式(7-7)得

$$B = \frac{\mu_0 I}{2\pi a} \tag{7-8}$$

(2) 若导线 AB 只有一端为无限长，则 $\theta_1 = \frac{\pi}{2}$、$\theta_2 = \pi$，由式(7-7)得

$$B = \frac{\mu_0 I}{4\pi a} \tag{7-9}$$

可见，长直电流周围的磁感应强度 B 的大小与导线中的电流成正比，与距离成反比. B 的方向可用右手螺旋法则确定.

【例 7-2】 计算圆电流激发的磁场的磁感应强度. 真空中有一半径为 R 的圆环，通有电流 I，求圆环轴线上的磁场分布.

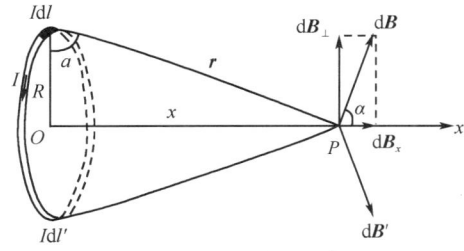

图 7-5 圆电流的磁场

【解】 以圆心 O 为原点，轴线为 x 轴，建立如图 7-5 所示的坐标. 设 P 点为其轴线上一点，$OP = x$.

在圆电流上任取电流元 Idl，它到 P 点的径矢为 r，则 $r = \sqrt{R^2 + x^2}$，且 Idl 与 r 的夹角为 $90°$. 根据毕奥-萨伐尔定律，该电流元在 P 点的磁感应强度的大小为

$$dB = \frac{\mu_0}{4\pi} \frac{Idl}{r^2}$$

d**B** 的方向垂直于 Idl 和 r 所确定的平面，由矢量矢积 $Idl \times r$ 的右手螺旋法则可判断 d**B** 的方向与轴线 Ox 的夹角为 α.

根据圆的对称性，在 Idl 对称的圆电流上取电流元 Idl'，且 $dl=dl'$，令 Idl' 在 P 点的磁感应强度为 d**B**′. 显然 d**B**′ 与 d**B** 大小相等，方向关于 x 轴对称. 因此，它们在与轴线垂直的方向上的分量相互抵消，而沿轴线方向上的 x 分量互相加强. d**B** 在轴线方向上的分量为

$$dB_x = dB \cdot \cos\alpha = \frac{\mu_0}{4\pi} \cdot \frac{Idl}{r^2} \cdot \frac{R}{r} = \frac{\mu_0}{4\pi} \cdot \frac{IRdl}{r^3}$$

P 点的磁感应强度 **B** 的大小可由积分求得，即

$$B = \oint dB_x = \frac{\mu_0}{4\pi} \cdot \frac{IR}{r^3} \int_0^{2\pi R} dl = \frac{\mu_0 IR^2}{2r^3} = \frac{\mu_0}{2} \cdot \frac{IR^2}{(R^2+x^2)^{3/2}} \quad (7\text{-}10)$$

B 的方向垂直于圆电流平面，沿 Ox 轴的正向. 讨论：

(1) 当 $x = 0$ 时，圆电流在圆心 O 处的磁感应强度大小为

$$B = \frac{\mu_0 I}{2R} \quad (7\text{-}11)$$

(2) 当 $x \gg R$，$x \approx r$，即远离圆电流的轴线上任意一点的磁感应强度大小为

$$B = \frac{\mu_0 IR^2}{2x^3} = \frac{\mu_0 IR^2}{2r^3} \quad (7\text{-}12)$$

圆电流在轴线上的磁感应强度方向也可用右手螺旋法则确定.

7.2.2 安培环路定理

由毕奥-萨伐尔定律，可以导出另一个反映电流和磁场内在联系的重要规律——安培环路定理. 设真空中有一通有电流 I 的"无限长"直导线，取一个与电流垂直的平面，平面与导线的交点为 O，在此平面上选取一闭合曲线 L，L 的绕行方向与载流直导线的电流方向构成右手螺旋关系，下面计算 **B** 沿闭合曲线 L 的线积分.

1. 闭合曲线 L 围绕电流

如图 7-6(a) 所示，在闭合曲线 L 上任一点 P 处取线元 dl，P 处的磁感应强度 **B** 的大小为 $B = \frac{\mu_0 I}{2\pi r}$，式中 r 为 P 点到"无限长"载流直导线的距离，**B** 的方向与径矢 r 垂直，且由右手螺旋法则确定. 故

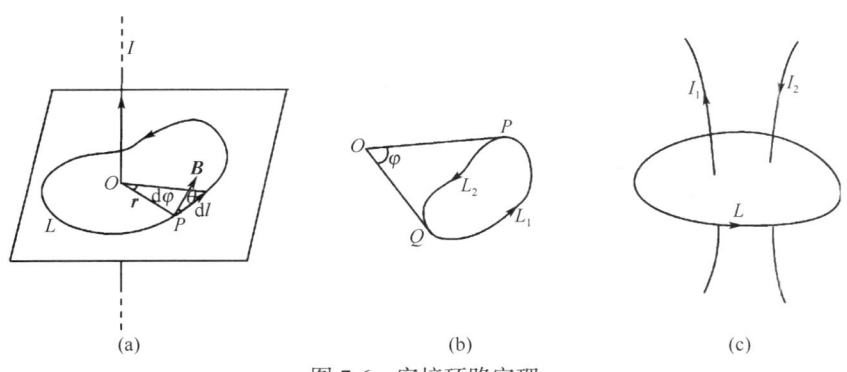

图 7-6 安培环路定理

$$\boldsymbol{B}\cdot\mathrm{d}\boldsymbol{l}=\frac{\mu_0 I}{2\pi r}\cos\theta\,\mathrm{d}l$$

θ 为 $\boldsymbol{B}$ 与线元 $\mathrm{d}\boldsymbol{l}$ 的夹角. 若 $\mathrm{d}l$ 在 O 点所张的圆心角为 $\mathrm{d}\varphi$，由图可见，$\cos\theta\,\mathrm{d}l=r\,\mathrm{d}\varphi$，则 $\boldsymbol{B}$ 沿闭合曲线 L 的线积分为

$$\oint_L \boldsymbol{B}\cdot\mathrm{d}\boldsymbol{l}=\int_0^{2\pi}\frac{\mu_0 I}{2\pi r}r\,\mathrm{d}\varphi=\frac{\mu_0 I}{2\pi}\int_0^{2\pi}\mathrm{d}\varphi=\mu_0 I$$

2. 闭合曲线 L 不围绕电流

如图 7-6(b) 所示，从点 O 作闭合曲线 L 的切线，切点为 P 和 Q. 两切点将闭合曲线 L 分割为 L_1 和 L_2 两部分. 可以证明

$$B=\oint_L \boldsymbol{B}\cdot\mathrm{d}\boldsymbol{l}=\oint_{L_1}\boldsymbol{B}\cdot\mathrm{d}\boldsymbol{l}+\oint_{L_2}\boldsymbol{B}\cdot\mathrm{d}\boldsymbol{l}=0$$

显然，积分的结果仅和包围在闭合曲线内的电流有关，和所选的闭合曲线的形状无关.

3. 闭合曲线 L 围绕多个电流

根据磁场的叠加原理可得

$$\oint \boldsymbol{B}\cdot\mathrm{d}\boldsymbol{l}=\mu_0\sum I_i \tag{7-13}$$

式中，$\sum I_i$ 是闭合曲线所围绕的电流的代数和. 电流的正负规定如下：电流方向与积分路径的绕行方向服从右手螺旋法则. 即四指弯曲方向为积分路径的绕行方向，电流方向与拇指指向相同时，电流为正；反之，电流为负. 如图 7-6(c) 所示，I_1 为正，I_2 为负.

式 (7-13) 表明，**在真空的稳恒电流磁场中，磁感应强度 B 沿任意闭合路径的线积分，等于此闭合路径所围绕的电流的代数和的 μ_0 倍**. 这一结论称为安培环路定理（Ampere circuital theorem）.

以上结论虽然是从"无限长"直电流的磁场推导出来的，但它对任意形状电流所产生的磁场都是成立的，即使所取的闭合曲线不在一个平面上，上述关系仍然成立.

安培环路定理是真空中稳恒电流的磁场遵守的基本规律之一，虽然它只适用于闭合稳恒电流的磁场，对于变化电流的磁场和一段稳恒电流的磁场都不适用，但它提供了一种简单的求解某些具有对称性分布电流的磁场分布的方法.

【例 7-3】 计算通电螺线管内部的磁感应强度. 图 7-7 是真空中一个均匀密绕的无限长直螺线管中间的一段，单位长度上绕有 n 匝线圈，通过的电流为 I，求螺线管轴线上任一点 P 处的磁感应强度.

【解】 由于螺线管相当长，所以管内中央部分的磁场可视为匀强磁场，根据右手螺旋法则可判定磁感应强度方向与管轴平行. 而管的外侧磁场很弱，可忽略不计.

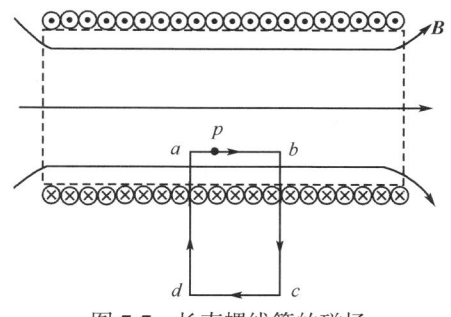

图 7-7 长直螺线管的磁场

下面利用安培环路定理计算螺线管内中央部分某点 P 的磁感应强度. 为此，选取通过 P 点的矩形 $abcda$ 为积分路径，其中 ab、cd 与管轴平行，ad、bc 与管轴垂直. 磁感应强度 $\boldsymbol{B}$ 沿闭合曲线 $abcda$ 的线积分为

$$\oint \boldsymbol{B}\cdot\mathrm{d}\boldsymbol{l}=\int_{ab}\boldsymbol{B}\cdot\mathrm{d}\boldsymbol{l}+\int_{bc}\boldsymbol{B}\cdot\mathrm{d}\boldsymbol{l}+\int_{cd}\boldsymbol{B}\cdot\mathrm{d}\boldsymbol{l}+\int_{da}\boldsymbol{B}\cdot\mathrm{d}\boldsymbol{l}$$

在线段 cd 上，$B=0$，所以 $\int_{cd} \boldsymbol{B} \cdot \mathrm{d}\boldsymbol{l} = 0$. 在 bc 和 da 线段，一部分位于螺线管外，一部分位于螺线管内，虽然管内 $B \neq 0$，但 $\mathrm{d}\boldsymbol{l}$ 与 $\boldsymbol{B}$ 垂直，所以 $\int_{bc} \boldsymbol{B} \cdot \mathrm{d}\boldsymbol{l} = 0$，$\int_{da} \boldsymbol{B} \cdot \mathrm{d}\boldsymbol{l} = 0$. 因而

$$\oint \boldsymbol{B} \cdot \mathrm{d}\boldsymbol{l} = \int_{ab} \boldsymbol{B} \cdot \mathrm{d}\boldsymbol{l} = B \int_{ab} \mathrm{d}l = B\overline{ab}$$

由于通过每匝线圈的电流为 I，所以闭合曲线围绕的总电流为 $\overline{ab}nI$，则应用安培环路定理可得

$$\oint \boldsymbol{B} \cdot \mathrm{d}\boldsymbol{l} = B\overline{ab} = \mu_0 \overline{ab}nI$$

$$B = \mu_0 nI \tag{7-14}$$

7.3 磁场对电流的作用

7.3.1 磁场对运动电荷的作用

电量为 q 的电荷以速度 v 进入磁场 $\boldsymbol{B}$ 时，所受到的磁场力称为**洛伦兹力**（Lorentz force）. 洛伦兹力可由矢量式表示为

$$\boldsymbol{f} = q\boldsymbol{v} \times \boldsymbol{B} \tag{7-15}$$

即洛伦兹力的大小为

$$f = |q|vB\sin\theta \tag{7-16}$$

式中，θ 是速度 v 与磁场 $\boldsymbol{B}$ 之间的夹角. 洛伦兹力的方向符合右手螺旋法则，即右手四指由 v 以小于 π 的角度转向 $\boldsymbol{B}$，拇指指向为洛伦兹力的方向，如图 7-8 所示. 若 $q>0$，则 $\boldsymbol{f}$ 的方向与 $\boldsymbol{v}\times\boldsymbol{B}$ 同向；若 $q<0$，则 $\boldsymbol{f}$ 的方向与 $\boldsymbol{v}\times\boldsymbol{B}$ 相反.

由于洛伦兹力的方向总是与运动电荷的速度方向垂直，因此它对运动电荷不做功，不会改变电荷运动速度的大小，只能改变它的运动方向.

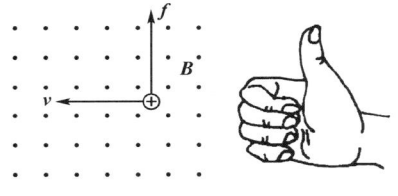

图 7-8 磁场对运动电荷的作用

当带电粒子以一定的速度 v 进入匀强磁场中，它的运动将会出现以下三种情况：

1. 运动速度 v 与磁感应强度 B 平行

带电粒子受到的洛伦兹力 $f=0$，带电粒子在磁场中做匀速直线运动.

2. 运动速度 v 与磁感应强度 B 垂直

带电粒子受到的洛伦兹力最大，$f=qvB$，此时 $v \perp B \perp f$，带电粒子将在与磁场垂直的平面内做匀速圆周运动，如图 7-9 所示（磁场方向垂直图面向里以 × 表示）. 因为洛伦兹力就是向心力

$$qvB = \frac{mv^2}{R}$$

所以，圆周运动的半径即**回旋半径**为

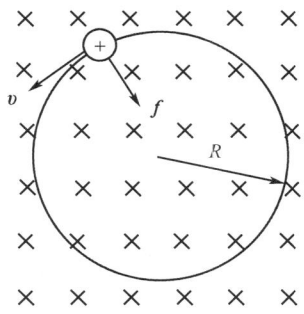

图 7-9 带电粒子在匀强磁场中的匀速圆周运动

$$R = \frac{mv}{qB} \tag{7-17}$$

从上式可以看出，在同一磁场中，若带电粒子的 q、v 相同，带电粒子的质量 m 越大，其回旋半径也越大。带电粒子回旋一周所需的时间，即周期为

$$T = \frac{2\pi R}{v} = \frac{2\pi m}{qB} \tag{7-18}$$

单位时间内回旋的圈数或回旋频率 v 为

$$v = \frac{1}{T} = \frac{qB}{2\pi m} \tag{7-19}$$

式(7-18)、式(7-19)表明，回旋频率或周期与带电粒子的运动速度 v 无关。因此，在同一磁场中，只要带电粒子的 m 和 q 相同，其回旋一周所需的时间也一定相同，只不过速度较大的粒子回旋半径较大，速度较小的粒子回旋半径较小。这是一个非常重要的结论，它是回旋加速器、磁聚焦和质谱仪的基本原理。

加速带电粒子的回旋加速器在医学中可用来产生用于诊断或治疗的射线，也可用来产生注入人体内利于显像的放射性物质。

3. 运动速度 v 与磁感应强度 B 之间成一定夹角 θ

在与磁感应强度 B 垂直的方向上，带电粒子所受的洛伦兹力 $f = qv_\perp B = qvB\sin\theta$，做圆周运动；在与 B 平行的方向上，带电粒子所受的洛伦兹力 $f = 0$，粒子以速度 $v_{//} = v\cos\theta$ 沿 B 的方向上匀速运动。因此，带电粒子的运动轨迹为一螺旋线，如图 7-10 所示。把带电粒子回旋一周所前进的距离称为**螺距**，则其值为

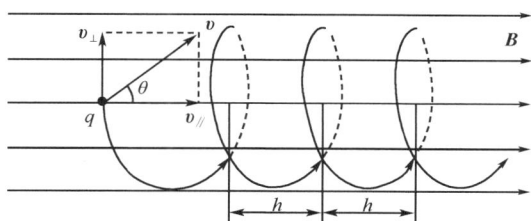

图 7-10 带电粒子在均匀磁场中的螺旋运动

$$h = \frac{2\pi m}{qB}v\cos\theta$$

上式表明，螺距 h 与 $v_\perp$ 无关，只与 $v_{//}$ 成正比。

利用上述结果可实现磁聚焦。如图 7-11 所示，在均匀磁场中从点 A 发射一细束初速度相差不大的带电粒子流，虽然不同粒子的运动方向不尽相同，但 v 与 B 之间的夹角 θ 都很小。粒子在平行于 B 与垂直于 B 方向上的速度分量分别为

$$v_{//} = v\cos\theta, \quad v_\perp = v\sin\theta \approx v\theta$$

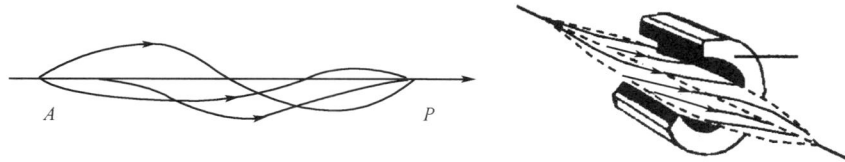

图 7-11 磁聚焦原理

所以，各粒子虽以不同半径做螺旋运动，但螺距却是近似相等的，即经过距离 h 后会聚于屏上同一点 P. 这个现象与光束通过光学透镜后聚焦的现象相似，故称为**磁聚焦**.磁聚焦在电子光学中有着广泛的应用.

电子显微镜就是根据电子束照射物体并成像的原理，利用电子束通过磁透镜（基于磁聚焦原理）进行聚焦，然后通过加速电压能产生波长很短的电子波，其放大倍数是普通光学显微镜的几十倍甚至几十万倍，可用来观察普通光学显微镜不能分辨的精细结构，如生物中的病毒、蛋白质分子结构等.

7.3.2 质谱仪

质谱仪是利用磁场对运动电荷的作用把电量相等而质量不同的带电粒子分离开的一种仪器，用它来测量同位素的质量准确度可达到千万分之一，因此，被广泛应用于实验室及医学研究上.

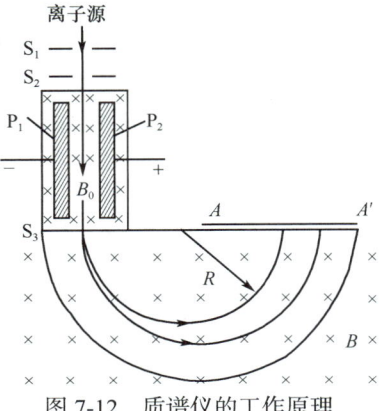

图 7-12 质谱仪的工作原理

质谱仪的结构及工作原理如图 7-12 所示. 从离子源中产生的正离子，经过狭缝 S_1、S_2 之间的加速电场后，进入平行金属板 P_1 和 P_2 之间的空间，此空间为电场和磁场共存，设两极板间的场强为 E，垂直图面向里的匀强磁场的磁感应强度为 B_0. 当正离子受到的电场力 $f_e = qE$ 和磁场力 $f_m = q\mathbf{v} \times \mathbf{B}_0$ 大小相等、方向相反时，即

$$qE = qvB_0$$

此时速度 $v = E/B_0$，离子不受力的作用无偏转地通过 P_1、P_2 之间的空间，并穿过狭缝 S_3，这个过程称为**离子速度选择**过程. 只要设法改变电场和磁场的分布，可以实现对带电粒子运动的控制. 如果离子的速度大于或小于 E/B_0，则合力作用的结果将会使离子向旁边偏转，不能通过狭缝 S_3.

经过速度选择的正离子穿过 S_3 后，进入匀强磁场 B 的区域，B 的方向垂直图面向里. 在这个区域内，离子在磁场力的作用下做半径为 R 的圆周运动. 若离子的质量为 m，则有 $R = mv/qB$，将 $v = E/B_0$ 代入此式，得

$$R = \frac{mE}{qBB_0} \tag{7-20}$$

因此，根据不同质量的正离子做圆周运动的半径不同，可以把同一元素的各种同位素分离开来，这个过程称为**同位素的分离过程**.

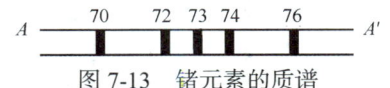

图 7-13 锗元素的质谱

在图 7-13 的 AA' 位置上装上照相底片，离子射到底片上形成的线状条纹，称为**质谱**. 从条纹的位置即可推算出圆周的半径 R，从而算出它们相应的质量. 图 7-13 是用质谱仪摄得的锗元素的质谱，谱上的数字是各同位素的原子量. 锗有五种同位素.

7.3.3 霍耳效应

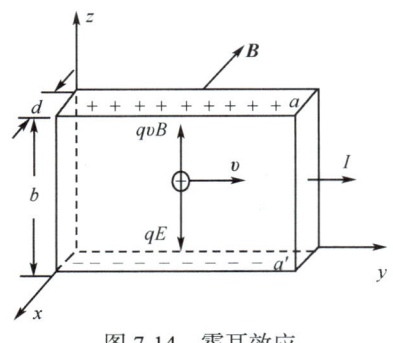

图 7-14 霍耳效应

如图 7-14 所示，将一块宽度为 b、厚度为 d 的通有电

流 I 的半导体薄片放入匀强磁场中,并使薄片平面与磁场方向垂直,则在 aa' 两侧会出现横向电动势 $U_{aa'}$,这种现象称为**霍耳效应**(Hall effect),产生的电势差 $U_{aa'}$ 称为**霍耳电势差**.

下面讨论决定电势差 $U_{aa'}$ 的大小及正负的因素.设半导体薄片中载流子的电量为 $+q$,漂移速度为 v,方向与电流方向相同,磁场的磁感应强度为 B($-x$ 方向)垂直于半导体薄片(在 yz 平面上).则正电荷所受的洛伦兹力为 $f_m=qv\times B$,方向垂直于 xy 平面向上($+z$ 方向).因此,正电荷积累在半导体片的上表面 a,下表面 a' 就出现了等量的负电荷,建立了从 a 指向 a' 的电场 E,该电场对正电荷的作用力为 $f_e=qE$,且 f_m 与 f_e 方向相反.当这两个力平衡时,即 $qE=qvB$,运动的正电荷所受的合力为零,aa' 两侧将停止电荷的积累,形成稳定的霍耳电场.电场强度为

$$E = vB$$

设霍耳电场是匀强电场,则霍耳电势差为

$$U_{aa'} = Eb = vbB \tag{7-21}$$

但是,实际上易于测量的是电流强度 I,而不是电荷的平均定向漂移速度 v,为此对上式进行变换.如果单位体积内的载流子数为 n,则有

$$I = \delta S = nqvbd$$

式中,δ 为半导体薄片中的电流密度,$S=bd$ 为薄片的横截面积.将此式代入式(7-21)中,得

$$U_{aa'} = \frac{1}{nq} \cdot \frac{IB}{d} \tag{7-22}$$

式(7-22)说明霍耳电势差与电流强度 I 和磁感应强度 B 成正比,与薄片的厚度 d 成反比,比例系数为

$$R_H = \frac{1}{nq} \tag{7-23}$$

R_H 称为**霍耳系数**(Hall coefficient).式(7-23)又可以写为

$$U_{aa'} = R_H \frac{IB}{d} \tag{7-24}$$

由式(7-24)可以看出,霍耳系数与薄片的材料有关.在金属材料中,自由电子体密度 n 极大,所以 R_H 很小,相应的霍耳电势差也就很小.而半导体材料中,单位体积内载流子数目 n 很小,所以可产生较大的霍耳电势差.目前实际应用的产生霍耳效应的元件——**霍耳元件**都是由半导体材料制成的.

1. 电磁流速计

霍耳效应广泛应用于半导体材料的测试和研究上,根据霍耳效应可以制造出许多结构简单、使用方便、准确、快速测量的装置和仪表.电磁流速计就是一种利用霍耳效应测量血流速度的仪器,如图 7-15 所示为电磁流速计的原理图.

设含有正、负离子的血液在直径为 D 的血管中沿 y 轴方向流动,平均流速为 v,通电线圈在铁芯间隙处产生沿 z 轴方向的磁场 B,血液流动方向与磁场方向互相垂直.这时血液中的电量为 q 的正、负离子受到洛伦兹力的作用而分别积聚在血管壁的两侧,在其间形成霍耳电势差 U_H 和电场 E.假设电场可以看出是均匀电场,则有

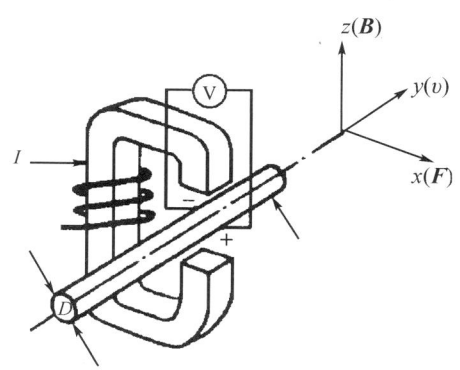

图 7-15 电磁流速计原理图

$$E = \frac{U_H}{D}$$

当离子受到的洛伦兹力与电场力大小相等、方向相反时，即 $qE = qvB$，则

$$v = \frac{U_H}{BD} \tag{7-25}$$

因此，通过对霍耳电势的测定，就可确定血流的速度。这种电磁流速计主要供心脏和动脉手术时测量血液速度使用。

2. 电磁泵

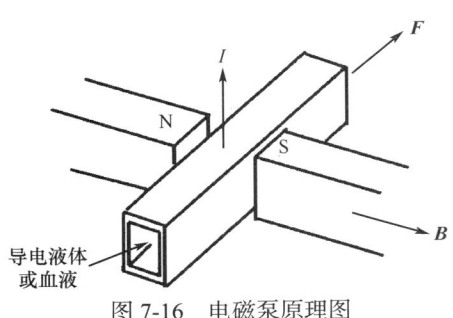

图 7-16 电磁泵原理图

电磁泵是一种利用作用在导电液体上的磁力来输送导电液的装置。它的结构原理如图 7-16 所示。

电磁泵的原理也是基于磁场对运动电荷的作用。当导电液体中通过的电流方向与磁场的方向垂直时，导电液体将受到一个沿管轴方向的推力，使导电液体沿管子的轴线方向流动。这种泵在医学上常用来输送血液或其他电解质溶液，由于在输送过程中没有任何运动部件，不会使血液中的细胞受到损害，而且整个系统是完全封闭的，减少了污染的机会。因此，电磁泵比带可动部件的普通机械泵更为优越。目前，电磁泵主要应用于某些人工心肺机和人工肾机中。

7.3.4 磁场对电流的作用

运动电荷在磁场中受到磁场力的作用，即洛伦兹力。导线中自由电子的定向运动形成电流，载流导线在磁场中所受的力，就是这些定向运动的电子所受的洛伦兹力的叠加，由此可以求出磁场对电流的作用。

1. 安培力

如图 7-17 所示，在载流导线上取电流元 Idl，电流元所在处的磁感应强度为 $\boldsymbol{B}$，$\boldsymbol{B}$ 与 Idl 的夹角为 θ。若导线的横截面积为 S，单位体积中有 n 个自由电子，则电流元中的自由电子数为 $dN = nSdl$。设自由电子的平均定向运动速度为 v，则 v 与 $\boldsymbol{B}$ 的夹角为 $\varphi = \pi - \theta$。因为导体中每一个定向运动的电子所受的洛伦兹力为

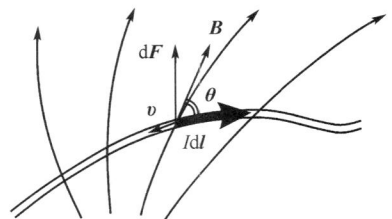

图 7-17 电流元所受的磁场力

$$f = qvB\sin\varphi = qvB\sin\theta$$

那么，电流元内所有的自由电子所受的合力大小为

$$dF = dN \cdot f = nqvSdlB\sin\theta$$

由于通过导线的电流 $I = nqvS$，故上式可以写成

$$dF = IdlB\sin\theta \tag{7-26}$$

dF 就是电流元 Idl 在磁场中所受的作用力，称为**安培力**（Ampere force），式 (7-26) 称为**安培定律**（Ampere law）。它表明：**磁场对电流元 Idl 的作用力，在数值上等于电流元的大小、电流元所在处的磁感应强度大小以及电流元 Idl 和磁感应强度 $\boldsymbol{B}$ 之间的夹角 θ 的正弦的乘积**。安培力的方向也可以根据右手螺旋法则确定，即右手四指由 Idl 方向沿小于 π 的角度转向 $\boldsymbol{B}$ 的方向，拇指的指向就是安培力的方向。因此，可将式 (7-26) 写成矢量式，即

$$dF = Idl \times B \tag{7-27}$$

安培定律可以计算任意载流导线在磁场中所受的力. 有限长度载流导线在磁场中所受的力, 等于各电流元所受安培力的矢量和.

当载流导线处在匀强磁场中, 电流 I 与磁感应强度 B 的夹角为 θ 时, 长为 L 的载流直导线所受的安培力大小为

$$F = \int_L dF = \int_L IB\sin\theta\, dl = ILB\sin\theta \tag{7-28}$$

当 $\theta = 0$ 或 $\theta = \pi$ 时, $F = 0$, 即导线中电流的方向与 B 方向相同或相反时, 载流导线受力为零; 当 $\theta = \pi/2$ 时, 导线中电流的方向与 B 垂直, 载流导线所受的安培力最大, $F = ILB$. 力的方向由右手螺旋法则决定.

当载流导线是任意形状或处于非均匀磁场中时, 则各电流元受力的大小和方向都可能不同, 整条载流导线所受的合力为

$$F = \int_L dF = \int_L Idl \times B \tag{7-29}$$

此时必须把矢量积分变为标量积分处理: 把电流元 Idl 所受的力 dF 按坐标分解后, 将各坐标分量求和, 再进行力的合成.

【例 7-4】 真空中两无限长平行直导线相距为 a, 分别通有方向相同的电流 I_1 和 I_2, 如图 7-18 所示. 试求每一导线单位长度所受的作用力.

【解】 先计算载流导线 L_2 所受的力. 在 L_2 上取电流元 $I_2 dl_2$, 载流导线 L_1 在 dl_2 处产生的磁感应强度 $B_1 = \mu_0 I_1/2\pi a$, 方向垂直图面向里, 所以电流元 $I_2 dl_2$ 所受的安培力大小为

$$dF_2 = \frac{\mu_0 I_1 I_2}{2\pi a} dl_2$$

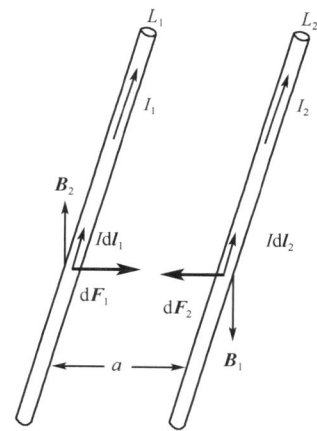

图 7-18 两平行载流长直导线间的作用力

方向在两导线构成的平面内, 垂直指向 L_1. 单位长度受力为

$$\frac{dF_2}{dl_2} = \frac{\mu_0 I_1 I_2}{2\pi a}$$

同理, 在 L_1 上取电流元 $I_1 dl_1$, 载流导线 L_2 在 dl_1 处产生的磁感应强度 $B_2 = \mu_0 I_2/2\pi a$, 方向垂直图面向外, 所以电流元 $I_1 dl_1$ 所受的安培力大小为

$$dF_1 = \frac{\mu_0 I_1 I_2}{2\pi a} dl_1$$

方向在两导线构成的平面内, 垂直指向 L_2. 单位长度受力为

$$\frac{dF_1}{dl_1} = \frac{\mu_0 I_1 I_2}{2\pi a}$$

由此可见, 两载流导线上单位长度所受的力大小相等, 均等于 $\mu_0 I_1 I_2/2\pi a$. 若两导线通有同向电流, 则无限长平行直导线相互吸引; 若通有反向电流, 则无限长平行直导线相互排斥.

2. 磁场对载流线圈的作用

在磁感应强度为 B 的匀强磁场中, 有一通有电流为 I 的平面矩形线圈, 如图 7-19(a)

所示，边长 $ab=cd=l_2$，$bc=ad=l_1$. 设线圈的平面与 **B** 的方向夹角为 θ，并且 ab、cd 这组对边与磁场垂直，线圈平面的法线方向 **n** 与载流线圈的电流方向成右手螺旋关系.

线圈 bc 和 da 边所受的力分别为 F_1 和 F_1'，根据式(7-28)可得

$$F_1 = I l_1 B \sin\theta$$
$$F_1' = I l_1 B \sin(\pi - \theta) = I l_1 B \sin\theta$$

这两个力大小相等、方向相反，且位于同一直线上，所以它们的作用相互抵消.

线圈 ab 和 cd 边所受的作用力分别为 F_2 和 F_2'，根据式(7-28)可得

$$F_2 = F_2' = I l_2 B$$

这两个力大小相等、方向相反，但不在一条直线上，因而形成一对力偶，如图 7-19(b)所示. 它们作用在线圈上的力矩为

$$M = F_2 l_1 \cos\theta = B I l_2 l_1 \cos\theta = I S B \cos\theta = I S B \sin\varphi$$

式中，$S = l_1 l_2$ 为矩形线圈的面积. 如果线圈有 N 匝，则线圈所受力矩

$$M = NISB\sin\varphi$$

式中，N、I、S 都是表示载流线圈本身特征的量，它们的乘积称为线圈的**磁矩**(magnetic moment)，用 p_m 表示.磁矩是一个矢量，其大小 $p_m = NIS$，方向是载流线圈法线 **n** 的方向. 磁矩的单位是安·米^2(A·m^2).

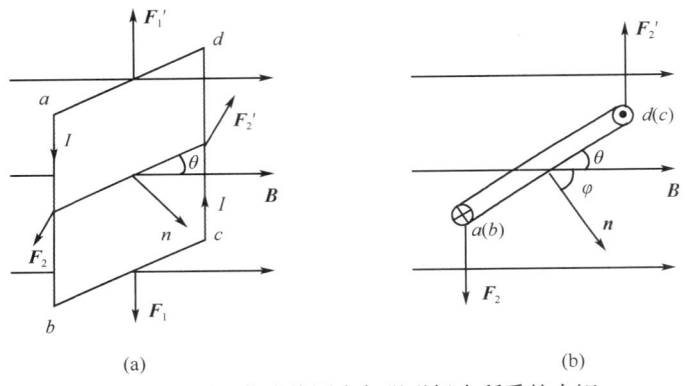

图 7-19 平面载流线圈在匀强磁场中所受的力矩

磁矩是一个重要的物理概念. 不仅载流线圈有磁矩，原子、电子、质子等微观粒子也有磁矩. 对微观粒子来说，磁矩是它们本身特征之一，是描述它们磁性质的重要物理量.

根据磁矩的定义，通电线圈在匀强磁场中所受力矩可写成矢量式

$$\boldsymbol{M} = \boldsymbol{p}_m \times \boldsymbol{B} \tag{7-30}$$

载流线圈在磁力矩的作用下将会发生转动. 根据式(7-30)下面讨论几种情况：

(1) 当 $\varphi = 0$ 时，即线圈平面法线 **n** 与磁场 **B** 方向相同，此时通过线圈的磁通量最大，线圈所受力矩为零，这个位置是线圈的稳定平衡位置，如图 7-20(a)所示.

(2) 当 $\varphi = 90°$ 时，即线圈平面法线 **n** 与磁场 **B** 垂直，此时通过线圈的磁通量为零，线圈所受力矩最大，如图 7-20(b)所示.

(3) 当 $\varphi = 180°$ 时，即线圈平面法线 **n** 与磁场 **B** 方向相反，此时虽然线圈所受力矩也等于零，但这个平衡位置是不稳定的. 只要外界扰动使线圈稍有偏转，它就会在磁力矩的作用下离开这个位置，转至 $\varphi = 0$ 的稳定平衡位置，如图 7-20(c)所示.

综上所述，载流线圈在均匀磁场中受到的合力为零，但合力矩一般不为零. 力矩的作

用总是力图使线圈的磁矩 p_m 转到与磁场 B 的方向(以小于 180°)一致,使磁力矩为零,线圈达到稳定平衡状态.

式(7-30)虽然是由矩形线圈导出的,但对任意形状的平面线圈也都适用.

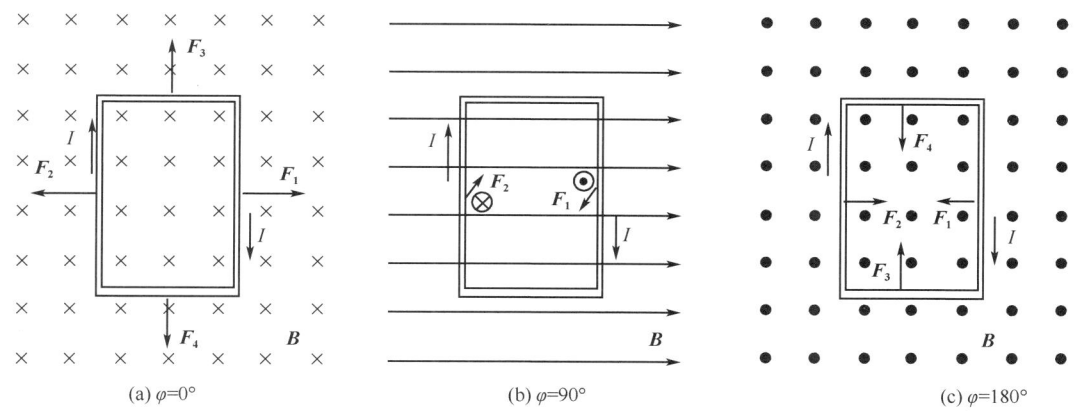

图 7-20 载流线圈的法线方向与磁场方向成不同角度时的磁力矩

7.4 磁介质、磁场的能量

前面讨论了电流在真空中激发的磁场的性质和规律,但在实际情形中,电流的周围会有各种各样的物质,这些物质与磁场会相互影响.

7.4.1 磁介质

电介质在外电场的作用下要被极化,产生附加电场,使原有电场发生变化.同样,当某些物质处在磁场中,也会产生附加磁场,使原有磁场发生变化. 原来没有磁性的物质在磁场中获得磁性的过程称为**磁化**(magnetization).凡能被磁化的物质或能够对磁场发生影响的物质称为**磁介质**(magnetic medium).

1. 介质中的磁场

组成物质的分子中,每个电子都同时参与绕核的轨道运动和本身的自旋运动,这两种运动都产生磁效应. 把一个分子内所有电子对外界产生的磁效应的总和,用一个等效的圆电流表示,称为**分子电流**(molecular current),这就是安培当年为解释磁性起源而设想的分子电流,分子电流具有的磁矩称为**分子磁矩**(molecular magnetic moment),用 p_m 表示.

实际上所有的物质都是磁介质,在磁场的作用下都会或多或少地发生变化,并能影响原磁场.假设在真空中某点的磁感应强度为 B_0,放入磁介质后,因磁介质被磁化而产生附加磁场 B',则该点的磁感应强度 B 应是等于真空中的磁感应强度 B_0 和附加磁场的磁感应强度 B' 的矢量和,即

$$B = B_0 + B' \tag{7-31}$$

实验表明,附加磁场的磁感应强度 B' 的方向及大小随磁介质而异.磁介质对磁场的影响,可以通过实验来研究.一个通有电流 I 的长直螺线管,处在真空时测得管内的磁感应强度的大小为 B_0,如果让螺线管内均匀地充满某种磁介质,测得管内磁感应强度大小为 B. 从实验结果可以发现

$$B = \mu_r B_0 \tag{7-32}$$

式中，μ_r 称为磁介质的**相对磁导率**(relative permeability)，它是没有量纲的纯数，取决于磁介质的种类和状态．式(7-32)表明，磁介质被磁化后，磁介质中的磁感应强度是真空中磁感应强度的 μ_r 倍．若螺线管单位长度上绕有 n 匝线圈，从例 7-3 可知

$$B_0 = \mu_0 n I \tag{7-33}$$

将此式代入式(7-32)得

$$B = \mu_0 \mu_r n I$$

令 $\mu = \mu_0 \mu_r$，则

$$B = \mu n I \tag{7-34}$$

式中，μ 称为磁介质的**磁导率**(permeability)，它与真空中的磁导率 μ_0 有相同的单位，都是亨利·米$^{-1}$（H·m^{-1}）．比较式(7-33)和式(7-34)可得

$$\frac{B_0}{\mu_0} = \frac{B}{\mu} = nI$$

因此，为了讨论问题的方便，引入一个辅助矢量——**磁场强度**(magnetic field intensity)，用 H 表示，定义为

$$H = \frac{B}{\mu} \tag{7-35}$$

从磁场强度的定义式可知，在磁场中均匀地充满各向同性的磁介质（非铁磁质）时，磁场强度 H 和磁感应强度 B 的方向相同，大小成正比．此式虽然是从长直螺线管这一特例得出的，但对任何类型的磁场均适用．H 的单位是安·米$^{-1}$（A·m^{-1}）．上式也可写为

$$B = \mu H \tag{7-36}$$

如果把磁场中介质的磁化与电场中介质的极化进行比较，不难看出，磁场中的磁感应强度 B 与电场中的电场强度 E 相对应；而磁场中的磁场强度 H 与电场中的电位移 D 相对应．此外，应该注意的是，B 和 H 两个物理量既有联系又有差别．B 是描述磁场性质的基本物理量，与介质有关；而 H 只不过是为了讨论问题的方便而引入的一个辅助量，与介质无关．但用 H 来处理有介质存在时的磁场，会使问题变得简单．

2. 磁介质

不同的磁介质在磁场中磁化的程度不相同，按照磁介质被磁化后产生的附加磁场 B' 的方向以及表征物质磁性强弱的 μ_r 值，可将磁介质分为三类：

(1) B' 与 B_0 同向，$B > B_0$，$\mu_r > 1$，这类物质称为**顺磁质**(paramagnetic substance)，绝大部分物质属于这一类，如锰、铬、铝、氮、氧等．顺磁质具有的磁性称为**顺磁性．**

在顺磁质中，每个分子的分子磁矩 $p_m \neq 0$．无外磁场时，由于热运动，大量分子的磁矩在空间的取向是杂乱无章、无规律的．所以对顺磁质中任何一个体积而言，所有分子磁矩的矢量和 $\Sigma p_m = 0$，因此对外界不显磁性，介质处于未磁化状态．

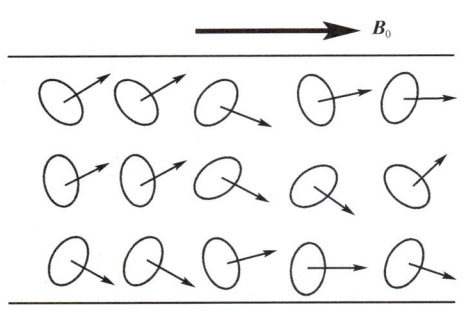

图 7-21 顺磁质的磁化

当顺磁质处在外磁场时，各分子磁矩都受到磁力矩 $M = p_m \times B_0$ 的作用，使分子磁矩 p_m 的方向与外磁场 B_0 的方向趋于一致，如图 7-21 所示，这样，顺磁质就被磁化了，对外显

示出磁性. 显然,因磁化而出现的附加磁场 B' 与外磁场 B_0 的方向相同,从而使 $B>B_0$.

(2) B' 与 B_0 反向,$B<B_0$,$\mu_r<1$,这类物质称为**抗磁质**(diamagnetic substance),如汞、铜、氯、氢等. 抗磁质具有的磁性称为**抗磁性**.

在抗磁质中,每个分子的分子磁矩 $p_m=0$. 在没有外磁场时,对介质中任何一个体积而言,$\Sigma p_m=0$. 所以,没有外磁场时,对外界并不显示磁性.

但在外磁场作用下,分子中的每个电子的绕核轨道运动和自旋运动都将发生变化,从而引起**附加磁矩**(additional magnetic moment). 分析表明,附加磁矩 Δp_m 的方向总是与外磁场 B_0 方向相反,产生的附加磁场 B' 也与外磁场 B_0 的方向相反,因此,$B<B_0$.

(3) B' 与 B_0 同向,但 $B \gg B_0$,$\mu_r \gg 1$,这类物质称为**铁磁质**(ferromagnetic substance),如铁、钴、镍和它们的合金. 铁磁质具有的磁性称为**铁磁性**.

铁磁质内存在很多自发饱和磁化的小区域,小区域内的分子磁矩都朝同一方向排列整齐,这些小区域称为**磁畴**(magnetic domain),如图 7-22 所示.

在无外磁场时,不同磁畴的磁矩方向不同,因此宏观上不显磁性. 但在外磁场的作用下,所有磁畴都转向外磁场方向,磁化达到了饱和状态,从而产生很强的与外磁场方向一致的附加磁场 B',因此,$B \gg B_0$.

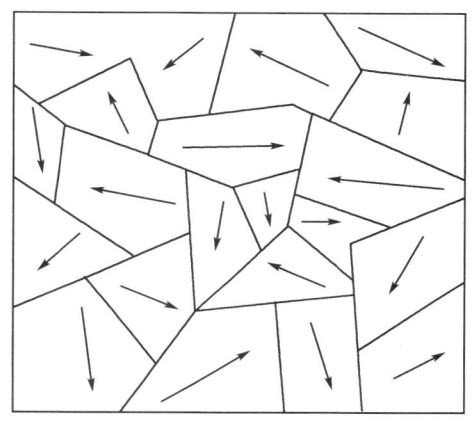

图 7-22 磁畴

顺磁质和抗磁质磁化后所产生的 B' 都较 B_0 小得多,它对原磁场的影响极为微弱,是弱磁性物质;而铁磁质对磁场影响很大,是强磁性物质. 而且从实验可知,铁磁质的磁化和温度有关,随着温度的升高,它的磁化能力逐渐减少. 当铁磁质的温度升高到某一定值时,磁畴会瓦解,铁磁性将完全消失,铁磁质变为顺磁质,这一温度称为铁磁质的**居里点**(Curie point). 当温度低于居里点时,铁磁性可得以恢复.

构成生物体的各种生物大分子也都具有磁性,绝大多数生物大分子具有各向异性的抗磁性,少数为顺磁性,只有极少数呈现铁磁性. 如血红蛋白和肌红蛋白在未与氧结合时为顺磁性,但与氧结合后转变为抗磁性,这两种弱磁性的相互转变反映了生物体内的氧化和还原过程. 外加磁场对生物体的磁性有一定的影响,并可能对一些生物功能和生命现象发生作用.

7.4.2 电磁感应

奥斯特发现了电流的磁效应后,人们自然地联想到:电流可以产生磁场,磁场是否也能产生电流呢? 直到 1831 年,英国物理学家法拉第首次发现了电磁感应现象,它不仅揭示了电与磁之间的相互联系和转化,而且促进了电磁场理论的形成和发展,为人类广泛利用电能开辟了道路,成为第二次工业和技术革命的开端.

法拉第的实验表明:当通过一个闭合导体回路所包围面积的磁通量发生变化时,回路中就有电流产生,这种现象称为**电磁感应**(electromagnetic induction),回路中的电流称为感应电流,所产生的感应电动势称为**感应电动势**(induction electromotive force).

1. 法拉第电磁感应定律

实验表明，闭合回路中产生的感应电动势的大小与通过回路的磁通量对时间的变化率的负值成正比，称为**法拉第电磁感应定律**(Faraday law of electromagnetic induction)，即

$$\varepsilon_i = -\frac{d\Phi}{dt} \tag{7-37}$$

式中，负号表示感应电动势的方向总是阻碍磁通量的变化.

由于电动势和磁通量都是标量，因此，所谓的"正负"只是相对于某一指定方向的正反而已.用法拉第电磁感应定律确定感应电动势 ε_i 方向的步骤是：先任意选定回路的绕行方向；然后确定通过回路磁通量的正负，若通过回路的磁感应线方向与回路绕行正方向呈右手螺旋关系，则该磁通量为正，反之为负；进而确定磁通量的时间变化率 $d\Phi/dt$ 的正负；最后确定感应电动势 ε_i 的方向，若 $\varepsilon_i>0$ 表示感应电动势的方向和回路的绕行正方向相同，若 $\varepsilon_i<0$ 表示感应电动势的方向和回路的绕行正方向相反.

若回路由 N 匝线圈串联而成，且每匝线圈的磁通量变化率相同，则 N 匝线圈中总的感应电动势为

$$\varepsilon_i = -N\frac{d\Phi}{dt} = -\frac{d(N\Phi)}{dt} \tag{7-38}$$

式中，$N\Phi$ 称为线圈的**磁链**(magnetic flux linkage).

2. 自感

当回路中的电流发生变化时，它所激发的磁场通过回路自身所包围的磁通量也在变化，从而产生感应电动势.这种因回路自身电流变化而在回路中产生的感应电动势的现象称为**自感现象**(self-induction phenomena)，产生的电动势称为**自感电动势**(self-induction e.m.f).在周围的磁介质不含铁磁质的情况下，根据毕奥-萨伐定律可得，电流在空间任意一点所产生的磁感应强度 B 与回路中的电流 I 成正比，即

$$\Phi = LI \tag{7-39}$$

式中，比例系数 L 称为**自感系数**(self-inductance coefficient)，简称**自感**，它的量值由回路的几何形状、匝数以及周围磁介质的磁导率决定.

若线圈的自感 L 保持不变，根据法拉第电磁感应定律可得回路的自感电动势为

$$\varepsilon_L = -L\frac{d\Phi}{dt} \tag{7-40}$$

式中，负号表示感应电动势的方向总是要阻碍回路本身电流的变化.即当电流增加时，自感电动势产生的自感电流与原来的电流方向相反，阻碍电流的增加；当电流减少时，自感电动势产生的自感电流与原来的电流方向相同，阻碍电流的减少.从式(7-40)可以看出，回路的自感系数越大，这种阻碍作用越强，回路的电流越不容易改变.

若回路是由 N 匝线圈串联而成，且通过每匝线圈的磁通量均为 Φ，则 N 匝线圈中总的自感电动势为

$$\varepsilon_L = -\frac{d(N\Phi)}{dt} = -L\frac{dI}{dt} = -\frac{d(LI)}{dt} \tag{7-41}$$

此时 Φ、L、I 之间的关系为

$$N\Phi = LI \tag{7-42}$$

当 $I=1$ 单位时，$L=N\Phi$，说明自感系数 L 在数值上等于回路中通过单位电流时线圈的磁链.在国际单位制中，自感系数的单位是亨利(H).

【例 7-5】 一个长直螺线管的管长为 l、面积为 S、体积为 V，单位长度上的匝数为 n，总匝数为 N，管中充满磁导率为 μ 的磁介质，求螺线管的自感系数.

【解】 对于通以电流 I 的长直螺线管，管内的磁场分布近似均匀，磁感应强度的大小为 $B = \mu n I$，方向平行于螺线管的轴线.

则通过螺线管的每一匝线圈的磁通量为 $\Phi = BS$，通过 N 匝线圈的磁链为

$$N\Phi = NBS = \mu n^2 ISl = \mu n^2 IV$$

由于 $N\Phi = LI$，得

$$L = \mu n^2 V \tag{7-43}$$

7.4.3 磁场的能量

磁场作为物质的一种形式和电场一样，也具有能量. 电容器是储存电能的器件，电容器中的电能是定域在两极板间的电场中. 电场的能量可以通过电容器充电过程中外力移动电荷所做的功来计算. 同样的，线圈是储存磁能的器件，当它通有电流时，在其周围建立了磁场，磁能也是定域在线圈周围空间的磁场中. 磁场的能量可以通过在建立磁场的过程中，电源反抗自感电动势所做的功来计算.

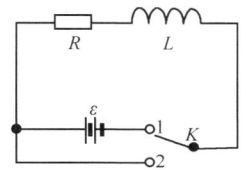

图 7-23 *RL* 电路

图 7-23 为 RL 电路，开关 K 扳向 1 时，线圈中的电流由 0 逐渐增大到 I，电流在线圈内建立磁场，在此过程中，由回路电压方程可得

$$\varepsilon - L\frac{dI}{dt} = IR$$

上式两边同时乘以 Idt 后积分，再移项，即可得到电源电动势做的功

$$\int \varepsilon I\, dt = \int I^2 R\, dt + \int LI\, dI$$

设 $t=0$ 时，电路中的电流 $I=0$，经过时间 t 后，电流变为 I，则

$$\int_0^t \varepsilon I\, dt = \int_0^t I^2 R\, dt + \frac{1}{2}LI^2$$

式中，$\int_0^t \varepsilon I\, dt$ 表示在时间 t 内电源所做的功，即电源所提供的能量；$\int_0^t I^2 R\, dt$ 表示在时间 t 内消耗在电阻 R 上的焦耳热；$\frac{1}{2}LI^2$ 表示电源反抗自感电动势做功，它转变为磁场的能量. 因此，自感系数为 L 的线圈中通以电流 I 时，磁场的能量为

$$W_m = \frac{1}{2}LI^2 \tag{7-44}$$

同理可以证明，当开关 K 扳向 2 时，线圈中的磁场消失，原储存在线圈中的磁场能量转化为电阻 R 上的焦耳热，数值为 $\frac{1}{2}LI^2$.

现考虑一长直螺线管，它的体积为 V，单位长度上的匝数为 n，管内充满磁导率为 μ 的磁介质. 参照例 7-5 可得直螺线管的自感系数 $L = \mu n^2 V$，通有电流 I 时，产生的磁感应强度为 $B = \mu n I$，此时直螺线管内磁场的能量为

$$W_m = \frac{1}{2}LI^2 = \frac{1}{2}(\mu n^2 V)\left(\frac{B}{\mu n}\right)^2 = \frac{B^2}{2\mu}V$$

磁场中单位体积所分布的磁场能量即磁场能量密度为

$$w_{\mathrm{m}} = \frac{W_{\mathrm{m}}}{V} = \frac{B^2}{2\mu} = \frac{1}{2}\mu H^2 = \frac{1}{2}BH \tag{7-45}$$

虽然以上的磁场能量密度公式是从长直螺线管内均匀磁场的特例导出的，但它对各种类型的磁场普遍适用．因此，某一磁场存储的能量为

$$W_{\mathrm{m}} = \int w_{\mathrm{m}}\,\mathrm{d}V = \frac{1}{2}\int_{V} BH\,\mathrm{d}V \tag{7-46}$$

7.5 生物磁场和磁场的生物效应

7.5.1 生物磁场

磁性是物质的属性之一，生物体也不例外．在生命活动中，各种生命活动会产生如电子传递、离子转移、神经电活动等生物电，伴随着生物电信号变化的同时必然有生物磁场的出现．此外，在外界因素的刺激下，生物机体的某些部位也会产生一定的诱发电位，同时产生一定的诱发磁场，它也是生物磁场．

一般情况下，生物磁场非常微弱，远低于地磁场和周围环境的磁干扰、磁噪声，所以难以进行观测和研究，因此生物磁现象的研究比生物电现象的研究要慢得多．直到 20 世纪 60 年代后期，随着现代科学技术的飞速发展，陆续研制出高灵敏度的磁场测量仪器，如超导量子干涉仪的灵敏度可达 10^{-11}G，使生物磁现象的研究向前迈进了一大步．目前人们已经可以观测到人的心脏、大脑、肺部、肌肉和神经等产生的微弱生物磁场．

人体的生物磁场主要由以下几方面产生：

1. 由生物电流产生

人体的许多功能和活动都是依靠电荷的运动再通过神经系统的活动来传导的，在这过程中形成生物电流．根据物理学中电流会产生磁场的原理，人体凡能产生生物电信号的部位，必定会同时产生生物磁信号．人体脏器如心脏、大脑、肌肉等都有规律性的生物电流流动，因此，相应地会产生心磁场、脑磁场、肌磁场等．

2. 由生物磁性物质产生

人体活组织内某些物质具有一定的磁性，它们在地磁场或其他外磁场作用下产生感应的生物磁场．如肝、脾等所呈现出来的磁场就属于这一类．

3. 由外源性磁性物质产生

由于职业或环境原因，某些具有强磁性的物质如含铁尘埃、磁铁矿粉末可通过呼吸道、食道进入体内，这些物质在地磁场或外界磁场作用下被磁化，成为小磁石残留在体内，从而产生一定的生物磁场．如肺磁场、腹部磁场均属于这一类．

生物磁场的研究和生物电的研究相类似，通过生物磁场的研究可以了解一些重要的生命现象和过程，而且与生物电的研究相比还具有一些独特的优点，如测量生物磁场用的探测器不需与生物体接触，能避免用电极测量生物电场(电流)时所引起的电极干扰．通过用微弱磁场测定法对人体磁场的检测，可以获得人体磁场的信息，如心磁图、脑磁图、肺磁图等，把人体的各部位磁图应用于临床多种疾病的诊断及推进一些疑难病症的治疗是生物磁学的发展趋势．而且，通过对大量的心脏病患者心磁图(MCG)和心电图(ECG)的对比研究发现，对于某些疾病的诊断，心磁图的灵敏度和准确度比心电图高，图 7-24 是心肌在除

极和复极过程中的心磁图和心电图.

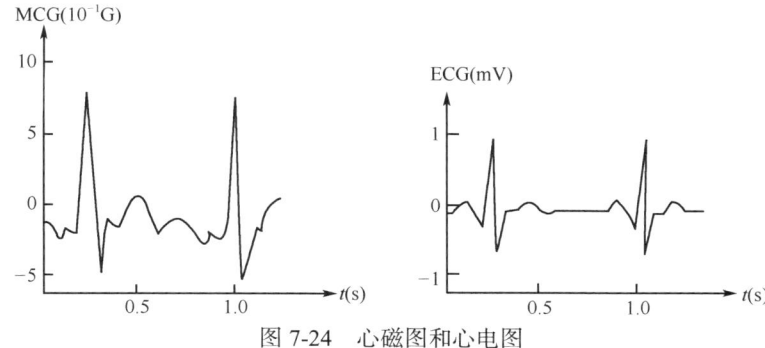

图 7-24 心磁图和心电图

7.5.2 磁场的生物效应

磁场和其他物理因子(如声、光、电等)一样,在一定条件下对生物体作用后,也能产生生物效应.这种磁效应是由于物体内部微观的电子运动和构成生物组织的物质磁性决定的.地球本身就是一个天然的磁场,在地球上的各种生物都受到地磁的影响.研究表明,海龟、鲸鱼、候鸟等众多迁徙动物能够依据地磁场进行导航和定向.

关于磁场的生物效应,国内外进行了大量的研究工作.实验和临床表明,磁场是生物体维持正常生命活动不可缺少的环境因素,同时,磁场对生物体的活动及其生理、生化过程以及植物的生长有一定的影响.主要体现在:

1. 磁场对生物体的作用与磁场强弱有关

磁场越强,作用效果越大.如动物在强磁场下长期生活,会出现早衰,生长缓慢而且寿命显著缩短.强磁场对某些生物的作用更加显著,如 0.5T 的磁场对小鼠有致死作用.

2. 磁场对生物体的作用与磁场类型有关

不同类型的磁场对生物体的作用不同.恒定磁场对组织的再生和愈合有抑制作用,而脉冲磁场却对骨的愈合有促进作用.交变磁场对生物体的作用主要取决于频率.如在研究磁场对血液的作用时发现,频率为 50~20000Hz 的脉冲磁场中,只有频率在 1~2kHz 范围内的磁场会促进血液的纤溶性,而其他频率的磁场却对血液的纤溶性有抑制作用.

3. 磁场对生物体的作用与磁场方向有关

通常磁场方向和生物体轴线保持某一角度时磁场对生物体的作用最大.例如,当磁场的方向是从大鼠背部指向腹部时,白细胞的数目会减少;如果磁场方向是任意的,则磁场的强度要增大两倍才能明显地看到白细胞的减少.至于玉米种子的发芽,胚根朝向地球南磁极的要比胚根朝向地球北磁极的早发芽,并且根和茎的生长都比较粗壮.

4. 磁场的生物效应与磁场作用的时间有关

磁场的物理作用有积累效应,而且必须达到一定程度后,才能触发生物效应.显然,磁场越强,达到阈值的时间越短.

5. 磁场的治疗作用

利用人造磁场(外加磁场)施加于人体的经络、穴位和病变部位治疗某些疾病的方法,称为磁场疗法(magnetic field therapy),简称磁疗.一般恒定磁场和低频的变化磁场产生的是磁化和热化学作用,而高频和超高频的变化磁场产生的主要是热作用.目前,磁疗已广泛地应用于临床,对某些疾病如活血化瘀、消炎镇痛、安神降压、肌肉劳损、关节炎及气管炎等均有较好的疗效. 磁疗的常用方法有：①静磁疗法. 用于穴位和病变局部. ②动磁疗法. 又称旋磁和脉动磁疗法. ③磁化水疗法和磁针疗法等. 临床常用以治疗软组织损伤、表浅血管瘤、乳腺增生、神经痛、胃肠功能紊乱等症.

小　　结

  磁铁和电流周围存在着磁场，磁现象的电本质理论说明：一切磁现象来源于电流或电荷的运动. 磁感应强度是描述磁场强弱的物理量，它是一个矢量点函数. 磁场的高斯定理表明：通过任何闭合曲面的磁通量必为零. 它反映了磁场是涡旋场的这一重要特性. 毕奥-萨伐尔定律和安培环路定理是反映电流和磁场内在联系的两个重要规律. 毕奥-萨伐尔定律从数学上给出了计算电流元周围磁感应强度的方法；安培环路定理则给出了求解具有对称性磁场的磁感应强度的方法. 运动电荷在磁场中运动时，应用洛伦兹力和向心力的概念可导出带电粒子在磁场中做圆周运动时回旋频率或周期与带电粒子的运动速度无关的结论，它是回旋加速器、磁聚焦的基本原理. 运用洛伦兹力和电场力的概念可以解释霍耳效应. 安培力本质上是洛伦兹力对带电体作用力的集体表现. 磁场对载流线圈的作用可以用磁矩来表示，磁矩是一个重要的物理概念. 根据磁化的结果不同，磁介质可以分为顺磁体、铁磁体和抗磁体三种. 磁导率是描述外磁场与磁介质之间关系的参数，顺磁质和抗磁质的磁导率与磁场无关，而铁磁质的磁导率与磁场有关. 电磁感应是变化的磁场、电场相互感应的现象. 感应电动势的大小由法拉第电磁感应定律决定，自感电动势是由回路自身电流变化所产生的. 磁场是物质的一种表现形式，也具有能量. 在生命活动中，伴随着生物电信号的变化必然存在生物磁场. 磁场在一定条件下对生物体作用后，产生生物效应，对生物体的活动及其生理、生化过程以及植物的生长有一定的影响.

阅读材料

磁　　疗

  磁疗作为一种治疗方法，有着悠久的历史. 古代我国人民对磁疗的认识远比西方早，在公元190年的春秋时期，扁鹊就曾用磁石（有磁性的矿石）做枕，为秦穆公治疗偏头疾. 但在很长的一个时期内，磁石主要被当做一种天然药石内服，医治各种疾病. 到了唐代，磁石逐渐由内服药发展成为物理治疗方法，这在磁医学上迈进了一大步. 唐代冯赞所著的《云中杂记》中，记述了"益精者，无如磁石，以为益枕，可老而不昏，宁王宫中多用之". 这是全世界第一个磁疗方法治疗亚健康的记录. 我国古代医学始终领先世界，古人不但提出预防为主的养生理念，而且在使用磁石枕的过程中，发现了其抗衰老、防止老年痴呆的功效，并在王宫中普及.

  磁疗的基本原理就是通过磁场对人体的作用而影响人体电流分布、荷电微粒的运动、膜系统的通透性和生物高分子的磁矩取向等，使组织细胞的生理、生化过程改变，产生镇痛、消肿、促进血液及淋巴循环等作用. 现代医学认为磁疗可以利用高科技的磁性材料作用于人体的经络、穴位和患病部位，通过磁场使磁力线透入人体组织深处，以达到预防及治疗疾病的效果.

  最近几年，磁疗作为一种新兴产品不断问世，其中有磁椅、磁床、磁疗手表、磁疗戒指、磁疗项链、有用磁片、穴位磁贴等. 新兴的经颅磁刺激是一种非侵入性无痛性的神经系统检测和治疗技术. 通过经颅磁刺激可以检测运动诱发电位、中枢运动传导时间、皮质静息期、运动皮质兴奋性等，对中枢神经系统疾病的诊断、评价和监测有重要意义，可提供疾病病理生理机制方面的重要信息.重复经颅磁刺激具有的调节病变区皮质兴奋性等复杂机制,使其在抑郁症、帕金森病、癫痫、脊髓损伤、卒中等疾病的实验性和应用性治疗研究方面具有巨大潜在价值,并将逐渐被应用于临床神经学、神经康复学和精神心理学领域.

磁疗在临床中广泛应用,研究表明:磁场作用到人体后,可以使血管扩张,血流加快,改善血液循环,可以把组织细胞需要的营养物质、氧送到全身各处的组织细胞,又可以把组织细胞的代谢废物带走,而不少疾病与血液循环障碍有关,磁场可以帮助"满足"组织细胞这两方面的需要,与以上有关的疾病可以得到治疗.例如,治疗高血压、动脉硬化、降低血脂、缓解疼痛、消肿消炎、改善睡眠等.据有些临床报告,磁场对糖尿病和结石病也有一定的治疗作用.

宇宙间磁场的存在是机体内磁场产生的根据,人体内各种磁学现象是有规律性的,是自然选择的结果.近几年来,随着人们对磁场的生物作用和生物体内磁现象研究的不断深入,以及磁疗方法的不断改进,磁疗越来越显示出其无创伤性、经济、准确、方便等优点,正在广泛应用于临床研究及治疗中.相信磁疗在未来的发展前景将是相当广阔的.

思 考 题

7-1 磁铁产生的磁场与电流产生的磁场在本质上是否相同?

7-2 在同一磁感应线上,各点 B 的数值是否都相等?为什么不把作用于运动电荷的磁场力的方向定义为磁感应强度的方向?

7-3 在无限长载流导线周围的任一点,如果不放试探电荷或磁针进去,该点是否存在磁场?该点有否磁感应强度?有没有磁力?

7-4 用安培环路定理能否求有限长一段载流直导线周围的磁场?

7-5 一带电粒子流进入空间某一区域时发生了侧向偏转,造成这一偏转的原因是电场还是磁场?如何判断?

7-6 空间某一区域中有均匀电场 E 和均匀磁场 B,且两者方向相同.一个电子以速度 v 沿垂直于 E 和 B 的方向射入此区域.试定性讨论电子的运动轨迹.

7-7 电子枪同时将速度分别为 v 和 $2v$ 的两个电子射入均匀磁场 B 中,入射时两个电子的运动方向相同,且均垂直于磁场 B,这两个电子是否同时回到出发点?

7-8 在电子仪器中,为什么常把两条通有等值反向电流的导线扭绕在一起?

7-9 在均匀磁场中,有两个面积相等、通过电流相等的线圈,其中一个是三角形,另一个是矩形.则这两个线圈所受的最大磁力矩是否相等?磁力的合力是否相等?

7-10 在电磁感应中,如果穿过闭合回路所包围面积的磁通量很大,回路中的感应电动势是否也很大?

7-11 由导线组成的矩形线圈,以匀速率 v 从无磁场的空间进入均匀磁场中,然后从磁场中出来,又在无磁场的空间运动,线圈中电流是如何变化的?

7-12 当把条形磁铁沿铜质圆环的轴线插入铜环时,铜环有感应电流吗?若用塑料圆环代替铜质圆环,环内仍有感应电流吗?

7-13 当线圈中的电流增加时,自感电动势的方向和电流的方向是相同还是相反?为什么?当线圈中的电流减小时,自感电动势的方向和电流的方向是相同还是相反?为什么?

习 题

7-1 一个速度为 $v=5.0\times10^7\mathrm{m\cdot s^{-1}}$ 的电子,在地磁场中垂直地面通过某处时,受到方向向东的洛伦兹力作用,大小为 3.2×10^{-16} N. 试求该处地磁场的磁感应强度.

7-2 将导线 ABCD 弯曲成两个半径分别为 R_1=0.20m 和 R_2=0.40m 且共面的同心半圆,圆心为 O,通过的电流为 1.0A,如题 7-2 图所示. 求圆心 O 处的磁感应强度.

7-3 如题 7-3 图所示,载有电流 I=2.0A 的无限长直导线,中部弯成半径 r=0.10m 的 1/4 圆环.求环中心 O 处的磁感应强度.

7-4 真空中有两根互相平行的无限长直导线 L_1 和 L_2,如题 7-4 图所示,两导线相距 0.10m,通有方向相反的电流,I_1=10A,I_2=20A. A、B 两点与导线在同一平面内,这两点与导线 I_2 的距离均为 0.050m. 试求:(1)A、B 两点处的磁感应强度;(2)磁感应强度为零的点的位置.

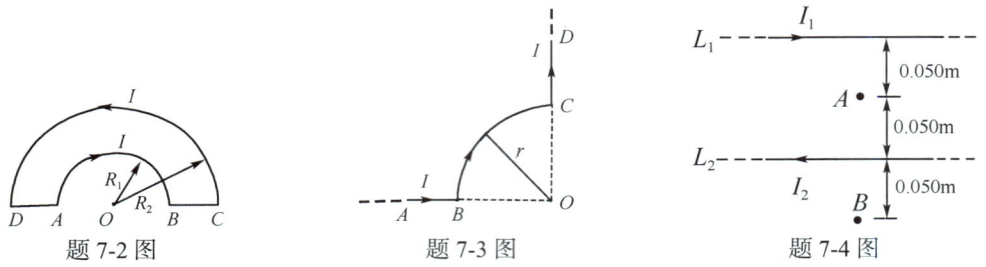

题 7-2 图　　　　题 7-3 图　　　　题 7-4 图

7-5 真空中有两根互相平行的长直导线,均通以同方向的电流 I_1=I_2=1.0A,如题 7-5 图所示,已知 PI_1 垂直于 PI_2,PI_1=PI_2=0.10m. 试求:(1)P 点的磁感应强度;(2)若电流 I_1 反向,结果如何?

7-6 有一无限长直导线,载有 5.0A 电流,试用安培环路定理计算与此导线相距 10cm 的 P 点的磁感应强度.

7-7 已知一螺线管的直径为 2.0cm,长为 100cm,匝数为 1000,通过螺线管的电流为 5.0A. 求:(1)螺线管内的磁感应强度;(2)通过螺线管每一匝的磁通量.

7-8 两平行长直导线相距 40cm,如题 7-8 图所示. 每条导线载有电流 I_1 = I_2= 20A,求:(1)两导线所在平面内与两导线等距的一点 A 处的磁感应强度大小和方向;(2)通过图中斜线所示面积的磁通量.

7-9 如题 7-9 图所示,已知一均匀磁场的磁感应强度 B=2.0T,方向沿 x 轴正向. 试求:(1)通过图中 abed 面的磁通量;(2)通过图中 bcfe 面的磁通量;(3)通过图中 acfd 面的磁通量.

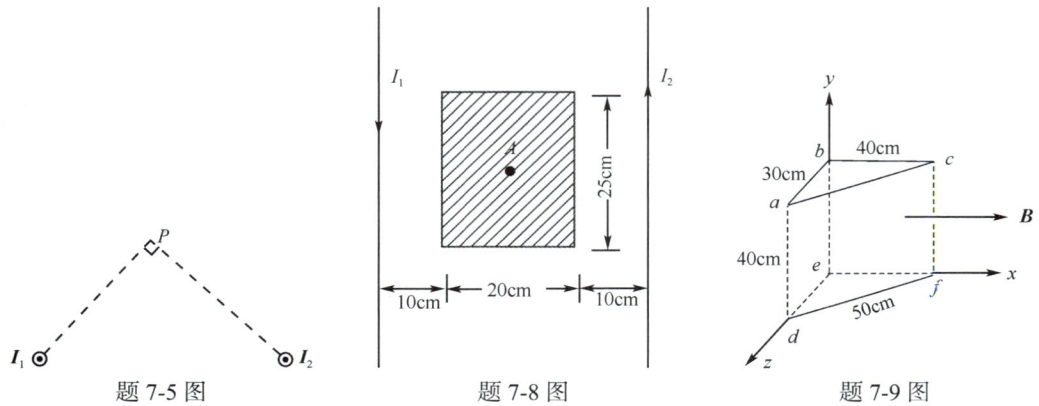

题 7-5 图　　　　题 7-8 图　　　　题 7-9 图

7-10 一个质量为 5.0×10^{-8}g,电量为 2.0×10^{-4}C 的粒子以 $v=1.0\times10^2$ m·s^{-1} 的速度与磁感应强度成 $\alpha=30°$ 的方向进入匀强磁场,磁场的磁感应强度为 1.0T,如题 7-10 图所示.试求该粒子运动轨道的半径和螺距.

7-11 一长直导线载有电流 30A，离导线 30cm 处有一电子以速率 $2.0\times10^7\,\text{m}\cdot\text{s}^{-1}$ 运动，求以下三种情况作用在电子上的洛伦兹力.(1)电子的速度 v 平行于导线；(2)速度 v 垂直于导线并指向导线；(3)速度 v 垂直于导线和电子所构成的平面.

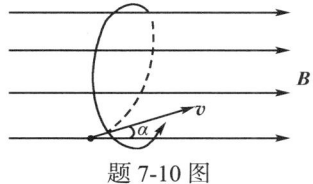

题 7-10 图

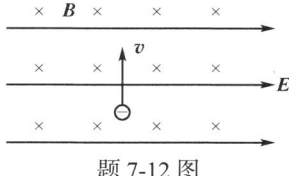

题 7-12 图

7-12 电子在磁场和电场共存的空间运动，如题 7-12 图所示，已知匀强电场强度 $E=3.0\times10^2\,\text{N}\cdot\text{C}^{-1}$，匀强磁场 $B=2.0\times10^{-3}\,\text{T}$，则电子的速度应为多大时，才能在此空间做匀速直线运动？

7-13 利用霍耳元件可以测量磁场的磁感应强度. 设一用金属材料制成的霍耳元件，其厚度为 0.15mm，载流子数密度为 $1.0\times10^{25}\,\text{m}^{-3}$，将霍耳元件放入待测的匀强磁场中，测得霍耳电势差为 40μV、电流为 10mA，求待测磁场的磁感应强度.

7-14 如题 7-14 图所示，无限长直电流 I_1 附近有一等腰直角三角形线框，通以电流 I_2，二者共面. 求：(1)AB 边所受的安培力；(2)AC 边所受的安培力；(3)BC 边所受的安培力.

7-15 如题 7-15 图所示，在长直导线内通以电流 $I_1=30\text{A}$，与它同一平面的矩形线圈 $ABCD$ 中通有电流 $I_2=10\text{A}$，已知 $d=1.0\text{cm}$，$b=9.0\text{cm}$，$l=20\text{cm}$. 求：(1)作用在矩形线圈的合力；(2)矩形线圈所受的合力矩.

7-16 如题 7-16 图所示为一正三角形线圈，放在匀强磁场中，磁场方向与线圈平面平行，且平行于 BC 边. 设 $I=10\text{A}$，$B=1\text{T}$，正三角形的边长 $l=0.1\text{m}$，求：(1)线圈所受磁力矩的大小和方向；(2)线圈将如何转动？

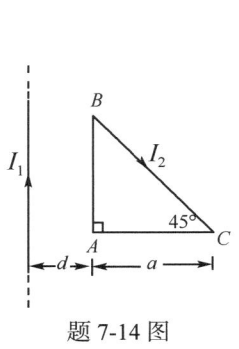

题 7-14 图

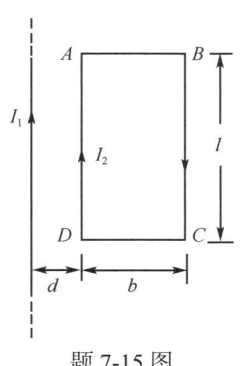

题 7-15 图

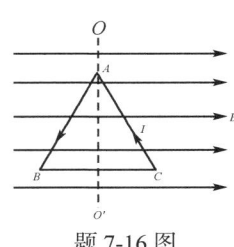

题 7-16 图

7-17 题 7-17 图中的三条线表示三种不同磁介质的 B-H 关系曲线，虚线是 $B=\mu_0 H$ 关系的曲线，试指出哪一条表示顺磁质？哪一条表示抗磁质？哪一条表示铁磁质？

7-18 线圈在长直载流导线产生的磁场中运动，在题 7-18 图所示的哪些情况下线圈内将产生感应电流？

7-19 在题 7-19 图所示的电路中，一长直导线载有 5.0A 的电流，附近放置一个与它处在同一平面上的矩形线圈 $ABCD$，线圈的 AD、BC 两边与导线平行. AD 边与导线相距 0.10m，矩形线圈长 0.20m，宽 0.10 m，共有 200 匝.若线圈以 $3.0\,\text{m}\cdot\text{s}^{-1}$ 的速度垂直于导线向右运动，求线圈中的感应电

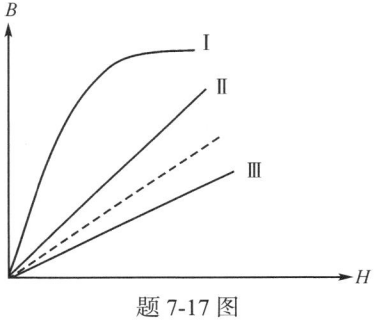

题 7-17 图

动势的大小.

7-20 在图 7-5 所示电路中，已知线圈的自感系数为 3.0H，电阻为 6.0Ω，电源的电动势为 12V，若线圈的电阻和电源内阻忽略不计. 求：(1) 开关 K 扳向 1 瞬间，电流增长率和自感电动势；(2) 当电流达到恒定值时，线圈中储有的磁场能量.

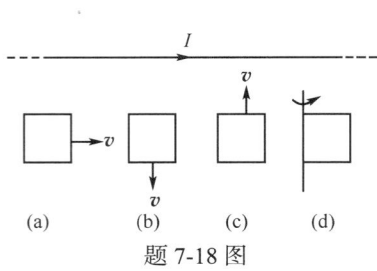

题 7-18 图

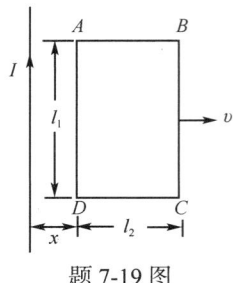

题 7-19 图

习 题 答 案

7-1　4.0×10^{-5}T，向南

7-2　7.85×10^{-7}T，垂直纸面向里

7-3　3.14×10^{-6}T，垂直纸面向里

7-4　(1) 1.2×10^{-4}T，垂直纸面向里；6.7×10^{-5}T，垂直纸面向外；(2) 在 L_1 外侧为 0.10m 处

7-5　(1) 2.83×10^{-6}T，向左；(2) 2.83×10^{-6}T，向下

7-6　1.0×10^{-5}T

7-7　(1) 6.28×10^{-3}T，沿轴线方向；(2) 1.97×10^{-6}Wb

7-8　(1) 4.0×10^{-5}T，垂直纸面向外；(2) 2.2×10^{-6}Wb

7-9　(1) -0.24Wb；(2) 0；(3) 0.24 Wb

7-10　1.25m，13.6m

7-11　(1) 6.4×10^{-17}N，若 v 与 I 同向，F 垂直于导线指向外面；若 v 与 I 反向，F 垂直指向导线；(2) 6.4×10^{-17}N，方向与电流方向相同；(3) 0

7-12　1.5×10^5 m·s^{-1}

7-13　0.96T

7-14　(1) $\dfrac{\mu_0 I_1 I_2 \alpha}{2\pi d}$，垂直 AB 向左；

(2) $\dfrac{\mu_0 I_1 I_2}{2\pi} \ln \dfrac{d+\alpha}{d}$，垂直 AC 向下；

(3) $\dfrac{\mu_0 I_1 I_2}{\sqrt{2}\pi} \ln \dfrac{d+\alpha}{d}$，垂直 BC 向上

7-15　(1) 1.08×10^{-3}N，水平向左指向导线；(2) 0

7-16　(1) 4.3×10^{-2}N·m，方向向上；(2) 绕 OO' 轴逆时针方向转动

7-17　曲线 I 是铁磁质，曲线 II 是顺磁质，曲线 III 是抗磁质

7-18　四种情况线圈都将会产生感应电流

7-19　6.0×10^{-4}V

7-20　(1) 4.0A·s^{-1}，-12V；(2) 6.0J

第8章 直流电

带电粒子在外加直流电场的作用下发生定向迁移的现象称为电泳.这些带电粒子可以是细胞、病毒、蛋白分子、DNA 片段或合成的药物粒子,由于不同粒子的分子量不同,体积不同,带电量不同,因而在电场的作用下迁移的速度一般也是不同的.定量地研究带电粒子在电场作用下的不同迁移速度,把混合物的不同成分分开,已经成为生物化学、分子生物学、临床检验以及药物鉴定的常用手段.例如,在临床检验中常常用此法分离血清蛋白的组分.

如图,在人的血清中加入专用试剂,让血清中的蛋白带上同种电荷,然后把它们加入凝胶电泳系统,通电后,在电场的作用下,蛋白质就朝同一个方向迁移(图中电泳方向为从上到下).分子量小的血清蛋白在介质中迁移速度比较快,分子量大的血清蛋白相对比较慢,经过一段时间之后各种蛋白在介质中的距离就会拉开,再经过染色显色之后就可以看到不同的区带.图中可以分辨出六个不同的区带.最上边的是分子量最大的白蛋白(albumin),接下来依次是 α_1-球蛋白,α_2-球蛋白,β_1-球蛋白,β_2-球蛋白,最下边的是分子量最小的 γ-球蛋白(γ-球蛋白的区带相对地比其他蛋白的要宽一些).通过电泳的方法,就可以把血清中的蛋白质区分开来.

电荷在电场作用下定向运动形成电流(electric current).电流的大小和方向都不随时间变化的电流称为直流电(direct current,DC),也称稳恒电流. 由直流电源和电阻构成的闭合回路称为直流电路.电流不仅和人们的日常生活有关,而且在生命活动过程中起着十分重要的作用. 本章将讨论直流电的一些概念,包括电流强度、电流密度、电动势等,介绍含源电路中的欧姆定律、基尔霍夫定律、电容器的充放电等基本规律以及它们在医学上的相关应用.

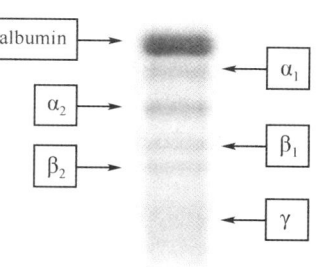

8.1 电流密度

8.1.1 电流强度

导体中可以自由移动的带电粒子称为**载流子**,金属中的载流子是自由电子,电解质溶液中的载流子是正、负离子,半导体中的载流子是空穴或自由电子.导体中的载流子在没有电场作用下的运动是无规则的热运动,这种无规则的热运动并不能形成载流子的宏观定向运动,但是,在电场的作用下导体的载流子除了热运动外,还会发生定向运动形成**电流**.

电流产生需具备两个条件:一是存在大量的载流子;二是在导体两端保持有电势差,即导体内部必须存在着电场. 在电场力驱使下,正、负电荷做定向运动,但它们的运动方向总是相反.

历史上规定,在电场的作用下正载流子的定向移动的方向为电流的方向,所以,在导体中电流总是沿着电场的方向,从高电势处流向低电势处.单位时间内通过导体某一横截面的电荷量称为**电流强度**(curent intensity)，简称电流，用 I 表示. 如果在 Δt 时间内，通过导体任一横截面的电量为 Δq，则在 Δt 时间内通过该截面的平均电流为

$$I = \frac{\Delta q}{\Delta t}$$

当 $\Delta t \to 0$ 时，某一时刻的瞬时电流为

$$I = \lim_{\Delta t \to 0} \frac{\Delta q}{\Delta t} = \frac{\mathrm{d}q}{\mathrm{d}t} \tag{8-1}$$

式(8-1)表明，电流强度等于单位时间内通过导体内任一横截面的电量. 电流强度 I 的单位为安培(A)，它是国际单位制中的基本单位之一，此外还常用毫安(mA)和微安(μA)·1 mA=10^{-3}A，1μA=10^{-6}A. q 的单位为库仑(C)，t 的单位为秒(s).

电流强度是标量，但是在电场的作用下正、负载流子总是沿着相反的方向定向运动，正载流子定向移动的方向就是电流强度的方向. 在导体中不同截面的电流强度的大小和方向可能不同；同一截面不同点的电流强度的大小和方向也有可能不相同，因此，电流强度只能描述导体中通过某一截面电流的整体特征，而不能说明导体中同一截面上各点的正电荷运动的具体方向.

8.1.2 电流密度

在实际情况下，常会遇到电流在大块或不均匀导体中流动的情形，此时，导体不同部位的电流大小和方向都不一样，形成一定的电流分布，这样的导体称为**容积导体**(volume comducter)，如人体的四肢、躯干等就是一个典型的容积导体，图 8-1(a)为半球形电极接地时附近的电流分布，图 8-1(b)为电疗时人体下肢的电流分布，图 8-1(c)为电解质内两个点电极之间的电流分布. 为了反映电流的分布情况，还必须引入**电流密度**(electrical current density)的概念，在通过电流的导体内某处取一个与该处场强 E 方向垂直的小面元 $\Delta S_\perp$，如图 8-2 所示. 这时通过 $\Delta S_\perp$ 的电流强度为 ΔI，把 $\Delta I / \Delta S$ 定义为该处的电流密度的大小，用 J 表示，即

$$J = \lim_{\Delta S \to 0} \frac{\Delta I}{\Delta S} = \frac{\mathrm{d}I}{\mathrm{d}S} \tag{8-2}$$

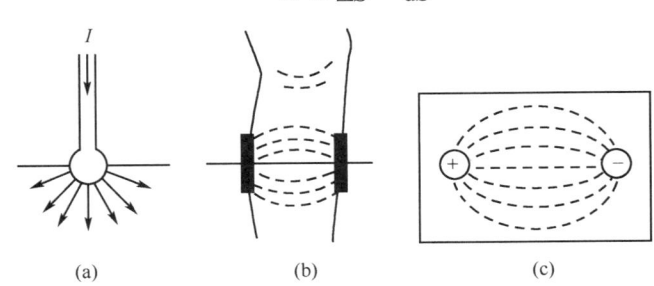

图 8-1 容积导体中的电流分布

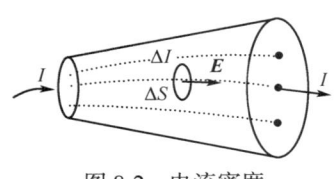

图 8-2 电流密度

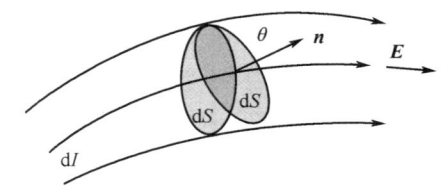

图 8-3 dI 与 J 的关系

电流密度 J 的方向与 ΔS 处的场强的方向相同，也就是说，导体中任意一点的电流密度的大小，等于通过该点处垂直于场强方向的单位面积的电流强度，方向与该点处场强的方向一致．电流密度 J 是矢量，其单位为安培·米$^{-2}$($A \cdot m^{-2}$)．

如果导体中只有一种载流子，并且是正电荷，在电场的作用下定向运动形成电流，电荷运动的平均速度称为漂移速度，用 v 表示，设导体中单位体积的载流子数目即载流子的数密度用 n 表示，载流子的价数用 Z 表示，电子所带电量的绝对值用 e 表示，单位体积内载流子的电荷量即电荷体密度用 $\rho_e = Zen$ 表示，则在 Δt 时间内流过 ΔS 的电量为 $\Delta q = Zenv\Delta t \Delta S$，电流强度为 $\Delta I = \Delta q / \Delta t = Zenv\Delta S = \rho_e v \Delta S$，则电流密度为

$$J = \lim_{\Delta S \to 0} \frac{\Delta I}{\Delta S} = Zenv = \rho_e v \tag{8-3}$$

式(8-3)表明电流密度与载流子的电荷体密度成正比，与漂移速度成正比．

如果截面元 ΔS 的法线 n 与该处场强 E 方向间的夹角为 θ，如图 8-3 所示，

$$dI = JdS\cos\theta = \boldsymbol{J} \cdot d\boldsymbol{S} \tag{8-4}$$

借助电流密度矢量的概念，可以描述容积导体中的电流分布．一般情况下，容积导体中的不同点处，J 有不同的大小和方向，这就构成一个矢量场，称为电流场．类似电场分布用电场线来形象描绘一样，电流场也可以用电流线来描绘．所作电流线上每一点的切线方向均应与该点的电流密度矢量方向一致，曲线的疏密程度表示导体中的电流密度的大小，曲线的密集处电流密度较大，曲线的稀疏处电流密度较小．

通过导体中任一截面 S 的电流强度与电流密度矢量的关系为

$$I = \iint_S \boldsymbol{J} \cdot d\boldsymbol{S} = \iint_S J\cos\theta dS \tag{8-5}$$

式(8-5)表明电流强度 I 实际上是电流密度 J 的通量，电流密度 J 与电流强度 I 的关系，就是一个矢量场与它的通量的关系．

8.1.3 稳恒电流

假设在导体内任意取一闭合曲面 S，规定 S 的外法线方向为正．根据电荷守恒原理，在单位时间内通过 S 面向外流出的电量 $\oiint_S \boldsymbol{J} \cdot d\boldsymbol{S}$ 应等于在单位时间内 S 面内包含电量的减少量 $-dq/dt$，即

$$\oiint_S \boldsymbol{J} \cdot d\boldsymbol{S} = -\frac{dq}{dt} \tag{8-6}$$

式(8-6)称为电流连续性方程，是电荷守恒定律的数学表述．

当电场 E 在空间分布不随时间变化，则意味着电荷在空间的分布也不随时间变化，即在任意闭合曲面内各处的电量应为常量，即 $dq/dt = 0$，因此，有

$$\oiint_S \boldsymbol{J} \cdot d\boldsymbol{S} = 0 \tag{8-7}$$

式(8-7)称为电流恒定条件的数学表达式．它表明：在单位时间内通过 S 面流入的电量应等于从 S 面向外流出的电量，电流是连续地无驻留地穿过任一闭合曲面的，或者说，恒定电流流经导体任一截面的电流强度不随时间发生改变．

8.1.4 金属导体的导电性

金属导体的电流是金属中大量自由电子定向移动所形成的，这些电子的平均移动速度

就是漂移速度，用 v 表示，设金属导体的各点电流密度为 J，自由电子的密度为 n，在导体中任意取一微小面积 ΔS，使 ΔS 的法线方向与电场方向一致，每个电子的电量为 e，在 Δt 时间内自由电子走过的距离为 $\Delta l = v\Delta t$，在 Δt 时间内通过面积 ΔS 的电量为 $\Delta q = nev\Delta t\Delta S$，电流强度为 $\Delta I = \Delta q/\Delta t = nev\Delta S$，则电流密度为 $J = \Delta I/\Delta S = nev$，由于导体的自由电子的漂移速度的方向和电流密度的方向相反，所以写成矢量式为

$$\boldsymbol{J} = -ne\boldsymbol{v} \tag{8-8}$$

式(8-8)表明，金属导体中的电流密度 J 的大小等于电子数密度 n、电子的电量 e 和电子的平均漂移速度 v 的乘积，方向与电子的运动方向相反．

8.1.5 电解质的导电性

电解质溶液中的载流子是正、负离子，离子的价数用 Z 表示，在外电场作用下，正、负离子分别沿着和逆着电场方向发生定向移动，形成电流，离子在做定向运动时除受电场力的作用外，还会受到其周围物质的阻力，当离子的运动速度不大时，所受阻力与运动速度成正比，所以离子在外电场作用下，刚开始只有电场力，加速度最大，随后由于其阻力越来越大，加速度就越来越小，直到电场力与摩擦力的大小相等时，离子的合力为零，加速度为零，正、负离子就会以漂移速度定向运动维持离子的运动速度不变，这时电解质中的电流也就维持恒定不变了．设正、负离子漂移速度分别用 v_+、v_- 表示，正、负离子所受电场力分别为 $Ze\boldsymbol{E}$，$Z(-e)(-\boldsymbol{E})$；正离子所受阻力为 $-k_+v_+$（k_+ 为正离子的摩擦系数），负离子所受阻力为 k_-v_-（k_- 为负离子的摩擦系数）．离子在单位场强下的漂移速度称为**迁移率**，正、负离子的迁移率分别用 μ_+、μ_- 表示．当正、负离子所受合力为零时，有 $Ze\boldsymbol{E} - k_+v_+ = 0$，$Z(-e)(-\boldsymbol{E}) + k_-v_- = 0$，得

$$\boldsymbol{v}_+ = \frac{Ze\boldsymbol{E}}{k_+} = \mu_+ \boldsymbol{E} \tag{8-9}$$

$$\boldsymbol{v}_- = -\frac{Ze\boldsymbol{E}}{k_-} = -\mu_- \boldsymbol{E} \tag{8-10}$$

式(8-9)和式(8-10)表明，正、负离子的漂移速度的大小与离子的价数成正比，与电场强度成正比，与离子的摩擦系数成反比；正离子的漂移速度方向与电场方向一致，负离子的漂移速度方向与电场的方向相反．

由于正、负离子的摩擦系数 k_+、k_- 一般不相等，所以其漂移速度 v_+、v_- 不相等，因此，正、负离子的迁移率 μ_+、μ_- 也不同．由此可知，电解质中不同的离子在电场的作用下发生的迁移率不同，表 8-1 为水溶液中某些离子的迁移率．

表 8-1　水溶液中某些离子的迁移率

离子	迁移率($m^2 \cdot s^{-1} \cdot V^{-1}$)	离子	迁移率($m^2 \cdot s^{-1} \cdot V^{-1}$)
H^+	3.263×10^{-7}	OH^-	1.80×10^{-7}
K^+	6.69×10^{-8}	Cl^-	6.8×10^{-8}
Na^+	4.50×10^{-8}	NO_3^-	6.2×10^{-8}
Ag^+	5.6×10^{-8}	SO_4^{2-}	6.8×10^{-8}
Zn^{2+}	4.8×10^{-8}	CO_3^{2-}	6.2×10^{-8}
Fe^{3+}	4.6×10^{-8}		

电解质中总的电流密度应等于所有载流子的电流密度之和，由于正载流子的电流密度

为 $J_+ = \rho_+ v_+ = Zen\, v_+ = Zen\mu_+ E$,负载流子的电流密度为 $J_- = \rho_- v_- = -Zen\, v_- = -Zen(-\mu_- E) = Zen\mu_- E$,所以得

$$J = J_+ + J_- = Zen\mu_+ E + Zen\mu_- E = Zen(\mu_+ + \mu_-)E \tag{8-11}$$

【例 8-1】 横截面积为 2.0mm² 的铜导线中的电流为 5.0A,铜载流子的密度为 8.4×10^{28},则自由电子的漂移速度是多少?

【解】 已知 $I=5.0$A,$S=2.0$mm²,$n=8.4\times10^{28}$m⁻³,则铜导线中的电流密度为

$$J = \frac{I}{S} = \frac{5.0}{2.0\times10^{-6}} \text{A}\cdot\text{m}^{-2} = 2.5\times10^6 \text{A}\cdot\text{m}^{-2}$$

已知金属导体的电流密度表达式为 $J = -nev$,所以铜导线中自由电子的漂移速度为

$$v = \frac{J}{ne} = \frac{2.5\times10^6}{8.4\times10^{28}\times1.6\times10^{-19}} \text{m}\cdot\text{s}^{-1} = 1.9\times10^{-4} \text{m}\cdot\text{s}^{-1}$$

可见铜导线中自由电子的漂移速度很小。在学习载流子的漂移速度时务必要区分两个概念,即电子的漂移速度和通常所说的"电"的传播速度,"电"的传播速度就是电磁场的传播速度,接近光速。当电源开关一闭合,电场以接近光速传播,所以在整个电路中电场几乎是瞬间就存在了,不管是距离电源近处的电灯还是远处的电灯,瞬间就亮了,在电路中的载流子也几乎是同时在整个电路中以漂移速度开始定向运动,形成电流。

8.1.6 欧姆定律的微分形式

实验表明,在稳恒条件下,流过粗细均匀的导体的电流 I,与导体两端的电压 U 成正比,与导体的电阻 R 成反比,即

$$I = \frac{U}{R} \tag{8-12}$$

式(8-12)称为欧姆定律(Ohm law),其中 R 与导体的材料和形状有关。

同样由实验可知,对于粗细均匀的导体,当材料和温度一定时,导体的电阻 R 与导体的长度 l 成正比,与导体的横截面积 S 成反比,即

$$R = \rho\frac{l}{S} \tag{8-13}$$

式中,比例系数 ρ 称为电阻率(resistivity),是描述材料电学性质的一个物理量,大小由材料的性质决定,$\rho\to 0$ 的材料称为超导体,$\rho\to\infty$ 的材料称为绝缘体,电阻率单位为欧姆·米($\Omega\cdot$m),电阻率的倒数称为电导率(conductivity),用 $\sigma=1/\rho$ 表示,单位是西门子每米($\text{S}\cdot\text{m}^{-1}$)

金属材料的电阻率随温度升高而增大,当温度不太高时,有下列关系:

$$\rho_t = \rho_0(1+\alpha t) \tag{8-14}$$

式中,ρ_t 是温度为 t 时的电阻率;ρ_0 是温度为 0℃时的电阻率;α 称为电阻率的温度系数,单位为℃⁻¹。

在导体中,任意取一圆柱体微小体积元,长度为 Δl,横截面积为 ΔS,其轴线方向与电流密度方向一致,两端的电势差为 $\Delta U = -E\cdot\Delta l$,如图 8-4 所示,则通过该体积元的电流为 $\Delta I = -\Delta U/R$,$R = \rho\Delta l/\Delta S$,$\Delta I = E\Delta S/\rho$,$\Delta I = J\Delta S$,$\sigma = 1/\rho$,得

$$J = -\frac{1}{\rho}E = -\sigma E \tag{8-15}$$

式(8-15)称为欧姆定律的微分形式,此式表明,导体中任一点的电流密度等于导体的

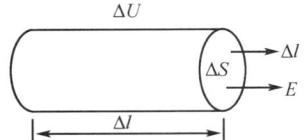

图 8-4 由欧姆定律得到微分形式

电导率和该点的场强的乘积,说明导体中任一点电荷的运动只与导体的性质和该点的场强有关,与导体的形状和大小并没有关系.

由式(8-15)可知,当导体材料横截面积均匀,在温度不变、稳恒电场条件下,导体中任一点的电场将不随时间变化,各点的电流密度的大小和方向保持不变,意味着导体中的电流保持恒定不变.当导体材料横截面积不均匀并随时间变化,并且在变化的电场条件下,导体中任一点的电场随时间变化,导体各点处的电导率不同,电流密度矢量随电场矢量变化而变化,导体中的电流不再保持恒定不变,导体中不仅不同点的电流不同而且同一点的电流也会随时间变化.欧姆定律的微分形式揭示了容积导体的电场和电流的分布关系,比欧姆定律具有更深刻的意义和更广泛的应用.

8.2 电 动 势

8.2.1 电源电动势

电源(electric source)是一种将非电形态的能量转换为电能的供电装置,如蓄电池、发电机和信号源等. 电源有两个电极,电势高的称为正极,电势低的称为负极. 在电源内部,非静电力的方向是由负极指向正极,负责把负极的正电荷搬运到电源的正极,在该非静电力的作用下,正极不断积累正电荷,负极不断积累负电荷,这些电荷在电源内部激发了一个方向从电源正极指向电源负极的电场,阻碍正电荷从负极向正极运动,开始时,激发的电场产生的电场力小于非静电力,随着电荷的积累,电源内部激发的电场逐渐增大,直到电场力和非静电力相等,二者对正电荷的作用力可以相互抵消,这时,正负极间的电势差就稳定了,维持电源两极的电势不变. 当外电路接成闭合回路时,正电荷在电场力的作用,沿着外电路从电源的正极运动到电源的负极,和负极的负电荷中和,从而使正、负极的电荷数减少,即电源内部激发的电场也相应减弱,但是同时在电源内部,非静电力又把正电荷从电源的负极搬运到电源的正极,使电源内激发的电场增强,二者达到动态平衡,维持正负极的电势差不变.因此,在一个闭合的回路中,因为有电源,电荷将在电场力和非静电力的共同作用下运动,使闭合回路一直维持一定的电流.

在电源内部,非静电力把单位正电荷从电源负极推向电源正极所做的功,称为电源的**电动势**(electromotive force),在直流电路中用字母 E 表示. 单位也是伏特(V).电动势的实际方向规定由电源负极指向电源正极的方向,即电位升的方向. 它与电源电压的实际方向是相反的,如图 8-5 中箭头所示.

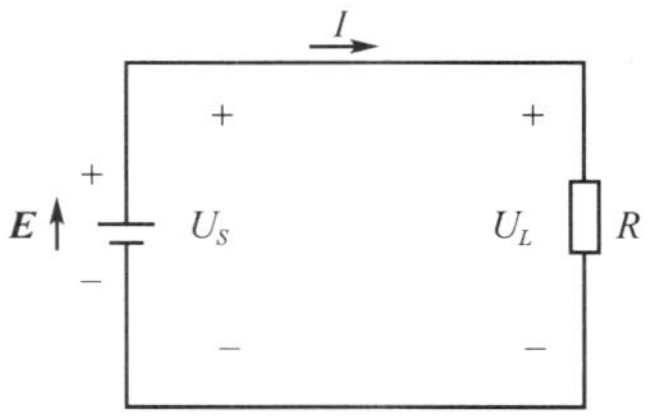

图 8-5 电路的电动势,电压

电场力将单位正电荷从电路的某一点移至另一点时所消耗的电能,即非电形态能量转换成的能量,称为这两点间的电压(voltage).由电位的定义可知,电压就是电位差.某点的电位就是该点与参考点之间的电压.在直流电路中电压用字母 U 表示,单位也是伏特(V).有时会感到这些基本单位太大或太小,使用不便.在这种情况下,可以改用如 mV(毫伏)、mA(毫安)、kV(千伏)等辅助单位.辅助单位是在基本单位的前面加上相应的词头而构成的. 这些词头的含义见表 8-2. 国家标准规定"不许重叠使用词头",例如,过去我们常用的"毫微""微微"等都是与国际单位制不符的,应改用"纳"和"皮"

代替.在图 8-5 所示电路中，U_S 是电源两端的电压，U_L 是负载两端的电压.

表 8-2 部分国际单位制词头的中文含义及符号

词头原文(法文)	中文名称	符号	含义
giga	吉	G	10^9
mega	兆	M	10^6
kilo	千	k	10^3
milli	毫	m	10^{-3}
micro	微	μ	10^{-6}
nano	纳	n	10^{-9}
pico	皮	p	10^{-12}

电压的实际方向规定为由高电位指向低电位的方向，即电位降的方向，故电压有时又称电压降.在电路图中，用"+"和"–"表示电压的极性."+"端为高电位端，"–"端为低电位端.

8.2.2 电路中的参考方向

在进行电路的分析和计算时,需要知道电压和电流的方向.在简单直流电路中，可以根据电源的极性判别出电压和电流的实际方向，但在复杂的直流电路中，电压和电流的实际方向往往是无法预知的，而且可能是待求；而在交流电路中，电压和电流的实际方向是随时间不断变化的.因此，在这些情况下，只能假定标示一个方向作为电路分

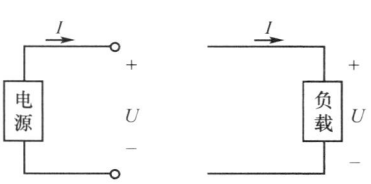

图 8-6 电源与负载的参考方向

析和计算时的参考方向．这些假定的方向称为参考方向(reference direction)或正方向(positive direction)，如图 8-6 所示．如果根据假定的参考方向解得的电压或电流为正值，说明假定的参考方向与它们的实际方向一致；如果解得的电压或电流为负值，说明所假定的参考方向与实际方向相反．因而在选定的参考方向下，电压和电流都是代数量．今后在电路图中所画的电压和电流的方向都是参考方向.

8.2.3 一段含源电路的欧姆定律

在电路的计算中，往往我们会碰到在整个电路中求一段含有电源电路(简称含源电路)两端电压的计算问题. 如图 8-7 所示的一段只存在消耗电能的电阻及稳恒直流电压源的电路中，若要计算 AG 间电压，我们可用电势差来处理较为简便. 电路 AG 两端的电势差 U_{AG} 应等于所有依次与之相邻两点电势差的代数和，即

$$U_{AG} = V_A - V_G = U_{AB} + U_{BC} + U_{CD} + U_{DG}$$

如图 8-7 所示，我们沿着 $A \to G$ 选定的方向(称为绕行方向)，并作如下约定：

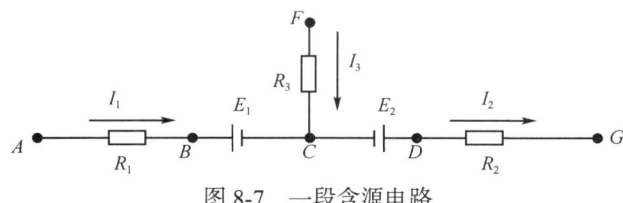

图 8-7 一段含源电路

(1) 沿绕行方向遇到电阻，若标示电流的方向与绕行方向一致，则 IR 前取正号；反之，若标示电流的方向与绕行方向相反，则 IR 前取负号.

(2) 沿绕行方向遇到电动势时，若电动势是从正极到负极，则 E 前取正号；反之，若电动势是从负极到正极，则 E 前取负号.

这样，
$$U_{AB} = V_A - V_B = I_1 R_1, \quad U_{BC} = E_1, \quad U_{CD} = -E_2, \quad U_{DG} = I_2 R_2$$

由此可得
$$U_{AG} = U_{AB} + U_{BC} + U_{CD} + U_{DG} = I_1 R_1 + E_1 - E_2 + I_2 R_2$$

令
$$I_1 R_1 + I_2 R_2 = \Sigma I_i R_i, \quad E_1 - E_2 = \Sigma E_i$$

则
$$U_{AG} = \Sigma I_i R_i + \Sigma E_i \tag{8-16}$$

式(8-16)表明：在一段含源电路中，任意两点的电势差等于这两点间所有电阻的电势降落的代数和加上所有电源电动势降落的代数和. 这就是一段含源电路的欧姆定律.

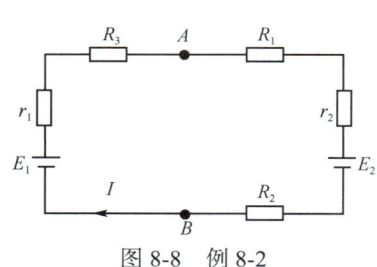

图 8-8　例 8-2

【例 8-2】 如图 8-8 所示直流电路中，已知 $E_1 = 15V$，$E_2 = 2V$，$r_1 = r_2 = 0.5\Omega$，$R_1 = R_2 = R_3 = 4\Omega$，求 A、B 两点间的电势差 U_{AB}.

【解】 标示电流方向如图 8-8 所示.
$$I = \frac{E_1 - E_2}{r_1 + r_2 + R_1 + R_2 + R_3} = 1(A)$$

选绕行方向为从 A 点经 R_3、r_1、E_1 到达 B 点，则
$$U_{AB} = E_1 - Ir_1 - IR_3 = 15 - 0.5 - 4 = 10.5(V)$$

8.2.4 基尔霍夫定律

当电路中的电阻不能用串联、并联或串、并联混联等效变换的方法简化为简单电路时，我们称之为复杂电路. 在这种情况下，仅依靠欧姆定律就不能计算与分析了，要寻求新的简化计算方法来分析复杂电路中的电流、电压. 基尔霍夫定律是分析与计算电路(特别是复杂电路)的基本定律，又分为(节点)电流定律(基尔霍夫第一定律)和(回路)电压定律(基尔霍夫第二定律).

1. 基尔霍夫电流定律(KCL)

电路中由一个或几个电阻或电源首尾相接构成的无分支电路称为支路(branch)，支路中通过的电流处处相等. 3 条或 3 条以上支路的连接点称为节点(node)，两节点之间的每一条分支电路就是支路，任意的闭合电路称为回路，简单的不能再分割的回路称为网孔. 如图 8-9 所示电路中，有 $abcd$，da，dea 三条支路，d 和 a 两个节点.

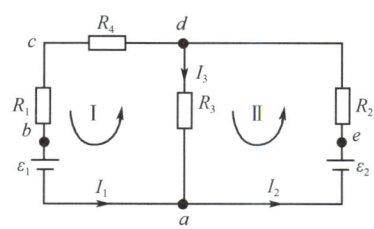

图 8-9　节点，支路示意图

基尔霍夫电流定律(Kirchhoff's current Law，KCL)，是说明电路中任何一个节点上各部分电流之间相互关系的基本定律. 根据电流恒定条件，

流入任一节点的电流之和必定等于流出该节点的电流之和,它是电荷守恒和电流连续性原理在节点上的具体反映. 根据基尔霍夫电流定律列出的方程称为节点方程.

可以证明,当复杂电路中有 n 个节点的情况时,可列出 $n-1$ 个独立节点方程,这些独立节点方程还称为基尔霍夫第一方程组. 例如,对图 8-9 所示电路的节点 a 来说,流入 a 点的电流总和为 I_1+I_3,流出 a 点的电流总和为 I_2,所以有 $I_1+I_3=I_2$ 或 $I_1+I_3-I_2=0$. 这就是说,如果将流入节点的电流前面取正号,流出节点的电流前面取负号,那么节点 a 上电流的代数和就等于零. 这一结论不仅适用于节点 a,显然也适用于任何电路的任何节点(广义节点),而且不仅适用于直流电流,对任意波形的电流来说,上述结论在任一瞬间也是适用的. 对于 d 点:流入 d 点的电流总和为 I_2,流出 d 点的电流总和为 I_1+I_3,所以有 $I_1+I_3=I_2$,可见在 a 点列出的电流方程与在 d 点列出的电流方程是等价的,独立方程只有一个(节点数 $2-1=1$). 因此,基尔霍夫电流定律可表述为:**在电路的任何一个节点上,同一瞬间流入节点的电流之和等于流出节点的电流之和.** 或者说,流入节点电流的代数和等于零. 用公式表示,即

$$\Sigma I = 0 \tag{8-17}$$

2. 基尔霍夫电压定律(KVL)

基尔霍夫电压定律表述为:**沿闭合回路环绕一周,回路中电势降落的代数和等于零.** 其数学表达式为

$$\Sigma I_i R_i + \Sigma E_i = 0 \tag{8-18}$$

式(8-18)表明,沿回路绕行一周,电位的数值不变.根据基尔霍夫电压定律列出的方程称为回路方程;在应用时,回路的绕行方向可任意选定,电源电动势和电阻电势降落前的正负号与一段含源电路欧姆定律中所规定的符号取定相同. 可以证明,当复杂电路中有 p 条支路,n 个节点的情况时,则可列出 $m=p-(n-1)$ 个独立回路方程,这些独立回路方程被称为基尔霍夫第二方程组. 独立回路的判定方法:新选定的回路中,至少应有一段支路是在已选过的回路中所未曾出现过的.

如图 8-10 所示电路,共有 A、B、C、D 四个节点,有 BEC、BC、AD、AB、CD、AFD 六条支路,所以 $n=4$,$p=6$,所以独立的回路数为 $6-4+1=3$,则回路①、②、③为独立回路组,或回路①、③、④为独立回路组,或回路②、③、④为独立回路组,但回路①、②、④就不是独立回路组.

若电路中有 n 个节点,p 个未知数,则可根据基尔霍夫电流定律列出 $n-1$ 个独立节点

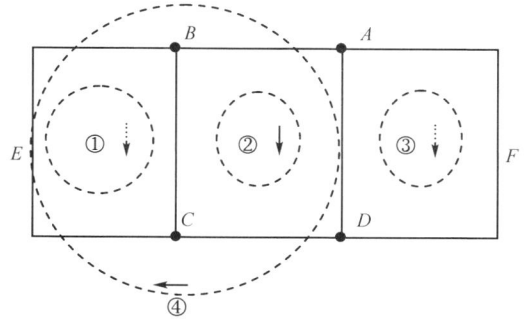

图 8-10 判定独立回路示意图

方程和基尔霍夫电压定律列出 m 个独立回路方程,合起来正好 $p=n-1+m$ 个独立方程. 由此可见,独立方程数与未知数相等.所以,原则上应用基尔霍夫两个定律可以解决任何直流电路的计算问题.

3. 基尔霍夫定律的应用

支路电流法是计算、分析复杂电路的最基本方法. 该方法是以支路电流为求解对象,直接应用基尔霍夫定律,分别对节点和回路列出所需的方程组,联立解得各支路电流的方法.

下面以图 8-9 所示电路为例说明. 支路电流法解题步骤为:

(1) 确定支路数，标示各支路电流的参考方向；这个电路共有 3 条支路 d–c–b–a、d–R_3–a、d–e–a，有 3 个未知量 I_1, I_2, I_3. 方向如图 8-9 所示.

(2) 确定节点数：这个电路共有 2 个节点 a、d，其中只有 1 个是独立节点；对于 d 点，根据基尔霍夫电流定律可列出

$$I_1 + I_3 = I_2 \tag{8-19a}$$

(3) 确定独立回路方程数：这个电路共有 2 个独立回路.我们选择如图 8-9 所示的两个回路Ⅰ、Ⅱ列电压方程(也可列回路Ⅰ和回路 a–e–d–c–b–a，或回路Ⅱ和回路 a–e–d–c–b–a 作为两个独立电压方程)，回路Ⅰ电压方程(从 a 点开始按所示绕行方向绕回路Ⅰ走一圈总电势降)为

$$-I_3 R_3 + I_1 R_4 + I_1 R_1 + \varepsilon_1 = 0 \tag{8-19b}$$

回路Ⅱ电压方程(从 a 点开始按所示绕行方向绕回路Ⅱ走一圈总电势降)为

$$-\varepsilon_2 + I_2 R_2 + I_3 R_3 = 0 \tag{8-19c}$$

联立式(8-19a)~式(8-19c)，从而可解得 3 条支路的电流.

【例 8-3】 在图 8-11 所示电路中，U_{S1}=24V，U_{S2}=24V，R_1=2Ω，R_2=R3=4Ω，R_4=8Ω，求各支路电流.

【解】 各支路电流的参考方向和回路绕行方向标示于图 8-11 上.

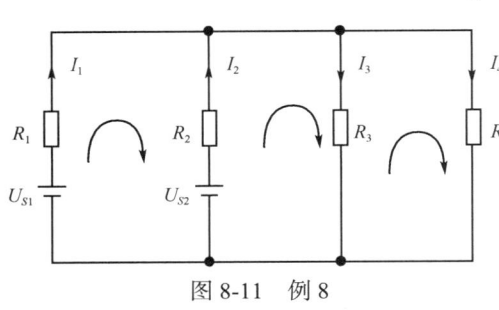

图 8-11 例 8

列出节点和回路方程式：

对于上节点：

$$I_1 + I_2 - I_3 - I_4 = 0$$

对于左网孔：

$$I_1 R_1 - I_2 R_2 - U_{S1} + U_{S2} = 0$$

对于中网孔：

$$I_2 R_2 + I_3 R_3 - U_{S2} = 0$$

对于右网孔：

$$-I_3 R_3 + I_4 R_4 = 0$$

代入数据：

$$I_1 + I_2 - I_3 - I_4 = 0$$
$$2I_1 - 4I_2 = 0$$
$$4I_2 + 4I_3 - 24 = 0$$
$$-4I_3 + 8I_4 = 0$$

联立解得

$$I_1\text{=4A}, \quad I_2\text{=2A}, \quad I_3\text{=4A}, \quad I_4\text{=2A}$$

8.3 电容器的充放电

电容器是储存电场能的元件，具有储存电荷的本领. 图 8-12(a)所示电路中，若把开关 S 扳向 a，电容器 C、电阻 R 和电源连接成一个回路. 接通期间，电路中有电流流过，

这时电源通过 R 对电容器 C 充电(charging). 随着电容器极板上积累的电荷逐渐增多, 两极板之间的电势差不断增大, 极板间的电势差与电源电动势差值逐渐减小, 充电电流逐渐减小. 当极板间的电势差等于电源电动势时, 充电电路中电流趋于零. 可见, 在充电过程中, 电容器上的充电电流 $i_充$、电压 u_C 都是随时间变化的. 反之, 充电结束后若把开关扳向 b, 电容器 C 放电(discharge), 放电回路如图 8-12(b)所示. 电流 $i_放$ 和电容器上的电压 u_C 也是随时间而逐渐减小的. 这表明在电容充放电时, 电容器储存或释放电场能需要一定的时间, 反映到电容器上的电压变化不是瞬间完成的, 而是需要经历一个渐变的过程.

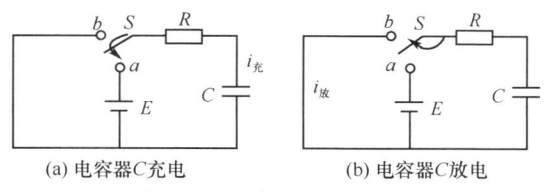

(a) 电容器C充电　　(b) 电容器C放电

图 8-12　电容器 C 充、放电

一般情况下, 在含有电容的电路中, 电流或电压从零值或某一定值(对应电路的一个稳定状态)过渡到另一定值或零值(对应电路的另一个稳定状态)时, 常常需要经历一个变化过程(尽管这个过程可能很短), 这个介于两个稳定状态之间的变化过程称为暂态过程(transient state process). 在电容器的充、放电过程中, 电流不是稳恒的, 但是在充放电的过程中的任一时刻, 回路中的电流及电压仍然遵从基尔霍夫电流、电压定律.

8.3.1　电容器的充电过程

设在充电过程中的任一时刻 t, 电容器上的电荷量为 q, 电势差为 u_C, 充电电流为 $i_充$, 则电阻上的电势降落为 $i_充R$, 忽略电源的内阻, 由基尔霍夫电压定律得

$$E = i_充R + u_C$$

将 $i_充 = C\dfrac{du_C}{dt}$ 代入上式, 得

$$RC\dfrac{du_C}{dt} + u_C = E$$

这是一个一阶线性非齐次常微分方程, 它的通解为相应的齐次方程的通解加上它的任一特解. 相应的齐次方程的通解为 $Ae^{-\frac{t}{RC}}$. 特解可取充电稳定后的电压值. 充电稳定后, 电容两端电压应等于电源电压 E. 因而通解为

$$u_C = Ae^{-\frac{t}{RC}} + E$$

式中, A 是一待定常数. 将初始条件 $t=0$ 时, $u_C=0$ 代入, 可求得 $A=-E$; 将其回代入上式, 得

$$u_C = E(1 - e^{-\frac{t}{RC}}) \tag{8-20}$$

充电电流为

$$i_充 = C\dfrac{du_C}{dt} = \dfrac{E}{R}e^{-\frac{t}{RC}} \tag{8-21}$$

式(8-20)、式(8-21)表明, 在充电过程中, 电容器两端电压 u_C 随时间按指数规律升高, 充

电电流随时间按指数规律减小. 其变化曲线如图 8-13 所示. 当 $t=0$ 时, $u_C=0$, $i_充$ 最大, 其值为 E/R. 即充电开始时, 由于电容器两极板间无电势差, 电源电动势全部加在电阻上, 所以这时电路中电流最大. 当 $t\rightarrow\infty$ 时, $u_C=E$, $i_充=0$. 这表明当充电时间足够长时, 电容器两端的电势差等于电源电动势, 充电电流趋于零.

下面我们讨论 RC 的意义. 令 $\tau=RC$, 称为 RC 电路的时间常数(time constant), 单位为秒(s), 与时间单位相同. 当 $t=\tau$ 时

$$u_C = E(1-e^{-1}) \approx 0.632E$$

就是说, 当时间 $t=\tau$ 时, 电容器两极板间的电压达到最大值的 0.632 倍, 而电流 $i_充$ 降为最大值的 0.368 倍. 当 $t=2.3\tau$ 时, $u_C=0.9E$; $t=3\tau$ 时, $u_C=0.95E$; $t=4.6\tau$

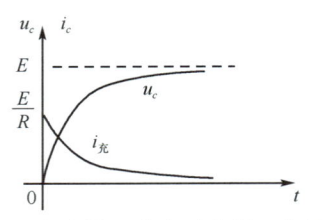

图 8-13 电容器 C 充电时电流、电压波形

时, $u_C=0.99E$; 若 $t>5\tau$, 则可认为充电基本结束. 因而 τ 实际上是表示充电快慢的一个物理量, 由图 8-14 也可以明显看出这一点. τ 越大, i_C 和 u_C 变化越缓慢, 充电时间越长; 反之, τ 越小, i_C 和 u_C 变化越迅速, 充电时间越短.

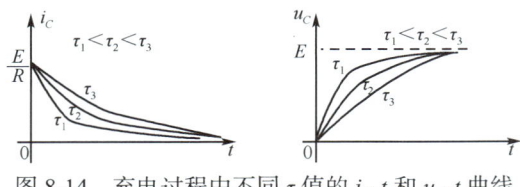

图 8-14 充电过程中不同 τ 值的 i_C-t 和 u_C-t 曲线

8.3.2 电容器的放电过程

如图 8-12(b)所示电路中, 将开关由 a 扳向 b, 使充满电的电容器通过电阻 R 放电, 对于放电过程中的任一时刻, 由基尔霍夫电压定律得

$$Ri_放 + u_S = 0$$

同理, 将 $i_放 = C\dfrac{du_C}{dt}$ 代入上式, 得

$$RC\frac{du_C}{dt} + u_C = 0$$

这是一个一阶线性齐次常微分方程, 该微分方程在初始条件 $t=0$, $u_C=E$ 下的通解为

$$u_C = Ee^{-\frac{t}{RC}} \tag{8-22}$$

放电电流为

$$i_放 = -\frac{E}{R}e^{-\frac{t}{RC}} \tag{8-23}$$

式中, 负号表示放电电流方向与充电电流方向相反. 可见, 在放电过程中 u_C 和 $i_放$ 随时间 t 各自从它们的最大值按指数规律衰减到零. 放电的快慢同样由电路的时间常数 $\tau=RC$ 决定.

由上述分析可知, 无论是充电还是放电, 电容器上的电压均不能突变, 只能按指数规律随时间发生变化. 电容器的这一特性, 在医用电子仪器中用途较多, 利用 RC 电路产生锯齿波就是一个突出的例子.

8.4 电 泳

带电颗粒在外电场的作用下,向着与其电性相反的电极定向移动的现象称为电泳(electrophoresis,EP).1808 年人们发现电泳现象,1937 年瑞典科学家 A·TiSelius 设计了世界上第一台自由电泳仪,1948 年获得诺贝尔奖.目前电泳已日益广泛地应用于分析化学、生物化学、临床化学、毒剂学、药理学、免疫学、微生物学、食品化学等各个领域.

8.4.1 电泳的分类

电泳作为一种分离技术发展至今,已有多种不同的技术方法,根据分离原理的不同,电泳可分为 4 类:移动界面电泳、区带电泳、等电聚焦电泳和等速电泳.

1. 移动界面电泳

最早建立的电泳技术,是将待测混合物置于电泳槽的一端(如负极),电泳开始后,带电粒子向另一极(正极)移动,用光学仪器检测区带界面的移动速度.此方法只有第一个区带的界面是清晰的,能达到完全分离,其中含有电泳速度最快的离子,其他大部分区带重叠.因分离效果较差,已被其他电泳技术取代.

2. 区带电泳

区带电泳是在一定的支持物上,于均一的载体电解质中,将样品加在中部位置,在电场作用下,样品中带正或负电荷的离子分别向负或正极以不同速度移动,分离成一个个彼此隔开的区带,再通过染色把其显示出来.区带电泳按支持物的物理性状不同,又可分为滤纸和其他纤维膜电泳、粉末电泳、凝胶电泳与丝线电泳.其中由于凝胶兼具分子筛的作用,分辨率大大提高,是当前应用最广泛的电泳技术.

(1)醋酸纤维素薄膜电泳(图 8-15):醋酸纤维素膜由纤维素乙酰化制备而得,醋酸纤维素分离膜具有较好的分离性能,合理的耐氯性,而且成本低,可用来制备反渗透膜、超滤膜、微孔滤膜和电泳膜等.实验室常用来分离血清蛋白.

(2)聚丙烯酰胺凝胶电泳(图 8-16):聚丙烯酰胺凝胶是由单体丙烯酰胺和交联剂 N,N′-亚甲基双丙烯酰胺经过催化剂和加速剂作用聚合交联而成的三维网状结构的凝胶,用此凝胶为支持物的电泳称为聚丙烯酰胺凝胶电泳.聚丙烯酰胺凝胶具有优秀的分子筛效应,其物理特性与化学性能均有利于电泳的分离能力,是目前使用较多的凝胶电泳.

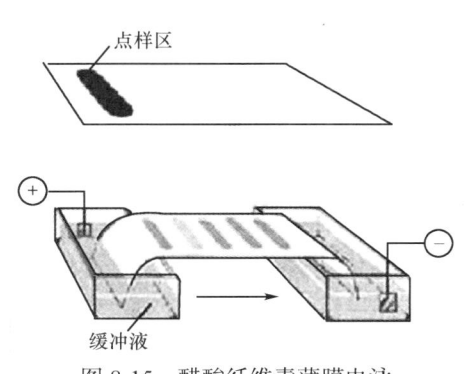

图 8-15 醋酸纤维素薄膜电泳

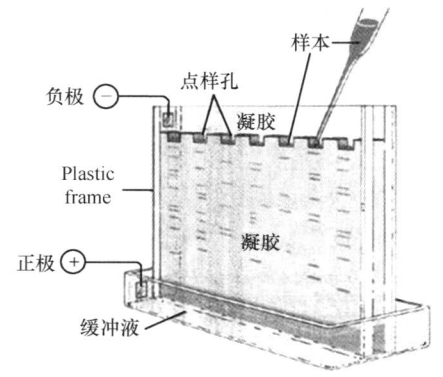

图 8-16 聚丙烯酰胺凝胶电泳

3. 等电聚焦电泳

两性电解质在溶液中所带的电荷,取决于溶液的 pH 和电解质自身的特性. 在有 pH 梯度缓冲液的电场中时,两性电解质若在低于其等电点的 pH 环境会带正电荷,向负极迁移;若在高于其等电点的 pH 环境中,则带负电向正极迁移.只有当迁移到其自身特有的等电点时,其净电荷为零,迁移速度为零,才静止下来,最后具有不同等电点的物质分别聚焦在各自等电点位置,形成一个个清晰的区带,分辨率极高(图 8-17). 但由于某些蛋白在无盐溶液中或者在其等电点时溶解度低,甚至可能产生沉淀或变性,因此不适用.

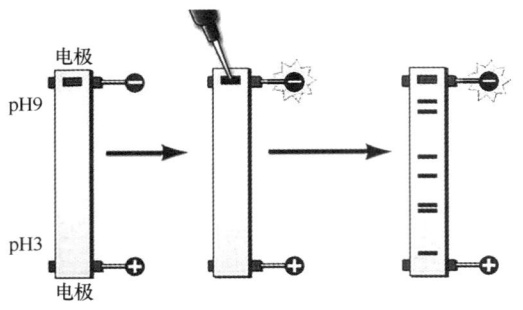

图 8-17 等电聚焦电泳

4. 等速电泳

样品加在领先离子(其迁移率比所有被分离离子的大)和终末离子(其迁移率比所有被分离离子的小)之间,在电场作用下,各离子进行移动,经过一段时间,达到完全分离.被分离的各离子的区带按迁移率大小依序排列在领先离子与终末离子的区带之间.此方法得到的区带是相互连接的,界面也较为清晰.

8.4.2 影响电泳的因素

1. 带电粒子本身的特性

带电粒子所带的电荷性质与数量、分子量的大小、形状特点、水化程度、电解特点等因素,均对其在电泳中的迁移特点息息相关.

2. 电场强度

电场强度是指电场中每厘米的电位降,也称电位梯度或电势梯度.电场强度越大,带电粒子迁移速度越快;电场强度越小,带电粒子迁移速度越慢.

3. 溶液的 pH

溶液中的 pH 决定了带电粒子的解离程度,也决定了所带电荷的数量;对两性电解质而言,溶液的 pH 离等电点越远,迁移速度越快,反之越小;电泳时要求溶液的 pH 稳定,所以必须使用合适的缓冲液来充当电极缓冲液,使得要分离的带电粒子所带电荷数目有较大差异,方便彼此分开.

4. 溶液的离子强度

缓冲液中的离子强度越高,被分离的带电粒子泳动速度越慢,反之越快.离子强度过高,电流过大,产生大量热量,不利于电泳系统的稳定;离子强度过低,电泳能力下降,各区带扩散严重,无法区分.一般最适合的离子强度在 0.02~0.2.

5. 电渗作用

固体支持物表面所带的电荷使得与其接触的溶液带上电荷,从而导致溶液在电场中亦产生位移,此现象称为电渗现象. 溶液在电场中移动的同时也带动了带电粒子与其一起移动,因此,带电离子的泳动速度等于自身泳动速度和电渗作用溶液携带其一起运动速度的矢量和.

6. 温度的影响

温度越高,带电粒子的自由扩散能力越强,导致分辨能力下降.

7. 介质的影响

介质的交联度直接影响分离效果,介质的纯度影响聚胶效果,介质的非特异性吸附导致拖尾现象.

8. 电泳的时间

电泳的时间与迁移率成正比,合理的电泳时间才能保证电泳的效果.

8.4.3 电泳技术的发展

1969 年,美国就开始研究空间电泳仪,以后分别在阿波罗-14 号和 16 号飞船上成功分离了药物分子. 四年后在太空实验室-4 号上用电泳法将活细胞成功分离. 再时隔两年后,在阿波罗-联盟号飞船上,进行电泳分离试验,从大约 5%的肾细胞中分离出尿激素. 据计算,因避免了重力因素的干扰,分离效率要比地球上的高 6~10 倍,而且质量极好. 这种尿激素是溶解血栓或凝血的一种治疗血栓和心力衰竭等症的特效药. 将来,如果能在太空城中投入批量生产,仅美国一个国家,每年至少可以使 5 万人免死于凝血症.在空间利用电泳技术高效率地生产贵重药物有着广阔的前景.

1975 年,O'Farrel 等建立了双向电泳技术,其原理是将样品进行一次电泳后,再沿它的直角方向进行第二次电泳. 双向电泳第一向进行等电聚焦电泳,蛋白质沿 pH 梯度分离,聚焦在各自的等电点;随后,再沿垂直的方向进行聚丙烯酰胺凝胶电泳,实现按分子量进行的第二次分离. O'Farrel 使用双向电泳分离出约 1000 个 *E.coli* 蛋白,并表明蛋白质谱不是稳定的,而是随环境变化. 随着技术的飞速发展,特别在近些年双向电泳得到了越来越广泛的应用,目前已能分离出 10000 个斑点(spot). 双向电泳作为生化分离技术的重要性早已被认可,其在样品的全组分鉴定中占有重要的地位.

1981 年,Jorgenson 和 Lukacs 首先提出在 75μm 内径毛细管柱内用高电压进行分离,创立了现代毛细管电泳. 粒子在溶液中的速度等于自身泳动速度和电渗作用溶液携带其一起运动速度的矢量和. 阳离子的移动方向和电渗流一致,最先流出;中性粒子的泳动速度为"0",其迁移速度等于电渗流速度;阴离子的移动方向和电渗流相反,但因电渗流速度一般都大于电泳速度,它将在中性粒子之后流出,从而实现分离.毛细管电泳是一种高效、快速、微量、高灵敏度和可以自动化的新颖分离分析技术,是近年发展最快的分析化学研究领域之一,在生命科学等领域中显示了极其重要的应用前景.

1984 年,Schwartz 和 Centor 发明了脉冲凝胶电泳技术,与常规的直流单向电场凝胶电泳不同,这项技术采用定时改变电场方向的交变电源,每次电流方向改变后持续 1s~5min,然后再改变电流方向,反复循环,所以称之为脉冲式交变电场. 脉冲凝胶电泳施加在凝胶上至少有两个电场方向,时间与电流大小也交替改变,使得 DNA 分子能够不断地调整泳动方向,以适应凝胶中不规则的孔隙变化,达到分离大分子线性 DNA 的目的.使电泳分离双链 DNA 分子的上限由原来的 50kb 跃迁到 10 000kb 以上.这一高度的分辨力使它的应用范围已涉及细菌、病毒基因组及哺乳类基因的大小测定,酵母人工染色体文库的建立、染色体制图、基因定位等,并已渗透到分子微生物学及分子流行病学的研究,为分子生物学及遗传学的研究提供了强有力的手段.

小　结

1752 年意大利学者祖尔策发现电流.1794 年意大利解剖学家伽伐尼设计的"无金属收缩实验"奠定了电生理学的建立. 1800 年伏打制成了著名的伏打电堆,不仅为研究电现象打下基础，也推动了电化学的发展．电流的出现标志着一个电气时代的来临．

电流强度是标量，电流强度的方向是导体中正电荷定向运动的方向，电流密度是矢量，电流密度的方向为该点处的场强方向，电流密度的大小等于通过该点处垂直于场强方向的单位面积的电流强度．

1845 年德国物理学家基尔霍夫提出基尔霍夫定律，阐明了电路中节点处各电流和回路中各段电压分别遵循的基本规律，解决了复杂电路中支路电流和电压的计算问题．

电容器无论是充电还是放电，其电压均不能突变，只能按指数规律随时间发生变化．1808 年人们发现电泳现象，1937 年瑞典科学家 A·TiSelius 设计了世界上第一台自由电泳仪作为一种分离技术，1948 年获得诺贝尔奖．目前，电泳技术已成为生物化学、免疫学、分子生物学以及与其密切相关的其他学科领域中不可缺少的实验方法，尤其是生物工程，许多重要的研究环节必须要依赖各种类型的电泳分离技术．

阅读材料

伽伐尼与伏打的"动物电"与"金属电"之争

电流的发现纯属偶然．1752 年，有一位名叫祖尔策（1720～1779）的意大利学者，用一片铅片和一片银片放在舌尖上．当这两片金属片的另一头连在一起时，他发现舌尖的感觉很奇怪，既不是铅的味道，也不是银的味道．他反复试验，发现确实有这种现象．由于找不到解释的理由，他就没有再把这件事情放在心上．实际上，他的舌尖上流通了两个金属相接触而产生的接触电，味觉因而发生了变化．

1780 年 9 月 20 日，意大利博洛尼亚大学的医学教授、解剖学家伽伐尼（1737～1798）和他的两个助手解剖青蛙时发现解剖刀碰到蛙腿的神经上，蛙腿会猛烈抽动．伽伐尼将蛙腿用铜丝穿挂在铁栅格窗上，当雷电隆隆时，蛙腿在抽动，没有雷电时，蛙腿也抽动，不管是晴天还是雨天，用相同的金属接触与蛙腿相连不能使蛙腿抽动，而不同的金属接触则使蛙腿抽动，只是抽搐程度有所不同而已．挂在铁栅栏的铜钩上的新鲜蛙腿碰到铁栅栏时，蛙腿肌肉猛烈地收缩一次．伽伐尼认为，青蛙的神经和肌肉带有不同的电荷，当蛙腿与铁栅栏相接触时，铁栅栏和铜钩充当导体将神经、肌肉接通，于是便有生物电流通过此回路而刺激蛙腿肌肉收缩．金属与蛙腿接触肯定有放电过程发生！伽伐尼在仔细排除当时已知电源（如大气的雷电、摩擦起电）的作用后大胆设想，动物体内可以产生电，即"动物电"．这种电只有用一种以上的金属与之接触时才能激发出来．他认为，这种电与摩擦电完全一样，只是起因不同．

伽伐尼发现的伽伐尼电流轰动一时，特别引起了他的同胞、意大利物理学家伏打（1745～1827）的高度注意．伏打 1791 年获得皇家学会颁发的科普利奖，并被选为会员．伏打发现如果把铜钩换成铁钩，使接触神经和肌肉的金属相同，肌肉就不再发生收缩．按照伽伐尼的解释，两种不同的金属无非起着导体的作用，那么为什么改用同一种金属作导体，动物电就消失了呢？1792 年，伏打认为所谓"动物电"现象，完全是由于实验所用的两种金属属性不同，不同的金属带有不同的电荷．如果有导体将两者连接起来，就会产生电流而刺激标本，导致肌肉收缩，而蛙腿只不过是充当了导体和检测是否有电流通过的"验电器"而已．这就从根本上否定了"动物电"的存在．1794 年，伏打只用金属而不用动物组织进行试验，发现电流的产生与动物组织无关，伽伐尼的解释不对，伽伐尼电在本质上是两种不同金属和湿的动物体连在一起引起的，不是动物电而是金属电．这样一来，在伽伐尼与伏打之间便发生了一场"动物电"与"金属电"之争．双方都有支持者．

伏打的异议促使伽伐尼进行更加严密的实验，伽伐尼于 1794 年设计了新实验——"无金属收缩实验"，即一个神经、肌肉未损伤和肌肉损伤标本，当该神经的一部分与肌肉损伤处接触，另一部分与肌肉未受损处接触，就可引起该神经所支配的肌肉收缩一次，从而雄辩地证明了"动物电"的存在．目前认为，当细胞受损时受损伤部位的静息电位消失，就会在完整部位与受损部位之间出现电位差——损伤电位(在蛙骨骼肌有 50~80mV)，并进而引起损伤电流．"无金属收缩实验"让神经分别与肌肉的完整部位与损伤部位接触，就是利用两者间所产生的损伤电流来刺激神经，最终引起肌肉收缩．

尽管伽伐尼在"动物电"之争中取胜，伏打也同样赢得胜利．伏打不懈地用各种金属做实验，结果得出了著名的伏打序列：锌、锡、铅、铜、银、金、…，只要将这个序列里前面的金属与后面的金属相接触，前者就带正电，后者带负电；在序列中前后两种金属相距越远，带电就越多．1800 年伏打发明了著名的伏打电堆，3月20日向皇家学会会长班克斯(1743~1820)介绍了他制造的可以自发生电的新装置．伏打电堆的出现，使人们第一次有可能获得稳定而持续的电流，从而为研究电现象打下基础．同时，它也推动了电化学的发展．电流的出现标志着一个电气时代的来临，伏打电堆在科学史上具有十分重要的地位．

伽伐尼的偶然发现，引出伏打电池的发明和电生理学的建立，这在科学史上一直传为"种瓜得豆，种豆得瓜"的佳话．实际上，引起"动物电"实验中肌肉收缩的电流的确来自于不同金属之间，可是伏打还是真诚地赞扬说，伽伐尼的工作"在物理学和化学史上，是足以称得上划时代的伟大发现之一"．为了纪念伽伐尼，伏打还把伏打电池叫做伽伐尼电池，引出的电流称为伽伐尼电流．伽伐尼与伏打的"动物电"与"金属电"之争虽已偃旗息鼓，可它却给我们以睿智的启示．在科学研究过程中，一定要仔细观察，一旦发现新的现象要问一个为什么？并进行探索，而不要轻易放弃．同时，我们也不应盲从于他人．

思 考 题

8-1 两根截面不同、长度相等的同种金属棒串联接在一起，两端加有恒定电压 U，想想：(1)通过两棒的电流是否相同？(2)若忽略两棒接合分界面的边缘效应，通过两棒的电流密度是否相同？(3)两棒的电压是否相等？

8-2 有些同学常认为电流源两端的电压为零，其理由是：内部不含电阻，根据欧姆定律，$U=RI=0×I=0$．你认为对吗？

8-3 有一同学需要一只 0.5W、500Ω 的电阻元件，可他手头上只有 0.25W、250Ω 和 0.5W、1kΩ 的电阻元件若干，你能有什么办法帮他解决吗？

8-4 凡是与电压源并联的电流源其电压是一定的，因而后者在电路中不起作用；凡是与电流源串联的电压源其电流是一定的，因而后者在电路中也不起作用．这种观点是否 正确？

8-5 有源二端网络用戴维宁等效电源或诺顿等效电源代替时，为什么要对外等效？对内是否也等效？

8-6 基尔霍夫第一定律和基尔霍夫第二定律的理论依据分别是什么？

8-7 电源的电动势与端电压有何区别？两者在什么情况下才相等？

8-8 电容器在充放电过程中，电路中为什么会出现电流？电容器的隔直流作用如何解释？

8-9 有一同学需要一只 100V、50μF 的电容元件，可他手头上只有两只 50V、25μF 和两只 50V、100μF 的电容元件，你能有几种办法帮他解决吗？

8-10 在 RC 电路中，如果串联了电流表，则开关闭合或断开时，最好将电流表短接，这是为什么？

习 题

8-1 如题 8-1 图所示直流电路中，已知 U_S=3V，I_S=3A，R=10Ω. 求 a、b、c 三点的电位.

8-2 试分析题 8-2 图所示电路中电阻的电压和电流以及电流源的电压.

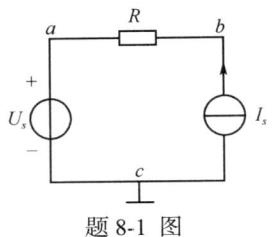

题 8-1 图

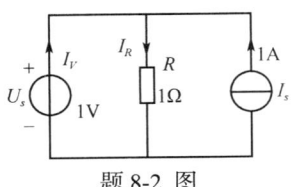

题 8-2 图

8-3 试分析题 8-3 图所示电路中电阻的电压和电流以及电压源的电流.

8-4 如题 8-4 图所示. 求开关 S 断开时开关两端的电压 U 和 S 闭合时通过开关的电流 I.

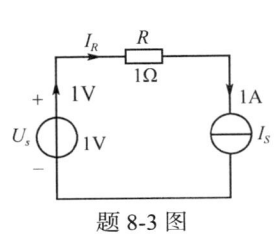

题 8-3 图

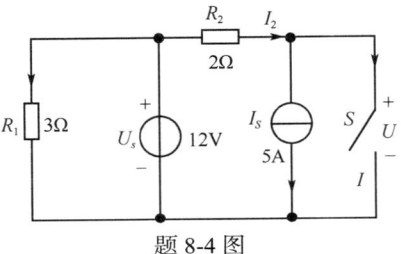

题 8-4 图

8-5 用支路电流法求题 8-5 图所示电路中各支路的电流.

8-6 试用支路电流法计算题 8-6 图电路中各支路的电流.

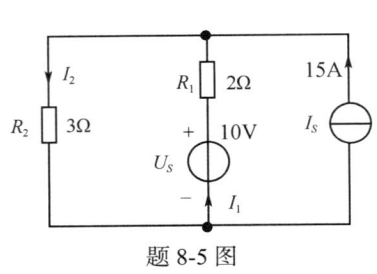

题 8-5 图

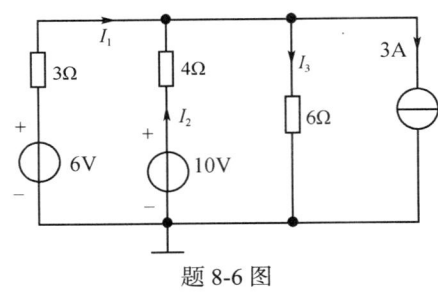

题 8-6 图

8-7 电路如题 8-7 图所示；证明：(1) 当 R_i=R 时，$V=\dfrac{1}{5}(\varepsilon_1+\varepsilon_2+\varepsilon_3+\varepsilon_4)$；(2) 当 $R_i \ll R$ 时，$V=\dfrac{R_i}{R}(\varepsilon_1+\varepsilon_2+\varepsilon_3+\varepsilon_4)$.

8-8 如题 8-8 图所示电路，若 ε_1=12.0V，ε_2=9.0V，ε_3=8.0V，r_1=r_2=r_3=1.0Ω，R_1=R_2=R_3=R_4=2.0Ω，R_5=3.0Ω．求：(1) V_{ab} 和 V_{cd}；(2) 若将 c、d 两点短路，则通过 R_5 上的电流强度是多少？

8-9 如题 8-9 图所示电路. 已知 E=12V，R_1=3kΩ，R_2=6kΩ，C=50μF. 设 S 闭合前电容电压为零.求：(1) 当 S 闭合瞬间，电源 E 输出的电流 I 是多大？(2) 当 S 闭合很长时间后，I 又是多大？(3) S 闭合后通过电源的电流 I 与时间 t 的关系式.

8-10 如题 8-10 图所示电路. 已知 U_S=12V，R=50kΩ，C=20μF. 设 S 闭合在 1 端时，电路已处于稳态. 求开关改合到 2 端后的电容电压.

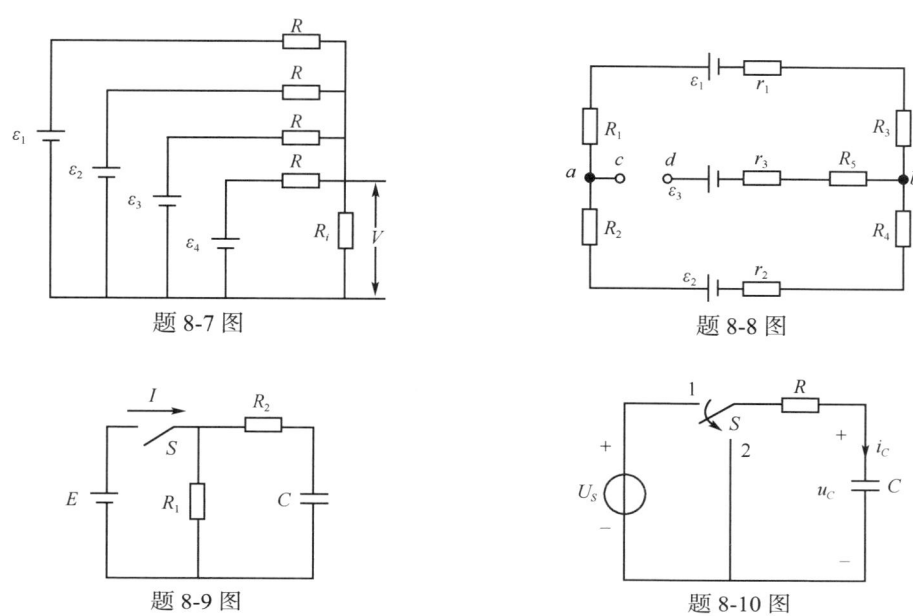

题 8-7 图

题 8-8 图

题 8-9 图

题 8-10 图

习 题 答 案

8-1　U_a=3V，U_b=33V，U_c=0

8-2　U_R=1V，I_R=1A，U_A=1V

8-3　I_R=1A，U_R=1V，I_V=1A

8-4　S 断开时，U=2V；S 闭合时，I=1A

8-5　I_1 = −7A，I_2 =8A

8-6　I_1=4/3A，I_2=2A，I_3=1/3A

8-7　略

8-8　(1) V_{ab}=10.5V，V_{cd}=2.5V，(2) I_{R_5} =−0.38A，R_5 上的电流方向由 a 流向 b

8-9　(1) I=6mA；(2) I=4mA；(3) I=4+2$e^{-10t/3}$ (mA)

8-10　u_c=12e^{-t} (V)

第 9 章 波 动 光 学

1801 年托马斯·杨(T. Young)用光的干涉方法成功地测量了光波波长,随后许多著名的科学家根据光的干涉原理制造出各种各样的干涉仪,如迈克耳孙干涉仪、法布里-珀罗干涉仪等. 干涉仪的应用极为广泛,对长度、折射率、波长可进行精密测量,并常用于测定谱线的波长及其精细结构等.

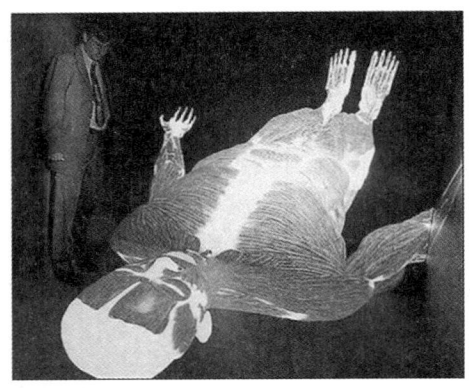

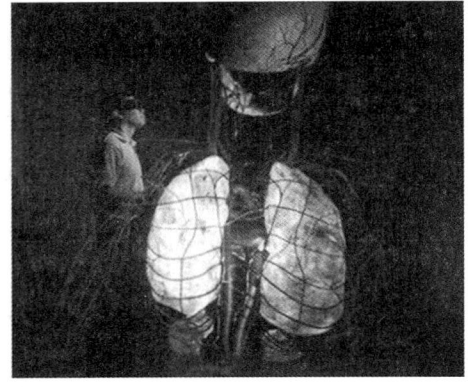

全息学(holography)自 1948 年伽博(D. Gabor)提出波阵面再现原理以来,至今已有半个多世纪的历程,其基本机理是利用光干涉的方法同时记录物光波的振幅与相位. 在 20 世纪 60 年代激光问世后全息照相术得到了迅速的发展,并广泛地应用于诸多领域. 例如,取代古老的光栅元件的全息光栅,在现代军事和宇航中获得了重要应用;全息干涉计量术与其他高新技术相结合,使得测量精度提高到 $\lambda/100$ 或更高. 又如,全息显微术和 X 射线全息术的结合可用来研究物质的微观结构和生命现象细微过程等.

激光全息照相是一门崭新的技术,它被人们誉为 20 世纪的一个奇迹.

上图:这是一套由加拿大卡尔加里大学的研究人员历时六年开发的全新技术,它可以通过一台名为 CAVEman 的设备将 CT、X 线片以及活体切片相互叠加并通过安放在三面墙上以及地板上的四台投影仪在空中投影出人体的全息影像. 下图:研究人员还可以根据需要将该影像随意放大或缩小以便更好地研究整个人体的构造和运行机理,以供医学研究之用.

光学是一门有着悠久历史的学科,我国古代早就有关于光现象的文字记载,叙述光沿直线传播和影的形成,记录凹、凸镜,平面镜和针孔成像的实验等. 这些精辟论述和实验,在人类科学史上占有崇高的地位. 光是人类以及各种生物生存不可缺失的最普通的要素,人们在借助光认识周围世界的同时也在不断地认识光的本性,其认识过程大致经历了几个阶段. 17 世纪以牛顿(I. Newton)为代表的微粒说,认为光是从发光体发出的粒子流;以惠更斯(C. Huygens)为代表的波动说,认为光是在"以太"(一种特殊介质)中传播的机械波. 到了 19 世纪前半叶,人们发现光有干涉、衍射和偏振等现象,一连串的实验事实为光的波动说提供了重要依据. 但是惠更斯的波动说所依赖的介质"以太"存在着互相矛盾的性质,无法用实验证明它的存在. 19 世纪 60 年代,麦克斯韦(J. C. Maxwell)在电磁现象研究中建立起一套完整的电磁场理论,为光的电磁波本性提供了依据,并通过这一理论证明了光是横波. 在赫兹用实验产生电磁波, 证实电磁波以光速传播之后, 光的电磁波理论被普遍接受. 19 世纪末与 20 世纪初, 随着涉及微观领域的一些新实验的发现, 经典电磁波理论陷入困境. 爱因斯坦(A. Einstein)在普朗克(M. Planck)关于热辐射的量子假说基础上提出光的量子理论, 并成功地解释了光电效应. 爱因斯坦关于光的波粒二象性表明, 光在传播过程中主要表现出波动性, 而当光与物质相互作用时主要表现出粒子性.

光学还是一门应用性很强的学科, 20 世纪中叶, 由于现代光学的崛起, 特别是 1960 年激光问世后, 出现了许多崭新的分支学科, 如傅里叶光学、光材料科学、光电子学、集成光学、全息学、纤维光学、激光生物学、激光医学等. 光学现已广泛地应用于通信、医药学、生物学、环境科学、国防、信息处理等高新技术领域, 现代的许多高新技术中的精密测量与控制就应用了光的干涉和衍射的原理, 例如, 用干涉方法研究光谱线的超精细结构, 精密计量长度、角度, 在光学零件表面镀膜增加或减少反射等. 再如, 利用光的衍射原理制成的光栅光谱仪在研究物质的微观结构方面起着极为重要的作用.

本章以麦克斯韦的电磁波理论为基础, 用波动的语言描述, 用波动的理论阐明光的干涉、衍射和偏振等现象.

9.1 光 的 干 涉

9.1.1 相干光源

干涉现象是一切波动过程的基本特征之一. 在第 3 章讨论机械波时已指出, 只有当两列频率相同、振动方向相同、相位差恒定的波在空间相遇时, 才能产生干涉, 形成稳定的干涉图样. 在日常生活中观察机械波或无线电波的干涉现象相对容易, 因为它们的波源可连续地振动, 发出连续不断的正弦波, 相干条件比较容易满足. 例如, 两个完全相同的音叉就可满足相干条件.

可见光是指真空中波长在 390~760nm 的电磁波. 在实际生活中两列光波相遇是经常发生的, 但是光的干涉并不多见, 即使两个光源的形状、大小、强度等完全相同. 为什么两个普通光源发出的光波不能产生干涉? 这是由光源发光本质的复杂性所致. 我们知道, 光源发光是组成光源的大量原子、分子发光的总和. 原子发出的光是原子中的电子运动状态发生变化时辐射出来的电磁波, 每个原子的发射是随机的、间歇性的, 发射的持续时间大约只有 10^{-8}s, 因此一个原子的每一次发光只能发出一段长度约 3m、频率和振动方向一定的光波, 这段光波称为一个波列. 不同原子的发光或同一个原子不同时刻所发的光彼此是独立的, 相应的波列的振动方向、频率和相位各不相同. 由此可见, 两个独立普通光源所产生的光通常是不相干的. 即使同一光源上不同部分发出的光, 由于它们是不同原子发出的, 所以也不是相干光.

怎样才能获得相干光源(coherent light sources)呢? 对于普通光源, 可以设法把每个原子发出的每个波列分解为两列, 这两列光是相干光, 使它们经过不同的路径再相遇, 就可能产生光的干涉现象. 相干光源获得一般有两种方法: 一种就是杨氏双缝实验中利用的分波阵面法, 利用一个点光源或线光源发出的光波通过两个非常靠近的小孔或狭缝, 把光波的波阵面分成两部分. 因为这两部分的波阵面都是来自同一光源, 它们的频率、振动方向和相位的关系始终恒定不变, 所以满足相干条件, 于是经过这两个小孔或狭缝的光就成为相干光源. 另一种是薄膜干涉中利用反射或折射使其一分为二的分振幅法. 自激光问世后, 由于它具有方向性好、亮度大和相干性好等优点, 已成为目前最常用的相干光源. 应当指出, 如果两列相干光的波程差太大, 以致不能相遇, 也不能产生干涉.

9.1.2 光程和光程差

光在不同的介质中传播时其振动频率保持不变. 设一频率为ν的单色光在真空中的波长为λ, 传播速度为c; 而当它在折射率为n的介质中传播时, 传播速度u是真空中光速的$1/n$, 相应地, 波长$\lambda' = u/\nu = c/n\nu = \lambda/n$. 因为折射率$n$恒大于1, 所以光在介质中的波长$\lambda'$总是小于真空中的波长$\lambda$. 设光波在介质中传播的几何路程为$r$, 所需的时间$t=r/u$, 那么, 在相同的时间内, 光在真空中所走的几何路程是: $tc=rc/u=nr$. 由此可见, 在相同时间内, 光在介质中传播r路程相当于在真空中走过nr的路程. 将介质的折射率n与光波在该介质中所经历的几何路程r的乘积nr称为**光程**(optical path). 采用光程概念的好处是, 可以把光在不同介质中的传播路程都折算为在真空中的传播路程, 便于相互比较.

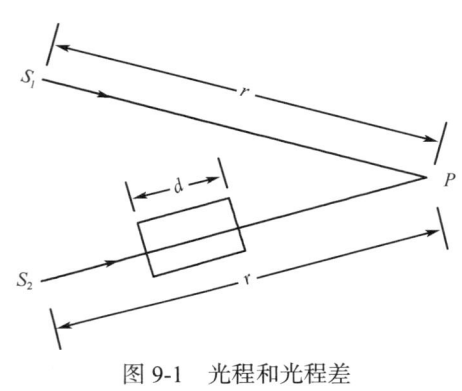

图 9-1 光程和光程差

如图 9-1 所示, 两个初相位相同的相干光源 S_1 和 S_2 发出相干光, 在距离 S_1 和 S_2 同为 r 的 P 点相遇, 其中一束光经过空气($n\approx 1$), 而另一束除经过空气外还透过厚度为 d、折射率为 n 的介质, 虽然这两束光的几何路程都是 r, 但是光程却不同. S_1P 的光程等于几何路程 r, 而 S_2P 的光程是 $(r-d)+nd$. 两者的**光程差**(optical path difference)为

$$\delta = (r-d) + nd - r = (n-1)d \tag{9-1}$$

初相位相同的两列相干光波在 P 点的相位差

$$\Delta\varphi = \varphi_1 - \varphi_2 + \frac{2\pi(r_2-r_1)}{\lambda} = \frac{2\pi(r_2-r_1)}{\lambda} = \frac{2\pi(n-1)d}{\lambda} = \frac{2\pi}{\lambda}\delta$$

由此可知, 相位差是由光程差决定的. 相位差$\Delta\varphi$与光程差δ的关系为

$$\Delta\varphi = \frac{2\pi}{\lambda}\delta \tag{9-2}$$

式(9-2)表明, 当相干光源的初相位相同且光在不同介质传播时, 对干涉起决定作用的是两相干光的光程差.

实验证明, 相位相同的光经过薄透镜, 其相位仍然相同, 并不因透镜的存在而引起附加的相位差. 换言之, 透镜虽然使各个方向的光发生偏折, 但不改变它们之间的相位差.

9.1.3 杨氏双缝实验

英国物理学家托马斯·杨在 1801 年首先用简单的装置实现了光的干涉现象, 这就是波动光学史上有决定意义的杨氏双缝实验. 通过对这一实验的分析, 可以了解分波前法干涉的一些共同特点. 杨氏双缝实验装置如图 9-2 所示, 在普通单色光源前先放置一开有小孔 S 的屏, S 的前面又放置一个开有两个相距很近的小孔 S_1 和 S_2 的屏(S_1 和 S_2 的间距约为 0.1mm 数量级, 且到 S 等距). 为了提高干涉条纹的亮度, S、S_1 和 S_2 常用三条互相平行的狭缝替代. 从 S_1 和 S_2 发出的光波在距离光屏为 D 的屏幕 EE' 上叠加产生干涉现象, 在 EE' 屏幕上呈现一系列稳定的明暗相间的条纹, 这种在叠加区域内出现的稳定分布且明暗相间的条纹, 称为**干涉条纹**(interference fringe). 杨氏双缝干涉条纹的特点是, 中央对称、明暗相间且等宽等距.

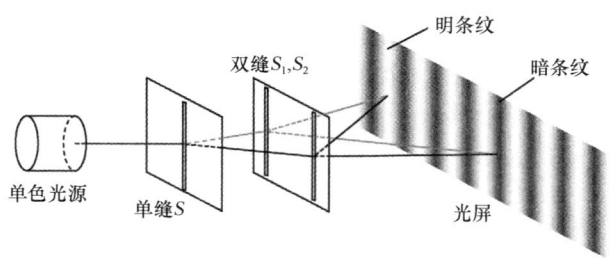

图 9-2 杨氏双缝实验装置

下面定量分析屏幕 EE' 上形成明暗条纹应满足的条件, 如图 9-3 所示, S_1 和 S_2 之间的距离为 d, 它们的中点 M 到光屏 EE' 距离为 D. O 是由 M 作出的中垂线与光屏的交点. 在光屏上任取一点 P, P 到 O 点的距离为 x, P 距 S_1 和 S_2 的距离分别为 r_1 和 r_2. 设光源是单色光源, 实验在空气中进行, 光程就等于几何路程, 光程差等于波程差. 从 S_1 和 S_2 发出的光到达 P 点的光程差 $\delta = r_2 - r_1$.

在实际情况下, $d \ll D$, 且 MP 和 MO 的夹角很小, 可以作如下近似处理

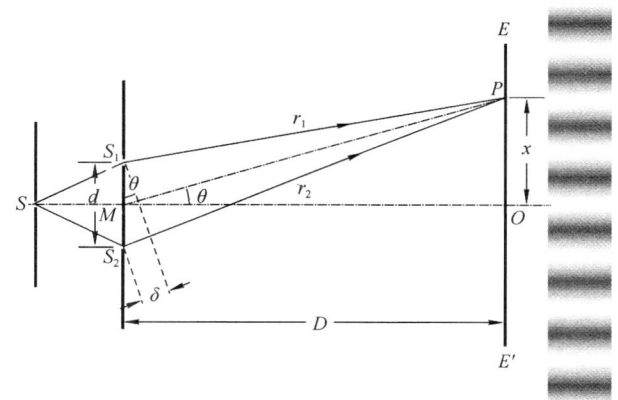

图 9-3 杨氏双缝干涉公式的推导

$$\sin\theta \approx \theta \approx \tan\theta = \frac{x}{D}$$

相应的光程差为

$$\delta = r_2 - r_1 \approx d\sin\theta \approx d \cdot \theta \approx d\frac{x}{D} \tag{9-3}$$

设入射光的波长为 λ, 由波动理论可知, 若

$$\delta = d\sin\theta = \pm k\lambda, \quad k = 0, 1, 2, \cdots \tag{9-4a}$$

两列光干涉加强, 在 P 点处为一明纹中心. 式(9-4a)中正、负号表明干涉条纹在 O 点两侧对称分布, 对应于 $k=0$ 的明条纹, 称为零级明条纹或中央明条纹, 与 $k=1$, $k=2$, ⋯ 相

对应的明条纹，分别称为第一级、第二级、…明条纹. 各级明条纹在屏上的位置 x_k 为

$$x_k = \pm k\lambda \frac{D}{d}, \quad k = 0, 1, 2, \cdots \tag{9-4b}$$

同理，若

$$\delta = d\sin\theta = \pm(2k-1)\frac{\lambda}{2}, \quad k = 1, 2, 3, \cdots \tag{9-5a}$$

两列光干涉相消，在 P 点处为一暗纹中心. 与 $k=1$，$k=2$，$k=3$，…相对应的暗条纹，分别称为第一级、第二级、第三级、…暗条纹. 各级暗条纹的位置 x'_k 为

$$x'_k = \pm(2k-1)\frac{\lambda D}{2d}, \quad k = 1, 2, 3, \cdots \tag{9-5b}$$

相邻两明条纹或暗条纹的间距为

$$\Delta x = x_{k+1} - x_k = \frac{\lambda D}{d} \tag{9-5c}$$

双缝干涉图样如图 9-4 所示. 杨氏双缝实验不仅证实了光的波动性，同时还提供了测量光波波长的方法，在历史上首次被用来测定光波的波长. 当用单色光源做实验时，只要测出实验装置的 D、d 和条纹间距 Δx，便可根据上式计算出光波的波长 λ.

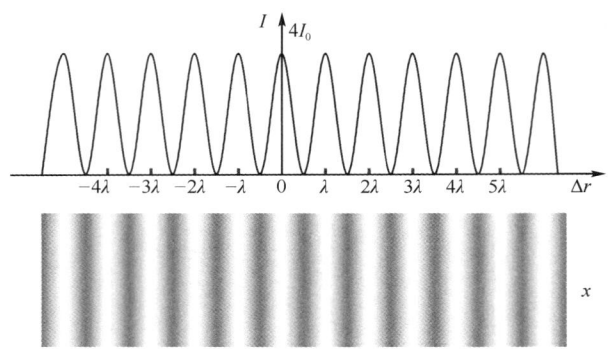

图 9-4 双缝干涉条纹与光强分布

条纹间距还与光波波长有关，波长较长的光，其条纹间距大. 因此，如用白光光源做实验，屏幕上只有零级条纹($k=0$)是白色的，在零级白色条纹的两侧各有一条黑色条纹，黑纹之外就是紫到红的彩色条纹.

【例 9-1】 两狭缝相距 0.3mm，位于离屏幕 50cm 处，用波长为 600nm 的红光照射双缝，求：(1)干涉图样的第二级明条纹和第二级暗条纹与中央明纹的距离各是多少？(2)若用折射率为 1.5，厚度为 24μm 的薄玻璃片遮盖狭缝 S_2，光屏上干涉条纹将发生什么变化？

【解】 (1)根据双缝干涉的明条纹位置公式(9-4b)，得第二级明条纹($k=2$)与中央明条纹距离为

$$x_2 = k\frac{\lambda D}{d} = 2 \times 600 \times 10^{-9} \times \frac{50 \times 10^{-2}}{0.3 \times 10^{-3}} = 2 \times 10^{-3}(\mathrm{m}) = 2(\mathrm{mm})$$

根据双缝干涉的暗条纹位置公式(9-4b)，得第二级暗条纹($k=2$)与中央明条纹距离为

$$x'_2 = (2k-1)\frac{\lambda D}{2d} = 1.5 \times 10^{-3}(\mathrm{m}) = 1.5(\mathrm{mm})$$

(2) 窄缝 S_2 被玻璃盖住时,设玻璃厚度为 h,参照图 9-3,根据式(9-2)和式(9-3),中央明条纹位置对应的光程差可表示为

$$\delta = r_2 + (n-1)h - r_1 = (n-1)h + (r_2 - r_1) = (n-1)h + \frac{d}{D}x$$

中央明条纹应满足 $\delta=0$ 的条件,即

$$(n-1)h + \frac{d}{D}x = 0$$

由上式可解出狭缝 S_2 被玻璃遮盖后的中央明条纹的中心位置 (x),即

$$x = -\frac{(n-1)hD}{d} = -\frac{(1.5-1) \times 24 \times 10^{-6} \times 50 \times 10^{-2}}{0.3 \times 10^{-3}} = -2 \times 10^{-2} (\text{m}) = -2(\text{cm})$$

光屏上零级亮条纹将向下移动 2cm.

9.1.4 薄膜干涉

在阳光照射下,水面上的油膜、肥皂泡表面和 CD 光盘上呈现出斑斓的色彩,这种利用薄膜的两个表面对入射光反射,使这两个部分反射光波再相遇所产生的干涉现象,称为**薄膜干涉**(film interference). 薄膜干涉广泛应用于反射计量技术中,许多重要的干涉仪,都是以此类干涉为基础.

如图 9-5 所示,厚度为 e、折射率为 n 的均匀平面薄膜置于空气中. 设波长为 λ 的一束单色光线以入射角 i 射向薄膜,一部分在薄膜上表面 A 点反射形成光束 a,另一部分折射后经薄膜下表面 B 点反射回来,再经由上表面 C 点折射穿出薄膜而形成光束 b. 由于薄膜上、下表面平行,所以反射光束 a 和 b 也平行,将在无限远处相交而发生干涉. 如果用透镜使光线会聚,干涉条纹将呈现在透镜焦平面上.

现在来分析 a、b 两光束之间的光程差. 在图 9-5 中,从反射点 C 作光线 a 的垂线 CD,两光束之间的光程差为 $n(AB+BC)-AD$,并且光波在薄膜前表面发生反射时有**半波损失**. 即当光从光疏介质射向光密介质时,反射光线在界面上有 π 的相位突变或附加半个波长的光程差. 于是 a、b 两光束之间的光程差为

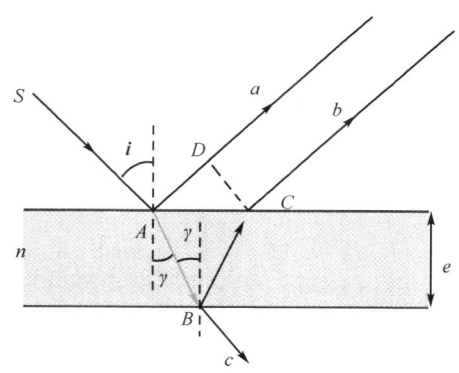

图 9-5 平行平面薄膜干涉

$$\delta = n(AB + BC) - AD + \frac{\lambda}{2} \tag{9-6}$$

设光在薄膜上表面 A 点的入射角为 i,折射角为 γ,由几何关系式 $AB = BC = e/\cos\gamma$,$AD = AC \cdot \sin i = 2e\tan\gamma\sin i$ 和折射定律 $n\sin\gamma = n_0\sin i (n_0=1)$ 可得

$$\delta = \frac{2ne}{\cos\gamma} - 2ne\frac{\sin^2\gamma}{\cos\gamma} + \frac{\lambda}{2} = 2ne\cos\gamma + \frac{\lambda}{2} \tag{9-7}$$

利用 $\cos\gamma = \sqrt{1-\sin^2\gamma}$ 和 $\sin\gamma = \frac{1}{n}\sin i$ 的关系,上式可改写为

$$\delta = 2e\sqrt{n^2 - \sin^2 i} + \frac{\lambda}{2} \tag{9-8}$$

由此可知，入射光在薄膜两个表面反射（和折射）所产生的 a、b 两束光的光程差决定于薄膜的厚度 e、折射率 n 和入射角 i（或折射角 γ）。对于折射率一定、厚度均匀的薄膜，光程差的变化只来源于入射光在薄膜上不同的入射角 i。这样，在薄膜上具有相同入射角的光束经薄膜两表面反射后形成的反射光在相遇点的光程差相同，或者说，入射倾角相同的光束将形成同一干涉条纹，因此把这种干涉称为**等倾干涉**(equal inclination interference)。

等倾干涉明纹满足的条件为

$$\delta = 2e\sqrt{n^2 - \sin^2 i} + \frac{\lambda}{2} = k\lambda, \quad k = 1, 2, 3, \cdots \tag{9-9}$$

等倾干涉暗纹满足的条件为

$$\delta = 2e\sqrt{n^2 - \sin^2 i} + \frac{\lambda}{2} = (2k+1)\frac{\lambda}{2}, \quad k = 0, 1, 2, \cdots \tag{9-10}$$

如果光垂直地入射到厚度均匀的薄膜表面，此时干涉加强或减弱的条件可以简化为

干涉加强 $\quad 2ne = (2k-1)\dfrac{\lambda}{2}, \quad k = 1, 2, 3, \cdots \tag{9-11a}$

干涉减弱 $\quad 2ne = 2k\dfrac{\lambda}{2}, \quad k = 0, 1, 2, \cdots \tag{9-11b}$

等倾干涉条纹随着光源和入射光束的几何性质而各有不同。若使用平面光源，入射光束为平行线（同一倾角）时，干涉条纹的形状与薄膜上的照射面相同，可能是长条形、矩形或圆形等。而且视场亮度均匀，没有"明暗相间"现象。如果使用点光源，或者入射光束有所发散（倾角不同）时，同一圆锥面的光线由于倾角相同而产生等倾干涉，干涉条纹为一组明暗相间的同心圆环。从式（9-8）可以看出，在等倾圆条纹中越近圆心，角 i 越小，薄膜上下表面反射出来的 a、b 两光束的光程差就越大，因而干涉级 k 也就越高。

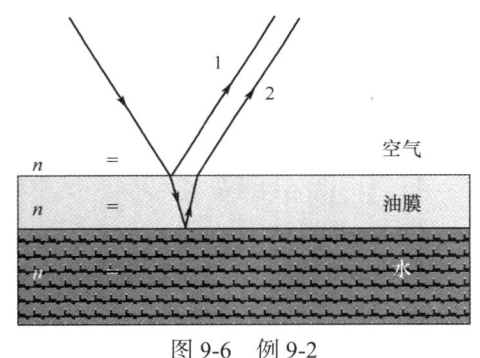

图 9-6　例 9-2

【**例 9-2**】　如图 9-6 所示，水面浮着一层很薄的汽油。太阳光接近垂直地投射到薄膜上，经过反射进入人眼。假定发生干涉减弱使反射光中的蓝光消失，此时观察到薄膜呈黄色。已知蓝光波长 $\lambda = 469$ nm，它在汽油和水中的折射率分别是 $n_1 = 1.40$，$n_2 = 1.33$，求：(1) 汽油薄膜的最小（非零）厚度；(2) 如果汽油薄膜下面不是水而是玻璃（$n_2 = 1.52$），其他条件不变，则薄膜厚度应是多少？

【**解**】　(1) 由于光束 b 在汽油薄膜上表面的传播方向是从光疏介质到光密介质，故有半波损失；在薄膜下底面（汽油→水界面）则没有半波损失，根据式（9-11）有 $2ne = k\lambda$，取 $k=1$，得

$$e = \frac{\lambda}{2n} = \frac{469 \text{nm}}{2 \times 1.40} = 167.5 \text{nm}$$

答：汽油薄膜的最小厚度为 167.5 nm。

(2) 光在薄膜表面（空气→汽油界面）和底面（汽油→玻璃界面）都属于从光疏介质进入光密介质的情况，都有半波损失，因此

$$\delta = 2ne = (2k+1)\frac{\lambda}{2}$$

取 $k=0$，得

$$e = \frac{\lambda}{4n} = \frac{469\text{nm}}{4 \times 1.40} = 83.8\text{nm}$$

答：在其他条件不变时薄膜厚度最薄为 83.8nm，可以使反射光中的蓝光消失。

9.2 光的衍射

在实际生活中，很容易观察到机械波甚至无线电波产生衍射(绕射)的现象，但光衍射的现象却不多见，这是因为波的衍射现象是否明显，关键取决于障碍物的线度与波长的比值。波长越长，障碍物线度越小，衍射现象越显著。因为光的波长很短，所以光的衍射现象不易察觉。下面通过演示可进一步说明，用平行的单色光照射一缝宽可调节的狭缝，当缝宽比波长大很多时，光屏上所得的光斑与狭缝形状几乎完全一样，这时光可看成是沿直线传播；将狭缝宽度调至小于 $10^3\lambda$ 时，光屏上就会出现明暗相间的条纹，其分布范围远远超出狭缝的几何投影区。这种当光在传播的过程中遇到某种障碍物时，其传播方向发生改变，可以绕过障碍物的阴影区并形成明暗相间条纹的现象，称为**光的衍射**(diffraction of light)。使光波发生衍射的障碍物可以是开有狭缝或小孔的不透明光屏。由于衍射引起光强的不均匀分布，所出现的明暗相间的条纹，称为衍射图样。

光的衍射也是光的波动性的重要特征之一。建立在光的直线传播定律基础上的几何光学不能解释光的衍射，而波动光学中的惠更斯-菲涅耳原理可圆满地解释光的衍射现象。光的衍射通常按光源、障碍物、光屏三者的相对位置分为两类：一类是菲涅耳(A. J. Fresnel)衍射，光源、障碍物和光屏之间的距离为有限远时的衍射，如图 9-7(a)所示。另一类是夫琅禾费(J. Fraunhofer)衍射，光源和观察屏距离光屏都相当于无限远的衍射，如图 9-7(b)所示。

夫琅禾费衍射在实验室中较为常见，它可借助两个凸透镜 L_1、L_2 来实现，如图 9-7(c)所示。应用透镜提供夫琅禾费衍射的条件，可以使衍射图样的亮度增大，既有利于观察，又不影响衍射现象固有的性质。在这种衍射中，因入射光是平行光，波阵面是平面，在理论分析上比较简单。下面只讨论夫琅禾费衍射。

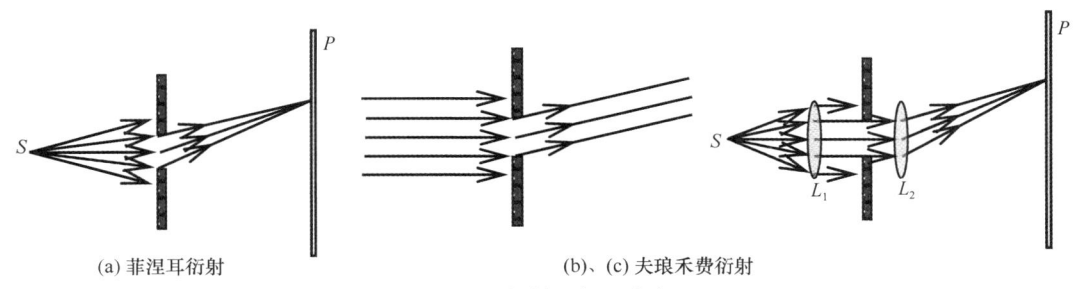

(a) 菲涅耳衍射　　　　　　(b)、(c) 夫琅禾费衍射

图 9-7　衍射现象的分类

9.2.1 单缝衍射

单缝夫琅禾费衍射的实验装置如图 9-8 所示，置于 L_1 前焦点上的单色光源 S 发出的光

经透镜 L_1 后成为一束平行光，入射到狭缝上，衍射光再经过透镜 L_2 会聚到后焦平面处的光屏 E 上. 只要狭缝的宽度小于 $10^3\lambda$ 数量级，即可在光屏上获得夫琅禾费的衍射图样，也就是分布范围比狭缝宽得多的明暗相间的衍射条纹.

图 9-9(a) 是单缝夫琅禾费衍射的示意图，AB 为狭缝的截面（狭缝垂直于纸面），其宽度为 a. 用波长为 λ 的单色平行光垂直照射时，入射光到达狭缝的波阵面为 AB. 按照惠更斯-菲涅耳原理，狭缝 AB 波阵面上的各点都是同相的子波源，每一个子波源都会向各个方向发出子波，形成衍射光线。衍射光线与狭缝面的法线之间的夹角 φ 称为**衍射角**(angle of diffraction)，衍射角为 φ 的平行光经透镜 L 在光屏 P 处会聚，其他衍射角的子波在其他相应位置上会聚，从而在光屏上得到明暗相间的衍射条纹。

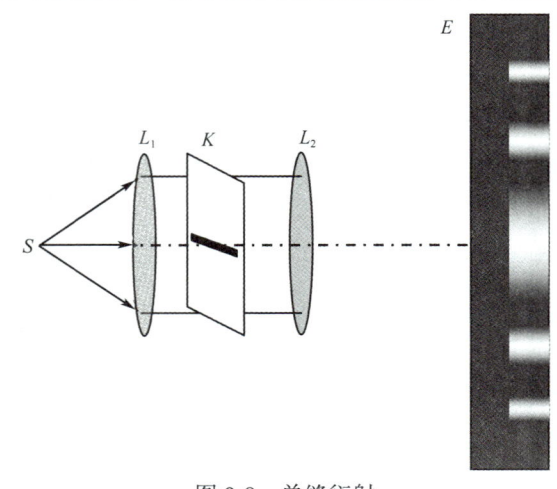

图 9-8 单缝衍射

沿入射线方向传播的衍射光[图 9-9(a) 中光束 1]，因为在狭缝处的波阵面 AB 是同相面，所以这些子波的相位是相同的，经过透镜 L 会聚于 P_0 点时，相位仍然相同. 因此传播到 P_0 点的各个子波相互加强，在 P_0 处形成一亮点. 对整条狭缝来说，在光屏 E 上形成一条通过 P_0 点且平行于缝的长度方向的明条纹，称为中央明纹.

与入射方向成 φ 角的衍射光[图 9-9(a) 中的光束 2]，即平行光束 2 经过透镜 L 会聚于 P 点. 过 A 点作一平面 AC，使 AC 垂直 BC，按照光线通过透镜的规律，各个子波射线到达 P 点的相位差等于它们在 BC 面上的相位差. 由图 9-9(a) 可见，在 AB 两条边缘光线之间的光程差为 $BC=a\sin\varphi$，BC 就是光束 2 的最大光程差，它决定 P 点处条纹的明暗.

应用菲涅耳的半波带法分析单缝衍射的条纹分布. 用平行于 AC 的平面把 AB 分割成 n 个等面积的波带，使相邻波带的最大光程差为 $\lambda/2$. 图 9-9(b) 表示 $n=4$ 的情况，即把 AB 分成 AA_1、A_1A_2、A_2A_3、A_3B 四个波带. AA_1 带上的 A 和 A_1A_2 带上的 A_1 是对应点，AA_1 的中点和 A_1A_2 的中点也是对应点，依次类推，任何两个相邻波带的对应点所发出的光波，到达 AC 面上时光程差为 $\lambda/2$，即相位差为 π（反相）. 这些光波经透镜 L 会聚在 P 点时，相位差仍然是 π，因此它们相互削弱，也就是说相邻两波带必然发生相消干涉. 因此，对应于某确定角度 φ，如果单缝（波阵面 AB）被分为偶数个半波带，则在 P 点出现暗条纹. 如果单缝被分成奇数个半波带，则 P 点出现明条纹. 明条纹的亮度只是奇数个半波带其中的一个半波带所发出的子波经过透镜聚焦后所产生的结果，而其余的都两两相互抵消了. 如衍射角 φ 的取值不能使单缝恰好被分成整数个半波带，则光屏上对应处（P 点）将介于明暗之间.

当衍射角 φ 满足

$$a\sin\varphi = \pm 2k\frac{\lambda}{2},\ k=1,2,3,\cdots \tag{9-12}$$

时，P 为暗条纹（中心）. 式(9-12)中 k 为条纹的级数，对应于 $k=1$, 2, 3, $\cdots$ 的暗条纹，

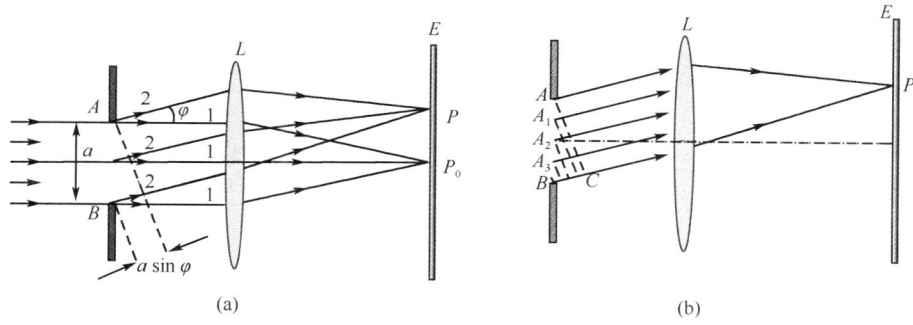

图 9-9 单缝衍射条纹的形成

分别称为第一级、第二级、第三级、…暗条纹. 在两个第一级暗条纹之间的区域, 即衍射角 φ 满足 $-\lambda < a\sin\varphi < \lambda$ 的范围为中央明条纹.

当衍射角 φ 满足 $a\sin\varphi = \pm(2k+1)\dfrac{\lambda}{2}, \quad k = 1, 2, 3, \cdots$ \hfill (9-13)

时, P 为明条纹(中心). 对应于 $k = 1, 2, 3, \cdots$ 的明条纹, 分别称为第一级、第二级、第三级、…明条纹.

单缝衍射条纹的亮度分布如图 9-10 所示, 条纹的特点是: 中央条纹最亮而且最宽. 中央明纹的两侧, 亮度迅速下降, 直至第一级暗条纹. 其后, 亮度又逐渐增大而成第一级明条纹, 称为一级极大, 依此类推. 各次级亮纹的宽度仅为中央明纹的一半; 同时, 各级明条纹的亮度随着 k 的增大而逐渐减小. 这是由于 φ 越大, 分成的半波带数 n 越多, 未被抵消的波带面积在整个单缝面积中占的比值越小的缘故.

【例 9-3】 用波长为 $\lambda = 6.0 \times 10^{-7}\,\text{m}$ 的平行光垂直入射于宽度 $a = 1.5\,\text{mm}$ 的单缝上. 在缝的后面以焦距 $f = 50\,\text{cm}$ 的凸透镜将衍射光会聚于屏幕. 求: (1)屏上第一级暗条纹与中心 O 的距离; (2)中央明纹的宽度.

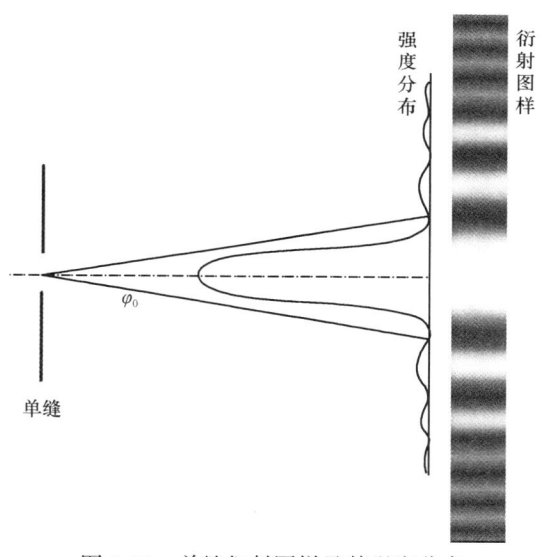

图 9-10 单缝衍射图样及其强度分布

【解】 依题意画出图 9-11. 由于 φ 角通常很小, 各级衍射条纹到中央明纹中心 O 点的距离 x 远小于透镜的焦距 f, 故有近似关系式

$$\sin\varphi \approx \tan\varphi = \dfrac{x}{f}$$

(1)设第一级暗纹至中央明条纹中心 O 点的距离为 x_1, 则按暗条纹公式

$$a\sin\varphi \approx a\tan\varphi = a\dfrac{x_1}{f} = k\lambda$$

可得

$$x_1 = \dfrac{k\lambda f}{a}$$

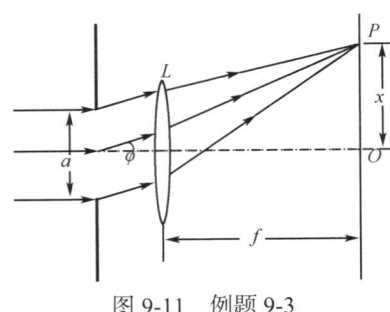

图 9-11 例题 9-3

将 $k=1$，$\lambda=6.0\times10^{-7}$m，$f=50$cm$=0.50$m，$a=1.5$mm$=1.5\times10^{-3}$m 代入上式得

$$x_1 = \frac{k\lambda f}{a} = \frac{1\times 6.0\times 10^{-7}\times 0.50}{1.5\times 10^{-3}} = 2\times 10^{-4}(\text{m})$$

（2）中央明条纹宽度 d 为两个第一级暗条纹间的距离，即

$$d = 2x_1 = 2\times 2\times 10^{-4} = 4\times 10^{-4}(\text{m})$$

除了衍射角 φ 外，中央明纹的宽度也可以作为描述衍射程度大小的指标.

9.2.2 圆孔衍射

如果将单缝衍射实验中的狭缝换成一个小圆孔，如图 9-12 所示，半径为 a 的小圆孔位于不透明光屏 A 上. 与单缝衍射一样，当圆孔半径与光波波长的大小可比拟时，就会在另一光屏 B（即 L_2 的焦平面）上呈现出圆孔的夫琅禾费衍射图样，如图 9-13(a) 所示. 按照几何光学原理，光线被透镜 L_2 聚焦，在焦平面上应该看到一个与圆孔大小相近的几何亮斑. 但由于光的波动性，实际上在光屏 B 上显示的是复杂的衍射图样，其中央是有一定线度的圆形亮斑，外周包围着一组同心的明暗相间的圆环. 由第一暗环所围的中央亮斑，称为艾里斑. 大约有 84% 的光能量集中在中央亮斑，其余的光能量分布在艾里斑周围的各级明环上，其光强比中央亮斑的要弱得多.

圆孔衍射光强度分布曲线如图 9-13(b) 所示. 以 $a\sin\varphi/\lambda$ 为横坐标，以光的相对强度为纵坐标，艾里斑的光强最大值为 1. 其中 a 为圆孔半径，λ 是入射光的波长，φ 是衍射角. 设紧靠中央亮斑的第一个暗环对透镜 L_2 光轴（圆孔中心的法线）的夹角为 φ_0，经理论计算得

$$\varphi_0 = \arcsin\frac{0.61\lambda}{a} = \arcsin\frac{1.22\lambda}{d} \tag{9-14}$$

式中，d 为圆孔的直径；φ_0 又称为半角宽度，单位为 rad. 由于角 φ_0 一般都很小，故式(9-14)可以写成

$$\varphi_0 = \frac{0.61\lambda}{a} = \frac{1.22\lambda}{d} \tag{9-15}$$

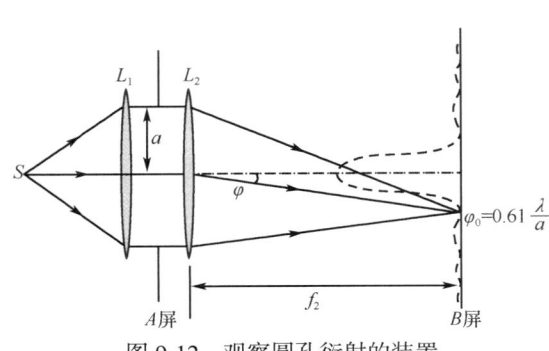

图 9-12 观察圆孔衍射的装置

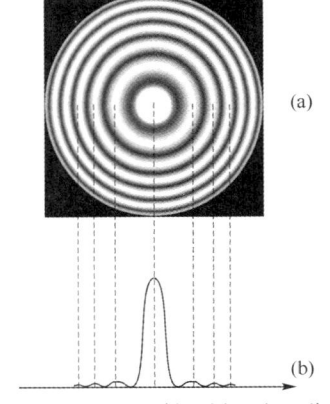

图 9-13 圆孔衍射图样及光强分布

设透镜 L_2 的焦距为 f，则艾里斑的直径 D 为

$$D = 2f\varphi_0 = 2.44\frac{\lambda}{d}f \tag{9-16}$$

由式(9-16)可知，当入射光的波长一定时，艾里斑的大小(也就是中央亮斑的大小)与圆孔的直径有关。圆孔的直径 d 越小，艾里斑的直径 D 就越大，衍射现象也越明显。当 $\lambda/a \ll 1$ 时，φ_0 角趋于零，衍射现象可忽略。

光学仪器中所用的孔径光阑、透镜的边框等都相当于一个透光的圆孔，所以圆孔的夫琅禾费衍射现象对了解光学仪器成像的性能具有重要意义。

【例 9-4】 一个天文望远镜的物镜直径为 2.00m，焦距为 20.0m，求对恒星白光衍射图像第一暗环的直径。

【解】 已知：$d = 2.00$m，$f = 20.0$m。

因白光是复色光，在物镜焦平面上除中央亮斑是白色外，其他每一级条纹都包含不同半径的彩色圆环，可取人眼最敏感的绿光($\lambda = 5 \times 10^{-7}$m)代表白光，由式(9-16)得

$$D = 2.44\lambda f / d = 2.44 \times 5 \times 10^{-7} \times 20.0 / 2.00 = 1.22 \times 10^{-5}(\text{m})$$

照相机、显微镜、望远镜等，都是通过透镜将入射光会聚成像，其中的透镜可以看成是一个透光的小圆孔。按几何光学的观点，物体经透镜成像时，每一个物点有一个对应的像点。但实际上，由于存在衍射现象，像点不再是一个几何点，而是一个具有一定大小的艾里斑。如果两个物点相距很近，对应的两个艾里斑会互相重叠，这时就不能分辨出两个物点的像。因此，由于光的衍射现象，光学仪器的分辨能力受到了限制。

9.2.3 衍射光栅

双缝干涉和单缝衍射的实验表明，可以利用单色光通过双缝或单缝，用其干涉或衍射产生的明条纹来测定光波的波长。但是这两种实验得到的明条纹，都不能达到明锐而清晰的要求，很难精确测定条纹的宽度，因此不能非常精确地测量光波的波长。在同样光源的条件下，怎样才能获得亮度大、宽度很窄、分得很开的明条纹呢？用光栅产生的衍射条纹，可以解决上述难题。

由大量等宽、等间距的平行狭缝构成的光学元件称为**衍射光栅**(diffraction grating)，简称光栅。制造光栅的方法，通常是在一块玻璃片上用金钢石刀刻划出大量平行刻痕，刻痕处相当于毛玻璃，为不透光部分，两刻痕之间则可以透光，相当于一个狭缝。较精密的光栅每毫米有上千条刻痕，如果光栅宽度为几厘米，则狭缝数多达几万条，这种光栅加工精密，价格较贵。实验室中常用的光栅，是用优质塑胶膜在原版光栅上复制而成的。设光栅的每条狭缝的宽度为 a，缝间不透光部分的宽度为 b，则 $(a + b)$ 称为**光栅常数**(grating constant)，它是光栅的一个重要参数。

观察光栅衍射的实验装置如图 9-14 所示，它与单缝衍射装置唯一不同之处，是把单缝衍射屏换成有 N 条狭缝的光栅衍射屏。将光源发出的光经过透镜 L_1 折射成平行光后，垂直投射到光栅上。透射光波经透镜 L_2 会聚后在光屏上呈现出平行于狭缝的光栅衍射条纹。与单缝衍射图样不同，光栅衍射产生的明条纹变得极窄和极为明亮。其主要特点是：在黑暗的背景上呈现一系列分得很开的细窄亮纹。

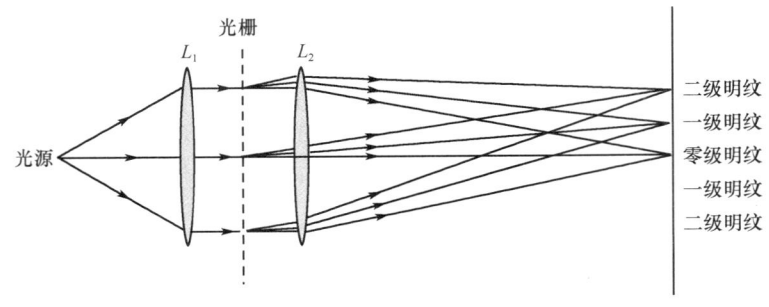

图 9-14 观察光栅成像的装置

当一束单色平行光垂直入射到光栅时，透过光栅每个狭缝的光都会产生衍射，而通过光栅不同狭缝的光又会发生干涉．所以，光栅的衍射应看成是单缝衍射和多光束干涉的总效果．设想把光栅上除了某一条狭缝外的其余所有的狭缝都遮住，则光通过光栅时光屏上将呈现单缝衍射图样，即一系列明暗相间的区域．如果同时开放两条狭缝，则除了这两条狭缝的单缝衍射外，还有两缝间的光的干涉．结果是使原来明亮的区域内出现暗区．因此，明亮的区域就缩小．由于透过任意两条狭缝的光都发生干涉，开放狭缝的数目越多，光屏上的明亮区域就越亮、越窄，如图 9-15 所示．由上往下是狭缝数增加的方向．

根据惠更斯-菲涅耳原理，光栅上各狭缝可看成新的波源向各个方向发射子波，它们经过透镜后在光屏上不同点处会聚，会聚点的亮度与各子波在该点的相位有关．对于某一给定方向，当从各狭缝中发出的子波都是同相到达时，才能在屏上形成明条纹．由图 9-16 可知，光屏上某点 P 处的光是由衍射角为 φ 的平行光经透镜会聚而成，当任意相邻两狭缝发出的光波到达光屏上的光程差是波长的整数倍时，这两光线相互加强．显而易见，其他任意两狭缝沿衍射角 φ 方向的光，其光程差也是波长的整数倍，它们的干涉效果都是相互加强，屏上出现明条纹，用公式表示为

$$(a+b)\sin\varphi = \pm k\lambda, \quad k = 0,1,2,\cdots \tag{9-17}$$

式(9-17)就是光栅的明纹条件，又称为光栅方程(grating equation)．式中 $k=0$ 时，$\varphi=0$，对应于中央明条纹(零级像)，$k=1$，2，…时，分别为一级明条纹(一级像)、二级明条纹(二级像)、…；正、负号表示各级像在零级像的两侧对称分布，且各级像的亮度依次递减．

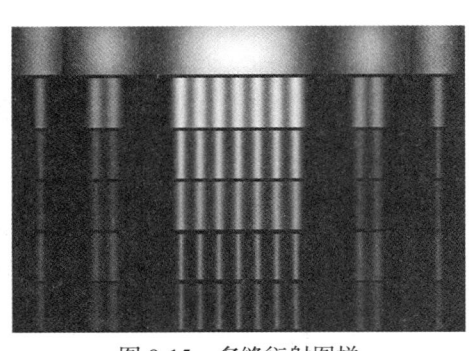

图 9-15 多缝衍射图样

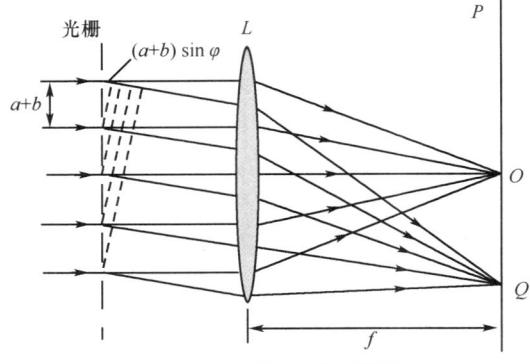

图 9-16 光栅成像原理图

对应于中央明条纹(零级像)，$k=1$，2，…时，分别为一级明条纹(一级像)、的平行光经透镜会聚而成，当任意相邻两狭缝发当满足光栅方程的光同时也满足单缝衍射暗条纹的

条件，即 $a\sin\varphi=\pm k'\lambda(k'=1,2,3,\cdots)$ 时，光栅光谱中对应的这一级亮条纹就会消失，这种现象称为**光栅的缺级**。缺级关系为

$$k = dk'/a = (1+b/a)k', \quad k'=1,2,3,\cdots \tag{9-18}$$

由式(9-18)可知光栅光谱出现的缺级的位置。例如，某光栅的光栅常数 d 和狭缝 a 的关系为 $d/a=2$ 时，$k=2,4,6,\cdots$ 级亮条纹出现缺级。

从光栅方程可以看到光栅的分光原理：除零级像外，各级亮纹的衍射角 φ 均与波长 λ 有关。因此，对于一给定光栅常数的光栅，当用复色的白光照射时，除零级像外，不同波长的同一级亮纹均彼此分开，分开的程度随级数 k 的增大而增加。即各级像是由紫到红的光谱带，波长较短的紫光在内侧，波长较长的红光在外侧。光栅在科学研究和生产实际中有广泛的应用，其中最主要的应用是作为光栅光谱仪中的分光元件。用衍射光栅测定光波波长，是大学物理波动光学实验的一项基本内容。

【**例 9-5**】 有一光栅在 1.0 cm 长度范围刻有 2000 条狭缝，用分光计观察某光源的光谱线，测得第二级的衍射角 φ 为 14.5°，求此光波的波长？

【**解**】 已知

$$d = (a+b) = 1.0\times 10^{-2}/2000 = 5.0\times 10^{-6}(\text{m})$$

又有 $k=2$，$\sin 14.5°$，代入光栅公式 $(a+b)\sin\varphi = k\lambda$，得

$$\lambda = \frac{(a+b)\sin\varphi}{k} = \frac{5.0\times 10^{-6}\times 0.25}{2} = 6.25\times 10^{-7}(\text{m}) = 625(\text{nm})$$

答：此光波的波长为 625nm。

9.3 光 的 偏 振

9.3.1 自然光与偏振光

光的干涉现象和衍射现象充分表明了光的波动性，但还不能由此确定光是横波还是纵波，因为不管是横波或纵波都能产生干涉和衍射现象。光的偏振现象则证实了光的横波性。这正是麦克斯韦电磁理论所预言的结果。光的电磁理论指出，光是波长在一定范围内的电磁波，在电磁波传播过程中，电场强度矢量 **E** 与磁感应强度矢量 **B** 互相垂直，两者都与光的传播方向垂直。实验表明，光波引起感光作用和生理(视觉)作用的主要是电场强度矢量 **E**，所以又把矢量 **E** 称为光矢量(light vector)，而把 **E** 的振动称为光振动。

从普通光源(如太阳、电灯等)发出的光波，是由光源中的大量分子或原子彼此独立、紊乱地辐射的电磁波列组合而成的。由于分子、原子运动的复杂性和辐射的间歇性，虽然光波在任一时刻的光振动的方向垂直于光的传播方向，但振动方向却是杂乱无章且完全随机的，在垂直于传播方向的平面内的各个方向都是可能的，没有哪一个方向较其他方向更占优势。这种在所有可能的方向上，光矢量的振幅完全相等的光称为**自然光**(natural light)。图 9-17(a)表示自然光的传播情况。

设光沿 x 轴方向以速度 c 传播，其光矢量的振动方向在 yz 平面内。任何一个方向的振动都可分解成两个互相垂直的分量，因此自然光可用两个互相垂直的光矢量来描述。它们大小相等，各占自然光总能量的一半。为了方便地表示自然光的传播，常用和传播方向垂直的带箭头的短线表示在纸面内的光振动，而用黑点表示和纸面垂直的光振动。对自然光

来说,短线和黑点作等距分布,表示没有哪一个方向的光振动占优势,如图 9-17(a)所示.

如果在光的传播过程中,光矢量的振动只限于某一确定的方向,或者说仅存在单一振动方向的光矢量,这样的光就称为线偏振光或平面偏振光,简称**偏振光**(polarized light),如图 9-17(b)所示.线偏振光中振动所在的平面,也就是偏振光的振动方向与传播方向所组成的平面,称为线偏振光的**振动面**(plane of vibration).与振动面垂直且包含传播方向的平面称为**偏振面**(plane of polarization).

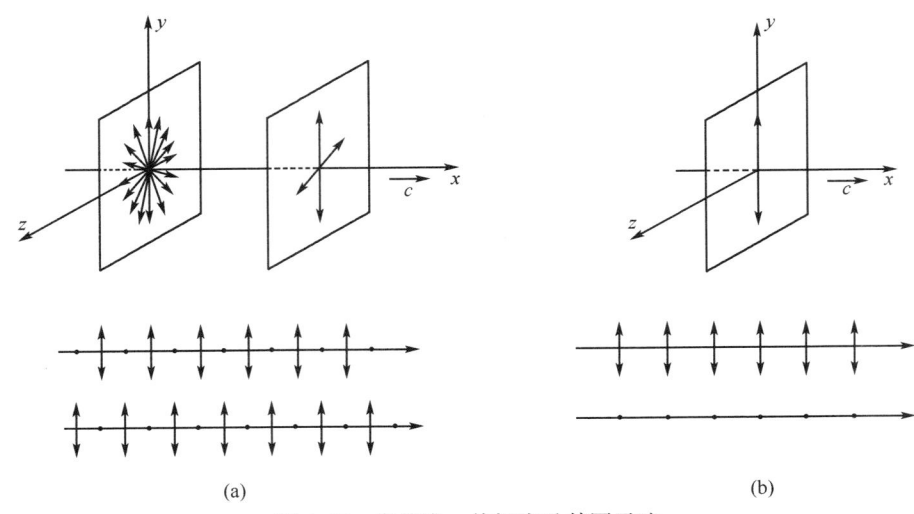

图 9-17 自然光、偏振光及其图示法

自然光在传播过程中,如果受到某种作用造成各个振动方向上的强度不等,使某一方向的振动比其他方向占优势,这样的光称为部分偏振光,如图 9-18 所示.光矢量端点在垂直于传播方向的平面内的运动轨迹为一椭圆的光称为椭圆偏振光,如图 9-19(a)所示.可以证明,椭圆偏振光可以看成是两个振幅不等、频率相同、振动方向互相垂直的线偏振光所合成.如果两个互相垂直的光振动的振幅相等、相位差为 $\pi/2$,则合成光矢量端点的轨迹就是一个圆,这样的光称为圆偏振光,如图 9-19(b)所示.

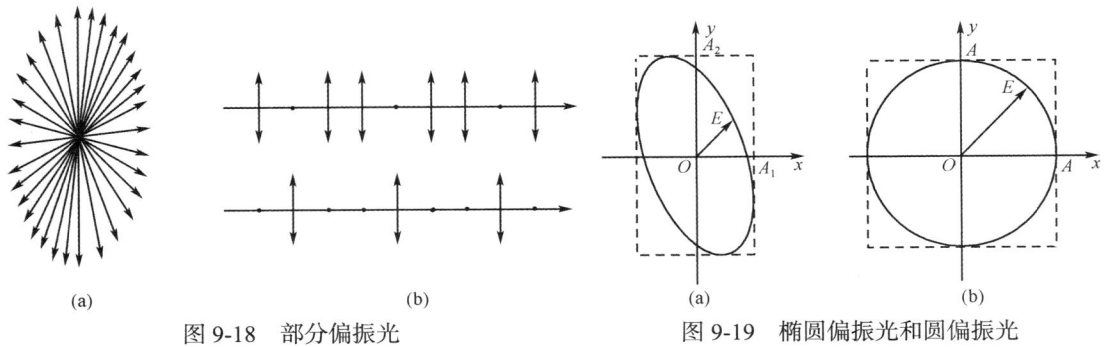

图 9-18 部分偏振光   图 9-19 椭圆偏振光和圆偏振光

9.3.2 布儒斯特定律

自然光在两种介质的分界面上反射和折射时,不仅光的传播方向要改变,而且光的偏振状态也发生了变化.实验表明,一般情况下,反射光和折射光都是部分偏振光,如图 9-20

所示.

1812 年,布儒斯特(D. Brewster)从实验中总结出,若光从折射率为 n_1 的介质射向折射率为 n_2 的介质,当入射角为某一特定值 i_0,并且 i_0 满足式(9-19)时,反射光中就只有振动面垂直于入射面的线偏振光,折射光是部分偏振光(图 9-21). 这个规律称为布儒斯特定律,i_0 称为**布儒斯特角或起偏角**(polarizing angle).

$$\tan i_0 = \frac{n_2}{n_1} \tag{9-19}$$

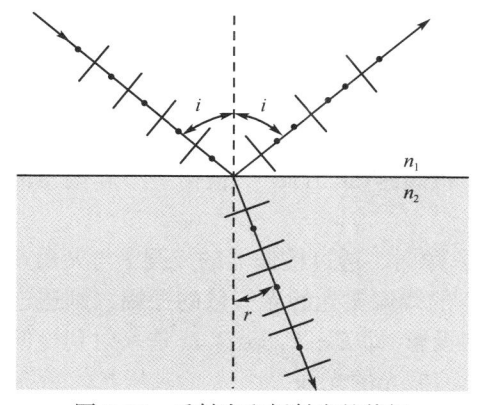

图 9-20 反射光和折射光的偏振

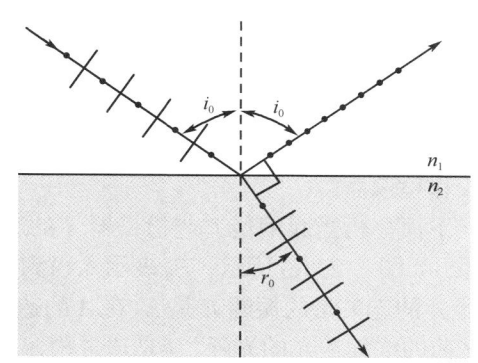

图 9-21 布儒斯特定律

布儒斯特定律还有下面一个重要推论. 设入射角为 i_0 时,折射角为 r_0,根据折射定律有

$$\frac{\sin i_0}{\sin r_0} = \frac{n_2}{n_1} \tag{9-20}$$

将式(9-20)代入式(9-19),可得 $\sin r_0 = \cos i_0$,即

$$i_0 + r_0 = \frac{\pi}{2} \tag{9-21}$$

式(9-21)表明,当自然光以布儒斯特角入射时,反射光与折射光互相垂直,如图 9-21 所示. 反射光中只有垂直于入射面的光振动,它在入射光中占的分量很小. 如果第二种介质没有特殊的吸收作用,那么折射光将是部分偏振光,并且在入射面内的光振动远大于垂直于入射面的光振动. 例如,当自然光以布儒斯特角从空气射向一块平板玻璃时,由玻璃反射获得的偏振光仅占入射自然光总能量的 7%. 如果使用如图 9-22 所示的玻璃片堆,则入射光中垂直于入射面的光振动,在玻璃片堆的每一个分界面上都要被反射掉一部分,而与入射面平行的光振动在各分界面上都不被反射. 当玻璃片数量足够多时,从玻璃片堆透射出的光就非常接近偏振光,其振动方向与入射面平行. 因此,利用玻璃片、玻璃片堆在布儒斯特角的反射和折射,可以获得偏振光.

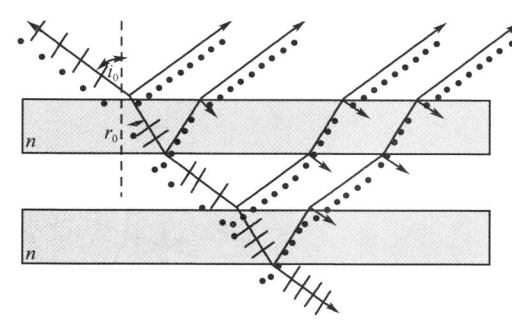

图 9-22 玻璃片堆

9.3.3 起偏与检偏 马吕斯定律

人眼不能直接区分自然光与线偏振光,但可借助于一种叫做偏振器的光学元件来鉴别.常用的偏振器由**偏振片**(polarid)制作而成,当自然光通过偏振片时,只允许某一方向的光振动通过,而将其余方向的振动吸收掉,强度减弱一半成为线偏振光.偏振片(或其他偏振器件)允许透过光矢量的方向称为偏振器的透射轴.在偏振片上通常用记号"↔"标示之.

图 9-23 中,P 和 A 是两块偏振片,XX、YY 分别表示它们的透射轴.当自然光通过偏振片 P 后成为振动方向与透射轴 XX 一致的偏振光,在图 9-23(a)中,由于 A 与 P 的透射轴方向一致,从 P 透过的偏振光能够完全通过偏振片 A,此时视场最亮.在图 9-23(b)中,A 与 P 的透射轴方向互相垂直,从 P 透过的偏振光就不能透过偏振片 A,此时视场最暗.通常把产生偏振光这一步称为"起偏",把产生偏振光的器件称为**起偏器**(polarizer);而把检验偏振光称为"检偏",检验偏振光的器件称为**检偏器**(analyzer).任何一个起偏器都可以用作检偏器.

下面分析当起偏器 P 与检偏器 A 的透射轴成 θ 角时,透过检偏器的光强 I 与夹角 θ 的关系.如图 9-23(c)所示,E_0 表示入射到检偏器 A 的线偏振光的光矢量的振幅,则透过检偏器 A 的光矢量的振幅 E 是 E_0 在 A 的透射轴上的投影,即 $E = E_0 \cos\theta$.I_0 是入射到检偏器 A 之前的线偏振光的光强,I 是透过检偏器 A 的线偏振光的光强,因为光强与光矢量振幅的平方成正比,所以有

$$I = I_0 \cos^2\theta \tag{9-22}$$

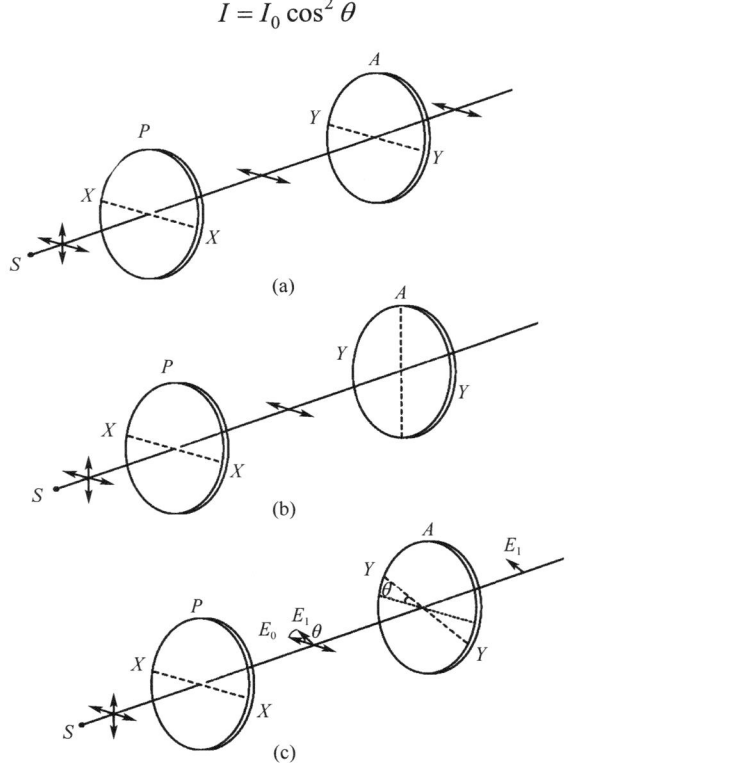

图 9-23 起偏器与检偏器

式(9-22)称为**马吕斯定律**(Malus law)，是1809年由马吕斯(E. L. Malus)实验发现的．它表明，通过检偏器的偏振光强度与检偏器透射轴方向有关．如果透射轴方向与入射的偏振光的振动方向之间的夹角为 θ，由式(9-22)可知：

(1) 当 $\theta = 0°$ 或 $\theta = 180°$ 时，$I = I_0$，通过检偏器的光强最大．

(2) 当 $\theta = 90°$ 或 $\theta = 270°$ 时，$I = 0$，没有光从检偏器通过．

(3) 当 θ 为其它值时，光强介于 0 和 I_0 之间，且与 $\cos^2\theta$ 成正比.

当用检偏器检验部分偏振光时，透射光的强度随其透射轴的方向而变化．若透射光强度的最大值和最小值分别为 I_{max} 和 I_{min}，则两者相差越大，说明该部分偏振光的偏振程度越高．通常用偏振度(degree of polarization) D 来描述部分偏振光的偏振程度，定义为

$$D = \frac{I_{max} - I_{min}}{I_{max} + I_{min}} \tag{9-23}$$

显然，对于自然光有 $I_{max} = I_{min}$，$D = 0$；对于线偏振光有 $I_{min} = 0$，$I_{max} = 1$，$D = 1$，即线偏振光是偏振度最大的光，故线偏振光亦称为全偏振光，简称偏振光.

【例 9-6】 两偏振器的透射轴成 45°角时，透射光强为 I_1，若入射光不变，转动检偏器，使两透射轴成 60°夹角，则透射光强将如何变化？

【解】 已知 $\theta_1 = 45°$，$\theta_2 = 60°$，设检偏器前的光强为 I_0，两透射轴成 60°角时的透射光强为 I_2，根据马吕斯定律得

$$\frac{I_2}{I_1} = \frac{I_0 \cos^2\theta_2}{I_0 \cos^2\theta_1} = \left(\frac{\cos 60°}{\cos 45°}\right)^2 = \frac{(1/2)^2}{(\sqrt{2}/2)^2} = 0.5$$

两偏振器透射轴的夹角从 45° 改变为 60° 时，透射光强将下降一半.

9.3.4 旋光现象

1811 年法国科学家阿拉果(Arago)研究发现：当线偏振光沿石英晶片的光轴方向通过时，出射光仍为线偏振光，但其振动面相对于入射时的振动面转动了一个角度．这种当线偏振光通过某种透明物质后，其振动面会以光的传播方向为轴旋转一定角度的现象称为**旋光现象**(rotatory phenomena)．测量旋光的装置如图 9-24 所示，P、A 是一对正交偏振片，R 是厚度为 L 的旋光物质．显然，未插入 R 时，入射光不能通过这一系统，视场是暗的．但插入 R 后，即可见到 A 视场变亮．这说明从 R 出射的线偏振光的光振动方向相对于入射时的方向已转动了一个角度，不再与 A 的透光轴垂直．旋转偏振片 A，视场又重新变暗，A 旋转的角度 φ 就是 R 的旋光角度．物质的这种性质称为**旋光性**(optical rotation)．具有旋光性的物质称为旋光物质．除石英之外，氯酸钠晶体、樟脑、松节油、糖和酒石酸溶液等都是旋光物质.

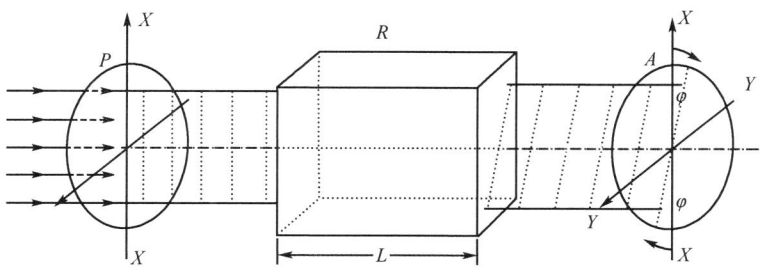

图 9-24 偏振光振动面的旋转

实验表明,单色线偏振光通过固体旋光物质时,其旋光角度 φ 与物质的厚度 l 成正比,即

$$\varphi = \alpha l \qquad (9\text{-}24)$$

式中,比例常数 α 称为**旋光率**(specific rotation),在数值上等于线偏振光通过单位长度的旋光物质时振动面旋转的角度,旋光率的数值与物质的性质和光的波长有关.

对于具有旋光性的溶液,旋光角度 φ 除了与偏振光通过的厚度 l 成正比外,还与溶液中旋光物质的浓度 C 成正比,即

$$\varphi = [\alpha]_\lambda^t \, c l \qquad (9\text{-}25)$$

φ 的单位为度(°),l 的单位为 m,C 的单位 $kg \cdot m^{-3}$,比例系数 $[\alpha]_\lambda^t$ 为该溶质在特定温度 t 及光波波长 λ 时的旋光率,单位为 (°) $kg^{-1} \cdot m^2$. 实用单位:(°) $g^{-1} \cdot cm^3 \cdot dm^{-1}$. 在实际测量时,一般取 $t = 20\,℃$ 及采用钠光光源(即太阳光中的 D 线),此时的旋光率写成 $[\alpha]_D^{20}$. 因此,如果测出溶液对线偏振光旋转的角度 φ,就可以确定溶液的浓度.

【**例 9-7**】 一块表面垂直于光轴的左旋石英晶片,恰好能抵消长 20 cm、浓度为 10g/100 ml 的果糖(右旋)溶液对钠黄光所造成的偏振光振动面旋转,问石英片厚度是多少?已知该种果糖溶液的旋光率 $[\alpha]_D^{20} = 88.16\,(°)\,cm^3 \cdot g^{-1} \cdot dm^{-2}$,石英对钠光的旋光率 $\alpha = 21.724\,(°)\,mm^{-1}$.

【**解**】 设石英晶片的厚度为 l,果糖溶液长度为 l',根据式(9-22)和式(9-23)可得

$$\alpha l = [\alpha]_D^{20} \frac{C}{100} l'$$

所以

$$l = \frac{[\alpha]_D^{20} C l'}{100 \alpha} = \frac{88.16 \times 0.10 \times 2.0}{21.724}\,(mm) = 0.81\,(mm)$$

实验还发现,具有旋光性的物质常有左旋和右旋之分.一般规定,当观察者面对光传播方向观察时,使振动面顺时针旋转的物质称为右旋物质,逆时针旋转的物质称为左旋物质.左旋或右旋决定于旋光物质本身的结构,例如,自然界中存在的石英晶体由于结晶形态的不同,具有左旋和右旋两种类型.人们还发现一些生物物质甚至一些药物也具有旋光性,例如,人体中的葡萄糖为右旋糖,而果糖则为左旋糖.左旋和右旋氯霉素溶液的药效完全不同,而不同的氨基酸和 DNA 也有左旋和右旋之别.

溶液的旋光性在医学、制糖、制药和化工等方面有着广泛的应用.用来测量物质的旋光率的仪器称为旋光计.在医学上或制糖工业中,通常用来测定旋光性溶液(如糖溶液)浓度的旋光计称为**糖量计**(saccharimeter).最简单的糖量计结构如图 9-25 所示,起偏器 P 把单色自然光变成单色偏振光,通过长为 l 的圆柱形玻璃试管后,经检偏器 A 射出.检偏器 A 可以旋转,并有附设标尺读出旋转的角度.在测量溶液浓度时先将试管内充满蒸馏水,旋转 A 使视场完全黑暗,从标尺上记下 A 的位置(角度).然后将蒸馏水换成待测溶液,此时可观察到有光线从 A 射出.旋转 A 直至视场恢复黑暗,再记下此时 A 的位置,两次读数的差即为溶液的旋光角度.如果溶液的旋光率 α 已知,根据式(9-25)可计算出所测溶液的浓度.由于这种测量旋光性溶液浓度的方法既方便又可靠,因此在药物分析和商品检验中也被广泛采用.

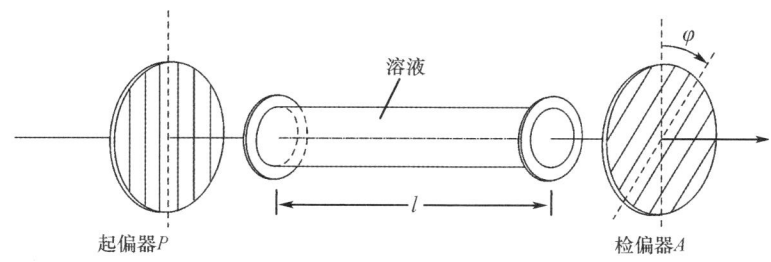

图 9-25 糖量计结构示意图

9.3.5 双折射

虽然偏振光不能从普通光源直接获得，但我们可以通过光的反射和折射、光的双折射以及晶体的二向色性等途径从自然光中获得。前面讨论的是光在各向同性介质（如空气、水或玻璃等）中传播的一些光学现象。下面研究光在各向异性介质（如方解石、石英等晶体）中传播的光学现象。

众所周知，当一束光在各向同性介质的界面折射时，按照折射定律折射光只有一束。但是，当一束光在各向异性晶体的界面折射时，折射现象就复杂得多了。例如，用一块方解石晶体观察纸上的一行英文字时，可以看到每个字都有相互错开的两个像，而且两像上浮的高度也不同，如图 9-26(a)所示。一束光进入晶体后分成了两束光，它们沿不同方向折射，这种现象称为双折射(birefringence)。许多晶体和生物组织都能产生双折射，图 9-26(b)表示光在方解石中的双折射现象，R_1 和 R_2 分别表示两束折射光线。

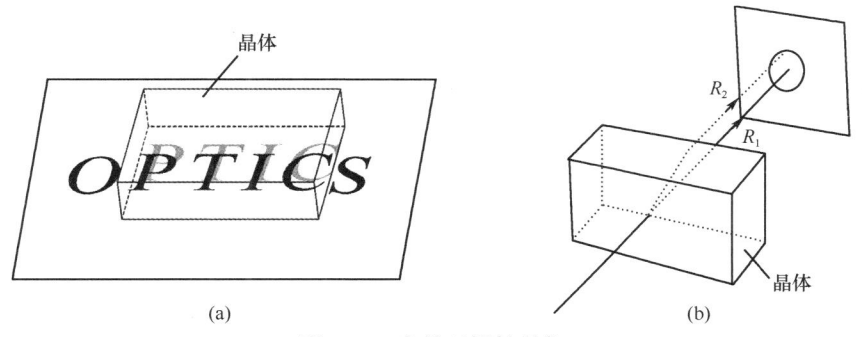

图 9-26 光的双折射现象

对双折射现象的进一步观测表明，当改变入射角 i 时，两束折射光之一始终遵守折射定律，这束光称为寻常光(ordinary ray)，简称 o 光。另一束光不遵守折射定律，其折射线一般不在入射面内，而且对不同入射角 i，折射角与入射角的正弦之比不为常数。这束折射光称为非(寻)常光(extraordinary ray)，简称 e 光，如图 9-27(a)所示。o 光和 e 光都是线偏振光。当光垂直于晶体表面入射，即 $i = 0°$ 时，o 光沿原方向传播，而 e 光一般不是沿原方向传播，如图 9-27(b)所示。如果将晶体绕入射光线慢慢旋转，o 光始终不动，而 e 光却随着晶体的旋转而转动。

改变入射光方向时，发现晶体内存在一个特殊的方向，当光沿这个方向传播时不产生双折射现象，这个方向称为晶体的光轴(optical axis)。光轴并不是晶体中的某一条线，而是晶体中一个特定的方向。天然方解石晶体的外形是平行六面体，六面体的八个顶角中，有

两个特殊的顶点 A 和 D,相交于这两点的每两条棱之间的夹角都是钝角,各为 102°. 从顶点 A 或 D 引出一条直线,使它和三条棱成等角,这一直线便是方解石晶体的光轴方向,如图 9-28 中虚线所示. 只有一个光轴方向的晶体称为单轴晶体(uniaxial crystal),如方解石、石英、红宝石和冰等. 具有两个光轴方向的晶体称为双轴晶体(biaxial crystal),如云母、硫磺、蓝宝石等. 本节仅讨论单轴晶体.

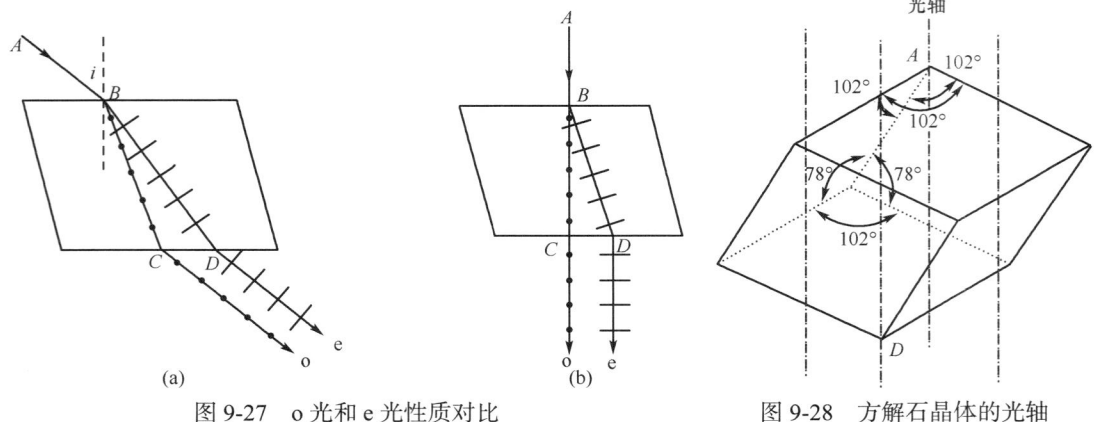

图 9-27 o 光和 e 光性质对比　　图 9-28 方解石晶体的光轴

在晶体内由光轴和任一已知光线组成的平面,称为这条光线的主平面. 由 o 光和光轴组成的平面,称为 o 光主平面;由 e 光和光轴组成的平面称为 e 光主平面. o 光的振动方向与 o 光主平面垂直,而 e 光的振动方向与 e 光主平面内平行. 一般情况下,o 光和 e 光的主平面并不重合,它们有一个很小的夹角,只有当光轴平行于入射面时,这两个主平面是重合的. 这时,o 光和 e 光的振动方向互相垂直.

晶体双折射现象表明,在晶体中 o 光和 e 光是以不同速度传播的,相应地它们的子波波阵面也不同. o 光沿各个方向传播的速度是相同的,在晶体中任一点所引起的子波波阵面是一球面. 而 e 光沿各个方向传播的速度是不同的,在晶体中同一点所引起的子波波阵面是一围绕晶体光轴方向的旋转椭球面. 沿光轴方向上 o 光和 e 光的传播速度相等,因此在任何时刻上述两子波波阵面在光轴方向上相切,如图 9-29 所示. 设 o 光在晶体中的传播速度为 u_o,e 光在晶体中垂直于光轴方向的传播速度为 u_e. 对于 $u_o \geqslant u_e$ 的晶体,如石英和冰,称为正晶体,如图 9-29(a)所示;而把 $u_o \leqslant u_e$ 的晶体,如方解石和红宝石,称为负晶体,图 9-29(b)所示. 根据折射率的定义 $n = c/u$,有 o 光在晶体中各方向上的折射率相等,而 e 光在晶体中各方向上的折射率不相等. 通常把 e 光在垂直于光轴方向的折射率 n_e,称为 e 光的主折射率.

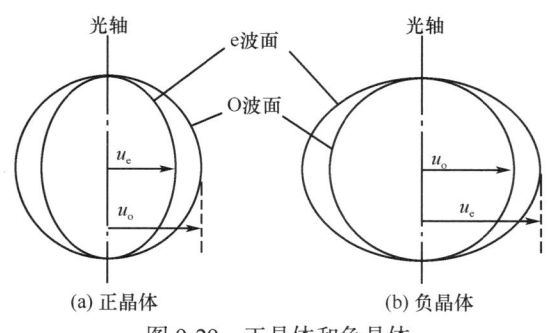

图 9-29 正晶体和负晶体

9.3.6 二向色性

有些晶体不仅能产生双折射,而且对不同方向的光振动具有不同的吸收本领,例如,电气石晶体,它能够强烈地吸收 o 光,而 e 光则基本不吸收. 晶体对互相垂直的两个光振动具有选择吸收的性能称为二向色性(dichroism). 在 1mm 厚的电气石晶体中，o 光差不多完全被吸收，只有 e 光透过. 因此，可用一块电气石来产生偏振光. 电气石虽然可以产生偏振光，但由于它对光的波长具有选择吸收的性能，如果用白光入射，透出的偏振光带有蓝绿色，并且光的强度也很弱. 除电气石晶体外，还有一些有机的化合物晶体，如碘化硫酸奎宁等亦具有二向色性.

现在广泛使用的偏振器是人造偏振片，是由一位美国的大学生兰德(E. H. Land)于 1928 年发明的. 他将一种二向色性很强的超微晶粒(硫酸碘奎宁)有序地蒸镀在透明基片上制作而成. 1938 年则改进为把聚乙烯醇薄膜加热，并沿一个方向拉长 3~4 倍，使其中碳氢化合物分子沿拉伸方向排列起来，再经碘溶液浸泡后，取出烘干而制成. 这种偏振片称为 H 偏振片. 拉伸后的碘-聚乙烯醇形成一条条导电的长链，碘原子中的自由电子能够沿着长链方向运动，入射光波的光矢量沿长链方向的分量施力于电子，对电子做功而被强烈地吸收；而垂直于长链方向的分量不对电子做功，能够透过薄膜. 显然，H 偏振片的透光轴垂直于薄膜的拉伸方向. 如果不用碘浸泡，而直接用脱水剂(氯化氢)处理制成的偏振片，称为 K 偏振片.

人造偏振片工艺简单，造价低廉，性能稳定，而且面积可以做得很大. 因此，尽管透射率较低且随波长改变，它还是获得了广泛的应用. 例如，观看立体电影用的眼镜，摄影常用到的偏振滤光片，汽车驾驶室的挡风玻璃和车前灯的灯罩等. 质量较好的偏振片，亦用于精密仪器上，如偏振光显微镜.

在观看立体电影时必须要戴上一副偏振眼镜，因为立体电影在拍摄时是用两台摄影机如人眼那样从两个角度同时摄下景物的像，制成电影胶片. 在放映时是由两台放映机把两个镜头拍下的两组胶片同步放映，使这略有差别的两幅图像重叠在银幕上. 这时如果用眼睛直接观看，图像是模糊不清的. 要看到清晰的立体电影，需在每架放映机前装一块偏振片，它的作用相当于起偏器，这两块偏振片的透光轴互相垂直，因而产生的两束偏振光的振动方向也互相垂直，这两束偏振光经银幕反射到观众处，偏振光的振动方向不改变. 观众用上述偏振眼镜观看，每只眼睛只看到相应的偏振光图像，即左眼只能看到左边放映机放出的景物，右眼只看到右边放映机放出的景物，从而达到如两眼直接看景物时所产生的立体感.

小　　结

托马斯·杨最先用双缝演示了光的干涉现象(1801 年)，第一次提出光波长概念，并成功地测量了光波波长. 并用干涉原理解释了白光照射下薄膜呈现的颜色.

马吕斯发现反射时光的偏振现象(1809 年).

菲涅耳以杨氏干涉实验原理补充惠更斯原理，形成惠更斯-菲涅耳原理(1815 年)，用此原理令人信服地解释了光的直线传播和光的衍射问题. 其中菲涅耳半波带法能直观明了地解释单缝衍射图样.

托马斯·杨根据光在晶体中传播产生的双折射现象推断光是横波(1817 年).

因此，用光的波动理论解释光的干涉、衍射和偏振等现象时均获得了巨大成功，光波动理论的地位得以确立.

麦克斯韦提出电磁场的基本方程组(1864 年)，并推断电磁波的存在，预言光是一种电磁波，为光的电磁理论奠定了基础.

阅读材料

全息干涉计量术

　　1948 年伽博(D. Gabor)为了改善电子显微镜的像质而提出了全息的概念，并开始全息照相的研究工作. 1960 年激光的问世，为全息照相提供了一个高亮度和高度相干的光源，从此以后全息照相技术进入一个崭新的阶段. 相继出现了多种全息的方法，不断开辟全息应用的新领域. 伽博也因全息照相的研究获得 1971 年的诺贝尔物理学奖. 1969 年本顿(Benton)发明了彩虹全息术，掀起以白光显示为特征的全息三维显示新高潮. 彩虹全息图是一种能实现白光显示的平面全息图，除了能在普通白炽灯下观察到明亮的立体像外，还具有全息图处理工艺简单、易于复制等优点.

　　全息照相是指一种记录被摄物体反射波的振幅和相位等全部信息的新型摄影技术. 普通摄影是记录物体面上的光强分布，它不能记录物体反射光的相位信息，因而失去了立体感. 全息照相采用激光作为照明光源，并将光源发出的光分为两束，一束直接射向感光片，另一束经被摄物反射后再射向感光片. 两束光在感光片上叠加产生干涉，感光底片上各点的感光程度不仅随强度也随两束光的位相关系而不同. 所以全息照相不仅记录了物体上的反光强度，也记录了位相信息. 一张全息图相当于从多角度拍摄、聚焦成的许多普通照片，在这个意义上一张全息图的信息量相当于 100 张或 1000 张普通照片. 用高倍显微镜观看全息图表面，只能看到像指纹一样的干涉条纹，但如果用激光去照射它，人眼透过底片就能看到原来被拍摄物体完全相同的三维立体像. 一张全息图即使只剩下一小部分，依然可以重现全部景物.

　　全息干涉计量术是全息术诞生以来最广泛地得到实际应用的一个领域，全息干涉计量术在微应力分析、表面微位移测量、形状和等高线的检测、无损检测等领域得到了广泛的应用. 由于它能解决一般的干涉计量术以及其他手段难以解决的问题，所以该技术很快渗透到机械学、流体力学、空气动力学、声学、航空航天、高分子化学、医学、生物学等学科领域中去. 在具体方法上，先后发展了实时全息干涉法、二次曝光全息干涉法、时间平均全息干涉法、双波长干涉法以及双脉冲频闪全息干涉法等. 随着光电技术、计算机技术、CCD 器件及光纤技术的飞速发展，全息干涉计量术在信息采集和处理上更为方便、快捷和可靠. 随后出现的相移技术、外差技术和锁相技术等，使得测量精度提高到 $\lambda/100$ 或更高.

　　物体内部的缺陷在受到外力作用时，例如，抽真空（施加负压）、充气加压、加热、振动、弯曲等加载方式的作用下，与缺陷对应的物体表面将产生与周围不同的局部微小变形（位移），采用激光全息照相的方法，将发生变形前后两个光波的波阵面记录下来进行对比观察，从而可以判断并检出物体的内部缺陷. 全息干涉计量术还改善了口腔医学中应力分析的方法，其中二次曝光全息干涉法在可摘义齿的临床设计中应用最多，把相应的两个波面记录在同一张全息底片上，当再现时，能在重物物体表面观察到由这两个光波形成的干涉条纹，这些条纹代表了物体状态变化的情况. 全息干涉法具有能全场测量、高灵敏度和精度、多重干涉、适用面广等优点. 全息照相的方法从光学领域逐步推广到其他领域，如微波全息、声全息等得到很大发展，成功地应用在工业医疗等方面.

　　除上述的光全息、微波全息、声全息外，还有计算机全息，即现可用计算机产生全息图(computer generated hologram)，简称 CGH. 既然全息显示图像属于一种干涉图样，假如能利用计算机直接产生出这种图样，则无需再采用光学设备实地记录了. 这种方法既可完全节省光源及要求相当精密的光路设置，又能模拟实际上并不存在的各种物体，故具有明显的简易性与灵活性. 计算机全息显示图像目前已在图像处理和干涉计量等领域内获得了广泛的应用. 值得指出的是将光学与电子技术有机结合在一起，发挥其各自的优势，将是实现立体三维显示的一种有效途径.

思 考 题

9-1 干涉和衍射有什么区别与联系?

9-2 在杨氏双缝实验中,是采用什么措施使普通光源实现干涉的?

9-3 在单缝衍射中,增大波长与增大缝宽的效果各如何?

9-4 光栅衍射条纹与单缝衍射条纹有什么区别与联系?

9-5 自然光和偏振光有何区别?如何利用一块偏振片来判断一束光是自然光还是偏振光?

9-6 一束自然光通过偏振片后其光强与入射光强有何关系?为什么?

9-7 双折射现象产生的原因是什么?

9-8 自然光是否一定不能是单色光,线偏振光是否一定是单色光?

9-9 什么是 o 光和 e 光,它们具有什么特性?

9-10 有哪些方法可以获得线偏振光?如果没有起偏器,怎样确定某一塑胶片是否为偏振片?

9-11 物质的旋光率与什么因素有关?

习 题

9-1 在杨氏实验中,两缝相距 0.2mm,光屏与狭缝相距 100cm,第三级明条纹与中央明条纹的距离为 7.5mm,求光波波长.

9-2 有一双缝相距 0.3mm,要使波长为 6×10^{-7}m 的红光通过,在光屏上呈现干涉条纹,每条明纹或暗纹的宽度为 1mm,问光屏应放在多远的地方?

9-3 在杨氏实验中,双缝间距为 0.45mm,使用波长为 540 nm 的光观测.(1)要使光屏上干涉条纹间距为 1.2mm,光屏应离双缝多远?(2)若用折射率为 1.58 的云母片遮住其中一条缝,使中央明纹移到原来第 7 级明条纹的位置,则云母片的厚度应是多少?

9-4 在折射率 n_1=1.52 的镜头表面镀有一层折射率 n_2=1.38 的 MgF_2 增透膜,如果此膜能够使波长 λ=550 nm 的光反射最小,则膜的厚度应是多少?

9-5 一块厚度为 1.2μm 的薄玻璃片,折射率为 1.50.设波长介于 400nm 和 760nm 之间的可见光垂直入射该玻璃片,反射光中哪些波长的光最强?

9-6 当把单缝衍射装置放在水中时,衍射图样将发生什么变化?在此情况下,如用公式 $a\sin\varphi=k\lambda$ 来测定波长,那么测得的结果是光在空气中的波长还是在水中的波长?

9-7 用单色光做单缝衍射实验,如果把单缝的宽度逐渐缩小,屏上衍射条纹有何变化?

9-8 今有一个白光形成的单缝衍射图样,其中某光波的第三条明条纹和波长为 6.3×10^{-7}m 的红光的第二条明条纹重合,求该光的波长.

9-9 波长为 5.89×10^{-7}m 的钠光,通过单缝后在 1m 处产生衍射图样,两个第一级暗条纹之间的距离为 2 mm,求单缝的宽度.

9-10 用波长为 540nm 的单色光垂直照射在宽为 0.10 mm 的单缝上,在缝后放一焦距为 50cm 的会聚透镜,求:(1)屏上中央明条纹的宽度;(2)如将此装置浸入水中,水的折射率为 1.33,则中央明条纹的宽度又如何变化?

9-11 中国长城的宽度约 7.0m,有人声称在月亮上可以用肉眼分辨长城两侧.设人眼的瞳孔直径 D=2.5mm,光的波长为 550nm,此人说法是否正确?试确定当宇航员可用肉眼分辨长城时他与地面的最大距离,并且与地球到月亮的距离相比较.

9-12 在通常亮度下,人眼瞳孔直径约 2.5mm,问人眼的最小分辨角有多大?远处 2 根细丝之间的距离为 2.0 mm,问细丝离开多远时人眼恰能分辨它们?

9-13 在白昼观看景物时人眼瞳孔的平均直径为 2.5mm，问对于 1 km 远处的两个发光点（设波长 λ=600 nm）之间相隔多远时，眼睛刚好能分辨它们？

9-14 一束平行的黄色光垂直入射每厘米有 4250 条刻纹的衍射光栅上，所成的二级像与原入射方向成 30° 角，求黄光的波长．

9-15 以平行白光垂直入射光栅常数为 0.001cm 的光栅上，用焦距为 200cm 的透镜把通过光栅的光线聚焦在屏上，已知紫光波长为 400 nm，红光波长为 750 nm，求第二级光谱中紫光与红光的距离．

9-16 一台光谱仪有三块光栅，每毫米刻痕分别为 1200 条、600 条和 90 条．若用它们测定 0.7~1.0μm 的红外线波长，(1)试求出各块光栅一级明条纹对应的衍射角范围；(2)应选择哪块光栅来测量比较合适？为什么？

9-17 两偏振器透射轴的夹角由 60° 转到 45° 时，透射光的强度将如何变化？

9-18 使自然光通过两个透射轴夹角为 60° 的偏振器时，透射光强为 I_1，在这两个偏振器之间再插入另一偏振器，它的透射轴与前后两个偏振器透射轴均成 30° 角，问此时透射光强 I_2 是 I_1 的多少倍？

9-19 根据布儒斯特定律可以测定不透明介质的折射率．今测得釉质的起偏振角 I_0=58°，试求它的折射率．

9-20 水的折射率为 1.33，玻璃的折射率为 1.50，当光从水中射向玻璃而反射时，起偏振角为多少？当光从玻璃中射向水而反射时，起偏振角又为多少？这两个起偏振角有何关系？

9-21 将石英晶片置于透射方向互相平行的两偏振片之间，旋转石英晶片使波长为 435.8nm 的蓝光完全不能通过．已知石英对此波长蓝光的旋光率为 41.5°mm^{-1}，求石英晶片的厚度．

习 题 答 案

9-1 $\lambda=500$nm

9-2 0.5m

9-3 (1)1.0m；(2)6.52μm

9-4 99.6nm

9-5 655nm，554nm，480nm，424nm

9-6 条纹变密，测得的波长应是水中的波长

9-7 条纹间距增大；亮度减弱

9-8 450nm

9-9 0.6mm

9-10 (1)5.4nm；(2)4.06mm，宽度变小

9-11 说法错误，最小分辨角对应的距离 2.6×10^4m

9-12 2.68×10^{-4}rad，7.5m

9-13 29.3cm

9-14 588nm

9-15 14cm

9-16 (1)第 1 块 57°~90°，第 2 块 24°~36°，第 3 块 3.7°~5.2°；(2)应选第 2 块

9-17 $I_2=2I_1$，强度增加一倍

9-18 2.25 倍

9-19 1.6

9-20 48.4°，41.6°，互余

9-21 2.17mm

第 10 章 几 何 光 学

自 13 世纪人类发明镜片以来,一直用水晶玻璃磨制镜片. 1937 年法国人发明了一种塑料眼镜片,虽不易破碎,但清晰度差. 1954 年法国依祖路公司一位工程师从制作飞机座舱的材料中受到启发,从而发明了树脂镜片,自此以后,这种镜片便成为世界镜片王国的至尊,一直沿用到今天.

眼镜是以矫正视力或保护眼睛而制作的简单光学器件. 眼镜由镜片和镜架组成. 矫正视力用的眼镜有近视眼镜、远视眼镜、老花眼镜以及散光眼镜四种. 保护眼睛用的眼镜有防护镜、防风镜和太阳镜等. 上图所示为普通眼镜.

眼镜是保护眼睛的必需品. 从镜片的功能上讲,它具有调节进入眼睛之光量,增加视力,保护眼睛安全和临床治疗眼病的作用,对屈光异常引起的儿童斜视和伴有头疼的屈光异常患者,配戴眼镜后均可治疗. 眼镜架除为镜片配套构成眼镜戴在人的眼睛上起到支架作用外,还具有美容、装饰性.

隐形眼镜可分为许多种类,依材料可分为硬性及软性隐形眼镜;依据配戴时间,则可分为长戴型与日戴型;依据镜片寿命,则可分为即弃型与长期使用型. 下图所示为隐形眼镜.

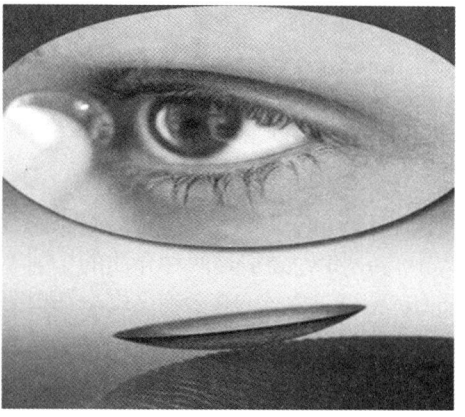

随着社会技术的飞速发展,随着人们文化、生活水平的不断提高,随着视力保健工作的开展,眼镜在人们生活领域中发挥着越来越重要的作用.

几何光学(geometrical optics)研究的是光与宏观物体(尺寸远大于光波波长)之间的相互作用,是波动光学的极限问题. 几何光学不考虑光的波长、相位、振幅及能量,用几何作图的方法来研究光在透明介质(透镜、镜面、棱镜、光阑等)中的传播规律. 几何光学是光学最古老的分支. 欧几里得(Euclid)在大约公元前 300 年就论述了光的直线传播和反射定律. 托勒密(Ptolemy)在大约公元 130 年就几种介质的入射角和折射角进行了列表. 1621 年,斯涅耳(W. Snell)提出了著名的入射角和折射角之间的数学关系. 几何光学包含四条基本定律,即光的直线传播定律、光的独立传播定律、光的折射反射定律及光路可逆定律. 几何光学在物理、医学、化学和生命科学的研究中得到了广泛的应用. 本章将介绍光透过单球面、透镜的折射成像规律,眼睛的屈光不正及其物理矫正方法,以及三种医学常用的光学仪器原理.

10.1 球面折射

10.1.1 折射定律

几何光学的第一条定律是**直线传播定律**(law of rectilinear propagation). 严格地说是在各向同性、均匀介质中，光将沿直线传播. 各向同性并且均匀的介质是物理性质保持恒定且各个方向均相同的介质. 光沿直线传播方向用一个带箭头的直线表示，这条带箭头的直线就成了一条"光线".

当光到达两种介质的界面时，仅有的直线传播定律已经不够了，因为这时的介质不再是均匀的，光的传播方向将以两种方式改变. 光在两种介质分界面上改变传播方向又返回原来介质中的现象，称为光的**反射**(reflection)；光从一种介质斜射到另一种介质中时，传播方向发生改变的现象，称为光的**折射**(refraction).

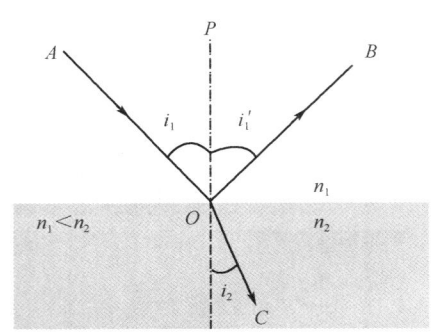

图 10-1 两种介质界面上光的反射和折射

反射定律(law of reflection)和**折射定律**(law of refraction)描述当入射光线通过两介质界面发生反射和折射时，入射光线和反射光线、折射光线传播方向间关系的定律，是几何光学的基本定律. 如图 10-1 所示，光线从光疏介质入射到光密介质 ($n_1 < n_2$)，反射光线 OB 和折射光线 OC 都在入射光线 AO 和界面法线 PO 所组成的入射面内，并且反射角 i_1' 和折射角 i_2 与入射角 i_1 的关系为

$$i_1 = i_1' \tag{10-1}$$
$$n_1 \sin i_1 = n_2 \sin i_2 \tag{10-2}$$

式中，n_1 和 n_2 分别是两种介质的折射率(index of refraction). 若光线从光密介质入射到光疏介质($n_1 > n_2$)，由式(10-2)有 $i_1 < i_2$，即折射角大于入射角，并随入射角的增大而增大. 折射角最大为 $90°$，此时 $\sin i_2 = 1$，若入射角再增大，则发生全反射. 一些材料的折射率见表 10-1.

表 10-1 某些材料的折射率

材料	折射率
空气(1atm, 0℃)	1.000292
水	1.333
有机玻璃(聚甲基丙烯酸甲酯，polymethyl methacrylate)	1.49166
冕牌玻璃(BK7，crown glass)	1.51680
火石玻璃(LaF21，flint glass)	1.78831
钻石	2.426

10.1.2 单球面折射

当两种折射率不同的透明介质的分界面为球面的一部分时，光所产生的折射现象称为**单球面折射**(refraction through a simple spherical surface). 单球面折射是最简单的光学系统之一，单球面折射成像规律是了解各种透镜原理以及眼睛等光学系统的基础。图 10-2 中有两种均匀透明介质，折射率分别为 n_1 和 n_2，假设 $n_1 < n_2$。介质分界面 MN 为球面的一部分，球面曲率中心位于 C 点，球面曲率半径大小为 r，球面与主光轴（principal optical axis）的交点 P 称为球面的顶点，通过曲率中心 C 的直线 OPC 为球面的主光轴。

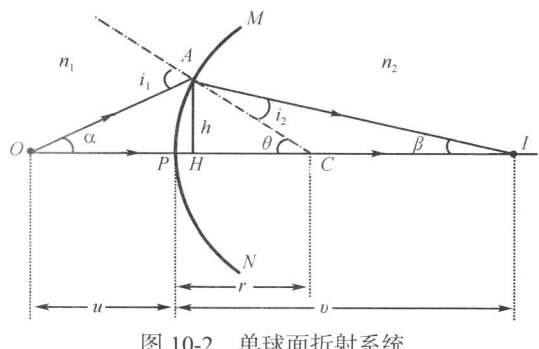

图 10-2 单球面折射系统

在从 O 点发出的光线中，沿主光轴行进的光线不改变方向。下面的讨论仅限于**近轴光线**（paraxial rays），即光线与主光轴的夹角很小（$\alpha \approx \sin\alpha \approx \tan\alpha$）。从 O 点发出的近轴光线经单球面折射后与主光轴交于 I 点，I 点是物点 O 的像。

设物距（object distance）$OP = u$，像距（image distance）$IP = v$，根据折射定律，有

$$n_1 \sin i_1 = n_2 \sin i_2$$

由于是近轴光线，i_1、i_2 很小，$i_1 \approx \sin i_1$，$i_2 \approx \sin i_2$。折射定律可写成

$$n_1 i_1 = n_2 i_2$$

根据三角形的一个外角等于与它不相邻的两个内角之和，在 $\triangle AOC$ 中，$i_1 = \alpha + \theta$。同理，在 $\triangle ACI$ 中，$\theta = i_2 + \beta$，即 $i_2 = \theta - \beta$。

代入上式，得

$$n_1(\alpha + \theta) = n_2(\theta - \beta)$$

整理后，得

$$n_1 \alpha + n_2 \beta = (n_2 - n_1)\theta$$

由于 α、β、θ 均很小，可以用其角度正切的弧度值代替，则

$$\alpha \approx \frac{h}{u}, \quad \beta \approx \frac{h}{v}, \quad \theta \approx \frac{h}{r}$$

代入 $n_1\alpha + n_2\beta = (n_2 - n_1)\theta$ 式，消去 h，则有

$$\frac{n_1}{u} + \frac{n_2}{v} = \frac{n_2 - n_1}{r} \tag{10-3}$$

式（10-3）称为单球面折射公式，它适用于一切近轴条件下的凸、凹球面的成像。应用此式时，u、v、r 须遵守如下符号规则：

（1）如果从物点到折射面的方向与入射光的方向相同，则物距 u 为正，反之 u 为负，即实物（实际入射光线会聚之点）的物距取正值，虚物（入射光线延长线会聚之点）的物距取负值。

（2）如果从折射面到像点的方向与折射光的方向相同，则像距 v 为正，反之 v 为负。即实像（实际光线会聚之点）的像距取正值，虚像（折射光线延长线会聚之点）的像距取负值。

（3）若实际入射光线对着凸球面，则 r 取正值，反之，若实际入射光线对着凹球面，则 r 取负值。

（4）n_1、n_2 的顺序以实际入射光线的行进为准。

如图 10-3（a）中，O_1 为实物，u_1 取正值；I_1 为虚像，v_1 取负值；入射光线对着凹透镜，r_1 取负值；图 10-3（b）中，O_2 为虚物，u_2 取负值；I_2 为实像，v_2 取正值；入射光线对着凸球面，r_2 取正值。

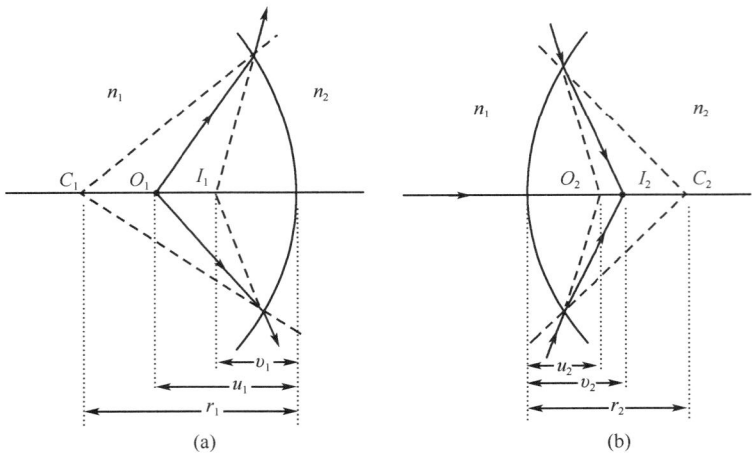

图 10-3 单球面系统的物和像

10.1.3 焦点和焦距

如图 10-4(a)所示,当点光源位于主光轴某点 F_1 时,若该点发出的光线经单球面折射后成为平行光束,即 $v=\infty$,点 F_1 称为该折射面的**第一焦点**(物方焦点),从第一焦点到折射面顶点的距离称为**第一焦距**(物方焦距),用 f_1 表示. 将 $v=\infty$ 代入式(10-3)得

$$f_1 = \frac{n_1}{n_2 - n_1} r \tag{10-4}$$

如图 10-4(b)所示,如果平行于主光轴的近轴光线经单球面折射后成像于主光轴上一点 F_2,则点 F_2 称为折射面的**第二焦点**(像方焦点),从点 F_2 到折射面顶点的距离称为**第二焦距**(像方焦距),用 f_2 表示. 将 $u=\infty$ 代入式(10-3)得

$$f_2 = \frac{n_2}{n_2 - n_1} r \tag{10-5}$$

从式(10-4)和式(10-5)可以看出,对于两种透明介质,由于 $n_1 \neq n_2$,所以第一焦距 f_1 与第二焦距 f_2 是不相等的,而且可正可负. 当 f_1、f_2 为正值时,F_1、F_2 是实焦点,折射面有会聚光线作用;当 f_1、f_2 为负值时,F_1、F_2 是虚焦点,折射面有发散光线作用. 焦距 f_1 和 f_2 的大小表示了球面折射系统对光线的折射本领. f_1、f_2 的值越大,折射本领越小;f_1、f_2 的值越小,折射本领越大. 另外,折射面两个焦点 f_1、f_2 的比值等于折射面两侧介质的折射率之比,即

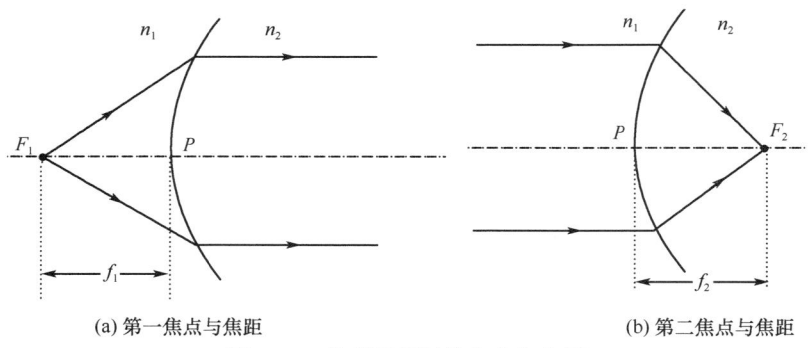

(a) 第一焦点与焦距　　　　　　　　(b) 第二焦点与焦距

图 10-4 单球面折射的焦点与焦距

$$\frac{f_1}{f_2} = \frac{n_1}{n_2} \tag{10-6}$$

【例 10-1】 经过实际测定，一般眼睛的瞳孔深度为 3.54mm（由瞳孔至眼睛角膜前的距离），但他人从眼外观察瞳孔的深度（外视深度）是多少？设眼球的平均折射率为 1.33，角膜的平均曲率半径是 7.8mm.

【解】 由题意知，被观察的瞳孔就是物点 O，从 O 点发出的光线对着角膜（单球面）的凹面入射，然后形成一虚像 I 与物 O 同侧. $n_1=1.33$，$n_2=1.0$，$u=3.54$mm，$r=-7.8$mm，将数据代入式(10-3). 有

$$\frac{1.33}{3.45} + \frac{1.0}{v} = \frac{1.0-1.33}{-7.8}$$

$$v = -3.0 \text{mm}$$

负号表示虚像，即瞳孔不能通过角膜在眼球外成实像，但他人可以从眼球外观察到瞳孔，其外视深度为 3.0mm，比实际深度 3.54mm 要浅些.

10.1.4 共轴球面系统

单球面光学系统在实际应用中几乎是不存在的，即使是最简单的光学元件，也至少由两个折射面组成. 现代光学仪器配备多个透镜，也就包含更多数目的折射球面. 如果两个或两个以上折射球面的曲率中心在同一直线上，它们便组成**共轴球面系统**（coaxial spherical system）. 各球心所在直线称为共轴系统的主光轴.

光通过共轴球面系统的成像，决定于入射光依次在每一个折射面上折射的结果. 在成像过程中，前一个折射面所成的像，即为相邻的后一个折射面的物. 因此，可应用单球面折射公式，采用**逐次成像法**，直到求出最后一个折射面的像，此像即为光线通过共轴球面系统所成的像.

【例 10-2】 玻璃球（$n_2=1.5$）置于空气中（$n_1=1.0$），如图 10-5 所示，球直径 $d=20$cm，一点光源放在球前 40cm 处. 求近轴光线通过玻璃球后成的像.

【解】 分析：这是一个有两个折射球面的共轴球面系统.

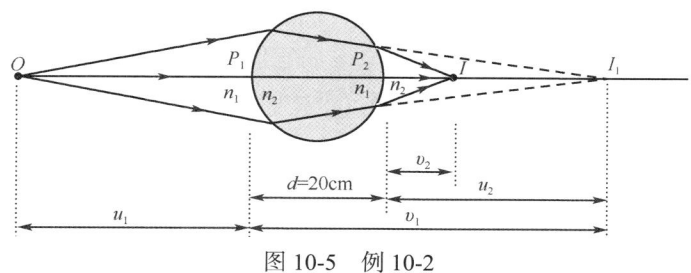

图 10-5 例 10-2

(1) 对第一折射面，$n_1=1.0$，$n_2=1.5$，$r_1=10$cm，$u_1=40$cm，代入式(10-3)，得

$$\frac{1.0}{40} + \frac{1.5}{v_1} = \frac{1.5-1.0}{10}$$

解得

$$v_1 = 60 \text{cm}$$

(2) 对第二折射面，由于球直径 20cm 小于第一次成像像距 60cm，在光线还没有成像之前就遇到了第二折射面，因此，对于第二折射面，此物为一虚物，其物距 $u_2=20-60=$

-40 (cm)，$n_1=1.5$，$n_2=1.0$，$r_2=-10$cm，代入式(10-2)，得

$$\frac{1.5}{-40}+\frac{1.0}{v_2}=\frac{1.0-1.5}{-10}$$

解得

$$v_2=11.4\text{cm}$$

成像在玻璃球后面 11.4cm 处，为一实像.

通过上例可以看出，对于每一个折射面应用成像公式时，**必须注意该折射面两侧介质的折射率数值，u、v、r 的计算起点及正、负号**. 正确确定上述各量的数值和符号，才能用逐次成像法计算出正确的成像结果. **最后需要说明成像的实际位置，成像是实像还是虚像**.

10.2 薄 透 镜

球面透镜(常简称透镜)是具有两个折射球面，或者一个是折射球面，另一个是平面的共轴球面系统. 透镜两折射面之间是均匀的透明物质，如玻璃、水晶等. 球面透镜是光学仪器中经常使用的基本元件. 从外形来看，中央部分比边缘部分厚的称为凸透镜，有双凸、平凸、凹凸三种；中央部分比边缘部分薄的称为凹透镜，有双凹、平凹、凸凹三种. 从透镜的厚度来看，中间部分的厚度与折射球面的曲率半径相比很小，可以忽略不计时称为**薄透镜**(thin lens)，相比不能忽略时称为厚透镜. 本节仅讨论薄透镜的成像规律.

10.2.1 薄透镜成像公式

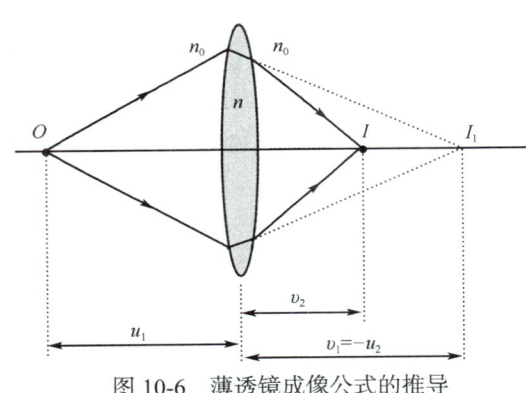

图 10-6 薄透镜成像公式的推导

以图 10-6 所示的双凸薄透镜为例进行讨论. 设折射率为 n 的双凸薄透镜置于折射率为 n_0 的介质中，从主光轴物点 O 发出的光经透镜折射后成像于 I 处，如图 10-6 所示. 以 u_1、v_1、r_1 和 u_2、v_2、r_2 分别表示第一折射面和第二折射面的物距、像距和曲率半径，将它们分别代入式(10-3)，得

$$\frac{n_0}{u_1}+\frac{n}{v_1}=\frac{n-n_0}{r_1}$$

$$\frac{n}{u_2}+\frac{n_0}{v_2}=\frac{n_0-n}{r_2}$$

以 u、v 分别表示透镜的物距和像距. 因为是薄透镜，则 $u_1\approx u$，$v_1\approx -u_2$，$v_2\approx v$，将上述两式相加后整理，则有

$$\frac{1}{u}+\frac{1}{v}=\frac{n-n_0}{n_0}\left(\frac{1}{r_1}-\frac{1}{r_2}\right) \tag{10-7}$$

薄透镜通常都是放置在空气中，$n_0=1$，所以式(10-7)又可写为

$$\frac{1}{u}+\frac{1}{v}=(n-1)\left(\frac{1}{r_1}-\frac{1}{r_2}\right) \tag{10-8}$$

式(10-7)和式(10-8)都称为**薄透镜成像公式**，对各种形状的凸、凹薄球面透镜皆适用.

式中 u、v、r_1 和 r_2 的正、负号仍然遵守前面叙述的符号规则.

10.2.2 薄透镜的焦距和焦度

1. 薄透镜的焦距

薄透镜也有两个焦点，两个焦距. 当薄透镜前后介质的折射率相同时，取 $u=\infty$ 或 $v=\infty$，由式(10-7)可以得出薄透镜第一焦距与第二焦距相等，$f_1=f_2=f$，其值为

$$f = \left[\frac{n-n_0}{n_0}\left(\frac{1}{r_1} - \frac{1}{r_2}\right)\right]^{-1} \tag{10-9}$$

当置于空气中时，$n_0=1$，$f_1=f_2=f$，其值为

$$f = \left[(n-1)\left(\frac{1}{r_1} - \frac{1}{r_2}\right)\right]^{-1} \tag{10-10}$$

将上两式分别代入式(10-7)和式(10-8)，得

$$\frac{1}{u} + \frac{1}{v} = \frac{1}{f} \tag{10-11}$$

式(10-11)是薄透镜成像的又一常用公式，称为**薄透镜成像公式的高斯形式**. 应用公式同样需要注意符号的规定，**实物、实像、实焦点**，u、v、f **为正**；**虚物、虚像、虚焦点**，u、v、f **为负**.

上面关于透镜的结论仅适用于薄透镜两侧介质为同种介质的情况，如果薄透镜前后介质的折射率不相同，即透镜一侧的折射为 n_1，另一侧为 n_2，其薄透镜成像公式为(见习题10-8)

$$\frac{n_1}{u} + \frac{n_2}{v} = \frac{n-n_1}{r_1} - \frac{n-n_2}{r_2} \tag{10-12}$$

则薄透镜的两焦距 $f_1 \neq f_2$，其值分别为

$$f_1 = \left[\frac{1}{n_1}\left(\frac{n-n_1}{r_1} - \frac{n-n_2}{r_2}\right)\right]^{-1} \tag{10-13}$$

$$f_2 = \left[\frac{1}{n_2}\left(\frac{n-n_1}{r_1} - \frac{n-n_2}{r_2}\right)\right]^{-1} \tag{10-14}$$

此时透镜的物方焦距和像方焦距之比等于透镜两侧的介质折射率之比，即

$$\frac{f_1}{f_2} = \frac{n_1}{n_2} \tag{10-15}$$

薄透镜的焦距 f 可正可负，焦距 $f>0$ 代表透镜对光线有会聚作用；焦距 $f<0$ 代表透镜对光线有发散作用. 薄透镜焦距大小 $|f|$ 表示了薄透镜会聚和发散光线本领，$|f|$ 越大，折射本领越小；$|f|$ 越小，折射本领越大.

【例 10-3】 求图 10-7 中凹凸薄透镜的焦距. 设透镜的折射率为 1.5，置于空气中.

【解】 设光线射向凸面，根据符号法则，有 $r_1=+20\text{cm}$，$r_2=+30\text{cm}$，代入式(10-10)，得

$$f = \left[(1.5-1)\left(\frac{1}{20} - \frac{1}{30}\right)\right]^{-1} = 120(\text{cm})$$

若光线射向凹面，根据符号法则，有 $r_1=-30\text{cm}$，$r_2=-20\text{cm}$，代入式(10-11)，解得

$$f = \left[(1.5-1)\left(\frac{1}{-30} - \frac{1}{-20}\right)\right]^{-1} = 120(\text{cm})$$

可见，不论透镜的哪一面朝着入射光线，只要两侧面介质相同，焦距都是一样的.

2. 薄透镜的焦度

用焦距 f 来反映透镜折射系统的屈光本领有两个不便，一是一般焦距 $f_1 \neq f_2$；二是折射本领的大小与焦距 f 的大小成反比，因此，引入**焦度**（dioptric strength）表示透镜会聚或者发散光线的本领，焦度用 Φ 表示．若薄透镜置于折射率为 n_0 的介质中，根据式（10-7），定义焦度为

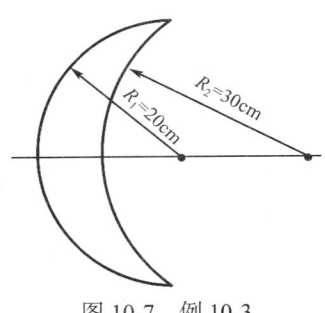

图10-7　例10-3

$$\Phi = \frac{n_0}{f} = (n - n_0)\left(\frac{1}{r_1} - \frac{1}{r_2}\right) \tag{10-16}$$

若薄透镜置于空气中，焦度为焦距 f 的倒数来表示，即

$$\Phi = \frac{1}{f} = (n - 1)\left(\frac{1}{r_1} - \frac{1}{r_2}\right) \tag{10-17}$$

若透镜两侧介质不同，根据式（10-12），焦度为

$$\Phi = \frac{n - n_1}{r_1} - \frac{n - n_2}{r_2} = \frac{n_1}{f_1} = \frac{n_2}{f_2} \tag{10-18}$$

焦度 Φ 可正可负，$\Phi > 0$ 表示薄透镜对光线有会聚作用，$\Phi < 0$ 表示薄透镜对光线有发散作用．焦度 Φ 的大小反映了透镜的折射本领，$|\Phi|$ 越大，折射本领越大，反之则越小．

在国际单位制中，Φ 的单位是每米（m^{-1}）. Φ 还常用"**屈光度**"（diopter）作单位，符号为 D，换算关系是 $1D = 1m^{-1}$，相当于可将平行光线聚焦在 1m 焦距上．临床眼科中常用"度"作为焦度的单位，换算关系为 $1D = 100$ 度．如配 +250 度的老花镜，其镜片的焦度 $\Phi = +2.5D$，$f = 1/\Phi = 1/2.5 = 0.4m = 40cm$，即配焦距是 $f = 40cm$ 的凸透镜．

10.2.3　薄透镜组合

单独的薄透镜只适用于简单的放大或缩小，而实际的光学仪器中所用的透镜都是由两片或更多的透镜组合．两个或两个以上薄透镜组成的共轴系统，称为薄透镜组合，简称透镜组．物体通过透镜组后所成像，可以利用薄透镜公式，采用逐次透镜成像法求出，即先求第一透镜所成像，将此像作为第二透镜的物，求出第二个透镜所成的像……以此类推，直至求出最后一个透镜所成的像，此像便是物体经过透镜组后所成像．

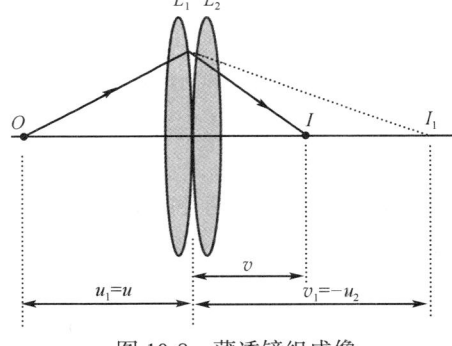

图10-8　薄透镜组成像

如图 10-8 所示，透镜组是由两个薄透镜紧密贴合在一起组成的．设两个透镜焦距分别为 f_1 和 f_2，透镜组物距为 u，像距为 v，物体经第一个透镜成像在 I_1 处，相应的物距和像距为 u_1 与 v_1，并且 $u_1 = u$，由透镜公式（10-11）得

$$\frac{1}{u} + \frac{1}{v_1} = \frac{1}{f_1}$$

对于第二个透镜，$v_2 = -v_1$，$v_2 = v$，则

$$-\frac{1}{v_1} + \frac{1}{v} = \frac{1}{f_2}$$

两式相加，得

$$\frac{1}{u}+\frac{1}{v}=\frac{1}{f_1}+\frac{1}{f_2} \tag{10-19}$$

所以透镜组焦距 f 为

$$\frac{1}{f}=\frac{1}{f_1}+\frac{1}{f_2} \tag{10-20}$$

即**紧密接触透镜组的等效焦距的倒数等于组成它的各透镜焦距的倒数之和**.

如果以 $\varPhi_1$、$\varPhi_2$、$\varPhi$ 分别表示第一透镜、第二透镜和透镜组的焦度，它们之间的关系为

$$\varPhi=\varPhi_1+\varPhi_2 \tag{10-21}$$

由上式可以知道，同类透镜紧密接触时会聚或发散的本领加强，不同类透镜紧密接触时会聚或发散的本领减弱，如果光线经过紧密接触的两个透镜既不会聚也不发散，说明此透镜组的等效焦度为零，这一关系常被用来测量透镜的焦度. 如测定某近视眼镜片（凹透镜）的焦度，即用已知焦度的凸透镜与它紧密接触，使组合后的焦度为零，即光线通过透镜组后既不发散也不会聚，光线的方向不改变. 此时 $\varPhi_1+\varPhi_2=0$，即两透镜焦度数值相等，符号相反.

可以进一步推广，如果有 n 个薄透镜组成的透镜组，则有

$$\varPhi=\varPhi_1+\varPhi_2+\cdots+\varPhi_n \tag{10-22}$$

10.3 厚 透 镜

10.3.1 厚透镜

厚透镜(thick lens)和薄透镜一样，也是包含两个折射球面的共轴系统，不同的是两折射面顶点之间的距离较大，其厚度不能忽略. 厚透镜成像既可以利用共轴系统的逐次成像法，也可以利用共轴系统的**三对基点法**(cardinal point). 共轴系统的三对基点是两个**焦点**、两个**主点** (principal point) 和两个**节点** (nodal point). 利用三对基点不仅可以简化厚透镜的成像过程，而且可以简化任何复杂的共轴球面系统的成像过程，快捷清晰地给出整个系统的成像特征.

1. 两焦点

将点光源放在主光轴上某点，若发出的光线经厚透镜后成为平行于主光线的平行光线，如图 10-9 中的光线(1)，则这一点称为厚透镜的第一主焦点，用 F_1 表示. 若平行于主光轴的光线经厚透镜后交于主光轴上某点，如图 10-9 中光线(2)，则该点称为厚透镜的第二主焦点，用 F_2 表示.

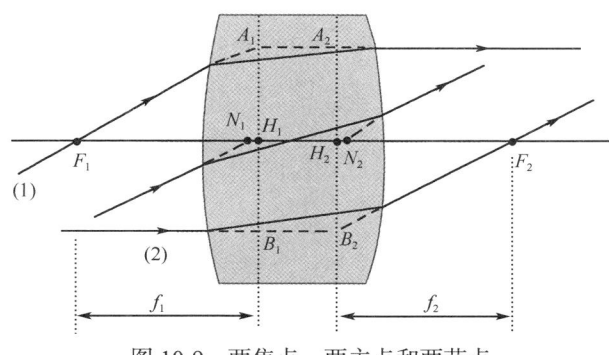

图 10-9 两焦点，两主点和两节点

2. 两主点

在图 10-9 中，通过 F_1 的入射光线(1)的延长线与经过整个系统折射后出射光线的反向延长线相较于 A_1 点. 过 A_1 点作垂直于主光轴的平面且交于主光轴 H_1 点，H_1 点称为折射系统的第一主点，$A_1H_1B_1$ 平面称为第一主平面. 同样，平行于主光轴的入射光线(2)的延长线与经过整个系统折射后的出射光线的反向光线相交于 B_2 点，过 B_2 点作垂直于主光轴的平面交于主光轴 H_2 点，H_2 点称为折射系统的第二主点，$A_2H_2B_2$ 平面称为第二主平面. 从图可知，无论光线在折射系统中经过怎样的曲折路径，在效果上只等于在相应的主平面上发生一次折射. 通常将第一焦点 F_1 到第一主点 H_1 的距离称为第一焦距 f_1，物点到第一主平面的距离称为物距. 第二焦点 F_2 到第二主点 H_2 的距离称为第二焦距 f_2，像到第二主平面的距离称为像距.

3. 两节点

如图 10-9 所示，在厚透镜的主光轴上可以找到两点 N_1 和 N_2，光线通过它们时不改变方向，仅发生平移，即以任何角度向 N_1 点入射的光线都以相同的角度从 N_2 射出. N_1、N_2 分别称为厚透镜的第一节点和第二节点. N_1 和 N_2 的性质类似于薄透镜的光心.

4. 共轴球面系统的三基点作图成像法

如图 10-10 所示，P 为任取的物点，求其像点 P'. 只要知道厚透镜三对基点在折射系统中的位置，则可像薄透镜那样利用三条光线中的任何两条，求出经系统折射后所成的像.

(1) 通过第一主焦点 F_1 的光线①在第一主平面折射后平行于主光轴射出；

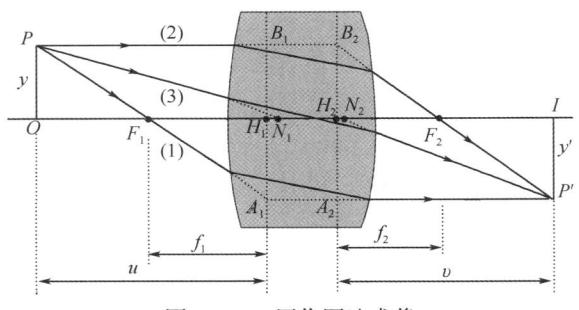

图 10-10 用作图法求像

(2) 平行于主光轴的光线②在第二主平面折射后通过第二主焦点 F_2；

(3) 通过第一节点 N_1 的光线③从第二节点 N_2 平行于入射方向射出.

各基点的位置决定于折射系统的具体条件. 如果折射系统前后介质的折射率相同，则 $f=f_1=f_2$，在这种情况下，物距 u、像距 v、焦距 f 之间的关系等同于薄透镜成像公式：

$$\frac{1}{u}+\frac{1}{v}=\frac{1}{f}$$

式中，u、v、f 皆以相应的主平面为起点计之. 相比较而言，薄透镜也有三对基点，只不过其两主点及两节点都重合在薄透镜的光心上.

10.3.2 透镜的像差

以上讨论的透镜成像公式和作图法求像，均满足以下近似条件：

(1) 入射光束是近轴的；

(2) 入射光是单色光，或者折射系统不发生色散现象.

但在实际的使用中，由物体发出的光线经透镜折射后所成的像与原物体总有一定程度的偏差，这种偏差称为透镜的**像差**(aberration). 这里简单介绍球面像差(spherical aberration)和色像差(chromatic aberration).

1. 球面像差

如图 10-11(a) 所示，主光轴上有一单色光源，它所发出的远轴光线和近轴光线经透镜折射后会聚于主光轴上 F_A 和 F_B，其他光束分别交于 F_A 和 F_B 之间，这种通过球面折射后光束不能在同一点上会聚的像差，称为球面像差. 产生球面像差的原因是通过透镜边缘部分的远轴光线比通过透镜中央部分的近轴光线偏折得多一些，于是，通过透镜的远轴光线与近轴光线不能会聚于同一点，点状物体或点光源不能生成点像，而生成圆斑.

减小球面像差有两种方法，一种方法是在透镜前放置一个光阑，如图 10-11(b) 所示. 光阑只让近轴光线通过透镜，因此可生成一个清晰的点像. 但由于遮去了许多光线，像的亮度降低；第二种方法是在会聚透镜之后放置发散透镜，发散透镜对远轴光线的发散作用强于对近轴光线. 这样组成的透镜组虽然降低了焦度，却减小了球差. 在制镜时一般就把会聚透镜和弱发散透镜的组合磨成一块透镜，以减小球面像差，一般精密的光学仪器都采用这种方法.

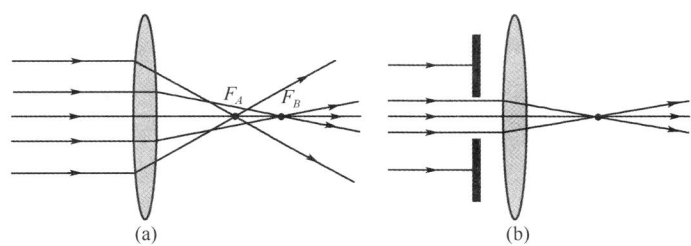

图 10-11 球面像差及其校正

2. 色像差

如图 10-12(a) 所示，不同波长的光在同一种光学材料中的折射率不同，波长越短，其折射率越大，所以白色光通过透镜后，短波的光偏折较多，长波的光偏折较小. 不同波长的光通过透镜后不能在同一点成像，我们把这种现象称为色像差.

纠正色像差的方法是将具有不同折射率的凸透镜和凹透镜适当配合，如图 10-12(b) 所示，使一个透镜的色像差能被另一透镜所抵消. 例如，冕牌玻璃的色散能力较火石玻璃弱，因此，在冕牌玻璃的凸透镜上胶粘一块火石玻璃做的凹透镜，则通过凸透镜所产生的色散大部分被凹透镜所抵消，达到消除色像差的目的.

消除像差是光学仪器中一个很重要的问题. 通常利用透镜的形状、折射率、透镜的组合及光阑等互相配合来消除像差.

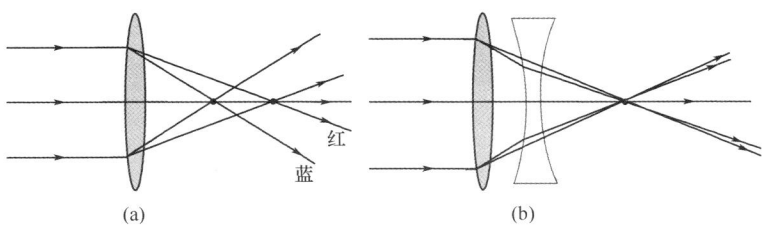

图 10-12 色像差及其矫正

10.4 眼的光学系统

人眼是一个相当复杂的光学系统,它是人们接受外界信息的重要器官,能够把远近不同的物体清晰地成像在视网膜上.本节从几何光学的角度来研究人眼的成像原理和规律.

10.4.1 眼的结构和光学性质

图 10-13 是人的右眼水平剖面图,眼睛的主体是眼球,眼球近似球体,直径大约为 2.5cm.眼球的前表面是一层凸出透明的膜,称为**角膜**(cornea),外界的光线由此进入眼内.角膜的后面是**虹膜**(iris),虹膜中央的圆孔称为**瞳孔**(pupil),瞳孔大小通过肌肉收缩进行改变,以调节进入眼内的光能量,具有光阑的作用.虹膜之后是**晶状体**(crystalline lens),它是一种透明而富有弹性的组织,形如双凸透镜,其表面的曲率半径随睫状肌的缩张而变化.眼球的内层称为**视网膜**(retina),其上布满了视觉神经,是光线成像的地方.视网膜正对瞳孔处的小块黄色区域称为**黄斑**(macula),黄斑中央的凹陷称为中央凹,对光线最敏感.在角膜、虹膜与晶状体之间充满透明液体:**房水**(aqueous humor),房水是维持眼压的主要因素.晶状体与视网膜之间充满了另一透明液体:**玻璃体**(vitreous body),玻璃体占眼球总体积的 80%,其主要作用是填充眼球,保持眼球的外形,并对眼球起减振作用.眼内各种介质的折射率与截面的曲率半径见表 10-2.

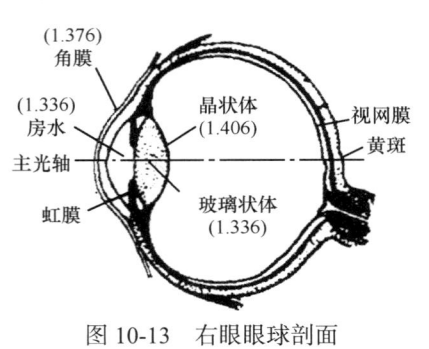

图 10-13 右眼眼球剖面

表 10-2 古氏平均眼模型

			折射率	在光轴上的位置(mm)	曲率半径(mm)
角膜		前面	1.376	0	7.7
		后面		0.5	6.8
房水			1.336		
玻璃体			1.336		
晶状体	皮质	前面	1.386	3.6	10.0
		后面		7.2	-6.0
	体核	前面	1.406	4.15	7.9
		后面		6.57	-5.8
三对基点		第一主点(H_1)		1.348	
		第二主点(H_2)		1.602	
		第一节点(N_1)		7.08	
		第二节点(N_2)		7.33	
		第一焦点(F_1)		15.70	
		第二焦点(F_2)		24.38	

从几何光学的角度来看,眼睛是由多种介质组成的较复杂的共轴球面系统,由外界物

发出的光线依次经过角膜、房水、晶状体、玻璃体，最后这个系统的像成在视网膜上。根据**古氏**(Gullstrand)对眼睛三对基点的计算，如图10-14所示，H_1、H_2靠得很近，N_1、N_2也靠得很近。眼的三基点位置详见表10-2。

当光线进入眼球时，因为空气与角膜的折射率相差较大，此处折射最明显。在眼球内部各界面处，由于介质折射率相差较小，折射也比较轻微。因此，生理学上常把眼睛进一步简化为单球面折射系统，称为**简约眼**(reduced eye)，如图10-15所示。简约眼的单球面接近角膜，但不是角膜，它的曲率半径在眼睛处于完全放松状态时为5mm，介质折射率取相同的值1.33，由此得出的焦距为：f_1=15mm，f_2=20mm。

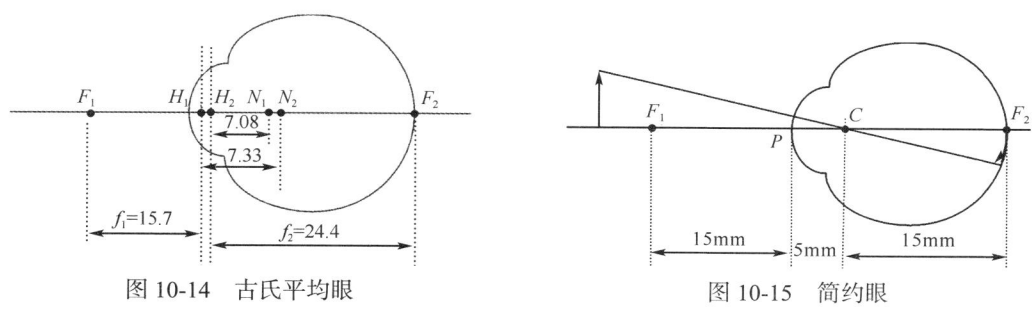

图10-14　古氏平均眼　　　　　　　　　图10-15　简约眼

10.4.2　眼的调节

眼睛的光学系统不同于一般的折射系统，主要是它的焦度可以在一定范围内改变，只有这样才可以将远近不同物体成像在视网膜上，眼睛这种改变自身焦度的本领称为眼的**调节**(accommodation)。眼的调节主要通过睫状肌收缩改变晶状体的形状和表面曲率半径达到目的。

眼的调节有一定限度，在观察不同距离的物体时，眼的光学常量各不相同。当观察远处物体时，睫状体处于最大松弛状态，晶状体偏平，其曲率半径最大，眼的焦度最小，把眼睛不调节时能看清的最远处物体与眼睛之间的距离称为**远点**(far point)。视力正常的人远点在无穷远处，即平行光刚好会聚在视网膜上。当观察近处物体时，睫状体处于最大收缩状态，晶状体曲率半径最小，眼的焦度最大，眼睛处于最大调节状态能看清的物体与眼睛之间的距离称为**近点**(near point)。视力正常的人近点的距离为10~12cm。

观察距离较近物体时，因需要高度调节，眼睛容易疲劳。在正常照明情况下，正常人眼睛最适宜、最不易引起眼睛过度疲劳的距离约为25cm，这个距离称为视力正常人的**明视距离**(visual distance)。对于视力正常的人，无论看远还是近都能看清楚，是因为眼对不同距离的物体都可以通过改变晶状体的形状来改变眼的焦度，使物体成像在视网膜上。

10.4.3　眼的分辨本领及视力

眼睛要看清物体的首要条件是物体成像于视网膜上，但要分辨物体的细节，还必须使视角达到一定的角度。如图10-16所示，从物体两端射入到眼中节点的光线所夹的角度称为**视角**(visual angle)，它决定了物体在视网膜成像的大小。视角越大，成像越大，眼睛越能看清物体细

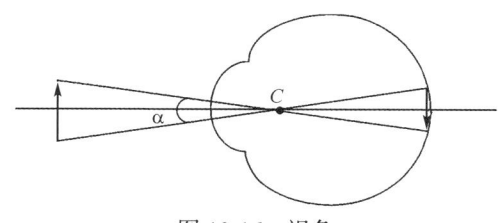

图10-16　视角

节. 视角与物体的大小和物体与眼睛间的距离有关. 视力正常的眼睛分辨两物点的最小视角约为 1′，与之对应在明视距离处眼睛能分辨两物点之间的最短距离约为 0.1mm. 通常用眼睛能分辨的最小视角 α 的倒数表示眼睛的分辨本领，称为**视力**(visual acuity).

$$视力 = \frac{1}{\alpha} \tag{10-23}$$

式中，最小视角 α 以分(′)为单位. **国际标准视力表**由 12 行"E"字组成，各行"E"字大小不同，同一行中字母大小相同. 各"E"字开口处的相邻两笔对眼睛的视角各不相同，视力表从上往下视角依次为 10′、5′、3.3′、2.5′、2′、1.7′、1.4′、1.3′、1.1′、1.0′、0.8′、0.67′，相应的视力为 0.1、0.2、0.3、…、1.3、1.4、1.5(受检者站在 5m 处). 另一常用视力表为**国家标准对数视力表**，视力用 L 表示，L 与最小视角的关系为

$$L = 5 - \lg \alpha \tag{10-24}$$

若最小视角为 10′，相应对数视力为 4.0；若最小视角为 1.0′，相应的对数视力为 5.0.

10.4.4 眼的屈光不正及其矫正

眼睛休息不调节时，来自 5m 以外的平行光进入人眼内刚好在视网膜上形成一个清晰的像，如图 10-17 所示，这种眼睛称为**正视眼**(emmetropia)，否则称为非正视眼或屈光不正视眼. 非正视眼包括**近视眼**(myopia)、**远视眼**(hyperopia)和**散光眼**(astigmatism)三种.

1. 近视眼

若眼睛处在休息状态时，平行光线射入眼内会聚于视网膜之前，而在视网膜上所成的像模糊，此类眼睛称为近视眼，也称短视眼，如图

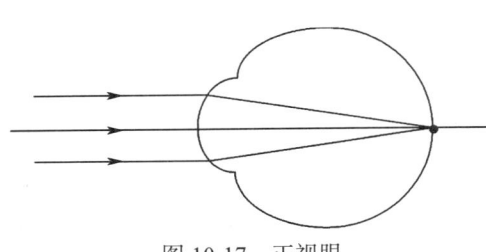

图 10-17 正视眼

10-18(a)所示. 近视眼看不清远处的物体，必须将物体移近到眼前某一位置才能看清. 可见，近视眼的远点不在无限远. 近视眼产生的原因可能是角膜或晶状体的曲率半径太小，对光线偏折太强，称为屈光性近视眼；或者眼球的前后轴间距太长，视网膜离光学系统过远，称为轴性近视眼. 高度近视与遗传因素有关，但多数近视的发生、发展往往是不注意视力卫生的结果.

近视眼的矫正方法是配戴一副适当焦度的凹透镜，使光线进入眼睛之前经凹透镜适当发散，再经眼睛折射后在视网膜上形成清晰的像，如图 10-18(b)所示. 近视眼所配戴的凹透镜能使平行光线成虚像在近视眼患者的远点处，这样近视眼在眼睛不调节的情况下即可看清无穷远处的物体. 通常把近视眼按程度分成三类：3.0D 以内为轻度近视眼；3.0~6.0D 之间为中度近视眼；6.0D 以上为高度近视眼.

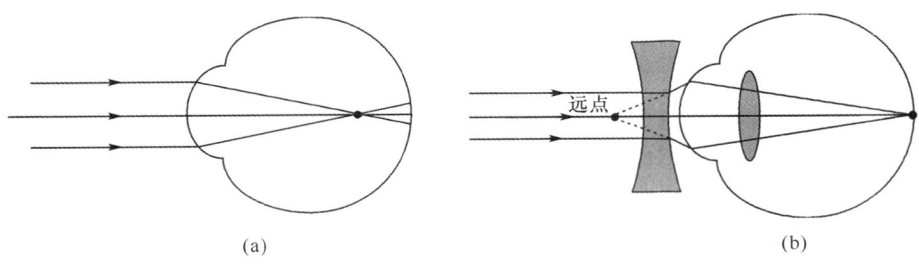

图 10-18 近视眼及其矫正

【例 10-4】 一近视眼患者的远点在眼前 0.5m 处，欲使其看清远物，问应配多少度的何种透镜？

【解】 根据题意，应配眼镜是无穷远处物体成像于 0.5m 处，即 $u=\infty$，$v=-0.5\text{m}$，代入薄透镜成像公式，得

$$\frac{1}{\infty}+\frac{1}{-0.5}=\frac{1}{f}$$

$$\therefore \Phi=\frac{1}{f}=\frac{1}{-0.5}=-2(\text{D})=-200(\text{度})$$

患者应配 200 度的凹透镜.

2. 远视眼

远视眼与近视眼的缺陷正好相反. 若眼睛处于休息状态时，平行光射入眼内会聚于视网膜之后，此类眼睛称为远视眼，如图 10-19(a) 所示. 远视眼在不调节时既看不清远处的物体，也看不清较近的物体. 远视眼虽然通过自身调节可以看清远处物体，但近处物体经远视眼调节后仍然无法看清楚，远视眼近点距离大于正视眼. 远视产生的原因可能是角膜或晶状体折射面的曲率半径太大，焦度太小；或者是眼球前后轴间距太短，物体的像成在视网膜之后.

远视眼的矫正方法是配戴一副适当焦度的凸透镜，使平行光进入眼睛之前先经透镜会聚，再经眼睛折射后会聚于视网膜上，如图 10-19(b) 所示. 由于远视眼的近点较正视眼的远，因此，远视眼在看眼前较近的物体时，所选择的凸透镜必须将此物体的虚像成在远视眼的近点处.

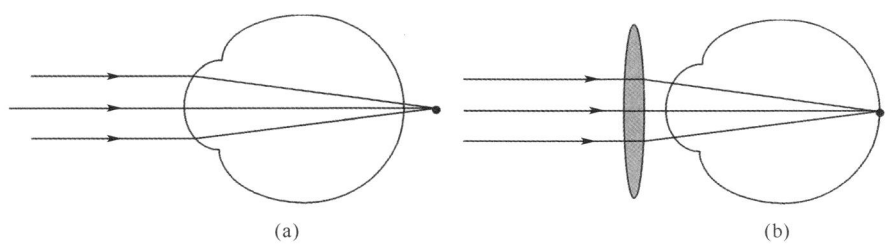

图 10-19 远视眼及其矫正

【例 10-5】 一远视眼患者的近点为 2m 处，为了看书，应配戴多大度数的何种透镜？

【解】 根据题意，看书时一般将书放在明视距离处，现该眼的近点在 2m 处，这就要求所配戴的眼镜必须使 0.25m 处的书本成像在眼前 2m 处，即 $u=0.25$，$v=-2\text{m}$，代入薄透镜成像公式，得

$$\frac{1}{0.25}+\frac{1}{-2}=\frac{1}{f}$$

$$\therefore \Phi=\frac{1}{f}=4-0.5=3.5(\text{D})=+350(\text{度})$$

患者应配 350 度的凸透镜.

3. 散光眼

通常将包含主光轴各个方向的平面称为子午面，子午面与折射面之间的交线称为子午线. 如果折射面在各个方向上的子午线曲率半径不相同，这种折射面为非对称折射面，由这种折射面组成的共轴系统称为**非对称折射系统**. 非对称折射系统对通过各子午面光线的折射本领不同，因此，主光轴上点光源发出的光束经此系统折射后不能形成一个清晰的点

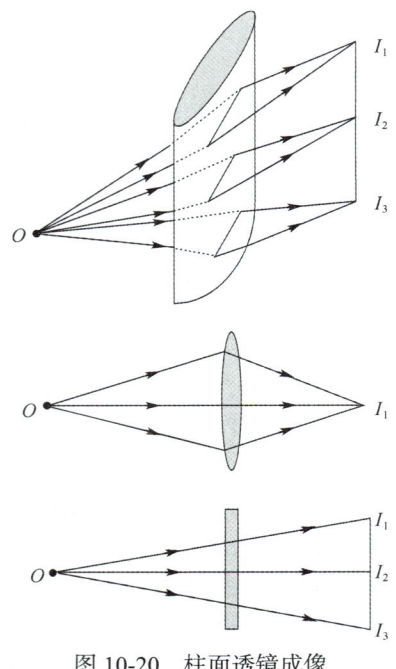

图 10-20　柱面透镜成像

像，**柱面透镜**(cylindrical lens)的成像就是如此.柱面透镜与薄透镜一样，有凸、凹两种形式，即凸柱面透镜、凹柱面透镜.柱面透镜的两个折射面不是球面，而是圆柱面的一部分，也可以一面为圆柱面，另一折射面为平面.如图 10-20 所示的柱面透镜在水平方向焦度最大且为正值，对光线起会聚作用；在竖直方向的焦度为零，折射光线不改变方向.所以在该情况下，点状物体经柱面透镜形成的像为一条竖直线 $I_1 I_2 I_3$.

近视眼和远视眼都属于球面屈光不正，其角膜是球面，在各个方向子午线的曲率半径皆相等.散光眼则不同，其角膜在各个方向子午线的曲率半径皆不相等，点物发出的光线经角膜折射后不能形成清晰的点像，散光眼属于非对称折射系统.图 10-21 表示了散光眼成像，此散光眼的眼球纵向子午线半径最短，横向子午线的半径最长，其他方向子午线半径介于二者之间.来自远处物体的平行光经角膜折射后，纵向子午面内的光线会聚于 P_1，横向子午面内光线会聚于 P_2，其他方向子午面内光线会聚于两者之间，在这之间的不同位置处形成大小不同的椭圆或者圆形像.因此，散光眼对任何位置的点物均不能产生点像.有散光眼的人常把一点物看成一条很短的线条，故看物体时模糊不清.散光眼的矫正方法是配戴适当焦度的柱面透镜，以矫正屈光不正子午线的焦度.散光有近视散光和远视散光之分，凸柱镜用于矫正远视散光，凹柱镜片矫正近视散光.

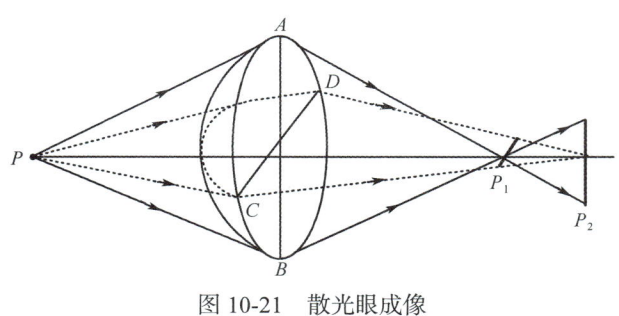

图 10-21　散光眼成像

10.5　放大镜、纤镜、显微镜

人类的眼睛尽管具有高度的准确性、极高的灵敏性、精密的分辨能力和高度的适应性等，但仍然有很大的局限性，不能完全满足人类活动的需要，于是，人们便发展光学仪器以弥补人眼视觉的局限性，满足人类认识世界的需要.本节简单介绍三种医学常用的光学仪器——放大镜、纤镜和显微镜.

10.5.1 放大镜

眼睛所看到物体的大小由它在视网膜上所成像的大小来决定，而成像的大小又由物体对眼睛所张视角的大小来决定的，因此为了看清微小物体的细节，必须增大物体对眼睛的视角，增大视角的常用方法是将物体移近眼睛，使物体在视网膜上产生较大的像. 但是，人眼的调节能力是有限的，看位于近点处的物体对眼睛的折光能力已经达到了会聚光线的极限，再靠近反而看不清. 显然对眼睛来说，视角和距离这两个要求是相互制约的，因此必须借助于光学仪器来观察物体. 如图 10-22 所示，在眼睛前面配置一个适当的凸透镜便能解决这一问题，它可以有效地增强对光线的会聚作用，增大视角. 对于这一目的的凸透镜称为**放大镜**(magnifier). 放大镜是帮助眼睛观察微小物体或细节的简单光学仪器.

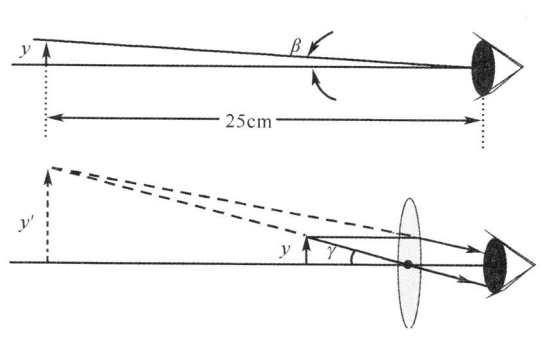

图 10-22 放大镜原理

在利用放大镜观察物体时，通常把物体放在它的焦点以内靠近焦点处，由透镜成像的规律可知，当物体放在凸透镜焦点以内时，成放大的、正立的虚像，像与物在透镜的同一侧，通过放大镜的光线近似平行光进入眼内，眼睛几乎不需要调节便能在视网膜上得到清晰的像，这就是放大镜的成像原理.

在图 10-22 中，物体放在明视距离处，用眼睛直接观察时的视角为 β，利用放大镜观察同一物体时的视角为 γ，通常将这两个视角的比值来衡量放大镜放大视角的能力，称为角放大率. 角放大率用 α 表示，即

$$\alpha = \frac{\gamma}{\beta} \tag{10-25}$$

由于物体线度 y 很小，故 γ、β 视角均很小，则

$$\beta \approx \tan\beta = \frac{y}{25}, \quad \gamma \approx \tan\gamma = \frac{y}{f}$$

将上述两式代入式(10-25)中，得

$$\alpha = \frac{y}{f}\frac{25}{y} = \frac{25}{f} \tag{10-26}$$

式中，f 为放大镜的焦距，单位为 cm. 此式表明，放大镜的角放大率与它的焦距成反比，即放大镜的焦距越小，角放大率越大.

10.5.2 纤镜

当光线由光密介质(n_1)入射到光疏介质(n_2)的表面上时，若入射角大于临界角，入射光将全部被反射，这种现象称为全反射. 光学纤维就是利用这一原理，使光线沿着弯曲的玻璃纤维反复进行全反射，如图 10-23(a)所示. 玻璃纤维很细，具有柔软可弯和一定机械强度的特点，在医学上有着广泛的应用.

目前利用光学纤维能够观察人体内部器官腔壁的各种内镜，包括支气管镜、胃镜和膀

胱镜等，统称为**纤镜**（fiber scope），又称纤维内镜. 纤镜是由大量纤维细丝组成，而以往的内镜都是由硬直金属管制造，使用时给患者带来痛苦. 目前的纤镜利用光学纤维束把光源导入体内，再通过它们把器官内部的形态像导出体外，以便观察或摄影. 光学纤维可导出黑白图像，也可导出彩色图像. 纤维束两端必须黏结牢固，两端的纤维丝排列必须完全对应，以免图像错乱和不清晰，如图10-23(b)所示.

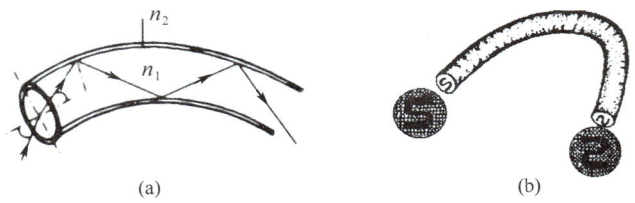

图 10-23　光学纤维导光原理(a)及光学纤维导像示意图(b)

10.5.3　显微镜

1. 光学原理

为了把微小的物体（如血球、细菌等）观察清楚，单个放大镜的放大倍数太小，就必须借助**显微镜**（microscope）. 显微镜放大倍数为 $10^2 \sim 10^3$ 倍，是生物学和医学最广泛使用的目视仪器之一.

显微镜是由光学系统和机械装置两部分组成的，其光学系统如图10-24所示. L_1代表焦距较短的透镜组，称为物镜（objective），L_2代表另一组焦距较长的透镜组，称为目镜（eyepiece）. 实际的物镜和目镜是由多个薄透镜组成的，目的在于减小各种像差，使所成像清晰，便于观察. 将被观察的物体 y 放在物镜第一焦点以外稍远的地方，经物镜放大成倒立的实像 y'，此实像应在目镜第一焦点以内，靠近焦点的位置上，最后经目镜进一步把 y' 放大成倒立的虚像 y''. 目镜的作用和放大镜的作用相同，目的是使眼睛能靠近实像 y'，以增大视角.

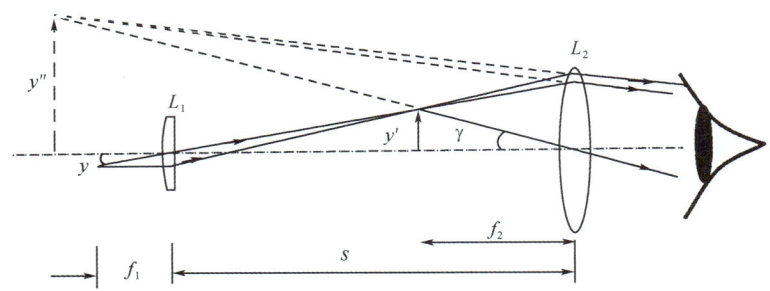

图 10-24　光学显微镜的光路图

根据光学仪器角放大率的定义，显微镜的放大率 M 为

$$M = \frac{\gamma}{\beta} = \frac{\tan\gamma}{\tan\beta}$$

由图可知，$\gamma \approx \tan\gamma = y'/f_2$（$f_2$ 为目镜焦距），$\beta \approx \tan\beta = y/25$，代入上式得

$$M \approx \frac{y'}{f_2}\frac{25}{y} = \frac{y'}{y}\frac{25}{f_2}$$

式中，y'/y 称为物镜的线放大率 m，$25/f_2$ 称为目镜的角放大率 α，代入上式得
$$M = m\alpha$$
即显微镜的放大率等于物镜的线放大率与目镜的角放大率的乘积. 实际使用的显微镜附有可以调换的不同放大率的物镜（如 10×、40×、100× 等）和目镜（7×、10×、15× 等），适当配合可获得不同大小的放大率. 由于被观察物体放在靠近物镜的第一焦点，所以物镜的线放大率 m 可近似等于 s/f_1，其中 s 是物镜的像距，因此显微镜的放大率又可写成

$$M \approx \frac{s}{f_1}\frac{25}{f_2} = \frac{25s}{f_1 f_2} \tag{10-27}$$

式中，s 可以看成镜筒长度. 由上式可见，显微镜的放大率与所用物镜和目镜的焦距成反比. 能否单纯减小 f_1、f_2 的值来无限地提高显微镜的放大率呢？回答是否定的，因为显微镜的放大率还要受其分辨本领的限制.

此外，要让显微镜分辨出物体细节，就必须对显微镜的放大率有一定的最低要求. 假如物体实际高度为 y，经过显微镜成像后，虚像 y'' 成像位置位于人眼明视距离处，其高度应至少大于或等于人眼可分辨两点间的最短距离为 0.1mm，则显微镜的放大率应至少满足 $M=0.1\text{mm}/y$，此放大率称为有效放大率.

2. 光学系统的分辨本领

使用显微镜的目的是清楚地观察物体的细节，如果只提高显微镜的放大率而不能相应地看到清楚的细节，那么这种放大率的提高就像一张模糊的相片被过分放大而毫无意义. 复杂物体可以看成是由许多不同亮度、不同位置的物点组成. 如果物点的细节间的距离小于某一极限值，显微镜是无法分辨的. 因此，定义显微镜能分辨的最短距离为显微镜的分辨极限，它的倒数称为**分辨本领**(resolving power).

物点发出的光波进入显微镜时，只有部分波阵面进入镜筒，因而会产生圆孔衍射. 各物点在物镜的像平面上所成的像不再是理想的像，而是由一定大小的亮斑构成. 目镜起到给人眼放大视角的作用，目镜中看到物镜的像，该像的细节只能由物镜来分辨，也就是说显微镜的分辨本领只决定于物镜特性，目镜只能放大物镜所分辨的细节，不能提高显微镜的分辨本领. 由**瑞利判据**(Rayleigh criterion)可知，当一物点的衍射亮斑中心恰好与另一物点的衍射图样中的第一极小重合时，两物点之间的距离正好处于物镜可分辨的极限距离，图

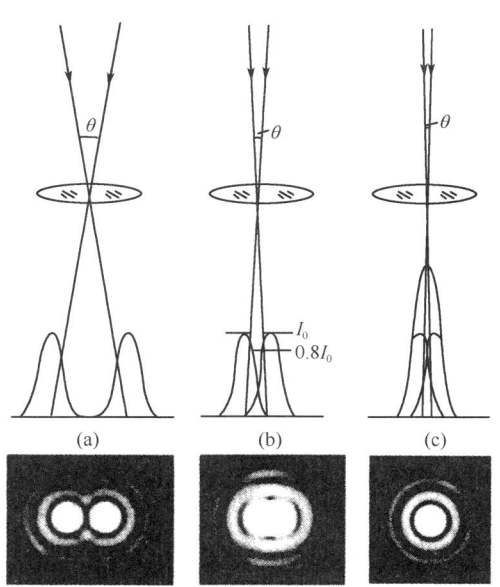

图 10-25 物镜的分辨本领

10-25(a)～(c)分别显示了可以分辨、恰好分辨和不能分辨的三种情况.

根据显微镜的具体情况，阿贝（E. Abbe）指出：物镜所能分辨的两点之间的**最小距离**为

$$Z = \frac{0.61\lambda}{n\sin u} \tag{10-28}$$

式中，λ 是所用的光波波长，n 是标本与物镜之间介质的折射率，u 是物点发出的通过透

镜边缘的光线与主光轴的夹角，$n\sin u$ 称为物镜的**孔径数**(numerical aperture，$N\cdot A$)，因此，上式可写成

$$Z = \frac{0.61\lambda}{N\cdot A} \tag{10-29}$$

可见物镜的孔径数越大，照射光的波长越短，显微镜越能分辨的最短距离就越小，越能看清物体的细节，显微镜的分辨本领也越强．因此，常用显微镜能分辨的最短距离的倒数 $1/Z$ 表示它的分辨本领的大小．

3. 提高分辨本领的方法

提高显微镜分辨本领的一种方法是增大物镜的孔径数，如利用油浸物镜增大 n 和 u 值．通常情况下，显微镜物镜和标本之间的介质是空气(称干物镜)，如图 10-26 所示．它的孔径数 $n\sin u$ 值最大只能达到 0.95 左右，这是因为自光源发出的光束达到盖玻片与空气界面时，部分光线被全反射而不能进入物镜，进入物镜的光束的锥角很小，从而影响像的分辨本领和亮度．如果在物镜和载玻片之间滴入香柏油($n=1.52$)或溴苯($n=1.66$)，物镜的孔径数可以增大到 1.5，这就是油浸物镜．油浸物镜避免了全反射，使得进入物镜的光束的锥角增大，同时也增强了像的亮度．

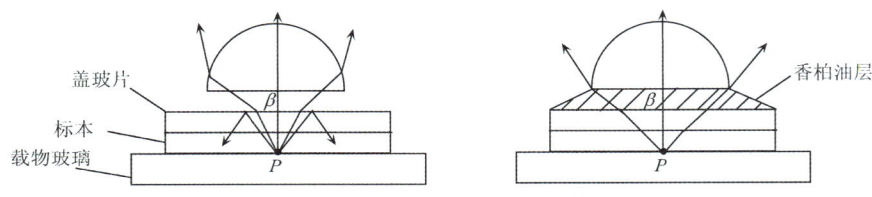

图 10-26 干物镜和油浸物镜

提高显微镜分辨本领的另一种方法是减小照射光的波长．例如，用 1.5 的高级油浸物镜时，若用可见光照射(平均波长为 550nm)，显微镜能分辨的最短距离为

$$Z = \frac{1.22\times 550}{2\times 1.5} = 0.22(\mu m)$$

比 0.22μm 再小的细节就看不清楚了．若改用波长为 300nm 的紫外光照明，可使分辨本领提高近一倍，即可看清楚小到的 0.12μm 细节．

【例 10-6】 一台显微镜的孔径数 $N\cdot A=1.4$，用波长 $\lambda=560$nm 的绿光作照明光源．若用 1′视角来观察，眼睛太吃力，现用 4′视角观察则较为舒适．试问：在这样的条件下，显微镜的放大率需要多大才合适？

【解】 显微镜能分辨的最短距离，使用式(10-29)计算，有

$$Z = \frac{0.61\lambda}{N\cdot A}$$

则大小为 Z 的细节经显微镜放大 M 倍成像 y'，即 $y'=MZ$，现在该像成在明视距离 0.25m 处，对眼张 4′视角，因此

$$\tan\beta = \frac{y'}{0.25} = \frac{MZ}{0.25} = \frac{M(0.61\lambda/N\cdot A)}{0.25}$$

$$M = 0.25\times N\cdot A\times \tan\beta/0.61\lambda = 1192 \text{ 倍}$$

这个放大率的值是为了使人眼看得舒服，视角为 4′时所需要的．实际上视角为 1′时就已能满足分辨清楚的要求．若按视角为 1′的条件，本题的放大率应是 1192÷4=298 倍．

显微镜的分辨本领和放大率是两个不同的概念.放大率是指物体经显微镜后被放大的倍数,而分辨本领则是分辨物体细节的能力.前者等于物镜的线放大率和目镜的角放大率的乘积,而后者只取决于物镜.因此如果使用高倍目镜,虽然可以提高显微镜的放大率,但对分辨本领的提高没有帮助.例如,一个 $40\times$($N \cdot A$ 为 0.65)的物镜配一个 $20\times$ 的目镜和一个 $100\times$($N \cdot A$ 为 1.30)的物镜配一个 $8\times$ 的目镜,虽然放大率都是 800 倍,但后者的分辨本领却较前者高一倍,从而能够看清物体更微小的细节.

小 结

根据几何光学折射定律和近轴光线条件,推导出单球面折射公式.

采用逐次成像法,掌握共轴球面折射系统成像规律.

由单球面折射成像公式推导出基本光学元件——薄透镜的成像公式及薄透镜组合成像规律.

了解厚透镜的三对基点及其作用.了解透镜的像差及校正方法.

从几何光学角度研究人眼睛的成像原理和规律,理解远点、近点和明视距离;视角、视力;近视眼、远视眼和散光眼的光学特点以及矫正方法.

掌握三种医学常用的光学仪器——放大镜、纤镜和显微镜的光学结构及其成像特点.光学系统的分辨本领与圆孔衍射有关.

阅读材料

1911 年诺贝尔生理学或医学奖获奖者——古尔斯特兰德

古尔斯特兰德(A. Gullstrand,1862~1930),瑞典著名眼科学专家.由于对眼屈光学(the dioptrics of the eye)方面的贡献,获 1911 年度诺贝尔生理学或医学奖.他系统研究了人类眼睛的散光、斜视、白内障和屈光学等,从理论到实验对几何光学、生理光学和眼科学做出了巨大贡献.1903 年,他在对眼睛成像的解剖学结构进行了精细研究,特别是对其调节功能系统研究之后,发明了裂隙灯.裂隙灯发出的成束光可以有选择地通过眼睛需要检查的部分,而其余部分仍然是暗的.裂隙灯与角膜显微镜(corneal microscope)结合起来可检查眼睛内部的各种变化,从而为疾病诊断提供了依据.

古尔斯特兰德(A. Gullstrand,1862~1930)

古尔斯特兰德 1862 年 6 月 5 日生于瑞典朗茨克鲁纳.1880~1884 年就读于乌普萨拉大学医学院.1884~1888 年医学院毕业后,先后到奥地利的维也纳、瑞典首都斯德哥尔摩深造,专攻生理光学.1888 年在斯德哥尔摩考试合格,取得眼科行医执照,回到其父的诊所里工作.1890 年获博士学位.1891 年,被任命为卡罗琳医学院的眼科讲师.1892 年升任斯德哥尔摩眼科诊所所长.1894 年,乌普萨拉大学任命他为眼科主任教授.1900 年先后荣获乌普萨拉医师协会、瑞典医学协会的奖金与奖章,以及乌普萨拉大学的荣誉学位.1911 年又获柏林大学等的荣誉学位.1914 年成为乌普萨拉大学物理光学和生理光学的专职研究教授.1911~1929 年任瑞典科学院诺贝尔物理学委员会的委员职务,1922~1929 年间还担任了该委员会的主席.1927 年,成为乌普萨拉大学的名誉退职教授.1927 年获德国眼科界的格雷夫奖章,被誉为"人类心灵之窗的卫士"的眼科医师.1930 年 7 月 28 日逝世于斯德哥尔摩.

古尔斯特兰德出生于一个眼科世家,父亲是一位深孚众望的眼科大夫,他继承了祖辈的医德医术，更重要的是，在治病过程中努力运用新的科学，整理和发扬了祖传眼科医术．1888年回到朗茨克鲁纳他父亲的诊所里工作后，首先研究了角膜的散光性，发现散光眼是因为角膜发育不正常，有些部分长得厚，有些部分长得薄，当通过厚的部分进入眼内的光线形成清晰的物像，通过薄的部分进入眼内的光线只能形成模糊不清的物像，使得散光眼的人在一个方位看得清，而在另一个方位就看不清．因此，需要柱状眼镜片补偿和均衡角膜的折光性．接着，他改进了估计散光程度和角膜异常的方法，给眼科临床带来很大方便．1890年，他答辩了题为"散光理论(the theory of astigmatism)"的博士论文，以其刻苦自学所得的真知灼见，使全世界的散光眼患者清晰地看到客观世界的本相．他的论文轰动了当年的斯德哥尔摩．他深入探讨了围绕眼睛的支点旋转眼睛的效应，让斜视眼患者注视医生在他面前做圆周运动的手指，从而探测出哪些控制眼球运动的肌肉出了毛病．1892年他发表了有关的研究论文，极大促进了眼科临床对斜视眼的鉴别诊断．1894年春天，他成功地为一位瞳孔上长了白色云翳的患者做了第一例割翳手术，使患者盲而复明．他医道精湛，医德圣洁．在19世纪的最后几年中，他克服了许多数学上的困难，深入研究了几何光学和生理光学．从1896～1908年，他发表了大量论文，探索了角膜折光、单色像差、光学物像，以及异质介质中光学物像和人类晶状体的屈光学等问题．他透彻地研究了前人未能详细研究的问题，提出有关人类眼睛新的更精确的概念，从而超越了19世纪伟大的生理学家先驱赫尔姆霍兹．1908年，索塞尔教授要为赫尔姆霍兹的旷世巨著——《生理光学手册》第三版进行修订，特邀他撰写题为"视力调节的机理"(Introduction to the methods of the dioptrics of the human eyes)的补遗．1911年他发明了裂隙灯．裂隙灯与显微镜结合可以方便地检查眼睛内部的变化，精确地确定眼睛内异物和病点的三度空间，也可观察炎症的早期变化和它的发展过程．1911年他还请蔡司光学仪器公司制造了巨大的检视镜，改进了视力测定等．上述发明和改进，都已成为现代临床眼科不可缺少的诊断手段和常规仪器．古尔斯特兰德在眼睛屈光学方面有杰出成就．经过20多年来百折不挠的研究，终于搞清了光线从空气通过角膜、晶状体等几种折光指数不同的介质而在视网膜上成像的原理，阐明了视力调节的机理，归纳出光学成像的一般定理，并得到了各国学者的承认．为了表彰他在眼睛屈光学方面的杰出贡献，1911年经斯德哥尔摩卡罗琳医学院教授会议推荐，授予他当年的诺贝尔生理学或医学奖金．此后，他仍致力于更高级的光学系统定理的研究，培养来自国内外的学者，并发表了大量论文和著作．在几何光学领域中，他一直是那个时代的旗手．总之，他从理论到实践对几何光学、生理光学和眼科学都有创时代的贡献．

思 考 题

10-1 单球面折射公式中，u、v、r遵循的符号规则是什么？

10-2 焦度的定义是什么？焦度为正或负各代表什么？

10-3 什么是共轴球面系统？共轴球面系统如何成像？

10-4 为什么说紧密贴合在一起的薄透镜组的焦度等于组成它的各透镜焦度之和？

10-5 如何消除透镜的球面像差和色像差？

10-6 厚透镜的三对基点如何确定？

10-7 如何理解国家标准视力表的测量方法？

10-8 如何矫正近视眼的屈光不正？

10-9 如何矫正远视眼的屈光不正？

10-10 怎么理解柱面透镜的成像特点？

10-11 如何矫正散光眼的屈光不正？

10-12 怎么理解放大镜的角放大率?

10-13 试简述什么是显微镜的放大率?

10-14 如何理解显微镜的放大率和分辨率区别?

习 题

10-1 直径为 8cm 的玻璃棒($n=1.5$),长 20cm,两端是半径为 4cm 的半球面,若一束近轴平行光线沿棒方向入射,求像的位置.

10-2 一圆球形透明球体放在水中($n=1.33$),能将从无穷远处射来的近轴光线会聚于第二折射面的顶点,求此透明球体的折射率.

10-3 空气中焦距为 10cm 的双凸薄透镜,折射率为 1.5,若令其一面与水($n=1.33$)相接,则此系统的焦度改变多少?

10-4 折射率为 1.5 的玻璃薄透镜焦度为 5D,将它浸入某种液体中,焦度变为 –1D,求此液体的折射率.

10-5 折射率为 1.5 的平凸透镜,在空气中的焦距为 50cm,求凸面的曲率半径.

10-6 一个会聚弯月形透镜($n=1.5$),其表面的曲率半径分别为 5cm 和 10cm,凹面上装满水($n=1.33$),这样的透镜焦距为多少?

10-7 一个焦距为 10cm 的凸透镜与一焦距为 10cm 的凹透镜相隔 10cm,某物最后成像于凸透镜前 10cm 处,此物应放在凸透镜前什么位置?

10-8 将折射率为 n 的双凸薄透镜置于折射率为 n_1 和 n_2 的两种介质界面处,其薄透镜成像公式和两焦距分别为多少?

10-9 凸透镜 L_1 和凹透镜 L_2 的焦距分别为 20cm 和 40cm,L_2 在 L_1 右边 40cm 处.在透镜 L_1 左边 30cm 处放置某物体,求透镜组合所成的像.

10-10 把焦距为 20cm 的凸透镜与焦距为 40cm 的凹透镜紧密贴合,求贴合后的焦度.

10-11 一近视眼患者的远点为 2m,他看远处物体时应配戴多少度的何种眼镜?

10-12 远视眼患者戴 2D 的眼镜看书时须把书拿到眼前 40cm 处,此人应配戴何种眼镜才合适?

10-13 能看清视力表最上面一行 E 字的人,视力为 0.1.某近视眼患者站在规定的视力表前 5m 处,看不清上面一行 E 字,走到距离视力表 2m 的地方才可看见,此患者的视力为多少?

10-14 显微镜目镜的焦距为 2.5cm,物镜的焦距为 1.6cm,物镜和目镜相距 22.1cm,最后成像于无穷远处,问:

(1) 标本应放在物镜前什么地方?

(2) 物镜的线放大率是多少?

(3) 显微镜的总放大倍数是多少?

10-15 用孔径数为 0.75 的显微镜去观察 0.3μm 的细节能否看清楚?若改用孔径数为 1.3 的物镜去观察又如何?设所用光波波长为 600nm.

10-16 明视距离处人眼可分辨的最短距离为 0.1mm,欲观察 0.25μm 的细胞细节,显微镜的总放大倍数以及 $N·A$ 应为多少?设所用光波波长为 600nm.

习 题 答 案

10-1 −16cm

10-2　2.66

10-3　3.3D

10-4　1.6

10-5　25cm

10-6　12cm，16cm

10-7　15cm

10-8　$\dfrac{n_1}{u}+\dfrac{n_2}{v}=\dfrac{n-n_1}{r_1}-\dfrac{n-n_2}{r_2}, f_1=n_1[(\dfrac{n-n_1}{r_1}-\dfrac{n-n_2}{r_2})]^{-1}, f_2=n_2[(\dfrac{n-n_1}{r_1}-\dfrac{n-n_2}{r_2})]^{-1}$

10-9　40cm

10-10　2.5D

10-11　−0.5D

10-12　3.5D

10-13　0.04

10-14　(1)1.74cm；(2)11.3 倍；(3)113 倍

10-15　Z_1=0.49，Z_2=0.29

10-16　400 倍，$N \cdot A$=1.5

第 11 章 量子力学基础

1930 年，在德布罗意(L. V. de Broglie)物质波的理论基础上，利用磁场对电子流的影响以形成凸透镜效应，人类制造出了电子显微镜，分辨本领达到 3nm，使人类可以观察到大分子甚至某些原子. 1980 年，科学家制造出了扫描隧道显微镜，利用量子力学中的隧道效应导致的电流变化，经过计算机处理绘制出三维图像，它的分辨率高达 0.01nm.

因此，光学显微镜可以看到生物细胞、微生物，电子显微镜可以看到病毒，隧道显微镜则可以看到所有的原子.

1970 年，纳德·尼尔森开始第一次使用扫描电子显微镜. 1986 年，他成为第一个拍摄到正在活动中的 HIV（艾滋病病毒）的摄影师. 如今，这些被放大到海报那么大的病毒照片就悬挂在卡罗林斯卡研究所（诺贝尔奖委员会颁发医学奖的地方）的走廊上，供人们观瞻.

上图：巨大的海绵浴球的球根状体正是人体的白细胞，蓝色的小颗粒状物是 HIV. 图中显示 HIV 正在侵蚀白细胞.

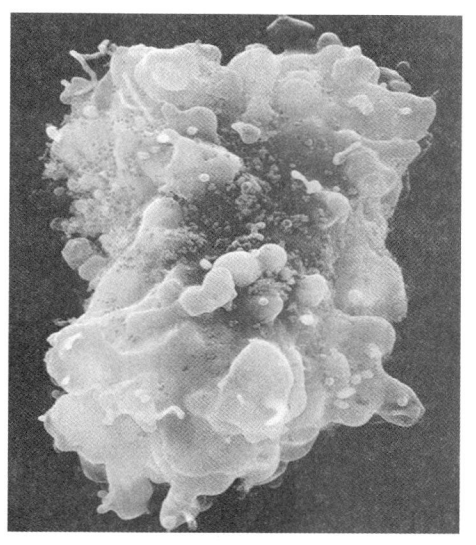

下图：蓝色的蝌蚪状物的是禽流感 H5N1 病毒，而它正在侵袭的物体则是香港一名 H5N1 病毒感染者的肺.

前面介绍了光在传播过程中，有干涉、衍射、偏振等现象，说明光具有波动性，这是光的本性重要的一个方面. 19 世纪末 20 世纪初，人们在对热辐射、光电效应等现象的研究中，逐渐认识到光除了具有波动性外，还具有量子性(粒子性)，这就是光的波粒二象性. 在普朗克、爱因斯坦阐明了辐射和光的量子性以后，1913 年玻尔提出了氢原子的玻尔理论，成功地计算了氢原子的能级和光谱频率. 但玻尔理论只能适用于核外只有一个电子的氢原子和类氢原子，这就促使人们去寻求建

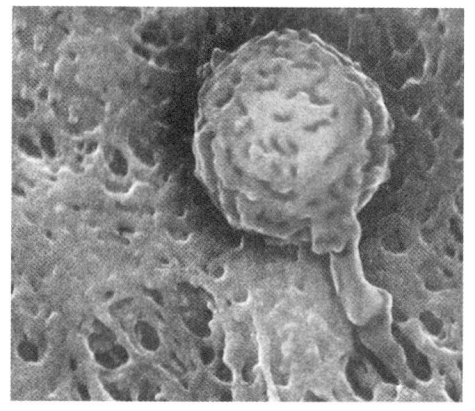

立一种能够全面反映微观粒子运动规律的新理论. 1924 年德布罗意提出了实物粒子波粒二象性假设，并很快被实验证实. 在此基础上，薛定谔、海森伯等建立了量子力学的理论体系. 量子力学和相对论成为近代物理学的两大支柱.

量子力学是研究微观粒子(分子、原子、原子核、基本粒子等)运动规律的理论，它涉及物理学的各个领域，在化学、生物学和生命科学的研究中也得到了广泛的应用. 本章将介绍热辐射、光的量子性、氢原子的玻尔理论、实物粒子的波动性、薛定谔方程等.

11.1 热辐射

11.1.1 热辐射与黑体辐射

物体内部的分子、原子和电子都在不停地热运动,在运动碰撞中这些粒子不断地吸收能量进入激发状态,然后又以电磁波的形式将多余的能量辐射出去,这种由热运动引起的辐射电磁波能量的现象称为**热辐射**(thermal radiation).

设物体温度为 T 时,单位时间内从物体单位表面积辐射出来的波长在 $\lambda \sim \lambda + d\lambda$ 间隔内的辐射能量为 dE,dE 与温度 T 和波长 λ 有关,实验表明 $dE(\lambda, T)$ 与 $d\lambda$ 成正比,即

$$dE(\lambda, T) = M(\lambda, T) d\lambda \tag{11-1}$$

式中,$M(\lambda, T)$ 称为物体的**单色辐射出射度**(radiant exitance),简称**单色辐出度**. 它由物体本身的性质和表面情况决定. 单位时间内从物体单位表面积辐射出来的包括各种波长的总辐射能称为**总辐出度** $M(T)$. 根据式(11-1)有

$$M(T) = \int_0^\infty M(\lambda, T) d\lambda \tag{11-2}$$

当辐射能入射到不透明的物体表面时,一部分被物体吸收,另一部分被物体反射. 吸收的辐射能与入射的总辐射能的比值称为物体的**吸收因数**(absorption factor),物体的吸收因数和物体温度有关,也和入射到物体表面的辐射能的波长分布有关,用 $a(\lambda, T)$ 表示物体的单色吸收因数. 如果一种物体在任何温度下都能把入射到其表面的所有波长的辐射能全部吸收,即 $a(\lambda, T)$ 与 λ、T 无关,$a(\lambda, T) \equiv 1$,这种物体称为**绝对黑体**(absolute black body),简称**黑体**(black body).

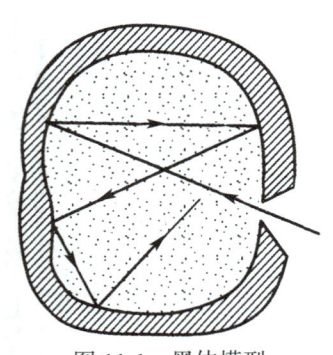

图 11-1 黑体模型

不同物体的辐出度和吸收因数由于物体性质和表面情况的不同可能有很大差别. **基尔霍夫辐射定律**指出:在热平衡条件下,任何物体在同一温度下的单色辐出度 $M(\lambda, T)$ 与其单色吸收因数 $a(\lambda, T)$ 的比值与物体的性质无关,都等于绝对黑体在同一温度下的单色辐出度 $M_0(\lambda, T)$. 要了解任意一个物体的热辐射性质,就必须确定黑体的单色辐出度 $M_0(\lambda, T)$. 因此,研究黑体的辐射问题就成为研究热辐射的中心问题.

11.1.2 黑体辐射的实验规律

黑体是一种理想模型,自然界中没有绝对黑体. 因此研究黑体辐射的实验规律首先需要建立黑体的实验模型. 由不透明材料制成的任意形状的封闭空腔(空心容器)的表面上开一个小孔,如图 11-1 所示,入射到小孔的辐射能在腔内来回反射,每次反射总要被空腔吸收一部分能量,经过多次反射后,出射的辐射能量非常微弱,可认为入射到小孔的辐射能被完全吸收,所以该小孔可视为黑体. 当给空腔加热时,空腔壁要向腔内辐射能量,从小孔发出的辐射就是黑体辐射. 利用分光技术,测出不同温度下黑体辐射能量随波长的分布,就可得到黑体的单色辐出度 $M_0(\lambda, T)$,如图 11-2 所示. 实验发现,黑体辐射的实验规律与黑体的材料及腔壁形状无关.

基于图 11-2 的实验曲线，可以得出黑体辐射的两条实验定律：

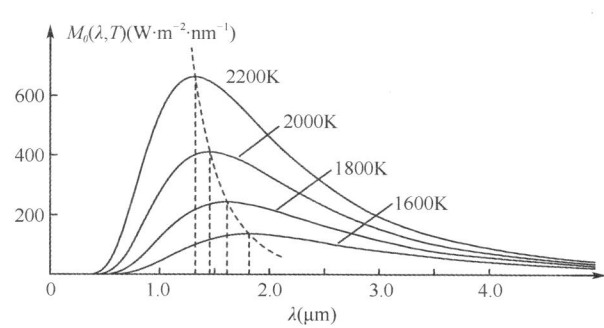

图 11-2 黑体的辐出度

(1) 斯特藩-玻尔兹曼定律：当温度升高时，任一波长的单色辐出度都增大，总辐出度迅速增加．斯特藩根据实验数据得出，**总辐出度与黑体的绝对温度 T 的四次方成正比**，即

$$M_0(T)=\sigma T^4 \tag{11-3}$$

式中，$\sigma=5.67\times10^{-8}\mathrm{W\cdot m^{-2}\cdot K^{-4}}$，称为斯特藩常量．这一结论后来又被玻尔兹曼根据热力学理论证明，因此称为**斯特藩-玻尔兹曼定律**．

(2) 维恩位移定律：在任一温度下，黑体单色辐出度最大值对应的波长 λ_m 称为**峰值波长**．维恩根据热力学理论指出，在黑体辐射中，**峰值波长与黑体的绝对温度 T 成反比**，即

$$\lambda_m T=b \tag{11-4}$$

式中，$b=2.898\times10^{-3}$ m·K．上式称为**维恩位移定律**．当温度升高时，λ_m 向短波方向移动．

上述两条实验定律反映了热辐射的基本规律，在现代科学技术上得到了广泛的应用，是高温遥测、红外追踪等技术的物理学基础．例如，太阳表面的温度可以利用维恩位移定律测算出来，太阳光谱的 λ_m 约为 500nm，可算出太阳表面的温度约为 5.80×10^3K．医学上的热像仪、无接触体温仪等也都是依据热辐射的原理设计的．人体皮肤温度为 34℃，即 307K，可算出其热辐射的峰值波长为 9.44μm，在远红外区．通过扫描检测某一部位各点的热辐射，可得到该部位体表的温度分布，经计算机处理后，以图像的形式显示出来，这样得到的图像称为热像图，它能分辨 1cm² 范围 0.03℃ 的温度差别，可以用来监测人体某些部位的病变，如乳腺癌、脉管炎等疾病的诊断．目前热像图应用范围日益广泛，在医学、宇航、工业、军事等方面应用前景很好．

11.1.3 普朗克量子假设

如何从理论上推导出黑体辐射的单色辐出度公式及实验规律，是 19 世纪末 20 世纪初物理学研究的热点问题之一．根据经典物理学理论，一个辐射体可以看成是由无穷多个带电谐振子组成，这些谐振子与周围辐射场不断交换能量而达到热平衡．每个谐振子发射或吸收频率与谐振子振动频率相同的单色辐射，全部谐振子就会发出包含各种频率的连续辐射谱．但是由经典理论导出的公式与实验数据不符合，其中维恩 1896 年根据经典热力学和麦克斯韦分布律导出了黑体辐出度理论公式——维恩公式，瑞利和金斯 1900 年根据经典电磁学和能量均分定理导出了瑞利-金斯公式．维恩公式在短波范围与实验数据符合得很好，但大于峰值波长之后就有较大的偏差；而瑞利-金斯公式在长波范围内还能符合实验数

据，在短波范围就和实验值相差甚远，甚至趋于无限大，如图 11-3 所示．虽然两个公式的理论出发点不尽相同，但都是基于经典物理学的普遍规律，经典物理学理论与实验不符，清楚地表明经典物理学的不足，预示着黑体辐射问题的解决需要变革经典物理学的传统观念．

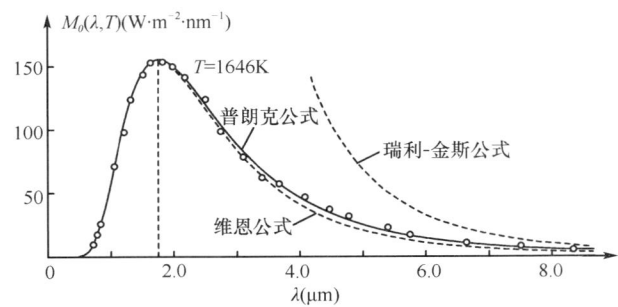

图 11-3　黑体的辐出度公式与实验数据比较（小圆圈表示实验数据）

1900 年普朗克（M. Planck）利用内插法将适用于短波的维恩公式和适用于长波的瑞利-金斯公式衔接起来，得到普朗克公式．与实验结果比较发现，在所有波段里，普朗克公式与实验符合得很好．为了从理论上推导出这个公式，普朗克不得不作出与经典物理格格不入的能量子假设．他认为：

(1) 频率为 ν 的带电谐振子只能处于某些特殊的状态，在这些状态上，谐振子能量是最小能量单位 $h\nu$ 的整数倍，即谐振子能量 E_n 为

$$E_n = nh\nu \quad (n=1, 2, 3, \cdots) \tag{11-5}$$

这个最小能量单位称为**能量子**（energy quantum），简称**量子**（quantum）．$h=6.626\times 10^{-34}$ J·s 称为**普朗克常量**．n 称为**量子数**，不同的 n 对应不同的状态（量子状态），即谐振子能量是量子化的．

(2) 谐振子与周围辐射场交换能量时，它辐射或吸收的能量只能是最小能量单位的整数倍．如频率为 ν 的谐振子从量子数为 n 的量子态跃迁到 $n+1$ 量子态时，它所吸收的能量为

$$\Delta E = E_{n+1} - E_n = (n+1)h\nu - nh\nu = h\nu \tag{11-6}$$

即谐振子辐射或吸收的能量也是量子化的．根据能量子假设，推导出了著名的普朗克公式

$$M_0(\lambda, T) = \frac{2\pi h c^2}{\lambda^5} \frac{1}{e^{hc/\lambda kT} - 1} \tag{11-7}$$

式中，c 为真空中的光速，k 为玻尔兹曼常量，λ 为辐射电磁波的波长（$\lambda = c/\nu$），T 为黑体的绝对温度，e 为自然对数的底数．

根据普朗克公式可以推导出黑体辐射的两条实验规律，圆满地解释了黑体辐射现象．普朗克第一次提出了量子的概念，并引入了一个非常重要的物理常量——普朗克常量．普朗克量子假设的提出，标志着人类对自然规律的认识从宏观领域进入到了微观领域．它不仅正确解释了热辐射现象，更重要的是冲破了经典物理观念的长期束缚，鼓励人们积极创新、探索新的理论．在普朗克量子假设的推动下，很多微观现象逐步得到了正确解释，并建立了量子力学理论体系．

11.2 光的量子性

11.2.1 光电效应的实验规律

金属表面受到适当频率的光照射而逸出电子的现象称为**光电效应**(photo-electrical effect)，由光电效应产生的电子称为**光电子**(photo-electron)，这种现象是由赫兹(H. R. Hertz)在1887年发现的. 随后的实验研究发现，光电效应的实验规律是经典电磁理论无法解释的.

研究光电效应的实验装置如图11-4所示，在真空玻璃管中封有两个电极，阴极 K 由被研究的金属制成，用于释放电子，阳极 A 用于收集电子. 当阴极 K 受到适当频率的光照射时，它将产生光电子. 光电子在 A、K 两极之间受到电场的加速而向 A 极运动，形成光电流. 电压表 V 和电流表 G 分别指示 AK 间的电压和电流的大小. 电位器 R 用于调节加在 AK 间电压的大小，开关 S 用于调节加在 AK 间电压的方向. 测量光电效应的伏安曲线可以得到光电效应的实验规律如下：

(1) 照射光的频率必须达到**临界频率**(或称**红限频率**) ν_0，才能使电子逸出金属. 若照射光频率小于 ν_0，无论照射光强度多大，照射时间多长，都不会逸出光电子. 不同的金属具有不同的临界频率.

(2) 光电子逸出金属表面时的初速度(或初动能)与光的强度无关，只取决于照射光的频率. 频率越高，光电子的初速度越大.

(3) 当照射光的频率 ν 大于临界值 ν_0 时，单位时间内从金属表面逸出的光电子数目与照射光的强度成正比.

(4) 光电效应具有瞬时性，只要照射光频率大于 ν_0，无论光的强弱如何，从光照射开始到光电子逸出的时间不超过 10^{-9}s，基本上是一照即出.

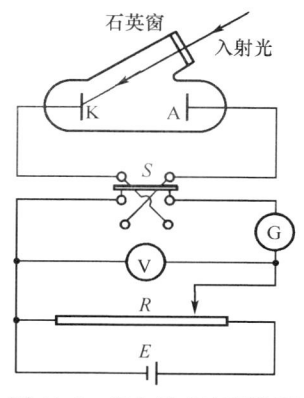

图11-4 光电效应实验装置

上述光电效应的实验结果，用光的波动学说是无法解释的. 按照经典的电磁理论，光电效应的产生是由于金属内部的电子吸收了照射光的能量摆脱了金属的束缚而逸出成为光电子. 只要入射光的强度足够大，任何频率的光都可以产生光电效应，而不应该有临界频率，而且逸出的光电子的初速度也随入射光强度的增大而增大，而与光的频率无关；另外，当入射光的强度很弱时，由于电子能量的积累需要一定的时间，因此从光照射金属表面到光电子逸出，需要一定的时间，且光线越弱，延长的时间就越长. 然而实验结果并非如此.

11.2.2 爱因斯坦光电效应方程

为了解释光电效应的实验规律，1905年爱因斯坦(A. Einstein)提出了光量子假设. 他在普朗克的能量子假设的基础上，进一步指出不仅谐振子与辐射场交换能量是量子化的，辐射场本身就是量子化的，即光具有量子性(即粒子性). 光在空间传播过程中，是一颗一颗运动的量子流，这种光的量子称为**光量子**(light quantum)或**光子**(photon)，光子仍然保持频率(或波长)的概念，频率为 ν 的光子能量为 $E=h\nu$，h 为普朗克常量. 光的强度决定于单位时间内通过与光的传播方向垂直的单位面积的光子数.

按照爱因斯坦的光量子假设,在光电效应中,一个频率为 ν 的光子被金属中的一个电子吸收,部分能量用于克服金属束缚做**脱出功** A,其余的能量转化为光电子出射的初动能 $\frac{1}{2}m_e v^2$,m_e 为电子质量,v 为光电子出射的初速度.由能量守恒定律可得

$$h\nu = \frac{1}{2}m_e v^2 + A \tag{11-8}$$

上式称为**爱因斯坦光电效应方程**.

由上式可知,要产生光电效应,光子的能量不能小于脱出功,即能够产生光电效应的最低频率 ν_0 必须满足 $h\nu_0 = A$,或 $\nu_0 = A/h$,这就是临界频率.当照射光频率 $\nu > \nu_0$ 时,光电子的初动能随 ν 增大而增大,与照射光强度无关.照射光强度增大,即作用在金属表面的光子数增多,所以从金属表面逸出的光电子数目与照射光的强度成正比.在光子与电子的相互作用中,一个电子吸收一个光子的能量,无需积累能量的时间,所以一照即出.

爱因斯坦的光量子假设圆满地解释了光电效应现象,而另外一些辐射与物质相互作用的现象,如康普顿效应,也只有应用光量子假设才能得以解释,从而确立了光量子学说.

11.2.3 光子的质量与动量

一切实物粒子都具有质量和动量,如分子、原子、质子、中子、电子等.光具有量子性,即粒子性,光子也应该具有质量和动量.

按照爱因斯坦狭义相对论,物质的能量 E 与质量 m 之间存在紧密的联系,它们数量上的关系为

$$E = mc^2 \tag{11-9}$$

这就是著名的**质能方程**,式中 c 为真空中的光速.

既然光子具有能量 $E = h\nu$,也应具有相应的质量,光子的质量通常用 m_φ 表示

$$m_\varphi = \frac{E}{c^2} = \frac{h\nu}{c^2} \tag{11-10}$$

按照狭义相对论,物体质量 m 与其速度 v 之间关系为

$$m = \frac{m_0}{\sqrt{1 - \frac{v^2}{c^2}}} \tag{11-11}$$

式中,m_0 是物体的静止质量.光子总是以光速 c 运动,即 $v = c$,因此 $m_{\varphi 0} = 0$,即光子没有静止质量.光子具有质量已被实验所证实:来自遥远恒星的光线经过太阳附近时会出现弯曲,这是由于光子受到太阳的引力偏离了原来的行进方向.

光子具有质量,又具有速度,因此具有动量,光子的动量 p_φ 为

$$p_\varphi = m_\varphi c = \frac{h\nu}{c} = \frac{h}{\lambda} \tag{11-12}$$

光子具有动量和式(11-12)的正确性已为许多实验事实(如光压)所证实.

我们前面已经认识到光在传播过程中,具有干涉、衍射和偏振等现象,说明光具有波动性.而在光与物质的相互作用过程中,如热辐射、光电效应、康普顿效应等现象中,必须用光的量子性(即粒子性)才能得到圆满解释.对于光的本质,我们应该有一个全面的认识,光具有波动和粒子双重属性,即**光具有波粒二象性**.

11.3 氢原子的玻尔理论

在 19 世纪 80 年代，人们把看似毫无规律的氢原子线光谱归结成有规律的公式，这使人们意识到光谱规律的实质是显示了原子内在的规律性. 1897 年，汤姆孙发现了电子，这进一步促使人们去探索原子的结构. 应当说，光谱学的研究、电子的发现、量子假设的提出，这三大线索为运用量子论研究原子结构提供了坚实的理论和实验基础.

11.3.1 氢原子光谱的规律性

1885 年瑞士数学家巴耳末发现氢原子的线光谱在可见光部分可归结为如下公式

$$\lambda = 365.46 \frac{n^2}{n^2 - 2^2} \text{(nm)} \quad (n = 3, 4, 5, \cdots) \tag{11-13}$$

1890 年瑞典物理学家里德伯把上式写成光谱学中常见的形式

$$\frac{1}{\lambda} = R\left(\frac{1}{2^2} - \frac{1}{n^2}\right) \quad (n = 3, 4, 5, \cdots) \tag{11-14}$$

式中，R 称为里德伯常量，实验值为 $R = 1.0967758 \times 10^7 \text{m}^{-1}$.

在氢原子的光谱中，除了巴耳末系外，后来又在氢原子光谱的紫外区发现了赖曼系，在红外区发现了帕邢系、布拉开系，各系都可用类似的公式表示，这些公式可综合成一个广义的巴耳末公式

$$\frac{1}{\lambda} = R\left(\frac{1}{k^2} - \frac{1}{n^2}\right) \quad (n = k+1, k+2, k+3, \cdots) \tag{11-15}$$

当 k 取 1、2、3、4 时，分别对应于赖曼系、巴耳末系、帕邢系、布拉开系. 氢原子光谱各个谱系中，每一条谱线的波长都可以用这样一个简单公式概括起来，这说明广义巴耳末公式实质上反映了氢原子内部的规律性. 1908 年里德堡等又发现碱金属元素的光谱也有类似于氢原子光谱的规律性，这无疑启示人们原子的内部存在固有规律性.

11.3.2 氢原子的玻尔理论

1897 年汤姆孙发现电子以后，人们就知道，由于宏观物体整体是电中性的，原子中除有电子之外，一定还存在着带正电的部分，而且原子内正负电荷应相等. 原子中正负电荷的分布及原子的结构就成了困扰许多物理学家的问题. 1911 年卢瑟福根据α粒子散射实验，提出了原子核式结构模型：原子是由带正电的原子核和核外若干个绕核运动的电子所组成的，原子核质量占整个原子质量的 99.9% 以上，但直径不到原子直径的万分之一. 这个模型很快得到了公认，但它与经典电磁理论相矛盾. 按照经典电磁理论，绕核运动的电子具有加速度，因此要辐射电磁波，其能量逐渐减少，轨道半径也会随之变小，最后电子将沿着螺旋线落到原子核上. 此外，由于轨道半径越来越小，电子绕核运动的频率会越来越高，它辐射的电磁波频率应该是连续的. 也就是说，原子是不稳定的，原子发射的光谱应该是连续光谱. 然而，事实并不是这样，原子是稳定的，原子光谱是线状光谱.

为了解决卢瑟福原子模型在理论上存在的困难和解释原子光谱的规律性，1913 年玻尔将普朗克的量子假设应用于原子结构的研究，提出了以下基本假设：

(1) 原子中的电子可以在一些特定的圆形轨道上运动而不辐射电磁波,这时原子处于**稳定状态**(简称**定态**),并具有一定的能量.

(2) 处于定态的原子,其电子轨道角动量 $m_e v r$ 的数值等于 $\dfrac{h}{2\pi}$ 的整数倍,即

$$m_e v r = n \frac{h}{2\pi} \quad (n=1, 2, 3, \cdots) \tag{11-16}$$

上式称为**量子化条件**,n 称为**主量子数**.其中 m_e 为电子的质量,v 为速度,r 为圆周轨道的半径,h 为普朗克常量.

(3) 当原子从一个高能量的定态 E_n 向另一个低能量的定态 E_k 跃迁时,要发射频率为 ν 的光子,且

$$\nu = \frac{E_n - E_k}{h} \tag{11-17}$$

该式称为**频率条件**.

现在可以从玻尔三条假设出发推导出氢原子能级公式,并解释氢原子光谱的规律. 设在氢原子中,质量为 m_e、电荷为 e 的电子,在半径为 r_n 的稳定轨道上以速率 v_n 做圆周运动,作用在电子上的库仑力即为向心力

$$\frac{e^2}{4\pi\varepsilon_0 r_n^2} = \frac{m_e v_n^2}{r_n} \tag{11-18}$$

由量子化条件可得 $v_n = \dfrac{nh}{2\pi m_e r_n}$,把 v_n 代入式(11-18)

$$r_n = n^2 \frac{\varepsilon_0 h^2}{\pi m_e e^2} = n^2 r_1 \tag{11-19}$$

其中,$r_1 = a_0 = \dfrac{\varepsilon_0 h^2}{\pi m_e e^2} = 5.29 \times 10^{-11}\,\text{m}$,这实际上是电子第一个(即 $n=1$)轨道的半径,叫作**玻尔半径**. 由式(11-19)可知,电子绕核运动的轨道半径的可能值为 a_0,$4a_0$,$9a_0$,$\cdots$.

电子在第 n 个轨道上的总能量是动能和势能之和,即

$$E_n = \frac{1}{2} m_e v_n^2 + \left(-\frac{e^2}{4\pi\varepsilon_0 r_n}\right) = -\frac{m_e e^4}{8\varepsilon_0^2 h^2} \cdot \frac{1}{n^2} \quad (n=1, 2, 3, \cdots) \tag{11-20}$$

上式表明,氢原子的能量状态是量子化的,这些不连续的量子化能量值称为**能级**. 当 $n=1$ 时,$E_1 = -\dfrac{m_e e^4}{8\varepsilon_0^2 h^2} = -13.60\,\text{eV}$,能级最低,原子处于这种状态最稳定,称为**基态**(ground state). 当量子数 n 增大时,原子可能处于 E_2,E_3,E_4,$\cdots$ 等较高能量状态,称为**激发态**. 当 $n=\infty$ 时,$r_\infty=\infty$,$E_\infty=0$,此时电子将脱离原子核的束缚而成为自由电子.

当电子从不同的高能级跃迁到同一低能级时,发射的谱线形成一个谱线系,跃迁到不同的低能级,可产生不同的谱线系. 图11-5 是氢原子的能级和发射光谱中的几个著名的谱线系的示意图. 由式(11-17)和式(11-20)以及 $c=\lambda\nu$ 的关系可得

$$\frac{1}{\lambda} = \frac{\nu}{c} = \frac{m_e e^4}{8\varepsilon_0^2 h^3 c}\left(\frac{1}{k^2} - \frac{1}{n^2}\right) \quad (n>k) \tag{11-21}$$

该式与广义巴耳末公式(11-15)完全一致,计算可得里德伯常量的理论值为

$$R = \frac{m_e e^4}{8\varepsilon_0^2 h^3 c} = 1.0973731 \times 10^7 \, \text{m}^{-1}$$

与实验测得的里德伯常量符合得很好.

氢原子的玻尔理论圆满地解释了氢原子光谱的规律性,从理论上算出了里德伯常量,并能对只有一个价电子的原子或离子,即类氢离子光谱给予说明. 但是,玻尔的氢原子理论也有一些缺陷. 例如,玻尔理论只能说明氢原子及类氢离子的光谱规律,不能解释多电子原子的光谱,对谱线的强度、宽度也无能为力,也不能说明原子是如何组成分子、构成液体和固体的.

后来,在实物粒子**波粒二象性**基础上建立起来的**量子力学**,完全解决了玻尔理论所遇到的困难. 即使如此,玻尔理论对量子力学的发展是有着重大的先导作用和影响的,并且由于他所使用的电子轨道能级等纯粒子性的语言较为形象,至今仍为人们所袭用.

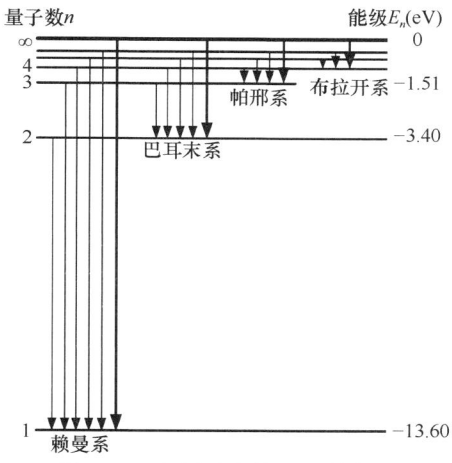

图 11-5 氢原子的能级和谱线系

11.4 实物粒子的波动性

11.4.1 德布罗意波

物质世界是由实物和辐射(通常所说的光或可见光是辐射的一个很窄的波段)组成的. 通常人们认为辐射是由波构成的,通过热辐射、光电效应、康普顿效应的研究,人们认识到辐射在某种意义上也是由粒子构成的. 实物是由实物粒子构成的,这些实物粒子包括分子、原子、质子、中子、电子等. 1924 年物理学家德布罗意(L. V. de Broglie)认为在实物和辐射之间应该存在某种对称性或平衡. 既然辐射具有波粒二象性,实物粒子只具有粒子性是不对称的. 因此他提出,**运动着的实物粒子具有波动性**,或者说,**运动着的实物粒子也应该具有波粒二象性**. 这种与实物粒子相联系的波称为**物质波**(matter wave)或**德布罗意波**(De Broglie wave).

按照德布罗意的假设,若粒子的质量为 m,速度为 v,能量为 E,其德布罗意波的频率 ν 和粒子能量 E、波长 λ 和动量 p 之间的关系应该与光子的各量之间的关系一致

$$\nu = \frac{E}{h}, \quad \lambda = \frac{h}{p} \tag{11-22}$$

上式称为**德布罗意关系**,或称**德布罗意公式**.

【**例 11-1**】 ^{226}Ra(镭)在 α 衰变过程中,会放射出能量为 4.78MeV($=7.66\times10^{-13}$J)的 α 粒子,求其德布罗意波波长.

【**解**】 根据附录查得 α 粒子的质量为 $m=6.64\times10^{-27}$kg,故求出速度 $v=1.52\times10^7$ m·s^{-1},其德布罗意波波长 $\lambda = \frac{h}{p} = \frac{h}{mv} = 6.57\times10^{-15}$m $= 6.57\times10^{-6}$nm,如表 11-1 所示.

表 11-1 一些粒子的德布罗意波波长

粒子及其能量	质量(kg)	速度(m·s^{-1})	波长(nm)
电子，1eV	0.91×10^{-30}	5.9×10^{5}	1.2
电子，100eV	0.91×10^{-30}	5.9×10^{6}	1.2×10^{-1}
电子，10 keV	0.91×10^{-30}	5.9×10^{7}	1.2×10^{-2}
电子，100 keV	0.91×10^{-30}	1.9×10^{8}	3.9×10^{-3}
质子，100eV	1.67×10^{-27}	1.4×10^{5}	2.9×10^{-3}
镭的α粒子，4.78MeV	6.6×10^{-27}	1.5×10^{7}	6.6×10^{-6}

设某带电粒子的电量为 q，质量为 m，速度为 v，加速电压为 U，则其动能为

$$E_k = \frac{1}{2}mv^2 = qU$$

速度为

$$v = \sqrt{2qU/m}$$

由此可得该粒子的德布罗意波波长为

$$\lambda = \frac{h}{mv} = h\frac{1}{\sqrt{2qm}} \cdot \frac{1}{\sqrt{U}} \tag{11-23}$$

如该粒子是电子，则 $q=1.6\times10^{-19}$C，$m_e=0.91\times10^{-30}$kg，运动电子的德布罗意波波长为

$$\lambda_e = \frac{1.23}{\sqrt{U}}(\text{nm}) \tag{11-24}$$

式中，U 的单位用伏特(V). 表 11-1 给出一些粒子的德布罗意波波长.

从表 11-1 可以看到，电子的德布罗意波波长远小于可见光波长，与 X 射线相当. 电子显微镜正是利用了电子的波动性，由于电子的德布罗意波波长远小于可见光波长，因此电子显微镜的分辨率远优于光学显微镜，最新的扫描隧道显微镜分辨率高达 0.01nm.

11.4.2 德布罗意波的实验证明

德布罗意提出物质波假设时并没有任何实验基础，但他当时预言：当一束电子穿过非常小的孔时，会发生衍射现象. 随后的一系列实验完全证明了德布罗意预言的正确性，也就是德布罗意提出的物质波的正确性.

1927 年，美国物理学家戴维逊(C. J. Davisson)和革末(L. H. Germer)通过实验证实了电子的波动性. 实验装置如图 11-6 所示，电子束经电压 U 加速后从电子枪中射出，入射到镍单晶上被散射. 与入射方向成 θ 角的散射电子束被与电流计相连的检测器所收集，通过转动检测器，可以改变散射角 θ，散射电子束的强度由电流计的读数确定. 实验发现，散射电子束的强度随着散射角 θ 的变化而改变，当加速电压 $U=54$V 时，在 $\theta=50°$ 的方向上电子束强度有极大值. 要解释这个现象，就必须承认电子具有波动性.

镍单晶由镍原子规则排列而成，原子间距 $d=0.215$nm，根据式(11-24)，54V 加速的电子束波长为 $\lambda=0.167$nm，当电子束

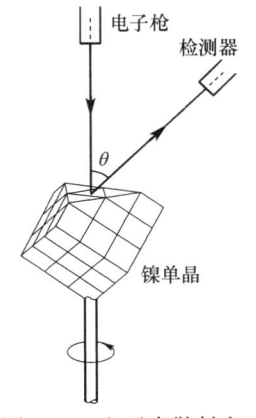

图 11-6 电子束散射实验

入射到镍单晶上，相邻两个晶面的反射电子束加强的条件为
$$d\sin\theta = k\lambda \quad (k \text{ 取整数}) \tag{11-25}$$
即
$$\sin\theta = 0.777k \quad (k \text{ 取整数})$$

只有 $k=1$ 时，上式才成立，由此得到 $\theta = \arcsin 0.777 = 51°$，与实验值 $50°$ 相差甚小. 实验表明，电子确实具有波动性，且德布罗意公式是正确的.

就在 1927 年的同一年，英国物理学家汤姆孙(G. P. Thomson)也独立地在实验中观察到了电子束透过多晶薄片(金箔和铝箔)的衍射现象，衍射图像为一系列同心圆环，如图 11-7 所示. 在此之后，人们通过实验还证实了质子、中子、分子等实物粒子同样具有波动性. 从而证实德布罗意关于一切实物粒子具有波动性的假设是正确的.

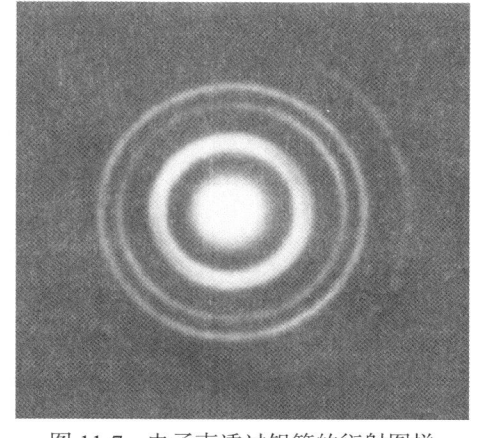

图 11-7　电子束透过铝箔的衍射图样

证实电子具有波动性的最直观实验是电子通过狭缝的衍射实验，但要将狭缝做得非常精细是很困难的. 直到 1961 年，约恩孙(C. Jönsson)制成长为 50μm，宽为 0.3μm，缝间距为 1.0μm 的多缝. 用 50kV 的加速电压加速电子，使电子束分别通过单缝、双缝、…五缝，均可得到衍射图样. 图 11-8 是电子双缝衍射实验装置和衍射图样，这个图样和可见光通过双缝的衍射图样十分相似.

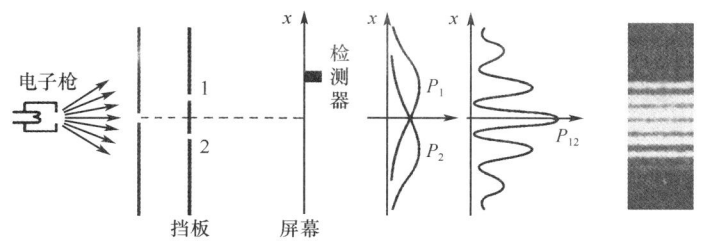

图 11-8　电子双缝衍射实验装置和衍射图样

11.4.3　德布罗意波的统计解释

通过一系列的实验证实，实物粒子具有波动性已是一个不争的事实. 德布罗意波的物理意义实质是什么呢？怎么理解实物粒子的波粒二象性呢？我们不妨从波粒二象性的角度来探讨一下光的衍射.

根据波动的观点，光是电磁横波，可用光波中的电场强度 E 表示光波的振动矢量，光波(平面波)可用下列函数形式来描述
$$E(x,t) = E_0 \cos[2\pi(\nu t - \frac{x}{\lambda})] \tag{11-26}$$

在衍射图样的亮处，光强度 I 大，在衍射图样的暗处，光强度 I 小，$I \propto E^2(x, t)$. 根据光子的观点，光强度大的地方，单位时间内到达该处的光子数多，光强度小的地方，单位时间

内到达该处的光子数少. 从统计学的观点来看, 这就相当于说, 光子到达亮处的概率大, 到达暗处的概率小. 由此可以说, **光子在某处出现的概率与该处波的强度成正比**, 或者说 **光子在某处出现的概率与该处波幅的平方成正比**. 这样我们就把光的波粒二象性统一起来了.

现在我们应用上述观点来解释图 11-8 所示的电子双缝衍射实验, 以及所得到的衍射图样. 从粒子的观点来看, 衍射图样的出现, 是由于电子到达各处的概率不同而引起的, 电子密集的地方概率大, 电子稀疏的地方概率小. 从波动的观点来看, 和运动电子相联系的是德布罗意波, 电子密集的地方表示波的强度大, 电子稀疏的地方表示波的强度小. 或者说, **空间某处德布罗意波的强度与粒子在该处出现的概率成正比**, 这就是德布罗意波的统计解释, 这种观点是由德国物理学家波恩(M. Born)于 1926 年提出来的, 为此他获得 1954 年诺贝尔物理学奖.

11.5 薛定谔方程

微观粒子的运动状态由波函数表示, 波函数一般是空间和时间的函数, 如果知道粒子的波函数, 不仅可以得到该粒子在空间的概率分布, 也可以讨论粒子的运动状态及其变化规律. 因此, 如何确定粒子的波函数就是一个非常重要的问题. 1926 年, 奥地利物理学家薛定谔(E. Schrödinger)提出了微观粒子在低速运动的情况下, 其波函数所满足的方程——**薛定谔方程**, 它是整个量子力学体系中最基本、最重要的方程.

以下首先讨论波函数的形式和性质, 然后建立薛定谔方程(这里不是严格的理论推导).

11.5.1 波函数

力学中的机械波和电磁学中的电磁波是用一个实函数描述, 它表示一个真实物理量的振动传播过程. 例如, 机械波是介质质元的位移随时间振动向前传播, 而电磁波是电磁场随时间振动向前传播. 但描述微观粒子运动的德布罗意波的波函数一般是用复函数表示, 不妨记为 $\Psi(x,y,z,t)$, 波的强度不是 $\Psi^2(x,y,z,t)$, 而应该表示成 $|\Psi(x,y,z,t)|^2 = \Psi(x,y,z,t)\Psi^*(x,y,z,t)$, $\Psi^*(x,y,z,t)$ 是 $\Psi(x,y,z,t)$ 的复共轭, 它的物理意义在于粒子出现的概率, 即德布罗意波的统计解释.

$|\Psi(x,y,z,t)|^2$ 表示粒子在 t 时刻 (x, y, z, t) 附近单位体积中出现的概率, 即**概率密度**. 根据玻恩的统计解释, 在某一时刻 t, $|\Psi(x,y,z,t)|^2$ 是空间位置的函数. 表示在该时刻粒子在空间各处的出现有一个确定的概率分布, 在确定的位置上, 应有一个确定的、有限的概率值, 而且这个概率值随位置的变化应该是连续的. 这就要求描写粒子的波函数必须是**单值、有限和连续**(包括其一阶导数连续)的函数. 此外, 任何时刻, 在整个空间发现粒子的总概率应是 1, 即

$$\int |\Psi(x,y,z,t)|^2 \mathrm{d}x\mathrm{d}y\mathrm{d}z = 1 \tag{11-27}$$

上式称为波函数的**归一化条件**, 也是对波函数的一个限制条件.

总之, 根据玻恩的统计解释, 波函数必须是单值、有限、连续, 而且是归一化的, 这些条件称为波函数的标准条件.

根据光矢量的波动方程(11-26), 假设自由粒子的波函数 $\Psi(x, t)$ 也具有相似的形式

$$\Psi(x,t) = A\cos[2\pi(\nu t - \frac{x}{\lambda})] \tag{11-28}$$

根据德布罗意公式，$E=h\nu$，$\lambda=h/p$，并将波函数写成复数形式

$$\Psi(x,t) = Ae^{\frac{i}{\hbar}(px-Et)} \tag{11-29}$$

式中，$\hbar = \dfrac{h}{2\pi}$.

在某些情况下，粒子的波函数可以写成空间和时间两个函数的乘积. 例如，自由粒子的波函数式(11-29)可以改写为

$$\Psi(x,t) = Ae^{\frac{i}{\hbar}px}e^{-\frac{i}{\hbar}Et} = \psi(x)e^{-\frac{i}{\hbar}Et} \tag{11-30}$$

此时

$$|\Psi(x,t)|^2 = \Psi(x,t)\Psi^*(x,t) = \psi(x)e^{-\frac{i}{\hbar}Et}\psi^*(x)e^{\frac{i}{\hbar}Et} = \psi(x)\psi^*(x) = |\psi(x)|^2 \tag{11-31}$$

即自由粒子在空间出现的概率不随时间发生改变. 我们将这样粒子所处的状态称为**定态**（stationary state），$\psi(x)$ 称为**定态波函数**. 知道粒子的定态波函数后，乘上时间因子 $e^{-\frac{i}{\hbar}Et}$ 就可以得到整个波函数 $\Psi(x,t)$.

11.5.2 定态薛定谔方程的建立

现在来寻找满足定态波函数 $\psi(x)$ 的方程，然后把它推广到一般形式. 将自由粒子的定态波函数 $\psi(x) = Ae^{\frac{i}{\hbar}px}$ 对 x 求二阶导数，可得

$$\frac{d^2\psi(x)}{dx^2} = (\frac{i}{\hbar}p)^2 Ae^{\frac{i}{\hbar}px} = -\frac{p^2}{\hbar^2}\psi(x) \tag{11-32}$$

在非相对论情况下，粒子的动能 E_k 和动量 p 之间的关系为 $p^2=2mE_k$，其中 m 为粒子质量. 上式可写为

$$\frac{d^2\psi(x)}{dx^2} + \frac{2mE_k}{\hbar^2}\psi(x) = 0 \tag{11-33}$$

这是一维空间自由粒子的定态波函数所遵循的方程. 若粒子不是自由的，而是在势场中运动（如电子在电场中运动），则粒子的总能量 E 应为动能 E_k 和势能 U 之和，即 $E_k=E-U$，代入上式即可得到在势场中粒子运动状态的定态波函数满足的方程

$$-\frac{\hbar^2}{2m}\frac{d^2\psi(x)}{dx^2} + U\psi(x) = E\psi(x) \tag{11-34}$$

这就是一维定态**薛定谔方程**.

对于三维运动的粒子，引入拉普拉斯算符 $\nabla^2 = \dfrac{\partial^2}{\partial x^2} + \dfrac{\partial^2}{\partial y^2} + \dfrac{\partial^2}{\partial z^2}$，可将上式推广为

$$-\frac{\hbar^2}{2m}\nabla^2\psi(x,y,z) + U(x,y,z)\psi(x,y,z) = E\psi(x,y,z) \tag{11-35}$$

一般情况下，如果粒子的势能显含时间，波函数不能分解成时间和空间两部分函数的乘积，不能用定态薛定谔方程，而要用一般的含时间的薛定谔方程. 然而，在我们所遇到的许多实际问题中，势能只是空间的函数，不随时间变化，即 $U(x,y,z,t)=U(x,y,$

z)，波函数可以分解成时间和空间两部分函数的乘积，粒子处于定态，因而可以用定态薛定谔方程求解.

定态薛定谔方程表明，只要知道粒子的势能函数 $U(x, y, z)$ 的具体形式，以及具体问题所确定的边界条件，按照对波函数单值性、连续性、有限性的要求去解此方程，就可得到该方程的解. 定态薛定谔方程的每一个解 $\psi(x, y, z)$ 表示粒子的一个可能的稳定状态，与这个解对应的常量 E 就是粒子在这个稳定状态中的能量. 不同的势能函数 $U(x, y, z)$ 会导致不同的解，而 $U(x, y, z)$ 的具体形式则由粒子所处的环境决定. 只有当总能量 E 取某些特定值时，方程才有解. 这些值称为能量**本征值**(eigenvalue)，而相应的波函数称为能量的**本征函数**(eigenfunction).

用波函数反映微观粒子的波粒二象性是量子力学最重要的概念，微观粒子具有粒子性表现在它们具有确定的质量(能量)、动量，而粒子的波动性则反映在其运动由波函数描述，粒子性和波动性的联系就在于波函数的统计解释，波函数对于微观世界的重要性就像速度、加速度在宏观世界的地位一样，波函数能够正确反映微观粒子的运动规律.

薛定谔方程是量子力学的基本方程，它在量子力学中的地位相当于牛顿方程($F=ma$)在经典力学中的地位. 它也和牛顿方程一样是不能由任何其他基本原理推导出来，而应作为一个基本假设，前面给出的只是建立方程的主要思路，并不是推导该方程的过程. 薛定谔方程的正确性只能靠实践来检验. 自从量子力学创立以来，大量实验事实证明了其正确性.

薛定谔是量子力学的创始人之一，为此获得 1933 年诺贝尔物理学奖. 薛定谔还是现代分子生物学先驱，1944 年，他将自己一系列探讨生命科学的演讲稿整理成册出版，书名为《生命是什么？——活细胞的物理学观》(*What is Life-the Physical Aspect of the Living Cell*)，该书以物理学的观点探讨生命现象的奥秘，吸引了一大批物理学家转向生命科学领域. 1962 年诺贝尔生理学或医学奖的获得者威尔金斯、沃森和克里克，都是受薛定谔思想的影响从物理学领域转到分子生物学研究上来的物理学家. 威尔金斯是由于看到原子弹的破坏性而对物理学失去兴趣，在薛定谔《生命是什么》一书的感召之下，"为控制生命的高度复杂的分子结构所打动"，从 1950 年开始，利用 X 射线衍射技术研究 DNA 的结构；沃森则是在大学期间读了《生命是什么》而"深为发现基因的奥秘所吸引"；克里克受《生命是什么》的影响而放弃了研究基本粒子的计划，选择了"原来根本不打算涉猎的生物学". 沃森和克里克受威尔金斯的 DNA 衍射图样的启发，于 1953 年首先在《自然》杂志上发表文章，提出 DNA 的双螺旋结构模型. 他们三人共享了 1962 年诺贝尔生理学或医学奖.

11.6　薛定谔方程的应用

有了定态薛定谔方程，只要知道粒子的势能函数，代入薛定谔方程，解出符合标准条件的波函数，就能了解粒子运动的特征. 下面我们通过几个实例说明利用薛定谔方程解决实际问题的方法.

11.6.1　一维无限深方势阱

设质量为 m 的粒子被势场束缚在长度为 a 的一维区域内，粒子在此区域中可做自由运动，在两端边界上发生反射，如图 11-9 所示，粒子的势能函数为

$$U(x) = \begin{cases} 0 & (0<x<a) \\ \infty & (x\leq 0, x\geq a) \end{cases} \tag{11-36}$$

这种势场称为无限深势阱. 由于势能不显含时间, 因而粒子处于定态, 将势能代入一维定态薛定谔方程 (11-34), 得到

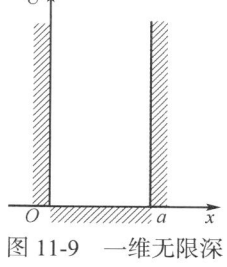

图 11-9 一维无限深方势阱

$$\begin{cases} \dfrac{d^2\psi(x)}{dx^2} + \dfrac{2mE}{\hbar^2}\psi(x) = 0 & (0<x<a) \\ \psi(x) = 0 & (x\leq 0, x\geq a) \end{cases}$$

式中, m 为粒子的质量, 上式表明粒子不可能在势阱外出现.

在势阱内, 令 $k = \dfrac{\sqrt{2mE}}{\hbar}$, 上式变为

$$\dfrac{d^2\psi(x)}{dx^2} + k^2\psi(x) = 0 \tag{11-37}$$

对照简谐振动方程, 可以写出其通解为

$$\psi(x) = A\sin kx + B\cos kx$$

根据波函数标准条件的连续性要求, 波函数在边界处必须连续, 即 $\psi(0) = \psi(a) = 0$. 由 $\psi(0) = 0$ 可得 $B=0$, 由 $\psi(a) = 0$ 可得 $ka = n\pi (n=1, 2, 3, \cdots)$, 故势阱内粒子能量的可能值为

$$E_n = \dfrac{\pi^2\hbar^2}{2ma^2}n^2 \quad (n=1,2,3,\cdots) \tag{11-38}$$

由于 n 只能取正整数, 表明势阱内粒子的能量只能取一系列离散的值, 每一个可能值对应于一个能级, n 称为量子数. 与各能量值对应的定态波函数为

$$\psi_n(x) = A\sin kx = A\sin\dfrac{n\pi}{a}x$$

按照归一化条件, 可确定 $A = \sqrt{\dfrac{2}{a}}$, 故粒子在一维无限深势阱中的标准化的波函数为

$$\psi_n(x) = \sqrt{\dfrac{2}{a}}\sin\dfrac{n\pi}{a}x \quad (n=1,2,3,\cdots) \tag{11-39}$$

由定态波函数可以计算出不同状态的粒子的分布概率.

不仅是势阱中的粒子, 只要粒子被约束在一定的势场区域内, 根据波函数应满足标准条件, 就自然而然得出能量量子化的结果. 即在量子力学中, 能量量子化的结果是自然地包括在薛定谔方程的解及标准条件之中的. 只是在具体不同的问题中, 由于势能的形式不同, 因而能量离散的具体形式不同.

11.6.2 势垒 隧道效应

在势垒问题上, 微观粒子的行为与宏观粒子有很大的不同. 如图 11-10 为一维势垒, 考虑质量为 m 的粒子的势能函数为

$$U(x) = \begin{cases} U_0 & (0<x<a) \\ 0 & (x\leq 0, x\geq a) \end{cases} \tag{11-40}$$

按照经典力学的观点, 当能量为 E 的粒子从左边入射势垒时, 如果粒子的能量 $E>U_0$, 粒子将越过势垒继续向右运动; 如果粒子的能量 $E<U_0$, 将被左势垒壁反射回去, 粒子不

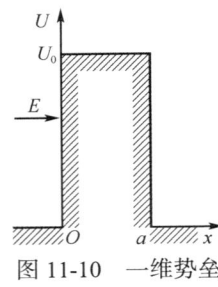

图 11-10 一维势垒

可能穿过势垒到达 $x>a$ 的区域. 但从量子力学的观点看, 情况就不同了, $E<U_0$ 时, 粒子将有穿透势垒而进入 $x>a$ 区域的可能性; 而 $E>U_0$ 时, 粒子既有越过势垒的可能, 也有被势垒反射回去的可能.

现在讨论一下 $E<U_0$ 的情况, 分别写出三个区域的定态薛定谔方程

$$\frac{\mathrm{d}^2\psi}{\mathrm{d}x^2} + \frac{2mE}{\hbar^2}\psi = 0 \quad (x\leqslant 0, x\geqslant a) \tag{11-41}$$

$$\frac{\mathrm{d}^2\psi}{\mathrm{d}x^2} - \frac{2m(U_0-E)}{\hbar^2}\psi = 0 \quad (0<x<a) \tag{11-42}$$

令 $k_1 = \frac{\sqrt{2mE}}{\hbar}$, $k_2 = \frac{\sqrt{2m(U_0-E)}}{\hbar}$, 得到上述三个区域的通解为

$$\psi_1(x) = A_0 \mathrm{e}^{\mathrm{i}k_1 x} + A\mathrm{e}^{-\mathrm{i}k_1 x} \quad (x\leqslant 0) \tag{11-43}$$

$$\psi_2(x) = B\mathrm{e}^{k_2 x} + C\mathrm{e}^{-k_2 x} \quad (0<x<a) \tag{11-44}$$

$$\psi_3(x) = D\mathrm{e}^{\mathrm{i}k_1 x} \quad (x\geqslant a) \tag{11-45}$$

根据波函数的标准条件可以解出待定系数 A、B、C、D 与 A_0 的关系. 在 $x\leqslant 0$ 区域, ψ_1 中的第一项表示入射波(向右传播), 第二项表示在 $x=0$ 处反射回来的反射波(向左传播). 在 $0<x<a$ 区域, 由于 U_0 是有限的, 所以 $\psi_2\neq 0$, 即粒子有可能穿过势垒(只有当 $U_0\to\infty$ 时, $\psi_2=0$, 粒子不能穿过势垒). 但 ψ_2 不具有波的特征, 而是指数衰减的. 衰减的快慢既依赖于 k_2 (即 U_0-E), 也依赖于势垒宽度 a. 如果 E 足够大且 a 足够小, 使得 $x=a$ 处, ψ_2 未衰减到零, 粒子就有可能穿过势垒, 进入 $x\geqslant a$ 区域. 在 $x\geqslant a$ 区域只有透射过来的波, 且向右传播, 没有向左传播的波, 因此, ψ_3 中只有一项. 波函数随位置的变化如图 11-11 所示, 结果表明从左边入射的粒子, 当能量 $E<U_0$

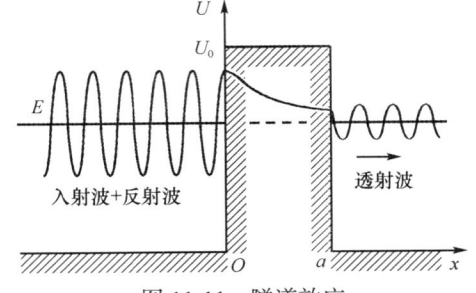

图 11-11 隧道效应

时, 可以有一定的概率穿透势垒进入到势垒的右边, 这种现象称为**势垒穿透**(barrier penetration)或**隧道效应**(tunnel effect).

入射粒子穿透势垒的**透射系数** T 可由 D 与 A_0 的关系算出

$$D = \frac{2\mathrm{i}k_1 k_2 \mathrm{e}^{-\mathrm{i}k_1 a}}{(k_1^2 - k_2^2)\mathrm{sh}k_2 a + 2\mathrm{i}k_1 k_2 \mathrm{ch}k_2 a} A_0 \tag{11-46}$$

$$T = \left|\frac{D}{A_0}\right|^2 = \frac{4k_1^2 k_2^2}{(k_1^2 + k_2^2)^2 \mathrm{sh}^2 k_2 a + 4k_1^2 k_2^2} \tag{11-47}$$

式中, sh 和 ch 分别是双曲正弦函数和双曲余弦函数.

对于电子来说, 如果 $U_0 = 6.0\mathrm{eV}$, $E = 1.0\mathrm{eV}$, $m_\mathrm{e} = 0.91\times 10^{-30}\mathrm{kg}$, 此时 $k_1 = 0.51\times 10^{10}\mathrm{m}^{-1}$, $k_2 = 1.15\times 10^{10}\mathrm{m}^{-1}$, 根据式(11-47)算出 T 和 a 的数据如表 11-2 所示.

表 11-2 透射系数与势垒宽度的关系

$a/(10^{-10}\mathrm{m})$	0.10	1.0	2.0	5.0	10.0	100
T	0.98	2.2×10^{-1}	2.3×10^{-2}	2.4×10^{-5}	2.5×10^{-10}	8.1×10^{-100}

可以看出，当 $a=10^{-10}$ m（原子线度）时，透射系数为 22%；而当 $a=10^{-9}$ m 时，透射系数为 2.5×10^{-10}，已经非常微小了. 这个结论可以从以下近似公式得出，如果 E 很小，k_2a 远大于 1，$\mathrm{sh}k_2a\approx\frac{1}{2}\mathrm{e}^{k_2a}$ 也远大于 1，上式化为

$$T\approx\frac{16k_1^2k_2^2}{(k_1^2+k_2^2)^2}\mathrm{e}^{-2k_2a}=\frac{16E(U_0-E)}{U_0^2}\mathrm{e}^{-\frac{2a}{\hbar}\sqrt{2m(U_0-E)}} \tag{11-48}$$

可以看出，T 与势垒宽度 a、(U_0-E)、粒子质量 m 的依赖关系都很敏感. 随着 a 的增加，T 将指数衰减.

对于当能量 $E>U_0$ 时，按照波函数的标准条件计算出 $A\neq0$，说明在 $x<0$ 区域内仍然有反射波存在，这一点与经典物理的结果完全不同.

隧道效应是经典物理理论无法解释的，它完全由微观粒子的波动性而来. 隧道效应不但可以解释一些经典理论所不能解释的现象，如 α 衰变、金属电子冷发射等，而且这种效应已被用来制成固体器件广泛应用，如半导体隧道二极管、超导隧道结（Josephon 结）等. 扫描隧道显微镜就是根据隧道效应设计的，它的发明为研究微观世界提供了一个强有力的工具，在表面科学、材料科学、生命科学等各个科学技术领域的研究中有着重大的意义和广泛的应用前景.

11.6.3 氢原子的量子理论

前面提到，玻尔的氢原子理论存在一些缺陷. 随着量子力学的建立，氢原子是量子力学解决的第一个实际问题，用薛定谔方程很好地解释了氢原子光谱的实验规律，从而第一次证明了量子力学的正确性.

氢原子中的电子在原子核的电场中运动，其势能为

$$U(r)=-\frac{e^2}{4\pi\varepsilon_0 r} \tag{11-49}$$

其中，r 为电子到原子核的距离，由于电子在三维空间运动，电子势能具有球对称性，且不显含时间，因此采用球极坐标形式的定态薛定谔方程比较方便. 这个方程的形式和求解过程比较复杂，我们只给出关于波函数的一些结论.

在能量 $E<0$（束缚态）的情况下，由于波函数必须满足标准条件，求解定态薛定谔方程时就自然地得出了量子化的结果，即氢原子中电子的波函数 ψ_{nlm} 由三个量子数 n，l，m 决定.

1. 主量子数

主量子数 n 取正整数，$n=1,2,3,\cdots$，它决定电子的能量

$$E_n=-\frac{m_e e^4}{2(4\pi\varepsilon_0)^2\hbar^2}\cdot\frac{1}{n^2}=-\frac{m_e e^4}{8\varepsilon_0^2 h^2}\cdot\frac{1}{n^2}\quad(n=1,2,3,\cdots) \tag{11-50}$$

其中，m_e 是电子的质量，由于原子核质量远大于电子质量，可以近似认为原子核静止不动，因此，这个能量就是氢原子系统的能量. 上式表示氢原子的能量只能取离散的值，这就是能量的量子化.

氢原子可以吸收一个光子从低能态跃迁到高能态，也可以从高能态跃迁到低能态同时放出一个光子. 氢原子吸收或放出的光子能量必须等于相应的能级差，即

$$h\nu = E_h - E_l \tag{11-51}$$

其中，E_h 和 E_l 分别表示氢原子的高能级和低能级．根据式(11-50)和式(11-51)就可以计算出氢原子光谱中各条谱线的频率或波长．

2. 角量子数

角量子数 l 的取值决定于主量子数 n 的取值，$l=0$，1，2，$\cdots$，$n-1$，共 n 个值．它决定电子（也就是氢原子系统）的角动量

$$L = \sqrt{l(l+1)}\hbar \tag{11-52}$$

即角动量的大小也是量子化的，由于角动量的大小 L 由角量子数 l 确定，因此对应于一个确定的主量子数 n，氢原子角动量有 n 种不同值的状态．

3. 磁量子数

磁量子数 m 的取值决定于角量子数 l 的取值，$m=-l$，$-l+1$，$-l+2$，$\cdots$，0，$\cdots$，$l-1$，l，共 $2l+1$ 个值，它决定角动量 L 在 z 方向的分量 L_z

$$L_z = m\hbar \tag{11-53}$$

上式表示角动量 L 的 z 分量也是量子化的．如果外界沿 z 方向加一个磁场，由某一确定角量子数 l 决定的角动量 L 在外磁场方向有 $2l+1$ 个取向．

三个量子数 n，l，m 表征着氢原子的状态，不同的量子数对应不同的状态．氢原子系统的能量仅由主量子数 n 决定，与角量子数 l 和磁量子数 m 无关．这表明对应于某一能级 E_n，氢原子可以有许多不同的状态，即氢原子的能级是简并的(degenerate)，每一个主量子数 n 对应 n 个不同的 l，每一个 l 对应 $2l+1$ 个 m，因此对应于第 n 个能级 E_n，有 $\sum\limits_{l=0}^{n-1}(2l+1) = n^2$ 个不同的状态，即 E_n 是 n^2 度简并的，而其他原子的能级是由 n 和 l 共同确定．氢原子能级的简并是由于电子势能 $U(r)$ 球对称性的必然结果，如果外加一个电场或磁场，这种球对称性被破坏，简并可以部分或完全消除．

4. 氢原子基态波函数

描述氢原子状态的波函数是由三个量子数 n，l，m 决定的，记为 ψ_{nlm}．解定态薛定谔方程可以得到不同的波函数．对于最简单的基态，$n=1$，$l=0$，$m=0$，其定态波函数为

$$\psi_{100} = \frac{1}{\sqrt{\pi a_0^3}} e^{-r/a_0} \tag{11-54}$$

其中，$a_0 = \dfrac{4\pi\varepsilon_0 \hbar^2}{m_e e^2} = \dfrac{\varepsilon_0 h^2}{\pi m_e e^2} = 5.29 \times 10^{-11}$ m，这就是氢原子的玻尔半径．基态电子概率密度的分布为

$$|\psi_{100}|^2 = \frac{1}{\pi a_0^3} e^{-2r/a_0} \tag{11-55}$$

这个分布具有球对称性，可以求出概率最大的半径（最可几半径）为 $r=a_0$，即玻尔半径．量子力学中得到的结果只是电子在空间某处单位体积内出现的概率有多大，而不涉及位移随时间变化，也就没有轨道的概念．但习惯上为了区别电子自旋运动，量子力学中常将电子相对原子核的运动称为轨道运动，但只是借用"轨道"的名词，没有氢原子玻尔理论中的经典轨道的含义．此外，在量子力学中，可以根据能级的寿命和跃迁概率计算出谱

线的宽度、强度等.

11.7 电子自旋

原子中的电子除相对于原子核做轨道运动外，还在做自身的运动，称为**自旋**(spin). 与之相对应的有**自旋角动量**(spin angular momentum). 电子的自旋和电子的质量及电量一样都是电子本身固有的性质. 这里的"自旋"与"轨道"一样只是借用了经典的名词，并没有经典力学中小球绕中心轴旋转的含义.

描述自旋角动量的量子数称为**自旋量子数**，用 s 来表示，与轨道量子数 l 不同，所有电子都具有相同的值 $s=1/2$. 电子的自旋角动量的大小为

$$L_s = \sqrt{s(s+1)}\hbar \tag{11-56}$$

自旋角动量 L_s 在空间某一选定方向（例如，外加磁感强度 $\boldsymbol{B}$ 方向，一般设定沿 z 轴方向）上的投影是量子化的

$$L_{sz} = m_s \hbar \tag{11-57}$$

其中，m_s 称为自旋磁量子数，由于 $s=1/2$，m_s 只能取 $\pm 1/2$ 两个值.

由于电子带有电荷，因此电子的轨道角动量和自旋角动量将分别产生电子的轨道磁矩 $\boldsymbol{\mu}$ 和自旋磁矩 $\boldsymbol{\mu}_s$，磁矩与角动量的关系为

$$\boldsymbol{\mu} = -\frac{e}{2m_e}\boldsymbol{L}, \boldsymbol{\mu}_s = -\frac{e}{m_e}\boldsymbol{L}_s \tag{11-58}$$

式中，e 为单位电荷，m_e 为电子质量. 它们在 z 轴方向的分量分别为

$$\mu_z = \frac{e}{2m_e}L_z = \frac{e\hbar}{2m_e}m = m\mu_B, \mu_{sz} = \frac{e}{m_e}L_{sz} = \pm\frac{e\hbar}{2m_e} = \pm\mu_B \tag{11-59}$$

式中，$\mu_B = 9.27 \times 10^{-24} \text{J} \cdot \text{T}^{-1}$，称为**玻尔磁子**(Bohr magneton). 磁矩在外磁场 $\boldsymbol{B}$（沿 z 轴方向）中将产生附加能量

$$\Delta E = -\boldsymbol{\mu} \cdot \boldsymbol{B} = -\mu_z B \tag{11-60}$$

因此，原子在外磁场中的能量将由四个量子数 n，l，m，m_s 共同确定，原来一个简并的能级分裂为多个能级. 在实验中，我们可以看到由此产生的原子在外磁场中光谱线发生分裂的现象以及谱线的精细结构.

除电子以外，人们发现很多其他微观粒子都存在自旋，如质子和中子的自旋量子数为 1/2，光子的自旋量子数为 1. 自旋运动是微观粒子的重要特征.

考虑自旋后，原子中电子的状态将由四个量子数 n，l，m，m_s 共同确定. 在一个原子中不可能有两个或两个以上的电子处于完全相同的量子状态，或者说，在一个原子内不可能有两个或两个以上的电子具有完全相同的四个量子 n，l，m，m_s，这就是泡利不相容原理(Pauli exclusion principle)，它决定了物质世界的整个结构. 多电子原子基态电子的排布就是由泡利不相容原理和能量最低原理（电子总处于能量最低的可能状态）决定的，由此很好地解释了元素的周期律.

此外,质子和中子都具有自旋,原子核的自旋为核内质子自旋和中子自旋的矢量和. 因此某些原子核自旋为零，某些原子核自旋不为零，磁共振成像(MRI)就是利用自旋不为零的原子核（如 ^{1}H）在外磁场中产生能级分裂，从而产生共振吸收和共振发射进行成像的.

小 结

热辐射、黑体辐射很难用经典物理学解释,为此普朗克引入了量子假设(1900 年). 爱因斯坦推广了普朗克的量子假设,提出了光量子假设,解释了光电效应现象(1905 年). 黑体辐射、光电效应、康普顿效应揭示了光的波粒二象性. 在光的波粒二象性的启示下,玻尔提出了氢原子的玻尔理论(1913 年),解释了氢光谱的规律. 德布罗意提出物质波(德布罗意波)假设(1924 年),实物粒子也具有波粒二象性. 实物粒子的波粒二象性是用波函数来表示的,波函数的物理意义在于玻恩的统计解释(1926 年). 波函数反映了微观粒子的状态和运动规律,薛定谔提出了波函数所满足的方程——薛定谔方程,建立了量子力学体系(1926 年). 薛定谔方程是整个量子力学体系中最基本、最重要的方程.

阅读材料

核磁共振成像

核磁共振成像(nuclear magnetic resonance imaging,NMRI),又称自旋成像(spin imaging),也称磁共振成像(magnetic resonance imaging,MRI),是依据所释放的能量在物质内部不同结构环境中不同的衰减,通过外加梯度磁场检测所发射出的电磁波,即可得知构成这一物体原子核的位置和种类,据此可以绘制成物体内部的结构图像.

MRI 的基本原理(图 11-12):由共振原理可知,原子核由 E_2 态释放出 ΔE 的恢复到 E_1 态的过程称为弛豫过程,所需的时间称为弛豫时间. 核中的质子由纵向磁化转到横向磁化之后再恢复到原态之前所经历的时间称为纵向弛豫时间 $T1$,而横向磁化所能维持的时间称为横向弛豫时间 $T2$. 实验发现 $T1$、$T2$ 与物质的含水量有关. 我们知道,构成人体体重的三分之二是水,人体中不同器官组织的含水量不同,而且几乎所有的器官组织发生病变时都会导致含水量的变化. 因此,弛豫时间上的差别是磁共振成像的基础. 测量选定层面中各种组织的 $T1$、$T2$,就可获得该层面中包含该组织的图像. 1973 年,美国纽约州立大学石溪分校的波尔·劳伯特用上述原理发表了世界上第一幅磁共振的成像图. 他是根据人体内各种组织的 ^1H 原子核的磁矩共振密度的分布和弛豫时间,获得了 ^1H 物质的断层图像. 如果在静磁场上加一个三维梯度的磁场进行扫描,则磁共振的信号将是三维空间的解析信号,经计算机处理后得到立体的断层图像. 由此可见,MRI 是一种完全不同于 X 射线 CT 扫描的成像技术,X 射线 CT 扫描是利用 X 射线在物质中的线性减弱而产生成像的技术,它反映的是相邻组织的电子密度与比重的差别;而 MRI 所反映的是相邻组织之间的物理化学上的差别.

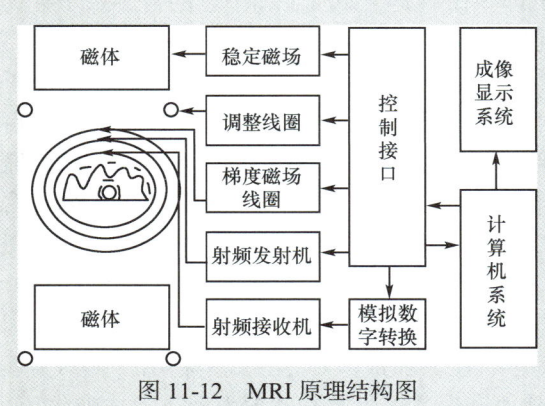

图 11-12 MRI 原理结构图

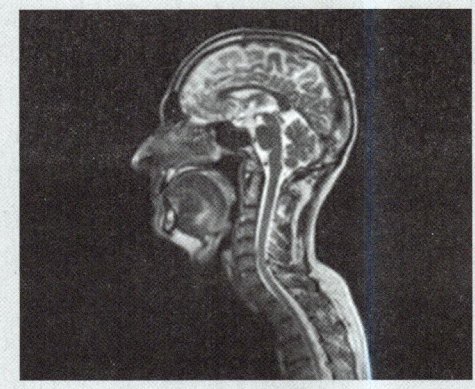

图 11-13 头部核磁共振图像

核磁共振技术所获得的图像非常清晰精细，大大提高了医生的诊断效率，避免了剖胸或剖腹探查诊断的手术。由于 MRI 不使用对人体有害的 X 射线和易引起过敏反应的造影剂，因此对人体没有损害。MRI 可对人体各部位多角度、多平面成像，其分辨力高，能更客观更具体地显示人体内的解剖组织及相邻关系，对病灶能更好地进行定位定性。对全身各系统疾病的诊断，尤其是早期肿瘤的诊断有很大的价值。

核磁共振成像在医疗方面显示出强大的生命力，已成为医学诊断中一种重要手段。它可以对人体脊髓、脑、肝、肺等各个器官直接成像，无需借助造影剂，并有较理想的清晰度，可以观测出血流量，显示心脏活动(图 11-13)。它不仅能显示形态，还能提供有关功能的生化信息，从而大大地提高了诊断的准确性，有利于对突发性心肌梗死和肝瘤等疾病的早期诊治。核磁共振技术在创新药物研究及药物质量控制方面具有广泛的应用，不仅能定性定量分析药物及杂质，而且能建立复杂的中药指纹图谱。

人脑是如何思想、感受的，至今仍一直是个谜，而且是科学家们关注的重要课题。而利用 MRI 的脑功能成像则有助于我们在活体和整体水平上研究人的思维。快速扫描技术的研究与应用，将使经典 MRI 成像方法扫描患者的时间由几分钟、十几分钟缩短至几毫秒，使因器官运动对图像造成的影响忽略不计；MRI 血流成像，利用流空效应使 MRI 图像上把血管的形态鲜明地呈现出来，使测量血管中血液的流向和流速成为可能；MRI 波谱分析可利用高磁场实现人体局部组织的波谱分析技术，从而增加帮助诊断的信息；脑功能成像，利用高磁场共振成像研究脑的功能及其发生机制是脑科学中最重要的课题。

20 世纪中叶至今，信息技术和生命科学是发展最活跃的两个领域，作为这两者结合物的 MRI 技术，继续向微观和功能检查上发展，对揭示生命的奥秘将发挥更大的作用。

思 考 题

11-1 产生热辐射的条件是什么？

11-2 常温下人体会不会产生热辐射？环境温度高于人体温度呢？

11-3 黑色的物体是黑体吗？

11-4 为什么说研究黑体的辐射问题是研究热辐射的中心问题？

11-5 为什么热辐射会产生各种频率的连续辐射谱？

11-6 晚上观察恒星，会看到其颜色有所不同，怎么样根据颜色来估计其表面温度的高低？

11-7 爱因斯坦的光量子假设与普朗克的量子假设有何异同？

11-8 按照玻恩关于德布罗意波的统计解释，怎么理解电子衍射条纹的形成？

11-9 波函数的标准条件是什么？

11-10 如何理解能量量子化的结果是自然地包括在薛定谔方程的解及标准条件之中？

习 题

11-1 夜空中最亮的恒星为天狼星，测得其峰值波长为 290nm，其表面温度是多少？北极星的峰值波长为 350nm，其表面温度又是多少？

11-2 热核爆炸时火球的瞬时温度可达 1.00×10^7K，求辐射最强的波长(即峰值波长)及该波长光子的能量。

11-3 人体的辐射相当于黑体辐射，设某人体表面积为 $1.5m^2$，皮肤温度为 $34℃$，所在房间的温度为 $25℃$，求人体辐射的净功率。

11-4　频率为 6.67×10^{14}Hz 的单色光入射到逸出功为 2.3eV 的钠表面上，求：(1)光电子的最大初动能和最大初速度；(2)在正负极之间施加多大的反向电压(**遏止电压**)才能使光电流降低为零？

11-5　钠的逸出功为 2.3eV，求：(1)从钠表面发射光电子的临界频率和临界波长是多少？(2)波长为 680nm 的橙黄色光照射钠能否产生光电效应？

11-6　在理想条件下，正常人的眼睛接收到 550 nm 的可见光时，每秒光子数达 100 个时就有光感，求与此相当的功率是多少？

11-7　太阳光谱中的 D 线，即钠黄光波长为 589.3nm，求相应光子的质量及该质量与电子质量的比值.

11-8　根据玻尔理论计算氢原子巴耳末系最长和最短谱线的波长及相应光子的频率、能量、质量和动量.

11-9　一电子显微镜的加速电压为 4.0kV，经过该电压加速的电子的德布罗意波波长是多少？

11-10　光子和电子的德布罗意波波长都是 0.20nm，它们的动量、能量分别是多少？

11-11　镭的 α 衰变过程中，产生两种 α 粒子，一种为 α_1(94.6%)4.78MeV，另一种为 α_2(5.4%)4.60MeV，已知α粒子的质量为 6.6×10^{-27}kg，求这两种α粒子的速度和德布罗意波波长.

11-12　粒子在宽度为 a 的一维无限深势阱中，标准化的波函数为 $\psi_n(x)=\sqrt{\dfrac{2}{a}}\sin\dfrac{n\pi}{a}x$ ($n=1,2,3,\cdots$)，求：(1)基态波函数的概率密度分布；(2)何处概率密度最大，最大概率密度是多少？

11-13　氢原子基态波函数为 $\psi_{100}(r)=\dfrac{1}{\sqrt{\pi a_0^3}}e^{-r/a_0}$，求最可几半径.

习 题 答 案

11-1　天狼星：1.00×10^4K，北极星：0.83×10^4K

11-2　峰值波长 0.29nm，光子能量 4.28KeV

11-3　86W

11-4　(1)最大初动能 7.4×10^{-20}J(0.46eV)，初速度 4.0×10^5m·s^{-1}；(2)遏止电压 0.46V

11-5　(1)5.6×10^{14}Hz，540nm；(2)否

11-6　3.61×10^{-17}W

11-7　3.75×10^{-36}kg，4.12×10^{-6}

11-8　最长 656 nm，4.57×10^{14}Hz，3.03×10^{-19}J(1.89eV)，3.37×10^{-36}kg，1.01×10^{-27}kg·m·s^{-1}
　　　最短 365nm，8.23×10^{14}Hz，5.45×10^{-19}J(3.40eV)，6.06×10^{-36}kg，1.82×10^{-27}kg·m·s^{-1}

11-9　0.019nm

11-10　光子：动量 3.31×10^{-24}kg·m·s^{-1}，能量 9.94×10^{-16}J(6.20eV)
　　　　电子：动量 3.31×10^{-24}kg·m·s^{-1}，能量 6.03×10^{-18}J(37.6eV)

11-11　α_1：$v_1=1.52\times10^7$m·s^{-1}，$\lambda_1=6.59\times10^{-6}$nm；
　　　　α_2：$v_2=1.49\times10^7$m·s^{-1}，$\lambda_2=6.72\times10^{-6}$nm

11-12　(1) $P(x)=|\psi_n(x)|^2=\dfrac{2}{a}\sin^2\dfrac{\pi}{a}x$；(2) $x=a/2$，$P_{\max}=2/a$

11-13　$r=a_0$

第 12 章　激光及其医学应用

通过光基因技术(optogenetic technique),科学家成功地将激光器与基因工程结合在一起,以确定可疑的细胞和回路并控制特定神经元的放电活动,其时间精度可达毫秒. 光基因技术的特异性有助于避免健康细胞的损伤,从而将副作用减少到最小. 在实验中,科学家对病毒进行了基因改造,使之专门攻击某种神经元,后者拥有一种对蓝光高度敏感的特殊通道. 只需用蓝光照射被感染的细胞,通道便会迅速打开,此时离子涌入细胞,神经元则会进行放电活动.

负责该项研究的是麻省理工学院的神经学家艾德·鲍登(Ed Boyden)及他的一个博士后. 鲍登表示,这一激动人心的成果适用于多种精神疾病的治疗,如注意力缺陷多动障碍、精神分裂症、抑郁症和强迫症等.

如图为利用激光控制大脑内某一特定神经元的活动的情况.

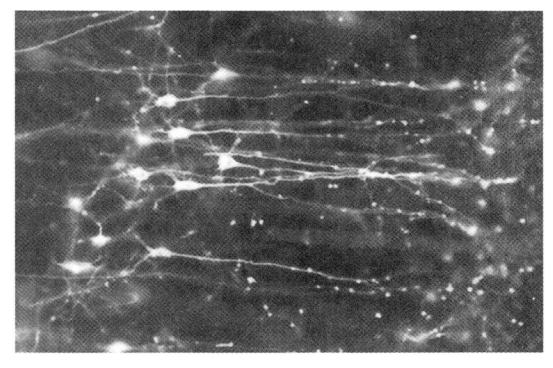

激光(laser)是受激辐射光放大(light amplification by stimulated emission of radiation)的简称,是 20 世纪以来,继原子能、计算机、半导体之后,人类的又一重大发明,被称为"最快的刀""最准的尺""最亮的光"和"奇异的激光". 爱因斯坦在 1917 年提出激光产生的基本原理,预言受激辐射的存在和光放大的可能. 汤斯(C. H. Townes)于 1954 年制成受激辐射微波放大器,并因此获得 1964 年诺贝尔物理学奖,梅曼(T. H. Maiman)于 1960 年制成世界上第一台激光器——红宝石激光器. 1961 年 9 月中国科学院长春光学精密机械研究所制成了我国第一台激光器. 激光器以其特殊的结构和发光机制而具有普通光源无可比拟的优点,受到广泛重视,在理论与技术两方面得到迅速发展. 激光已广泛应用于工农业、科研、国防、医学等领域,对整个科学技术的发展起了推动作用. 本章将介绍激光的特性、产生机理、生物效应及医学应用.

12.1　激 光 基 础

12.1.1　激光的特性

激光与普通光源发出的光就其本质而言都是电磁辐射,但它除具有普通光的一切性质外,还具有普通光没有的特性. 激光的特性可归纳为方向性好、强度大、单色性好、相干性好等. 激光的这些独特性质,使它具有特殊用途.

1. 方向性好

普通光源是向四面八方发光. 要让发射的光朝一个方向传播,需要给光源装上一定的聚光装置,如汽车的车前灯和探照灯都是安装有聚光作用的反光镜,使辐射光汇集起来向一个方向射出. 激光器发射的激光几乎是一束平行光, 发散角小于 10^{-3}rad. 一束激光在几千米之外扩散直径小于几厘米, 从地球射到月球上的扩散直径也不到 2km. 若以聚光效果很好, 看似平行的探照灯光柱射向月球, 按照其光斑直径将覆盖整个月球. 利用激光极好的方向性, 为激光测距、准直导向、激光雷达提供了基础. 在医学上可用它进行细胞的显微外科手术、对 DNA 等生物大分子进行切割和对接等.

2. 强度大

亮度是衡量光源发光强弱程度的标志, 激光器由于其输出端发光面积小, 光束发散角小, 而使其亮度高. 例如, 有些激光光源的亮度比太阳照到地球表面的亮度高 10^{10} 倍. 尤其是超短脉冲激光, 它的亮度比普通光的亮度高出 $10^{12} \sim 10^{19}$ 倍.

对同一光束, 强度与亮度成正比. 激光极高的亮度加之方向性好而被聚集成很小的光斑, 故激光的强度比普通光大得惊人. 例如, 1 台较高水平的红宝石脉冲激光器, 峰值强度可达 10^9 W·cm^{-2}. 一台功率约 1kW 的 CO_2 激光器发射的激光经聚焦后, 在几秒内就可将 5cm 厚的钢板烧穿. 利用激光这一特性, 在医学上可作为手术刀及用于体内碎石, 切割组织和骨质、炭化和气化肿瘤、痣、疣等.

3. 单色性好

激光的单色性好, 即波长范围窄. 波长范围也叫单色光的谱线宽度. 普通光源中最好的单色光源是氪灯, 其谱线宽度约 5×10^{-4}nm, 而氦氖激光器发出的波长为 632.8nm 的红光, 对应的谱线宽度只有 10^{-9}nm. 故激光器是目前最好的单色光源. 利用激光的单色性, 可以开拓一系列与生物医学相关的新方法和新技术, 为基础医学研究与诊断提供了新的手段. 例如, 受激辐射分析技术可以研究生物分子的结构, 细胞激光显微镜可连续观察细胞的变化, 也可以进行显微照相记录, 为探讨肿瘤发生、发展和防治研究开阔了新的前景. 光的生物效应强烈依赖光的波长, 使得激光束单色性在临床治疗获得重要应用.

4. 相干性好

普通光源的发光是自发辐射, 没有恒定的相位联系, 不能作为相干光源. 而激光是受激辐射, 各发光中心相互关联, 发出的光可以在较长时间内保持相位差不变, 所以激光的相干性很好. 激光的相干长度(即能产生干涉的最大光程差)可达数千米, 而最好的普通单色光的相干长度只有数十厘米. 在医学上可用于激光全息照相术, 利用激光的相干性制造的激光光学衍射仪, 可用来观察和分析细胞、生物组织结构的形态等.

12.1.2 激光的发射原理

1. 受激吸收、自发辐射和受激辐射

在正常情况下, 粒子(原子、分子或离子)几乎都处在稳定的基态. 处于基态的粒子通过光的照射、电子碰撞、化学反应、加热等方式获得一定的能量, 有可能激发到较高能级上去. 当光通过物质时, 物质的一个粒子吸收一个光子的能量($h\nu=E_2-E_1$)而实现由低能级 E_1 向高能级 E_2 跃迁的过程称为**受激吸收**(stimulated absorption), 如图 12-1 所示.

被激发到高能级的粒子是不稳定的, 总是力图跃迁到能量较低的状态. 处于较高能级的粒子, 在没有外界影响下, 自发地向低能级跃迁而发射光子的现象称为**自发辐射**(spontaneous emission), 如图 12-1 所示. 辐射的光子能量等于 2 个跃迁能级间的能量差, 即 $h\nu=E_2-E_1$. 普通光源的发光过程属于自发辐射. 这些光源发射的光子, 是由大量互相独立的发光粒子自发辐射产生的, 因而它们所发射光子的振动方向、初相位和频率均不相同,所以普通光源发出的光不是相干光.

处于高能级的粒子,在外来光子的作用下,由高能级向低能级跃迁而发射光子,这种发光过程称为**受激辐射**(stimulated radiation). 只有外来光子的频率满足 $h\nu=E_2-E_1$,如图 12-1 所示,才能引起受激辐射. 受激辐射产生的光子与外来光子的相位、频率、振动方向和传播方向都相同. 所以,通过受激辐射,1 个光子变成了特征完全相同的 2 个光子,如果这 2 个光子再引起其他处于激发态的粒子产生受激辐射,就可以得到 4 个完全相同的光子. 这样,在 1 个入射光子的作用下,处于激发态的大量粒子能发射大量特征相同的光子,这种现象叫作光放大. 显然,受激辐射产生的光是相干光.

2. 激光的产生条件

当物质中有光辐射时,上述光的吸收、自发辐射、受激辐射三种过程都是同时存在的. 为了获得强大的相干光(激光),应抑制光的吸收和自发辐射,尽可能加强受激辐射. 为此,必须满足以下两个条件:

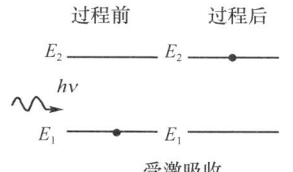
受激吸收

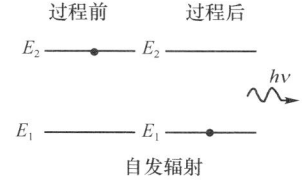
自发辐射

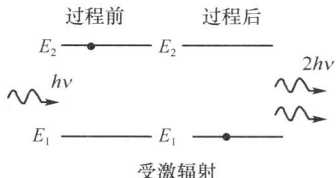
受激辐射

图 12-1 辐射跃迁的三种基本过程

(1)实现**粒子数反转分布**(population inversion). 在通常情况下,物质中的原子处于低能级的数量较多,吸收的概率大于受激辐射的概率. 而要获得光放大,必须使受激辐射占优势,即处于高能级的原子数目要多于低能级的原子数目,这种情况叫作"粒子数反转分布". 为了实现粒子数反转分布,我们可以从外界输入能量(如光辐射、粒子碰撞、气体放电等),把低能级上的原子激发到高能级上去,这个过程叫作激励(也叫泵浦). 但是,仅从外界进行激励是不行的,还需要寻找适当的工作物质. 前面曾指出,大多数物质的激发态是不稳定的,寿命很短,只有约 10^{-8}s,往往在发生受激辐射之前,原子就已经自发地辐射光子回到了基态. 但也有些物质的原子从高能级回到低能级之前,先过渡到一个中间能态,原子在这个能态上停留的时间比较长,可达十分之几秒,这个能态称为**亚稳态**(metastable state). 利用亚稳态的这个特点,就可以实现粒子数反转分布.

图 12-2 表示一种实现粒子数反转分布的方法. 以三能级结构为例,图中 E_0、E_1、E_2 表示原子的三个能级,E_0 是基态,E_1 和 E_2 是激发态,其中 E_1 是亚稳态. 通过某种激励方式,可以将原子从 E_0 态激发到 E_2 态. 在很短的时间内,原子自发地由 E_2 态跃迁到 E_1 态. 由于 E_1 态是亚稳态,原子可以在这个能态上停留较长的时间而暂不过渡到 E_0 态. 在这种情况下,处于 E_1 态的粒子数目将大量增加,从而实现了粒子数反转分布,综上所述,实现粒子数反转分布必须在工作介质中内有亚稳态,外有激励能源.

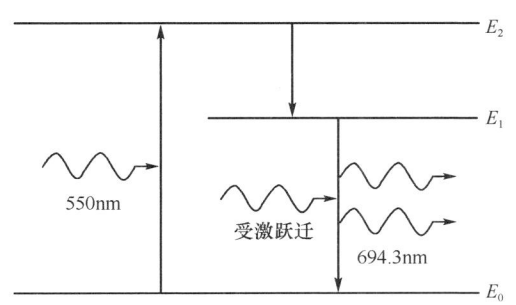

图 12-2 实现粒子数反转分布

(2)设有光学谐振腔. 粒子数反转分布只是提供了实现光放大的一个条件,要获得激光输出,还必须把光放大转化为光振荡,这就需要一个光学谐振腔,如图 12-3 所示. 在工作物质的两端各放置一块反射镜,它们互相平行,且垂直于主轴. 其中一块为全反射镜,另一块为部分反射镜，允许部分光通过，形成激光输出窗口. 处于粒子数反转分布的工作物质初始的光辐射来自于自发辐射，即处于亚稳态能级的某个原子自发跃迁到低能级而辐射出光子. 那些不沿谐振腔轴线方向运动的光子，很快通过谐振腔的侧面射出腔外(图 12-3(a))；而沿轴线方向运动的光子则可以在腔内往复地传播，它在途中若遇到一个处于亚稳态的原子，则

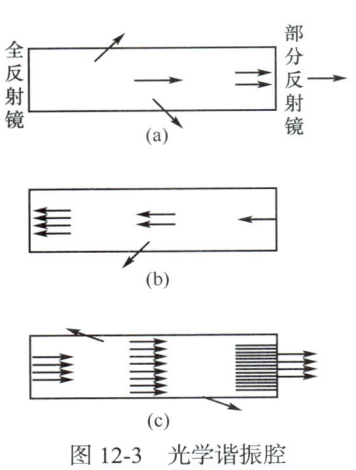

图 12-3 光学谐振腔

会"刺激"该原子使之发生受激辐射，产生一个特性完全相同的新光子. 这两个光子继续沿轴线方向运动，又可能遇到另外的亚稳态原子，使它们产生受激辐射，于是光子数成倍地增加(图 12-3(b)). 这样，光子束经过两块反射镜面的反射，在腔内多次来回传播，受激辐射强度越来越大，在谐振腔内形成光振荡(图 12-3(c)). 由于一端的镜面反射率通常接近于 100%，而另一端的镜面反射率通常为 90%，从部分反射镜透射出来的光就形成激光束.

在激活介质发生受激辐射形成光放大的同时，谐振腔内还存在许多光能的损耗因素，第一类称内损耗，是由于介质对光的折射、散射、吸收等造成的；第二类称为镜损耗，是由于反射镜产生的吸收、散射、衍射、透射(包括输出的激光)等造成的. 因此，欲产生激光，光学谐振腔还必须满足阈值条件，即光的放大(或增益)超过或至少等于上述光损耗.

为描述光学谐振腔的质量，引入品质因素 Q：$Q=2\pi\nu \cdot \dfrac{\text{腔内存贮能量}(W)}{\text{单位时间损耗能量}(-\dfrac{dw}{dt})}$

式中：ν 是激光频率，如果腔内损耗低则 Q 值高，反之则 Q 值低. Q 值也不是越高越好，因此在设计光学谐振腔应对其合理选择.

12.1.3 医学上常用的激光器

用于产生激光的装置称为激光器，激光器的分类很多，按其工作物质不同可分为四类：固体激光器、气体激光器、液体激光器和半导体激光器. 如果按工作方式，则可分为三类：单脉冲激光器、连续激光器和巨脉冲激光器. 激光输出的波长范围很宽，从远红外区直到紫外区，甚至伸展到 X 射线波段. 而且波长可以是单一的，也可以是多种或可调的；其功率范围为 $10^{-3}\sim 10^5$W，目前激光器的品种已达数百种之多.

表 12-1 中是医学上几种常用的激光器，下面简略介绍其中用得最多的两种.

表 12-1 医学上常用的激光器

工作物质	工作方式	波长(nm)	输出能量或功率	主要用途
红宝石	脉冲	694.3	0.05～500J	眼科、临床实验、生物效应研究
钕玻璃	脉冲	1060	0.1～1000J	低能量：眼科 高能量：肿瘤治疗、生物效应研究
Nd：YAG	脉冲、连续	1060	30～100W	外科手术、照射
CO_2	连续	1060	15～300W	皮肤科、妇产科、内科、骨科手术、肿瘤治疗、照射或烧灼
He-Ne	连续	632.8	1～70mW	光针、外科、皮肤科、妇产科、照射或全息照相
He-Cd	连续	441.6	9～12mW	体腔表面、肿瘤、荧光诊断

续表

工作物质	工作方式	波长(nm)	输出能量或功率	主要用途
Ar	连续	488.0\514.5	0.5～10W	眼科、外科手术刀、光针全息照相
N_2	脉冲	337.0	0.4～1mJ	五官科、皮肤科、基础研究

1. 氦氖激光器

氦氖激光器是一种气体激光器,如图 12-4 所示. 激光管的外壳用玻璃制成, 中间有一毛细管作为放电管,两端为反射镜,组成谐振腔. 腔内工作气体中氦、氖的比例为 5∶1 到 10∶1,压强为 250～400Pa. 为使气体放电, 需要在两电极之间加上几千伏的电压. 在混合气体中, 产生受激辐射的是氖原子, 而氦原子只起传递能量的作用, 它们具有十分接近的亚稳态能级 1、2, 如图 12-5 所示. 在通常情况下, 氦、氖原子都处于基态. 当气体放电时, 极间电场加速的高能电子与氦原子相碰撞, 使之激发到它的亚稳态能级 1、2. 这些氦原子并不马上跃迁回基态, 而是与氖原子发生碰撞, 将能量传递给氖原子, 从而使氖原子也激发到 1、2 两个亚稳态. 处于亚稳态的氖原子, 自发辐射的概率是较小的, 从而在 1、4 间形成粒子数反转分布. 当氖原子发生受激辐射而从亚稳态 1 能级跃迁到较低能级 4 时, 发出波长为 632.8nm 的红色激光. 由于 1、4 之间容易形成粒子数反转分布, 故其转换效率较高, 这是四能级结构的优点. 氦氖激光器的工作方式为连续输出. 氦氖激光器的功率较小, 只有 0.5～100mW, 一般用于浅表照射治疗.

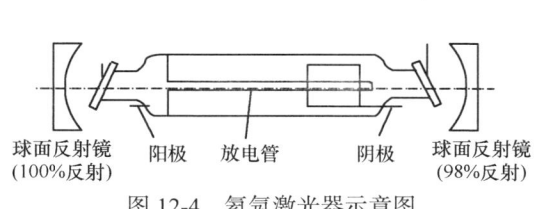

图 12-4 氦氖激光器示意图

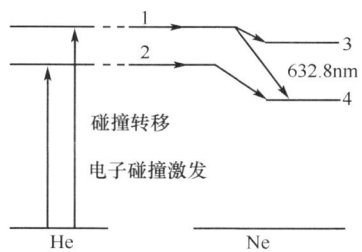

图 12-5 氦氖激光能级示意图

2. 红宝石激光器

它是最早出现的激光器,其基本结构如图 12-6 所示. 工作物质是一根 Al_2O_3 晶体的红宝石棒, 其中掺有质量比为 0.035% 的铬离子(Cr^{3+}), 替代了晶体中的部分铝离子(Al^{3+}). 棒的两端面经过精密磨光, 平行度极高, 一端镀银成为全反射, 另一端镀薄银层, 透射率约为 10%, 激光就由此射出. 棒的外面是螺旋管形的氙闪光灯, 每次闪光数毫秒, 发出强烈的黄绿色(550nm)和紫蓝色(400nm)的光, 使红宝石中处于基态 A_2 的 Cr^{3+} 跃迁到激发态 $^4F_1$ 和 $^4F_2$, 如图 12-7 所示. Cr^{3+} 在激发态 $^4F_1$ 和 $^4F_2$ 能级平均停留很短, 很快就过渡到亚稳态 ^2E(包括两个子能级). 只要激励光足够强, 在闪光的时间内, 处于亚稳态的粒子数增多, 基态的粒子数减少, 在亚稳态与基态之间将形成粒子数反转分布, 出现受激辐射而发出 R_1,R_2 两条谱线. 其中 R_1 跃迁概率大, 故输出 R_1 即波长为 694.3nm 的红色激光. 由于受激辐射下的能级是基态, 实现粒子数反转分布很难, 为此激励能源必须很强, 转换效率也很低, 这也是三能级系统的显著缺点, 不宜做连续输出, 只适合于脉冲工作方式.

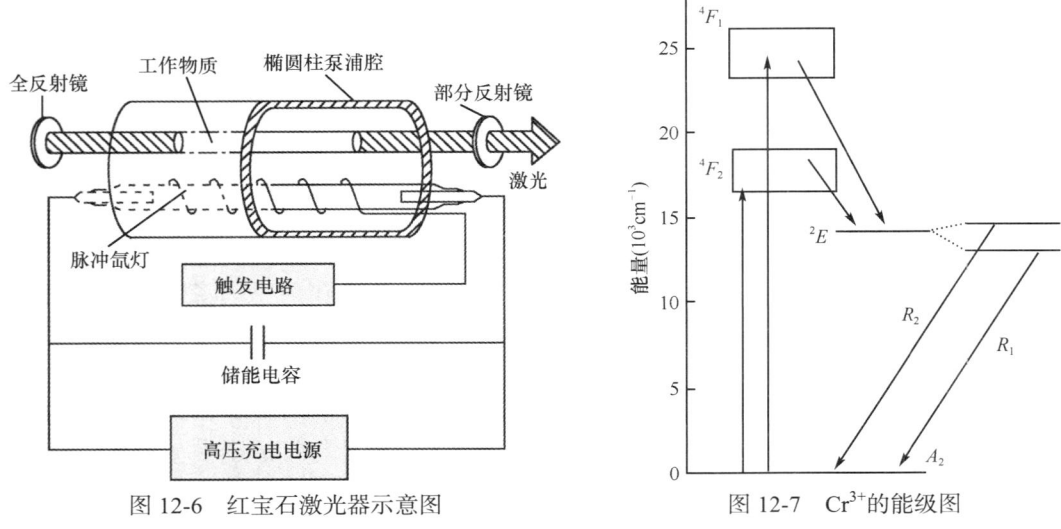

图 12-6 红宝石激光器示意图　　图 12-7 Cr^{3+}的能级图

12.2　激光的生物效应

凡激光和生物组织相互作用后所引起的生物组织方面的任何改变,都称为激光的生物效应.激光的生物效应是激光医学应用的基础,一般认为它有五种效应,即热效应、压力效应、光化效应、电磁效应和生物刺激作用,分别简介如下.

12.2.1　热效应

激光照射生物组织时,激光的光子作用于生物分子,分子运动加剧,与其他分子的碰撞频率增加,由光转化为分子的动能后变成热能,这即产生热效应.在照射生物组织时,不同波长的激光产生热效应的机制也不尽相同,其机制有两种:一种是红外激光被生物机体的分子吸收,转变为分子动能,使机体的温度升高,称为吸收生热;另一种是紫外激光被生物体分子吸收,而被激活的分子通过碰撞将所获得的光能传递给周围分子,使组织变热,称为碰撞生热.热效应将造成蛋白质变性,生物组织表面收缩、脱水,组织内部因水分蒸发而受到破坏,造成组织凝固坏死,当局部温度急剧上升达几百摄氏度甚至上千摄氏度时,可以造成照射部分炭化或汽化.

在临床治疗时基本上是用热致温热、热致凝固、热致汽化、热致炭化、热致燃烧这几种热效应.例如,理疗用到了热致温热;将脉冲染料激光的特异性作用于微血管治疗瘢痕,应用了热致凝固效应;肿瘤的治疗,则是利用了高温下的热致汽化效应使肿瘤直接汽化而被清除.

12.2.2　压力效应

激光照射生物组织,可直接或间接产生对组织的压强,称为激光的压力效应.例如,当激光的功率密度为 $10^8 W \cdot cm^{-2}$ 时,能产生 $4 \times 10^3 Pa$ 的机械压强.经聚焦后的激光束产生的机械压强更大.由激光辐射直接引起的压强称为一次压强.此外,还有生物组织受激光照射后因热膨胀、相变、冲击波和磁致伸缩等间接引起的压强,称为二次压强. 由激光导致的生物细胞的压强的变化可以改变生物细胞、组织的形状,使得生物细胞、组织内部或之间产生机械力,从而对生物细胞、组织产生巨大的影响.

在临床上,利用激光引起的压强作用可治疗多种疾病,如眼科中房角打孔沟通房水可降低眼压治疗青光眼;晶状体打孔治疗白内障等;激光手术刀就是利用汽化压强来切开组织. 压力效应有时又是有害的,例如,眼球与颅内由于二次压强聚升而形成"爆炸"性损伤,甚至死亡. 二次压强也可使被照射的肿瘤组织被压向深部或反向飞溅而造成转移.

12.2.3 光化反应

生物大分子吸收激光的能量并被激活,产生受激原子、分子和自由基,引起机体的一系列化学反应,称为光化反应. 光化反应有两个过程,一是与电子激发态分子直接联系在一起的原初光化学反应,其有光参与,大多数极不稳定,它们继续进行化学反应直至形成稳定的产物,这种光化反应称为继发光化反应,前后两种反应组成了一个完整的光化反应过程. 这一过程大致可分为光致分解、光致氧化、光致聚合及光致敏化四种主要类型. 光致敏化效应又包括光动力作用和一般光敏化作用.

应用光敏剂进行的光动力学疗法(photodynamic therapy,PDT)是其中典型的应用. 光动力学疗法,也称为光化学疗法. 在机体内注射某种光敏物质,由于肿瘤细胞和正常细胞与光敏物质的亲和力不同,病变组织内的光敏物质浓度远大于邻近的正常组织. 选择性存积于肿瘤细胞内的光敏剂经特定波长的光照射激发后,发生光物理化学反应,产生活性氧分子和自由基等其他活性物质,导致肿瘤细胞凋亡或坏死;或通过破坏肿瘤组织内的微血管循环系统,使肿瘤细胞缺氧或营养匮乏而衰竭,从而选择性地破坏肿瘤组织,对正常组织损伤小,所以它是一种较好的治疗方法,尤其对浅表肿瘤疗效较好. 随着各国卫生组织的先后批准,PDT 已逐渐成为临床常用的备选治疗方式,包括晚期癌的姑息性治疗和早期癌及癌前病变的根治性治疗. 光化反应还能能引起某些生物效应,如杀菌作用、出现红斑、色素沉聚和维生素 D 合成等.

12.2.4 电磁效应

从电磁学角度看,激光也是一种电磁波. 在一般的激光作用下,电磁场效应不明显,只有当激光强度极大时,才出现明显的电磁场效应. 如聚焦后激光的功率密度为 5×10^8 $W\cdot m^{-2}$,则电场强度可达 $4\times10^{10}V\cdot m^{-1}$. 所以,当激光照射人体组织时,相当于将人体置于强大的电场中. 而人体类似于电介质电容器,电介质中整个分子呈中性,但中性分子的电荷分布不均衡,正负电荷的电中心重合的为非极性分子,正负电荷的电中心不重合的为极性分子. 在电场作用下,非极性分子的正负电荷分别朝相反方向运动,使分子发生极化,被极化的分子在电场作用下将重新排列,在重排过程中与周围分子(粒子)发生碰撞摩擦而产生大量的热. 这种电磁场效应可能使生物分子产生电离和游离基,破坏了细胞的结合力,致使组织受损或变性. 据此可用于多种生物医学作用.

12.2.5 生物刺激作用

当低功率激光(low lever laser)照射生物组织时,不对生物组织直接造成不可逆性的损伤,而是产生某种与超声波、针灸、艾灸等机械的和热的物理因子所获得的生物刺激相类似的效应，称为激光生物刺激效应. 实验证明，用一定剂量的弱激光(如 He-Ne、CO_2 和 N_2 激光)照射机体，可刺激或抑制细菌的生长，增强细胞的吞噬和促进红细胞的合成，加速毛发、皮肤、黏膜的生长以及伤口、溃疡、烧伤和骨折的愈合等.

激光生物刺激作用具有如下特点：

(1) 刺激或抑制：激光照射小剂量起刺激作用，而大剂量反而起抑制作用；大小剂量的划分则随生物的结构和机能的不同而不同.

(2) 积累作用：小剂量氦氖激光有积累作用，即以一次大剂量照射或将该剂量分成小剂量多次照射，所起的生物效应一样大.

(3) 抛物线效应：照射次数有阈值，效应不随次数正比增大，有一极大值，达极大值后，再增加照射次数，刺激作用反而减弱，甚至变成抑制作用.

为了解释低功率激光的生物效应，人们提出了种种设想和假说，有生物电场假设、偏振刺激假设、细胞膜受体假设、色素调节设想等数种，到目前还没有形成为学术界普遍接受的理论. 虽然低功率激光的作用过程和作用原理尚不很清楚，有待于进一步的探讨，但其生物刺激效应在医学研究和临床工作中确有广泛应用且取得了一定成果.

激光与生物组织相互作用的各种效应分类没有严格的界限，如在光化学效应中光热效应也起了很大的作用. 激光热作用、光化学作用和机械作用通常是同时发生，并不是孤立存在的，对许多疾病的治疗和诊断都是综合效应的结果，只不过在特定的条件下，以某一生物效应为主要表现而已. 激光生物效应与激光的特性和组织的特性都有关系，要想利用激光治疗和诊断疾病，首要的任务是认识并理解激光与生物组织的相互作用机制. 经过激光医学工作者的不懈努力，激光在临床各科的应用逐渐成熟. 但是激光在临床更广泛的应用尚有赖于对激光与生物组织的作用机制深入全面的了解，尚待更深入的理论和精细的实验研究.

12.3 激光的医学应用

激光在医学的广泛应用已经形成了一门崭新的交叉学科——激光医学. 激光在医学上的应用主要分三类：激光基础医学研究、激光诊断、激光治疗，其中激光治疗又分为：激光手术治疗、弱激光生物刺激作用的非手术治疗和激光的光动力治疗.

12.3.1 激光在基础医学研究方面的应用

借助激光微束仪把光束聚焦到直径只有 $0.5\sim1.0\mu m$，可以对细胞进行切割、融合、穿孔和移植等微观操作，研究生物遗传规律；借助激光拉曼光谱分析技术，研究生物大分子的结构及其变化；借助红外吸收光谱仪，通过对唇部的测定，能获悉人体血液内所存在的元素；借助激光多普勒测速技术，可以测量皮肤、肠黏膜、胃黏膜以及毛细血管的血流特征，还可测定巨细胞质流、精子活力、眼球运动和耳的听力等.

12.3.2 激光在检测和诊断方面的应用

激光的出现使医学诊断技术产生巨大的进步. 激光诊断技术为诊断学向非侵入性、微量化、自动化及实施快速方向发展开辟了新途径. 人们利用激光的方向性好、强度大、单色性好、相干性好的特点，制成各种不同用途的激光仪器，简述其中的几项.

1. 激光流式细胞术

流式细胞术是一种在功能水平上对快速流动状态中的单个细胞或其他生物粒子进行多参数的、快速的定量分析和分选(技术)的检测手段. 它能高速分析上万个细胞并能同时测量细胞的物理或化学性质, 如粒子的大小、体积、内部结构、DNA、RNA、蛋白质、抗原等, 进行多信息分析. 这种方法可以筛选肿瘤细胞, 因为恶性细胞中 DNA 含量高, 而且细胞核荧光也强. 这种方法还可以用来进行血细胞计数, 测定入侵病毒, 用来区分白细胞、红细胞和血小板等用途.

2. 激光全息术

利用激光相干原理将物体在空间存在情况的全部信息记录下来的技术. 全息照相记录物体反射光波的振幅和相位值, 不需透镜聚焦, 所以也称无镜头照相; 全息照片是三维的, 有立体感, 如看到实物一样, 当观察角度改变时, 甚至可绕过障碍物看到被挡住的物体; 全息照片每一部分都能再现整个图像, 取其中任何一块, 都可以再现一个完整的图像.

全息照相包括的物体的信息比较完整, 如一张眼底全息照片可以记录眼内各层较为完整的信息. 可以分别研究角膜、晶状体、玻璃体和视网膜各层, 可以测出视盘凹陷、黑色素瘤体、玻璃体内的新生血管的立体尺寸、眼内异物、玻璃体索条的生长、白内障的发展、视网膜水肿的改变. 全息滤片矫治白内障已取得实验性成功. 在牙科用激光全息术测量低水平力引起的微小动作, 如研究给牙加力后, 观察牙在轴向或水平方向的位移.

超声波和激光配合应用的激光超声全息摄影术, 利用超声波产生全息图像, 而用激光使之再现, 这种方法可以分辨 1mm 大小的乳腺癌, 还能拍摄出心脏的形态和运动, 肺的形态和运动, 胃肠蠕动情况, 胃的轮廓、软组织和骨骼结构等.

3. 激光多普勒效应

当激光照射运动着的流体时, 跟随流体运动的粒子将激光散射, 散射激光的频率发生变化, 该频率与入射激光频率之差, 称为多普勒频移或拍频, 该频移正比于粒子速度(即流速), 故测出频移就可测得流体速度, 用这种方法可测量微循环的血流速度及电泳迁移率和扩散系数等. 利用激光多普勒效应可以观察人体末梢血管的血流动力学改变. 观察甲皱、耳垂、口唇等部位的毛细血管的血流动力学变化有助于诊断动脉硬化、冠心病、各种休克、血管内弥漫性凝血等.

4. 激光拉曼光谱法

用强单色光源照射试样时, 会发生散射. 在散射光中, 除了有与入射光频率相同的瑞利光以外, 还有一系列其他频率的光. 这些光对称地分布于瑞利光的两侧, 但强度比瑞利光弱得多, 这种在瑞利光以外存在着其他频率的散射光现象称为拉曼效应或并合散射, 这种散射光谱称为拉曼光谱.

拉曼光谱虽然其频率随入射光的频率变化而变化, 但它与瑞利光的频率之差(即拉曼位移)与入射光频率无关, 与试样物质分子的振动和转动能级有关, 故可用拉曼位移对待测物质进行定性分析.

这种诊断方法与传统方法比较, 有以下优点: 是无损伤测量; 可在各种物态(固体、液体、气体)下进行测量; 既可定性, 又可定量分析; 方法简便、快速、准确. 拉曼光谱法可用来鉴别癌症; 早期诊断白内障; 分析呼出气体的成分及其含量. 癌症患者、败血症和肝炎患者血液的拉曼谱线全部出现异常的光谱.

5. 激光扫描共焦显微技术

超声、CT、磁共振等成像技术虽然能获得人体组织的各种图像，但达不到细胞级的分辨率。而分辨高的光学显微镜和电子显微镜又需进行组织切片分析，不能作活组织成像。激光扫描共焦显微镜可进行光学断层分析，取得生物样本的三维图像，以观察细胞与细胞之间的相互作用、组织再生、光与组织的物理和生物效应、细胞内的生化成分和离子浓度等。这种方法已成为生物学和医学研究的新技术和新手段。

这种技术是使激光聚焦成线度接近单个分子的极小斑点，照射样品，以产生荧光，可探测到焦点处的荧光，离开焦点的荧光因受空间滤波器的阻碍，不进入探测器，从而可获得样品细胞一个层面的图像。连续改变激光的焦点，就可以扫描一系列层面，获得整个样品细胞的三维图像。目前，利用多光子技术，用近红外光激发可减少单光子激光扫描共焦显微镜对细胞的损伤，能得到样品更深层的高分辨率荧光图像。利用这种技术研制成的激光视网膜层面分析仪，可对视盘表面 1~3mm 深度进行 32 层面的扫描，再由计算机制成视盘表面的三维地形图，用于诊断青光眼。

12.3.3 激光在临床治疗方面的应用

激光治疗的适应证现在已经涉及临床各科，大体可分为激光手术治疗、激光照射治疗和激光光敏治疗、激光血管成形术、激光心肌血管重建术等项目。

1. 激光手术治疗

激光手术治疗最早应用于眼科，主要是利用激光的热效应，封闭视网膜裂孔，焊接脱落的视网膜，治疗虹膜囊肿及眼底血管瘤等，都取得比较满意的治疗效果。激光虹膜切除和打孔利用了激光的压强作用，近年使用得较多的是准分子激光器。激光治疗眼部疾病具有操作简便、迅速、患者痛苦小及疗效显著等优点，因此眼科是至今激光临床应用最成熟的一个领域。激光外科常用大功率 CO_2 激光用"手术刀"，对病灶施行凝固、汽化和消融等手术切除肿瘤和病变脏器。与传统的解剖刀比，激光刀不出血或少出血；与传统的冷刀、超声刀和高频电刀比较，激光刀的切割能力强，切口锋利，损伤少；激光刀还能通过光导纤维进入体内施行手术而避免剖腹或开腔。例如，常用钇铝石榴石（YAG）和钕玻璃激光器发出红外激光，配合光导纤维和内窥镜治疗胃溃疡和切除胃动脉瘤。

2. 激光照射治疗

利用弱激光对生物组织有刺激、镇痛、消炎、扩张血管等作用，可以治疗一些疾病。例如，用氦氖激光器，采用照射病灶可以治疗多种炎症，加速溃疡、烧伤、手术伤口的愈合等，另外，利用弱激光照射穴位进行光针灸治疗也取得了较好的效果。与传统毫针比较，激光针无菌、无痛、不会断针和晕针，可用于毫针的所有适应证。利用低功率激光血管内(外)照射可使血液流变学性质，血流动力学性质及微循环得到改善，改变内循环环境使其理化特性和化学成分细胞恢复正常稳定状态，从而使机体恢复正常。目前血管内照射已应用于治疗各种血液疾病，如脑血管疾病、心肌缺血、糖尿病、脑梗死等。

3. 激光光敏治疗

在通常情况下，除视细胞以外的绝大多数生物细胞不容易被可见光直接引起光化学效应。但是，当人体组织摄入了某些光敏化剂时，敏化剂分子吸收较低功率的激光能量后就会发生一系列化学反应，利用这种反应可以治疗某些疾病。例如，利用激光的光动力学疗法（PDT）可以治疗多种恶性肿瘤。

4. 激光血管成形术

激光血管成形术是指在荧光屏监视下，利用激光的高能量汽化血管内的血栓和硬化斑块．利用正常组织和动脉硬化斑块在激光照射下产生的荧光光谱的不同，实现对病变组织的诊断．当出现动脉硬化光谱时，激光器自动开启进行照射，当斑块光谱消失，出现正常光谱时，激光照射停止．激光在治疗动脉粥样硬化性血管病方面有特殊价值．

5. 激光心肌血管重建术

激光心肌血管重建术是目前代替常规治疗的一种有效手段．利用激光与心肌组织产生的热效应，用高强度激光束在缺血的心肌区内打数个微孔，通过这些微孔把心腔内的血液引回到心肌区域，改善心肌血液微循环来达到治疗的目的．近年来，国内外准分子激光等已经在心肌血管重建方面取得了令人瞩目的成果．

实践证明，激光在医学上的应用是卓有成效的，但目前还有一些微观机制问题尚未解决，这就需要加强对激光生物效应的研究，尤其是探索激光对人体作用的理论问题．

小 结

物质发生光辐射时，三种过程(受激吸收、自发辐射、受激辐射)同时存在．为了获得强大的相干光(激光)，应抑制光的吸收和自发辐射，尽可能加强受激辐射．为此，产生激光必须满足两个条件：一要实现粒子数反转分布；二要具备光学谐振腔．1958年，激光首次被成功制造，激光特有的发光机制和激光器的特殊结构，使激光具有方向性好、强度大、单色性好、相干性好的特性，激光的这种独特性质使激光在医学上有广泛的应用．

阅读材料

准分子激光矫正近视手术

近视眼由于眼球的前后径太长、眼睛膜前表面太凸，外界光线不能准确会聚在眼底所致．准分子激光矫正近视(LASIK/PRK)是用电脑精确控制的准分子激光，根据近视度数和有无散光在瞳孔区的角膜基质层进行刻蚀，使眼角膜前表面稍稍变平．从而使外界光线能够准确地在眼底视网膜上会聚成像，达到矫正近视的目的．

激光屈光性角膜手术所用的工作气体为ArF，所产生的是193nm的准分子激光，193nm的氩氟准分子激光有许多特点适合应用于角膜屈光手术．准分子激光是一种脉冲激光，其每一个脉冲具有高达6.4eV的能量，这个能量远超过结合分子碳和碳键的结合能量3.5eV，因此光子可以打断分子之间的结合键，将组织分离成挥发性的碎片，准分子激光与生物组织作用时发生的不是热效应，而是光化反应．所谓光化反应，是指组织受到远紫外线作用时，会使分子之间结合键断裂，将组织直接分离成挥发性的碎片而消散无踪，对周围的组织则没有影响．靠着这种准确的汽化，可以把眼角膜精确地切去一层，但对角膜的构造不会产生不良的效应．由于激光的整个脉冲只有 10～20μs，因此其热扩散效应非常小，周围仅有 0.3～0.8μm 的组织会受到伤害．对被照射部位旁边的组织不产生热效应．另外，由于电磁波对于角膜的穿透力随着波长的缩短而减少．在400nm以下，穿透力减至零．故193nm波长的远紫外线导致无角膜穿透力．因此对于眼球内部的组织没有任何不良副作用．

准分子激光切削角膜的能力，具有超细微的精密度和超细微的损伤程度．193nm 波长远紫外线只产生很少的热效应，从而对周围组织损伤限制在很小的范围．因为每一发激光能量所汽化组织的量与深度是固定的，所以准确又精密，其切削精度非常高，而且，还提供了特别平滑的切削平面．切削速度约为每个脉冲 0.25μm，相当于头发丝的 1/200，能够在人的头发丝上刻出各种花样来,尽管这种远紫外线产生的热效应非常少,但也不等于零,每个激光脉冲的切削面上会造成小于1μm的微小损伤.准分子激光要比任何其他眼科激光精确50~1000倍.激光脉冲频率可以增加,但热能和切削产生的羽烟散逸需要一些时间.

思 考 题

12-1　激光束有哪些特点?

12-2　什么是激光?激光发射的条件是什么?

12-3　如何实现激光的粒子数反转?

12-4　若在激光的工作物质中,只有基态和另一激发态,问能否实现粒子数反转?

12-5　每一种激光器都有哪三个基本组成部分?

12-6　激光的激励方式有哪些?

12-7　激光器是怎样分类的?

12-8　激光的生物效应有哪些?

12-9　为什么四能级系统比三能级系统容易产生激光?

12-10　激光在临床上有什么用途?

第 13 章　X 射线及其医学应用

1895 年，德国物理学家伦琴发现 X 射线. X 射线在医学影像诊断和生物大分子的研究方面有重要的应用.

上图：英国的罗莎林德·富兰克林在 1951 年 11 月拍摄的一张十分漂亮的 DNA 晶体 X 射线衍射照片. 英国的弗朗西斯·克里克和美国的杰姆斯·沃森受此图片的启发，于 1953 年 2 月 28 日确认了 DNA 一定是双螺旋结构，并给出其结构模型. DNA 双螺旋结构的发现，标志着分子生物学的诞生.

下图：DNA 分子的双螺旋结构模型.

1895 年，德国著名物理学家伦琴(W. C. Roentgen)在用克鲁克斯管做阴极射线研究过程中，发现了一种可使某些物质发出荧光、穿透力很强、人眼却看不见的射线. 由于伦琴当时对于这种射线的本质和属性还了解得很少，所以称它为 X 射线(X-ray)，为此，伦琴于 1901 年荣获了首届诺贝尔物理学奖. 一百多年以来，X 射线在医学诊断和治疗中得到了广泛的应用，尤其是随着数字技术的发展，X 射线在医学领域将发挥更加巨大的作用.

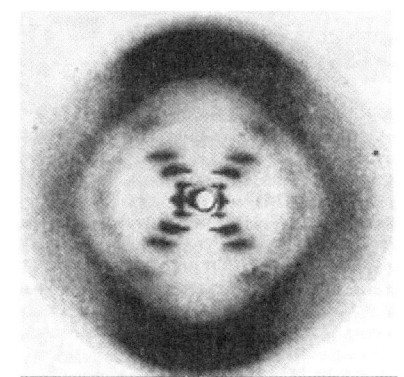

本章将介绍 X 射线的产生、X 射线的基本性质、X 射线的衍射与 X 射线谱、X 射线的衰减规律及 X 射线在医学上的应用等内容.

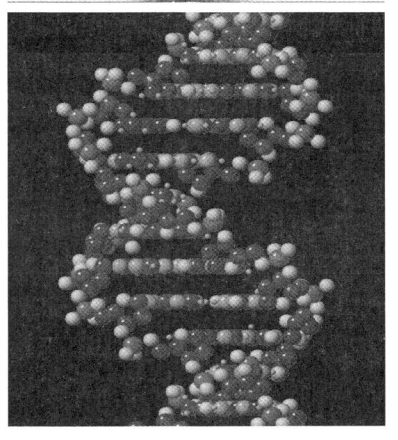

13.1　X 射线的产生

13.1.1　X 射线产生装置

高速带电粒子撞击物质受阻而突然减速时都能产生 X 射线. 现在用于医学成像的 X 射线源就是利用高速运动的电子撞击障碍物——靶(target)物质而产生的. 可见，产生 X 射线必须具备两个基本条件：①有高速运动的电子流；②有适当的障碍物来阻止电子的运动，将电子的动能转变为 X 射线的能量.

目前常用的 X 射线产生装置，主要包括 X 射线管、降压变压器、升压变压器和整流电路四个部分，基本线路如图 13-1 所示.

X 射线管是 X 射线产生装置的核心部件，它是将阴极(cathode)和阳极(anode)密封于高真空(气压为 $10^{-9} \sim 10^{-6}$ mmHg)的硬质玻璃管内而构成. 阴极是由钨丝制成螺旋状，单独由低压电源(5～10V)供电，使钨丝加热发射热电子. 与阴极正对的阳极由阳极体(一般为散热快的铜制圆柱体)和镶嵌在阳极柱端斜面的靶物质(耐高温的钨或钼)构成. 阴极和阳极之间所加的高达几万至几十万伏的直流高压，称为 X 射线管的管电压，以 kV(千伏)为单位，用来产生强电场. 从阴极发射出来的热电子，在管中强电场的作用下，向阳极高速

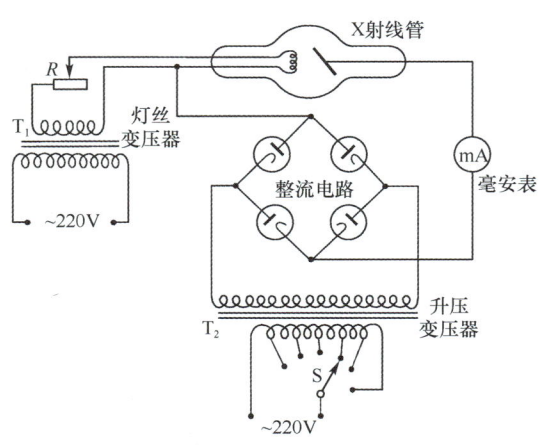

图 13-1 X 射线机的基本线路

运动而形成的电流，称为管电流，以 mA(毫安)为单位. 当高速运动的电子流与靶物质相撞时，高速电子损失的少部分动能转变为 X 射线的能量，即产生了 X 射线，而其余绝大部分动能则转变为热能.

由于阳极产生的热量非常多，通常的 X 射线管不能连续工作过长时间，否则阳极靶可能因为过热而熔毁. 为解决这一问题，按照 X 射线管功率的大小，阳极将采用不同的散热方式，如散热片通风冷却、旋转阳极、油循环器散热等.

降压变压器 T_1 将 220V 交流电源降压到所需的低压源 5～10V，提供钨丝加热的电流. 变阻器 R 用来调节流过钨丝的电流大小，从而改变阴极发射电子的数量，达到控制管电流的目的.

升压变压器 T_2 将 220V 交流电源升压到所需的几万至几十万伏的交流高压，供给整流电路. 旋转 S，可改变升压变压器 T_2 的原、副线圈匝数比，调节 T_2 的输出电压.

全波桥式整流电路由四个二极管组成，用来将 T_2 输出的高压交流电变为阴极与阳极之间所需的高压直流电.

13.1.2 X 射线管的实际焦点与有效焦点

在 X 射线管中，高速电子流撞击在阳极靶面上的面积称为实际焦点(actual focus)，它的大小与阴极灯丝尺寸有关. X 射线管的实际焦点在垂于 X 射线管轴线方向上投影的面积，称为有效焦点(effective focus)，如图 13-2 所示，图中 θ 为靶面与 X 射线输出方向间的夹角. 若实际焦点的面积为 A，经过投影后，有效焦点的面积则为 $A\sin\theta$. 可见，A 为定值时，角 θ 越小，有效焦点的面积越小.

实际焦点 A 的大小直接影响 X 射线管的散热和影像的清晰度. 面积越大，对散热越有利. 但实际焦点越大，有效焦点的面积也增大，必然影响在胶片上所形成影像的清晰度. 若用缩短灯丝长度或减少靶倾角来缩小有效焦点，必然使单位面积上的电子密度增加，实际焦点的温度快速上升，阳极将不能承受较大的功率. 因此，两方面的情况都要考虑. 大多数诊断 X 射线管的靶倾角在 6°～17°变化.

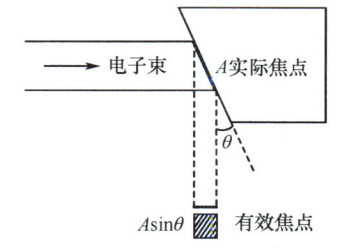

图 13-2 X 射线的实际焦点和有效焦点

13.1.3 X 射线的强度和硬度

X 射线的强度和硬度是描述 X 射线的两个重要指标，只有合理地选择，才能在临床应用中得到满意的效果.

X 射线的强度(X-ray intensity)是指单位时间内通过垂直于 X 射线传播方向上的单位面积的辐射能，单位为 $W \cdot m^{-2}$，用 I 表示，则有

$$I = N_1 h v_1 + N_2 h v_2 + \cdots + N_n h v_n = \sum_i N_i \cdot h v_i \tag{13-1}$$

式中，N_1、N_2、$\cdots$、N_n 分别表示单位时间内通过垂直于单位面积的具有能量为 hv_1、hv_2、$\cdots$、hv_n 的光子数. 由此可见，X 射线强度是由光子数目和光子能量两个因素决定的，相应的有以下两种方法调节 X 射线的强度：一是调节管电流，改变单位时间内轰击靶物质的电子数，从而改变阳极靶产生的 X 射线光子数，在临床上，常用管电流的毫安数间接地表示 X 射线的强度；二是调节管电压，改变高速电子的能量，从而改变阳极靶产生的 X 射线光子的能量.

X 射线的硬度 (X-ray hardness) 是指 X 射线对物质的贯穿本领. 对于一定的吸收物质而言，贯穿本领与 X 射线的光子数无关，只由 X 射线光子的能量决定：X 射线光子的能量越大，X 射线对物质的贯穿本领越强，X 射线的硬度越硬；反之，则 X 射线的硬度越软. 而 X 射线光子的能量决定于管电压，所以，可以通过调节管电压的方法来改变 X 射线的硬度. 在临床上，常用管电压的千伏数间接地表示 X 射线的硬度。根据 X 射线的硬度不同，可分为极硬、硬、软、极软四类，相应的管电压值、最短波长值和主要用途见表 13-1.

表 13-1　X 射线按硬度的分类

名称	管电压(kV)	最短波长(nm)	主要用途
极软 X 射线	5～20	0.25～0.062	软组织摄影，表皮治疗
软 X 射线	20～100	0.062～0.012	透视和摄影
硬 X 射线	100～250	0.012～0.005	较深组织治疗
极硬 X 射线	250 以上	0.005 以下	深部组织治疗

13.2　X 射线的基本性质

13.2.1　X 射线的基本性质

就本质而言，X 射线是比紫外线频率更高的电磁波，频率范围在 $3 \times 10^{16} \sim 3 \times 10^{20}$ Hz，相应地波长在 $10^{-3} \sim 10$ nm，它具有光的一切特性，可以产生反射、折射、干涉、衍射和偏振等现象. 由于 X 射线的频率高、X 射线光子的能量大，因此，除具有电磁波的共性外，还具备以下性质.

1. X 射线的贯穿本领

由于 X 射线频率高，具有较高的能量，物质对其吸收较弱，因此它有很强的穿透能力，即贯穿本领. X 射线的贯穿本领不仅与 X 射线的能量有关，还与被穿透的物质的原子序数、密度、厚度有关. 就同一束 X 射线而言，对原子序数较低、密度较小、厚度较薄的物质穿透能力强，贯穿本领大；反之，对原子序数较高、密度较大、厚度较厚的物质穿透能力弱，贯穿本领小，这是 X 射线医学影像学和 X 射线防护的基础。表 13-2 列出人体组织对 X 射线透射程度的分类.

表 13-2　人体组织对 X 射线的透射性

易透性组织	中等透射性组织	不易透射性组织
气体	结缔组织，软骨	骨骼
脂肪组织	肌肉组织，血液	

2. 荧光作用

当 X 射线照射钨酸钙、铂氰化钡、硫化锌镉等物质时，能够发出荧光，具有这种光特性的物质称为荧光物质．荧光物质之所以能在 X 射线照射时发出荧光，是因为物质原子被激发或电离，当被激发的原子回到基态时，便可释放出荧光．临床上的 X 射线透视，就是利用涂有荧光物质的接收屏来接收和显示透过人体的 X 射线的量的分布，这是 X 射线透视的基础．

3. 电离作用

具有足够能量的 X 射线照射物质时，X 射线光子撞击物质的原子或分子中的电子，使之脱离出来而产生电离．气体在 X 射线照射下也会产生电离而导电，导电能力的大小与照射的 X 射线强度有关，因此，可以利用这一性质进行 X 射线强度的测量．

4. 光化学作用

X 射线能使很多物质发生光化学反应，能使胶片感光剂感光．临床上的 X 射线摄影，就是利用涂有感光剂的胶片来接收和显示透过人体的 X 射线的量的分布，这是 X 射线摄影的基础．

5. 生物效应

X 射线照射生物体时，在其体内能产生电离及激发作用，也就是使物体产生生物效应，特别是增殖性强、分裂旺盛的癌细胞，经一定量的 X 射线照射后，可产生抑制、损伤甚至坏死．这个特性可在肿瘤放疗中得到充分应用，它是 X 射线放射治疗的基础．另一方面，X 射线对人体正常组织也有损害作用，放射工作者要注意防护．

13.2.2 X 射线的衍射

由于普通 X 射线波长范围在 $10^{-3} \sim 10$ nm，不能用普通的光学仪器进行研究．而天然晶体中原子、分子、离子(以后统称原子)间距的数量级与此大致相仿，所以，晶体中粒子的有序排列构成了 X 射线的三维衍射光栅．1912 年，德国物理学家劳厄(**M. Von laue**)利用硫化锌晶体，通过实验首次得到 X 射线的衍射图样，从而证明 X 射线具有波动性，揭示了 X 射线的本质，并因此荣获 1914 年的诺贝尔物理学奖．英国的物理学家**亨利·布拉格**(W. H. Bragg)和**劳伦斯·布拉格**(W. L. Bragg)父子利用原子面反射的概念，成功地解释了劳厄的实验事实，并且提出了著名的布拉格方程．

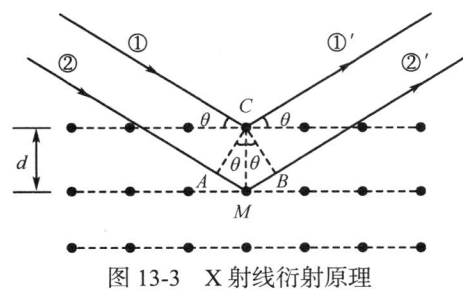

图 13-3 X 射线衍射原理

图 13-3 是 X 射线在晶体上衍射的原理示意图，图中黑点表示晶体中的原子，它们按晶格常数 d 等间距、规则排列．当波长为 λ 的 X 射线①与②以入射角 θ 照射晶体时，由于 X 射线贯穿本领强，能穿透很多原子层，并在各层都发生反射．当这些反射波满足相干加强条件时，就会得到衍射束，形成干涉加强图样．由图可见，相邻两层原子产生的反射波①'与②'的波程差为

$$AM + MB = 2AM = 2d\sin\theta$$

所以，反射波干涉加强的条件是该波程差等于入射波半波长的偶数倍，即

$$2d\sin\theta = 2k \cdot \frac{\lambda}{2} = k\lambda \quad (k=1,2,3,\cdots) \tag{13-2}$$

式(13-2)称为布拉格方程(定律).

由布拉格方程可知,用晶格常数 d 已知的晶体作为光栅,可以计算出入射的 X 射线的波长 λ;反之,利用已知波长 λ 的 X 射线照射结构未知的晶体,就可以对晶体结构进行分析. 这正是布拉格父子在 1913~1914 年的工作中创立了一个极重要和极有意义的科学分支——X 射线晶体结构分析. 由于在 X 射线晶体结构分析方面所做出的杰出贡献,布拉格父子分享了 1915 年的诺贝尔物理学奖,当时劳伦斯·布拉格年仅 25 岁,他是历史上最年轻的诺贝尔物理学奖获得者.

13.3 X 射 线 谱

由 X 射线管产生的 X 射线,通常包含了各种不同的波长成分,其强度也不相同,按照 X 射线波长的大小,将其强度排列开来的图谱称为 X 射线谱(X-ray spectrum). 图 13-4 为钨靶 X 射线管发射的 X 射线谱,(a)是照在感光胶片上的射线谱,(b)是谱线相对强度与波长的关系曲线. 看图可知, X 射线谱包含两部分:一是曲线下划斜线的部分,对应于感光胶片上的背景,它包含各种不同的波长射线,称为连续 X 射线(continuous X-ray);二是曲线上凸出尖峰,具有较大的强度,对应于感光胶片上的明显谱线,这相当于可见光中的明线光谱,称为标识 X 射线(characteristic X-ray). 下面分别讨论这两种谱线的产生机制及其特性.

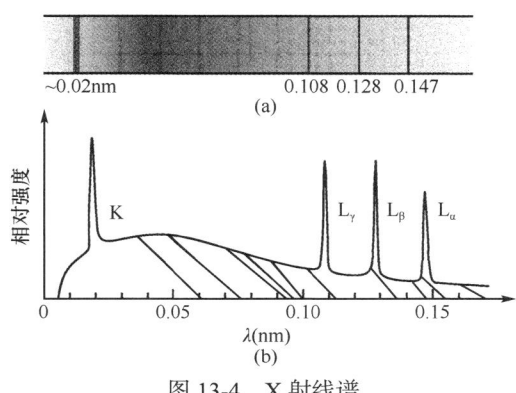

图 13-4 X 射线谱

13.3.1 连续 X 射线

在 X 射线管中,当高速运动的电子流撞击靶物质受到制动时,在靶物质原子核的强电场作用下,电子速度的大小和方向都发生急剧变化,部分动能转化为 X 射线光子的能量 $h\nu$ 而辐射出去,称为轫致辐射(bremsstrahlung). 由于每个电子与靶物质原子核的距离不同,速度变化情况也就不同,因此,每个电子损失的动能也将不一致,辐射出各种各样能量取值的 X 射线光子,从而产生了包含各种波长的连续 X 射线谱.

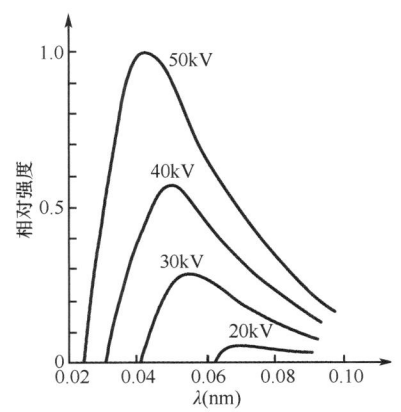

图 13-5 钨的连续 X 射线谱

实验表明,X 射线管在管电压较低时只产生连续 X 射线谱. 图 13-5 给出了钨靶 X 射线管在四种较低管电压下的 X 射线谱. 由图可见,X 射线管的管电压不同,则连续 X 射线谱的位置不同,谱线的强度从长波开始逐渐上升,达到最大值后很快下降为零. 强度为零时的波长是连续 X 射线谱中的最短波长,称为短波极限,用 $\lambda_{\min}$ 表示. 短波极限的产生,是由于某个高速运动的电子在与靶物质原子核强电场的一次作用中,将全部动能都转化为一个 X 射线光子的能量,显然，这是 X 射线光子能量的最大值，对应于 $\lambda_{\min}$. 从图 13-5 中还可以看出，随着管电压的增加，连续谱中各波长的强度也相应地增大，并且，强度最大的波长和短波极限都向短波方向移动.

为了得到管电压 U 与短波极限 $\lambda_{\min}$ 间的关系，设电子电量为 e，则电子在管电压加速下获得的动能为 eU，并将该动能一次、全部转换为 X 射线光子的能量 $h\nu_{\max}$，$\nu_{\max}$ 是与短波极限 $\lambda_{\min}$ 对应的最高频率，则有

$$h\nu_{\max} = h\frac{c}{\lambda_{\min}} = eU$$

即
$$\lambda_{\min} = \frac{hc}{e} \cdot \frac{1}{U} \tag{13-3}$$

式(13-3)表明，连续 X 射线谱的最短波长只与管电压成反比，而与其他因素无关. 管电压越高，则短波极限越短. 这个结论是与图 13-5 的实验结果相一致的。将普朗克常量 h、光速 c 和电子电量 e 的值代入上式，并且管电压以 kV 为单位，得

$$\lambda_{\min} = \frac{1.242}{U}(\text{nm}) \tag{13-4}$$

【**例 13-1**】 若加在 X 射线管上的管电压为 10kV，试计算：从阴极发射的电子(设初速度为零)到达阳极靶时的速度是多大？连续 X 射线谱的最短波长是多少？

【**解**】 设电子的电量为 e，则

$$\frac{1}{2}m_e v^2 = eU$$

故
$$v = \sqrt{\frac{2eU}{m_e}} = \sqrt{\frac{2\times 1.6\times 10^{-19}\times 10\times 10^3}{9.11\times 10^{-31}}} = 5.93\times 10^7 (\text{m}\cdot\text{s}^{-1})$$

由式(13-4)可知

$$\lambda_{\min} = \frac{1.242}{U} = \frac{1.242}{10} = 0.1242(\text{nm})$$

13.3.2 标识 X 射线

以上讨论的是钨靶 X 射线管工作在管电压低于 50kV 的条件下，只产生波长为 0.025nm 以上连续 X 射线谱的情况. 当管电压升高到 70kV 以上时，连续谱在 0.02nm 附近叠加了 4 条谱线，在相对强度曲线上出现了 4 个尖峰，如图 13-6 所示. 随着管电压的继续增加，发生变化的只是连续谱，而 4 条谱线的位置却保持不变，即波长不变，这 4 条谱线就是图 13-4 中未分开的 K 线. 大量的实验表明，这些谱线的波长取决于 X 射线管阳极靶的材料，不同元素材料制成的靶，具有不同的线状 X 射线谱，因此，它可以作为相应元素的标识，这就是为什么将这部分谱线称为标识 X 射线.

标识 X 射线和连续 X 射线的产生机制完全不同. 在较高管电压作用之下，高速运动的电子具有很大的动能，当它进入阳极靶内时，如果它与某个靶原子的内层电子发生强烈相互作用，它就有可能将自身一部分动能传给这个电子，使之从原子中脱离出来，于是原子在该壳层出现一个空位. 当外层高能电子跃迁到该层，填充该空位时，就会将多余的能量以光子的形式辐射出来，这就是标识 X 射线.

如果被打出来的是 K 层电子,则空出来的位置将会被 L、M 或更外层的电子跃迁填充,并在跃迁过程中辐射出一个光子,光子的能量等于两个能级的能量差. 这样发出的几条谱线成为 K 线系,用符号 K_α、K_β、K_γ、… 表示. 如果空位出现在 L 层,那么这个空位就可能被 M、N 或 O 壳层上的电子来填充,并在跃迁过程中辐射出一个光子,形成 L 线系. 由于离荷越远,能级差越小,所以 L 系各谱线较 K 线各谱线的波长要长些. 同理,M 系谱线的波长则更长. 图 13-4 给出了钨的 K 线系和 L 线系,其中 K 线系的 4 条谱线因波长相近而未分开,图 13-6 给出了钨的 K 线系,由于 L 线系和 M 线系波长较长,未在图中出现. 图 13-7 是这种跃迁的示意图,需要注意,这些跃迁不是同时发生在同一个原子中的. 以上讨论,是对于一定靶材料而言. 由于原子中各内层壳层之间的能量差随着原子序数的增高而加大,因此,原子序数越高的靶物质所产生的标识 X 射线波长越短,即标识 X 射线的波长只决定于靶的材料.

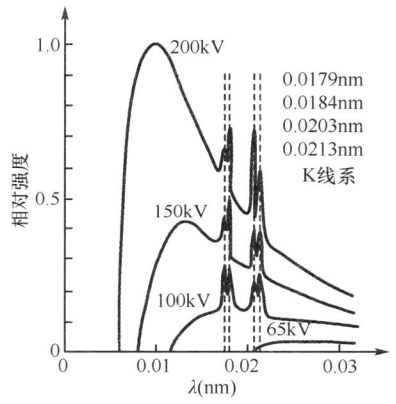

图 13-6　钨靶在较高管电压下的 X 射线谱

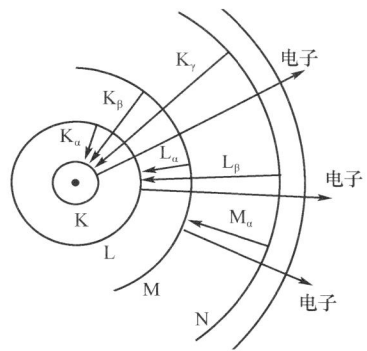

图 13-7　标识 X 射线发生原理示意图

医用 X 射线管产生的 X 射线,主要是连续 X 射线,标识 X 射线在全部 X 射线中所占的比例很小. 但是,标识 X 射线在研究原子结构、化学元素分析中却起着非常重要的作用,如微区分析技术,它是用很细的电子束打在样品上,通过样品发出的标识 X 射线来鉴定各微区中的元素成分,医学上利用此技术进行超微观察和微观分析.

13.4　X 射线的衰减规律

X 射线传播过程中的强度减弱,包括距离所致的衰减(扩散衰减)和物质所致的衰减(吸收衰减)两个方面. 对于均匀物质中的 X 射线点源在向空间各方向辐射时,若不考虑物质的吸收,当只考虑距离所致的扩散衰减时,与普通点光源一样,在半径不同球面上的 X 射线强度与距离(即半径)的平方成反比,这一规律称为 X 射线强度衰减的平方反比定律. 该定律在真空中严格成立,在空气中近似成立.

当 X 射线通过物质时,X 射线光子与物质中的原子发生相互作用,一部分被吸收和散射,另一部分透过物质后沿原方向传播,致使 X 射线在入射方向上的强度衰减了,这种现象称为物质对 X 射线的吸收. X 射线强度在物质中的衰减规律是 X 射线成像的基本依据,同时也是屏蔽防护设计的理论依据.

13.4.1 单能 X 射线在物质中的衰减规律

实验表明,单能平行 X 射线束通过物质时,在入射方向上的强度变化服从指数衰减规律,即朗伯定律

$$I = I_0 e^{-\mu x} \tag{13-5}$$

式中,I_0 是入射 X 射线的强度,I 是通过厚度为 x 的吸收物质层后的射线强度,μ 称为吸收物质的线性衰减系数(linear attenuation coefficient)。由式(13-5)可知

$$\mu = \frac{-dI}{I} \cdot \frac{1}{dx} \tag{13-6}$$

式(13-6)表明,线性衰减系数表示 X 射线光子束穿过物质的过程中,在单位厚度上 X 射线强度减少的百分数. 显然,μ 值越小,则射线强度在物质中的衰减越慢;μ 值越大,则衰减越快. 若厚度 x 的单位为 cm,则 μ 的单位为 cm^{-1}.

对于同一种物质而言,密度 ρ 越大,则单位体积内的原子数目越多,与通过的 X 射线光子相互作用的概率就越大,即线性衰减系数与物质的密度成正比. 而物质的密度会随着温度和(或)气压的变化而变化,这给比较不同物质吸收射线本领的大小带来不便,为了避开这种与物质密度的相关性,故引入质量衰减系数(mass attenuation coefficient)μ_m,它与线性衰减系数 μ 的关系为

$$\mu_m = \frac{\mu}{\rho} \tag{13-7}$$

单位为 $cm^2 \cdot g^{-1}$. 借助于质量衰减系数,可将式(13-5)改写为

$$I = I_0 e^{-\mu_m x_m} \tag{13-8}$$

式中,$x_m = x\rho$,称为质量厚度(mass thickness),单位为 $g \cdot cm^{-2}$,它等于单位面积、厚度为 x 的吸收层的质量,表示 X 射线光子与每单位质量厚度的物质发生相互作用的概率.

一般地,X 射线强度衰减到其初始值一半时所需某种物质的厚度(或质量厚度)称为该物质的半价层(half-value layer),由式(13-5)和式(13-8)可知,它与衰减系数的关系可表示为

$$x_{1/2} = \frac{\ln 2}{\mu} = \frac{0.693}{\mu} \tag{13-9}$$

或

$$x_{m1/2} = \frac{\ln 2}{\mu_m} = \frac{0.693}{\mu_m} \tag{13-10}$$

与衰减系数的意义一样,半价层亦是 X 射线光子能量和衰减物质材料的函数,当指明衰减材料后,半价层表示该种物质对 X 射线光子的衰减能力. 引入半价层后,式(13-5)和式(13-8)也可表示为

$$I = I_0 \left(\frac{1}{2}\right)^{\frac{x}{x_{1/2}}} \tag{13-11}$$

$$I = I_0 \left(\frac{1}{2}\right)^{\frac{x_m}{x_{m1/2}}} \tag{13-12}$$

【例 13-2】 X 射线被物质吸收时,要经过多少个半价层,其强度才能减少为原来的 1%?

【解】 根据式(13-11)

$$I = I_0 \left(\frac{1}{2}\right)^{\frac{x}{x_{1/2}}}$$

可知

$$\frac{I}{I_0} = \left(\frac{1}{2}\right)^{\frac{x}{x_{1/2}}} = 1\%$$

等式两边取对数,得

$$\frac{x}{x_{1/2}} \cdot \lg\left(\frac{1}{2}\right) = -2$$

故

$$x = \frac{-2}{\lg\left(\frac{1}{2}\right)} \cdot x_{1/2} \approx 6.64 x_{1/2}$$

【例 13-3】 设密度为 $3\mathrm{g \cdot cm^{-3}}$ 的物质,对于某种 X 射线束的质量吸收系数为 $0.03\mathrm{cm^2 \cdot g^{-1}}$,试计算该 X 射线束穿过厚度为 1mm 和 1cm 的吸收层后的强度分别为原强度的百分之几?

【解】 根据式(13-7)

$$\mu_\mathrm{m} = \frac{\mu}{\rho}$$

可知,线性吸收系数

$$\mu = \mu_\mathrm{m} \cdot \rho = 0.03 \times 3 = 0.09 \; (\mathrm{cm}^{-1})$$

将线性吸收系数 μ 和物质厚度 x_1、x_2 的取值代入式(13-5)

$$I = I_0 \mathrm{e}^{-\mu x}$$

可分别求得

$$I_1/I_0 = \mathrm{e}^{-\mu x_1} = \mathrm{e}^{-0.09 \times 1 \times 10^{-1}} = 99.1\%$$

$$I_2/I_0 = \mathrm{e}^{-\mu x_2} = \mathrm{e}^{-0.09 \times 1} = 91.4\%$$

需要指出,以上讨论和结论适用于单能 X 射线,但是医学上用的 X 射线主要是连续 X 射线,而物质对 X 射线的吸收不但与吸收物质有关,还与 X 射线的波长有关,所以,连续 X 射线在物质中的衰减规律并不严格遵从朗伯定律,它比单能 X 射线复杂得多. 当连续 X 射线通过物质层时,其强度和硬度都有变化. 特点是:X 射线强度变小,硬度变硬(质提高). 在实际应用当中,常近似地运用朗伯定律,其中,衰减系数应当用各种波长的衰减系数的一个适当平均值来代替.

13.4.2 X 射线衰减的微观机制

X 射线与物质相互作用后,强度的衰减宏观上遵从朗伯定律,其微观机制是 X 射线与物质发生了多种相互作用,其中主要的有光电效应、康普顿效应和电子对效应.

1. 光电效应

X 射线光子通过物质时,与物质原子的内壳层电子发生相互作用,把全部能量传递给这个电子,光子消失,获得能量的电子挣脱原子核的束缚而成为自由电子(称为光电子),这个过程称为光电效应(photoelectric effect). 入射 X 射线光子能量 $h\nu$ 和光电子的动能 E_e 满足关系
$$h\nu = E_e + E_n \tag{13-13}$$
式(13-13)中，E_n 为原子第 n 层电子的结合能. 由于光电子的产生，电子轨道出现一个空位，当外层电子来填充时，将有标识 X 射线或俄歇电子的产生.

在医疗诊断当中，随着光电效应的发生，入射 X 射线的能量可全部被人体吸收，增加了受检者的剂量，但由于不产生散射线，大大减少了照片的灰雾，并且可增加人体不同组织对射线的吸收差别，产生高对比度的 X 射线影像，可提高诊断的准确性.

2. 康普顿效应

当入射 X 射线光子和原子外壳层电子发生相互作用时，光子损失一部分能量，并改变运动方向，电子获得能量而脱离原子核的束缚成为自由电子(反冲电子)，这个过程称为康普顿效应(Compton effect)，损失能量后的 X 射线光子称为散射光子. 考虑到此时入射 X 射线光子的能量远大于外层轨道电子的结合能，因此，可以把康普顿效应看成是光子与"自由"电子之间的弹性碰撞.

康普顿效应中产生的散射线在防护中必须加以注意. 在 X 射线诊断中，从受检者身上产生的散射线能量与原射线相差很少，并且散射线比较对称地分布在整个空间，要采取相应的防护措施. 另外，散射线增加了照片的灰雾，降低了影像的对比度，但与光电效应相比，受检者吸收的剂量较低.

3. 电子对效应

当能量大于 1.022MeV 的 X 射线光子从原子核旁经过时，在原子核强场的作用下，可以形成一对正、负电子，此过程称为电子对效应(electric pair effect). 入射 X 射线光子的能量一部分转变为正、负电子对的静止能量，另一部分作为正、负电子的动能 E_+ 和 E_-，即
$$h\nu = E_+ + E_- + 2m_e c^2 \tag{13-14}$$
获得动能的正、负电子与物质作用而损失能量，最后正电子和一个负电子结合而转变为两个光子，此过程称为电子对湮没.

由于电子对效应发生所需的 X 射线光子能量阈值较高，在临床应用中的发生概率很小.

以上三种 X 射线与物质相互作用形式发生的概率与入射 X 射线光子能量、吸收物质的原子序数有关，如图 13-8 所示，左侧曲线表示光电效应和康普顿效应的发生概率相等，右侧曲线表示康普顿效应与电子对效应的发生概率相等.

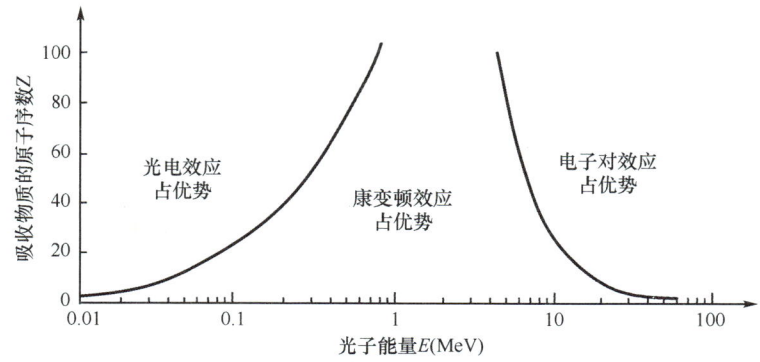

图 13-8　三种作用与光子能量、吸收物质的原子序数的关系

13.4.3 衰减系数与原子序数、波长的关系

临床用 X 射线多为低能 X 射线，其能量范围在几十 keV 至数百 keV 之间，各元素的质量衰减系数可表示为

$$\mu_m = KZ^\alpha \lambda^3 \tag{13-15}$$

式中，K 近似为一常量；Z 为吸收物质元素的原子序数；λ 为入射 X 射线的波长；指数 α 与入射 X 射线的波长、吸收物质元素的原子序数有关，其值在 3~4，如水、空气和人体组织，α 可取 3.5. 如果吸收物质中含有多种元素，则它的质量衰减系数 μ_m 与第 i 个元素的质量衰减系数 μ_{mi} 的关系为

$$\mu_m = \sum_i \mu_{mi} \cdot P_i \tag{13-16}$$

式中，P_i 为第 i 种元素的质量占总质量的百分数. 由式(13-15)，可以得到两个非常有实用价值的结论：

1. 原子序数越大的物质，吸收本领越强

这在临床诊断和射线防护中得到实际应用. 人体肌肉组织的主要成分是 C、H、O 等，而骨骼的主要成分是 $Ca(PO_4)_2$，其中 Ca 和 P 的原子序数比肌肉组织中任何主要成分的原子序数都高，所以，骨骼的质量衰减系数比肌肉组织的大. 对于同一束 X 射线而言，骨骼吸收能力强，透射量少，而肌肉组织却是吸收能力弱，透射量多，利用接收器，将透射量的不同转换为具有明暗对比的可见影像，作为临床诊断的依据. 也正是由于铅的原子序数很高($Z=82$)，吸收射线能力强，铅板和铅制品常被用作 X 射线的防护用品.

2. 波长越长的 X 射线，越容易被吸收

X 射线的波长越短，贯穿本领越强，硬度越硬. 这正是用较软 X 射线进行医疗诊断、较硬 X 射线进行深部治疗的原因.

当临床上用连续 X 射线进行深部治疗时，由于它包含了各种波长值，进入人体后，长波成分比短波成分衰减得快，短波成分在 X 射线总量中所占的比例越来越大，平均衰减系数越来越小，即 X 射线的硬度增加了，这称为 X 射线的硬化. 由于长波成分在到达人体深部组织之前已被其他正常组织吸收掉，形成损伤，而对于深部治疗却没有贡献. 这就需要在 X 射线还未进入人体之前，将这部分不需要的长波成分去除掉，以减少对人体的伤害，这称为 X 射线的滤过，所采用的装置称为滤线板. 在一般 X 射线诊断中都是用单一的铝作滤线板. 高能 X 射线经常选用铜和铝结合为复合滤线板，在使用时，高原子序数的铜面向 X 射线管，低原子序数的一层铝面向被检者. 这是因为在铜中发生的光电效应能产生光子能量为 8keV 的标识 X 射线，这种射线能增加被检者的皮肤吸收，可用铝层把它吸收掉，至于铝的标识 X 射线，光子能量仅为 1.5keV，空气就能全部吸收.

13.5 X 射线在医学上的应用

X 射线在医学上的应用，主要有治疗和诊断两个方面.

13.5.1 治疗

X 射线用于临床治疗是基于它的生物效应，主要用于治疗恶性肿瘤. 实践表明，不同

的肿瘤对 X 射线的敏感程度差异很大，一般可分为三类：①敏感程度高的肿瘤，如白血病、恶性淋巴瘤和胚胎性癌等；②敏感程度居中的肿瘤，如恶性腺瘤、皮肤和黏膜的鳞状细胞癌等；③抗射线的肿瘤，如神经胶质瘤和肉瘤等．需要指出，敏感程度与治疗程度并不完全一致．对 X 射线不敏感或具有抗拒性的肿瘤，一般不宜采用放射治疗；对射线敏感度高的肿瘤，可以抑制其生长，放射治疗效果较好；实际上，治疗效果最好的是敏感程度居中的肿瘤．

X 射线一方面可以治疗肿瘤，另一方面对于肿瘤周围的正常组织也可能带来严重、甚至是致命的并发症，如白细胞病症和皮肤病等，所以，治疗方案的设计是非常复杂的问题，比如准确地测定治疗机输出的 X 射线量、精确地计算出患者肿瘤部位所需的照射剂量和正常组织可使用照射剂量等，照射剂量 5%～10%的误差就会对治疗效果产生不可忽视的影响．

13.5.2 诊断

1. 常规 X 射线透视和摄影

由于人体各组织的原子序数、密度和厚度各不相同，吸收 X 射线的能力也就不同，若一束强度均匀的 X 射线照射在人体上，则透射的 X 射线强度的差异就反映出被照部位组织的信息，利用 X 射线的荧光作用，将此空间分布的 X 射线的强弱用荧光屏接收，转换为与被照组织对应的明暗对比影像，称为常规 X 射线透视(X-ray fluoroscopy)；若利用 X 射线的光化学作用，用医用胶片接收，转换为与被照组织对应的黑白对比影像，称为常规 X 射线摄影(roentgenography)．常规 X 射线透视和摄影是临床 X 射线诊断中的常用方法，它可以清楚地显示出被照组织的位置、形状和大小等，作为临床诊断的依据．若延长透视时间，还可以观察脏器的运动情况．但 X 射线透视给患者带来的照射剂量比 X 射线摄影的大．

在 X 射线摄影时，由于 X 射线的贯穿本领强，大部分 X 射线将穿过胶片而不能引起胶片感光．在实际使用中，常在胶片的前后各放置一个荧光屏，将大大提高胶片的感光量，这个屏称为增感屏(intensifying screen)．增感屏的使用，可以减少摄影时间或降低 X 射线强度，从而大幅降低受检者的照射剂量．

需要指出，X 射线透视和摄影的影像是相反的．如果同一束 X 射线照射在骨骼和肌肉上，骨骼比肌肉吸收 X 射线的能力强，透过骨骼的 X 射线比透过肌肉的少，在荧光屏上，骨骼的影像比肌肉的暗；而在胶片上，骨骼的影像比肌肉的白．

2. 特殊 X 射线摄影

如果患者受检部位与相邻组织的原子序数、密度或厚度相差不大，利用常规 X 射线摄影，将得不到具有足够对比度的影像，必须利用特殊的装置和方法来获得，这称为特殊 X 射线摄影．

(1) 软 X 射线摄影：普通 X 射线照射在软组织上，由于其吸收射线的能力很低，绝大部分射线将穿过软组织，得不到对比度良好的影像，常用波长较长的软 X 射线来代替，称为软 X 射线摄影．由于表征物质吸收 X 射线能力的质量吸收系数与射线波长的三次方成正比，软组织对软 X 射线的吸收量随着波长的增加而显著增大，从而得到对比度明显的影像．目前临床用软 X 射线是由管电压低于 25kV 的钼靶 X 射线管提供的．软 X 射线摄影在软组织摄影，特别是在乳腺摄影中，发挥了较好的作用，使之成为乳腺癌早期诊断和普查的有力工具．

(2)人工造影:如果人体某些脏器或病灶与其周围组织对 X 射线的吸收能力相差无几,用常规 X 射线透视和摄影将得不到易分辨的影像,这时可以向这些脏器或周围组织中引入衰减系数较大或较小的物质,使脏器与周围组织对 X 射线的吸收能力差别加大,从而获得对比度明显的影像,这称为 X 射线人工造影(artificial contrast),引入的物质称为造影剂(contrast medium).如胃肠检查时,患者服用的"钡餐"(即硫酸钡);关节检查时,向关节腔内注入的空气等都是造影剂.X 射线人工造影的使用,提高了 X 射线诊断效果,扩大了 X 射线的诊断范围.

3. 数字 X 射线摄影

以上讨论的成像方法所获得的影像都是模拟图像,即影像上的灰度是空间位置的连续函数,它将图像采集、显示、存储和传递功能集为一体,因而限制其中某单一功能的改进.随着数字技术的发展和应用,许多数字化的 X 射线成像技术被广泛地应用于临床.

(1)数字减影血管造影(digital subtraction angiography,DSA):DSA 是影像增强技术、电视技术和计算机技术等的综合应用,它可以获得清晰的血管影像.基本原理是,在造影剂注入血管前、后,分别利用影像增强器将透过人体的 X 射线影像转化为高亮度的荧光影像,然后经过摄像管变成电视信号,再经过放大和模数转换,获得相应的数字图像,存入图像存储器,这两个数字影像分别称为原像和造影像.通过计算机将代表原像和造影像的数字量相减(减影技术),这样,在所得到的减影图像中消除了骨骼和软组织的影像,使低浓度造影剂充盈的血管影像清晰地显示出来.最后,将此血管的数字影像进行数模转换,得到高对比度的模拟电视信号,利用显示器,就可以最终获得实时的血管影像.DSA 技术已广泛应用于临床,在血管疾病诊断中发挥了重要的作用,同时,在血管内插管导向和介入放射领域的应用也有了长足的发展.

(2)X 射线计算机断层成像(X-ray computed tomography,X-CT):常规 X 射线成像是将三维立体的器官或组织投照在一个二维平面上,存在影像重叠问题,尤其相邻组织的吸收系数差别不大时,读片很困难,而基于衰减系数成像的 X-CT 技术可以解决这一难题.由式(13-5)可知,单能平行 X 射线束通过线性衰减系数为 μ 的单一物质时,其强度变化服从指数衰减规律.当 X 射线束所经过由衰减系数不同的物质所构成的人体组织时,只要将每种物质分割为等厚的、足够薄的薄层,则可以认为每层物质的衰减系数 μ_i 为常数.设薄层的厚度为 x,共有 n 层,则透过人体的射线强度为

$$I = I_0 e^{-(\mu_1+\mu_2+\cdots+\mu_n)x}$$

将上式变形为

$$\mu_1 + \mu_2 + \cdots + \mu_n = \sum_{i=1}^{n}\mu_i = \frac{1}{x}\ln\frac{I_0}{I} \tag{13-17}$$

式(13-17)中,x、I_0 为已知,将探测到的 I 值代入,即可得到沿某 X 射线投照方向上各物质层的吸收系数之和.用 X 射线沿不同方向对受检层面进行扫描,利用探测器探测出射的射线强度,通过数学方法(如联立方程法、反投影法等)和计算机处理,可以得到受检层面吸收系数的二维分布图.X-CT 能鉴别出受检组织密度的微小差异,解决图像重叠问题,成为放射诊断中的重要检查手段.

(3)计算机 X 射线摄影(computed radiography,CR):与常规 X 射线摄影不同,CR 系统的影像记录和显示不在同一媒介上完成.CR 的成像板上涂有光激励发光物质,它能够将照射在其上的 X 射线(一次激发光)影像信息储存起来,记录的潜影是模拟信息,当它再次

受到光(二次激发光)的照射时,将发射出荧光,荧光的强度与一次激发光的强度相对应.利用集光器和光电倍增管收集该荧光影像并转换为电信号,然后经过放大器和模数转换器,变为数字影像,再送入计算机进行图像处理,得到最终的 CR 数字影像.CR 技术可以降低患者的 X 射线受照剂量,将吸收系数的微弱差异明显地显示出来,提高诊断水平,同时,成像板还可以重复使用.

(4) 直接数字化 X 射线摄影(digital radiography, DR):CR 系统的 X 射线影像信息储存和读出是分步实现的,它的时间分辨力较低,无法进行动态器官的显示.DR 在这方面有明显的优势,它是利用直接 X 射线摄影探测器或平板探测器,直接将 X 射线所携带的影像信息转换为数字图像信息.直接 X 射线摄影探测器是把涂在薄膜晶体管阵列上的非晶态硒作为接收器,接收入射的 X 射线并在硒层中产生电子空穴对,储存于薄膜晶体管中,其量的大小与入射的 X 射线强度成正比,再在扫描控制电路的触发下将储存的电荷读出.将输出的模拟电信号经过放大、模数转换,送给计算机处理与储存,并在影像监视器上显示.平板探测器是由覆盖着一层闪烁发光晶体的光电二极管接收器阵列组成,闪烁发光晶体接收入射的 X 射线并转换为可见光发射出来,光强与入射的 X 射线强度成正比,光电二极管将该可见光转换为电流,并以电荷的形式储存在电容上,再在扫描控制电路的触发下将储存的电荷读出。再经过与直接 X 射线摄影探测器类似的放大、模数转换、计算机处理和显示. 从外部看,类似于常规 X 射线摄影胶片暗盒的直接 X 射线摄影探测器和平板探测器,实现了将接收的 X 射线直接输出数字化影像信息的功能. 由于 DR 成像环节少,图像信息丢失的少;降低患者的 X 射线受照剂量;曝光宽容度大,曝光条件易掌握;为细节观察、定量诊断等提供技术支持,在临床诊断中发挥了重要作用.

小　结

伦琴在研究阴极射线时发现了 X 射线(1895 年).

劳厄通过实验首次得到 X 射线的衍射图样,证明 X 射线具有波动性,揭示了 X 射线的本质(1912 年). **布拉格父子**成功地解释了劳厄的实验事实,并且提出了布拉格方程.

X 射线谱包括连续 X 射线谱和标识 X 射线谱,它们的产生原理不同.

X 射线光子的能量大,具备一些特殊性质,是临床应用和防护的基础.

物质对 X 射线的吸收能力用衰减系数、半价层表示,X 射线在物质中的衰减服从朗伯定律.

X 射线在医疗中的应用包括治疗和诊断两方面.

阅读材料

DNA 双螺旋结构的发现

DNA 双螺旋结构与量子力学和相对论一起被称为20世纪自然科学领域的三大发现,它把生物科学研究从细胞水平推向了分子水平,为我们开启了分子生物学及遗传学的大门,对于研究和认识生命现象与本质具有重要的意义,这一发现的影响与日俱增,包括人类基因组测序在内的现代生命科学中许多重大进展都发端于此,克隆技术、基因工程、生物芯片技术等都与之不可分割. 于 1962 年 10 月,英国的莫里斯·威尔金斯、弗朗西斯·克里克和美国的杰姆斯·沃森因发现并证明了 DNA 的双螺旋结构而分享了当年的诺贝尔生理学或医学奖. 然而他们的发现在很大程度上是依靠于著名的英国生物化学和生物物理学家罗莎琳德·富兰克林.

实际上,早在1937年,英国物理生物化学家阿斯特伯里首次以X射线衍射法研究核酸,但他所获得的DNA图片极其不清楚,不能真实反映DNA清晰的图像,他认为DNA分子是多聚核苷酸分子的长链排列.在20世纪40年代末,威尔金斯的研究小组就测定了DNA在较高温度下的X射线衍射,纠正了阿斯特伯里发现的缺陷,而且初步认识到DNA是一个螺旋形的结构.但是后来随着研究的发展,威尔金斯似乎再也无法深入到更深层面了解DNA的真实结构.这时英国的罗莎琳德·富兰克林加盟到威尔金斯小组.富兰克林是一位非常优秀的实验科学家,她凭着独特的思维,设计了更能从多方面了解物质不同现象的实验方法,如获取在不同温度下的DNA的X射线衍射图,包括1951年11月在研究时获得的非常清晰的DNA晶体衍射图像(DNA Photograph 51),把这些各种局部的结构形状汇总,DNA的衍射图片越来越清晰,越来越全面,从而分辨出了这种分子的维度、角度和形状.

同时,在英国的卡文迪什实验室,沃森与克里克相遇并共同研究着DNA的结构,他们试图搭建DNA三螺旋结构的模型,而富兰克林一针见血地指出了这一成果的缺陷,正是她这种独特的指路明灯式的光芒,把沃森和克里克一步步引导到了正确的方向.由于受到DNA Photograph 51的启发,1953年2月14日,沃森意识到DNA只能是双螺旋结构!2月28日沃森和克里克重新摆弄出了第一个正确的DNA双螺旋结构的分子模型,它提示了DNA的复制机制:由于腺嘌呤总是与胸腺嘧啶配对、鸟嘌呤总是与胞嘧啶配对,这说明两条链的碱基顺序是彼此互补的,只要确定了其中一条链的碱基顺序,另一条链的碱基顺序也就确定了.因此,只需以其中的一条链为模板,即可合成复制出另一条链.4月25日英国《自然》杂志发表了沃森与克里克的题目为《脱氧核糖核酸的结构》的论文,公布了DNA双螺旋结构,并配有威尔金斯和富兰克林的两篇文章,以支持沃森和克里克的假说.这一发现成为了生物学发展的一座里程碑,是分子生物学时代的开端.

由于长期受X射线的影响,1958年4月16日富兰克林因支气管肺炎和卵巢癌逝世于英国伦敦.为表彰富兰克林的功绩,伦敦大学国王学院将一座建筑物命名为"富兰克林-威尔金斯"楼,英国皇家学会设立了罗莎琳德·富兰克林奖,主要奖励取得重大科学成就的妇女科学家.

DNA双螺旋结构的发现,使分子生物学得以诞生.50多年来,生命科学和生物技术迅速发展,人类基因组图谱和水稻基因组图谱先后绘制成功,继1996年克隆羊多利问世后,各种克隆动物纷纷诞生,而一些转基因动植物也已经走进寻常百姓家.这一系列重大成果标志着生命科学又向纵深迈进一步,它将推动基因组测序工作、功能基因的研究和基因技术的应用,从而推动整个生物技术的发展,也将对科技发展、经济发展以及整个社会产生深远影响.

思 考 题

13-1 产生X射线的基本条件是什么?

13-2 常用的X射线产生装置主要包括哪几部分?

13-3 X射线的基本性质有哪些?在医学上有哪些应用?

13-4 X射线与物质的相互作用主要有哪几种形式?

13-5 连续X射线谱是如何产生的?

13-6 标识X射线为什么能够鉴别待检物质?

13-7 采用铅板和铅制品作X射线防护用品的原因是什么?

13-8 常规X射线透视和摄影的影像为什么是相反的?

13-9 为什么说X射线人工造影的使用,提高了X射线诊断效果,扩大了X射线的诊断范围?

13-10 肿瘤对 X 射线的敏感程度与治疗程度是否完全一致?具体情况如何?

习　题

13-1 设工作电压为 200kV,电流为 40mA,产生 X 射线效率为 0.8%的某 X 射线管,连续工作 1 分钟,问靶上共产生多少热量?

13-2 欲产生最高频率为 6×10^{19}Hz 的连续 X 射线作深部组织治疗,X 射线管的管电压应为多少?电子到达阳极靶的动能为多大?

13-3 用波长为 0.04nm 的 X 射线照射某晶体的晶面,当掠射角一直减少到 4.1°时才观察到布拉格反射,求该晶体的晶格常数.

13-4 对于某 X 射线,铝和铅的线性衰减系数分别为 132cm^{-1} 和 2610cm^{-1},要得到和 1mm 厚的铅板同样的衰减程度,问应该用多厚的铝板?

13-5 厚度为 1mm 的某物质层使一束 X 射线的强度衰减为原入射强度的 20%,求该物质的线性衰减系数和半价层.

习　题　答　案

13-1 产生的热量为 476.16kJ

13-2 管电压为 249kV,电子动量为 3.98×10^{-14}J

13-3 晶格常数为 0.281nm

13-4 铝板厚度为 19.8mm

13-5 线性衰减系数为 16.1cm^{-1},半价层为 0.043cm

第 14 章 原子核物理学基础

核医学影像的物理基础是原子核物理学。核医学影像是医学影像诊断的重要技术，这里给出的图例是核医学影像技术(SPECT 和 PET)用于心室功能疾病的诊断。

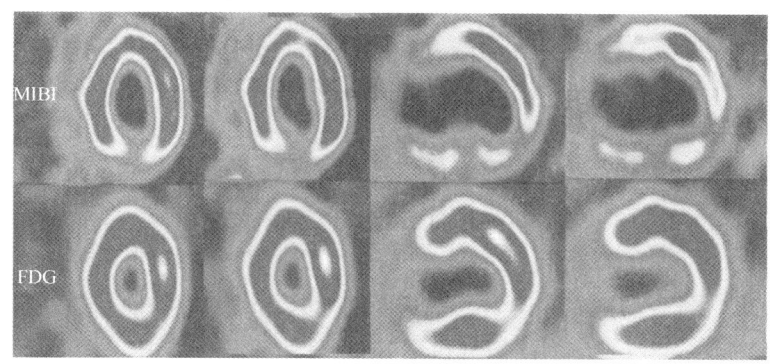

上图：^{99m}Tc-MIBI 心肌血流灌注 SPECT，说明患者心肌血流灌注减低，心室功能障碍。

下图：^{18}F-FDG 显示同一断层的 PET，说明葡萄糖利用正常或相对增加，这种血流-代谢不匹配模型对于心室功能障碍患者来说，是心肌存活的有力证据。

原子核物理学是以原子核为对象，研究物质运动的普遍规律，即研究原子核的组成、性质及其变化规律的科学，随着这门学科的兴起和发展完善，已成为一门独立的学科，即原子核物理学(简称核物理学)，它是认识微观世界及其运动规律的强有力工具，也是现代化工程技术与科学研究的重要手段. 放射性核素在医学上有着广泛应用，目前已形成新的边缘学科——核医学，在生物学研究、医学影像诊断和放射治疗中起着重要作用，有力地推动现代生物学和医学的向前发展.

本章主要讨论原子核的组成和性质、放射性核素的衰变及规律、放射性核素的医学应用、辐射剂量和防护，最后简单介绍一下磁共振成像.

14.1 原子核的组成和性质

14.1.1 原子核的组成

1911 年卢瑟福根据 α 粒子散射实验，提出了原子核式结构模型：原子是由带正电的**原子核**(atomic nucleus)和核外若干个绕核运动的电子所组成. 对核外电子的运动及其规律的研究构成了原子物理学的主要内容，而原子核则是原子核物理学的主要研究对象. 原子和原子核是物质结构的两个层次，而且是分得最开的两个层次. 原子核的线度只有原子的万分之一，而质量却占整个原子质量的 99.9%以上，可见原子的体积主要是核外电子所决定的，而原子的质量主要是原子核所决定的.

研究表明，原子核是由**质子**(proton，记为 p)和**中子**(neutron，记为 n)组成的，质子和中子统称为**核子**(nucleon).

质子带有 1 个单位的正电荷,中子是电中性的,质子和中子的质量非常接近,根据国际科技数据委员会(Committee on Data for Science and Technology,CODATA)2006 年发表的推荐值,质子和中子的质量分别为

$$m_p = 1.672\ 621\ 637(83) \times 10^{-27} \text{kg} = 1.007\ 276\ 466\ 77(10) \text{u}$$

$$m_n = 1.674\ 927\ 211(84) \times 10^{-27} \text{kg} = 1.008\ 664\ 915\ 97(43) \text{u}$$

式中,u 为原子质量单位,$1\text{u} = 1.660\ 538\ 782(83) \times 10^{-27} \text{kg}$.

原子核中含有一定数量的质子和中子,Z 表示质子数,N 表示中子数,$A = Z + N$ 为原子核中包含的核子数. 以原子质量单位来量度原子核时,其质量是一个非常接近整数 A 的数值,所以 A 也称为原子核的质量数. 在近似计算中可以用 Au 表示原子核的质量.

原子核用符号 $^A_Z X$ 或 $^A X$ 表示. X 表示该原子核组成的原子的元素符号,如 $^{16}_8 O$ 或 ^{16}O 表示氧原子核,其中包含 8 个质子和 8 个中子.

在核物理学中,把 Z 和 A 都相同的同一类原子核称为**核素**(nuclide),目前已知的元素包括人工合成的元素总共有 110 多种,而不同的核素有 2000 种以上. 对于 Z 相同而 N 不同的同一类核素,其原子属于同一元素,处在元素周期表中的同一位置,故称为**同位素**(isotope),如 $^1_1 H$(氕)、$^2_1 H$(氘)、$^3_1 H$(氚),$^{10}_6 C$、$^{11}_6 C$、$^{12}_6 C$、…、$^{15}_6 C$ 等. 质量数 A 相同质子数 Z 不同的同一类核素称为**同量异位素**(isobar),如 $^3_1 H$ 与 $^3_2 He$,$^{14}_6 C$ 与 $^{14}_7 N$ 和 $^{14}_7 O$ 等. 原子核可以处在不同的能量状态,质量数 A 和质子数 Z 都相同而能量状态不同的核素称为**同质异能素**(isomer),如医学上常用的 $^{99m}_{43} Tc$ 和 $^{99}_{43} Tc$,左上角 m 表示激发态核素.

核素按照其稳定性一般可以分为两大类,稳定核素和放射性核素. 自然界中稳定核素有 280 多种,其余为放射性核素. 天然放射性核素有 60 多种,如 $^{222}_{86} Rn$、$^{226}_{88} Ra$、$^{238}_{92} U$ 等. 医学上常用的核素几乎都是人工放射性核素,如 ^{11}C、^{13}N、^{15}O、^{32}P、^{60}Co、^{131}I 等.

14.1.2 原子核的性质

1. 原子核的大小和密度

很多实验证据表明,如把原子核看成球形,原子核的半径 R 与核子数 $A^{1/3}$ 成正比,即

$$R = R_0 A^{1/3} \tag{14-1}$$

实验测得 $R_0 = 1.2 \times 10^{-15}$ m. 由于原子核的体积与半径的 3 次方成正比,即原子核的体积与质量数成正比,这意味着核内物质的分布是均匀的. 由此可以估算出核的密度

$$\rho = \frac{m}{V} = \frac{Au}{\frac{4}{3}\pi R^3} = \frac{3Au}{4\pi R^3} = \frac{3u}{4\pi R_0^3} = 2.3 \times 10^{17} \text{kg} \cdot \text{m}^{-3} \tag{14-2}$$

这是一个非常大的数值,可见原子核的密度非常高.

2. 核力

在认识原子核式结构之前,人们只知道自然界存在万有引力和电磁力. 可以估算,万有引力在原子核内完全可以忽略,电磁力会使核内质子之间相互排斥. 因此,将质子和中子如此紧密地结合在一起需要一种特殊的力. 原子核内核子之间的相互作用力称为核力(nuclear force). 核力的性质目前还未完全了解清楚,实验证明它有如下性质:①核力是短程力,这种力只在 10^{-15} m 范围内起作用,即只对相邻核子起作用;②核力与电荷无关,质子对质子、质子对中子、中子对中子之间的核力相同;③核力是强相互作用力,质子之间的核力比库仑力大 100 倍;④核力是饱和力,即核子之间的相互作用力不会因为核内核子

数的多少而改变，核内物质的均匀分布就是最好的佐证．

3. 原子核的电矩和磁矩

原子核是一个带电系统，实验表明，只有少数核的电荷分布近似球对称，多数核的电荷分布近似椭球形，故原子核具有电矩．实验表明原子核具有角动量，故原子核具有磁矩．原子核具有磁矩是核磁共振波谱学和磁共振成像的理论基础．

4. 原子核的结合能

原子核由质子和中子组成，那么，原子核的质量似乎应该等于质子和中子的质量之和．但实验测量发现，任何一个原子核的质量，总是小于组成该原子核的核子的质量之和．例如，氘核(^{2}H)的质量为 $m_d = 2.013\ 553u$．而一个质子和一个中子的质量之和为

$$m_p + m_n = 1.007\ 276u + 1.008\ 665u = 2.015\ 941u$$

两者差值为 $\Delta m = 0.002\ 388\ u$．自由核子组成原子核时减少的质量称为**质量亏损**(mass defect)．

亏损的质量到哪里去了呢？实验研究发现，当一个中子与一个质子结合成氘核时，将释放能量为 $\Delta E = 2.225$ MeV 的光子，根据相对论的质能关系，上述光子的质量为

$$\Delta m = \Delta E / c^2 = 3.966 \times 10^{-30} kg = 0.002\ 388u$$

可见质量亏损是由于质子和中子结合成氘核时释放的光子带走了相应的能量．

实际上质子与中子结合成其他原子核时，都要释放能量．自由核子结合成原子核时释放的能量称为**原子核的结合能**(binding energy)．不同的原子核，结合能不同，且相差很大，如 ^{2}H 的结合能为 2.225MeV，^{4}He 的结合能为 28.30MeV，^{56}Fe 的结合能为 492.2MeV，^{238}U 的结合能为 1803MeV．一般给出原子核的**平均结合能** $\Delta E/A$，^{2}H 的平均结合能为 1.11MeV，^{4}He 的平均结合能为 7.07MeV，^{56}Fe 的平均结合能为 8.79MeV，^{238}U 的平均结合能为 7.58MeV．如图 14-1 所示．

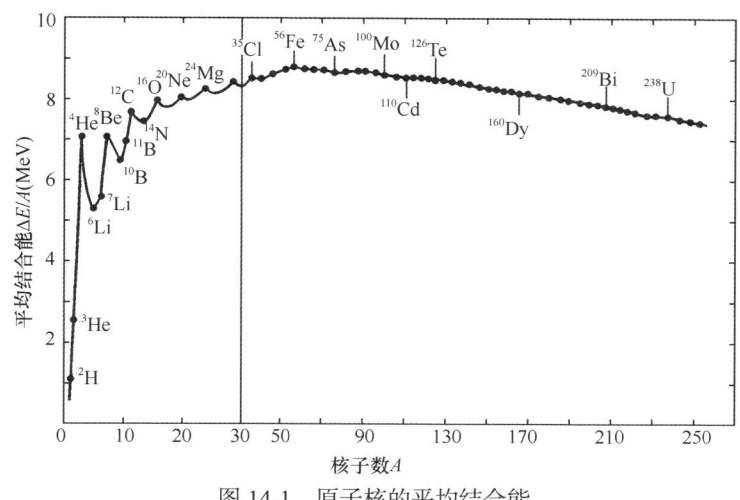

图 14-1 原子核的平均结合能

5. 原子核的稳定性

原子核的稳定性和很多因素有关，首先和原子核的结合能或平均结合能有关．相对论的质能关系原则上可以看成是可逆的，即当原子核吸收与其结合能同样大小的能量时，可以分裂成自由的质子和中子．或者说，当把原子核重新分离成一个一个的自由核子时，每个核子必须从外界吸收的平均能量为 $\Delta E/A$．平均结合能越大，表示原子核所处的能量状态

越低,核子结合得越紧密,原子核越稳定. 故平均结合能是原子核稳定性的量度. 由图 14-1 可见,中等质量的核平均结合能比较大,轻核和重核的平均结合能都比较小.

实验事实表明,原子核的稳定性还与原子核内核子(质子、中子)数目的搭配、核子总数有密切联系.

(1) 要有合适的中子数、质子数之比(简称为中质比),这个比值随核素的 Z 值的增大而逐步增大. 对于稳定的核素,当 $Z<20$ 时,$N:Z=1$;当 $N>20$ 时,$N:Z>1$. 对于中质比不当的核素,可通过衰变的形式,将中子变为质子,或将质子变为中子而趋于稳定.

(2) 核子数目的搭配有成双成对的趋势,自然界稳定核素有 280 多种,质子数和中子数都是偶数的称为偶偶核,占 166 种,质子数和中子数都为奇数的称为奇奇核,则只有 9 种,其余的则是中子或质子数其中之一是偶数的奇偶核.

(3) 核内的核子总数不能太大,对于重核,核子间结合比较松散,因此不稳定. 实际上稳定核素的质量数 A 存在一个极大值,$A>209$ 的核都是不稳定的放射性核素. 这是由于重核平均结合能小.

对于不稳定的原子核,可以发生衰变、聚变和裂变,最终变为稳定的核素. 限于篇幅,以下只介绍原子核的衰变.

14.2 核衰变及其类型

不稳定核素可以自发地以各种方式转变为另一种核,并有不同射线从核内发出,这种过程称为**核衰变**(nuclear decay). 衰变前的核称为**母核**(parent nucleus),衰变生成的核称为**子核**(daughter nucleus). 衰变类型包括α衰变(α decay)、β衰变(β decay)和γ衰变(γ decay). 衰变过程必然遵守基本的物理守恒定律:①质量、能量守恒(包括质能关系方程);②动量守恒;③电量守恒;④核子数守恒.

14.2.1 α衰变

质量数 $A>209$ 的放射性核素能自发地放射出α射线而变成电荷数减少 2,核子数减少 4 的另一种核素的现象称为α衰变. α射线实际上是高速运动的氦核(^{4}He),也称为α粒子. α衰变过程可写为

$$^{A}_{Z}X \longrightarrow ^{A-4}_{Z-2}Y + ^{4}_{2}He + Q \tag{14-3}$$

如

$$^{226}_{88}Ra \longrightarrow ^{222}_{86}Rn + ^{4}_{2}He + Q$$

式中,X 称母核,Y 称子核,衰变前后的核子数和电荷数守恒;Q 为衰变过程放出的能量,称为衰变能,它在数值上等于α粒子的动能与子核反冲动能之和. 一般来说,α粒子的质量远小于子核的质量,所以α衰变的能量主要由α粒子带走.

实验发现,大部分核素放出的α粒子的能量并不是单一的,而是有几组不同的分立值. 这表明原子核内部也有能级存在,α粒子的能谱与子核或母核的能级结构有密切联系. 因此,对α粒子能谱进行研究可以获得原子核能级的信息. 在 ^{226}Ra(镭)的衰变过程中放射出 3 种不同能量的α粒子,通过实验可测得这 3 种α粒子的动能分别为 $E_{\alpha 1}=4.784$MeV,$E_{\alpha 2}=4.598$ MeV,$E_{\alpha 3}=4.340$MeV. 其中最大动能 $E_{\alpha 1}$ 对应 ^{226}Ra 放出α粒子到达 ^{222}Rn 的基态,$E_{\alpha 2}$ 和 $E_{\alpha 3}$ 分别对应 ^{226}Ra 到达 ^{222}Rn 的第一激发态及第二激发态. 由此可以确定 ^{222}Rn

的低激发态的能级结构,如图 14-2 所示. 同时实验中也观察到从 ^{222}Rn 的第一激发态向基态跃迁时放出的能量为 0.186 MeV 的γ射线,这与上述结果完全一致,即α衰变过程往往伴随有γ衰变.

图 14-2 所示的衰变图称为原子核衰变纲图(decay scheme). 按照惯例把 Z 小的核素画在左边,Z 大的画在右边. 横线表示原子核的能级,对应每种核素的最低一条横线表示基态,在它上面的横线表示激发态. 用箭头向右的斜线表示β⁻衰变;用箭头向左的斜线表示α衰变、β⁺衰变或轨道电子俘获. 斜线旁边标出衰变类型、所发射粒子的最大能量(一般以 MeV 为单位)和分支比(该衰变发生的概率,以百分数表示)等. 两能级之间的垂线表示γ衰变,垂线旁的数字为放出的γ光子能量. 每条能级右边标出的是该能级的能量(相对于基态而言,以 MeV 为单位),左边标出的是半衰期.

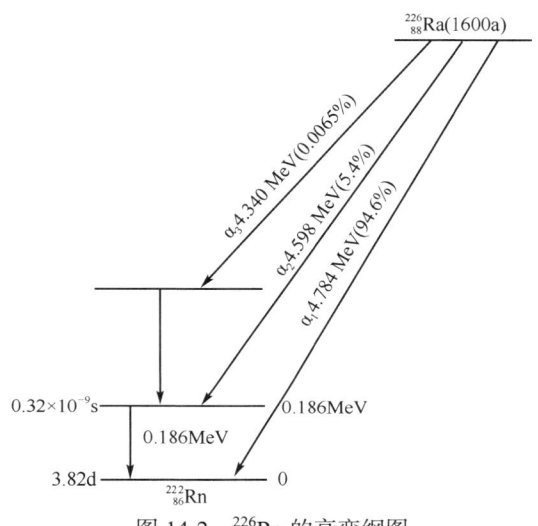

图 14-2 ^{226}Ra 的衰变纲图

14.2.2 β衰变

放射性核素自发地放射出β射线(高速运动的电子或正电子)或俘获一个轨道电子而转变成另一种核素的现象称为β衰变. β衰变的原因是原子核内中子数与质子数的比例不当,通过β衰变调整使其质比趋于稳定. β衰变包括β⁻衰变、β⁺衰变和电子俘获(electron capture,EC)三种类型.

1. β⁻衰变

母核自发地放射出β⁻射线(普通电子,记为 e⁻或 $_{-1}^{0}\beta$)和一个反中微子 $\bar{\nu}$,而变成电荷数增加 1,核子数不变的子核. β⁻衰变可表示为

$$^{A}_{Z}X \longrightarrow ^{A}_{Z+1}Y + e^{-} + \bar{\nu} + Q \tag{14-4}$$

如 $^{60}_{27}Co \longrightarrow ^{60}_{28}Ni + e^{-} + \bar{\nu} + Q$,如图 14-3(a)所示.

2. β⁺衰变

母核自发地放射出β⁺射线(正电子即电子的反粒子,记为 e⁺或 $_{+1}^{0}\beta$)和一个中微子ν,而变成电荷数减少 1,核子数不变的子核. β⁺衰变可表示为

$$^{A}_{Z}X \longrightarrow ^{A}_{Z-1}Y + e^{+} + \nu + Q \tag{14-5}$$

如 $^{22}_{11}Na \longrightarrow ^{22}_{10}Ne + e^{+} + \nu + Q$,如图 14-3(b)所示.

3. 电子俘获

母核俘获一个核外轨道电子而变成电荷数减少 1,核子数不变的子核,同时放出一个中微子ν,这个过程可表示为

$$^{A}_{Z}X + e^{-} \longrightarrow ^{A}_{Z-1}Y + \nu + Q \tag{14-6}$$

如 $^{55}_{26}Fe + e^{-} \longrightarrow ^{55}_{25}Mn + \nu + Q$.

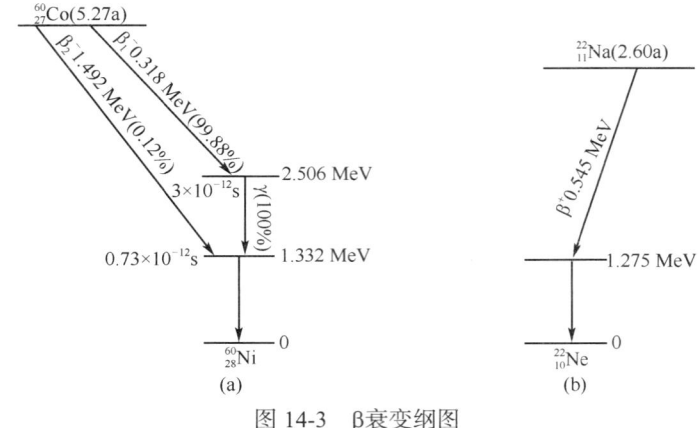

图 14-3 β衰变纲图

在β衰变(β⁻、β⁺和 EC)过程中,产生的反中微子$\bar{\nu}$是中微子ν的反粒子,目前人们普遍认为中微子或反中微子是质量非常微小的不带电的中性粒子,并且很难探测;同样正电子是电子的反粒子,正电子的电量为一个单位的正电荷,其质量与电子质量相等. 母核或子核的质量远大于电子或中微子的质量,故上述三个过程的共同特点是子核和母核的核子数相同.

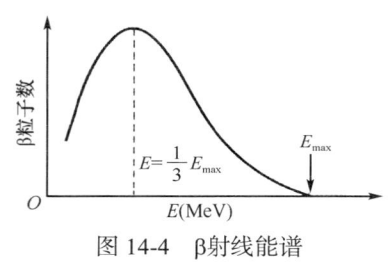

图 14-4 β射线能谱

在β⁻和β⁺衰变过程中,衰变能 Q 在子核、电子和中微子之间任意分配,因此β射线的能谱是连续的,即β粒子的能量可以取从 0 到某一最大值 E_{max} 之间的任意数值. 实验表明,能量取 $E_{max}/3$ 的β粒子的粒子数最多,如图 14-4 所示. 通常把 $E_{max}/3$ 作为β粒子的平均能量,计算剂量时要采用该平均值计算. 由于子核的质量远大于电子或中微子的质量,故子核获得的反冲动能很小,即 $E_{max} \approx Q$.

在电子俘获过程中,原子的一个内层电子被原子核俘获后,外层电子会立即填补这一空位,同时以发射特征 X 射线(光子)的形式放出能量,或者使另一外层电子电离成为自由电子. 这种被电离出的电子称为**俄歇电子**(auger electron).

14.2.3 γ衰变和内转换

原子核可以处在不同的能量状态,这些能量状态是量子化的,常用核能级来表示. 原子核处于能量最低的状态,称为基态. 处于激发态的原子核向基态或较低能态跃迁时,把多余的能量以γ光子的形式辐射出来,这种过程称为γ跃迁,也称γ衰变. γ光子本质上就是电磁波,所以原子核经γ衰变后,子核的质量数和原子序数不变,只是能级发生了改变. γ衰变可以表示为

$$^{Am}_{Z}X \longrightarrow ^{A}_{Z}X + \gamma \tag{14-7}$$

如 $^{99m}_{43}Tc \longrightarrow ^{99}_{43}Tc + \gamma$.

γ衰变通常是伴随着α、β衰变发生的,由于α、β衰变往往产生处于激发态的子核,它们的寿命一般极短,因而立即有γ衰变发生,如图 14-2、图 14-3 所示. 例如,临床上治疗肿瘤常用 ⁶⁰Co 产生的γ射线,其衰变过程如图 14-3(a)所示. ⁶⁰Co 以β⁻衰变到 ⁶⁰Ni 的 2.506MeV 激发态,它放出能量为 1.174MeV 的γ射线跃迁到 ⁶⁰Ni 的 1.332 MeV 的较低激发

态，再放出能量为 1.332MeV 的γ射线跃迁到基态. 即每当有一个 ^{60}Co 原子核发生β$^-$衰变并放出一个β$^-$粒子时，立刻有两个γ光子伴随而生.

在某些情况下，原子核从激发态向较低能级跃迁时不一定放出γ光子，而是把这部分能量直接交给核外电子，使其脱离原子的束缚而成为自由电子，这个过程称为**内转换**(internal conversion, IC)，释放的电子称为**内转换电子**(internal conversion electron). 例如，^{99m}Tc 向基态跃迁时，γ衰变占89%，内转换占11%. 内转换过程由于释放电子而在原子的内壳层出现空位，外层电子将会填充这个空位而发射特征 X 射线或俄歇电子. 这与电子俘获的情况类似.

14.3 核衰变的规律

核衰变是原子核自发产生的变化，对于某一个核来说，我们无法预知它什么时候发生衰变，但对由大量核素组成的放射性物质，理论研究和实验测量表明，其衰变服从统计规律.

14.3.1 指数衰变规律

假设某样品在 $t=0$ 时刻有 N_0 个放射性核素，由于它的不断衰变，母体核素的数目 N 不断减少，即 $dN<0$. 在 $t \to t+dt$ 时间间隔内，衰变的核素数目 $-dN$，实验可以证明，$-dN$ 与当时存在的母体核素的数目 N 以及时间间隔 dt 成正比

$$-dN = \lambda N dt \tag{14-8}$$

式中，引入一个比例系数 $\lambda = \dfrac{-dN/dt}{N}$，称为**衰变常量**(decay constant)，它表示单位时间内衰变掉的母核数目 $-dN/dt$ 与该时刻存在的母核数目 N 之比，单位为 s^{-1}. 对上式积分可得 t 时刻核素数目 N 为

$$N = N_0 e^{-\lambda t} \tag{14-9}$$

这就是核素衰变服从的指数规律，也称为**衰变定律**(decay law).

λ 是表征放射性核素衰变的快慢程度的物理量，λ 越大，衰变越快. 如果某核素同时发生 n 种类型的核衰变，衰变常量分别为 λ_1，λ_2，…，λ_n，则总的衰变常量 λ 为

$$\lambda = \lambda_1 + \lambda_2 + \cdots + \lambda_n \tag{14-10}$$

14.3.2 半衰期和平均寿命

在实际应用中常用**半衰期**(half life)T 表示核素衰变的快慢程度. 半衰期是指核素数目衰变到一半所经历的时间. 根据这一定义，如果 $t=0$ 时刻有 N_0 个放射性核素，当 $N=N_0/2$ 时的 t 就是半衰期 T，根据式(14-9)

$$\frac{N_0}{2} = N_0 e^{-\lambda T}$$

即

$$T = \frac{\ln 2}{\lambda} = \frac{0.693}{\lambda} \tag{14-11}$$

利用半衰期，衰变定律可以表示为

$$N = N_0 \left(\frac{1}{2}\right)^{t/T} \tag{14-12}$$

原子核衰变的快慢程度还可以用**平均寿命**(mean life)来表示. 由式(14-8)可知, 在 $t \to t+\mathrm{d}t$ 间隔内发生衰变的核素数目为 $-\mathrm{d}N = \lambda N \mathrm{d}t$, 这 $-\mathrm{d}N$ 个核素的寿命都为 t, 它们的总寿命为 $-t\mathrm{d}N = \lambda N t \mathrm{d}t$. 设 $t=0$ 时刻有 N_0 个放射性核素, 到 $t=\infty$ 时会全部衰变掉. N_0 个核素的总寿命为 $\int_0^\infty \lambda N t \mathrm{d}t$, 所以平均寿命为

$$\tau = \frac{1}{N_0}\int_0^\infty \lambda N t \mathrm{d}t = \frac{1}{\lambda} = \frac{T}{\ln 2} = 1.44T \tag{14-13}$$

即平均寿命是衰变常量的倒数, 衰变常量越大, 衰变越快, 平均寿命也越短.

14.3.3 有效半衰期

在核医学中, 引入人体内的放射性核素除因自身衰变而减少外, 还可以通过机体的代谢而排出体外. 因此, 体内放射性核素数目的减少比单纯的核衰变要快. 假设人体代谢使体内核素的减少也是按指数规律衰减的, 与之对应的衰变常量 λ_b 称为**生物衰变常量**(biological decay constant), 单纯的核衰变称为物理衰变, λ 称为**物理衰变常量**(physical decay constant), 此时体内核素衰减对应的总衰变常量 λ_e 称为**有效衰变常量**(effective decay constant). 根据式(14-10), $\lambda_e = \lambda + \lambda_b$, 由半衰期与衰变常量的对应关系可得

$$\lambda_e = \frac{\ln 2}{T_e}, \quad \lambda = \frac{\ln 2}{T}, \quad \lambda_b = \frac{\ln 2}{T_b} \tag{14-14}$$

其中, T_e、T、T_b 分别称为有效半衰期(effective half life)、物理半衰期(physical half life)、生物半衰期(biological half life), 它们之间的关系为

$$\frac{1}{T_e} = \frac{1}{T} + \frac{1}{T_b} \quad \text{或} \quad T_e = \frac{TT_b}{T+T_b} \tag{14-15}$$

可见, 有效半衰期比物理半衰期和生物半衰期都短. 表 14-1 给出几种医用放射性核素的半衰期.

表 14-1 几种医用放射性核素的半衰期

核素	T	T_b(核素所在组织或器官)	T_e
^{3}H	12.33a	19d(全身)	19d
^{14}C	5 730a	35d(脂肪)	35d
^{14}C	5 730a	180d(骨骼)	180d
^{24}Na	0.625d	29d(全身)	0.61d
^{32}P	14.3d	257d(全身)	13.5d
^{35}S	87.1d	22d(皮肤)	18d
^{42}K	0.52d	43d(肌肉)	0.51d
^{59}Fe	45.5d	65d(血液)	27d
^{64}Cu	0.529d	39d(肝脏)	0.52d
^{99}Mo	66.02h	5.0d(全身)	1.8d
^{99m}Tc	6.02h	1.0d(全身)	0.20d
^{131}I	8.04d	14.25d(甲状腺)	5.14d

14.3.4 放射性活度

放射性核素在衰变过程中要放出射线,射线的强弱程度取决于单位时间内衰变的核素数目.因此,单位时间内衰变的核素数目(即衰变率)称为**放射性强度**(radioactivity),也称**放射性活度**,用符号 A 表示.根据衰变定律可得

$$A = \frac{-dN}{dt} = \lambda N = \lambda N_0 e^{-\lambda t} = A_0 e^{-\lambda t} = A_0 \left(\frac{1}{2}\right)^{t/T} \tag{14-16}$$

式中,$A_0 = \lambda N_0$ 是 $t=0$ 时刻的放射性活度.

放射性活度的国际单位是贝可(Bq),$1\text{Bq}=1\text{s}^{-1}$,即每秒钟发生一个核衰变.常用的单位还有居里(Ci),它们之间的关系为

$$1\text{Ci} = 3.7 \times 10^{10} \text{Bq}$$

【例 14-1】 利用 ^{131}I 的溶液作甲状腺扫描,在溶液刚出厂时只需注射 1.0mL,若出厂后存放了 4 天,作同样扫描需注射多少溶液?(^{131}I 半衰期为 8.04d,可用 8.0d 计算)

【解】 作同样扫描必须保证同样的放射性活度,设单位体积内 ^{131}I 核素数目为 n,根据衰变定律可得

$$n(t) = n_0 \left(\frac{1}{2}\right)^{t/T}$$

刚出厂时,$V_0=1.0$mL 溶液的放射性活度为

$$A_0 = \lambda N_0 = \lambda n_0 V_0$$

存放 $t=4$d 后,V 体积的溶液放射性活度为

$$A = \lambda N = \lambda n V$$

根据 $A = A_0$,所需溶液的体积

$$V = \frac{n_0}{n} V_0 = 2^{t/T} V_0 = 2^{4/8} V_0 = \sqrt{2} V_0 \approx 1.4\text{mL}$$

14.3.5 放射平衡

许多放射性核素衰变后,生成的子核仍然是放射性核素,这一现象可以延续好几代,形成一个放射性家族,称为**放射系**(radioactive series).自然界中有三大天然放射系:钍系(^{232}Th→⋯→^{208}Pb)、锕系(^{235}U→⋯→^{207}Pb)和铀系(^{238}U→⋯→^{206}Pb).图 14-5 所示为 ^{232}Th 衰变形成的放射系,^{232}Th 经过 6 次 α 衰变和 4 次 $β^-$衰变,最终到达稳定核素 ^{208}Pb.

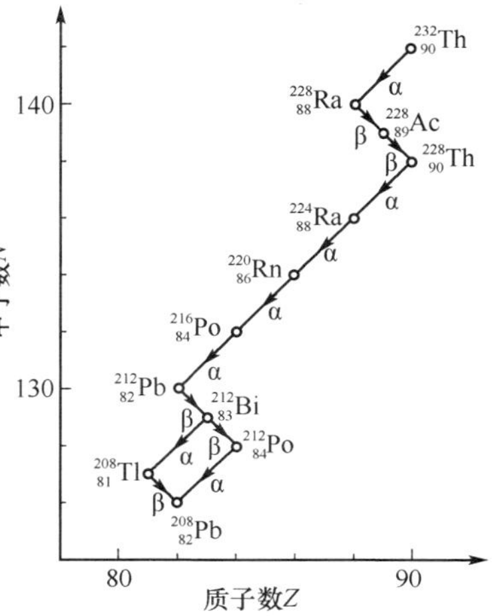

在放射系中,母核和各代子核是共存的.在一定条件下,母核和各代子核的数量会达到一种稳定的关系.现在讨论一种比较简单的情形,设母核 A 衰变为子核 B,再衰变为孙核 C.母核 A 和子核 B 的数量随时间的变化满足

图 14-5 ^{232}Th 放射系

$$\frac{dN_A}{dt} = -\lambda_A N_A \tag{14-17}$$

$$\frac{dN_B}{dt} = -\lambda_B N_B + \lambda_A N_A \tag{14-18}$$

母核 A 的数量随时间减少的快慢，仅决定于其本身的衰变常量，与后代的存在及数量的多少无关. 但对于子核 B 来说，情况就复杂得多. 一方面，子核 B 不断衰变成孙核，其单位时间内衰变的数量为 $\lambda_B N_B$，另一方面，又可从母核的衰变中获得补充，其单位时间内增加的数量为 $\lambda_A N_A$.

设 $t=0$ 时刻，$N_{A0}\neq 0$，$N_{B0}=N_{C0}=0$，此时 $\lambda_B N_B=0$，$dN_B/dt=\lambda_A N_A>0$，即 N_B 从 0 开始增加. 然后，$\lambda_A N_A$ 随时间减小，$\lambda_B N_B$ 随时间增大. 在 $T_A \gg T_B$ 或 $\lambda_A \ll \lambda_B$ 的条件下，经过一段时间后，达到 $\lambda_B N_B = \lambda_A N_A$，此时 $dN_B/dt=0$，子核 B 在单位时间内衰变的个数等于它从母核衰变而补充的个数，于是子核的数量不再增加，这种状态称为**放射平衡**(radioactive equilibrium). 此时，子核的放射性强度 $A_B(\lambda_B N_B)$ 和母核的放射性强度 $A_A(\lambda_A N_A)$ 相等. 如果这时把子核分离出来，经过一段时间后，又会重新达到平衡.

放射平衡对于放射性核素的医学应用具有重要意义. 医学上应用的放射性核素一般都是短半衰期核素，这在供应和保存上有很大的困难. 例如，目前医学上用于放射性核素显像的药物中，^{99m}Tc(锝)及其标记的化合物占 80% 以上，但 ^{99m}Tc 的半衰期为 6.02h，从反应堆或加速器中产生并合成药物后运送到医院，其放射性强度已衰减了很多. ^{99m}Tc 可以从 ^{99}Mo(钼)经 β^- 衰变得到，^{99}Mo 的半衰期为 66.02h. 为便于 ^{99m}Tc 的运输和储存，可以将长半衰期的 ^{99}Mo 和 ^{99m}Tc 放在一起达到放射平衡，需要的时候，将 ^{99m}Tc 提取出来. 这种由长寿命核素不断获得短寿命核素的装置称为**核素发生器**(isotope generator)，俗称"母牛"(cow). 由于母牛的寿命较长，一条母牛可以在较长时间内供应短半衰期核素，适宜在距离放射性同位素生产中心较远或不便于运送的地区开展核素的供应工作.

14.4 放射性核素的医学应用

放射性核素在衰变过程中会发出各种射线，如 α、$\beta^\pm$、γ 等. 这些射线通过物质时，会与物质发生一系列的相互作用. α、$\beta^\pm$ 射线是带电粒子流，当它们通过物质的时候，会使物质内部的原子直接电离. γ 光子虽然不带电，它与物质作用时可以将部分或全部能量交给原子中的一个电子，使原子电离，即产生光电效应；或者，能量大于 1.022MeV 的 γ 光子与物质相互作用转化成一对正负电子. 光电子和正负电子对同样具有电离作用. 研究射线与物质相互作用的规律对于射线探测、放射治疗和放射性核素成像、辐射防护等有十分重要的意义. 下面简单介绍一下放射性核素的医学应用.

14.4.1 同位素示踪技术

放射性核素发出的射线容易被探测，这就相当于提供一种特殊的标记，可以跟踪这种核素所参与的过程. 把放射性核素与其稳定同位素的化合物相混合，制成标记药物并注入人体，通过体外探测，就可以检测它所标记的化合物在人体内的吸收、分布、代谢、排泄过程，这种技术称为**同位素示踪技术**(isotope tracing technology)，被引入的放射性同位素称为**示踪原子**(tracer atom). 这种方法的灵敏度很高，极微量的放射性物质都可以准确地测出来. 一般光谱分析法只能鉴定 10^{-9}g 的放射性物质，而同位素示踪法可检出 $10^{-18} \sim 10^{-14}$g 的放射性物质. 另外，该方法测量简单，具有无创伤性，特别适合于对机体生理过程的研究,而且用量极微,不会干扰正常生理状态.

同位素示踪技术可用于临床诊断. 例如,用 ^{131}I 标记的马尿酸作示踪剂,从静脉注入后,通过肾图仪可以描记肾区放射性活度随时间的变化,反映肾动脉血流、肾小管分泌和尿路的排泄情况,从而提供肾功能和尿路有无梗阻的诊断依据. 又如把胶体 ^{198}Au 注入体内后,容易通过血液运输而集积在肝脏内,但它不能进入肝肿瘤中. 如果从体外探测 ^{198}Au 发出的γ射线,就可以了解这种核素在肝脏内的分布,为肝癌的诊断提供有用信息. 此外,同位素示踪技术对于生理学、分子生物学、药代动力学、基因工程等学科的发展有着重要的应用价值.

14.4.2 放射治疗

各种射线(如α、$β^{±}$、γ射线等)都具有电离作用,当这些射线照射生物组织时,会使细胞内各种生物大分子发生电离而引起物理、化学和生化反应,产生有毒物质,致使细胞损伤,可能引起白细胞减少、贫血、脱毛、不育、溃疡、癌变等. 另一方面由于癌细胞通常比正常细胞对射线作用更敏感,即更易遭射线的杀伤. 因此,适当控制射线的照射量照射肿瘤,可以抑制癌细胞生长或杀死癌细胞,从而达到治疗肿瘤的作用,这就是放射治疗的基本机制. 通常讲的放射治疗大体分为以下几种.

1. 内照射治疗

将放射性核素引入人体内部,在特定的组织或器官聚集,核衰变放出的射线近距离杀死癌细胞. 最常见的是内服含 ^{131}I 的药物,通过血液循环,^{131}I 很快地集中在甲状腺中. ^{131}I 能够发射$β^{-}$射线与γ射线,它发射的$β^{-}$射线将杀伤部分甲状腺组织或甲状腺癌细胞,而发射的γ射线则基本逸出体外. 因此,通过将放射性核素 ^{131}I 引入体内可以治疗甲状腺功能亢进和部分甲状腺癌. 这种治疗方法已有 50 多年历史,由于疗效好、简便安全(多数患者可门诊治疗)、并发症少、费用低,越来越多的学者已将其作为甲亢(尤其是毒性弥漫性甲状腺肿,又称 Graves 病)治疗的首选疗法,并被誉为放射性核素治疗学最成熟、应用最广泛的典范性治疗方法.

2. 外照射治疗

将放射源置于体外,从体外照射患病部位而达到治疗效果. 如常用 ^{60}Co 所放出的γ射线治疗癌症. ^{60}Co 以$β^{-}$衰变到 ^{60}Ni 的 2.506 MeV 激发态,它放出能量为 1.174 MeV 的γ射线跃迁到 ^{60}Ni 的 1.332 MeV 的较低激发态,再放出能量为 1.332 MeV 的γ射线跃迁到基态. 这两种γ射线可用于治疗深部肿瘤,如颅脑内的肿瘤. 癌细胞较正常细胞生长迅速,对射线的敏感性高,因此经射线照射,癌细胞受到的损害比正常细胞大,利用这种敏感性的差别,可以杀死癌细胞或抑制其发展.

3. γ刀

γ刀全称γ射线立体定向放射治疗系统. 它是一种融立体定向技术和放射外科技术于一体、以治疗颅脑疾病为主的立体定向放射外科治疗设备. 其利用γ射线几何聚焦原理,在精确的立体定向下,将经过规划的大剂量γ射线细束集中照射于颅内的预选靶点,一次性致死性地摧毁靶点内的组织,以达到类似外科手术切除的治疗效果. 由于靶点区域放射剂量场梯度极大,既达到靶点的总剂量是致死量,又使靶点周围组织不受放射线的损害,毁损灶边缘锐利如刀割整齐,故称为γ刀.

1951 年,瑞典神经外科专家 Leksel 教授首先提出了立体定向放射外科的概念,利用立体定向技术对颅内预选靶点进行精确定位，再用放射线毁损之，以达到不用开颅手术就可治疗需用传统外科手术治疗的疾病。但由于当时放射源、立体定向设备和技术、复杂的三维定向计算、图像重建和剂量计算等因素均受到科学技术发展水平的限制，理想未能实现。1968 年他研究的第一代γ刀问世，选用 ^{60}Co 作放射源。采用静态几何聚焦的方法将 179 个 ^{60}Co 放射源以不同角度排列在一个半球面上，通过准直器将 ^{60}Co 发出的 179 束γ射线聚焦在预选靶点（球心）上，使靶点组织经一次照射就产生了局限性盘状坏死灶。这一技术具有两个鲜明的特点：①精确的立体定向手段；②多路径照射形成远超过普通放射治疗的极大焦皮比（单位体积内靶点组织与表皮组织所受剂量比）。在临床放射剂量学方面，实现了对靶点组织准确而均匀的剂量分布，在保证给靶点组织以最大杀伤的同时，大大地减低了对周围组织的损伤，这就给放射治疗方法带来革命性的变化，为神经外科增添了新的治疗工具。最初主要用于治疗神经功能性疾病，通过毁损脑内某些解剖结构即神经核团或神经传导束，来治疗顽固性疼痛、帕金森病及精神病等。

1974 年经改进的第二代γ刀采用 201 个 ^{60}Co 放射源，在脑内形成近似球形放射性毁损灶，并配备四种型号的准直器头盔，治疗不同形状和大小的靶灶，其应用范围由神经功能性疾病扩大到颅内肿瘤和脑血管病。20 世纪 80 年代后，随着放射影像技术和计算机技术的进步，又发展出了第三代γ刀，其靶点定位利用 CT、MRI 等无创技术，不仅免除了传统 X 射线定位给患者带来的痛苦，而且更安全、可靠和精确。同时还配备了电子计算机，使剂量计算和治疗方案制订等全部实现工作的程序化、自动化，临床应用范围进一步扩大。

20 世纪 90 年代，在静态式γ刀的基础上我国自行设计与研制出具有自主知识产权的旋转式γ刀（rotating Gamma-knife system），使设计更为合理。1996 年通过国家鉴定，1997 年通过美国 FDA 认证。γ刀之所以能够形成所谓"手术刀"的治疗效果，关键在于使用多束射线，并通过几何聚焦方式，靶点组织和周围组织所接受的辐射剂量反差大（静态式γ刀焦皮比 100∶1）。显然，增加更多的射线源还能继续改善辐射治疗效果，但是，在头盔这个有限的半球形结构空间内，增加射线源，不仅技术上很难实现，也容易使头盔变形。旋转式γ刀则采用旋转聚焦的方式，装在旋转式源体上的 30 个 ^{60}Co 射线源绕靶点中心做锥面旋转聚焦运动，由于射线束不是以固定路径穿越周围脑组织，故周围脑组织所受的照射剂量就更为分散，周围每个单位体积的组织内只受到瞬时、几乎无伤害的照射，而在靶灶中心形成焦皮比 500∶1 的聚焦效果。另外，由于旋转式γ刀大大地减少了射线源的数目，简化了结构，节省了装源时间和费用。旋转式γ刀在治疗计划系统和立体定位准直系统的设计上也采用了一些先进技术，功能更完善，自动化程度更高。

14.4.3 放射性核素成像

放射性核素成像又称核医学影像，它是一种利用放射性核素示踪方法显示人体内部结构、功能的医学影像技术。它的基本原理是：将放射性核素标记的药物引入人体，在体外对体内核素发射的γ射线进行跟踪探测，可以获得反映放射性核素在脏器或组织中的浓度分布及其随时间变化的图像，用作医学诊断。目前在临床上广泛应用的放射性核素成像有三种：γ照相机、单光子发射型断层成像和正电子发射型断层成像。下面分别介绍这些影像设备的工作原理。

1. γ照相机

γ照相机可将体内的放射性核素分布一次性成像，其特点是成像速度快，可以提供静态和动态图像,把形态和功能结合起来进行观察和诊断.使用时只要将γ照相机的探头放置在待测部位体表上一段时间,采集这段时间内从体内放射出的γ射线,即可得到γ射线在该方向的全部投影,在屏幕上得到放射性核素分布的图像.

γ照相机的基本结构如图 14-6 所示,一般由探头、位置信号通道、能量信号通道及显示系统组成.其中探头是整个装置的核心部件,它包括准直器、闪烁晶体、光电倍增管、电阻矩阵电路等.准直器由一块多孔的金属铅板制成,其作用是阻挡斜向入射的γ射线,只允许沿准直孔方向入射的γ射线入射到闪烁晶体上.临床检查时患者内服或者静脉注射放射性核素标记的药物,待药物聚集到受检部位后将探头对准受检部位.从体内放射源发出的γ射线通过准直器入射到晶体上,一个γ光子入射到闪烁晶体上经过能量转换产生多个荧光光子,称为闪烁光,该入射位置称为闪烁点.

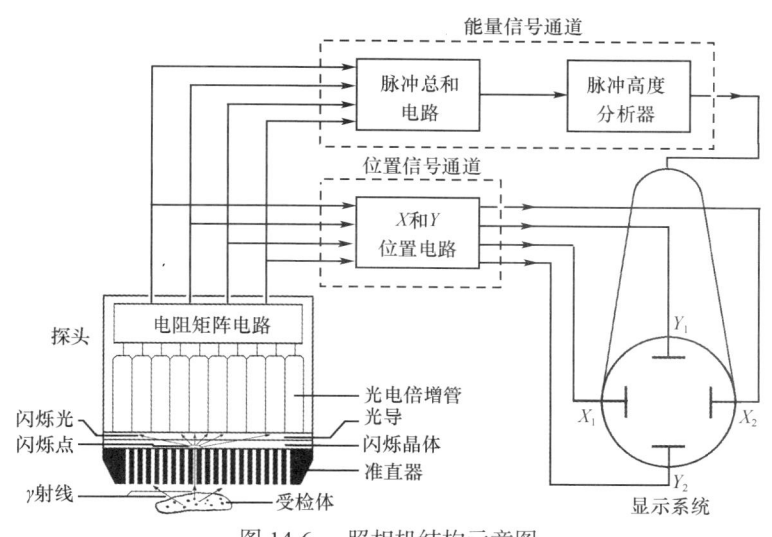

图 14-6 γ照相机结构示意图

实现γ照相的关键问题是准确测定闪烁点的位置与闪烁光的能量.闪烁光被光电倍增管(阵列)转换成电脉冲信号,经过电阻矩阵电路处理后分两路输出.一路称为位置通道,其作用是形成 X、Y 位置信号电压,分别加于示波器的水平偏转板 X_1、X_2 和垂直偏转板 Y_1、Y_2,使光点在图像中的位置与体内γ光子发射的位置相对应.另一路称为能量通道,其作用是把γ光子在各个光电管引起的脉冲按幅相加,形成脉冲总和信号,再经过脉冲幅度分析器,产生一个正脉冲电压加于示波器的栅极,使显示屏上出现一个亮度与γ光子能量相对应的光点.脉冲幅度分析器的作用是设置一个能窗,只允许一定能量的γ射线产生的脉冲信号通过,从而有效地阻挡散射线产生的干扰信号.经过一段时间对γ光子的采集,监视屏上光点数目积累得足够多,便形成放射性核素在体内分布的图像.图像中各部位的亮度差异,反映了被测脏器中放射性核素的密度分布.由于人体正常组织和病变组织吸收放射性药物的能力不同,所以根据γ照相图可以鉴定肿瘤或病变部分的位置和大小.γ照相机常用的放射性核素有 ^{99m}Tc、^{123}I、^{201}Tl 和 ^{67}Ga 等.

2. 单光子发射型计算机断层成像

单光子发射型计算机断层成像(single photo emission computed tomography),简称为 SPECT.它的基本原理是利用注入体内的放射性核素(示踪药物)发射γ光子,采用γ

照相机探测光子的方法，从不同角度接收体内示踪核素发射出的γ射线，获得各个方向的投影数据，由此重建断层影像．其图像重建的方法与 X-CT 基本相似，但过程和数据处理要复杂得多．SPECT 使用的放射性核素与γ照相机完全相同，主要有 ^{99m}Tc、^{123}I、^{201}Tl 和 ^{67}Ga 等．

SPECT 实际上是一种探头可旋转 360° 的γ照相机，探头装在一个可旋转的环形机架上，扫描时探头绕人体体轴旋转一周，从多个角度获得各个方向的γ射线二维投影数据．经过计算机进行数字化图像重建，可以显示放射性核素密度在人体各断层内分布．SPECT 成像不像 X-CT 那样提供人体断层的解剖学结构信息，而是要提供与生理、生化过程有关的功能信息．SPECT 与 X-CT 可以相互补充，取长补短，提高综合诊断的准确率．

3. 正电子发射型计算机断层成像

正电子发射型计算机断层成像 (positron emission tomography)，简称为 PET．它的基本原理是利用正电子的湮没效应，将能够发生 β^+ 衰变的放射性核素或其标记化合物引入体内某些特定的脏器或病变部位，通过探测正电子湮没时辐射的光子，获得成像的投影数据，由计算机分析处理，实现图像重建．发射正电子的放射性核素有 ^{11}C、^{13}N、^{15}O、^{18}F 等，其中 C、N、O 是人体组织的基本元素，易于标记各种生命活动所必需的化合物或代谢产物，而不改变它们的生物活性．

引入体内的放射性核素发生 β^+ 衰变时，放出一个正电子，该正电子在体内飞行大约 1mm 后和一个负电子发生湮没现象，正负电子消失并同时产生一对能量相等（511keV）、飞行方向相反的γ光子，如图 14-7 所示．位于扫描断层两侧放置一对探头，只有当两个探头同时接收到光子时（如图 14-7 中 c 点发射的一对光子），符合电路才有信号输出．

为了获得某一断层面成像的投影数据，将许多探头排列成环状，如图 14-8 所示．将彼此相差 180° 的两个探头结为一对，并与它们的符合电路相连．当某一对探头同时检测到 511keV 的γ光子时，符合电路有信号输出．由于正负电子湮没产生的两个光子是同时发射的，且传播方向正好相反，因此根据探测结果，可以推知各对探头之间组织中产生湮没光子的位置，即发生 β^+ 衰变的放射性核素的位置．

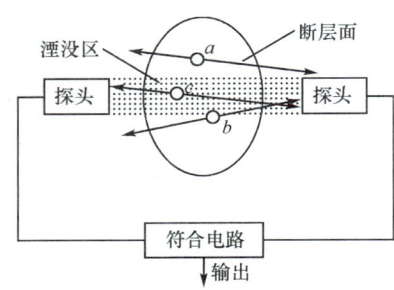

图 14-7 湮没光子的符合探测

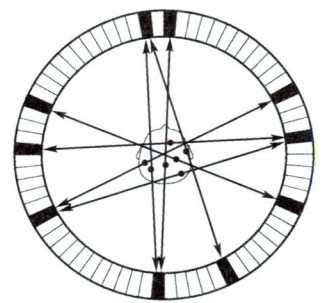

图 14-8 探测器的环形分布

PET 不需要笨重的铅准直器，它利用两个探测器对湮没光子进行符合探测，这种"电子准直"视野均匀、效率高、不受准直孔深度的影响，图像的对比度和空间分辨率高，因此 PET 所得的断层图像比 SPECT 的图像更逼真、清晰．但 PET 所需的能发生 β^+ 衰变的放射性核素半衰期很短，^{11}C 的半衰期为 20.4min，^{13}N 为 9.96min，^{15}O 为 2.03min，^{18}F 为 109.8min，需要配置小型回旋加速器，快速制备各种β^+衰变的标记化合物，所以费用较为昂贵.

目前 PET 的临床应用主要有以下几个方面：①肿瘤检查，包括肝癌、肺癌、乳腺癌和骨骼、淋巴肿瘤等都可以用 PET 作早期诊断；②神经系统疾病及脑功能研究，例如，卒中、癫痫、神经紊乱和老年性痴呆等，包括生理刺激对脑的影响及各种病理状态下脑组织代谢的变化，都可应用 PET 图像进行研究；③心脏功能和心血管疾病研究，例如，通过对示踪剂 ^{18}F-脱氧葡萄糖(^{18}F-FDG)的摄取量的检测可以准确鉴定心肌缺损或阻塞程度，判断是否采用搭桥或心脏移植.

14.5 辐射剂量和防护

核衰变所产生各种射线(如α、$\beta\pm$、γ射线等)都具有电离作用，除此之外，X 射线、中子射线、质子射线等也都具有电离作用，因此把这些能够产生直接或间接电离作用的射线统称为电离辐射(ionizing radiation). 各种电离辐射照射生物组织时，都会导致生物组织的损伤，这种损伤称为生物效应(bio-effect). 前面介绍的放射治疗，就是利用了这种生物效应，实际上，正常组织也会受到辐射损伤. 从宏观角度来看，生物组织所受的辐射损伤的程度与生物体吸收的电离辐射能量成正比. 因此，准确了解和测量生物组织吸收的电离辐射能量，对于评估放射治疗的疗效及其副作用有着重要意义，也是放射治疗和辐射防护所需的最基本的物理知识.

14.5.1 辐射剂量及其单位

生物组织(包括人体)吸收的电离辐射能量的多少是用"剂量"来表示的. 近年来，国际辐射单位和测量委员会(International Commission on Radiation Units and Measurements，ICRU)及国际放射防护委员会(International Commission on Radiation Protection，ICRP)发布了一系列的报告和出版物，不断地完善有关剂量的定义和标准. 以下参考 2007 年 12 月 ICRP103 号出版物(ICRP 2007 建议书)，简单介绍剂量的概念、单位等方面的知识.

1. 照射量

X(γ)射线的照射量(exposure)E 定义为

$$E = dQ/dm \tag{14-19}$$

式中，dQ 是射线在质量为 dm 的干燥空气中形成的任何一种符号(正或负)离子的总电量. 照射量的单位为 $C \cdot kg^{-1}$，曾用单位为伦琴(Röntgen，R)，$1R = 2.58 \times 10^{-4}\ C \cdot kg^{-1}$. 照射量是用来量度 X($\gamma$)射线导致空气电离程度的一个物理量. 根据定义，$dQ$ 中不包括次级电子发生轫致辐射被吸收后产生的电离. 在实际测量中，照射量也常提到在其他介质，如水中的照射量可以理解为，用空气替代水中某一小体元后测得的照射量，即为水中某点的照射量. 需要说明的是，照射量的定义只适用于 X(γ)能量在几 keV 到几 MeV 的范围内.

单位时间内的照射量称为照射率，单位为 $C \cdot (kg \cdot s)^{-1}$ 或 $R \cdot s^{-1}$.

2. 吸收剂量

单位质量的物质所吸收到的辐射能量称为吸收剂量(absorbed dose)，常用 D 表示. 它是电离辐射授予某一体积之中物质的平均能量 dE 与该体积中物质质量 dm 的比值，即

$$D = dE/dm \tag{14-20}$$

吸收剂量的单位为 Gy(戈瑞)，$1\ Gy = 1\ J \cdot kg^{-1}$. 曾用单位 rad(拉德)，$1\ Gy = 100\ rad$. 吸收

剂量是衡量单位质量受照射物质吸收辐射能量多少的一个物理量，在辐射效应的研究中极为重要．吸收剂量适用于任何类型和任何能量的电离辐射，并适用于受照射的任何物质．由于在同样照射条件下，不同物质（如骨和软组织）吸收辐射能量的本领有差异，所以在谈及吸收剂量时，应该说明辐射类型、物质种类和照射位置．

单位时间内的吸收剂量称为吸收剂量率，单位为 $Gy \cdot s^{-1}$ 或 $rad \cdot s^{-1}$．

3. 当量剂量

对于不同种类、不同能量的射线，即使吸收剂量相同，所产生的生物效应不同．为表示各种不同射线或粒子被生物组织吸收后，引起一定生物效应的程度的不同，引入**当量剂量**（equivalent dose）H_T 定义为

$$H_T = W_R D_{T,R} \tag{14-21}$$

式中，$D_{T,R}$ 表示吸收物质对于射线 R 的吸收剂量，而 W_R 表示射线 R 的权重因子，即辐射权重因子，见表 14-2．表中以 X(γ) 射线的辐射权重因子为 1，给出各种射线的辐射权重因子．当量剂量的国际单位为希沃特（Sv），$1Sv = 1J \cdot kg^{-1}$．目前常用旧单位雷姆（rem），$1Sv = 100rem$．

表 14-2 辐射权重因子

射线种类与能量范围	辐射权重因子 W_R
X 射线，γ 射线	1
电子射线	1
中子，能量<10keV	5
10～100keV	10
100keV～2MeV	20
2MeV～20MeV	10
>20MeV	5
质子，能量>2MeV	5
α 粒子，重离子	20

1Gy 重离子的吸收剂量产生的当量剂量为 20Sv（=20×1Gy），20Gy X 射线的吸收剂量产生的当量剂量也为 20Sv（=1×20Gy），即 1Gy 的重离子和 20Gy 的 X 射线会导致大致相同的损伤，这就是目前要发展重离子治癌的主要原因．

如果射线是由不同种类、不同能量的射线构成，生物组织总的当量剂量为各种射线在该组织上形成的当量剂量的总和，即

$$H_T = \sum_R W_R \cdot D_{T,R} \tag{14-22}$$

4. 有效剂量

当射线照射生物体的时候，往往涉及不止一个器官或组织，为了计算照射对于生物体造成的总的危险度，评价辐射引起的确定性生物效应总的概率，引入**有效剂量**（effective dose）E 的概念，有效剂量定义为

$$E = \sum_T W_T \cdot H_T \tag{14-23}$$

式中，W_T 表示该生物组织的组织权重因子，表 14-3 给出人体不同组织的组织权重因子．

有效剂量的单位与当量剂量相同，国际单位为希沃特（Sv），目前常用旧单位雷姆（rem）．

14.5.2 辐射防护

放射性核素在医学等领域的广泛应用，使接触放射性核素的人日益增多，因此在使用、保存放射性核素和清除放射性废料时，都应采取相应的措施，以达到安全使用的目的．

1. 最大容许剂量

人在自然条件下会受到各种射线的照射，这些射线来自宇宙和地球上的放射性物质，可见受到一定剂量射线照射并不影响人体的健康. 国际上规定经过长期积累或一次性照射后，对机体既无损害又不发生遗传危害的最大照射剂量，称为**最大容许剂量**（maximum permissible dose，MPD）. 对这一剂量各国规定并不完全相同，我国现行规定的 MPD 为每年不超过

表 14-3 组织权重因子

组织或器官	组织权重因子 W_T	组织或器官	组织权重因子 W_T
性腺	0.20	红骨髓	0.12
结肠	0.12	肺	0.12
胃	0.12	膀胱	0.05
乳腺	0.05	肝	0.05
食道	0.05	甲状腺	0.05
皮肤	0.01	骨表面	0.01
其余器官或组织	0.05		

50mSv. 放射性工作地区附近居民不得超过 $50\ \mu Sv \cdot d^{-1}$，一般居民还应低，但医疗照射不受这个限制.

2. 外照射防护

放射源在体外对人体进行的照射称为外照射. 人体接受外照射的剂量与离放射源的距离及照射时间有关. 因此，与放射性核素接触的工作人员，应尽可能利用远距离的操作工具，并减少在放射源附近停留的时间. 此外在放射源与工作人员之间应设置屏蔽，以减弱放射性强度. 对于α射线，因其贯穿本领低，射程短，工作时只要戴上手套就能有效进行防护. 对于β射线，除利用距离防护和时间防护外，注意使用的屏蔽物质不宜用高原子序数的材料，以避免由于轫致辐射产生大量光子，一般可采用有机玻璃、铝等中等原子序数的物质作屏蔽材料. 对于 X(γ) 射线，因其穿透能力强，应采用高原子序数的物质，如铅衣、铅和混凝土等作为屏蔽材料.

3. 内照射防护

将放射性核素注入人体内进行照射称为内照射. 由于α射线在体内的比电离较高，其造成的损害比β、γ射线都要严重. 因此，除出于介入疗法或诊断的需要必须向体内引入放射性核素外，任何内照射都应尽量避免. 这就要求使用放射性核素的单位要有严格的规章制度，对接触人员的一切行为进行规范，以防止放射性物质进入体内.

14.6 磁共振成像简介

核磁共振（nuclear magnetic resonance，NMR）现象是美国物理学家布洛赫（F. Bloch）和珀塞尔（E. Purcell）于 1946 年发现的，为此两人获得 1952 年诺贝尔物理学奖. 由于 NMR 波谱与物质的分子结构有关，所以该技术在化学、分子生物学、医学、药学、遗传学等学科领域广泛应用，并形成了一门完整的独立分支学科，称为**磁共振波谱学**（magnetic resonance spectroscopy，MRS）. 随着核磁共振理论和实验技术的完善，以及电子学、计算机技术、医学成像技术的发展，1973 年，美国科学家劳德伯（P. C. Lauterbur）用反投影法完成了**磁共振成像**（magnetic resonance imaging，MRI）的实验室模拟工作，1976 年英国科学家曼斯菲尔德（P. Mansfield）发表了第一张人体手指的磁共振图像. 1978 年第一台头部 MRI 在英国投入临床使用，1980 年全身 MRI 研制成功. 劳德伯和曼斯菲尔德为此荣获 2003 年诺贝尔生理学或医学奖.

MRI 技术是各种医学影像技术中,信息量最大、内容最为丰富的影像技术. 该项技术还在不断地发展之中,如**磁共振血管造影**(magnetic resonance angiography,MRA)、**磁共振灌注成像**(magnetic resonance perfusion-weighted imaging,PWI)、**磁共振弥散加权成像**(magnetic resonance diffusion-weighted imaging,DWI)、**磁共振弥散张量成像**(magnetic resonance diffusion tensor imaging,DTI)等,这些技术的发展为医学影像诊断、神经科学、生理学、心理学等学科领域的发展提供了强有力的技术手段.

本节简单介绍一下磁共振成像的基础知识.

1. 核自旋与核磁矩

实验表明原子核具有角动量,原子核的角动量习惯上称为**核自旋**(nuclear spin). 原子核之所以具有核自旋,一方面是由于核子都具有自旋,另一方面核内的核子又有复杂的运动形式产生相应的角动量. 总的来说,核自旋应该是核内各种形式的角动量的矢量和. 根据量子力学理论,核自旋是量子化的,其大小为

表 14-4 核自旋量子数

质子数 Z	中子数 N	核自旋量子数 I
偶	偶	0
奇	奇	1,2,3,…
奇/偶	偶/奇	1/2,3/2,5/2,…

$$L_I = \sqrt{I(I+1)}\hbar \tag{14-24}$$

式中,$\hbar = h/2\pi$,I 为**核自旋量子数**. 不同的原子核的核自旋量子数不同,见表 14-4.

核自旋 L_I 在空间某一选定方向(例如,外加磁感强度 B 方向,一般设定沿 z 轴方向)上的投影也是量子化的

$$L_{Iz} = m_I \hbar \tag{14-25}$$

式中,m_I 称为**核自旋磁量子数**,它可以取 I,I–1,I–2,…,–I+1,–I,共 $2I+1$ 个值.

原子核具有**核磁矩**(nuclear magnetic moment),类似于原子磁矩,核磁矩矢量与核自旋矢量成正比,即

$$\boldsymbol{\mu}_I = g\frac{e}{2m_p}\boldsymbol{L}_I \tag{14-26}$$

式中,e 为单位电荷;m_p 为质子质量;g 称为朗德因子(Landé fanctor),或称原子核的 g 因子. 不同的原子核具有不同的 g 因子. 核磁矩在 z 轴方向的投影为

$$\mu_{Iz} = g\frac{e}{2m_p}L_{Iz} = g\frac{e}{2m_p}m_I\hbar = gm_I\mu_N \tag{14-27}$$

其中,$\mu_N = \dfrac{e\hbar}{2m_p} = 5.0508\times 10^{-27}\,\text{J}\cdot\text{T}^{-1}$,称为**核磁子**(nuclear magneton).

2. 核磁共振现象

原子核具有能量,原子核的能量状态也是量子化的,称为核能级. 自旋不为零的原子核在外磁场中会产生附加能量,根据电磁学知识,核磁矩 $\boldsymbol{\mu}_I$ 在磁感强度为 $\boldsymbol{B}$(沿 z 轴方向)磁场中的附加能量为

$$\Delta E = -\boldsymbol{\mu}_I \cdot \boldsymbol{B} = -\mu_I B\cos\theta = -\mu_{Iz}B = -gm_I\mu_N B \tag{14-28}$$

由于 m_I 共有 $2I+1$ 个值,所以附加能量有 $2I+1$ 个值. 即对于 $I\neq 0$ 的原子核,无外磁场时的一个能级,在外磁场的作用下将分裂成 $2I+1$ 个能级,其能级间距为

$$A = g\mu_N B \tag{14-29}$$

核能级的跃迁法则为 $\Delta m_I = \pm 1$,即只能在相邻的核能级之间跃迁. 如果有适当频率的电

磁波照射，电磁波的能量子 $h\nu$ 等于能级间距 A 时，核磁矩可以吸收电磁波能量，从低能级跃迁到相邻高能级，这就是核磁共振现象．相应的共振频率为

$$\nu = \frac{A}{h} = \frac{g\mu_N B}{h} = \frac{g}{h} \cdot \frac{e\hbar}{2m_p} \cdot B = \frac{1}{2\pi} \cdot g \cdot \frac{e}{2m_p} \cdot B = \frac{\gamma_I}{2\pi} \cdot B \tag{14-30}$$

式中，$\gamma_I = g \cdot \dfrac{e}{2m_p} = \dfrac{\mu_I}{L_I}$ 称为**核磁旋比**（nuclear magnetogyric ratio），核磁旋比的意义是：单位磁感强度下的共振圆频率，从上式可以得出，共振频率与外加磁场的磁感强度成正比．

【**例 14-2**】 对于最简单的氢核（^{1}H）来说，$I=1/2$，$g=5.5855$，如果外磁场 $B=2.0$T，(1)由于氢核的磁矩不为零，在外磁场的作用下其能级将分裂成几个能级，其能级间距为多少？(2)氢核的磁旋比为多少？(3)其共振频率是多少？

【**解**】 (1)在外磁场的作用下其能级将分裂成2个能级，分别对应的核自旋磁量子数为 $m_I = \pm 1/2$，其能级间距为

$$A = g\mu_N B = 5.5855 \times 5.0508 \times 10^{-27} \text{J} \cdot \text{T}^{-1} \times 2.0\text{T} = 5.64 \times 10^{-26}\text{J} = 3.52 \times 10^{-7}\text{eV}$$

(2) $\gamma_I = g \cdot \dfrac{e}{2m_p} = 5.5855 \times \dfrac{1.602 \times 10^{-19}\text{C}}{2 \times 1.673 \times 10^{-27}\text{kg}} = 2.67 \times 10^8 \text{s}^{-1}\text{T}^{-1}$

(3) $\nu = \dfrac{\gamma_I}{2\pi} \cdot B = 85.1\text{MHz}$

3. 磁化强度矢量 弛豫过程 磁共振成像

磁共振成像是一种断层成像技术，在选定的断层里，有很多自旋核（^{1}H），成像采集的信号也是来自很多个自旋核的总和．为此定义一个宏观量**磁化强度矢量**（magnetization vector）：单位体积内自旋核磁矩的矢量和，用 M 表示．

当一个核磁矩系统在没有外磁场作用下，每个核磁矩矢量的取向是无规则的，各个方向机会均等，因此 $M=0$．如果在 z 轴方向加外磁场 B，根据磁场的对称性，以及自旋核在平衡态下的统计分布，可以得到此时 $M \neq 0$，$M_z = M_0 > 0$，$M_{xy} = 0$．

由于磁场 B 的作用，自旋核发生了能级分裂，此时如果再加一个频率为共振频率的电磁波照射（一般为脉冲形式，频率为射频频段，称射频脉冲，记为 B_1），自旋核会产生共振吸收，核磁矩系统也会偏离平衡态，使得 $M_z \neq M_0$，$M_{xy} \neq 0$，称为非平衡态．

射频脉冲照射结束后，核磁矩系统会从非平衡态回复到平衡态，这个过程称为**弛豫过程**（relaxation process）．在弛豫过程中，M_z 从 $M_z \neq M_0$ 恢复到 $M_z = M_0$，其特征时间为 T_1，称为纵向弛豫时间，M_{xy} 从 $M_{xy} \neq 0$ 恢复到 $M_{xy} = 0$，其特征时间为 T_2，称为横向弛豫时间．从微观角度来说，弛豫过程实际上是高能级的核磁矩跃迁回到低能级，发射频率为共振频率的电磁波信号，磁共振成像采集的就是这个信号．

实验研究表明：①不同组织与器官的自旋核（如 ^{1}H）密度显然不同；②不同组织与器官的弛豫时间有显著不同；③同一组织与器官的不同病理阶段上的弛豫时间也有显著不同．以上这些差异，为磁共振成像提供了理论和实验基础．磁共振成像的基本原理是，在弛豫过程的某一时刻，采集某断层的信号，来自该断层的不同器官与组织或处在不同病理阶段的同一组织与器官的信号强度不同，将断层不同地方信号的强弱程度用图像形式显示出来，就是磁共振成像．

人体中 H、C、O、Ca 等元素含量较多，但后三者在自然界中的丰度最大的 ^{12}C、^{16}O、^{20}Ca 的核自旋为零，所以目前医学影像诊断所用的磁共振成像设备中，全部采用 ^{1}H 进行成像，所用的磁感强度为 1.0～3.0T，故共振频率约为 10^8Hz，属于**射频**（radio frequency，

RF)波段的电磁波,该频段电磁波不是电离辐射,为避免与核医学影像混淆,故一般称为磁共振成像(MRI).

小　结

原子核是由质子和中子组成的,不同的原子核稳定性不同,不稳定的原子核可以发生裂变、聚变和衰变.

衰变过程中原子核会放射出α、$\beta^{\pm}$和γ等射线,衰变过程服从统计规律,即指数衰减规律.

衰变过程放射出来的射线是电离辐射,这些射线照射物质时,会与物质发生一系列的相互作用,当照射生物组织时,会产生一定生物效应.

电离辐射的生物效应对于放射治疗和放射性核素成像、辐射防护等具有十分重要的意义.

此外,原子核是物质结构的一个特殊的层次,研究原子核的性质具有很重要的理论意义和实用价值,如原子核具有磁矩,磁共振成像可以用于医学影像诊断.

阅读材料

SPECT 和 PET 用于心室功能障碍的诊断

SPECT 可以提供建立三维图像的信息,也可以建立任意方位的断层图像,这为临床诊断提供了方便. SPECT 在空间分辨力、定位的精确度、计算病变部位的大小和体积等方面远优于γ照相;而且与γ照相比较,断层图像受脏器大小、厚度的影响大为降低,对一些深度组织的探测能力也显著提高. 例如,在心脏及脑组织检查中就需要观察三维立体图像或斜位断层图像. SPECT 可进行量化诊断,对肿瘤等疾病的诊断率比γ照相有了大幅度提高. 此外,病变组织功能变化早于组织结构方面变化,所以 SPECT 有利于发现早期的病变,在这方面 SPECT 明显优于 XCT 和 B 超,甚至 MR.

本章首页插图上图是 ^{99m}Tc-MIBI 心肌血流灌注 SPECT,提示患者心肌血流灌注减低,心室功能障碍.

结合 PET 图像,可以对该患者作出更进一步的诊断,本章首页插图下图就是该患者心肌 ^{18}F-FDG 葡萄糖代谢水平. 葡萄糖心肌代谢显像是判断心肌细胞存活准确而灵敏的指标,当心肌灌注缺损区或无功能心肌壁葡萄糖摄取正常或增高时,提示心肌细胞存活;而无葡萄糖摄取则提示心肌坏死. 通常将心肌灌注显像与葡萄糖代谢显像结合起来分析,并根据血流与代谢显像是否匹配(match)来判断心肌活性. 在两种显像方法中,其基本的血流-代谢显像模型有三种:①血流与代谢显像中,心肌显像剂都分布均匀,提示为正常;②血流灌注减低,葡萄糖利用正常或相对增加,这种血流-代谢不匹配模型对于心室功能障碍患者来说,是心肌存活的有力证据;③局部心肌血流与葡萄糖的利用呈一致性减低,二者呈匹配图像,为心肌瘢痕和不可逆损伤的标志. 显然该患者属于第二种情况. 对缺血性心脏病患者,^{18}F-FDG 显像对鉴别低灌注状态但仍存活的组织与不可逆性损害的组织非常有用.

思　考　题

14-1　根据你所学的知识,解释下列名词:
(1)核素、同位素、同量异位素、同质异能素;
(2)质量亏损、结合能、平均集合能;
(3)核衰变、α衰变、β衰变、γ衰变、电子俘获、内转化;

(4) 衰变常量、半衰期、平均寿命、放射性活度、放射平衡；

(5) 照射量、吸收剂量、当量剂量、有效剂量、最大容许剂量.

14-2 怎样理解核内物质的均匀分布就是"核力是饱和力"的最好的佐证？

14-3 怎样理解平均结合能越大的原子核越稳定？

14-4 在α衰变过程中，衰变能量为什么主要由α粒子带走？

14-5 区分下列概念：(1) α粒子与He原子；(2) 结合能与平均结合能；(3) α、β、γ射线.

14-6 在β^-和β^+衰变过程中，β射线的能谱为什么是连续的？

14-7 在γ衰变过程中，为什么子核的质量数和原子序数不变？

14-8 在T_e、T、T_b分三者之间，是否一定有$T_e < T$或$T_e < T_b$？

14-9 用两种核素以相同的放射性活度作内照射治疗，它们的物理半衰期相同而生物半衰期不同，哪一种核素对人体的损伤大？为什么？

14-10 在放射系中，母核为A，子核为B，如果$\lambda_A \gg \lambda_B$，能否达到某种放射平衡？

14-11 磁共振成像中，所用的照射电磁波属于射频波段，该波段电磁波是电离辐射吗？

14-12 H、C、O、Ca等元素是人体中含量比较多的元素，目前医学影像诊断所用的磁共振成像设备中，全部采用^{1}H进行成像，为何不用后三者？

习 题

14-1 如把原子核看成球形，原子核的半径R与核子数$A^{1/3}$成正比，即$R = R_0 A^{1/3}$，$R_0 = 1.2 \times 10^{-15}$m，试计算核物质单位体积内的核子数.

14-2 严格地来讲，当核子结合成原子核时，所形成的原子核也会携带一部分结合能，试根据动量守恒估算1个质子和1个中子结合成^{2}H时，^{2}H所携带的结合能为多少？

14-3 根据附录查出质子p、中子n、^{2}H、^{4}He的质量，(1) 计算^{2}H、^{4}He的结合能和平均结合能；(2) 计算2个^{2}H结合成1个^{4}He时释放的能量.

14-4 试根据动量守恒估算α衰变$^A_Z X \longrightarrow ^{A-4}_{Z-2} Y + ^4_2 He + Q$过程中，α粒子和子核携带的衰变能的比例.

14-5 在β^+衰变时，放出一个正电子，该正电子和一个负电子发生湮没后，产生一对能量相等的γ光子，计算每个光子的能量，并说明为什么飞行方向相反？

14-6 ^{32}P的物理半衰期为14.3d，(1) 1μg纯^{32}P的放射性活度是多少？(2) ^{32}P在人体内部全身的生物半衰期为257d，求有效半衰期.

14-7 静脉注射^{18}F可作肾图检查，它的物理半衰期为109.8min，有效半衰期为108.8min，求^{18}F在肾脏内的生物半衰期是多少？

14-8 实验中分离出1.0mg的^{226}Ra，测得其放射性活度为0.989mCi，求半衰期.

14-9 一个含有^{3}H的样品的放射性活度为740Bq，求样品中含^{3}H多少g？（^{3}H半衰期12.33a）

14-10 将少量含有放射性钠的溶液注入患者血管，当时全身钠的放射性活度为220Bq，30h后抽出1.0mL血液测得核衰变个数平均为0.5min^{-1}，钠的半衰期为15h，估算患者全身的血量（不考虑代谢的影响）.

14-11 利用^{131}I的溶液作甲状腺扫描，在溶液刚出厂时需注射1.0mL，如果该溶液最多只能注射4.0mL，求最多可存放多长时间用作甲状腺扫描？（^{131}I半衰期为8.04d，可用8.0d计算）

14-12 利比(W. F. Libby)在20世纪50年代发明的^{14}C鉴年法荣获1960年诺贝尔化学奖. 其原理是：大气中的^{14}C与^{12}C的数目有恒定的比值，该比值为$r = 1.3 \times 10^{-12}$，植物吸收大气

中的 CO_2，动物又以植物为食物，因此活着的生物体内的 ^{14}C 与 ^{12}C 的数目比值也为 1.3×10^{-12}. 一旦生物死亡，其体内的 ^{14}C 随衰变而减少，通过测量生物遗骸中 ^{14}C 与 ^{12}C 的比例或 ^{14}C 放射性强度就可以确定生物遗骸的年代，^{14}C 的半衰期为 $T=5730a$，这种方法测定 100 年至 3 万年比较准确. 如从某古代墓葬中的一块骸骨中提取出 12.0g 碳，测得其放射性活度为 1.74Bq，求该墓主死亡距今的年代？

14-13 如果生物体吸收能量为 100 keV～2 MeV 的中子射线的吸收剂量为 0.50Gy，(1)计算该吸收的当量剂量是多少？(2)如 X 射线造成相同的生物效应(伤害)，X 射线的吸收剂量是多少？

14-14 磷是人体能量代谢的重要要素，人体内许多化合物都含有磷. 在自然界中 ^{31}P 的丰度为 100%，目前新型的磁共振频谱成像(MRSI)就是以 ^{31}P 成像的，其核自旋量子数 $I=1/2$，$g=2.262$，如果外磁场 $B=2.0T$，(1) ^{31}P 能级将分裂成几个能级，其能级间距为多少？(2) ^{31}P 的磁旋比为多少？(3)其共振频率是多少？

习 题 答 案

14-1　1.38×10^{44}

14-2　$E_d=m_d v^2/2$，根据动量守恒故 $E_d=0.001\ 319\ \text{MeV}\ll E_\gamma$

14-3　(1) ^2H 平均结合能 $\Delta E_d/2=1.112\text{MeV}$，$^4He$ 平均结合能 $\Delta E_\alpha/4=7.074\text{MeV}$
　　　(2) $\Delta E=28.30\ \text{MeV}-2\times2.225\ \text{MeV}=23.85\ \text{MeV}$

14-4　$E_\alpha=222Q/226=98.23Q/100$，$E_Y=4Q/226=1.77Q/100$

14-5　湮没后，必须产生一对飞行方向相反的光子，才能满足动量守恒；每个光子的能量为 $E/2=0.511\text{MeV}=511\ \text{keV}$

14-6　(1) 0.285 Ci；(2) $T_e=13.5\text{d}$

14-7　$T_b=1.195\times10^4\text{s}=8.30\ \text{d}$

14-8　$T=5.05\times10^{10}\text{s}=1600\ \text{a}$

14-9　$m=6.898\times10^{-13}\text{mol}\times3\text{g}\cdot\text{mol}^{-1}=2.07\times10^{-12}\text{g}$

14-10　$V=6.6\text{L}$

14-11　$t=2T=16.0\text{d}$

14-12　$t=4.50\times10^3\text{a}$

14-13　(1) 10Sv；(2) $D_{T,R}=H_T/W_R=10\ \text{Gy}$

14-14　(1) $1.43\times10^{-7}\text{eV}$；(2) $1.08\times10^8\text{s}^{-1}\cdot\text{T}^{-1}$；(3) 34.5MHz

参考文献

陈仲本，况明星. 2005. 医用物理学. 北京：高等教育出版社
程守洙，江之永. 1998. 普通物理学. 5 版. 北京：高等教育出版社
洪洋，鲍修增. 2004. 医用物理学. 北京：高等教育出版社
胡纪湘. 1999. 医用物理学. 4 版. 北京：人民卫生出版社
胡新珉. 2002. 医学物理学学习指导. 北京：人民卫生出版社
胡新珉. 2004. 医学物理学. 6 版. 北京：人民卫生出版社
胡新珉. 2007. 医学物理学. 6 版. 北京：人民卫生出版社
胡新珉. 2008. 医学物理学. 7 版. 北京：人民卫生出版社
胡新珉. 2008. 医学物理学学习指导与习题集. 3 版. 北京：人民卫生出版社
黄大同. 2002. 医用物理学. 郑州：郑州大学出版社
黄祝明，吴锋. 2002. 大学物理学. 修订版. 北京：化学工业出版社
喀蔚波. 2008. 医用物理学. 2 版. 北京：高等教育出版社
况明星. 2000. 医用物理学. 南昌：江西高校出版社
况明星. 2003. 医用物理学. 南昌：江西高校出版社
李宜贵，张益珍. 2003. 医学物理学. 成都：四川大学出版社
李宜贵，张益珍. 2003. 医学物理学. 四川大学出版社
梁路光，赵大源. 2004. 医用物理学. 北京：高等教育出版社
梁铨廷，孔宪炎. 1999. 光学. 广州：广东高等教育出版社
马文蔚. 2002. 物理学教程. 北京：高等教育出版社
马文蔚. 2006. 物理学教程. 2 版. 北京：高等教育出版社
缪毅强，姚鸣放. 2003. 医用物理学. 上海：上海交通大学出版社
潘志达. 2005. 医学物理学. 4 版. 北京：人民卫生出版社
漆安慎，杜婵英. 2000. 力学. 北京：高等教育出版社
仇惠，余大昆. 2007. 医学物理学. 北京：科学出版社
谭润初. 2000. 医用物理学. 广州：广东高等教育出版社
唐介. 2005. 电工学(少学时). 2 版. 北京：高等教育出版社
田心，毕平. 2007. 生物力学基础. 北京：科学出版社
王铭. 2007. 物理学. 5 版. 北京：人民卫生出版社
王文辉，刘淑英，蔡胜乐，等. 2005. 电路与电子学. 3 版. 北京：电子工业出版社
韦中桑. 2005. 大师 教师 平凡的人——1910 年诺贝尔物理学奖获得者范德瓦耳斯. 现代物理知识，4：64-66
吴国盛. 2005. 科学的历程. 2 版. 北京：北京大学出版社
肖小河. 从热力学角度审视和研究中医药. 原载《中国中医药报》总 2397 期. http://zhidao.baidu.com/question/52009998.html
谢楠柱. 1997. 医用物理学. 郑州：河南医科大学出版社
徐国祥，史宏敏. 1989. 激光医学. 北京：人民卫生出版社
杨继庆，文峻. 2004. 医学物理学. 北京：科学技术文献出版社
杨继庆. 2002. 医学物理学. 西安：第四军医大学出版社
余建国. 2005. 物理学. 北京：中国中医药出版社
袁玉珍. 2002. 大学物理. 北京：科学出版社
张延芳. 2010. 医用物理学. 北京：科学出版社
张泽宝. 2006. 医学影像物理学. 2 版. 北京：人民卫生出版社
朱一达. 1999. 医用物理学. 北京：中国科学技术出版社

附录 A 矢量及其运算

在物理学中，用**物理量**(physical quantity)来定量描述不同的物理现象，根据所描述的物理现象的不同，所采用的物理量的形式也不同．经常遇到的物理量有以下三种形式：

(1) 标量：只有大小没有方向的物理量称为**标量**(scalar)．例如，质量、温度、能量、功等物理量是标量．

(2) 矢量：既有大小又有方向的物理量称为**矢量**(vector)．例如，力、速度、加速度、动量、电场强度等物理量是矢量．

(3) 张量：有些物理量其每一方向的分量又与其他方向的分量密切相关，这种物理量需要用**张量**(tensor)描述．例如，应力张量、电磁场张量、弥散张量等．从这种意义来说，标量可看作 0 阶张量，矢量可看作 1 阶张量．通常所说的张量(应力张量、电磁场张量、弥散张量等)为 2 阶张量．有些物理量还要用更高阶的张量描述．

不同形式的物理量服从不同的运算规则，以下简单介绍一下矢量的运算法则．

1. 矢量的加法

两个矢量相加的和仍然是矢量，矢量加法满足平行四边形或三角形法则，如附图 1 所示．

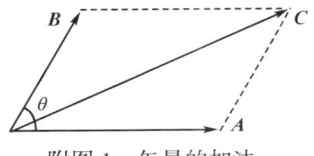

附图 1 矢量的加法

$$C=A+B$$

其中，C 的大小为

$$C=\sqrt{A^2+B^2-2AB\cos(\pi-\theta)}$$

当 $\theta=0°$ 时，$C=A+B$；当 $\theta=90°$ 时，$C=\sqrt{A^2+B^2}$；当 $\theta=180°$ 时，$C=|A-B|$．

2. 矢量的减法

矢量的减法可以根据矢量的加法定义，即

$$C=A-B=A+(-B)$$

3. 矢量的乘法

两个矢量相乘，有两种不同的方法．乘积为标量的，称为**标积**(或称为**点积**)，相应的乘法称为**点乘**，如功是力与位移的点乘；乘积为矢量的，称为**矢积**(或称为**叉积**)，相应的乘法称为**叉乘**，如力矩是力臂与力的叉乘．

1) 矢量的点乘

设 A，B 为两个矢量，它们之间的夹角为 θ，则它们的点乘的乘积为标量，即标积，用 C 表示，定义为

$$C=A\cdot B=AB\cos\theta$$

可以把它理解为矢量 A 在矢量 B 上的分量 $A\cos\theta$ 与矢量 B 的大小 B 的乘积；也可以把它理解为矢量 B 在矢量 A 上的分量 $B\cos\theta$ 与矢量 A 的大小 A 的乘积，如附图 2(a) 和 (b) 所示．当 $\theta=0°$ 时，$A\cdot B=AB$；当 $\theta=90°$ 时，$A\cdot B=0$；当 $\theta=180°$ 时，$A\cdot B=-AB$．

根据点乘的运算定义，可以得到，点乘遵守交换律和分配律，即

$$A\cdot B=B\cdot A,\quad (A+B)\cdot C=A\cdot C+B\cdot C$$

2) 矢量的叉乘

设 A，B 为两个矢量，它们之间的夹角为 θ，则它们的叉乘的乘积为矢量，即矢积，用矢量 C 表示，定义为

$$C = A \times B$$

矢量 C 的大小为

$$C = AB\sin\theta$$

它相当于以矢量 A 和 B 为边构成的平行四边形的面积，如附图 2(c) 所示。当 A 和 B 是平行或反平行时，即当 $\theta = 0°$ 或 $180°$ 时，$C = 0$；当 $\theta = 90°$ 时，$C = AB$。

矢量 C 的方向垂直于矢量 A 和 B 构成的平面，并服从**右手螺旋法则**：将右手四指从 A 经小于 $180°$ 的角转向 B，与四指垂直的拇指的指向即为矢量 C 的方向，如附图 2(d) 所示。

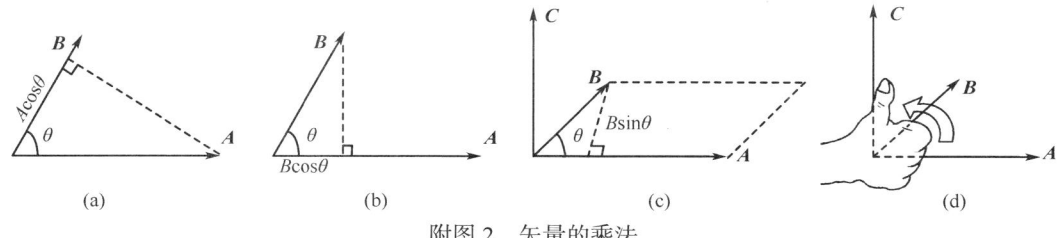

附图 2　矢量的乘法

根据叉乘的运算定义，可以得到，叉乘不遵守交换律，即

$$A \times B \neq B \times A, \quad A \times B = -B \times A$$

但遵守分配律，即

$$C \times (A + B) = C \times A + C \times B$$

附录B 常用物理常量

物理常量	符号	数值	单位	相对不确定度
真空中光速	c	299 792 458	$m \cdot s^{-1}$	精确
真空磁导率	μ_0	$4\pi \times 10^{-7} = 12.566\,370\,614 \cdots \times 10^{-7}$	$N \cdot A^{-2}$	精确
真空电容率	ε_0	$8.854\,187\,817 \cdots \times 10^{-12}$	$F \cdot m^{-1}$	精确
万有引力常量	G	$6.674\,28(67) \times 10^{-11}$	$m^3 \cdot kg^{-1} \cdot s^{-2}$	1.0×10^{-4}
阿伏伽德罗常量	N_A	$6.022\,141\,79(30) \times 10^{23}$	mol^{-1}	5.0×10^{-8}
理想气体的摩尔体积 ($T=273.15K$, $p=101325Pa$)	V_m	$22.413\,996(39) \times 10^{-3}$	$m^3 \cdot mol^{-1}$	1.7×10^{-6}
摩尔气体常量	R	$8.314\,472(15)$	$J \cdot mol^{-1} \cdot K^{-1}$	1.8×10^{-6}
玻尔兹曼常量	k	$1.380\,650\,4(24) \times 10^{-23}$	$J \cdot K^{-1}$	1.7×10^{-6}
基本电荷	e	$1.602\,176\,487(40) \times 10^{-19}$	C	2.5×10^{-8}
斯特藩-玻尔兹曼常量	σ	$5.670\,400(40) \times 10^{-8}$	$W \cdot m^{-2} \cdot K^{-4}$	7.0×10^{-6}
维恩位移定律常量	b	$2.897\,768\,5(51) \times 10^{-3}$	$m \cdot K$	1.7×10^{-6}
普朗克常量	h	$6.626\,068\,96(33) \times 10^{-34}$	$J \cdot s$	5.0×10^{-8}
约化普朗克常量	$\hbar$	$1.054\,571\,628(53) \times 10^{-34}$	$J \cdot s$	5.0×10^{-8}
里德伯常量	R_∞	$10\,973\,731.568\,527(73)$	m^{-1}	6.6×10^{-12}
氢原子玻尔半径	a_0	$0.529\,177\,208\,59(36) \times 10^{-10}$	m	6.8×10^{-10}
原子质量单位	u	$1.660\,538\,782(83) \times 10^{-27}$	kg	5.0×10^{-8}
电子质量	m_e	$9.109\,382\,15(45) \times 10^{-31}$ $5.485\,799\,0943(23) \times 10^{-4}$	kg u	5.0×10^{-8} 4.2×10^{-10}
中子质量	m_n	$1.674\,927\,211(84) \times 10^{-27}$ $1.008\,664\,915\,97(43)$	kg u	5.0×10^{-8} 4.3×10^{-10}
质子质量	m_p	$1.672\,621\,637(83) \times 10^{-27}$ $1.007\,276\,466\,77(10)$	kg u	5.0×10^{-8} 1.0×10^{-10}
质子-电子质量比	m_p/m_e	$1\,836.152\,672\,47(80)$		4.3×10^{-10}
氘核质量	m_d	$3.343\,583\,20(17) \times 10^{-27}$ $2.013\,553\,212\,724(78)$	kg u	5.0×10^{-8} 3.9×10^{-11}
α粒子质量	m_α	$6.644\,656\,20(33) \times 10^{-27}$ $4.001\,506\,179\,127(62)$	kg u	5.0×10^{-8} 1.5×10^{-11}
玻尔磁子	μ_B	$927.400\,915(23) \times 10^{-26}$	$J \cdot T^{-1}$	2.5×10^{-8}
核磁子	μ_N	$5.050\,783\,24(13) \times 10^{-27}$	$J \cdot T^{-1}$	2.5×10^{-8}

注:本表根据国际科技数据委员会(Committee on Data for Science and Technology,CODATA)2006年发表的推荐值整理. 表中数值栏括号内的两位数表示该值的不确定度,它的含义是括号前两位数字存疑,如普朗克常量 $h=6.626\,068\,96(33) \times 10^{-34}$ J·s,(33)为不确定度,括号前的数字96存疑,为不准确数字. 最左面的一栏表示相对不确定度